Dan Sugralinov

NEUSTART

*May every new day
in your life
become a Level Up day!*

Dan Sugralinov

Nächstes Level +1

Magic Dome Books

Neustart
Nächstes Level Buch 1
Copyright © D. Sugralinov, 2018
Covergestaltung ©V. Manyukhin, 2019
Deutsche Übersetzung © Irena Böttcher, 2019
Lektor: Lilian R. Franke
Erschienen 2019 bei Magic Dome Books
Alle Rechte vorbehalten
ISBN: 978-80-7619-033-7

DAN SUGRALINOV:

NÄCHSTES LEVEL LITRPG-SERIE

Neustart (Buch 1)
Held (Buch 2)

DAN SUGRALINOV:

Nächstes Level LitRPG-Serie

Neustart (Buch 1)
Held (Buch 2)

INHALTSVERZEICHNIS

KAPITEL 1

DER MORGEN, AN DEM ALLES BEGANN

„Bitte, es muss doch etwas anderes geben, das ich tun kann. Zum Beispiel zwei Wochen lang jede Woche Ihren Rasen mähen. Nächste Woche kann ich nicht."

Homer Simpson, *Die Simpsons*

ZUERST WAR DAS Spiel mein Leben. Und dann wurde mein Leben selbst zu einem Spiel.

Ich hatte im Leben versagt. Mit knapp über dreißig konnte ich gerade mal eine Ehefrau vorweisen, eine Reihe von jeweils einmaligen Freelance-Aufträgen, einen hochmodernen Computer, einen Schurkencharakter auf Level 110 in einem beliebten RPG und einen Bierbauch.

Außerdem schrieb ich Bücher. Nun ja, um genau zu sein, ein Buch. Das ich noch nicht abgeschlossen hatte.

Anfangs hatte ich mich geschmeichelt gefühlt, wenn mich jemand als Schriftsteller bezeichnete. Im Laufe der Jahre war ich allerdings gezwungen, der unangenehmen Wahrheit ins Gesicht zu sehen: Ich war kein Schriftsteller. Man hatte mir diese Bezeichnung nur deshalb verliehen, weil es kein anderes Etikett in den sozialen Medien gab, das mich hätte beschreiben können.

Wer war ich also wirklich? Ein gescheiterter, einstmals allerdings vielversprechender Vertriebsmitarbeiter, der von einem Dutzend Firmen gefeuert worden war? Nicht gerade berauschend. Immerhin nennt sich heute jeder – und sogar deren Hunde - Online-Marketing-Guru.

Ich allerdings konnte überhaupt nichts verkaufen. Um ein Produkt zu bewerben, hätte ich davon überzeugt sein müssen. Ich konnte keinem Kunden etwas in dem Wissen aufschwatzen, dass er es so nötig brauchte wie einen Abfalleimer.

Eine Weile lang hatte ich leichtgläubigen Rentnern extrastarke Staubsauger verkauft. Ich hatte den Großstadt-Strebern, die sich von rehydrierten Lebensmitteln ernährten, die modernsten Wasserfilter angedreht. Ich hatte vorgefertigte Websites an Möchtegern-Existenzgründer vermarktet, die ihre erste Firma mit Hypotheken auf ihr Haus finanzierten. Ich hatte Online-Werbung verkauft, Pauschalreisen, Diätpillen und Wurmmittel. Aber nichts davon lief. Ich verlor einen Job nach dem anderen.

In meiner Freizeit betrieb ich einen Blog (und, zugegeben, oft genug auch während meiner Arbeitszeit.) Hier veröffentlichte ich Kurzgeschichten, um die wenigen Leser zu unterhalten, die ich gewinnen konnte. Das war für mich Grund genug, mich als ganz anständigen Internet-Marketingfachmann zu betrachten.

Dann fand ich einen Job bei einer Firma, die nach jemandem suchte, der ihren Online-Shop betreute. Allerdings hatte bereits meine erste Besprechung mit dem Geschäftsführer meine absolute Inkompetenz enthüllt. Er hatte nach den Konvertierungsraten gefragt, nach dem durchschnittlichen Bestellwert, dem Grad des Kundenengagements, der Absprungrate, der Schuldentilgungsfähigkeit und all den anderen Statistiken, die ich ihm hätte präsentieren müssen.

Anscheinend verlangte der Betrieb eines Online-Geschäfts mehr als nur das Bestücken eines Blogs mit amüsanten Artikeln, Kommentaren und Likes. Hatte ich meine Probezeit erwähnt? Man setzte mich auf die Straße, bevor sie abgelaufen war.

Dieser Fehlschlag traf mich bis ins Mark, und ich beschloss, mir jetzt endlich die nötigen Grundkenntnisse anzueignen. Ich lud mir unzählige Kurse, Lehrbücher und Video-Tutorials herunter und meldete mich sogar für ein paar Webinare an.

Dieser Eifer hielt genau eine Woche lang an. Die ersten fünf Tage erfreute ich mich an meinem neuen Status. Lange konnte die Zeit des Lernens schließlich nicht dauern – mit meiner Begeisterung und Gründlichkeit würde ich die Kunst des Online-Marketings in Nullkommanichts beherrschen.

Im Geiste sah ich mich bereits als beliebter Experte mit einer entsprechenden Kundenliste, als jemanden, der für sein Wissen auf dem Markt die höchste Bezahlung verlangen konnte. Endlich würde ich mir ein Haus und ein anständiges Auto kaufen können, mehrfach im Jahr Urlaub machen und all die Vorteile einer wöchentlichen Arbeitszeit von vier Stunden genießen.

Trotz meiner Euphorie war ich allerdings nicht gerade begierig darauf, mich ernsthaft mit all den Lernmaterialien zu befassen. Und im Laufe dieser fünf Tage ließ meine Begeisterung immer mehr nach. Am Ende befand ich mich in derselben Position wie zuvor. Als ich mich schließlich am Riemen riss und mit dem eigentlichen Studium begann, wurde ich schnell von Stumpfsinn und Langeweile eingeholt. Am Ende des zweiten Tages musste ich mir eingestehen, dass ich für diesen Bereich einfach nicht geschaffen war.

Das nächste Jahr verbrachte ich damit, mich mit mageren Einnahmen aus den Werbeanzeigen in meinem Blog und ein paar Jobs als Freiberufler von der Hand in den Mund zu ernähren. Meine Frau Yanna glaubte noch immer fest an mich und mein angebliches Potenzial. Allerdings ließ ihre Geduld bereits nach. Sie war acht Jahre jünger als ich und damit in einem Alter, in dem ihre Freunde sich ständig über die besten Einkaufsorte und Urlaubsziele unterhielten. Während ihre Highlights darin bestanden, ihren bloggenden Ehemann hin und wieder zu einer Filmvorschau im geschlossenen Kreis zu begleiten. Unter den Umständen kann jeder seinen Glauben verlieren.

Aber dann muss man sich ja nur mal, zum Beispiel, Gabriel Garcia Marquez betrachten. Viele Jahre lang musste seine Frau das Geld für die Familie heranschaffen, während er, genau betrachtet, nichts anderes tat als zu essen, Kinder zu zeugen und das Buch *Hundert Jahre Einsamkeit* zu schreiben. Hatte sie in ihrem Glauben an ihn etwa jemals geschwankt? Nicht, dass ich wüsste.

Yanna allerdings war anders. Sie war jünger und kinderlos. Wahrscheinlich verlieh das ihren Worten einen sarkastischen Unterton, wann immer ich mein Buch erwähnte.

Tatsächlich schien, als die Monate vergingen, ihr Respekt für mich zu schwinden. Das zeigte sich in vielen Kleinigkeiten, auf die ich anfangs gar nicht achtete.

Und was mein Buch betraf ... Nun ja, es hatte da einen Augenblick gegeben, in dem ich erkannte, dass ich bald dreißig werden würde und absolut nichts vorzuweisen hatte. Mein Leben würde bald seinen Zenit erreichen, auf den unweigerlich der Abstieg erfolgen würde.

Ich erinnere mich noch sehr gut an diesen Moment. Ich erwachte nach einer absolut geilen Party und beschloss, einen Bestseller zu schreiben. Angesichts meines Talents konnte nichts einfacher sein. Dachte ich.

Komischerweise erwies sich das Schreiben als harte Arbeit. Entweder hatte ich das Ausmaß meines Talents überschätzt, oder vielleicht – nur vielleicht – hatte ich dieses Talent auch niemals besessen. Mein Gehirn kämpfte mit Worten, die meine Finger anschließend wieder löschten.

Es hatte mich drei Monate gekostet, auch nur die erste Seite zu produzieren. Gleichzeitig berichtete ich in meinem Blog munter über meine fantastischen Fortschritte. Angeblich war ich bereits beim zwölften Kapitel. Meine Freunde boten mir ständig an, als Beta-Leser zu fungieren. Allerdings war ich mir ziemlich sicher, dass, selbst wenn ich etwas vorzuzeigen gehabt hätte, sie nicht bei der Stange geblieben wären. Tatsache war aber nun mal, dass ich nichts vorzuzeigen hatte, also konnte ich diese Annahme nicht überprüfen. Ich erklärte mein Widerstreben damit, dass ich keinen unfertigen Entwurf veröffentlichen wollte.

Als ich endlich das dritte Kapitel fertiggestellt hatte, konnte ich der Versuchung jedoch nicht länger widerstehen. Ich lud alles ins Internet hoch und freute mich auf jede Menge Kommentare, Likes und die Meinung anderer Leute.

Vorher bat ich jedoch noch Yanna, es zu lesen. Sie weigerte sich.

„Ich will, dass du das Buch zuerst abschließt", erklärte sie. „Und dann lese ich alles in einem Rutsch. Ich mag nichts, das sich noch in Arbeit befindet, ob es nun ein Buch oder ein Film ist."

Sehr viel später las sie dann doch den fertiggestellten Teil des Romans. Aber zu dem

Zeitpunkt glaubte sie wahrscheinlich schon nicht mehr daran, dass ich das verdammte Ding jemals zu Ende bringen würde.

Die Kapitel veröffentlichte ich allerdings nicht auf meinem Blog. Stattdessen lud ich sie unter einem Pseudonym in einem beliebten Portal für Schriftsteller hoch.

In dieser Nacht ging ich voller Aufregung und Vorfreude zu Bett. So ähnlich hatte ich mich auch als Kind gefühlt, in der Nacht vor einem Angelausflug mit meinem Vater. Ich freute mich auf einen Tag voller Glück und Freude und am Ende Erfolg. Ich stellte mir vor, wie ich am Morgen aufstand, in aller Ruhe duschte, mich rasierte und mir die Zähne putzte, mir eine Tasse extrastarken Kaffee kochte, eine Zigarette anzündete und dann endlich die Seite mit meinem ersten Kapitel öffnete, wo ich nichts als überschwängliches Lob der Leser und Forderungen nach dem Rest des Buchs vorfinden musste.

Ich wachte etwa gegen Mittag auf und begab mich sofort zum Computer, noch bevor ich mir auch nur die Zähne geputzt hatte.

Nur zwei Seiten waren gelesen worden. Es gab keine Likes. Und nur einen Kommentar:

Ich konnte nicht zu Ende lesen, tut mir leid. Ich fürchte, das Schreiben ist nichts für dich.

In genau diesem Augenblick beschloss ich, das vermaledeite Ding fertigzustellen. Und sei es auch nur, um dieser Person den Mittelfinger zu zeigen. Ich rauchte eine halbe Schachtel Zigaretten und begann dann mit der Arbeit am nächsten Kapitel.

Nur, ich konnte nicht schreiben. Weder an dem Tag, noch am nächsten. Um ehrlich zu sein: Ich habe seitdem nicht eine einzige Zeile geschrieben.

Das lag nicht etwa daran, dass ich nicht gewusst

hätte, worüber ich schreiben sollte. Ich konnte mich nur einfach nicht konzentrieren. Ständig war ich abgelenkt durch Mitteilungen in sozialen Medien, Nachrichten aus Chaträumen, unsere Katze Boris (über sie berichte ich später noch), den kalten Luftzug im Zimmer, Yanna, die Fliegen, den pfeifenden Wasserkessel, meine leere Kaffeetasse, die Artikel und Blogbeiträge, die ich lesen musste, meine Schläfrigkeit, den Beginn meiner Lieblings-Fernsehserie in fünf Minuten, ein Hungergefühl, die Sucht nach einer Zigarette, der unbequeme Hocker, den ich kurz darauf durch einen nicht weniger unbequemen Schreibtischstuhl ersetzte, den ich im Ausverkauf erstanden hatte … Alles, was man sich nur vorstellen kann, lenkte mich vom Schreiben ab.

Dabei habe ich das Spiel noch nicht einmal erwähnt.

Ja, genau. Das Spiel. Das Spiel, das schon seit geraumer Zeit mein Leben geworden war.

Im Spiel hatte ich Yanna kennengelernt, und im Spiel verbuchte ich die größten Erfolge meines Lebens. (Nein, das ist kein Witz. Das glaube ich wirklich.)

Unser Clan hatte es in der Rangliste bis auf die Nummer 2 gebracht. Wir wurden im wahrsten Sinn des Wortes mit Neubewerbungen überschwemmt. Wir konnten uns die neuen Spieler aussuchen, die wir in den Clan aufnahmen, und genau das taten wir auch. Wir konnten schließlich nicht Hinz und Kunz mitmachen lassen.

In meiner Funktion als Stellvertreter des Clanchefs war ich für eine Menge Dinge verantwortlich. Was mich ziemlich viel Zeit kostete. Den Spielern mit Geld pflegten wir verschiedene Dienste im Spiel anzubieten. Das sicherte einen schwachen Strom an Einnahmen, sowohl für den Clan als auch für dessen Führung. Wenn man diese Summen allerdings in echtes Geld umrechnete, war es lachhaft.

In der letzten Nacht waren wir eifrig mit der

Untersuchung der neuen Updates beschäftigt gewesen. Die zu einem endlosen Frag-Fest aus Löschen und Wiederherstellen ausgeartet waren, während wir versucht hatten, den neuen Dungeon zu erobern. Dessen Boss wollte einfach nicht sterben. Die Luft im Voice Chat war vor lauter Flüchen ganz blau. Ein Angriff nach dem anderen fiel ins Leere und wir hatten noch immer nichts vorzuweisen. Aber wir gaben nicht auf, sondern versuchten es immer wieder. Nicht, dass es viel gebracht hätte.

Für viele von uns *war* das ihr Leben. Wir waren die typischen Hardcore-Computerfreak-Gamer, für die Leben, Erfolg und soziale Kontakte sämtlich in der virtuellen Realität stattfanden.

Im Spiel wurde jede unserer Handlungen sofort gemessen und belohnt – oder auch nicht belohnt, je nachdem -, und zwar mit greifbaren Leistungen wie Erfahrungspunkten, Gold, höheren Leveln, Ansehen und neuen Quests als Auszeichnung. Das machte die Beziehung zur Spielewelt einfach und logisch nachvollziehbar.

Das war wahrscheinlich der Grund, warum ich nur im Spiel ehrgeizig und motiviert war, aber nicht im wirklichen Leben.

Das war weiterhin der Grund, warum wir die Eroberung des Dungeon unbedingt noch in derselben Nacht abschließen mussten, bevor die anderen Clans davon Wind bekamen.

Nur schafften wir es nicht.

Als wir endlich aufgaben und das Treffen auflösten, war es bereits früher Morgen. Ich war gerade eingeschlafen, die letzte, nicht ganz geleerte Bierdose noch in der Hand, als Yanna aufstand.

Ich kannte mal jemanden, der gern auf die Unterschiede in der toleranten Umsichtigkeit zwischen Frühaufstehern und Nachteulen hinwies. Letztere sind ihren Frühaufsteher-Freunden gegenüber sehr viel rücksichtsvoller. Sie bringen sie zu Bett und sorgen für Ruhe nach 21:00 Uhr. Den Frühaufstehern allerdings fehlt diese Charakterfeinheit. Sie lieben nichts mehr, als eine friedlich schlafende Nachteule vor dem Mittag aus dem Bett zu treiben. Yanna war da keine Ausnahme.

„Hey, es ist Zeit, aufzustehen! Das Frühstück ist fertig! Du hast schon wieder die ganze Nacht gespielt, stimmt's?"

Sie schaltete den Fernseher ein, öffnete die Fenster und veranstaltete einen Höllenlärm in der Küche.

„Phil Panfilov, steh endlich auf, verdammt noch mal! Sonst komme ich zu spät zur Arbeit!"

Es war eines unserer Rituale, gemeinsam zu frühstücken. Es hatte zu einer Zeit begonnen, als wir lange, schlaflose Nächte miteinander verbracht hatten. Entweder mit Computerspielen oder mit Sex. Seitdem Yanna ihren Abschluss gemacht und einen Job gefunden hatte, waren unsere Tagesrhythmen nicht mehr miteinander kompatibel. Trotzdem frühstückten wir meistens noch immer zusammen.

Mein Kopf bemühte sich angestrengt darum, das nervenzerrend fröhliche Geplapper einer Waschmittelwerbung auszublenden. Ich musste das verfluchte Gerät stumm schalten, bevor es mir noch das Hirn zerriss.

Ohne die Augen zu öffnen, tastete ich nach der Fernbedienung und stellte leiser. Ich taumelte ins Badezimmer, drehte den Hahn auf, verbrannte mich am heißen Wasser, fluchte, drehte den Kaltwasserhahn auf, schüttete mir etwas Wasser ins Gesicht, putzte mir die Zähne und schaute in den Spiegel.

Eine ziemlich mitgenommene Kreuzung zwischen einem Goblin und einem Ork starrte mich an, die einmal zu oft gerespawned hatte.

Ich brauchte dringend eine Rasur. Vielleicht.

Irgendwann einmal.

Wir setzten uns an unseren kleinen Esstisch in der Ecke einander gegenüber. Ohne große Begeisterung mampfte ich ein Omelette und ging dann zu den Sandwiches über. Yanna trank ihren Kaffee und trug dabei geschickt ihr Make-up auf.

Ich erinnerte mich an unsere erste Begegnung. Ich hatte auf den Beginn eines neuen Raids gewartet. Zutiefst gelangweilt hatte ich beschlossen, mein Phönix-Reittier ein wenig auszuführen. Wir flogen gerade über Kalimdor, als ich auf einmal eine Priesterin auf einem niedrigen Level im lokalen Chat um Hilfe bitten hörte. Ihr Name war Healiann. Anscheinend hatte ein ekliger Tartar-Ganker sie verletzt. Da musste ich natürlich anhalten und ihm eine Lektion erteilen. Sie fügte mich ihrer Freundesliste hinzu. Ein paar Monate lang half ich ihr, ein Level nach dem anderen aufzusteigen. Schließlich unterhielten wir uns in einem Voice Chat. Dabei fanden wir heraus, dass wir in derselben Stadt lebten. Ich lud sie ein, sich unserem Clan anzuschließen. Und bei einem der von Alkohol beherrschten Treffen unseres Clans in der wirklichen Welt begegneten wir uns dann zum ersten Mal.

Yannas Stimme durchbrach die Stille. „Stehst du so sehr auf Blondinen?"

Was bitte sollte ich denn darauf antworten? Ich mochte Blondinen, das stimmte. Ich mochte aber auch Frauen mit dunklen Haaren, Rothaarige und Brünette. Als ich die Universität besuchte, war ich in dieses Mädchen verknallt gewesen, das sich die Haare blau gefärbt hatte. Später hatte sie sich den Kopf kahlrasiert. Ich hatte sie trotzdem nicht weniger geliebt.

Yanna war von Natur aus brünett, ging jedoch gerade durch eine Phase rabenschwarzer Haare.

„Die Haarfarbe ist mir egal", erwiderte ich. „Und andere Frauen kümmern mich nicht. Du bist die einzige Frau, die ich in den letzten … ähm … vier Jahren geliebt habe."

„Klar doch", grinste Yanna, offensichtlich nicht gerade überzeugt. „Und wer ist dann die Blondine in deinem Buch? Aber wenigstens scheinst du dich erinnern zu können, wie lange wir schon zusammen sind."

Ich verschluckte mich beinahe an meinem Schinken-Käse-Sandwich. Sie hatte recht. Die Hauptfigur in meinem Buch hatte sich tatsächlich in eine blonde Frau verliebt. Aber der Typ war schließlich nicht ich, verdammt noch mal!

Ich schluckte den Bissen hinunter und räusperte mich. „Nicht *ich* stehe auf Blondinen, sondern der Kerl im Buch. Der Hauptprotagonist."

Sie betrachtete mich mit verengten Augen. „Und was bitte macht ihn dazu?"

Sie hatte die Wimperntusche bisher nur auf einem Auge aufgetragen. Ihr Gesicht erinnerte mich an Two-Face von Gotham City. Nervös wippte sie mit dem Bein, bis ihr flauschiger Hausschuh durchs Zimmer flog. Das war eine ihrer Angewohnheiten.

„Nichts", gab ich zu. „Er ist einfach nur ein Protagonist. Ich habe das Buch nur deshalb in der Ich-Form geschrieben, weil mir das leichter fällt."

„Du bist ein Lügner! Glaubst du, ich sehe nicht, wie du rot wirst? Und schau dir deine Hand an – sie zittert."

Meine Hand zitterte, weil ich in der vergangenen Nacht zu viel Bier getrunken hatte. Allerdings hatte sie nicht ganz unrecht. Ich hatte tatsächlich gelogen.

„Nun, Herr *Schriftsteller*" – sie legte ihren gesamten Sarkasmus in dieses eine Wort – „ich muss jetzt los."

Mich traf eine schwere Wolke ihres Parfüms, erregend und widerlich süß. Sie drückte mir einen hastigen Kuss auf die Lippen, dann marschierte sie aus der Küche.

Kurz darauf schloss sich die Wohnungstür mit

einem Knall.

Ich starrte auf das Brot in meiner Hand. Hunger hatte ich überhaupt keinen mehr. Ich war müde.

Ich ließ den Kopf auf meine Arme sinken und studierte aus diesem Blickwinkel heraus die Ausmaße unserer winzigen Küchenecke. Der ganze Raum roch nach sparsamem Elend. Die Fliesen über der Küchenspüle bröckelten ab. Das monotone Geräusch des tropfenden Wasserhahns trieb mich fast in den Wahnsinn. Die Ofentür ließ sich nicht mehr schließen. Der gesamte Herd war braun verkrustet. Die niedrige Decke, grau-gelb von all dem Tabakrauch, hing trübsinnig über meinem Kopf.

Der Anblick weckte in mir den dringenden Wunsch, auf den vernachlässigten Balkon unserer Zweizimmerwohnung zu fliehen, das Geländer mit seiner abblätternden Farbe zu erklimmen und einfach dort zu sitzen, die Füße in der Luft baumeln zu lassen. Dann könnte ich mich abstoßen und hinunterspringen.

Ich stand auf, ließ die schmutzigen Teller auf dem Küchentisch stehen und betrat den Balkon.

Das grelle Sonnenlicht schmerzte in den Augen. Ich blinzelte und streckte meinen steifen Körper. Dann griff ich in meine Tasche und zog die Zigarettenpackung hervor.

Sie war leer. Ich fluchte und stieß einen tiefen Seufzer aus. Mittlerweile war mir alles egal. Das war wahrscheinlich der Nikotinentzug.

Ich lehnte mich gegen das Geländer und blickte auf die Straße, acht Stockwerke unter mir. Dort schimmerte eine tiefe Regenpfütze. Ihre stählerne Oberfläche spiegelte eine eilige Prozession weißer Schäfchenwolken am Himmel über mir wider.

Die Wolken teilten sich und gaben einen hellen Sonnenstrahl frei.

Er blendete mich. Ich kam mir beinahe so vor, als

würde ich gerade auf dem elektrischen Stuhl hingerichtet.

Alles verschwamm vor meinen Augen. Ich konnte nichts mehr sehen, bis meine Sicht plötzlich zurückkehrte. Teilweise. Jetzt tanzten auf einmal kleine helle Flecken in meinem Blick, die verdächtig wie Symbole und Zahlen aussahen.

Ich ließ mich auf einen wackeligen, alten Hocker fallen, wischte mir die Augen und blinzelte mehrfach, um die Illusion zu vertreiben.

Es reichte. Es war Zeit, nach draußen zu gehen und Zigaretten zu besorgen. Und Kaffee. Und nach meiner Rückkehr musste ich mich wirklich endlich daransetzen und dieses verfluchte Buch fertigschreiben.

Ich wurde das hartnäckige Gefühl nicht los, dass all meine Probleme ein Ende hatten, sobald ich das geschafft hatte.

Ich musste einfach nur dieses verdammte Buch abschließen.

Kapitel 2

Was zum Teufel ...?

„Wir können hier nicht bleiben, das ist Fledermaus-Land!"

Hunter S. Thompson, *Fear and Loathing in Las Vegas*

ICH GING VORSICHTIG, sprang über die Regenwasserpfützen in meinem Weg. Mein linker Turnschuh stand im Begriff, sich aufzulösen, aber ich war nicht in der Stimmung, ihn selbst zu reparieren. Und ich konnte es mir nicht leisten, ihn zum Schuster zu geben. Aus demselben Grund musste auch ein neues Paar Turnschuhe einstweilen warten. Wir hatten zu viele Rechnungen zu bezahlen. Miete, Strom, Wasser, Internet ... Und wir mussten Lebensmittel kaufen. Was mich betraf, so hätte ich ein neues Paar Schuhe vorgezogen, aber zum Glück verwaltete Yanna unser Geld.

Unser Hinterhof unterschied sich nicht groß von den anderen im Bezirk. Er war eine klassisch russische Katastrophe aus Schmutz, Schlamm und beschädigten Kantsteinen, umgeben von uneinheitlichen Fenstern und Balkonen mit abblätternder Farbe. Weggeworfene

Plastiktüten hatten sich in Ästen und Wäscheleinen verfangen, und der Abfall quoll aus den überdimensionierten Tonnen.

Ein paar Winter zuvor hatte die Stadtverwaltung ein paar Notreparaturen an geplatzten Wasserleitungen durchführen müssen (ebenfalls ein klassisch russisches Problem). Man hatte den gefrorenen Asphalt aufgehämmert, das Leck gestopft und alles mit einer Schicht Erde bedeckt. Die sich jetzt bei jedem Regen in einen schlammigen Sumpf verwandelte.

Es gab nichts, woran das Auge sich erfreuen könnte. Das einzig Positive waren die kleinen, grünen Knospen an den Bäumen. Sie symbolisierten das längst vergessene Versprechen der herannahenden Sommerferien aus der Schulzeit.

Der heruntergekommene Spielplatz in der Mitte war schon seit Langem zu einem Treffpunkt für die Betrunkenen der Gegend geworden. Einige von ihnen waren in meinem Alter und augenscheinlich als Teenager in ihrer Entwicklung stehengeblieben. Andere waren jünger – und ihre Botenjungen. Den Vorsitz über alle führte Yagoza, ein sehniger Mann unbestimmten Alters. Seine Haut war durch die Tätowierungen aus dem Gefängnis regelrecht blau verfärbt, und er trug meistens formlose Jogginghosen und ein grünes Che-Guevara-T-Shirt in der Größe eines Zeltes. In dieser Umgebung war er so etwas wie der kriminelle Experte.

Yagoza rauchte gerade eine Zigarette und trank Bier aus einer Dose.

Alle, die hier herumstanden, wirkten gelangweilt und vom Pech verfolgt. Selbst von meinem Standort aus konnte ich erkennen, dass sie auf etwas Stärkeres als Bier aus waren. Für diese Leute war Bier dasselbe wie für andere Wasser.

Einer von ihnen hing am Klettergerüst. Offensichtlich hielt er sich für einen Turner. Als er mich sah, sprang er herab und rieb die Hände gegeneinander. „Phil? Hi, Mann."

Die anderen warfen mir einen Blick zu und wandten sich dann wieder desinteressiert ihrem Bier zu.

Das war nicht gut. Ich hatte früher schon meine Probleme mit dem Typen gehabt. Er war unter dem Spitznamen Alik bekannt. Einmal war er mir den ganzen Weg vom Laden an der Ecke gefolgt. Damals war ich guter Stimmung gewesen. Ich hatte gerade einen netten kleinen Scheck von einem Auftraggeber erhalten, also hatte ich ein paar Lebensmittel besorgt, um das zu feiern. Alik hatte mich angesprochen, wir hatten uns unterhalten und ich hatte ihm ein Bier gegeben. Zu Hause angekommen hatte ich die Begegnung sofort wieder vergessen.

Er hingegen hatte nichts vergessen. Seitdem versuchte er, mich bei jeder Begegnung zu umarmen und ein Bier oder eine Zigarette von mir zu schnorren.

„Hi, Mann", erwiderte ich ohne große Begeisterung.

Er kam zu mir und schüttelte meine Hand, während er mir gleichzeitig den Arm um die Schultern legte und mir den Rücken klopfte. Dabei strich seine Hand über die Gesäßtasche meiner Jeans, als wollte er prüfen, ob ich Geld dabei hatte.

Erneut verschwamm alles vor meinen Augen. Ich sah ihm ins Gesicht, doch das schien irgendwie unscharf zu sein.

„Himmel, ist mit dir alles in Ordnung?", fragte er nüchtern, ohne eine Spur von Mitgefühl.

„Nicht ganz", antwortete ich. „Warte mal eine Sekunde." Ich rieb mir die Augen. Dann schaute ich ihn erneut an.

Endlich konnte ich sein Gesicht deutlich erkennen. Seine Augen waren umgeben von den dichtesten, längsten Wimpern, die ich bei einem Mann jemals gesehen hatte. Die waren mir vorher nie aufgefallen. Bevor ihm das Leben in die Quere gekommen war, musste er ein hübscher Junge gewesen sein.

Seine Gesichtshaut wies Pockennarben auf und war ölig. Seine Nase war schief und mindestens einmal gebrochen gewesen. Seine Zähne waren nikotingelb und seine Haare fettig ...

Und was zum Teufel war das?

Ich betrachtete ihn eingehender, rieb mir erneut die Augen, betrachtete ihn wieder.

Verwundert schaute sich Alik um. „Was'n los, Mann? Alles okay? Sag es mir! Was zum T...?"

„Nein, warte!" Ich hob die Hand, strich damit durch den Bereich über seinem Kopf.

Fühlen konnte ich nichts, doch ich sah es ganz deutlich!

Mir stockte der Atem. Ich konnte meinen Blick nicht von der großen Beschriftung in klaren, grünen Buchstaben losreißen, die über seinem Kopf schwebte:

Romuald „Alik" Zhukov
Alter: 28

Romuald? Seine Eltern besaßen wohl einen ziemlich perversen Humor. Wenn mein Name Romuald gewesen wäre, hätte ich meinen Kummer wahrscheinlich auch im Suff ertränkt.

„Heißt du Romuald?", fragte ich.

Er zuckte zusammen. „'Tschuldigung?"

„Dein richtiger Name ist Romuald, nicht wahr?"

„Ähm ... ja, aber ... Warte mal. Woher weißt *du* das denn?"

Ich antwortete nicht. Meine Gedanken stürmten umher wie eine Horde Wildpferde, die alles in ihrer Nähe zertrampelten.

Das war nicht real. Das konnte nicht real sein. Vielleicht war es eine aus einem Kater geborene Halluzination. Ich trank einfach zu viel, spielte zu viel und schlief zu wenig.

Ich konzentrierte mich auf die Beschriftung, die sich prompt wie ein Dropdownmenü aufklappte.

Romuald „Alik" Zhukov
Alter: 28
Derzeitiger Status: Arbeitslos
Level des sozialen Status: 4
Unklassifiziert
Unverheiratet
Vorstrafen: Ja

Die letzte Zeile blinkte rot. Ich konzentrierte mich darauf, in der Hoffnung, mein Blick würde mehr enthüllen. Doch das funktionierte nicht.

„Phil! Wach auf, Mann! Hallo?"

Die Mitteilung faltete sich wieder zusammen. Jetzt leuchtete nur noch die erste Zeile in der Luft.

„Tut mir leid", entschuldigte ich mich. „Ich war nur überrascht. Romuald ist ein ziemlich seltener Name, was?"

Er zuckte mit den Schultern. „Das war die Idee meines Vaters. Anscheinend hieß sein Großvater Romuald. Wieso?"

„Ich habe mich nur gewundert. Einen solchen Namen habe ich vorher noch nie gehört."

„Ja, ganz bestimmt nicht", stimmte er mit verdächtiger Freundlichkeit zu. „Hör mal … ich hab was zu tun. Wir sehen uns."

„Klar."

„Hast du eine Zigarette für mich?"

„Sind mir gerade ausgegangen, Mann."

Er stieß einen Seufzer aus, dann drehte er sich um und marschierte davon.

„Alik, warte!"

Er wandte sich mir wieder zu und streckte fragend das Kinn vor. „Was denn?"

„Wie alt bist du? Achtundzwanzig?"

Er nickte und machte sich vom Acker. Die Beschriftung schwebte weiter über seinem Kopf, wurde mit jedem Schritt kleiner, den er sich entfernte, bis sie am Ende ganz verschwand.

Ich wollte es nicht riskieren, ihm zu folgen, obwohl ich darauf brannte, herauszufinden, ob das bei den anderen ebenfalls funktionieren würde. Aber ich brauchte dringend eine Zigarette. Also überquerte ich den Hinterhof und ging zur Straße.

Auf dem Weg zum Laden richtete ich meine Blicke auf alles, das mir begegnete – Schaufenster, Verkehrsschilder, Autos und gelegentliche Passanten. Nichts passierte.

Wahrscheinlich hatte ich in der letzten Zeit einfach nur zu viel gespielt, das war alles.

Aber was war mit Aliks richtigem Namen? Den konnte ich doch unmöglich wissen, ebenso wenig wie sein Alter. Ich kannte den Typen schließlich kaum!

Noch immer tief in Gedanken versunken betrat ich das Geschäft, ging zur Kasse und hielt der Frau ein paar Münzen hin. „Eine Schachtel Marlboro."

Die Verkäuferin, eine Frau mittleren Alters – ein reifer Hammel, verkleidet als Lämmchen – unterhielt sich gerade eifrig am Handy, das sie sich zwischen Ohr und Schulter geklemmt hatte. Ohne die Unterhaltung zu unterbrechen, nahm sie mein Geld, zählte es, fischte nach Wechselgeld und legte es neben die Packung auf die Theke. Einen kurzen Augenblick lang trafen sich unsere Blicke.

Heilige Mutter Gottes! Jawohl!

Mit zitternder Hand nahm ich Wechselgeld und Zigaretten an mich, schob sie in meine Tasche und stürmte hinaus.

In dem Moment, in dem sie mir in die Augen geblickt hatte, war über ihrem Kopf eine Systemmitteilung erschienen:

Valentina „Valya" Gashkina
Alter: 38

Wieder auf der Straße, fluchte ich erst einmal herzhaft. Das war ziemlich dumm von mir gewesen, davonzulaufen! Ich ging wieder hinein und bot ihr mehr Geld an.

„Tut mir leid, Valentina. Ich habe vergessen, auch ein Feuerzeug zu kaufen."

„Ich rufe dich zurück", sagte sie ins Handy. Dann starrte sie mich verständnislos an.

Endlich entspannte sie sich sichtlich und griff nach einem Feuerzeug im Regal. Wahrscheinlich war sie zu dem Schluss gekommen, dass ich nur einer der Betrunkenen dieser Gegend war, die die Namen aller Alkoholverkäufer kannte.

Als sie sich wieder zu mir umdrehte, scrollte ich rasch durch die Mitteilung:

Valentina „Valya" Gashkina
Alter: 38
Derzeitiger Status: Verkäuferin
Level des sozialen Status: 9
Klasse: Händler. Level: 3
Witwe
Kinder: Igor, Sohn
Alter: 18
Ivan, Sohn
Alter: 11
Vorstrafen: Ja

Versuchte ich es also noch einmal. „Wie geht's, Valya? Was machen Igor und der kleine Ivan?"

In diesem Augenblick musste es ihr klargeworden sein. Das Feuerzeug noch immer in der Hand, starrte sie mich an und versuchte sich offensichtlich zu erinnern, wo wir einander bereits begegnet sein könnten.

Nicht bereit zuzugeben, dass sie jemanden nicht im Gedächtnis behalten hatte, der sie scheinbar gut kannte, antwortete sie schließlich: „Igor geht es gut, danke. Er steht kurz vor dem Abschluss seines zweiten Jahrs an der Uni. Ivan ist allerdings ganz anders als er. Er will einfach nichts lernen. Igor hat versucht, ihm Einsicht einzubläuen, aber Ivan hört nicht zu. Seit dem Tod seines Vaters ist er nicht mehr derselbe ..."

Sie hielt inne, offensichtlich überrascht von ihrer eigenen Indiskretion. Mit einem Seufzer überreichte sie mir das Feuerzeug. „Wenn ich fragen darf – woher kennen wir uns?"

„Wir sind uns mal bei Freunden über den Weg gelaufen", murmelte ich, nahm das Feuerzeug entgegen und verließ den Laden.

Ich eilte in Richtung einer schmalen Allee und schälte beim Gehen das Zellophan von der Zigarettenschachtel. Das zerknitterte Plastik warf ich in eine Abfalltonne, dann zündete ich eine Zigarette an und nahm einen tiefen Lungenzug.

Was für eine Art von Vorstrafe sie wohl hatte? Vielleicht hatte sie in die Kasse gegriffen?

Endlich erreichte ich die erste Bank, ließ mich darauf fallen und streckte meine schmerzenden Beine aus. Ich spürte, wie das Nikotin durch meine Adern strömte und mein Gehirn erreichte.

Etwas flackerte in meinem Augenwinkel. Ich richtete den Blick darauf und blinzelte. Eine Mitteilung erschien, wurde immer größer. Und diesmal ging es um mich.

Warnung! Du hast eine geringe Menge Giftstoffe erhalten!
Deine Vitalität ist um 0,00018 % gesunken
Derzeitige Vitalität: 69,31882 %.

Was meinten sie denn mit „Vitalität"? War das etwa dasselbe wie Gesundheitspunkte?

Ich rauchte meine Zigarette zu Ende und stellte mir dabei die ganze Zeit vor, wie ich mit jedem Zug 0,00003 % an Vitalität verlor. Es verdarb mir die Freude am Rauchen gründlich. Meine tief eingefleischte Spielsucht warnte mich vor jedem Verhalten, das als „Schaden über Zeit" oder Debuff eingestuft werden könnte. Es war reines Prinzip, dass ich trotzdem weiterrauchte.

Eine Sekunde mal – wie viel Leben hatte ich eigentlich noch übrig?

Ein roter Balken tauchte in meinem linken unteren Gesichtsfeld auf. Er war zu 69 % voll.

Wie bitte? Wo waren denn die verbleibenden 31 % meiner Vitalität abgeblieben?

Hatte ich jetzt gerade durch das Rauchen einer einzigen Zigarette etwa über 30 % Gesundheit verloren? Oder war das eine Art kumulative Wirkung? Was konnte ich denn um Himmelswillen getan haben, um ...?

Ich wusste genau, was ich getan hatte. Es waren all die schlaflosen Nächte, das ungesunde Essen, das Trinken, das Rauchen, ganz zu schweigen von den Umweltbelastungen. Es lag eigentlich auf der Hand.

Das konnte ich gerade noch verstehen. Was ich aber nicht verstehen konnte, war: Was zum Teufel passierte hier?

KAPITEL 3

DIE ERSTE QUEST

*„Wer bist du und warum sollte mich das
interessieren?"*

Futurama

SO VORSICHTIG ICH auch gewesen war, ich musste bei meinem Spaziergang dennoch ein paar Schuhe voll Regenwasser abbekommen haben. Diesmal erschien allerdings keine Systemmitteilung. Offensichtlich riskierte ich keinen durch Unterkühlung verursachten Debuff, so nass und elend ich mich auch fühlen mochte.

In meinem Kopf überschlugen sich die Gedanken. Verlor ich etwa gerade den Verstand? Waren das die ersten Anzeichen eines Gehirntumors? Oder einer Persönlichkeitsstörung? Sollte ich vielleicht zum Arzt gehen?

Ich zog an meiner dritten Zigarette und versuchte, mich an ein geeignetes Krankenhaus zu erinnern. Am Ende gab ich auf, googelte eine Liste der Hausärzte in der Gegend und vereinbarte einen Termin.

Danach fühlte ich mich ein wenig besser. Allerdings … wie sicher war ich mir denn überhaupt, dass die

Welt um mich herum tatsächlich *real* war? Verrückt, ich weiß. Aber was, wenn mit mir alles in Ordnung war und nur die Realität eine Störung hatte?

Der Zigarettenrauch, die Gruppe der Betrunkenen, die auf dem Spielplatz herumlungerten, meine nassen Füße und eine winzige Ameise, die meinen Arm hoch kroch – alles um mich herum schrie geradezu vor absoluter Authentizität.

Aber was war mit Amra und Mahan? Das waren meine beiden Lieblingshelden des LitRPG-Genres. Hatten sie nicht Ähnliches empfunden, als sie sich plötzlich versetzt fanden, der eine ins *Reich ohne Grenzen*, der andere nach *Barliona*? Zuerst hatte keiner von ihnen erkannt, dass er sich in Wirklichkeit in einer virtuellen Realität befand, weil alles um sie herum so echt erschienen war. Somit ergab mein Gedanke durchaus Sinn.

Um genau zu sein, konnte ich ebenso gut von Aliens entführt worden sein – oder von einem mysteriösen, mächtigen Unternehmen. Man könnte meinen schwächelnden Körper in eine VR-Kapsel gesteckt und mich hierhergeschickt haben. Warum? Keine Ahnung. Ich hatte mich niemals als etwas Besonderes betrachtet. Noch nicht einmal damals, als man mich in der Schule zum Klassensprecher gewählt hatte.

Trotzdem, ich könnte es ja mal ausprobieren, oder etwa nicht? Ich hatte schließlich in meinem Leben genügend Spiele gespielt, um Tatsachen und Fiktion voneinander unterscheiden zu können.

Mit der rechten Hand griff ich in meine Tasche und zog das Feuerzeug hervor. Die linke hielt ich vor mich, platzierte das Feuerzeug direkt darunter, klickte einige Male und löste einen Feuerstoß aus.

Ich hielt es nur wenige Sekunden aus. Ich war nie einer dieser masochistischen Typen gewesen, die sich in Selbstverstümmelung ergehen.

Autsch! Das tat weh!

Aus dem Nichts erschien eine Systemmitteilung und verblasste dann wie die Bilder einiger 3D-Filme:

Erlittener Schaden: 1 (Feuer)

Ich blies über meine versengte Hand. Schmerz war der perfekte Beweis der Realität dieser Welt. Ebenso wie meine verbrannte Haut. Aber die Systemmitteilung … Sie widersprach dem massiv.

Außerdem, was bitte sollte das denn heißen? *Erlittener Schaden: 1.* 1 von was? Wie viele Gesundheitspunkte besaß ich? Wo konnte ich meine Statistiken einsehen? Über welche Fertigkeiten verfügte ich? Was war mein sozialer Status? Entsprach er einem Spieler-Level? Und wie sollte ich hier Erfahrungspunkte sammeln?

Ich drehte meine Augen in alle Richtungen, suchte nach einer Benutzeroberfläche, aber da war keine. Ich sah keine Symbole, keine Schaltflächen oder Statusbalken. Der Gesundheitsbalken war der einzige, der noch immer in meinem Sichtfeld schwebte.

Ich blinzelte. Der Gesundheitsbalken glitt nach oben und verschwand.

Warte mal eine Sekunde! Ich blinzelte erneut. Sofort war der Balken zurück, lebensgroß und zweimal so hässlich wie zuvor. Er zeigte die Zahl 69,31792 %. Aha!

Ich konzentrierte mich auf die Zahl. Nichts geschah. Ich blinzelte erneut. Mit demselben Ergebnis.

Die Zahl ärgerte mich. Wenn ich doch bloß die Gesamtzahl meiner Vitalitätspunkte einsehen könnte! Prompt verschwand die Zahl und wurde durch eine neue ersetzt:

6.238/9.000

Wie, einfach so? Ich musste einfach nur daran denken?

Wie auch immer. Ich musste mich damit wirklich einmal gründlich befassen, Fertigkeiten, Statistiken, der ganze Kram. Aber zuerst einmal musste ich die ganzen ekligen Debuffs ergründen, die ich offensichtlich bereits erhalten hatte. Wie konnte ich mein Leben wieder auf die erforderlichen 9.000 bringen?

Allerdings, auch das konnte erst einmal warten. Leben, Erfahrungspunkte, all das. Zunächst hatte Priorität, herauszufinden, ob dies alles das wirkliche Leben war oder nicht.

Gerade hatte ich diesen Gedanken beendet, als über den Asphalt zu meinen Füßen ein Schatten fiel.

„Entschuldigen Sie bitte."

Ich schaute hoch. Ein alter Mann in merkwürdiger Kleidung mit einem Hut stand vor mir und starrte zu Boden.

Meine guten Manieren gewannen die Oberhand. Ich sprang auf. „Kann ich Ihnen helfen? Möchten Sie sich setzen?"

Ich warf einen Blick auf die Allee. Es gab jede Menge freier Bänke. Schließlich waren die meisten Leute noch bei der Arbeit.

„Ich danke Ihnen", sagte der alte Mann mit schwacher, lispelnder Stimme. „Das ist sehr nett von Ihnen. Der Grund, warum ich Sie angesprochen habe, ist der – ich kann nicht gut gehen. Aber ich muss jeden Tag einen Spaziergang machen. Also gehe ich zu dieser Allee und marschiere hier auf und ab, auf und ab. Dann bin ich gezwungen, mich zu setzen und die Zeitung zu lesen. Es ist nämlich sehr gut für den Geist, eine frische Zeitung zu l..."

Er hatte eine eigenartig steife Art zu sprechen. Fast wie ein Protagonist aus einem Buch. Ich nickte mehrfach, um ihm zu zeigen, dass ich ihn verstand, und versuchte die ganze Zeit, seinen Blick einzufangen, doch er wich mir aus, blickte stur auf den

Boden zu meinen Füßen.

Er trug leichte Sommer-Slipper, ein an den Ellbogen geflicktes, schäbiges Jackett und eine viel zu große, schlabberige Jeans, die ihm fast bis zu den Achselhöhlen reichte und von einem Gürtel mit einer funkelnden Schnalle aus Stahl gehalten wurde. Auf der Schnalle stand *Jamiroquai*. Ausgerechnet! Es sah verdächtig wie ein Osterei aus, das die mysteriösen Designer dieses flotten NPCs erdacht hatten.

Ich unterdrückte ein Kichern. Der alte Herr hielt inne und schaute mir überrascht direkt in die Augen.

Herr Samuel „die Ratte" Panikoff
Alter: 83

Ich hätte mich vor Lachen auf dem Boden wälzen können. Die *Ratte*? Ich betrachtete ihn näher, was eine Reihe weiterer Informationen auslöste.

Derzeitiger Status: Pensioniert
Level des sozialen Status: 27
Klasse: Büroarbeiter. Level: 8
Witwer.
Kinder: Natalia, Tochter
Alter: 54
Enkel: Max, Enkelsohn
Alter: 31
Vorstrafen: Ja

„Herr Panikoff? Wenn ich fragen darf …?"

Der alte Mann wandte den Blick ab und lispelte: „Sie haben Glück, dass wir uns nicht im Jahr 1936 befinden, junger Mann. Wenn Sie damals ein junger Mann auf der Straße mit Namen ansprach, konnte es nur eines bedeuten. Und zwar nichts Gutes. Ich war damals natürlich nur ein kleines Kind, aber ich habe eine Menge Geschichten über heimliche Verhaftungen gehört. Ich für meinen Teil muss mich entschuldigen, dass ich diese Höflichkeit nicht erwidern kann. Ich bin mir ganz sicher, ich kenne Sie nicht. Ich mag zwar alt sein, aber ich habe ein hervorragendes Gedächtnis sowohl für Namen als auch für Gesichter."

Der Kerl war definitiv ein Bot. Bots besaßen ein absolutes Gedächtnis, richtig? Andererseits hätte ein NPC niemals Erstaunen darüber gezeigt, von mir mit Namen angesprochen zu werden. Was dieser Typ getan hatte. Um genau zu sein, schien ihm das sogar großes Unbehagen zu bereiten.

„Haben Sie etwas dagegen, wenn ich mich setze?", fragte er.

„Ich heiße Philip", murmelte ich. „Aber Sie können mich Phil nennen."

„Nun denn, Phil ..." Der alte Herr setzte sich, nahm seinen Hut ab und glättete sein schütteres Haar. „Woher kennen Sie mich? Warten Sie einen Augenblick ... Ich hatte die Ehre, einen Kurs in Marxismus zu lehren. Wann war das doch gleich? Neunzehn ... neunzehnhundert ... irgendwann in den sechziger Jahren ...

„Bitte, mein Herr", unterbrach ich ihn. „Sie kennen mich wirklich nicht. Es ist nur so, ich habe Max getroffen. Er ist Ihr Enkel, nicht wahr? Seine Mutter Natalia hat mir eine Menge über Sie erzählt. Ich hege großen Respekt für Sie und Ihre Erfolge."

Das meinte ich ehrlich. Verglichen mit dem Alkoholiker Alik mit seinem mageren Level 4 und der wahrscheinlich diebischen Verkäuferin mit ihrem Level 9 hatte dieser Kerl Level 27 erreicht! Wenn das mal nicht eine reife Leistung war! Er musste verdammt viel Arbeit in das Erreichen seiner Level gesteckt haben.

Nur zu gern hätte ich mein eigenes Level erfahren. Aber wie sollte ich an diese Information kommen?

Der alte Mann entspannte sich sichtlich. Offenbar war er mit meiner Erklärung zufrieden. „Oh, das war gar nichts. Ich habe einfach nur meinem Land gedient. Zu der Zeit haben wir das alle getan. Nicht wie die jungen Leute heutzutage, die nichts lieber tun, als ins Ausland zu gehen. Mein Max denkt ebenfalls daran, zu emigrieren! Aber als ich in seinem Alter war …"

„Ich bin vollkommen Ihrer Meinung." Ich schlurfte mit den Füßen über den Asphalt und zündete mir eine neue Zigarette an. Inzwischen musste ich ziemlich dringend aufs Klo. „Es tut mir sehr leid, aber ich fürchte, ich muss jetzt gehen."

„Natürlich … Phil. Selbstverständlich." Er hielt inne und fuhr dann unsicher fort: „Der Grund, warum ich Sie angesprochen habe, ist der – ich kann nicht gut gehen. Aber ich muss jeden Tag einen Spaziergang machen. Also gehe ich zu dieser Allee und marschiere hier auf und ab, auf und ab …"

Verdammt! Also war er doch ein NPC! Selbst Chat-Bots sprachen natürlicher als er. Ich musste das unbedingt überprüfen.

„Entschuldigen Sie, mein Herr", unterbrach ich ihn. Ich wusste, das war nicht sehr höflich, aber wenn ich mich tatsächlich in einer virtuellen Realität befand, musste die Höflichkeit einfach warten. Ich musste der Sache auf den Grund gehen. „Wer war im Jahr 1941 Präsident der Sowjetunion?"

Er schüttelte so heftig den Kopf, dass ich beinahe Angst hatte, sein dürrer Hals könnte brechen. „Im Jahr 1941 gab es in der UdSSR keinen Präsidenten! Die Führung über das Land lag in den Händen von Kamerad Joseph Stalin, Generalsekretär des Zentralkomitees der kommunistischen Partei!"

Er war definitiv ein Bot. Und noch dazu ein ziemlich primitiver. Konnte ich ihm vielleicht noch andere Fragen stellen?

Ich hatte keine Zeit für einen gründlichen Turing-Test, also beschloss ich, zu improvisieren. „Darf ich Sie noch etwas fragen?"

„Ich habe es nicht eilig, mein lieber Phil."

„Trinken Sie lieber Brandy oder Wodka?"

„Wasser. Und vorher trank ich nur den besten Brandy, den ich ergattern konnte."

„Arsenal oder Real Madrid?"

„Was für ein Unfug! Die beste Fußballmannschaft diesseits des Atlantiks ist Zenith! Der feinste Club in Leningrad – oder, wie man es ja heutzutage nennt, St. Petersburg." Ganz klar artikulierte er den Namen der Stadt, dann brach er in das Lachen eines glücklichen Kindes aus.

„Bingo!", murmelte ich.

Er war echt. Kein NPC wäre zu solchen skurrilen Gedankengänge fähig gewesen.

Der alte Mann starrte mich an. „Was meinen Sie?"

Ich schenkte ihm ein strahlendes Lächeln. Das war also tatsächlich die wirkliche Welt. Und was noch besser war: Ich schien der Einzige hier zu sein, der im Besitz einer solch seltenen, nützlichen Fähigkeit war. Ich sollte ihm wirklich helfen. „Ist schon in Ordnung. Tut mir leid, dass ich Sie dauernd unterbreche. Was wollten Sie von mir?"

„Wie ich schon sagte, ich kann nicht gut gehen. Aber ich muss jeden Tag einen Spaziergang machen. Also gehe ich zu dieser Allee und marschiere hier auf und ab, auf und ab ..."

Was war das denn jetzt wieder? Das hatte er mir doch bereits zweimal erklärt! Er wiederholte immer wieder dieselben Sätze, wie eine Schallplatte mit einem Sprung. Oder eine Skriptvorlage mit einem Fehler.

„Tut mir leid, meine Gedanken schweifen ab", stoppte er sich plötzlich selbst. „Ich glaube, das hatte ich Ihnen bereits gesagt. Um es kurz zu machen: Manchmal werde ich dabei so müde, dass ich gezwungen bin, mich zu setzen und die Zeitung zu lesen. Es ist nämlich sehr gut für den Geist, eine frische Zeitung zu lesen. Ohne Zeitungen fühle ich mich ganz tot. Was für eine Art von Leben erwartet man denn einen alten Mann wie mich zu haben? Ich lese Zeitungen, um über das auf dem Laufenden zu bleiben, was in der Welt geschieht. Sportveranstaltungen finde ich besonders faszinierend. Leider habe ich ausgerechnet heute vergessen, die neueste Ausgabe des *Sport Express* zu kaufen, was ich sonst immer auf dem Weg hierher tue. Das bedeutet also, ich kann die Zeitung erst auf dem Weg nach Hause kaufen. Ich fürchte nämlich, ich bin nicht in der Lage, den ganzen Weg zurück zum Zeitungskiosk und dann wieder hierher zu gehen. Was bedeutet …"

„Was bedeutet, dass Sie jetzt nichts zu lesen bei sich haben."

„Sie sind sehr umsichtig. Deshalb wüsste ich es wirklich zu schätzen, wenn Sie mir die neueste Ausgabe des *Sport Express* besorgen könnten. Ich bezahle Sie dafür natürlich."

Sofort schoss eine große Systemmitteilung in mein Sichtfeld und verbarg die Hälfte meiner Umgebung.

Eine Quest!

Sport bringt die Welt zusammen
Herr Samuell Panikoff, pensioniert, bittet dich darum, ihm die neueste Ausgabe des Sport Express *zu besorgen, damit er sich auf seinem einsamen Spaziergang daran erfreuen kann.*
Erforderliche Zeit: 30 Minuten
Belohnungen:
Erfahrung, 10 Punkte
Ansehen bei Herrn Panikoff, 5 Punkte
Derzeitiges Ansehen: Gleichgültigkeit (0/30)

Und wie bitte sollte ich diese Aufgabe jetzt akzeptieren? Wo war die entsprechende Schaltfläche? Ich schaute mich überall um, doch da war nichts.

Also sagte ich einfach: „Kein Problem, mein Herr. Ich

besorge Ihnen die Zeitung. Bleiben Sie einfach hier sitzen."

„Ich werde mich nicht vom Fleck rühren", versprach er mit einem geheimnisvollen Lächeln.

Die Mitteilung verblasste.

Quest akzeptiert, sagte eine Stimme in meinem Kopf.

Irgendwo in der Peripherie meines Sichtfeld blinkte ein Ausrufezeichen. Ich konzentrierte mich darauf. Es öffnete sich eine Quest-Liste. Darin befand sich jedoch nur eine einzige Quest – diejenige, die ich gerade angenommen hatte.

Ich salutierte vor dem alten Mann, drehte mich um und beeilte mich, ihm seine Zeitung zu besorgen.

Das erste Mal seit Jahren fühlte ich mich in der wirklichen Welt ganz in meinem Element.

KAPITEL 4

DIE ALLIANZ UND IHR GROßER SIEG

„Ich hab da vielleicht was für dich."

Warcraft III

DEN WEG ZURÜCK zum Zeitungskiosk hüpfte und tänzelte ich. Was war doch gleich der Name des Spiels, in dem ich gelernt hatte, mich so zu bewegen? Wenn man nämlich hüpfte und tänzelte, erschwerte das dem Feind, einen anzuvisieren. Das wurde gefolgt von *Elder Scrolls III – Morrowind* mit seiner Akrobatik. Am Ende hatte ich es mir zur Gewohnheit gemacht, zu hüpfen, zu springen und zu tänzeln, wann immer ich in der virtuellen Realität unterwegs war. Und nachdem dies jetzt für mich ein Spiel *war*, konnte ich diese Art der Fortbewegung ja auch im richtigen Leben übernehmen, oder etwa nicht? Natürlich immer vorausgesetzt, dies *war* das richtige Leben. Und ich hatte nicht den Verstand verloren.

Unterwegs machte ich bei einem Schnellrestaurant Halt, wo ich schnell die Toilette aufsuchte. Das

33

verschaffte mir +2 % Zufriedenheit. Anschließend setzte ich meine Quest fort.

Während ich mir meinen Weg vorbei an Plakaten und den vielbeschäftigten Passanten suchte, die sich auf dem Gehweg tummelten, dachte ich weiter nach. Für den Abschluss dieser Quest konnte ich 10 Erfahrungspunkte erhalten. Was bedeutete, dass ich theoretisch auch ein höheres Level erreichen konnte. Die Beziehung zwischen Level und Status in der realen Welt war mir noch immer nicht klar. Herr Panikoff, der Rentner, war sehr viel weiter fortgeschritten als der arbeitslose Alik. Der wiederum physisch weitaus stärker war als der alte Mann. Ich konnte mich allerdings auch irren und der soziale Status hatte mit dem Level eines Spielers nichts zu tun.

Sagte ich gerade „Spieler"? Verzeihung – ich meinte natürlich Menschen.

Auf halbem Weg zum Zeitungskiosk verpasste die Realität mir einen grausamen, unerwarteten Schlag: Ich geriet außer Atem. Keuchend hastete ich weiter, in der Hoffnung, am Ende sowohl mein Durchhaltevermögen als auch meine sportlichen Fähigkeiten verbessern zu können.

Nach weiteren zwei Minuten erzwungenen schnellen Gehens begann mein Kopf zu dröhnen. Meine Zähne schmerzten, und in den Beinen spürte ich ein brennendes Gefühl. Ich japste, rang nach Atem und konnte einfach nicht genug Luft in meine Lungen pressen.

Das war doch verrückt! Was zum Teufel tat ich da? Warum musste ich denn unbedingt laufen? Dies war schließlich das reale Leben, um Himmelswillen! Was dachte ich mir bloß? Es gab hier weder Quests noch Level! Ich drehte wohl gerade durch …

Ich hielt an. Meine Lungen explodierten mit einem Anfall Übelkeit erregenden, Schleim produzierenden Hustens. Ich beugte mich über einen Abfallkorb und spuckte hinein. Dabei fiel mein Blick auf den widerlichen Inhalt. Ich würgte, musste mich übergeben und verteilte das arme Omelette und das bedauernswerte Sandwich über den vorher schon nicht sehr appetitlich aussehenden Müll.

Wütend betrachtete ich die neue Systemmitteilung, die vor meinen Augen erschienen war. Offensichtlich hatte meine Lebenskraft sich auf null reduziert und ich musste mich erst einmal ausruhen!

Die Mitteilung passte zu genau auf meine Situation, als dass ein Zufall hätte vorliegen können. Und sie kam zeitlich so sehr zum richtigen Zeitpunkt, dass sie unmöglich eine Halluzination sein konnte. Verdammt!

Mein Kopf ignorierte all meine Zweifel und stürzte sich begeistert auf die vertraute Welt der Spielestatistiken und -eigenschaften.

Mein Durchhaltevermögen musste wirklich absolut lachhaft sein. Wahrscheinlich sogar noch schlechter als das meines neuen Freundes, Herr Panikoff. Ich musste unbedingt Fortschritte erzielen. Bloß, wie stellte ich das an? Sollte ich vielleicht morgens joggen gehen? Oh, nein! Alles, bloß das nicht. Vielleicht konnte ich mich stattdessen auf Fortschritte bei der Intelligenz konzentrieren.

Nachdem ich wieder zu Atem gekommen war und die letzten Reste meines Frühstücks ausgespuckt hatte, zündete ich mir eine Zigarette an. Eine weitere Systemmitteilung informierte mich prompt über den Debuff durch Giftzufuhr, den ich gerade erhalten hatte. Unterstützt wurde es durch einen langsam ansteigenden Schadenszähler.

Es war mir egal. Ich musste einfach diesen ekligen Geschmack im Mund loswerden.

Dann ging ich weiter, nun erheblich langsamer.

Sobald ich die Zeitung gekauft hatte, erschien in meinem Sichtfeld eine neue Mitteilung: Ich hatte den Gegenstand meiner Quest erhalten. Ich blätterte durch die Seiten, fand allerdings nichts Besonderes an der Zeitung. Wie gut, dass er mich nur gebeten hatte, ein einziges Exemplar zu besorgen und nicht gleich ein Dutzend, was die NPCs, die Quests an Spieler verteilten, normalerweise gern machen.

Ich grinste, als ich darüber nachdachte. *Herr Panikoff möchte, dass du ihm zehn Weisheitszähne von örtlichen Straßengangstern bringst ...* Das wäre doch mal eine Quest!

Ich dankte der Zeitungsverkäuferin (Level 5; *Frau Zinaida Nikolaeva, Alter: 60*) und kehrte zu dem alten Herrn zurück.

Herr Panikoff war noch immer da. Er saß in derselben Haltung auf der Bank, wie er sie eingenommen hatte, als ich aufgebrochen war, blinzelte in die Sonne und summte etwas. In der Nähe gurrten und flatterten ein paar Tauben.

„Herr Panikoff ...“

„Ah! Phil, mein Freund!“ Der alte Mann nahm die Zeitung entgegen, hielt sie sich vor die Nase und atmete tief ein.

Ich wechselte von einem Fuß auf den anderen und wartete geduldig auf den Abschluss der Quest.

„Ich liebe den Geruch frischer Zeitungen“, erklärte der alte Mann. „Er hat etwas *Bezauberndes* an sich. Hier ist Ihr Geld, vielen Dank. Ich weiß Ihre Hilfe wirklich zu schätzen!“ Er hielt mir eine Handvoll Kleingeld hin, das er wohl zusammengeklaubt hatte, während ich unterwegs war.

Ich nahm das Geld und wartete auf die Systemmitteilung. Nichts geschah. Ich betrachtete das Geld in meiner Hand, dann den alten Mann mit der Zeitung. Nichts.

Er schlug die Zeitung auf. „Gütiger Himmel! Ich kann es nicht glauben! Manchester ist voller Überraschungen!“

„Warum, was haben sie denn gemacht?“, fragte ich

mechanisch.

Die Abwesenheit einer Mitteilung über den Abschluss der Quest beunruhigte mich. Könnte ein Fehler vorliegen? Ich konzentrierte mich auf das Ausrufezeichen, das sich auch öffnete, jedoch nur ein leeres Dropdown-Menü enthüllte.

Die Quest war doch erledigt, oder etwa nicht? In diesem Fall, wo waren meine Erfahrungspunkte? Wo war mein schwer verdientes Ansehen?

„Was sie gemacht haben?", wiederholte er. „Sie sind gerade englischer Meister geworden, das haben sie gemacht! Genau das habe ich neulich Valiadis erklärt! Ich habe gesagt, Manchester City, das ist eine Mannschaft, die man nicht unterschätzen darf! Guardiola ist ein echtes Genie. Und ausgesprochen zäh. Mit ihm würde ich mich nicht anlegen. Er trainiert das Team."

Er schaute von der Zeitung auf und warf mir einen erwartungsvollen Blick zu. Das brachte seine Namensbeschriftung über seinem Kopf wieder in mein Blickfeld.

Jawohl!

Herr Samuel „die Ratte" Panikoff
Alter: 83
Derzeitiger Status: Pensioniert
Level des sozialen Status: 27
Klasse: Büroarbeiter. Level: 8
Witwer.
Kinder: Natalia, Tochter
Alter: 54
Enkel: Max. Enkelsohn
Alter: 31
Vorstrafen: Ja
Ansehen: Gleichgültigkeit (5/30)

Es hatte funktioniert! Unsere glorreiche Allianz

hatte eine weitere Schlacht gewonnen!

Wenn ich Ansehenspunkte erworben hatte, musste ich mir auch Erfahrungspunkte gesichert haben. Irgendwo waren die versteckt. Ich musste wirklich dringend herausfinden, wie ich sie überwachen konnte.

Ich nickte. „Sie haben völlig recht, mein Herr."

„Um genau zu sein, mein Freund ..." – die Stimme des alten Mannes wurde kraftvoller, und er lispelte auch nicht mehr – „ich rate Ihnen, sich den Namen gut zu merken. *Valiadis.* Er ist ein sehr kluger Mensch. Eines Tages werden Sie vielleicht noch glücklich darüber sein, dass Sie sich an ihn erinnern."

Ich nickte wieder, ohne zu verstehen, was er mir damit sagen wollte. Eine neue Mitteilung, die ich vorher gar nicht bemerkt hatte, trat deutlicher hervor.

Dein Ansehen bei Herrn Samuel „die Ratte" Panikoff hat sich verbessert!
Derzeitiges Ansehen: Gleichgültigkeit (5/30)

Aha! Anscheinend folgte dieses Spielsystem den üblichen Regeln. Was bedeutete, die Haltung von jemandem mir gegenüber konnte auf einer Skala zwischen Hass und Verehrung liegen. In diesem besonderen Fall würde meine Beziehung zu Panikoff, sobald ich 30 Ansehenspunkte verdient hatte, von Gleichgültigkeit zu Freundlichkeit wechseln, gefolgt von Respekt, Hochachtung und schließlich Verehrung. Jedes dieser Stadien hatte wiederum seine eigene Skala zwischen 0 und der Anzahl an Punkten, die erforderlich waren, um das nächste Level zu erreichen, wie hoch diese auch immer war. Je höher das Ansehen, desto mehr Punkte musste ich verdienen, um ein weiteres Level aufzusteigen.

Und sollte mein Ansehen bei Panikoff aus irgendwelchen Gründen unter 0 sinken, würde es sich in Abneigung verwandeln, über Feindseligkeit bis hin zu Hass.

Gefühle aus der wirklichen Welt wie Liebe und Freundschaft fehlten allerdings auf dieser Skala. Verfügten diese Emotionen etwa auch über ihre eigenen, sorgfältig kalibrierten Balken?

Nun gut, falls das alles keine Halluzination war, geboren aus der Überforderung meines Gehirns, hatte ich viel Zeit, genau das herauszufinden.

Ich hätte mich gern von dem alten Mann verabschiedet, doch der war unempfänglich für seine Umgebung und völlig versunken in seine Sportnachrichten. Na, egal. Ich sagte ihm trotzdem auf Wiedersehen und machte mich eilig auf den Weg nach Hause.

Ich hätte ihn nach seinem Spitznamen fragen sollen. *Die Ratte* ... Stammte der Spitzname vielleicht aus seiner Zeit im Gefängnis? Möglich war das. Er könnte ohne weiteres während Stalins Säuberungsaktionen nach dem Krieg verhaftet worden sein.

Zurück zu Hause zog ich die nassen Turnschuhe aus, die Socken und auch die Hose, die bis zu den Knien feucht geworden war. Ich stopfte alles in die Waschmaschine und stellte die Turnschuhe draußen auf den Balkon zum Trocknen in der Sonne.

Ich gesellte mich dazu, indem ich es mir auf dem wackeligen Hocker gemütlich machte und mir eine weitere Zigarette anzündete. Ich tendierte zum Kettenrauchen, wenn ich nervös oder aufgeregt war. Am Tag danach war mir dann immer schlecht, was mich überlegen ließ, mit dem Rauchen aufzuhören. Das hielt jedoch immer nur ein paar Tage an. Sobald mein Körper sich von den giftigen Substangen befreit hatte, kam die Nikotinsucht unweigerlich zurück und das Spiel begann von vorne.

Ich zog heftig an der Zigarette und betrachtete meine Turnschuhe. Wenn das tatsächlich ein Spiel war -

welchen Status hatten dann wohl meine Schuhe?

Wahrscheinlich war es etwas wie:

Ein skandalöses Paar schäbiger Unglücks-Turnschuhe
Attraktivität: -9
Beweglichkeit: -6
Langlebigkeit: 3/60

Wie bescheuert ich doch war! Im Spiel verbrachte ich zehn bis zwölf Stunden damit, ein Stück virtuelle Ausrüstung upzugraden, während ich im wirklichen Leben zu faul dazu war, ein Paar körperlich sehr greifbare Schuhe zu ersetzen!

Ich gähnte. Es war schon fast Mittag. Ich sollte mich wirklich daran machen, die Wohnung aufzuräumen, zu putzen und das Abendessen auf dem Tisch haben, wenn Yanna zurückkehrte. Dann konnte ich mich dem Raid anschließen und endlich den neuen Dungeon erobern.

Ich drückte die Zigarette aus, stellte den Wecker auf 16:00 Uhr und legte mich ins Bett.

Beim Einschlafen wurde mir klar, dass ich eigentlich gar kein so großes Interesse an dem Raid hatte. Aus irgendeinem Grund war ich überhaupt nicht in Stimmung für das RPG. Stattdessen schien meine Spielsucht sich zunehmend auf das wirkliche Leben zu konzentrieren.

* * *

ALS DER WECKER schrillte, war ich schweißgebadet. Mein Körper schmerzte. Der Geschmack in meinem Mund erinnerte mich an die Latrine in Orgrimmar. Boris, die Katze, bearbeitete meinen Brustkorb mit ihren Pfoten, zur Erinnerung an ihre Essenszeit.

Ich hatte Boris auf der Straße aufgelesen, zu einer Zeit, als die Top-Gilden der Welt sich gerade erst über Illidan herzumachen begonnen hatten. Ich hatte ihn – sie – nicht einmal richtig betrachtet. Damals war es nur ein pudelnasser Ball roter Pelz gewesen. Ich hatte den Ball nach Hause gebracht, in der Küche auf den Boden gesetzt und ihm eine Untertasse mit Milch angeboten. Das Kätzchen hatte sich sofort darüber hergemacht. Während es schleckte, hatte ich mir einen Namen überlegt: Boris.

Eine gewisse Zeit später informierte einer meiner Freunde mich netterweise darüber, dass mein Boris überhaupt kein Boris war.

„Hey, er ist eine Sie!", hatte er mir erklärt.

Ich weiß noch immer nicht, warum er unbedingt Boris' Hinterteil hatte untersuchen müssen. Hatte er etwa einen Katzenfetisch?

Denn welche Rolle spielte schon das Geschlecht einer Katze?

So hatte ich gedacht. Aber ich hatte mich gewaltig geirrt.

Im nächsten Frühjahr war mein Boris komplett durchgedreht. Sie schrie mit einer grässlich schrillen Stimme und verlangte nach einem Partner, während sie unruhig in der Wohnung herumlief, den Hintern in die Höhe gestreckt. Es hatte einer umgehenden Handlung bedurft - sie sterilisieren zu lassen.

Als ich dann Yanna kennengelernt hatte, eine ultimative Hundeliebhaberin, hatte Boris' Leben eine Wendung zum Schlechteren erfahren. Denn Yanna besaß einen Chihuahua namens Boy. Boy fasste sofort eine tiefe Abneigung zu Boris, ein Gefühl, das auf die gleiche Weise erwidert wurde.

Lange Zeit hatte Yanna versucht, mich dazu zu überreden, Boris loszuwerden. Ihrer Meinung nach waren Katzen absolut nutzlose Lebewesen. Sie verloren Haare, kosteten Geld für Futter und Katzenstreu und machten sich heutzutage nicht einmal mehr die Mühe, Mäuse zu fangen. Unter dem Strich bedeutete das für sie, dass es keinen Grund gab, sie im Haus zu haben. Als ich im Gegenzug die nützlichen Eigenschaften von Boy infrage stellte – ich hatte darauf hingewiesen, dass es in der heutigen Zeit ziemlich ungewöhnlich war, von Haustieren zu erwarten, dass sie selbst für ihren Lebensunterhalt sorgten –, war Yanna ernsthaft beleidigt. Das war eine unserer ersten Auseinandersetzungen gewesen.

Das Problem hatte sich auf natürliche Weise gelöst. Eines Tages gingen wir aus und ließen beide Tiere allein zu Hause. Boris' Katzenklo stand auf dem Balkon, also ließen wir die Balkontür offen.

Ich habe keine Ahnung, wie es passieren konnte. Jedenfalls schaffte es der kleine Chihuahua irgendwie, sich aus dem achten Stock in den Tod zu stürzen. Bei unserer Rückkehr fanden wir seinen zerschmetterten Körper unter dem Balkon. Yanna war am Boden zerstört. Ich borgte mir von den Kindern nebenan eine Spielzeugschaufel und vergrub Boy auf dem unbebauten Grundstück hinter der Reihe der Gemeinschaftsgaragen.

Seitdem kannte Yannas Hass Boris gegenüber keine Grenzen. Sie weigerte sich, irgendetwas für die Katze zu tun. Es war somit mir vorbehalten, sie zu füttern und ihr Klo zu säubern.

Die Katze musste bemerkt haben, dass ich wach war. Sie miaute und verlangte nach Aufmerksamkeit. Ich stieg aus dem Bett und streckte mich. Meine Gelenke kreischten ihren Protest. Nach dem Lauf zum Zeitungskiosk am Morgen tat jeder Muskel in meinem Körper weh.

Die Erinnerung an den merkwürdigen Morgen kehrte zurück. Ich kämpfte vergebens damit, die Realität von dem Traum zu unterscheiden, den ich gerade gehabt hatte.

Ich griff mir Boris und schaute ihr tief in die Augen. Jawohl!

Boris. Eine weibliche Katze
Alter: 9
Derzeitiger Status: Haustier
Eigentümer: Philip Panfilov

Einen Augenblick mal – und was war mit ihrem Level? Mit ihrem sozialen Status? Das ergab keinen Sinn!

Ich versuchte, mich stärker zu konzentrieren. Ich erwartete, dass die Mitteilung sich dadurch erweiterte, doch Boris sprang zu Boden, schüttelte sich und begann sich zu putzen. Dabei warf sie beleidigte Blicke in meine Richtung.

Trotzdem musste ich in diesem geheimnisvollen Spielsystem den richtigen Klick ausgelöst haben, denn es erschien eine neue Zeile in den Statistiken meines Haustiers:

Beziehung: Verehrung 10/10

Verehrung? Ganz sicher nicht!

Meine Lippen verzogen sich zu einem glücklichen Grinsen. „Boris, ich liebe dich auch!"

Es war also doch kein Traum gewesen. Mein Ansehen bei Boris befand sich beim Maximum. Geil, was?

Ich schaltete den Fernseher ein und suchte nach einem Musiksender. Dann nahm ich Boris hoch und tanzte mit ihr mit Walzerschritten zur Küche.

Dort löffelte ich eine großzügige Portion Katzenfutter in Boris' Napf und begab mich ins Badezimmer, um mich präsentabel herzurichten. Das war kein Spiel, Herr Panfilov. Hier wuschen sich die Leute tatsächlich.

Ich duschte, putzte mir die Zähne, rasierte mich,

trocknete mich ab, zog saubere Unterwäsche, eine Hose und ein T-Shirt an und kehrte in die Küche zurück.

Ich öffnete den Kühlschrank und betrachtete seinen Inhalt. Schließlich musste ich entscheiden, was ich zum Abendessen kochen würde. Wir hatten noch ein paar rohe Hähnchenschenkel übrig, ein paar Kartoffeln und einen Bund Gemüse. Ich könnte Hühnersuppe machen. Das würde gleich für den nächsten Tag reichen. Es wurde wirklich Zeit, einzukaufen.

Ich legte die Hähnchenschenkel in einen Topf, fügte Wasser hinzu und stellte alles auf den Herd, gerade als der Wasserkessel kochte. Ich häufte einen großzügigen Löffel löslichen Kaffee in eine Tasse, gab Wasser und Zucker dazu, rührte um und ging auf den Balkon hinaus.

Zu dieser Zeit hatte Boris ihre Mahlzeit bereits beendet und sich entschlossen, mir Gesellschaft zu leisten.

Ich trank meinen Kaffee, rauchte und dachte nach. Die mittlerweile vertraute Systemmitteilung informierte mich über den erhaltenen Nikotin-Debuff. Meine Vitalität schien sich insgesamt jedoch verbessert zu haben. Wahrscheinlich hatte es etwas damit zu tun, dass ich ein wenig geschlafen hatte und mein Körper zumindest einen Teil des Alkohols vom Vortag losgeworden war. Noch immer war mein Vitalitätsbalken allerdings nicht voll. Stattdessen steckte er bei 73 % fest.

Was zum Teufel geschah nur gerade mit mir? Und warum? Ich musste wirklich herausfinden, was da los war. Und ich musste versuchen, dieses verrückte System zu durchschauen.

Theorien hatte ich verschiedene, doch keine davon erschien mir überzeugend genug. Unentschlossen versuchte ich eine Weile, auf meine eigenen Statistiken zuzugreifen. Die könnten mir wenigstens einen

Anhaltspunkt liefern.

Endlich entdeckte ich ein kleines Symbol, oben rechts, beinahe außerhalb meines Sichtfeldes. Ich richtete den Blick darauf und riskierte dabei, mir die Augäpfel zu verrenken.

Es funktionierte. Daneben erschien ein weiteres Symbol.

Das erste Symbol schien eine Liste meiner Buffs zu sein. Oder vielmehr Debuffs. Ich sah einen großen, roten Buchstaben, „N", umgeben von Qualmwolken.

Eine Zeitkontrolle über dem ersten Symbol zählte die Sekunden rückwärts:

116:31 ... 116:30 ... 116:29

Ein Ausrufezeichen schwebte in mein Sichtfeld:

Nikotinsättigung
Dein Körper ist mit Nikotin gesättigt. Dein Stoffwechsel ist um 15 % beschleunigt. Warnung! Dein Blut enthält große Mengen an Kohlenmonoxid!
+3 Zufriedenheit
+2 Kraft
-1 Durchhaltevermögen
-1 Intelligenz
-1 Wahrnehmungsfähigkeit

Das zweite Symbol war ein schwarzer Buchstabe, „K". Es berichtete über die erhaltene Koffeinstärkung und meldete mir +2 Zufriedenheit und +10 Stoffwechsel und verbesserte, allerdings nur geringfügig, Kraft, Konzentration und Reaktionszeiten.

Blöd war nur, dass ich nichts hatte, womit ich diese Zahlen vergleichen konnte. Über wie viel Durchhaltevermögen verfügte ich insgesamt? Wenn das bei 100 Punkten lag, war ein Punkt Abzug keine große Sache. Aber wenn die Gesamtzahl 10 Punkte waren, fügte ich meinen Statistiken mit meinem Rauchen jedes Mal einen verdammt großen Schaden zu!

Tief in Gedanken versunken kehrte ich in die Küche zurück und schälte die Kartoffeln, während das Huhn vor sich hin köchelte. Ich musste all die Jahre über wahnsinnig gewesen sein. Wer, der voll bei Verstand ist, fügte sich schon selbst einen ständigen Debuff zu? Denn genau das war es, was ich mir mit all dem Rauchen antat.

Ich beendete das Kartoffelschälen, trank meinen Kaffee aus und machte mich daran, die Wohnung aufzuräumen.

Wahrscheinlich war es besser, Yanna nichts von all dem zu erzählen. Wenigstens einstweilen.

KAPITEL 5

LEBENSZEICHEN

„Das Leben durchbricht stets die Grenzen der Formeln. Eine Niederlage mag sich als der einzige Weg zur Wiederauferstehung erweisen, trotz ihrer Hässlichkeit."

Antoine de Saint-Exupéry, *Flug nach Arras*

ICH HATTE NOCH immer ein bisschen Zeit vor Yannas Rückkehr. Die Suppe war fertig. Ich hatte alles aufgeräumt und geputzt, den Abfall nach draußen gebracht und eine neue Ladung Wäsche in die Waschmaschine gestopft. Nachdem ich den Haushalt damit erledigt hatte, konnte ich endlich etwas arbeiten.

Vorausgesetzt, ich hatte Arbeit.

Ein Hausmann, der einen Hungerlohn verdiente und vom zusätzlichen Gehalt seiner Frau abhängig war, die acht Jahre jünger war als er … Es fühlte sich unbehaglich an. Es war nicht so, als ob es mich noch niemals zuvor gestört hätte. Aber bisher hatte ich mein schlechtes Gewissen immer unterdrücken können. Ich war schließlich ein Künstler – ein Schriftsteller. Und unser Clan war die Nummer 2 auf allen Servern! Und wenn man Yannas und mein Einkommen über die

Jahre einmal miteinander verglich, stand fest, dass ich immer ein klein wenig mehr verdiente als sie. Nicht viel, aber doch.

Heute tröstete mich das allerdings aus irgendeinem Grund überhaupt nicht. Man musste sich mich ja nur anschauen – fadenscheinige Jeans, verblasstes T-Shirt, mein einziges Paar Turnschuhe fiel auseinander … Wie sollte sich denn Yanna dabei fühlen, wenn sie ihre Entscheidung nüchtern betrachtete, die besten Jahre ihres Lebens ausgerechnet mit *mir* zu verbringen?

Ich setzte mich an meinen Computer. Mein Spielclient steckte voller Nachrichten von meinen Clan-Kameraden. Allerdings hatte ich weiterhin Wichtigeres zu tun.

Ich überprüfte meinen E-Mail-Posteingang und betete, es würden ein paar neue Aufträge darunter sein. Ich arbeitete mich durch die mehr als einhundert E-Mails, die im Laufe der vergangenen zwei Tage aufgelaufen waren. Das meiste davon war Spam. Diese E-Mails löschte ich, ohne sie auch nur zu lesen. Es war nichts darunter, das ich gebrauchen konnte. Es war wirklich grauenhaft, was Leute alles so verschickten.

Etwas war merkwürdig. Vor nur wenigen Stunden hätte es mich gefreut, keine neuen Aufträge vorzufinden. Das bedeutete nämlich, ich konnte mich ohne schlechtes Gewissen im Spiel anmelden. Und jetzt war ich aus genau diesem Grund enttäuscht.

Ich entschloss mich, ein paar der Websites für Freelancer zu besuchen und nach privaten Nachrichten Ausschau zu halten. Doch da war nichts. Niemand schien versucht zu sein, meine große Bandbreite an Dienstleistungen in Anspruch zu nehmen, darunter: „Das Schreiben präziser und wortgewandter Artikel für Websites, Pressemitteilungen, Reden, Berichte und Werbematerialien." Ob meine ziemlich hohen

Verdienstvorstellungen wohl alle abgeschreckt hatte?

Ich lachte leise in mich hinein. Ich war ein Idiot. Wirklich. Ich hatte meine hohen Vergütungssätze damit gerechtfertigt, dass ich ein versierter Schriftsteller war. Kein simpler Student, sondern jemand mit reicher Lebenserfahrung. In Wirklichkeit war ich einfach nur unwillig gewesen, tatsächlich zu arbeiten, zu vorsichtig, eine echte Anstrengung zu riskieren. Einen Auftrag anzunehmen bedeutete schließlich, ich müsste hart arbeiten, schreiben und meine schwer erkämpften Worte wieder und wieder neu schreiben und überarbeiten.

Was zugegebenermaßen ziemlich langweilig war. Außerdem hatte ich ein Computerspiel zu spielen. Heute allerdings wünschte ich mir, das wäre nicht der Fall.

Ich nahm mein Handy und scrollte durch meine Kontakte. Vielleicht hatte ja einer der Leute auf meiner Liste einen Auftrag für mich.

Schließlich rief ich Ivan an. Er arbeitete in einer Werbeagentur, die mich manchmal damit beauftragte, einen Blog-Artikel zu schreiben. Mit falscher Fröhlichkeit fragte ich ihn, ob er zufällig etwas für mich zu tun hätte.

„Ich glaube nicht", antwortete er ohne eine Spur von Begeisterung. „Momentan haben wir selbst keine Kunden. Diese verdammte Rezession! Aber ich halte dich auf dem Laufenden. Danke für dein Interesse."

Natürlich. Wenn eine Rezession herrschte, mussten alle an allen Ecken sparen. Und Leute wie ich waren die ersten, die das zu spüren bekamen.

Die Luft im Raum roch noch immer nach den schwer verdauten Ambitionen, die mir vor zehn Jahren so verlockend erschienen waren. Obwohl sie sich heute durch meine reiche Psyche hindurchgekämpft und der Welt gegenüber als ein kompletter Haufen Scheiße erwiesen hatten.

Und Yanna würde die Erste sein, die die Ankunft dieses Haufens Scheiße erlebte.

Ich ging den Rest meiner Kontaktliste durch, ohne noch jemanden anzurufen. Ich traute mich einfach nicht, hatte Angst vor weiteren Zurückweisungen. Außerdem hasste ich es, andere Leute in die unbehagliche Situation zu bringen, „Nein" zu mir sagen zu müssen.

Die nächste Stunde verbrachte ich damit, überall meine Jobprofile zu aktualisieren. Ich wählte einige meiner besten Arbeiten aus und lud sie in meine verschiedenen Portfolios hoch und gab mir Mühe, diese ansprechend zu gestalten. Anschließend erwähnten meine Profile nur noch zwei Dinge: Meine Erfahrung und meine Fähigkeit, auch unter Zeitdruck arbeiten und dringende Fristen einhalten zu können. Letztere Fähigkeit hatte ich mir durch Hardcore-Raids erworben, bei denen die Stoppuhr mitlief.

Das alles brachte mich zum Nachdenken. Freelancer zu sein war ja schön und gut – aber sollte ich nicht vielleicht doch überlegen, einen festen Job anzunehmen? Zur Abwechslung konnte ich ja einmal versuchen, ein normales Leben zu führen. Zur selben Zeit aufstehen wie Yanna, gemeinsam frühstücken, das Haus verlassen, zur Arbeit in ein Büro fahren und dann am Abend mit einem reinen Gewissen nach Hause zurückkehren …

Eine regelmäßige Gehaltszahlung könnte mir helfen, wieder auf die Füße zu kommen und ein wenig Selbstachtung zu erringen. Womöglich gewann ich sogar ein paar Freunde unter meinen Kollegen. Grundsätzlich also – warum nicht?

Ich wühlte mich durch ganze Berge hochbetagter Dateien, bis ich meinen alten Lebenslauf gefunden hatte. Ich aktualisierte ihn ein wenig, fügte ein neues Foto und ein frisches Portfolio hinzu. Dann googelte ich eine Seite für Stellenanzeigen und meldete mich an.

Das Spiel konnte ich eine Weile vernachlässigen. Die Raids auf Dungeons konnten warten. Es machte zugegeben richtig Spaß, im wirklichen Leben zu versuchen, ein höheres Level zu erreichen.

Nachdem ich das erledigt hatte, ging ich auf den Balkon und zündete mir eine Zigarette an. Die neue Mitteilung über den Debuff, den ich mir damit zufügte, schloss ich sofort. Das war mir inzwischen schon beinahe zur Gewohnheit geworden.

Meine Lippen verzogen sich zu einem Lächeln. Ich war mehr als zufrieden mit mir selbst und meiner Entscheidung.

Die untergehende Sonne färbte den Horizont violett. Im Hof unten hallten die Stimmen von Kindern wider und aus einem Fenster drangen die dröhnenden Takte eines Disco-Hits aus dem Jahr 1992. Ein Schwarm Tauben veranstaltete unten einen Wirbel.

Der Klang zerbrechenden Glases und Yagozas wütendes Fluchen bereiteten der friedlichen Atmosphäre ein Ende. Einer seiner Laufburschen hatte gerade eine volle Flasche Alkohol fallen lassen.

Ich hörte einen Schlüssel in der Tür. Yanna war zurück. Ich drückte die nicht fertig gerauchte Zigarette aus und ging hinein, um sie zu begrüßen.

Sie kam vollbeladen mit Einkaufstüten durch die Tür. Sie musste auf dem Weg von der Arbeit eingekauft haben.

Wie peinlich! Ich nahm ihr die Tüten ab und gab ihr einen herzlichen Kuss. Den sie ohne große Begeisterung erwiderte.

„Hi!", sagte ich.

„Hi. Was ist los? Warum hast du dich rasiert? Und warum sitzt du nicht am ...?" Sie unterbrach sich.

Ich wusste genau, was sie meinte. Normalerweise schlief ich entweder, wenn sie nach Hause kam, oder saß an meinem Computer, die Kopfhörer aufgesetzt.

Ich zuckte mit den Schultern. „Es ist nur ... Du hast

mir gefehlt."

Ich trug die Tüten in die Küche und packte alles aus. Dabei musste ich die ganze Zeit daran denken, was ich in der Beschriftung gelesen hatte, die über ihrem Kopf schwebte:

Yannina „Yanna" Orlova
Alter: 24
Derzeitiger Status: Anwältin
Level des sozialen Status: 8
Klasse: Büroarbeiter. Level: 3
Verheiratet
Ehemann: Philip Panfilov
Kinder: Keine
Ansehen: Freundlichkeit 5/60

Nur Freundlichkeit? Und bloß 5 Punkte?

Ach, egal. Das komische Spielsystem schien so etwas wie „Liebe" schließlich gar nicht in seiner Ansehensskala aufzuführen. Trotzdem …

In diese Gedanken versunken deckte ich den Tisch. Wie witzig – Yanna war die erste Person heute, die keine Vorstrafen zu haben schien.

Sie hatte sich bereits umgezogen, die Bürokleidung abgelegt, und ließ sich jetzt auf den Küchenhocker nieder. „Wie war dein Tag?"

„Gut. Ich habe die Wohnung geputzt und aufgeräumt, mich nach einem richtigen Job umgeschaut und meinen Lebenslauf im Portal Headhunter.com hochgeladen."

„Oh, du Armer! Du hast die Wohnung geputzt! *Und* deinen Lebenslauf hochgeladen! Du musst ja völlig erschöpft sein!"

Ich starrte auf die neue Systemmitteilung.

Ich verstand sie einfach nicht.

Dein Ansehen bei Yannina „Yanna" Orlova hat sich

verringert!
Derzeitiges Ansehen: Abneigung 25/30

Ich schien recht gehabt zu haben – es war ein standardmäßiges System für die Bewertung des Ansehens im Spiel. Momentan war mir das allerdings herzlich egal.

Abneigung? Aber wieso denn das? Was hatte ich bloß angestellt?

Eine heiße Welle Blut stieg in meinem Gesicht auf. Meine Ohren brannten.

Ich schluckte, versuchte, das alles zu verstehen, dann schaute ich sie an. Yannas unfreundlicher Blick bohrte geradezu Löcher in mich hinein. In ihren Augen war kein bisschen Liebe.

Ich sprach langsam, wog dabei jedes Wort ab und bemühte mich, ruhig zu erscheinen: „Ich weiß, wie du dich fühlen musst. Es tut mir leid. Du hast hart arbeiten müssen, während ich hier zu Hause rumgehangen habe und schlafen konnte, nachdem ich nachts meine Computerspiele gespielt habe. Du musstest sogar den schweren Einkauf schleppen. Ich weiß das alles, und ich habe eine Entscheidung getroffen. Keine Computerspiele mehr. Keine Raids mehr. Ich werde mir einen anständigen Job suchen."

„Meinst du das ernst?", rief sie mit geheucheltem Erstaunen aus. „Das wurde aber auch Zeit!"

„Ja, ich meine das ernst. Außerdem habe ich heute auch meine Vergütungssätze als Freiberufler gesenkt. Vielleicht verschafft mir das mehr Aufträge, während ich mich nach einer festen Stelle umschaue."

„Du steckst ja voller Überraschungen! Hast du etwa auch dein Buch abgeschlossen?"

„Nein, das habe ich nicht. Dazu hatte ich keine Zeit. Um ehrlich zu sein ... Es ist möglich, dass ich es überhaupt nie fertig schreibe ..."

Ich schwankte, aber auf seltsame Weise fühlte ich

mich auch erleichtert. Das erste Mal in meinem Leben hatte ich gesagt, was ich wirklich dachte, anstatt immer nur Ausreden vorzubringen.

Yanna hob die Augenbrauen. „Ist irgendetwas passiert?"

Oh, ja, es war definitiv etwas passiert. Davon würde ich ihr allerdings nichts erzählen. Sie würde mir ohnehin nicht glauben und stattdessen bloß denken, sie hätte die ganze Zeit mit einem Verrückten zusammengelebt.

„Es ist alles in Ordnung", entgegnete ich. „Iss jetzt." Sie lachte.

Wir aßen schweigend, jeder mit seinen eigenen Gedanken beschäftigt. Ich hatte keine Ahnung, worüber sie sinnierte. Ich grübelte über die Tatsache nach, dass ich gerade eine zahlenmäßige Bestätigung von Yannas Entfremdung erhalten hatte, die sie schon bei einigen Gelegenheiten erwähnt hatte.

Nach dem Abendessen begab sie sich ins Schlafzimmer. Ich spülte das Geschirr und genehmigte mir eine weitere Zigarettenpause. Dann ging ich zu ihr und setzte mich neben sie aufs Bett. Wir mussten uns unbedingt unterhalten, die Dinge offen aussprechen.

Sie lag auf dem Bett, als wäre ich gar nicht da, lauschte der Musik aus ihren Ohrhörern und scrollte durch ihren Instagram-Feed.

Ich betrachtete die Mitteilung, die über ihrem Kopf schwebte.

Yannina „Yanna" Orlova
Alter: 24
Ansehen: Abneigung 25/30

Dann erschien eine Systemmitteilung:

Dein Ansehen bei Yannina „Yanna" Orlova hat sich verringert!

Derzeitiges Ansehen: Abneigung 20/30

Ich streckte die Hand aus, um sie zu berühren, wollte irgendetwas sagen. Eine neue Mitteilung blinkte über der ersten auf:

Dein Ansehen bei Yannina „Yanna" Orlova hat sich verringert!
Derzeitiges Ansehen: Abneigung 15/30

Ich sprang auf und rannte aus dem Zimmer, noch bevor sie ihrer Abneigung Ausdruck verleihen konnte.

Sie konnte nicht einmal meine Nähe ertragen!

In den nächsten Stunden lief ich wie ein eingesperrtes Tier in der Wohnung herum, rauchte, trank Kaffee, rauchte noch mehr Zigaretten, kochte noch mehr Kaffee. Gelegentlich befragte ich Google zu spontanen virtuellen Realitätsstörungen (genau so etwas hatte ich ja ganz offensichtlich) oder las Seiten über Seiten zur Beratung bei Eheproblemen.

Sollte ich mich jetzt doch am Raid auf den Dungeon beteiligen? Oder meinen Termin beim Hausarzt vorverlegen? Ich meldete mich im Spiel an. Allerdings war ich nicht bei der Sache, sondern überprüfte alle paar Minuten meinen Posteingang, in der Hoffnung auf neue Jobangebote per E-Mail.

Um es auf den Punkt zu bringen: Ich war gerade dabei, durchzudrehen. Mein Gehirn war überladen. Ich stand im Begriff, Yanna zu verlieren.

Mein Posteingang im Spiel quoll über mit privaten Nachrichten. Ich verstand die Verwunderung meiner Clan-Kameraden sehr gut. Der Raid hatte längst begonnen, sie konnten sehen, dass ich mich angemeldet hatte, aber ich schloss mich ihnen nicht an. Mein Avatar stand erstarrt wie ein Vollidiot mitten in der Hauptstadt des Spiels.

Ich hatte nicht bemerkt, dass Yanna aus dem

Schlafzimmer gekommen war, jetzt hinter mir stand und mich beobachtete, wie ich das Spielinterface anstarrte.

Die neue Systemmitteilung allerdings bemerkte ich sehr wohl.

Dein Ansehen bei Yannina „Yanna" Orlova hat sich verringert!
Derzeitiges Ansehen: Feindseligkeit 20/30

„Hast du mir nicht gerade versprochen_ ‚*Keine Computerspiele mehr*‘?", fauchte sie böse hinter meinem Rücken. „Und ‚*Keine Raids mehr*‘? Ja – das sehe ich. Du bist ein Arschloch, genau das bist du! Ich glaube, ich habe jetzt endgültig genug."

Ich drehte mich nicht um. Es war sinnlos. Wenn eine Beziehung erst einmal den Zustand der Feindseligkeit erreicht hat, bedeutete das, der andere würde nicht einmal mehr mit einem reden. Was auch immer ich sagte, es würde alles nur noch verschlimmern.

Sie knallte die Schlafzimmertür zu. Ich saß da, hörte, wie sie ihre Sachen packte und mit jemandem telefonierte. Ihre Stimme klang so freundlich, fast flirtend, und … glücklich. Ich konnte kaum glauben, dass das dieselbe Person war, die gerade ihre Wut über mich ergossen hatte.

Ich zog meine schäbigen Unglücks-Turnschuhe an, nahm mein Handy, die Zigaretten, das Feuerzeug, die Geldbörse und die Wohnungsschlüssel, stopfte alles in einen Rucksack und verließ die Wohnung, so wie ich war, bekleidet nur mit Shorts und einem verblichenen T-Shirt (*Ausstrahlung: -1; Langlebigkeit: 2/20*).

Aus irgendeinem Grund begab ich mich zum baufälligen Pavillon in der Mitte des Spielplatzes, setzte mich auf den Boden und starrte das flackernde Licht über der Haustür an. Alles verschwamm vor meinen

Augen.

Ohne diese verfluchte Mitteilung über mein Ansehen bei Yanna wäre ich wahrscheinlich in die Wohnung zurückgekehrt und hätte mich bei ihr entschuldigt, so wie schon viele Male zuvor. Ich hätte versucht, alles zu erklären, und sie um Verzeihung gebeten. Möglicherweise hätte das zu einem unserer die ganze Nacht anhaltenden, lauten Streitgefechte geführt, bei denen ich versuchte, den Arm um sie zu legen, während sie mich kratzte und anschrie, ich solle meine Drecksfinger bei mir behalten. Und dann, wenn die Sonne endlich aufging und unser Hausmeister, ein Immigrant aus Tadschikistan, der kaum ein Wort Russisch sprach, draußen mit dem Fegen des Hausflurs begann, kam die Versöhnung. Wir hatten nämlich eine Absprache – niemals im Streit zu Bett zu gehen.

An jedem anderen Tag hätten wir uns also am Ende geküsst und wieder Frieden geschlossen. Besiegelt mit wütendem, verzweifeltem, geilem Sex, beherrscht von nur einem Gefühl: Wir beide wurden eins, vereinigt in unserer Leidenschaft.

Diesmal allerdings wusste ich, wir waren am Ende angekommen.

Es war keineswegs über Nacht gekommen. Welche Gefühle auch immer Yanna anfangs für mich gehegt hatte – ob Liebe, Freundschaft oder Verehrung –, sie waren verblasst, jeden Tag einen Punkt gesunken, bis der Zähler heute bei 0 angekommen war. Sie hatte keine Liebe oder Freundschaft mehr für mich übrig. Da war nicht einmal mehr ein Hauch Respekt mir gegenüber. Und was Verehrung betraf ... Nun, die konnte ich gleich ganz vergessen.

In der Ferne kam ein Jeep heran und hielt vor dem Haus. Ein junger Kerl stieg aus. Yanna trat aus dem Haus. Er nahm ihr den Koffer ab und verstaute ihn im Kofferraum. Die beiden tauschten eine Umarmung und einen Kuss. (Auf die Wange!) Dann öffnete er Yanna die Beifahrertür, sie stieg ein und der Wagen fuhr davon.

Aus den Schatten heraus tauchte eine Gestalt auf. „Brauchst du was zu trinken?"

Abrupt schaute ich auf. Es war Alik.

Er musste meinen starren Blick als Zustimmung gewertet haben, denn er bot mir eine Dose Bier an.

Ich leerte sie in einem Zug bis zur Hälfte. Prompt erschien eine neue Systemmitteilung, die mich über ein Nachlassen von sowohl Beweglichkeit als auch Wahrnehmung informierte, verbunden mit einem leichten Anstieg in Selbstvertrauen und Ausstrahlung.

Er hielt mir das Feuerzeug hin, zündete sich dann selbst eine Zigarette an. „Nicht den Kopf verlieren, Mann. Wass'en los?" Er deutete mit einer Kopfbewegung in Richtung der Haustür.

„Nichts." Ich nahm einen tiefen Zug aus meiner Zigarette. Dann fügte ich wider besseres Wissen beim Ausstoßen des Rauchs hinzu: „Meine Frau hat mich gerade verlassen."

Dein Ansehen bei Romuald „Alik" Zhukov hat sich verbessert!
Derzeitiges Ansehen: Freundlichkeit 5/60

Ich lachte, lachte lauter und lauter, bis es in einen hysterischen Anfall ausartete.

Freundlichkeit – von einem Penner! Lag es etwa daran, dass ich ehrlich zu ihm gewesen war? Oder an den Bieren und Zigaretten, die wir miteinander geteilt hatten?

Wie auch immer, in gewisser Weise war es saukomisch. Vor nur wenigen Stunden hatte das System mir bei meiner Frau, der Liebe meines Lebens, mit der ich durch dick und dünn gegangen war, denselben Grad an Ansehen gemeldet, den ich bei diesem Straßengauner besaß, mit dem ich kaum jemals ein paar Worte gewechselt hatte.

Wäre das alles ein Spiel, hätte ich wahrscheinlich vermutet, dass ich über eine Art Verstärker für das Ansehen oder ein Premium-Konto verfügte, das einen raschen Aufstieg beim Ansehen versprach. Und wäre das tatsächlich der Fall ...

Alik ignorierte meinen hysterischen Anfall und klopfte mir herzlich auf die Schulter. „So was passiert. Sie hat dich verlassen. Na und? Du kannst sie zurückgewinnen, wenn du es nur wirklich willst. Bleib locker, Mann!"

„Ja, vermutlich", erwiderte ich geistesabwesend. Mir war gerade ein anderer Gedanke gekommen.

Ein Ansehens-Verstärker ... Warum eigentlich nicht? Denn wenn das so wäre, dann ...

Mein Kopf dröhnte. Immer derselbe Ausschnitt aus einem Song spielte sich darin ab, wieder und wieder.

„... wie kann ich es beschreiben,
die Fernseh-Shows, die in meinem Gehirnkasten laufen?
Welt, ich bin zurück.
Pass bloß auf!
Du wolltest meinen Kopf.
Tja, Pech gehabt.
Ich zeige Lebenszeichen!"[1]

Ich konnte Yanna zurückgewinnen.

Jetzt hatte ich mich genug in Selbstmitleid gewälzt. Genug Zeit verschwendet.

„Danke für das Bier, Mann!" Ich schüttelte Alik die Hand. „Und für den guten Rat. Ich mache einen Spaziergang. Ich brauche frische Luft."

---

[1] Ein Auszug aus dem Song *Signs of Life* (Lebenszeichen) des führenden russischen Rappers Oxxxymiron

Dein Ansehen bei Romuald „Alik" Zhukov hat sich verbessert!

Derzeitiges Ansehen: Freundlichkeit 10/60

„Ich kann dich begleiten, wenn du möchtest", bot er an.

War es der Alkohol? Oder der Ansehens-Verstärker? Das musste ich unbedingt herausfinden. Und zwar schnell.

„Das nächste Mal, Mann." Ich gab ihm die halb volle Bierdose zurück und verließ den Pavillon.

Ich ging zur Straße und bewegte mich schnell, stopfte mir die Kopfhörer in die Ohren und steckte den Stecker in mein Handy. Ich suchte Musik aus und begann zu joggen, atmete tief die Luft der Frühlingsnacht ein, mit ihrem Duft nach frühen Blüten, knospenden Blättern und Autoabgasen.

Ich suchte mir meinen Weg zwischen den Passanten, sprang über Regenwasserpfützen, rannte an geparkten Autos und Wohngebäuden vorbei, Häuserblock um Häuserblock. Nur gelegentlich stoppte ich, um Atem zu schöpfen.

Es begann zu regnen. Ich joggte weiter, fing dabei die Regentropfen mit offenem Mund auf und wischte mir die Stirn mit den Ärmeln des T-Shirts ab.

Ich hielt erst an, als ich die Stadtgrenze erreicht hatte. Meine Turnschuhe waren völlig durchnässt. Meine Lungen brannten. Meine Beine drohten, unter mir nachzugeben.

Ich hatte keine Ahnung, wie lange ich gelaufen war. Der Regen hatte längst wieder aufgehört. Der Himmel wurde heller. In nahen Häusern hörte ich Hunde bellen.

Und ich? Nun, ich grinste wie ein Honigkuchenpferd!

Dein Durchhaltevermögen hat sich verbessert!

Durchhaltevermögen: +1
Derzeitiges Durchhaltevermögen: 4

Ich legte meinen Rucksack am Bordstein ab, setzte mich und griff nach meinen durchweichten Zigaretten. Ich nahm mir Zeit, eine anzuzünden und sie zu rauchen, dann zündete ich die nächste Zigarette am Stummel der ersten an.

Gereinigt durch meinen Lauf in der Nachtluft, nahmen meine Lungen und mein Blut die neue Dosis Nikotin gierig auf. Sie stieg mir sofort in den Kopf. Meine Beine fühlten sich schwach an. Neue Mitteilungen über erlittene Debuffs strömten herein. Dennoch rauchte ich weiter, versuchte dabei, mich genau zu erinnern, wie es sich anfühlte. Der widerliche Geschmack, die schlaffen Muskeln …

Ich kämpfte mich wieder auf die Füße, stolperte zum nächsten Abfallkorb und zerdrückte die wenigen verbliebenen Zigaretten in der Schachtel. Dann warf ich sie in den Abfalleimer und ließ das Feuerzeug folgen.

Kapitel 6

Neues Level

„Man könnte behaupten, alles sei real, wenn man nur daran glauben kann, dass niemand seine Nichtexistenz bewiesen hat!"

J. K. Rowling, *Harry Potter und die Heiligtümer des Todes*

SPÄTER KONNTE ICH MICH kaum noch daran erinnern, wie ich nach meinem nächtlichen Lauf wieder nach Hause gekommen war. Ich war die Straßen der Stadt entlang marschiert und hatte irgendwann ein illegales Taxi angehalten, das früh unterwegs war. Ich musste im Auto eingeschlafen sein und wusste noch dunkel, dass ich in meinen Taschen nach Kleingeld gesucht hatte. Ich hatte nicht genug bei mir, um den Fahrer zu bezahlen. Weiter erinnerte ich mich noch daran, wie ich mich aus den nassen Klamotten geschält und sie einfach auf den Fußboden im Schlafzimmer fallen gelassen hatte. Dann war ich auf dem Bett zusammengebrochen und hatte mein Gesicht in Yannas Kissen gepresst.

Kurz bevor ich weggedöst war, war mir noch eingefallen, dass ich den Wecker auf 9:30 Uhr stellen musste, da ich um 11 Uhr den Termin beim Arzt hatte.

Als der Wecker klingelte, wollte ich gerade die Schlummertaste drücken, als mir der Termin wieder in den Sinn kam. Ich schoss aus dem Bett.

Nun, „aus dem Bett schießen" ist wahrscheinlich ein wenig übertrieben. Ich war tatsächlich aufgesprungen, dann jedoch über dem Bett wieder zusammengebrochen. Diagnose: Ein akuter Anfall von Philitosis!

Mein Körper schmerzte, als ob ein gemeiner Zauberer gleich mehrere Bannsprüche gegen mich gerichtet hätte, die mir jeweils einen Schaden über Zeit zugefügt hatten. Anschließend musste er mich wiederholt unter einer Dampfwalze geplättet und mich anschließend einer Herde sibirischer Mammuts in den Weg geworfen haben.

Ich versuchte, mich ganz langsam zu bewegen, und schaffte es irgendwie ins Bad, wo ich unter die Dusche stieg. Vorsichtig berührte ich meinen schmerzenden Körper, der sich nach dem Marathon der vergangenen Nacht absolut tot anfühlte. Nach einer ebenso vorsichtigen Rasur und einem sanften Kitzeln mit der Zahnbürste fühlte ich mich geringfügig besser.

Meine Brust ächzte vor Verlust. Ich vermisste Yanna unbeschreiblich. Ich vermisste ihre Stimme und ihr ungeduldiges „Das Frühstück ist fertig!" Immer wieder zuckten meine Hände in Richtung meines Mobiltelefons, von dem verzweifelten Wunsch getrieben, sie anzurufen.

Dennoch zwang ich mich dazu, genau das zu unterlassen. Ich war noch nicht bereit für eine Wiederannäherung, ebenso wenig wie sie. Wenn ich sie jetzt anrief, würde ich nur alles komplett ruinieren.

Um mich abzulenken, beschloss ich, in Stärke zu leveln. Ein paar Rumpfbeugen und Liegestütz sollten doch eigentlich ausreichen.

Himmel, wie sehr ich mich überschätzt hatte! Ich

schaffte ein paar halbherzige Rumpfbeugen, doch der Schmerz in meinen Beinen war einfach zu viel, und meine knirschenden Knie brachten mich beinahe um.

Und was die Liegestütze betraf ... Nun, in dem Augenblick, in dem ich versuchte, die Arme zu beugen, gaben sie unter mir nach und ich landete unsanft auf dem Fußboden. Zum Glück diente mein Bauch als Puffer.

Ich kochte mir einen Kaffee und ging hinaus auf den Balkon. Mechanisch griff meine Hand nach den Zigaretten, fand jedoch keine.

Anders als bei all den Malen zuvor, wenn ich versucht hatte, mit dem Rauchen aufzuhören, traf es mich diesmal jedoch nicht so tief. Falls ich überhaupt etwas spürte, war es Erleichterung. Ich stand auf dem Balkon, atmete tief die frische Luft in meine Lungen und spülte alles mit heißem, starkem Kaffee hinunter.

Nachdem ich mir meinen Koffein-Buff geholt hatte, zog ich saubere Kleidung an und eilte zur Praxis des Hausarztes. Ich hatte noch immer ein wenig Geld auf dem Konto. Das sollte für den Termin und hoffentlich auch alle Tests reichen, die der Doktor gegebenenfalls für erforderlich hielt.

Was er – oder vielmehr, sie – tatsächlich tat. Die Ärztin, eine hübsche Blondine, die angesichts meiner ausschweifenden Geschichte keine Miene verzog, stellte mir eine lange Reihe von Fragen. Dann schickte sie mich zu einer Kernspintomografie meines Gehirns. Die ein Vermögen kostete.

„Sobald Sie damit fertig sind, kommen Sie zurück in meine Praxis und zeigen mir die Bilder“, erklärte sie. „So wie Sie Ihren Zustand beschreiben, könnte das alles Mögliche sein. Aufgrund der Symptome allein kann ich keine Diagnose stellen.“

Ich betrachtete die Systemmitteilung über ihrem Kopf. „Danke, Olga. Ich soll also zurückkommen, sobald ich die Bilder habe?“

„Genau."

„In Ordnung. Oh, eines noch – Sie sind sehr hübsch."

Mit einem unterdrückten, verlegenen Lächeln deutete sie auf die Tür.

Aber klar doch … Sie konnte mir die Tür weisen, so oft sie wollte. Das System durchschaute, was sie tatsächlich empfand.

Ich lächelte zurück und marschierte hinaus. Das Lächeln lag noch immer auf meinem Gesicht, während ich mir die Systemmitteilung durch den Kopf gehen ließ, die ich gerade erhalten hatte.

Dein Ansehen bei Olga „Lola" Shvedova hat sich verbessert!
Derzeitiges Ansehen: Gleichgültigkeit 5/30

Das System kam gleich zur Sache. Noch fünf weitere Komplimente, und wir wurden vielleicht sogar Freunde.

Ich hatte Glück. Die Praxis hatte ihre eigene Ausrüstung für Kernspintomografien. Das sparte mir den Weg ins nächste Krankenhaus. Ich musste zwar warten, bis ich an der Reihe war, aber das machte mir nichts aus. Die Pause konnte ich gut gebrauchen. Schließlich musste ich nachdenken und überlegen, was ich als Nächstes unternehmen sollte.

Gleichzeitig nutzte ich die Zeit, um meine Gesundheitspunkte zu überprüfen. Sie schienen geringfügig zugenommen zu haben. Der Balken stand nun bei 73,17102 % und stieg weiter. Das war die beste Antiraucherkampagne, die ich jemals zu Gesicht bekommen hatte.

Anscheinend musste ich, um Yanna zurückzuholen, zuerst ihre Liebe gewinnen – und ihren Respekt. Das war keine Frage davon, ob ich mit ihr zusammen sein wollte oder nicht. Ich brauchte sie einfach. Auch wenn im Laufe unserer vier gemeinsamen Jahre meine anfänglichen Gefühle für sie ein wenig nachgelassen hatten – meine Liebe für sie war immer nur stärker geworden.

Und was die Aufgabe betraf, ihren Respekt zu gewinnen ... Ich war ja kein Experte, was Frauen betraf, aber ich wurde das nagende Gefühl nicht los, dass diesmal reine Versprechungen und Liebeserklärungen nicht genug sein würden. Natürlich konnte ich herausfinden, wo sie sich jetzt aufhielt. Ihr Blumen an ihre Arbeitsstelle schicken. Sie mit SMS-Nachrichten bombardieren, sie in den sozialen Medien verfolgen, sie ständig anrufen, sie mit Rosenblüten überschütten und in einer Reality-Fernseh-Show ihre Vergebung erflehen.

Das alles würde nicht funktionieren. Vielleicht hatte es einmal eine Zeit gegeben, in der das gereicht hätte. Doch die war vorbei.

Hegte sie noch irgendwelche Restgefühle für mich? Ja, vielleicht. Aber dieses mysteriöse Spielsystem log nicht. Was Yanna mir gegenüber momentan empfand, war Feindseligkeit. Das musste irgendetwas damit zu tun haben, dass ich ein totaler Wichser war, passiv, desinteressiert und vollkommen zufrieden mit dem aktuellen Stand der Dinge.

„Du bist so ein Loser!", hatte sie mir einmal gesagt, und es war nur halb scherzhaft gemeint gewesen. „Du hast noch immer keinen festen Job, und das in deinem Alter! Du hast kein Auto und nicht einmal eine eigene Wohnung! Du bist dreißig Jahre alt und finanziell von deiner Frau abhängig, spielst die ganze Nacht Computerspiele ..."

Wahrscheinlich war das überhaupt nicht scherzhaft gemeint gewesen. Das hätte der erste Hinweis für mich sein müssen, dass etwas nicht stimmte. Wenn ich das doch bloß gleich erkannt hätte! Aber nein! Das Einzige, was mich zu dieser Zeit beunruhigt hatte, war die

Frage, ob ich der Oberschurke des Servers werden und einem Typen namens Nurro diesen Titel entreißen könnte.

Die Antwort war in beiden Fällen „Nein". Ich war nicht zum Oberschurken geworden. Und ich hatte Yanna nicht halten können.

„Panfilov?", drang eine Stimme aus dem Raum mit dem Kernspingerät. „Kommen Sie bitte."

Die Viertelstunde, die ich bewegungslos in der engen Röhre verbrachte, umgeben von merkwürdigen Geräuschen, war der schlimmste Albtraum für jeden Klaustrophobiker. Danach musste ich eine weitere halbe Stunde auf meine Ergebnisse warten. Endlich händigte man mir einen großen Umschlag aus, in dem sich Bilder meiner grauen Zellen aus jedem Blickwinkel befanden.

Mit dem Umschlag in der Hand kehrte ich zur Ärztin zurück. Ich griff gerade nach der Türklinke, um, wie besprochen, in ihr Sprechzimmer zu marschieren, als eine männliche Stimme hinter mir protestierte.

„Was glaubst du eigentlich, wer du bist? Wie wäre es, wenn du wie alle anderen auch wartest, bis du an der Reihe bist?"

Die Hand noch immer ausgestreckt, drehte ich mich um. Ein stämmiger Mann mit einem kahlen Kopf und dem Nacken eines Ringkämpfers saß auf einem der Stühle an der Wand gegenüber.

Ein paar der anderen Patienten äußerten ebenfalls ihre Empörung.

„Was für eine Frechheit!" Eine alte Dame mit einem Kopftuch in grellen Farben schüttelte missbilligend den Kopf.

„Haben Sie das gehört? Setzen Sie sich und warten Sie, bis Sie dran sind!", riet eine Kaugummi kauende Frau neben der alten Dame mir drohend. Ihr fülliges Gesicht mit den hohen Wangenknochen zeigte eine dicke Schicht Make-up.

„Ich will die Ärztin ja gar nicht konsultieren!", versuchte ich, zu erklären. „Ich soll ihr nur die Bilder geben. Ich habe einen Termin!"

„Wir ebenfalls", protestierte ein gebrechlicher, alter Mann mit Spitzbart in einem leidenschaftlichen Flüsterton.

Die füllige Dame erhob die Stimme. „Nun werden Sie bloß nicht frech!"

„Genau!" Der stämmige Mann stand auf. „Du hast es gehört. Warte, bis du dran bist. Du willst bestimmt nicht, dass ich die Geduld mit dir verliere."

Ich verstand die Leute ja. Trotzdem hatte ich keineswegs vor, zweimal auf denselben Termin zu warten. Ich musste Olga schließlich nur den Umschlag geben. Sämtliche Termine waren ohnehin völlig durcheinandergeraten. Ich hatte auf meinen bereits mehr als eine Stunde warten müssen, obwohl ich pünktlich eingetroffen war.

Eine ganze Reihe neuer Systemmitteilungen strömte in mein Sichtfeld.

Oh, nein!

Dein Ansehen bei Anatoly Magaradze hat sich verringert!
Derzeitiges Ansehen: Feindseligkeit 20/30
Dein Ansehen bei Aigul Ramadanova hat sich verringert!
Derzeitiges Ansehen: Feindseligkeit 20/30
Dein Ansehen bei Violette Ryzhova hat sich verringert!
Derzeitiges Ansehen: Feindseligkeit 20/30
Dein Ansehen bei Mark Zalessky hat sich verringert!
Derzeitiges Ansehen: Feindseligkeit 20/30

Ich verkraftete das nicht. Gehorsam entfernte ich mich von der Tür und begab mich neben den gebrechlichen, alten Mann. Alle Stühle waren bereits besetzt, also lehnte ich mich gegen die Wand.

Mein Blick traf den des stämmigen Mannes. Aha!

Anatoly Magaradze
Alter: 44
Derzeitiger Status: LKW-Fahrer
Level des sozialen Status: 9
Klasse: Fernfahrer. Level: 7
Verheiratet
Ehefrau: Irina Magaradze
Kinder: keine
Vorstrafen: ja

Ich verbrachte eine Weile damit, jeden der anderen Patienten zu betrachten, die Informationen abzurufen, die ich brauchte, und meinen nächsten Schritt zu planen. Es war verdammt unfair, von mir zu verlangen, hier erneut in der Schlange zu warten. Vor allem dann, sollten die Bilder den Nachweis erbringen, dass mit mir alles in Ordnung war. Sollte das der Fall sein, musste ich unbedingt endlich herausfinden, wie das mysteriöse Interface des Spiels funktionierte, meine Statistiken abrufen und eine Strategie entwerfen, um ein höheres Level zu erreichen. Ein Level, das es mir ermöglichte, Yanna zurückzugewinnen.

Obwohl, eigentlich wusste ich doch bereits sehr genau, was ich dafür tun musste. Ich musste einen Job finden und meinen Lebensunterhalt selbst verdienen. Es lag auf der Hand, ich weiß. Dennoch, das wäre nur das bedeutungsvollste Anzeichen meiner Besserung. Außerdem musste ich ein paar Kilo abnehmen. Die Bier-Diät und der sitzende Lebensstil waren meiner Taille – oder vielmehr deren Fehlen – nicht zuträglich gewesen.

Aber ich hatte ja gerade mit einem ganz akuten Problem zu kämpfen. Was wusste ich darüber, wie man eine Menschenmenge in Schach hielt? Zunächst musste man die Leute überraschen, dann schockieren. Anschließend fraßen sie einem aus der Hand, nachgiebig und absolut formbar.

Und hier hatte ich es nicht einmal mit einer richtigen Menge zu tun, sondern nur mit einer kleinen Gruppe von vier Leuten, die alle ein Ziel verband: So schnell wie möglich an die Reihe zu kommen und zu verhindern, dass ein aggressiver Eindringling sich vordrängelte.

Gerade die Tatsache, dass sie sich in ihrer Feindseligkeit mir gegenüber so einig waren, gab mir Hoffnung, mein Plan könnte funktionieren.

Ich griff mir an den Kopf und beugte die Knie. Ganz langsam sank ich zu Boden und gab dabei unverständliche Laute von mir, um ihre Aufmerksamkeit zu erregen.

„Ist alles in Ordnung?", fragte die Kaugummi kauende Dame, alias Frau Aigul Ramadanova.

„Aber ja", lachte der stämmige Mann. „Das ist nur ein Trick!"

„*Mmmmhooomhooo*", gab ich von mir und versuchte dabei, verloren und verzweifelt zu wirken.

„Gott helfe uns!" Die alte Frau Violette Ryzhova schlug ein Kreuz. „Herr Jesus Christus, Sohn Gottes, erbarme dich unser!"

„*Ishnu'alaaaaahhhh*", stöhnte ich in der daranassischen Sprache der Nachtelfen.

„Er ist ein Dämon!" Die alte Violette deutete mit einem verhutzelten Finger auf mich. „Ich sage es Ihnen! Herr Jesus …"

„Hören Sie gefälligst mit dem Unfug auf!", fiel der Fernfahrer ihr barsch ins Wort. „Hey, du! Ist mit dir alles in Ordnung?"

Ich antwortete nicht. Langsam richtete ich mich auf und glitt mit dem Rücken die Wand hoch. In der eingetretenen Stille konnte man deutlich das Knirschen meiner Knie hören.

Ich hob die freie Hand und deutete auf die alte Frau.

„Du! Violette Ryzhova! Du bist eine treue Dienerin Gottes! Lausche meiner Stimme!"

Die Frau bekreuzigte sich wieder und wieder und flüsterte Gebete, konnte dabei den Blick nicht von mir wenden. Sie wirkte beinahe wie gelähmt vor Furcht.

Ich wechselte die Stellung und zeigte auf die andere Frau. „Du! Aigul Ramadanova! Lausche meiner Stimme!"

Ich drehte mich weiter. „Du!" Mein Finger berührte beinahe die Stirn des LKW-Fahrers. „Anatoly Magaradze, hör mir zu! Und du!" Ich wandte meine Aufmerksamkeit dem gebrechlichen, alten Mann zu. „Mark Zalessky, mein Herr! Passen Sie gut auf!"

Ramadanovas Mund öffnete sich. Der Kaugummi fiel heraus.

Die Hand der alten Frau erstarrte mitten im Formen eines Kreuzes.

Der alte Herr schien einem Schlaganfall gefährlich nahe zu sein.

Der stämmige Magardze war der Einzige, der sich nicht hinters Licht führen ließ. „Was ist das denn für eine Zirkus-Show?", brummte er.

„Hast du nicht längst die Schnauze voll davon, ständig mit dem LKW unterwegs zu sein?", fragte ich mit meiner normalen Stimme. „Deine Frau Irina vermisst dich bestimmt gewaltig."

Anscheinend hatte ich gerade einen wunden Punkt getroffen. Er sagte nichts, knirschte nur mit den Zähnen.

„Es tut mir so leid", murmelte ich und griff mir mit beiden Händen an den Kopf. „Ich habe dieses Problem … Ich weiß alles über Sie, ich sehe es vor mir. Aber mein armer Kopf erträgt das einfach nicht … Darf ich bitte sofort zu der Ärztin? Bitte?"

„Also, ich habe nichts dagegen, Sie vorzulassen", beeilte sich Frau Ramadanova zu versichern.

Vermutlich hatte sie Angst, ich könnte peinliche Informationen über sie preisgeben.

„Ja, soll er ruhig als Nächster mit der Ärztin sprechen", stimmte die alte Dame zu.

Der stämmige Magaradze sagte nichts, deutete jedoch mit einer Kopfbewegung zur Tür des Sprechzimmers.

„Danke", wisperte ich tonlos und stellte mich davor.

„Hör mal ..." Magaradze berührte meine Schulter. „Ich weiß nicht, wie du heißt ..."

„Phil."

„Hör mal, Phil ... Hast du wirklich gesagt, Irina vermisst mich?"

Ich starrte ihm in die leicht hervorstehenden Augen, die von einem feinen Netz aus Fältchen umgeben waren. Es waren die Augen eines Menschen, der schon viel gesehen hatte.

Ich zögerte kurz. „Ja, das tut sie. Sehr."

Er umarmte mich stürmisch. „Ich danke dir! Ich schulde dir was!"

Ohne sich zu verabschieden, drehte er sich um und hastete durch den Flur zum Ausgang.

Dein Ansehen bei Anatoly Magaradze hat sich verbessert!
Derzeitiges Ansehen: Verehrung 10/210

Wow! Ich hatte doch gar nichts Besonderes getan, ihm nur etwas gesagt, das er wahrscheinlich ohnehin bereits wusste. Aber was für ein Sprung im Ansehen, von Feindseligkeit zu Verehrung!

Die Tür der Ärztin öffnete sich. Ein Patient kam heraus, gefolgt von Olga selbst.

„Was ist denn das für ein Lärm hier?", fragte sie.

Niemand antwortete ihr.

Sie erblickte mich. „Ah, haben Sie die Bilder? Kommen Sie herein, ich schaue sie mir gleich einmal an.“

Ich schloss die Tür und hörte gerade noch den Beginn einer hitzigen Diskussion zwischen Aigul und der alten Dame Violette.

Ich setzte mich und erwartete das Urteil der Ärztin. Ich zitterte, ballte die Hände zu Fäusten. Sie hielt die Aufnahmen gegen das Licht, studierte sie, verrenkte dabei den Kopf mal in die eine, dann in die andere Richtung. Endlich seufzte sie laut und begann, etwas aufzuschreiben.

Was also stimmte mit mir nicht? War ich wahnsinnig? Oder halluzinierte ich nur? Wuchs da womöglich ein Tumor in meinem Kopf?

„Und?“, stieß ich endlich mit trockener Kehle hervor.

„Mit Ihnen ist alles in Ordnung.“ Sie betrachtete mich forschend. „Wenigstens relativ betrachtet. Sie sind übergewichtig. Nahezu adipös, um ehrlich zu sein. Sie müssen mehr auf sich achten, weniger essen und mehr Sport treiben. In Ihrem Alter sollten Sie die Dinge nicht so schleifen lassen.“

Sie laberte weiter über die Gefahren der Fettleibigkeit, wie etwa ein früher Schlaganfall und Herzkrankheiten. Schließlich unterbrach ich sie.

„Es tut mir leid! Ich verspreche Ihnen, ich werde auf meine Ernährung achten und generell gesünder leben. Ich war gestern bereits joggen. Und ich habe mit dem Rauchen aufgehört. Aber bitte sagen Sie mir ...“ Ich deutete auf meine Schläfe. „Ist in meinem Kopf alles in Ordnung?“

„Oh, ja, absolut. Da gibt es keine Probleme. Ich kann keinerlei Abnormalitäten erkennen. Ihr Blutdruck ist ein wenig zu hoch, aber das ist nichts, worüber Sie sich Sorgen machen müssen.“

„Ich danke Ihnen vielmals! Sie sind ein Engel!“

Impulsiv griff ich nach ihrer Hand und küsste ihre Fingerspitzen.

Sie errötete.

Dein Ansehen bei Olga „Lola" Shvedova hat sich verbessert!
Derzeitiges Ansehen: Gleichgültigkeit 10/30

„Schon gut, schon gut – das reicht jetzt", wehrte sie ab, doch sie lächelte dabei. „Sie können jetzt gehen."

Ohne den Blick von ihr zu nehmen, stand ich auf. Ich versuchte, ihr mit den Augen all die Freude zu übermitteln, die ich darüber empfand, dass nun doch alles mit mir in Ordnung war. Sie wich dem Blickkontakt nicht aus, als wollte sie mich herausfordern und ermutigen.

Dein Ansehen bei Olga „Lola" Shvedova hat sich verbessert!
Derzeitiges Ansehen: Gleichgültigkeit 15/30

Du liebe Güte! Ich riss mich zusammen, ging zur Tür und öffnete sie, drehte mich dann aber noch einmal um. „Danke, Lola."

Ihr fiel die Kinnlade herunter, was ein komisches Geräusch verursachte. Ich marschierte hinaus.

Vor der Tür wartete eine kleine Menschenmenge: Die mir bereits bekannten Patienten plus einige mehr, die gerade eingetroffen sein mussten.

„Da ist er ja!", rief Aigul.

„Sankt Phil, Ehre sei dir!", begeisterte sich die alte Dame.

„Phil! Phil!", riefen alle, griffen nach meinen Händen, berührten meine Schultern und liebkosten meine Wangen.

Anscheinend hatte ich einen großen Fehler gemacht. Man spielte nicht einfach so mit den Gefühlen der Leute, wie ich das gerade getan hatte. Vor allem nicht mit den Gefühlen kranker oder alter Leute, und hier waren sie alle krank oder alt.

Ich hob die Hand. Die Menge teilte sich.

„Du, Aigul!", verkündete ich in die eintretende Stille hinein. „Und du, Violette! Und du!" Ich betrachtete die Beschriftungen über jedem einzelnen Patienten und nannte ihre Namen. „Ihr alle, hört mir zu! Lauscht meinen Worten!"

Ich hörte, wie Olga hinter mir den nächsten Patienten aufrief.

„Ihr alle – ihr werdet alle glücklich sein! Jawohl! Freies Glück für alle! Niemand muss unbefriedigt wieder gehen!"[2]

Nachdem ich diese Prophezeiung von mir gegeben hatte, verließ ich eilig das Gebäude.

Ich hatte nichtsahnenden Bürgern jetzt genügend Streiche gespielt. Ich war schlimmer als ein Kind. Also wirklich!

Ich ging zurück nach Hause, und den ganzen Weg über überschüttete das System mich mit Mitteilungen über mein Ansehen bei Aigul, Mark, Violette und vielen anderen Leuten, die ich nicht einmal kannte. Und dann …

Dann erreichte ich ein neues Level!

Gratulation! Du hast ein neues Level erreicht!
Dein derzeitiges Level des sozialen Status: 6
Verfügbare Eigenschaftspunkte: 1
Verfügbare Fertigkeitspunkte: 1

Es wurde wirklich Zeit, dem Interface auf den Grund zu gehen.

---

[2] *„Freies Glück für alle! Niemand muss unbefriedigt wieder gehen!"* – Phil borgt sich ein geeignetes Zitat aus *Picknick am Wegesrand*, dem bahnbrechenden Roman über eine erste Begegnung der beiden führenden russischen Science-Fiction-Autoren Arkady und Boris Strugatsky

KAPITEL 7

FRAGEN OHNE ANTWORTEN

„Es bringt mich zum Nachdenken, über mein Leben, meine fehlenden Erfolge und meine gesamten Fähigkeiten in Inkompetenz."

Markus Zusak, *I am the Messenger (Ich bin der Bote)*

BLOSS LEVEL 6!

Ich hatte mich noch niemals zuvor so absolut wertlos gefühlt.

Noch vor wenigen Minuten hatte ich lediglich denselben sozialen Status innegehabt wie Alik, ein ewig betrunkener Nichtsnutz!

Ich, Philip Panfilov, der nächste große russische Autor (der Sarkasmus ist beabsichtigt) – und Alik! Er und ich, wir nahmen in der Nahrungskette der Welt denselben Platz ein!

Während meine Yanna (immer vorausgesetzt, sie war noch immer *meine*) bereits Level 8 erreicht hatte.

Wie blind lief ich weiter, bis ich beinahe mit einem Auto kollidiert wäre. Ich hastete über die Straße, verfolgt von den Flüchen des Fahrers. In meinem Kopf schwirrte es nur so vor Ausrufezeichen. Das waren zu viele Schocks für einen Tag. Meine sensible Seele eines zum Blogger gewordenen Spielers konnte es einfach nicht länger ertragen.

Beim Gehen kniff ich ständig die Augen zusammen, in dem Versuch, irgendetwas in meinem internen Blickfeld zu erkennen, das es mir ermöglichte, das verfluchte Fenster mit den Statistiken zu öffnen und die verfügbaren Punkte zu verteilen, doch ich hatte kein Glück. Das Einzige, das ich entdeckte, war ein unauffälliges Symbol, das mich über einen erhaltenen Debuff informierte.

Nikotinentzug
Dauer: 14 Tage
Dein Körper ist des Nikotins beraubt!
Nikotin ist am Stoffwechsel deines Körpers beteiligt
Stoffwechsel: -5 %
Warnung! Hohe Wahrscheinlichkeit spontaner Wutausbrüche!
Warnung! Dein Aggressionsradius hat sich erweitert!
-3 % Zufriedenheit alle 12 Stunden

Ich lachte leise in mich hinein. Meine früheren Versuche, mit dem Rauchen aufzuhören, hatten niemals einer Frist unterlegen. Nur zwei Wochen? Bisher hatte mich der bloße Gedanke, den Rest meines Lebens mit meiner Nikotinsucht kämpfen zu müssen, in Panik versetzt.

Womöglich konnte ich diesen Debuff ausgleichen. Ich könnte mehr Kaffee trinken und mehr Sport treiben. Vielleicht könnte ich meine Zufriedenheitsstatistik sogar mit leckerem Essen erhöhen. Oder ob meine Lieblingsbücher und -filme vielleicht dieselbe Wirkung hatten?

Im Grunde war es total einfach, und ich wusste, ich konnte es schaffen.

Noch immer hatte ich keinerlei Charakterstatistiken entdecken können. Oder vielmehr, generell meine Statistiken. Deshalb hörte ich vorübergehend damit auf, die Passanten mit meinem wilden Augenrollen zu erschrecken. Es war ja sinnlos. Besser, ich versuchte es später noch einmal, wenn mich niemand beobachten konnte.

Als ich die Allee entlangschlenderte, entdeckte ich den Charakter, der mir meine erste Quest gegeben hatte, Herrn Samuel Panikoff. Er war in eine frische Ausgabe seiner Lieblingszeitung vertieft. Er bemerkte mich nicht, also beschloss ich, ihn nicht zu stören.

Stattdessen betrat ich eine nahe Filiale von *Kentucky Fried Chicken*, um mir eine Portion Chicken Wings zum Mitnehmen zu besorgen.

Ich aß nicht gern in der Öffentlichkeit. Viel lieber gab ich mich dem Genuss in der Bequemlichkeit meines eigenen Heims hin, vertieft in ein Lieblingsbuch. Diese Angewohnheit hatte ich meinem Vater zu verdanken. Mir war klar, dass es keine gute Angewohnheit war, aber es war eines meiner liebsten Laster, und ich würde das um nichts in der Welt aufgeben.

Während ich in der Schlange wartete, überprüfte ich mein Handy. Die Mitteilungen über verpasste Anrufe und Nachrichten, vorwiegend von meinen Clan-Kameraden, überfielen mich regelrecht. Ein paar Anrufe stammten jedoch von Nummern, die ich nicht kannte. Das könnten Jobangebote sein. Ich rief zurück, aber niemand nahm ab.

Nun, es spielte keine Rolle. Sobald ich zu Hause war, würde ich meine E-Mails checken.

Eine neue Systemmitteilung poppte auf:

Hunger
Du erlebst Nahrungsmittelentzug!
Stoffwechsel: -10 %
Warnung! Deinem Körper fehlt es an Glukose!

Warnung! Deinem Körper fehlt es an Aminosäuren!

Warnung! Es besteht die Gefahr einer Verringerung der Muskelmasse!

Erhaltener Debuff: Schwäche

-1 Durchhaltevermögen alle 24 Stunden

-1 Beweglichkeit alle 24 Stunden

-1 Wahrnehmung alle 24 Stunden

-1 Intelligenz alle 24 Stunden

-1 Stärke alle 24 Stunden

-2 % Zufriedenheit alle 2 Stunden

-3 % Lebenskraft alle 2 Stunden

Das war etwas, das ich keinesfalls ignorieren durfte. Auch wenn ich die Regeln dieses Mechanismus noch nicht völlig verstand, bekam ich prompt weiche Knie, als ob ich tatsächlich einen Debuff erhalten hätte.

Die Chicken Wings rochen hervorragend. Ich musste meine gesamte Willenskraft aufwenden, um sie nicht alle auf dem Weg nach Hause zu verschlingen. Kein Wunder. Das letzte Mal hatte ich am Abend zuvor gemeinsam mit Yanna etwas gegessen und inzwischen war die Mittagszeit längst vorüber.

Yanna. Mein Brustkorb schmerzte noch mehr als jemals zuvor. Das drängte die Euphorie nach dem Besuch beim Arzt vollständig in den Hintergrund. Die gesamte Freude darüber, dass ich nicht krank war und sogar ein neues Level erreicht hatte, verblasste zur Bedeutungslosigkeit.

Ich kann nicht sagen, was meinen nächsten Schritt auslöste. Vielleicht war es die Verzweiflung darüber, sie zu verlieren. Oder der Debuff auf Hunger, der mein Urteilsvermögen trübte. Auf jeden Fall, anstatt mich nach Hause zu begeben und weiter das Interface dieses mysteriösen Spiels zu ergründen, so wie ich es vorgehabt hatte, machte ich auf dem Absatz kehrt und marschierte in Richtung des Büros, in dem Yanna arbeitete. Das Gebäude war nur wenige Querstraßen entfernt.

Den Karton mit den Chicken Wings unter einen Arm und den Umschlag mit den Kernspin-Bildern unter den anderen geklemmt, rannte ich darauf zu und ignorierte die überraschten Blicke der Passanten.

Wie viele Filme hatte ich gesehen, in denen der dem von Hormonen beherrschten Helden, statt die Welt zu retten oder sich um seine eigenen Angelegenheiten zu kümmern, die Vereinigung mit seiner Geliebten wichtiger erschienen war! Wie viele Bücher hatte ich gelesen, in denen genau dieses Szenario beschrieben wurde! Und wie wütend war ich immer auf den Drehbuchschreiber oder Autor gewesen, wie leidenschaftlich hatte ich Fernbedienung oder Buch quer durchs Zimmer geworfen, wenn dieser hormongesteuerte Held einen guten Job ausschlug, eine hohe Geldsumme oder sogar das Angebot von Superkräften, nur, um die Frau zu behalten, die er liebte!

„Du Idiot!", pflegte ich den Helden anzubrüllen. „Was machst du denn da? Reiß dich gefälligst zusammen und tu etwas Nützliches!"

Jetzt beschimpfte ich mich selbst auf diese Weise. Es half allerdings nichts, meine Beine trugen mich einfach weiter zu ihr.

Ich hielt erst an, als ich den Eingang des eleganten Geschäftsgebäudes erreicht hatte. Zuerst einmal musste ich wieder zu Atem kommen. Ich schwitzte wie ein Schwein. Mit dem Ärmel wischte ich mir über das Gesicht. Dabei fiel der Umschlag mit den Kernspin-Bildern in eine Pfütze. Ich beugte mich hinunter, um ihn aufzuheben. Und in diesem Augenblick spürte ich ihren Blick in meinem Rücken.

Ich musste einen schrecklichen Anblick bieten – durchnässt und mitgenommen stand ich mitten in einer Pfütze und griff nach einem durchweichten Umschlag. Und dann war da noch der KFC-Karton unter meinem Arm.

Ich war einige Male hier gewesen, um sie abzuholen. Jedes Mal hatte sie mich gebeten, draußen auf sie zu warten. Schämte sie sich meiner etwa? Und ich war so vernagelt gewesen, es nicht zu bemerken?

Sie hatte mich auch niemals zu den Büro-Partys eingeladen. „Ist schon in Ordnung, du darfst zu Hause bleiben", hatte sie erklärt, scheinbar nachgiebig. „Dann kannst du weiter an deinem Computer spielen. Wir sind nicht verpflichtet, unsere Partner mitzubringen."

Nur zu bereitwillig hatte ich ihr „Angebot" angenommen.

Ich bereitete mich innerlich vor, hob den Umschlag auf, schüttelte das Wasser ab und drehte mich um.

Ich hatte mich geirrt. Die Person, die mich angestarrt hatte, war nicht Yanna, sondern der Sicherheitsbedienstete der Firma, ein Muskelpaket, das man in einen billigen Anzug gepresst hatte. Er beäugte mich misstrauisch und murmelte dabei irgendetwas in sein Funkgerät.

Max „Boss" Bosiara
Alter: 29
Derzeitiger Status: Sicherheitsbediensteter
Level des sozialen Status: 3
Klasse: Wrestler. Level: 4
Unverheiratet
Beziehung: Abneigung 15/30

Bloß Level 3? Der arme Kerl! Selbst Alik verfügte über einen besseren sozialen Status. Und er konnte mich bereits nicht leiden? Er kannte mich ja nicht einmal!

Ich war sauer auf „Boss", als wäre es seine Schuld, dass Yanna mich verlassen hatte. Was hatte das System mir vorhin über „spontane Wutausbrüche" gemeldet? Genau das, was ich jetzt empfand, musste damit gemeint gewesen sein.

Dieser Gedanke sorgte dafür, dass ich mich wieder ein wenig beruhigte. Trotzdem konnte ich der Versuchung nicht widerstehen, ihm eins auszuwischen.

Ich ahmte seine Haltung nach, holte mein Handy hervor, hielt es mir direkt vor den Mund und sprach hinein.

„Eins, zwei, drei, Test, Test ... Könnt ihr mich hören? Ende ..."

Er gab zuerst auf, wandte den Blick ab und drehte mir dann den Rücken zu.

Das war kindisch, ich weiß. Trotzdem, es lenkte mich eine Weile lang ab. Meine Fixierung auf Yanna schien ein wenig nachzulassen.

Ich machte mich auf den Weg nach Hause, behängt mit Debuffs wie ein Weihnachtsbaum. Zum Joggen war ich zu erschöpft.

Kaum zu Hause angekommen, zog ich meine nassen Klamotten aus und steckte sie in die Waschmaschine, dann nahm ich eine zweite Dusche, um alle Spuren der körperlichen Bewegung des Tages abzuspülen. Die ganze Zeit über war ich sinnlos herumgerannt wie ein kopfloses Huhn. Mein Durchhaltevermögen hatte sich davon allerdings nicht beeindrucken lassen.

Beim verspäteten Mittagessen lauschte ich dem monotonen Tropfen des undichten Wasserhahns. Ich schmeckte das Essen nicht einmal richtig. Nachdem ich den Karton geleert hatte, bereitete ich mir eine Tasse heißen schwarzen Tee zu. Das war besser. Der Debuff durch Hunger war vorüber. Etwas später gönnte ich mir einen starken Kaffee, um meinen Stoffwechsel zu fördern.

Sobald ich alles wieder aufgeräumt hatte, erhielt ich eine überaus optimistische Nachricht:

Du hast 378 Kalorien konsumiert.

Warnung! Die Nahrung, die du zu dir genommen hast, enthält chemische Stoffe, die deiner Gesundheit Schaden zufügen können!
Warnung! Krebsrisiko: +0,00039 %
-0,071345 % Lebenskraft
-2 % Stoffwechsel. Dauer: 12 Stunden

Oh, verdammt! Das Leben ist grausam! Wenn man es näher betrachtete, hatte ich lediglich einen Debuff gegen einen anderen ausgetauscht. Heutzutage enthielt doch alles, das man aus den Regalen im Supermarkt pflückte *„nachteilige chemische Stoffe"*. Na, herzlichen Dank, Herr Spiel-Designer! Du kannst mich so eifrig warnen, wie du nur willst – ich werde das Fast Food auf keinen Fall aufgeben, auch wenn du mich mit einem Debuff nach dem anderen überschüttest!

Ich sackte in meinem altersschwachen Ledersessel zusammen. Er stöhnte unter meinem Gewicht, ächzte und ergab sich dann seinem Schicksal. Ich nahm einen großen Schluck Kaffee, schloss die Augen und versuchte, mich zu konzentrieren.

Wie immer nach einer Mahlzeit sehnte ich mich maßlos nach einer Zigarette. Zu sehr war ich es gewohnt, eine Zigarette im Mund zu haben, wenn ich nachdenken musste. Doch ich ignorierte den Drang, nahm ein paar tiefe Atemzüge und richtete meinen Fokus auf die anstehende Aufgabe. Ich musste mich endlich dem Interface des Spiels widmen.

Mein Sichtfeld füllte sich mit verschwimmenden Funken schimmernden Lichts. Mir fiel ein dunkler Schatten auf, der sich in einer Reihe formloser Punkte bewegte. Er war ziemlich klein und besaß die Form einer Raute. Am interessantesten war allerdings, dass er zu funkeln schien.

Als ich mich auf diesen Schatten konzentrierte, wurden seine Umrisse schärfer. Endlich konnte ich es klar erkennen: Es war eine schwarze Raute mit einem roten Ausrufezeichen darauf.

Ich öffnete die Augen. Das Zeichen war nicht verschwunden, sondern schwebte vor mir in der Luft wie beim 3D-Effekt eines Films.

Ich streckte die Hand aus, um es zu berühren. Wie ich es nicht anders erwartet hatte, glitt meine Hand glatt durch das Zeichen hindurch. Dann versuchte ich, es mental „anzuklicken".

Es funktionierte! Ein Dialogfenster öffnete sich:

Du hast bei deinem sozialen Status ein neues Level erreicht!
Derzeitiges Level des sozialen Status: 6
Du hast eine neue Fertigkeit entsperrt: Erkenntnis 1
Fertigkeitsart: Passiv
Du kannst jetzt eine Verbindung mit dem universellen Infospace herstellen, um dir innerhalb deines Fertigkeits-Levels deine Daten und die Daten deiner Umwelt anzeigen zu lassen.
Verfügbare Fertigkeitspunkte: 1

Annehmen/Ablehnen

„Oh ja, bitte! Annehmen!", rief ich.
Nichts geschah.
Ich konzentrierte mich auf die Schaltfläche „*Annehmen*" und klickte mental darauf.
Von einer Sekunde auf die andere brach die Welt über mir zusammen.

* * *

ALS ICH ENDLICH wieder zu mir kam, lag ich zusammengerollt auf dem Fußboden. Ich musste vom Sessel gefallen sein.

Im Zimmer war es dunkel, und durchs Fenster sah ich den Nachthimmel.

Ich versuchte, mich aufzurappeln, doch meine Arme gaben unter mir nach und ich landete wieder auf dem Boden, mit dem Gesicht zuerst. Beinahe wäre ich erneut ohnmächtig geworden. Ich rollte mich auf den Rücken und wartete darauf, dass sich mein betäubter Körper erholte.

Meine Augen juckten, als befände sich Sand darin. All meine Muskeln waren total steif. Spucke lief mir aus einem Mundwinkel. Mein Verstand allerdings war glasklar, als ob mein Gehirn gerade frisch formatiert worden wäre und man ein neues Betriebssystem installiert hätte.

Ich rieb mir die Augen, bis mir endlich klar wurde: Das waren keine Sandkörner.

Das waren alles Symbole und Statusbalken.

Ich hatte mein Dashboard geöffnet!

Anders als die traditionellen Interfaces, die ich kannte, verfügte dieses nicht über hübsche Glöckchen und Pfeifen. Am Rand meines Sichtfeld waren mehrere in schwarze Zeichen gehüllte, graue Symbole aufgereiht, und zwar entlang des oberen Rands, wodurch sie ein wenig wie Wimpern erschienen.

Um sie zu steuern, musste ich die Augen rollen. Dann vergrößerte sich das entsprechende Symbol, trat in den Mittelpunkt und wurde anklickbar.

Einstweilen ließ ich meinen Blick lediglich über die Symbole schweifen, ohne eines davon zu öffnen. Da waren eine menschliche Silhouette, ein Buch, ein Globus, ein Ausrufezeichen und ein Fragezeichen.

Das war ja nun nicht viel. Und wo bitte war meine dimensionslose Inventartasche in Einheitsgröße?

Ich versuchte, die Symbole zu bewegen. Es funktionierte. Ich legte sie in einiger Entfernung von mir ab. Jetzt sahen sie aus wie Straßenschilder, die ein paar Meter von mir entfernt in der Luft schwebten.

Die Statusbalken befanden sich im unteren Bereich meines Sichtfelds. Da war der bereits vertraute

Vitalitätsbalken (oder Gesundheitsbalken, nahm ich mal an) in Rot, zu etwa drei Vierteln voll. Der Balken daneben war gelb und nur halb voll. Ich konzentrierte mich darauf. Er zeigte meine Zufriedenheit an.

Endlich sah ich unten rechts einen weiteren Balken. Dieser war blau und komplett gefüllt.

Das musste einfach Mana sein.

Die gesamten 100 %.

Mana. *Magie*. Zauberkraft.

In Gedanken sah ich mich bereits Feuerbälle schleudern, während ich mich allein einer ganzen Armee stellte (falls hier ein Krieg herrschte) oder mich heimlich in den Tresorraum von ein paar reichen Betrügern schleichen, um das Geld ihrer pleite gegangenen Opfer zurückzuholen, alles arme Rentner. Oder gleich eine ganze Bande an knallharten Mafiosi zur Strecke bringen und der Gerechtigkeit übergeben …

Verdammt!

Das war ein Fehlschlag, der alle anderen Fehlschläge überwog.

Der blaue Balken symbolisierte meine Lebenskraft. Lebenskraft, ausgerechnet!

Nun, was sollte man schon von jemandem erwarten, der den Gesundheitsbalken *rot* färbte, anstatt grün?

Moment mal – wessen Idee war das eigentlich alles?

Wer hatte sich all diese Systemmitteilungen ausgedacht? Normalerweise heuerten die Spielehersteller spezielle Leute an, um solche Mitteilungen zu entwerfen. Aber das war ja kein Spiel, oder? Das war das wirkliche Leben. Ich träumte nicht. Mein Gehirn war vollkommen gesund, also bestand auch nicht die Möglichkeit, dass ich Halluzinationen hatte.

Wo kam das alles her? All die Begriffe aus Computerspielen und das System selbst? Wer errechnete meinen sozialen Status oder meine

Zufriedenheitspunkte?

Nehmen wir doch zum Beispiel einmal diesen Sicherheitsbediensteten – wie hieß er doch gleich? „Boss." Wenn ich ihn nach seinem Lebenssinn befragt hätte, was würde er mir dann wohl antworten? Würde er sagen, er wäre ein Wrestler auf Level 4? Doch ganz sicher nicht. Vielleicht würde er auf seine Stellung als Sicherheitsbediensteter verweisen, oder als menschliches Wesen, oder als Bodybuilder, Athlet, begeisterter Angler, Sohn seiner Mutter – was auch immer. Seine Antwort würde davon abhängen, zu welchem Zeitpunkt man ihn befragte. Und wer ihn befragte. Dem System nach war er allerdings ein Wrestler, und fertig.

Ja, und was war mit Yanna? War sie nur ein weiblicher Büroarbeiter auf Level 3? Ja, klar!

Davon einmal abgesehen – warum passierte das von allen Leuten ausgerechnet mir?

Man musste sich nur einmal das Chaos in den sozialen Medien vorstellen, wenn so etwas allgemein bekannt würde! Ein reales RPG! Das war kein sich rasend verbreitendes Video einer süßen Katze oder eines Fehlgriffs bei der Kleidung eines Promis. Das Internet würde geradezu explodieren!

Allerdings gab es keinerlei Anzeichen einer solchen Eilnachricht irgendwo. In den vergangenen achtundvierzig Stunden hatte ich alle Nachrichten-Feeds und Websites der Boulevard-Presse überprüft. Ich hatte sogar in verschiedenen Foren ein paar provokative Fragen gestellt. So etwas wie: „Was würdet ihr tun, wenn …?" In diesen Beiträgen hatte ich meinen Fall als Fantasie eines Computerfreaks beschrieben.

Zugegeben, meine Fragen hatten mir einen ganzen Schwarm von Antworten eingebracht. Doch keiner derjenigen, die einen Kommentar abgegeben hatten, schien mein Anliegen ernst zu nehmen. Ein Kerl namens Igor Bogeyman schrieb sogar, er würde in einem solchen Fall „den Fußball auf ein neues Level bringen" und dem „russischen Fußball endlich die Aufmerksamkeit verschaffen, die er verdient." Sein Beitrag erhielt von gleich mehreren anderen Zustimmung. Es waren genügend, um rechtzeitig vor der nächsten Weltmeisterschaft eine komplette russische Fußballmannschaft aufzustellen.

Ich versuchte, mich daran zu erinnern, was mir vor dieser merkwürdigen Störung in meiner Wahrnehmung zugestoßen war, aber mir fiel nichts ein. Vielleicht hatte ich zu viel *World of Warcraft* gespielt. Ganz bestimmt sogar. Nur, auf diese Weise passierten solche Dinge nicht, oder etwa doch?

Wenn man einmal an Bruce Banner dachte – der hatte eine Explosion an Gammastrahlen über sich ergehen lassen müssen, um Hulk zu werden. Peter wurde nach dem Biss einer radioaktiven Spinne zu Spiderman. Tony Stark hatte eine mächtige Rüstung geschaffen, die ihn in Iron Man verwandelte. Nahezu alle Superhelden erlebten einen ganz klaren Augenblick der Verwandlung von „vorher" zu „nachher". In meinem Fall allerdings ...

Abgesehen davon – meine Fähigkeit, die Haltung anderer mir gegenüber so deutlich erkennen zu können, war doch wohl eine Superkraft, richtig? Also musste es auch für mich ein „Vorher" und ein „Nachher" gegeben haben.

Nur konnte ich bislang nicht erkennen, was im Zeitraum dazwischen geschehen war.

Ich hatte einmal ein Buch gelesen, in dem die Hauptfigur in eine Welt teleportiert worden war, die ähnlich wie ein RPG funktionierte. Seine Überraschung darüber hielt exakt einen halben Absatz lang an. Dann schaute er sich um und kletterte sofort die Level-Leiter hinauf. *Schaut mich an! Ich besitze eine Level 1-Beobachtungsfertigkeit! Cool, was? Ich sollte sie weiter ausbauen!* So in etwa. Und recht hatte er – denn während man selbst schlief, stiegen die Gegner in den Levels auf. Anschließend hatte der Kerl viele Stunden mit der „*Beobachtung*" des Geschehens verbracht, während er gleichzeitig Gewichtheben betrieb und herumtanzte, um auch seine Stärke und Beweglichkeit zu verbessern.

Was für ein absoluter Blödsinn!

Zugegeben, ich hatte anfangs ziemlich dumm reagiert. Ich musste ja nur daran denken, wie ich den halben Weg zum Zeitungskiosk gehüpft war. Aber das war ja wohl verständlich, schließlich hatte ich mich noch immer in einem Schockzustand befunden. In solchen Augenblicken schaltete das Gehirn auf Autopilot um. Was in meinem Fall das Zugreifen auf Verhaltensmuster bedeutete, die mir aus vielen Spielen vertraut waren.

Und was meinen Marathonlauf betraf, nachdem Yanna mich verlassen hatte – nun, das war gewissermaßen ein Experiment gewesen. Ein ausgesprochen wichtiges Experiment, das es mir ermöglicht hatte, endlich die Logik dieser neuen Spielwelt zu erkennen.

Nein, natürlich war das keine Spielwelt. Es war nur die Welt, wie ich sie jetzt sah. Wie sonst sollte ich es wohl anstellen, mich darin zu bewegen? Schließlich gab es keine Handbücher oder Tutorials für das reale Leben.

Nehmen wir doch zum Beispiel einmal die Erfahrungspunkte. Wie bitte sollte ich mir die denn verdienen? Wie sollte ich Mobs finden und sie vernichten? Was war mit den Quests? Für die einzige Quest, die ich bisher abgeschlossen hatte - das Besorgen der Zeitung für Panikoff -, waren mir keine Erfahrungspunkte gutgeschrieben worden. Seitdem war mir nichts über den Weg gelaufen, das auch nur halbwegs nach einer Quest ausgesehen hätte.

Und was war, Teufel noch mal, mit diesem blöden

sozialen Status? Entsprach es Beliebtheit? Oder Ruhm? Wohl kaum. Könnte es sich auf die Beiträge beziehen, die man für die Gesellschaft erbrachte?

Mein Kopf drohte, bei all den Fragen zu explodieren. Ach, egal. Wie schon mein Großvater zu sagen pflegte: *Immer einen Schritt nach dem anderen.*

Ich musste das Interface und die Statistiken eingehend studieren, alles, was die wenigen Symbole zu bieten hatten. Ich musste das Szenario für die Leveleinstufung durchschauen lernen. Was mich diverse Versuche und Fehlschläge kosten würde. Davon abgesehen drohte mir das Geld auszugehen. Demnächst würden neue Rechnungen eintreffen. Yannas letzter Einkauf im Kühlschrank würde nicht lange vorhalten. Ich musste unbedingt einen Job finden Außerdem musste ich meine Clan-Kameraden kontaktieren, meine Lage erklären und eine Auszeit vom Spiel nehmen. Ja, und dann war da noch Yanna …

Im Grunde musste ich also bei mir selbst Ordnung schaffen und meine Probleme lösen, meine Beziehungen in Ordnung bringen und mein Leben in die richtige Bahn lenken. Sobald ich das alles erst einmal geschafft hatte, konnte ich es mir leisten, mich näher mit dem Spiel zu beschäftigen. Um anschließend zu versuchen, die Person zu finden, die mir das angetan hatte, und sie fragen, warum sie es getan hatte. Die Welt konnte ich danach immer noch retten, falls sich das als nötig erweisen sollte.

Ich konzentrierte mich auf das Symbol der menschlichen Gestalt und „klickte" darauf.

KAPITEL 8

DER GRÖßTE NOOB ALLER ZEITEN

„Die Begegnung mit uns selbst gehört zu den unangenehmeren Dingen."

Carl Gustav Jung

BEWEGLICHKEIT WAR IMMER die Eigenschaft meiner Wahl gewesen, selbst in den alten, textbasierten Browserspielen. Es lag wahrscheinlich daran, dass ich im realen Leben alles andere als beweglich war. Ich hätte nicht einmal geschickt ausweichen können, wenn man eine Armbrust auf mich gerichtet hätte. Tollpatsch war mein zweiter Vorname. Oder vielleicht steckte dahinter auch nur mein innerer Seelenklempner, der mich drängte, möglichst viele Situationen zu durchleben, in denen ich kritischen Treffern oder solchen mit hoher Wahrscheinlichkeit auswich. Auch bei der Wahl meines Charakters hatte ich niemals gezögert. Ein Schurke. Ein Dieb. Heimlich vorgehen, den Gegner ausschalten, verschwinden. Ad infinitum. Und sollte mein Feind aus irgendeinem Grund überlebt haben, machte ich mich rasch vom Acker.

Es war kein Wunder, dass niemand den Schurken gut leiden konnte. Es war eine Klasse mit ziemlich gemeinen Charakteren, die immer mit hinterlistigen Tricks arbeiteten. Die Schwindlernatur eines Schurken war meilenweit von der edlen Ritterlichkeit eines Paladins oder der von Würde bestimmten Integrität eines Kriegers entfernt.

Ich öffnete das Fenster, in dem mein Charakter beschrieben wurde. Oh, oh … So viel also dazu, dass ich auch in *diesem* Spiel die Rolle des Schurken übernommen hatte …

Das bescheidene Layout des Fensters entsprach dem minimalistischen Design des restlichen Interface. Nicht eine einzige nette Illustration war zu sehen. Es fehlte das 3D-Bild meines Charakters, und es fehlten die Slots für meine Ausrüstung.

Es gab lediglich ein paar Zeilen Text vor einem durchsichtig-grauen Hintergrund:

Philip „Phil" Panfilov
Alter: 32
Derzeitiger Status: Spieler
Level des sozialen Status: 6
Klasse: Unklassifiziert
Verheiratet
Ehefrau: Yannina „Yanna" Orlova
Kinder: keine

Haupteigenschaften:
Stärke: 6
Beweglichkeit: 4
Intelligenz: 18
Durchhaltevermögen: 4
Wahrnehmung: 7

Charisma: 12
Glück: 6

Sekundäre Eigenschaften:
Vitalität: 74 %
Zufriedenheit: 48 %
Lebenskraft: 97 %
Stoffwechsel: 83 %

Um Zugriff auf mehr Daten zu erhalten, musst du dein Erkenntnislevel verbessern.

Unklassifiziert? Status *Spieler*?

Mein bereits stark angeschlagener Größenwahn fiel weiter in sich zusammen. Meinen Statistiken nach war ich ein Zauberer, ungeschickt, aber mit Charisma.

Halt – das war ein Denkfehler. In dieser, der realen Welt gab es keine Magie, oder etwa doch?

Ich versuchte, nacheinander sämtliche Statistiken anzuklicken, in der Hoffnung, deren Bedeutung zu erfahren und vielleicht sogar zu lernen, wie sie alle miteinander zusammenhingen. Doch nichts geschah. Entweder waren die Designer dieses Interfaces Möchtegern-Künstler mit zwei linken Händen, oder der Eigentümer des Interfaces – der *Benutzer* des Spiels? – musste bereits alles wissen.

Mit der Zahl 18 war meine Intelligenz gar nicht mal so schlecht. Wenigstens im Vergleich zu den anderen Eigenschaften. Insgesamt betrachtet konnte sie allerdings absolut durchschnittlich sein, oder sogar unterdurchschnittlich, verglichen mit der anderer. Ich war ganz sicher kein zukünftiger Gewinner des Nobelpreises. Allzu blöde konnte ich allerdings auch nicht sein. Gingen wir einfach einmal davon aus, dass meine Intelligenz ein kleines bisschen oberhalb des Durchschnitts lag. Dann hätten sich alle anderen Zahlen zwischen 12 und 15 bewegen müssen.

Die tatsächlichen Werte bedeuteten also, ich lag gewaltig unter dem Durchschnitt.

Allerdings, was bitte hatte ich denn erwartet? Ich konnte mich selbst ja wohl kaum als fit und durchtrainiert bezeichnen. Diese Statistiken schienen also den tatsächlichen Stand der Dinge recht zutreffend widerzuspiegeln.

Wie wirkte sich das auf mein Leben aus? Nun, das lag auf der Hand. Sollte beispielsweise der Aufzug in unserem Wohnblock ausfallen, wäre ich niemals in der Lage, die Treppe bis zum achten Stock zu erklimmen. Würde ich versuchen, ein paar Bahnen zu schwimmen, würde ich wahrscheinlich auf halbem Weg ertrinken. Und ein Versuch, mit etwas zu jonglieren, würde womöglich zu meinem vorzeitigen Tod führen.

Mein relativ hohes Charisma überraschte mich. Allerdings konnte das auch lediglich bedeuten, dass andere Leute nicht vor Widerwillen zu kotzen begannen, wenn sie mich erblickten.

Noch eine ganze Weile lang starrte ich auf die Statistiken, dann schloss ich das Fenster schließlich wieder.

Ich hatte keine Ahnung, welchen Fehler ich gemacht hatte. Vielleicht schickte ich den falschen mentalen Befehl aus oder blinzelte unbeabsichtigt, jedenfalls verschwand das Fenster einfach. Ich hatte erwartet, dass es sich in Trillionen glitzernder Fragmente auflöste oder sich zu einer Spirale formte, die zurück ins Symbol gesaugt wurde. Doch nichts dergleichen geschah. Da war keine hübsche Animation, es erschienen keine visuellen Effekte. Es war einfach weg.

„Miau!" Ein forderndes Jaulen riss mich aus

meiner Betrachtung.

Offensichtlich litt Boris an nächtlichem Hunger. Sie rieb sich erwartungsvoll an meinem Bein. Ich seufzte, erhob mich, tätschelte ihr den Kopf und begab mich in die Küche. Sie schnurrte wie ein Traktor, während ich ihren Napf großzügig füllte, und polierte mir mit ihren Hinterbeinen die Waden.

Ich ließ Boris in der Küche zurück und kehrte ins Wohnzimmer zurück. Diesmal setzte ich mich aufs Sofa; nur für den Fall, dass ich wieder ohnmächtig werden würde.

Ich klickte das Symbol mit dem Buch an.

Es öffnete sich ein riesiges Textfeld.

Es war eine vollständige Liste von allem, das ich in meinem Leben seit meiner Geburt gelernt hatte, von meinem ersten ungeschickten Schritt bis hin zu meinen erst jüngst erworbenen Dart-Künsten.

Fertigkeiten:

World of Warcraft spielen: 8
Aktive Beherrschung der russischen Sprache (Sprechen): 7
Passive Beherrschung der russischen Sprache (Lesen): 7
Computerfertigkeiten: 7
Aktive Beherrschung der russischen Sprache (Schreiben): 6
Mitgefühl: 6
Online-Suche: 5
MS Word: 5
MS Excel: 4
Verkaufen: 4
Sozialkompetenz: 4
Intuition: 4
Täuschung: 3
Kreatives Schreiben: 3

Manieren: 3
Fotografie: 3
Entscheidungsfindung: 3
Lernen neuer Fertigkeiten: 3
Englisch: 3
Verführung: 3
Kochen: 3
Selbstdisziplin: 3
Autofahren: 2
Selbstkontrolle: 2
Pläneschmieden: 2
Marketing: 2
Führung: 2
Ausdauer: 2
Fahrradfahren: 2
Öffentliche Reden halten: 2
Kartenlesen: 2
Spazierengehen: 2
<...>
Heimwerkerfertigkeiten: 1
Fertigkeiten in Erster Hilfe: 1
Singen: 1
Erkenntnis: 1

Ich verbrachte viel Zeit damit, die Liste durchzugehen, deren Ordnung der Qualität von gut nach schlecht folgte. Da waren so viele Fertigkeiten mit Level 1! Ich scrollte und scrollte, doch die Liste schien nicht enden zu wollen.

Anscheinend hatte das System gewissenhaft alles festgehalten, an dem ich mich jemals in meinem Leben versucht hatte. Zum Beispiel besaß ich die Fertigkeit des *„Umgangs mit Messern"*. Das musste etwas mit den Spielen in unserer Kindheit zu tun haben, als wir versucht hatten, mit Messern auf die Scheunenwand zu werfen. Etwas anderes konnte es nicht sein. Ansonsten fasste ich Messer nur an, wenn ich mir eine Scheibe Brot abschneiden wollte.

Ich verfügte sogar über landwirtschaftliche Fähigkeiten Level 1. Natürlich! Hatte ich meinen Eltern nicht mal im Garten geholfen? Ich rupfte Unkraut aus, grub um und irgendwann hatte ich sogar einmal ein paar Kartoffeln gepflanzt.

Laufen, Schwimmen, Skifahren, Schlittschuhlaufen – alles Level 1. Plus Fußballspielen, Poker und Schach und Dutzende halb vergessener Computerspiele, die ich in der Vergangenheit voller Leidenschaft gespielt hatte. Wahrscheinlich sank das Level automatisch, wenn man eine Fertigkeit eine gewisse Zeitlang nicht einsetzte.

Sogar im Gedichteschreiben hatte ich es auf Level 1 geschafft. Damit hatte ich mich tatsächlich einmal befasst. Dann war da das Nähen, wahrscheinlich wegen meiner Versuche, ein Loch in einem T-Shirt zu stopfen, als ich auf der Universität gewesen war. Außerdem entdeckte ich Wrestling. Nun, mein Vater hatte mich irgendwann einmal in einem Judokurs angemeldet, den ich ganze zwei Monate lang durchgehalten hatte.

Aber das war es alles nicht, was mich wirklich ärgerte. Sondern vielmehr die Tatsache, dass sich meine größte Erfahrung, dieser Liste nach, auf das Spielen von Computerspielen bezog! In gewisser Weise war es logisch. Schließlich hatte ich garantiert mindestens einhundertfünfzigtausend Stunden damit verbracht, diese Fertigkeit zu perfektionieren. Kein Wunder also, dass ich darin ein vergleichsweise so hohes Level erreicht hatte.

Und das war ich nun also – kein Schriftsteller, sondern ein schurkischer *World of Warcraft*-User mit ganz anständigen Fähigkeiten beim Googeln und Arbeiten mit Microsoft Word.

Was alles andere im Leben betraf, war ich ein

totaler Noob. Ein Noob, der zu nichts nutze war und im mächtigen Windschatten von Yanna durchs Leben segelte.

Selbst meine Fertigkeiten im Lesen und Schreiben waren geringer als die bei *World of Warcraft*. Das war alles, was ich über meine letzten zwölf Jahre wissen musste. Zwölf Jahre! Und es waren schließlich nur noch dreißig bis zu meiner Pensionierung übrig![3]

Ganz herzlichen Dank an alle Mitarbeiter von *Blizzard Entertainment*!

Oh! Meine Sicht verschwamm. Ich fühlte mich plötzlich ganz schwach.

Eine neue Mitteilung über einen erhaltenen Debuff erschien vor mir:

Teilnahmslosigkeit
Dauer: 18 Stunden
Du bist emotional ausgelaugt. Dein zentrales Nervensystem braucht Ruhe. Wir empfehlen ausreichend Schlaf, eine ausgeglichene Ernährung und ein wenig Sport.
Warnung! Der Zustand der Teilnahmslosigkeit kann leicht zu Depressionen führen!
-5 % Zufriedenheit alle 6 Stunden
-1 % Vitalität alle 5 Stunden
-6 % Lebenskraft alle 6 Stunden
-2 % Stoffwechsel alle 6 Stunden
-5 % Selbstvertrauen alle 6 Stunden
-2 % Willenskraft alle 6 Stunden

Was für ein gemeiner Debuff! Als ob der Nikotinentzug nicht schon schlimm genug wäre! Wenn das so weiterging, würde ich das Wochenende

---

[3] Als das Buch entstand, lag das offizielle Rentenalter in Russland für Männer bei 60 Jahren.

nicht mehr erleben, sondern einfach zusammenbrechen und wie ein Käfer auf dem Rücken liegend mein Leben aushauchen.

Aber das durfte nicht geschehen. Meine alten Eltern brauchten mich. Meine Schwester war eine alleinerziehende Mutter, die ebenfalls meine Unterstützung gebrauchen könnte. Und ich musste unbedingt um Yanna kämpfen und sie zurückgewinnen, verdammt noch mal! Außerdem hatte ich doch so viele Projekte am Laufen.

Teilnahmslosigkeit, ja? Mir doch egal!

Was sollte ich denn bitte dagegen tun? Schlafen konnte ich im Augenblick unmöglich, nicht, bevor ich nicht mit diesem verfluchten Interface fertig war. Ausgeglichene Ernährung? Die einzigen gesunden Lebensmittel im Haus waren Zwiebeln und ein paar Beutel grüner Tee. Und die wenigen übriggebliebenen Chicken Wings waren wohl kaum eine ausgeglichene, geschweige denn eine gesunde Mahlzeit.

Blieb also nur Sport.

Ich warf einen zweifelnden Blick auf die Uhr. Es war nach zwei Uhr früh. Grinsend erhob ich mich vom Sofa, wählte meine Lieblings-Wiedergabeliste und begann mit dem Aufwärmen. So wie man es uns im beinahe vergessenen Judo-Unterricht beigebracht hatte. Beugen, Strecken, Drehen: Handgelenke, Arme, Knie und Hüften ... Und jetzt zehn Rumpfbeugen!

Mein Kopf drehte sich. Ich musste innehalten, um Atem zu schöpfen, dann machte ich weitere zehn. Bis mir erneut schwindelig wurde. Ich ging in die Küche und schaltete den Wasserkessel ein. Sollte ich vielleicht noch zehn Rumpfbeugen versuchen?

Meine Beine fühlten sich an, als ob sie aus Gummi wären, meine Knie waren schwach. Meine

Hände zitterten. Meine Zähne schmerzten.

Ich goss kochendes Wasser über einen Teebeutel, lehnte mich gegen einen Hocker und machte fünf ... sechs ... nun komm schon, noch eine! ... sieben Liegestütz.

Dann schälte und schnitt ich die letzte Zwiebel und bereitete mir eine Scheibe Roggenbrot mit Käse und Zwiebeln zu. Die ich auf dem Tisch liegen ließ, neben der Tasse Tee. Dann ging ich auf den Balkon, um Atem zu holen. Wieder zurück im Wohnzimmer ließ ich mich auf den Boden nieder, klemmte die Füße unter das Sofa und versuchte mich an Bauchpressen.

Das war die bisher schwierigste Übung. Ich brachte nicht eine einzige zustande. Am Ende hob ich einfach die Füße in die Luft und versuchte, sie so lange wie möglich oben zu halten.

Sehr lange war das nicht. Ich versuchte es erneut. Und noch einmal. Meine Bauchmuskeln brachten mich um. Ich schwitzte ganze Eimer voll.

Das reichte jetzt – Zeit für eine Dusche.

Lange hielt ich mich unter dem heiß-kalten Wasserstrahl auf, wusch allen Schweiß und Schmutz ab. Endlich erhielt ich einen Buff: Mein Stoffwechsel stieg an und sowohl Lebenskraft als auch Zufriedenheit waren im positiven Bereich.

Eine neue Mitteilung informierte mich darüber, dass die Dauer meiner Teilnahmslosigkeit auf 12 Stunden reduziert worden war.

Ausgezeichnet! Ich aß mein Brot, kaute jeden Bissen sorgfältig, spülte alles mit etwas Tee hinunter und kehrte schließlich zum Sofa zurück, um meine Erkundung des Systems fortzusetzen.

Es war merkwürdig, dass meine Fertigkeiten im kreativen Schreiben relativ hoch waren. 3 Punkte! Ob das an den zahllosen Blogbeiträgen lag, die ich geschrieben hatte?

Aber einen Augenblick mal. Wo bitte waren meine Fertigkeiten in Bezug auf Finanzen? Schließlich hatte ich fünf Jahre auf der Universität verbracht, um Wirtschaftswissenschaft zu studieren. Ich hatte sogar einen Abschluss vorzuweisen, Herrgottnochmal! Und diese Fertigkeiten tauchten nicht einmal mit Level 2 auf? Ich hatte hart genug studiert, alle Examina geschafft und durchgehend sehr anständige Zensuren erreicht.

Zugegeben, meine praktische Berufserfahrung beschränkte sich auf ein einmonatiges Praktikum in einer großen technischen Anlage. Dort war ich für das Aufzeichnen der eingehenden E-Mails verantwortlich gewesen und hatte den Mädels in der Buchhaltung dabei geholfen, die Druckerkartuschen auszuwechseln und auf verschiedenen Dating-Websites neue Benutzerprofile zu erstellen. Das war es auch schon gewesen.

Jegliche danach erworbene Erfahrung beschränkte sich auf das Online-Kaufen und -Verkaufen. Kein Wunder, dass meine Fertigkeiten im Verkauf so hoch waren. Wenn man die Regeln aus den RPGs auf das wirkliche Leben anwenden würde, könnte ich überall, wo ich etwas kaufte, 15 % Rabatt verlangen!

Zu schade, dass ich es hier nicht mit einer virtuellen Realität zu tun hatte.

Mein hohes Level in puncto Mitgefühl überraschte mich hingegen nicht sehr. Ich war schon immer in der Lage gewesen, zu spüren, was andere Leute fühlten. In dem Augenblick, in dem Yanna zur Tür hereinkam, wusste ich immer gleich, was für eine Art Tag sie erlebt hatte. Ich konnte die Laune meines Vaters allein an der Art und Weise ableiten, wie er atmete. Bei meiner Mutter tat es ein Blick in ihre Augen. Ich musste die betreffende

Person nicht einmal sehen. Man musste mir nur eine SMS-Nachricht zeigen, und ich konnte sofort sagen, was der Absender gerade empfand, als er sie geschrieben hatte. Wenigstens meistens. Dieser ganze Emoji-Hype erschwerte die Sache allerdings gewaltig.

Das mysteriöse Spielsystem listete ganz selbstverständlich die Namen bestimmter Programme auf. MS Word und Excel zum Beispiel. Das brachte mich auf den Gedanken, dass die Erzeugung der Systemmitteilungen womöglich direkt im Kopf des Users erfolgte. Als hätte jemand das Gehirn meines Charakters gescannt – also *mein* Gehirn – und es anschließend analysiert und seine gesamte Datenbank klassifiziert.

Ich gähnte. Ich brauchte unbedingt etwas Schlaf. Ich klickte mich durch ein paar weitere Fertigkeiten, ohne große Resultate, dann schloss ich das Fenster und ging in die Küche, um mir einen Kaffee zu kochen. Kaum pfiff der Wasserkessel, öffnete ich das nächste Symbol, das mit der Weltkugel.

Es erschien eine Landkarte.

Sie war erstaunlich vollständig. Da gab es keine dunklen Punkte, keine unzugänglichen Bereiche, die in geheimnisvollen Nebel gehüllt waren. Es sah aus wie eine Luftaufnahme, die von einem Satelliten gemacht worden war.

In der Mitte schimmerte ein goldener Punkt. Das musste ich selbst sein. Ich erkannte meinen Wohnblock und dessen Umgebung.

Ich zoomte hinein. Jetzt betrachtete ich aus einer Höhe von etwa hundert Metern unseren Hinterhof. Ich entdeckte sogar ein paar menschliche Gestalten auf dem Spielplatz.

Hallo! Was für ein Zufall, euch hier zu treffen, Jungs ...

Das war alles völlig verrückt. Dank der

Namensbeschriftung wusste ich genau, wer sich gerade da draußen versammelt hatte. Da waren Yagoza, mein Freund Alik und all die anderen: Sprat, Vasily, Fatso ... Alik wurde durch einen grünen Punkt gekennzeichnet, alle anderen durch gelbe Punkte.

Ich zoomte wieder hinaus, um die gesamte Stadt zu betrachten. Da gab es hunderte von schimmernden Punkten; rote, grüne, orangefarbene, grüne, blaue und türkisfarbene. Einige davon waren größer, andere winzig klein.

Ich konzentrierte mich auf zwei besonders große, blaue Punkte.

Mama und Papa

Aha! Das System hatte also tatsächlich mein Gehirn als Ausgangspunkt genommen. Ich war der Einzige, der meinen Vater „Papa" nannte. Für alle anderen war er entweder Oleg Igorevich Panfilov, oder einfach Oleg.

Wow! Unglaublich! Was für eine geile App! Verglichen damit war die Karte des Rumtreibers gar nichts. Da darfst du grün vor Neid werden, Harry Potter!

Ich überprüfte die anderen Punkte. Es waren nicht nur meine Freunde und Bekannten. Oh, nein – es waren tatsächlich alle Menschen, mit denen ich jemals in Kontakt gekommen war. Dieser bernsteinfarbene Punkt zum Beispiel, das war Lola – oder vielleicht sollte ich lieber Dr. Shvedova sagen? –, die ich heute aufgesucht hatte. Und einer der roten Punkte stellte sich als Kostya heraus, mein ehemaliger Mit-Praktikant in einer Werbeagentur vor ein paar Jahren. Er hasste mich voller Inbrunst. Die Luft im Büro war so dick gewesen, man hätte sie mit dem Messer schneiden können.

Und dieser orangefarbene Punkt ...

Das war Yanna.

Ich zoomte hinein. Sie hielt sich bei ihren Eltern auf.

Erleichterung durchflutete mich. Erst in diesem Augenblick erkannte ich, unter welcher Anspannung, gespeist durch Eifersucht und Verlustgefühle, ich während der letzten vierundzwanzig Stunden gestanden hatte. So sehr ich auch versucht hatte, die Gedanken an einen anderen Mann zu verdrängen, sie hatten sich doch ausgebreitet wie Krebszellen, sich maßlos vermehrt und mein Gehirn mit lebhaften Bildern von Yannas Untreue gefüllt.

Ich zoomte wieder hinaus, bis die Karte die ganze Welt zeigte, den Planeten Erde, aus dem Weltall betrachtet, noch immer mit mir in der Mitte. Die Umrisse der Kontinente waren teilweise verdunkelt. Schließlich war es in unserer Hemisphäre Nacht.

Überall auf der Oberfläche leuchteten weitere Punkte auf. Ich entdeckte eines meiner ersten Dates aus der Schulzeit, die beliebte Maya Abramovich, in Australien. Ausgerechnet! Ein weiterer Punkt befand sich im Süden von Afrika. Das war mein Freund aus der sechsten Klasse, Pashka Pashkovsky. Es erstaunte mich, dass ich mich noch immer an seinen Namen erinnern konnte. Wir hatten gemeinsam den Schach-Unterricht besucht.

Erinnerungen strömten von allen Seiten herein. Meine Schulfreunde, Kommilitonen, meine ehemaligen Arbeitskollegen ... Zu schade, dass ich nicht mehr Informationen über sie abfragen konnte als ihre Namen. Einige der Namen sagten mir auch überhaupt nichts mehr. Offensichtlich musste ich meine Erkenntnisfertigkeiten stärken, um mehr über sie erfahren zu können.

Ich begann, zu experimentieren, drehte den

virtuellen Globus und probierte verschiedene Befehle aus. So gelang es mir, die Punkte in der Reihenfolge ihres Ansehens in Bezug auf mich zu ordnen und blendete alle aus, deren Status unter Freundlichkeit lag.

Immer weiter spielte ich mit dem Globus herum, bis ich bestimmte Orte – Länder, Städte oder Objekte – durch den bloßen Wunsch, sie zu sehen, auffinden konnte. Wenn die echte Erde in der Lage gewesen wäre, so schnell zu rotieren, wäre alles von ihrer Oberfläche geschleudert worden. Einschließlich der Bäume.

Ich reiste über die Karte. London, Hollywood, der berühmte Baikalsee, der Kreml, Veronica, meine große Liebe aus der Grundschule, das Stadion Camp Nou in Barcelona, die Insel Phuket, die Niagarafälle, Peking, meine Eltern, Yanna, der Präsident der Vereinigten Staaten …

Warnung! Dein derzeitiger Erkenntnislevel reicht nicht aus, um auf die angeforderten Informationen zuzugreifen!

Okay, Mr. Trump entzog sich mir also derzeit noch. Meinetwegen. Aber bedeutete das etwa, ich konnte jeden Menschen auf Erden finden, sobald ich erst einmal im Erkenntnislevel aufgestiegen war? Wirklich jeden?

Mir stockte der Atem. Die Möglichkeiten, die sich mir da erschlossen, waren unglaublich. Ich könnte nach Vermissten suchen. Terroristen aufspüren. Jede Bewegung von jedem Millionär und Politiker verfolgen, der mir in den Sinn kam. *Bereit oder nicht, hier komme ich, du kannst dich nicht verstecken!*

Und was wäre, wenn ich auch Gegenstände lokalisieren konnte? All die geheimen Drogenvorräte, die verborgenen Schätze, das Gold der Azteken …

Nun beruhig dich mal wieder, Mann! Reiß dich zusammen!

Ich schloss die Karte und musste erst einmal auf den Balkon gehen, um frische Luft zu schöpfen.

Ich starrte in den Nachthimmel. Irgendwo da oben kreuzte der supermächtige Satellit, der von demjenigen erbaut worden war, der meine neuen Fähigkeiten geschaffen hatte. Wer auch immer er war. Der Satellit, der mich an jeden Ort bringen konnte, von dem ich den Wunsch verspürte, ihn mir zeigen zu lassen.

Aber was war, wenn dieser Satellit gar nicht existierte? Was, wenn es der … wie hieß das doch gleich … *universelle Infospace* wäre, von dem aus ich auf diese Informationen zugriff?

Tief sog ich die frische Mailuft in meine Lungen, bekam gar nicht genug davon.

Ich lehnte mich gegen das Balkongeländer, öffnete mein Dashboard und klickte auf das Ausrufezeichen.

Genauso wie ich es erwartet hatte, handelte es sich dabei um die Quest-Liste. Ganz entgegen meiner Erwartung war sie jedoch alles andere als leer.

Verfügbare Aufgaben:

- mit Yanna versöhnen, wieder mit ihr zusammenleben
- das Steuerinterface der erweiterten Realität beherrschen lernen
- herausfinden, wie man in den Fertigkeitsleveln aufsteigt, und eine Strategie für diesen Aufstieg entwickeln
- einen festen Job finden
- E-Mails überprüfen

106

- die Freelancer-Websites auf neue Aufträge hin überprüfen und Bewerbungen schreiben

- die Eltern anrufen und fragen, ob sie etwas brauchen

- den Blog aktualisieren

- die Clan-Kameraden kontaktieren und das lange Schweigen entschuldigen

- Lebensmittel einkaufen

- Boris' Fell bürsten

Das musste ein Witz sein! Das waren alles Ausschnitte aus den verschiedenen Aufgabenlisten, die ich gelegentlich auf meinem Handy oder im Computer anlegte. Keiner der Titel war anklickbar, ich konnte also nichts öffnen und nähere Beschreibungen lesen oder erfahren, welche Belohnungen ich erhalten könnte.

Allerdings, welche Art von Belohnungen erwartete ich denn?

Name der Quest: Einen festen Job finden. Belohnung: Regelmäßige Gehaltszahlungen.

Genau.

Name der Quest: Den Blog aktualisieren. Belohnung: Ein neuer Blogbeitrag.

Wie bescheuert!

Insgesamt betrachtet musste ich jedoch zugeben, dass es alles ziemlich beeindruckend war. Der Traum jedes Zeitmanagement-Freaks: Ein automatisiertes System für Anmeldung und Priorisierung.

Moment mal – was war denn das jetzt wieder?

Das Fenster, das ich gerade betrachtete, trug den Titel *Verfügbare Aufgaben.* In meinem Eifer hatte ich gar nicht bemerkt, dass es hier noch eine weitere Registerkarte gab, mit der Überschrift *Quests.* Diese Registerkarte war leer.

Und jetzt? Was sollte ich denn bitte anstellen, um

eine Quest zu erhalten? Sollte ich etwa durch die Stadt laufen und Ausschau nach Leuten halten, die mir eine geben konnten?

Aber egal. Das konnte alles warten; damit würde ich mich ein anderes Mal beschäftigen.

Jetzt musste ich mich erst einmal mit dem letzten Symbol befassen, dem Fragezeichen. Ich hatte das merkwürdige Gefühl, dass ich darüber auf eine Art Wiki zugreifen konnte.

Ich hatte recht.

Die Morgendämmerung brach herein.

In dieser Nacht würde ich wohl kaum zum Schlafen kommen.

Kapitel 9

Je verrückter die Erklärung, desto näher kommt sie der Wahrheit

„Du wirst erst dann ein Versager, wenn du andere für deine eigenen Fehler verantwortlich machst."

John Wooden

JEDER RPG-SPIELER kennt sich mit den Regeln von Online-Spielen aus. Nehmen wir einmal eine so einfache Sache wie einen Gesundheitsbalken, eine Vorbedingung in den meisten Spielen. Der ermöglicht einem Spieler die jederzeitige Kenntnis des Levels seiner eigenen Gesundheit. Sehr oft kann ein Spieler auch auf die Gesundheitsbalken anderer Mitspieler zugreifen. Das ist so normal, dass jeder es für selbstverständlich hält. Es ist eigentlich ja auch nur logisch: Wenn die eigene Fähigkeit, Schaden pro Sekunde zuzufügen, bei ein paar mageren Tausend liegt, überlegt man es sich zweimal, ob man einen Mob mit Millionen von Gesundheitspunkten angreift.

Stellen wir uns jetzt einmal vor, diese Eigenschaften

stünden auch im wirklichen Leben zur Verfügung. Wie viele Tode durch lebensbedrohliche Krankheiten könnte man damit verhindern! Denken wir nur an einen Menschen, der fröhlich durchs Leben geht und sich als vollständig gesund betrachtet, während in Wirklichkeit seine Gesundheitspunkte ständig abnehmen ... Könnte er das erkennen, würde er sofort zum Arzt gehen. Bei der Überprüfung könnte sich herausstellen, dass er sich in einem frühen Stadium einer Krebserkrankung befindet, die zu diesem Zeitpunkt noch gut behandelbar ist. Seine Prognose wäre ausgesprochen gut. Wäre das nicht ein wirklich gutes Leben?

Das bedeutet auch, dass jeder Noob auf Level 1 und ganz ohne Magie, aber im Besitz eines dimensionslosen Inventars, einer integrierten Karte und einer Anzahl an Statusbalken in der realen Welt automatisch sofort zur nächsten Forbes-Sensation werden könnte. Er müsste einfach nur ein Zentrum für medizinische Diagnostik gründen. Selbst wenn Medizin nicht gerade seine Berufung wäre, könnte er sein Inventar immer noch dazu verwenden, in Supermärkten Wodka zu stehlen. Die Möglichkeiten wären unerschöpflich.

Solcherlei Ideen gingen mir im Kopf herum, während ich mein Dashboard betrachtete.

Das integrierte Wiki hatte ein paar meiner Fragen beantwortet. Noch immer verstand ich jedoch nicht, was die geheimnisvollen Schöpfer dieses Spiels davon abgehalten hatte, all diese Daten direkt in meinen Kopf hochzuladen. Für jemanden, der so mächtig war, musste das doch eine Kleinigkeit sein. Allerdings war es möglicherweise auch technisch (oder biologisch?) unmöglich. Vielleicht *mussten* die Informationen einfach auf organische Weise erworben werden, also über die normalen Kanäle wie Sicht und Gehör.

Im Wiki fanden sich die standardmäßigen Menüpunkte:

- *Über das Programm*
- *Wiki*
- *Einstellungen*
- *Verfügbare Updates*
- *Technische Unterstützung*

Ich finde keine Worte, zu beschreiben, wie erleichtert ich war, als ich diese Navigation erblickte, die mir aus unzähligen anderen Softwareprodukten bereits vertraut war. Auch wenn die ersten drei Einträge nicht viel hergaben, waren die letzten beiden doch selbsterklärend. Auf irgendeine Weise war es zur Installation eines Computerprogramms in meinem Kopf gekommen. Was bedeutete, dass irgendjemand diese Software erstellt haben musste.

Welchen Menüpunkt klickte ich wohl als Erstes an? Den mit den verfügbaren Updates natürlich.

Es kann keine Verbindung zum Update-Server hergestellt werden.

Möglicherweise ist er nicht verfügbar.

Überprüfe deine Verbindungseinstellungen für den universellen Infospace

Das Gleiche passierte, als ich mir technische Unterstützung besorgen wollte.

Ich ignorierte die Schaltflächen *Wiki* und *Einstellungen* und öffnete stattdessen *Über das Programm*.

Und dann fiel mir die Kinnlade bis zum Boden herunter.

Erweiterte Realität!7.2 Home Edition
Copyright © First Martian Company, Ltd. 2101-2118
Alle Rechte vorbehalten
Eingetragener Eigentümer: Philip Panfilov

S/N C4R-7702D-2102770
Ein Jahr gültige Einzelplatzlizenz
Kontoart: Premium
Datum der Aktivierung: 16.05.2018 09:00 Uhr
Ablaufdatum: 16.05.2019 08:59 Uhr

Ich hätte nicht sagen können, wie lange ich dasaß und einfach nur diesen Urheberrechtshinweis anstarrte.

Als Kind hatte ich eine Menge Geschichten über Zeitreisen gelesen, in denen selbst ein armer Schüler wie ich auf einmal in der Zukunft landen konnte. Und wie oft hatte ich mir gewünscht, tatsächlich der Zeitreisende zu sein! Nur zu gern hätte ich die Zukunft unseres Planeten mit eigenen Augen gesehen, wäre vielleicht, hoffentlich, sogar zum Mars gereist. Damals hätte ich alles für wenigstens einen kleinen Einblick in die atemberaubende Welt der Zukunft gegeben.

Mit dem Älterwerden war ich dann zu negativen Utopien über eine schreckliche Zukunft und post-apokalyptischer Literatur gewechselt. Fügte man nun noch all die bekannten Filme über Zombies im apokalyptischen Zeitalter und meine Begeisterung für Spiele im Zeitalter nach einer Atomkatastrophe hinzu, lag es auf der Hand, warum ich auf einmal nicht mehr so erpicht darauf war, einen Blick auf unsere Zukunft zu erhaschen. Trotzdem hätte ich auch später nicht nein gesagt, wenn mir jemand *Grays Sport-Almanach 2000-2050* oder ein ähnliches Artefakt angeboten hätte.

Jetzt sah alles danach aus, als wäre mein Wunschtraum endlich Wirklichkeit geworden. Ich hatte gerade einen kräftigen und sehr realen Arschtritt erhalten, mit den besten Wünschen aus dem zweiundzwanzigsten Jahrhundert.

Ich kroch ins Bett und vergrub mich unter den Laken wie eine Schnecke, die versucht, sich in ihr

Haus zurückzuziehen. Das Superkräfte-Gratisgeschenk, das ich gerade erhalten hatte, lag mir schwer im Magen. Es fühlte sich ein wenig so an, als wäre ich in einer dunklen Gasse über eine Brieftasche mit einer Million Euro gestolpert. Auf der einen Seite machte es mich wahnsinnig glücklich. Auf der anderen Seite bedeutete ein solcher Fund jedoch meistens nichts Gutes. Niemand war töricht genug, das Geld freiwillig dort abzulegen. Was bedeutete, jemand suchte bereits danach.

Das Ablaufdatum verbesserte meine sich verschlechternde Laune auch nicht gerade. Was geschah mit mir und meinem Gehirn, wenn die Lizenz ablief? Wurde die Wetware in meinem Kopf dann einfach abgeschaltet? Oder bekam ich eine neue Lizenz? Falls Letzteres zutreffen würde –wie sollte ich dafür bezahlen?

Falls ich mich zu einem späteren Zeitpunkt irgendwann einmal dazu entschließen sollte, ein Buch über das zu schreiben, was ich gerade erlebte, musste ich diesen Augenblick der Schwäche unbedingt verschweigen. Besser war es, das Buch damit zu beginnen, wie hart ich arbeitete. Wie ich mich für alle möglichen Kurse anmeldete und all meine Fähigkeiten verbesserte, vom Bogenschießen über das Kochen bis hin zum Online-Marketing.

So einfach war die Realität aber leider nicht.

Schlafen konnte ich nicht. Dennoch blieb ich bis zum Mittag im Bett liegen – und schmiedete Pläne, die ich mir anschließend mit all ihren unheilvollen Konsequenzen ausmalte. Dieses fantastische Geschenk aus der Zukunft brachte definitiv Bedingungen mit sich. Als Ergebnis meines Nachdenkens erhielt ich zwei Debuffs, die sich eigentlich gegenseitig hätten ausschließen müssen: Schlaflosigkeit (*Dauer: 12 Stunden*) und Schlafmangel. Beide gemeinsam reduzierten meine Lebenskraft,

Zufriedenheit, Wahrnehmung und Beweglichkeit sowie meine Intelligenz. Und all die anderen Statistiken.

Wie auch immer, mir war inzwischen alles egal. Ich wollte einfach nur die Erforschung dieses Systems fortsetzen.

Eher zufällig entdeckte ich, dass ich auf meine wilden Augenbewegungen verzichten konnte. Es reichte aus, mentale Befehle auszusenden, um das Interface zu kontrollieren.

Ich öffnete die *Einstellungen*.

Dort konnte ich meine Vorlieben für die Systemmitteilungen einstellen, mit den Farben und der Gestaltung herumspielen, indem ich Balken und Schaltflächen verschob, eine Uhr und eine Mini-Landkarte hinzufügen, einen Alarm einrichten und die Parameter für das Protokollieren der anstehenden Aufgaben ändern. Außerdem konnte ich die Option der automatischen Quest-Annahme (was auch immer das bedeutete) und irgendein komisches Ding aktivieren, das jedes Mal einen Alarm auslöste, wenn eine bestimmte Person mein Sichtfeld betrat und so weiter und so weiter.

Mit all dem konnte ich mich später noch befassen. Jetzt stand mir erst einmal das Beste bevor, das dieses digitale Fest zu bieten hatte.

Das *Wiki*.

Andere Leute hätten das wahrscheinlich als Erstes geöffnet und alles andere erst einmal ignoriert. Das ist wie im Kindergarten. Einige der Knirpse machen sich zuerst über den Nachtisch her und sparen sich die langweiligeren Dinge für danach auf. Ich war umgekehrt vorgegangen. Allein der Gedanke an den bevorstehenden Nachtisch hatte es mir ermöglicht, meine Möhren zu essen und die ekelerregende Milchsuppe zu löffeln, von deren hohem Wert für im Wachstum befindliche Kinder die für Ernährung zuständigen russischen Behörden fest überzeugt waren.

Das Wiki stellte sich als äußerst hilfreich heraus. Es war ein richtiger virtueller Assistent. Sobald ich an etwas dachte, präsentierte der Assistent mir die passende Seite und las den Inhalt laut vor. Das allerdings wurde schon bald zu einem Problem. Während ich zuhörte, musste ich ständig an neue Dinge denken, was dann den Aufruf der entsprechenden Seiten auslöste, sodass sich am Ende unzählige Fenster überlappten. Der virtuelle Assistent beendete sein ursprüngliches Vorlesen bei jedem neuen Gedanken und begann mit der Wiedergabe der neuen Seite. Das Chaos war vorprogrammiert.

Anfänglich konnte ich der Stimme des Assistenten weder irgendeine Emotion noch das Geschlecht zuordnen. Sie war zu hoch für einen Mann und zu tief für eine Frau. Das Russisch wies den Hauch eines Akzentes auf. Nicht, dass ich sehr darauf geachtet hätte, ich war zu sehr damit beschäftigt zu erfahren, wie die Statistiken berechnet wurden.

Das war im Grunde recht einfach, wie sich herausstellte. Ich hatte recht gehabt: Das System passte sich an das Verständnis des Users an. Wenn ich ein ahnungsloser Noob ohne jede Erfahrung in Computerspielen gewesen, hätte ich wahrscheinlich die folgenden Systemmitteilungen erhalten:

Gratuliere! Auch wenn du nicht sehr stark bist (2 Punkte), bist du doch sehr klug (14 Punkte) und verfügst über eine beneidenswerte Intuition (16 Punkte). Du bist sehr aufmerksam, doch leider fehlt es dir an Durchhaltevermögen (4 Punkte). Um das auszugleichen, bist du beweglich und gelenkig (11 Punkte). Und du hast jede Menge Glück (15 Punkte)!

Jedenfalls vermute ich das. Natürlich hätten diese Zahlen einem ahnungslosen Noob überhaupt nichts gesagt. Er oder sie hätte gar nicht gewusst, was er/sie damit anfangen sollte.

Eine Sache fand ich noch heraus. Die Zahlen der Statistiken orientierten sich an irgendwelchen Durchschnittswerten. Wahrscheinlich denen der Menschheit, insgesamt betrachtet. Eine ganz andere Frage war es natürlich, wie der mysteriöse Schöpfer dieses Spiels an diese Daten gekommen war. Wahrscheinlich hatte er sie diesem universellen Infospace entnommen, das das System dauernd erwähnte. Jedenfalls schienen Menschen sich durchschnittlich um 10 Punkte herum zu bewegen.

Allerdings, was genau meinte das System denn jetzt bitte mit Stärke, Wahrnehmung oder Beweglichkeit? Wie funktionierten diese Fähigkeiten und worauf wirkten sie sich aus?

Stärke stand für die schiere physische Kraft eines Users. In der Sprache der Gewichtheber wäre es das Gewicht, das ein Mensch mit jeder seiner Muskelgruppen anheben konnte. Das System addierte diese Anzahl von allen Menschen auf dem Planeten Erde, um den Durchschnitt zu ermitteln. Diese Zahl wurde dann durch zehn geteilt, und schon hatte man den Wert eines Punktes.

Was bedeutete, dass ich meinen Statistiken zufolge 40 % schwächer war als der durchschnittliche Erdling. Seufz! Die gute Nachricht war, dass Stärke eine der Statistiken war, bei denen ein Noob dank der sogenannten „Anfängerwirkung" am einfachsten aufsteigen konnte.

Beweglichkeit war laut dieses Wikis die „Fähigkeit, komplexe, koordinierte Bewegungen zu erlernen und diese erworbenen Fertigkeiten durchgehend in einer sich ständig verändernden Umgebung einzusetzen." Anders als die Stärke wurde der Zahlenwert für die Beweglichkeit mithilfe eines uralten Diagramms komplexer Bewegungen und ihrer Leistungszeiten bestimmt.

Ich hatte das komische Gefühl, dass dieses Diagramm auch Radschlagen und Spagat aufführte, Übungen, die ich während meiner Schulzeit niemals gemeistert hatte. Warum sonst hätte ich bei der Beweglichkeit wohl nur 4 Punkte erreicht? Zum Glück konnte man auch hier mit verschiedenen Übungen und Besuchen im Fitnessstudio Fortschritte erzielen.

Was die Intelligenz betraf, so handelte es sich dabei keineswegs nur um den IQ. Um genau zu sein, verfügte das Spiel über seinen eigenen Intelligenztest, der auch die Kreativität des Users und seine Fähigkeit bewertete, neue Ideen zu entwickeln oder querzudenken. Außerdem gab es noch andere beitragende Faktoren. Wie etwa die Belesenheit, die als Prozentsatz des Wissens des Users im Vergleich zur gesamten Informations-Datenbank des Planeten errechnet wurde. Oder die Fähigkeit, neues Wissen zu erzeugen. Diese spielte bei der Formel für die Berechnung des IQs eine große Rolle. Außerdem gab es noch Lebenserfahrung, Problemlösungsfähigkeiten und weitere Faktoren.

Meine Intelligenz-Zahlen waren in der Tat recht hoch, wie ich feststellte. Das war endlich einmal etwas, worauf ich stolz sein konnte. Mehr Punkte konnte ich erreichen, wenn ich Neues lernte, das bestehende Wissen erweiterte und neue Daten schuf, wie etwa durchs kreative Schreiben.

Kommen wir jetzt zum Durchhaltevermögen. Das Wiki überflutete mich mit Daten zu meinem Lungenvolumen, meinem Atmungsstoffwechsel und meiner Belüftungsintensität. Ich starrte auf Spalten von Zahlen über meine Kohlendioxidraten und metabolische Hitzeproduktion und versuchte dabei, Fragen zu entwickeln, die das Ganze für Laien verständlich machten. Endlich fand ich heraus, dass sich all diese Werte verbessern ließen, wenn man über einen ausgedehnten Zeitraum hinweg bestimmte Arten physischer Aktivitäten ausübte wie Jogging, Schwimmen, Berge hochklettern, Springen, Sex oder Klimmzüge.

Es war eine verdammt schwierige Aufgabe, meinen virtuellen Assistenten dazu zu bringen, die richtigen Antworten zu geben. Ich überschüttete ihn mit Fragen und versuchte dabei, mich durch die wissenschaftlichen Begriffe hindurchzuarbeiten, um meine Fragen so verständlich wie möglich zu formulieren-

„Zählt auch Sex?"

„Ja. Die in der aktiven Position verbrachte Zeit kann als Variable verwendet werden, die es dir erlaubt, den Durchschnitt zu errechnen von ..." Der Assistent laberte und laberte, bis ich ihn mit meiner nächsten Frage unterbrach.

Wahrnehmung war eine weitere komplexe Eigenschaft. Sie umfasste Sicht, Gehör, Geschmack, Geruchssinn, Intuition, Auffassungsgabe, Aufmerksamkeit für Details und Weitsicht. Ich hatte das Berechnungsprinzip noch nicht ganz erschlossen, aber es war eindeutig, dass all diese Dinge miteinander verbunden waren. Was die Verbesserung der Wahrnehmung betraf, so beschloss ich, mir das für später aufzusparen.

Charisma umfasste Attraktivität, Glaubwürdigkeit und Charme. Wobei ich keine Ahnung hatte, wie das System Letzteres errechnen wollte. Anscheinend hatte es eine virtuelle Simulation von jedem geschäftsfähigen menschlichen Wesen auf der Erde erstellt, um zu überprüfen, wie viele andere Menschen die betreffende Person anziehen und beeinflussen konnte.

Dann erfuhr ich, wie Glück berechnet wurde. Und dabei glaubte ich, den Verstand zu verlieren.

„Wir haben jeden Tag im Leben jeder Person vom Augenblick ihrer Zeugung analysiert", dozierte der

Assistent. „Dabei haben wir alle entscheidenden Vorfälle im Leben berücksichtigt, die sich auf die Existenz dieser Person ausgewirkt haben. Anschließend haben wir eine Rangordnung der getroffenen Entscheidungen aufgestellt, geordnet von gut nach schlecht. Dadurch haben wir einen durchschnittlichen Glückswert erhalten."

„Aber wie denn genau? Wie habt ihr auf die Daten zugegriffen?"

„Sie wurden von einem bestimmten lokalen Segment des universellen Infospaces bereitgestellt."

Der Himmel segne das universelle Infospace. Und sein Segment, was auch immer das nun war.

Um im Glück zu leveln, musste man die richtigen Lebensentscheidungen treffen. Was ich nicht herausfinden konnte, war jedoch, wie sich das auf das eigene Leben auswirkte.

„Dieser Parameter spielt bei allen Prozessen eine Rolle", antwortete der Assistent ausweichend.

„Was? Wirklich bei allen?"

„Oh, ja. Glück wirkt sich auf alle Statistiken aus. Es besitzt einen entscheidenden Einfluss auf das Leben eines Users."

Der Assistent erging sich in einer wortreichen Erklärung, nach der selbst die Wahrscheinlichkeit eines tödlichen Blutgerinnsels in meinen Adern vom Glück bestimmt wurde.

Nachdem ich mich mit allen Eigenschaften gründlich befasst hatte, wechselte ich zu den Fertigkeiten. Ihre Zahl war unbegrenzt. Die erreichten Level hingen von der Anzahl an Stunden ab, die man mit dem Praktizieren dieser Fertigkeiten verbrachte. Wobei jeder folgende Punkt mehr Stunden Einsatz (oder Wiederholungen) erforderte als der letzte. Manchmal sogar Unmengen mehr. Wenn man einmal die Computerspiele betrachtete, so hatte ich anscheinend insgesamt mehr als 15.000 Stunden mit

Online-Spielen verbracht und dennoch lediglich Level 8 erreicht.

Das System war eigentlich recht gut zu durchschauen und unterschied sich nicht von den Systemen, auf denen MMORPGs aufbauten. In nahezu jedem Spiel konnte man innerhalb weniger Stunden Level 1 erreichen. Dann musste man manchmal hunderte von Stunden investieren, um es auch nur auf Level 2 zu schaffen. Um die Fertigkeiten auf Level 5 zu bringen, musste man entsprechend 10.000 Stunden Praxis anhäufen.

Alle Spieler jenseits von Level wurden als Spitzenexperten betrachtet. Eine solche Position erforderte mindestens 21.000 Stunden Übung.

Das waren allerdings nur die grundlegenden Zahlen, die die kumulativen Auswirkungen anderer Fertigkeiten nicht berücksichtigten. Was in der Tat ein Problem war. Die Zeit, die man benötigte, um in einer bestimmten Fertigkeit das nächste Level zu schaffen, hing nicht zuletzt auch vom kombinierten Wert anderer Fertigkeiten ab. Man konnte aber nicht einfach dadurch rasch ein höheres Level erreichen, indem man zielstrebig in allen Fertigkeiten Fortschritte. Dazu reichten die Fähigkeiten unseres Gehirns schlicht nicht aus. Eigentlich war das nur logisch. Sobald mein Gehirn einmal damit beschäftigt war, zum Beispiel Schachspielen zu lernen, blieben weniger Denkfähigkeiten übrig, um etwa zum Meisterkoch zu werden.

Allerdings schienen die Wissenschaftler von heute genau diese Theorie jedoch infrage zu stellen. Ach, was wusste ich denn schon? Die Experten aus der Zukunft, die diese Software programmiert hatten, hatten dieses Problem offensichtlich ausgiebig studiert.

Gab es vielleicht eine Möglichkeit, nutzlose Fertigkeiten aus meiner Erinnerung zu löschen und dadurch Raum zu schaffen? Ich musste nur an all die

Tricks denken, die ich hatte lernen müssen, um *Mortal Kombat* zu spielen. Dabei kam es entscheidend auf die Reihenfolge der gedrückten Schaltflächen an, und man musste alle zugefügten Treffer ebenso wie die eigenen speziellen Kriegerfähigkeiten immer im Gedächtnis behalten. Was war mit all dem „Zurück, zurück, vorwärts, X"? Das war eine riesige Mine inzwischen wertloser Informationen, die Raum in meinem Gehirn belegte.

Einige Fertigkeiten erforderten offensichtlich auch Geistespunkte. Was das genau war, hatte ich noch nicht herausgefunden. Offensichtlich verlangten sie nach einem höheren Erkenntnislevel, der lediglich durch ständige Übung erreicht werden konnte. Nur eines verstand ich: Auch das hing direkt von meinen Statistiken ab.

Das ergab Sinn. Meine Beweglichkeit war zugegeben recht gering. Was bedeutete, ich hatte keine Chance, in athletischen Fertigkeiten Fortschritte zu erzielen, die stark auf Beweglichkeit aufbauten, und zwar ganz gleich, wie hart ich auch trainieren mochte. Auf die gleiche Weise konnte sich umgekehrt das Trainieren einer Fertigkeit auf die dafür erforderlichen Eigenschaften auswirken.

Die gute Nachricht war: Mein verbessertes Erkenntnislevel bedeutete, dass ich jetzt nicht länger auf Blickkontakt zu den Menschen angewiesen war, deren Statistiken ich sehen wollte.

Endlich war ich alle Diagramme durchgegangen. Ein melodiöses Geklimper kündigte das Eintreffen einer neuen Systemmeldung an:

Status der ausstehenden Aufgabe: das Interface der erweiterten Realität beherrschen lernen
Aufgabe erledigt!
Erhaltene Erfahrungspunkte: 5 Punkte
+1 % Zufriedenheit

Das war doch nett von denen! Zu schade, dass ich den Balken mit den Erfahrungspunkten nicht sehen konnte. Dazu musste ich unbedingt den Assistenten befragen.

Ich verbrachte noch ein wenig Zeit mit den Einstellungen. So deaktivierte ich vorübergehend die Funktion der mentalen Befehle, wählte eine weibliche Stimme und nannte den Assistenten Martha.

Marthas Stimme war ein wenig heiser und erinnerte an alte Hollywood-Filme mit Sexbomben.

„Willkommen im System ‚Erweiterte Realität‘!“

„Hi, Martha.“

„Wie geht es Ihnen, Herr Panfilov?“

„Oh, bitte – nenn mich Phil.“

„Forderung akzeptiert.“

„Wer bist du?“

„Ich bin dein virtueller Assistent für Erweiterte Realität! 7.2, Home Edition.“

„Wer hat dieses Spiel programmiert?“

„First Martian Company, Ltd.“

„Und wer genau ist das?“

„Bitte formuliere die Frage exakter.“

„Wie lautet die geschäftliche Anschrift dieser Firma?“

„Das Büro von First Martian Company, Ltd befindet sich in Georgetown, Schiaparelli, Mars.“

Nein, echt jetzt? Hieß das also, wir würden in der Zukunft tatsächlich den Mars kolonisieren? Und wann? Konnte man in der Atmosphäre dieses Planeten überleben? Befanden sich auch noch auf anderen Planeten Kolonien der Menschheit?

Wie gut, dass ich die mentalen Befehle deaktiviert hatte. Die Antworten auf all diese Fragen hätten mir momentan kein Stück geholfen.

Also stellte ich eine andere Frage. Eine bedeutungsschwangere Frage.

„Wer hat das Unternehmen gegründet?“

„Die Firma wurde von Zoran Savich ins Leben gerufen."

„Ist er ein Mensch? Von welchem Planeten stammt er?"

„Er stammt ursprünglich von der Erde und wurde im Jahr 2058 in der Eurasischen Union geboren."

Ich merkte mir den Namen gut. Falls ich lange genug lebte, um ihn kennenzulernen, musste ich unbedingt Aktien seines Unternehmens kaufen.

„Welches Jahr haben wir jetzt, Martha?"

„Nach dem gregorianischen Kalender haben wir das Jahr einundzwanzigtausend-achtzehn. Dies ist deine standardmäßige Option für die Chronologie, basierend auf deinem …"

„Okay, okay! Kannst du mir vielleicht erklären, wie zum Teufel diese Software auf die Erde gelangt ist, zu einem Zeitpunkt einhundert Jahre früher?"

„Sende die Anfrage an den Server. Bitte warten." Martha meldete sich vorübergehend ab. „Zeitüberschreitung der Serververbindung. Es kann keine Verbindung zum Server hergestellt werden."

„Ach, vergiss es einfach."

„Bitte formuliere die Frage exakter."

„Ich meine, kannst du die Serveranfrage stornieren?"

„Forderung akzeptiert."

„Wo befindet sich eigentlich der Server?"

„Der Server befindet sich entlang der Lagrange-Punkte des Sonnensystems."

„Hast du eine Ahnung, warum du keine Verbindung zum Server herstellen kannst?"

„Sende die Anfrage an den Server. Bitte warten. Zeitüberschreitung der Serververbindung. Es kann keine Verbindung zum Server hergestellt werden."

„Das liegt daran, dass es bei diesen verdammten Lagrange-Punkten im Augenblick noch gar keinen verfluchten Server gibt!", fauchte ich wütend. „Ach, egal. Aber kannst du mir bitte erklären, wieso ich trotzdem auf die Daten all der Leute zugreifen kann, obwohl keine Verbindung zum Server besteht?"

„Die Daten werden aus dem lokalen Segment des universellen Infospace abgerufen."

„Was genau *ist* das lokale Segment?"

„Das lokale Segment dieses Sektors der Galaxie enthält alle Informationen über die Menschheit ebenso wie über eine andere empfindungsfähige Spezies."

„Welche empfindungsfähige Spezies?"

„Unberechtigte Anfrage. Dein Zugangslevel ist unzureichend. Deine Lizenz gilt ausschließlich für die private Nutzung."

„Und was genau ist dieses universelle Infospace?"

„Es ist die Gesamtsumme allen Wissens, das über die empfindungsfähigen Spezies im Universum erfasst wurde."

„Wie viele empfindungsfähige Spezies gibt es denn im Universum? Wir sind also nicht allein?"

„Abgesehen von dir befindet sich an diesem Standort eine Kreatur, die zur Spezies *Felis domesticus* gehört. Dabei handelt es sich um ein kleines, meist pelziges, fleischfressendes Säugetier. Soll ich den Aufenthaltsort dieser Kreatur auf deiner Mini-Landkarte markieren?"

„Sie ist keine ‚Kreatur'! Das ist Boris!"

„Diese Information geht über das zur Beantwortung deiner Anfrage erforderliche Maß hinaus. Der Name der Kreatur befindet sich in den Daten, die deinem Gehirnscan entnommen wurden."

In Gedanken schlug ich mir die Hand gegen die Stirn. „Martha?"

„Ja, Phil?"

„Wie viele empfindungsfähige Spezies befinden sich im Universum?"

„Unberechtigte Anfrage. Dein Zugangslevel ist unzureichend. Deine Lizenz gilt ausschließlich für die private Nutzung."

„Ich dachte, ich verfüge über ein Premium-Konto?"

„Dies betrifft Zugangslevel AAA+. Diese Art privilegierter Informationen ist von Premium-Konten nicht abgedeckt."

„Und welche Art von Privilegien werden durch ein Premium-Konto abgedeckt?"

„Das einzige Privileg, das ein Premium-Konto bietet, ist ein dreifacher Bonus nach Errechnung deiner Levels und Statistiken wie Eigenschaften, Fertigkeiten, Erfahrungspunkte, Ansehen und sozialer Level."

Ich wusste es!

Ich verfügte über einen Level-Verstärker!

Geil, was? Ich hatte gerade den Jackpot geknackt! Das war der feuchte Traum jedes Spielers!

Rasch rechnete ich das im Kopf einmal durch. Wenn ich mich beispielsweise dazu entschied, der nächste Fußballstar wie, sagen wir einmal Lionel Messi zu werden (aber klar doch, mit über dreißig – träum weiter!), müsste ich jeden Tag zwölf Stunden trainieren. Um die 21.000 Stunden zu erreichen, die mich zum Spitzenexperten machen würden, hätte ich normalerweise fünf Jahre gebraucht. Jetzt könnte ich es in anderthalb Jahren schaffen!

Das war noch immer nicht überragend, um ehrlich zu sein. Schließlich lief meine Lizenz in einem Jahr ab. Was bedeutete, ich würde wohl nichts wirklich Spektakuläres erreichen können.

Es bedeutete auch, dass meine ursprüngliche Idee, bei allen Statistiken Fortschritte zu machen, nicht machbar war. Ich musste unbedingt einen guten Plan für meine Fortschritte aufstellen. Und zwar schnell – schließlich zählte jetzt jeder Tag!

„Martha, wie erhalte ich den nötigen Zugangslevel?"

„Bitte formuliere die Frage exakter."

„Wie erreiche ich den Zugangslevel, der erforderlich ist, um herauszufinden, wie viele empfindungsfähige Spezies sich im Universum befinden?"

„Du musst die *Professional Edition* von *Erweiterte Realität!* kaufen Möchtest du eine Bestellung aufgeben?"

„Aber auf jeden Fall!"

„Sende die Anfrage an den Server. Bitte warten. Zeitüberschreitung der Serververbindung. Es kann keine Verbindung zum Server hergestellt werden."

„Ich verstehe. Kannst du mir trotzdem sagen, was die Professional Edition kosten würde?"

„Bitte gib eine bestimmte Währung an."

„Russische Rubel."

„Leider akzeptieren wir lediglich Marsianer-Anrechnungspunkte, eurasische Yuans oder Föderiertendollar."

„Okay, dann sag mir den Betrag in Marsianer-Anrechnungspunkten."

„Dein Upgrade kostet 199.900 Marsianer-Anrechnungspunkte. Möchtest du zur Kasse gehen?"

„Ja, bitte."

„Fehler. Unzureichendes Guthaben in deinem Kontensaldo."

„Kann ich meinen Kontensaldo sehen?"

„Dein Kontensaldo ist negativ. Du verfügst über minus 49.000 Marsianer-Anrechnungspunkte in deinem Konto. Erlaube mir, dich daran zu erinnern, dass du deine Schulden bezahlen musst. Das Versäumnis, deine finanziellen Verpflichtungen zu erfüllen, kann zum Einleiten eines gerichtlichen Verfahrens führen. In dessen Rahmen kann dein gesamtes Eigentum beschlagnahmt werden. Außerdem musst du Schadensersatz leisten. Dies geschieht durch Zwangsarbeit."

„Ist ja schon gut! Eine letzte Frage – wie viel wären 49.000 Marsianer-Anrechnungspunkte in russischen Rubeln?"

Ich erwartet eine weitere Mitteilung über die Zeitüberschreitung bei der Serveranfrage, doch Martha antwortete prompt.

„Ausgehend von einer Bewertung der strategischen Energiereserven des Planeten im Jahr 2018, verglichen mit denen des Sonnensystems im Jahr 2118, beträgt der Wechselkurs 22.730 Rubel. Auf der Grundlage dieses Wechselkurses aus dem Jahr 2018 entsprechen 49.000 Marsianer-Anrechnungspunkte 1.113.770.000,00 russischen Rubeln."

Wie viel bitte?

Wie blind starrte ich auf die Zahl, die vor meinen Augen stand und die Martha mir gerade vorgelesen hatte. Schuldete ich tatsächlich mehr als eine Milliarde Rubel? Wem denn bitte? Und wofür? War das etwa der Preis der Spielelizenz, die ich gerade nutzte?

Ohne ein weiteres Wort schloss ich die Oberfläche. Zu dem Zeitpunkt gähnte ich bereits ohne Unterlass und konnte die Augen kaum noch offenhalten. Meine Lebenskraft und mein Stoffwechsel befanden sich längst im roten Bereich, dank der doppelten Schwächung durch Teilnahmslosigkeit und Schlafmangel. Das System überschüttete mich mit Alarmmeldungen und warnte mich vor den Gefahren von zu wenig Schlaf.

Zwar hatte die letzte Information mir jegliche weitere Unterhaltungen mit Martha verleidet, allerdings war ich ausreichend masochistisch veranlagt, um Martha dennoch ein letztes Mal aufzurufen und ihr eine weitere Frage zu stellen.

„Du hast Schadensersatz erwähnt. Was hast du damit genau gemeint?"

„Alle eingetretenen Schäden sind durch das Ableisten von Zwangsarbeit auszugleichen. Dabei handelt es sich um Arbeit in Uran-Bergwerken auf einem der Jupitermonde. Die Wahrscheinlichkeit, dass es sich bei diesem Mond um Io handelt, liegt bei 83,71 %."

Ich lächelte traurig. In diesem Fall standen die

Chancen gut, dass ich der erste Mensch auf Io werden würde.

„Martha?"

„Ja, Phil?"

„Wie viel Zeit habe ich, für meine Lizenz zu bezahlen?"

„Deine Lizenz wurde voll bezahlt. Sie ist ab der Aktivierung ein Jahr lang gültig. Die Lizenz läuft am 16. Mai 2019 ab."

„Weißt du, wer dafür bezahlt hat?"

„Sende die Anfrage an den Server. Bitte warten. Zeitüberschreitung der Serververbindung. Es kann keine Verbindung zum Server hergestellt werden."

„Na toll!", murmelte ich, bevor ich das Bewusstsein verlor.

Ich verschlief den Rest des Freitags und die folgende Nacht.

* * *

ICH ERWACHTE MIT einem wilden Zusammenfahren. Noch bevor ich die Augen öffnete, sah ich die neue Systemmitteilung in meinem mentalen Blickfeld.

Guten Morgen, Phil!
Du wolltest um 7:00 Uhr geweckt werden. Es ist jetzt 6:42 Uhr. Das ist auf der Grundlage deines Schlafzyklus die beste Zeit zum Aufwachen.

Das stimmte – hatte ich den Systemalarm nicht auf 7:00 Uhr eingestellt? Ich hatte keine Optionen für den Alarmton gefunden und mich schon gewundert, wie zum Teufel es dem System gelingen sollte, mich zu wecken. Nun, diese Frage hatte sich jetzt beantwortet. Das System hatte mich geweckt, und was noch besser war: Ich erwachte bester Laune, erfrischt und voller Energie.

Nicht falsch verstehen – ich konnte mich noch immer an jedes Wort meiner Unterhaltung mit Martha erinnern. Trotzdem, jetzt betrachtete ich das alles in einem ganz anderen Licht. Zwangsarbeit? Uran-Bergwerke? Die existierten doch noch gar nicht. Nicht für noch etwa weitere einhundert Jahre oder so.

Ohne das Bett zu verlassen, rief ich Martha auf.

„Guten Morgen, Phil."

„Guten Morgen! Du hast mir vorhin einen Vortrag gehalten, dass ich meine finanziellen Verpflichtungen erfüllen müsse, erinnerst du dich? Wann genau läuft denn die Frist dafür ab?"

„Die Frist für das Erfüllen deiner Zahlungspflichten gegenüber First Martian Company, Ltd ist der 31. Dezember 2118."

„Danke, Süße." Ich unterdrückte einen Triumphschrei. „Ich danke dir. Sei ein braves Mädchen. Ich bin bald zurück, dann können wir uns weiter unterhalten. Und zwar diesmal über die Fortschritte bei diesem sogenannten sozialen Status im System."

Ich verbrachte einen halben Tag damit, die Wohnung in Ordnung zu bringen. Inzwischen waren sowohl der Debuff für Schlafmangel als auch der Debuff für Teilnahmslosigkeit abgelaufen. Das ließ mich zum einen unsere Wohnung in ihrem wahren Licht sehen und verschaffte mir zum anderen die Energie, etwas dagegen zu unternehmen. Dieses wahre Licht gefiel mir nämlich überhaupt nicht, sondern löste den verzweifelten Drang aus, alles sauber schrubben zu wollen.

Und ich folgte dem Drang. Ich holte allen Mist aus Schubladen und Schränken, polierte den Kühlschrank innen und außen, reparierte den verfluchten tropfenden Wasserhahn und putzte die Fenster. Dann ging ich meine Garderobe durch und sortierte alles aus, von dem ich mich zuvor partout nicht hatte trennen können.

Eine große Unterstützung bei all diesen Aufgaben war die Fertigkeit zur Objektidentifizierung, die mein Erkenntnislevel mir verschafft hatte.

Wie ein Kind, das gerade Lesen gelernt hat und jetzt alles entziffern muss, das ihm vor Augen kommt, studierte ich die Statistiken aller Gegenstände im Haushalt. Sehr viel enthüllte mein derzeitiger Level mir nicht – oft nicht einmal den Markennamen –, aber immerhin identifizierte das Programm alle Gegenstände korrekt und fügte eine kurze Beschreibung hinzu. Zum Beispiel:

Ein LCD-Fernsehgerät, 32 Zoll. Ein Gerät, das den Empfang von visuellen und auditiven Signalen aus der Ferne sowie deren Darstellung ermöglicht.

Eine Essgabel, Edelstahl. Teil eines Bestecksets.

Ein T-Shirt, weiß, 100 % Baumwolle. Ein Kleidungsstück.

Je einfacher der Gegenstand, desto kürzer war die Beschreibung. Bei manchen Dingen wurde die Langlebigkeit dargestellt, bei anderen nicht. Alles mit einer Langlebigkeit von unter 20 % landete direkt im Müll.

Interessanterweise verfügten einige der Kleidungsstücke über Statistikboni, manchmal sogar recht beeindruckende. So etwa verlieh meine Lesebrille meiner Wahrnehmung einen gewaltigen Auftrieb. Oder vielleicht lag das auch nur an meiner schlechten Sicht. Mein einziges Paar guter Schuhe verschaffte mir +1 Charisma. Meine alten Jogginghosen sorgten für das genaue Gegenteil.

Bewaffnet mit diesem Wissen entsorgte ich ohne Zögern meine zerrissenen Turnschuhe mit ihren -1

Charisma und ersetzte sie durch ein Paar schwarze Derbys, das ich irgendwo in den Tiefen des Kleiderschranks ausgegraben hatte.

Das waren, um genau zu sein, die Schuhe, die ich bei meiner Hochzeit getragen hatte. Ich hatte sie lediglich ein einziges Mal angehabt – als ich Yanna geheiratet hatte.

Woher ich wusste, dass es sich dabei um Derbys handelte? Ganz einfach – die Beschreibung des Systems verriet es mir:

Schwarze Derby-Schuhe
Material: Leder
Allzweck-Schnürschuhe, die sowohl mit legerer als auch mit formeller Kleidung getragen werden können.
+1 Charisma
Langlebigkeit: 17/20

Ich besaß sie schon seit Ewigkeiten, ohne mir dessen bewusst gewesen zu sein. Meine neuen Fähigkeiten gefielen mir immer besser.

Nachdem ich klar Schiff gemacht hatte, ließ ich den Computer hochfahren. Zuerst meldete ich mich bei all meinen Clan-Kameraden. Ich musste an all die schlaflosen Stunden denken, die wir miteinander verbracht hatten, all die Tage und Nächte – ganze Jahre sogar! Wir hatten seit Anbeginn der Zeiten miteinander gekämpft.

Ich informierte sie alle, dass ich das Spiel verließ, dankte ihnen für die großartige Zeit mit ihnen und wünschte ihnen viel Glück in Argus. Es war eine ganz nüchterne Nachricht, ohne jeden sentimentalen Schwachsinn. Viele von ihnen hatte ich längst auch im realen Leben getroffen, es musste also kein Abschied für immer sein.

Status der ausstehenden Aufgabe: die Clan-

Kameraden kontaktieren und das lange Schweigen entschuldigen
Aufgabe erledigt!
Erhaltene Erfahrungspunkte: 5 Punkte
+3 % Zufriedenheit

Ich spendete meine gesamte Ausrüstung und alle Ressourcen der Bank des Clans. Ein letztes Mal betrachtete ich all meine Errungenschaften und dachte daran, wie viel Zeit und Anstrengung mich jede einzelne davon gekostet hatte. Ein letztes Mal marschierte ich durch das leere *Sturmwind*, dann nahm ich die Tiefenbahn nach *Eisenschmiede*. Dort überwältigten mich nostalgische Gefühle. Ich gab ihnen nach, machte einen Screenshot meines Schurkencharakters, löschte ihn anschließend mitsamt all seinen alternativen Charakteren und beendete das Spiel. Ich überlegte nicht eine Sekunde lang, den Charakter zu verkaufen. Es hätte sich einfach nicht richtig angefühlt.

Dann deinstallierte ich das Spiel und seufzte tief.

Lebewohl, Azeroth!

Status der ausstehenden Aufgabe: das Spielen von World of Warcraft *einstellen*
Aufgabe erledigt!
Erhaltene Erfahrungspunkte: 50 Punkte
+10 % Zufriedenheit

Das Spielen von *World of Warcraft* einstellen? Ich erinnerte mich nicht daran, das auf meiner Liste ausstehender Aufgaben gesehen zu haben. Das musste sich in dem Augenblick selbst hinzugefügt haben, als ich diese Entscheidung getroffen hatte.

Die Ergebnisse waren jedenfalls beeindruckend. Davon konnte ich mehr gebrauchen! Der Sprung in der Zufriedenheit verschaffte mir das Gefühl einer unglaublichen Erleichterung – vergleichbar in etwa mit dem, das man empfindet, wenn man nach einem langen, mit Laufen verbrachten Tag endlich seine unbequemen Schuhe ausziehen kann.

Die Anzahl der erworbenen Erfahrungspunkte war jedenfalls erheblich höher als bei den anderen erledigten Aufgaben. Es war das Zehnfache! Martha hatte also recht gehabt, als sie mir erklärt hatte, dass das System die Erfahrungspunkte nach Maßgabe der Schwierigkeit einer bestimmten Aufgabe für den betreffenden Spieler verlieh.

Das stimmte total. Es war wirklich nicht einfach für mich gewesen, die letzten zwölf Jahre meines Lebens auszulöschen.

Aber damit war es noch lange nicht genug. Ich deinstallierte *Steam* und alle übrigen Spiele, gefolgt von Gigabytes an Handbüchern, Fernsehserien, Comicromanen, Sammlungen von Internet-Mems und anderem solchen Unfug. Ich wühlte mich durch meine Arbeitsdateien, bereinigte die Desktop-Oberfläche und rief meine E-Mails ab.

Von dem ganzen Spam einmal abgesehen, fand ich zwei E-Mails vor, die mir höchst willkommen waren. Die erste betraf ein Vorstellungsgespräch in einer Fabrik, die Verpackungen herstellte und einen Handelsvertreter suchte. In der Mail wurde erwähnt, dass man versucht hätte, mich anzurufen, mich jedoch nicht erreicht hätte.

Das Vorstellungsgespräch war auf den Montagmorgen terminiert. Das war gut, denn ich brauchte ein wenig Zeit, um mich darauf vorzubereiten.

Die zweite E-Mail stammte von einer sibirischen Vertriebsgesellschaft für Pinienkerne, die mich über eines der Freelanceportale kontaktiert hatte. Man fragte, ob ich daran interessiert wäre, Inhalte für die Website des Unternehmens zu schreiben.

Ich antwortete sofort. Obwohl Wochenende war, reagierte einer ihrer Mitarbeiter postwendend. Wir einigten uns über Vergütung und Fristen, dann machte ich mich gleich an die Arbeit.

Status der ausstehenden Aufgabe: E-Mails überprüfen
Aufgabe erledigt!
Erhaltene Erfahrungspunkte: 1 Punkt
+1 % Zufriedenheit

Je mehr Zeit ich damit verbrachte, bisher unerledigte Aufgaben abzuschließen, desto besser gefiel es mir. Das lag nicht einmal so sehr an den Buffs, die das System mir dafür schenkte, sondern eher an meinem neuerworbenen Gefühl, etwas erreicht zu haben. Ich verschwendete nicht länger meine Zeit mit Computerspielen oder Fernsehen. Stattdessen tat ich etwas Nützliches.

Das gab mir einen solchen Auftrieb, dass ich die kurzen Pausen in meinen Texten über Pinienkerne dazu nutzte, noch ein paar weitere Aufgaben zu erledigen. Ich bürstete Boris' Fell gründlich durch, kaufte rasch ein paar Lebensmittel ein, schrieb einen Blogbeitrag über mein Ausscheiden aus dem Spiel und rief meine Eltern an.

Den Rest des Sonntags verbrachte ich damit, die Texte fertigzuschreiben und mich auf das Vorstellungsgespräch am nächsten Tag vorzubereiten. Danach ging ich früh zu Bett. Beim Einschlafen fiel mir ein, dass ich mir meinen neuen sozialen Status noch gar nicht angeschaut hatte. Das holte ich nun schnell nach. Ich hatte tatsächlich Fortschritte gemacht. Ein ganzer gewonnener Punkt in den Statistiken bewies es mir.

Den ich unbedingt in etwas wirklich Sinnvolles investieren musste.

KAPITEL 10

EINE NICHT DOKUMENTIERTE FUNKTION

„Wenn du nicht gleich Erfolg hast, ist Versagen vielleicht dein Stil."

Quentin Crisp

„HALLO, ICH BIN Phil Panfilov. Ich habe um halb zehn ein Vorstellungsgespräch."

Die hübsche Dame am Empfang ignorierte mich jedoch. Zu sehr war sie damit beschäftigt, durch einen Instagram-Feed zu scrollen. Sie gähnte und bedeckte den Mund dabei mit ihrem Smartphone. Endlich sah sie mich an. Ihre falschen Wimpern waren so lang, dass sie sich an heißem Tag wahrscheinlich selbst damit Luft zufächeln konnte.

„Entschuldigung, was haben Sie gesagt?" Sie gähnte erneut. Sie musste ein aufregendes Wochenende hinter sich haben.

Ein Montagmorgen in einem Büro erinnert ganz unweigerlich an einen aufgewühlten Ameisenhaufen. In dieser speziellen Firma allerdings hatte ich eher den Eindruck einer regelrechten Ameisenrevolution.

135

Wütende Mitarbeiter rannten umher, im Begriff, die Königin zu entthronen. Telefone schrillten ununterbrochen. Die Luft schwirrte nur so vor Flüchen. Drucker ratterten, Türen knallten, die Kaffeemaschine gurgelte.

„Martynov! Schwing deinen Arsch hier rüber und schick dein Angebot zum Fleischermarkt. Die brennen geradezu darauf, abzuschließen!"

„Welche Firma?"

„Die Armenier natürlich, du Esel!"

„Wer hat meinen Kaffee geklaut?"

„Welchen Teil von ‚Zahlung vor Lieferung' hast du bitte nicht kapiert?"

„Wer hat die Virgil-Akte?"

„Cyril, was tust du? Das ist mein Löffel! Leg ihn bitte zurück, sobald du damit fertig bist!"

„Nein, eine Zahlung nach Lieferung kommt für uns nicht infrage. Nur vorher. Soll heißen, wir liefern erst, wenn wir das Geld haben."

„Max, die Mädels aus der Buchhaltung haben dich schon überall gesucht! Ihr Drucker funktioniert nicht! Sie können keine Rechnungen ausdrucken!"

„Wie geht es Ihnen, mein Herr? Aber natürlich, ich kann das für Sie etwas billiger machen …"

„Denen ist bloß die Druckertinte ausgegangen, das ist alles!"

Das war alles ganz normal. Alltagsgeschäft.

Ich schaute mich um. Das geräumige Büro war vollgestopft mit Kartons und Produktproben. Die Schreibtische ächzten unter Tonnen von Papierkram. Der Bereich für das Management wirkte wie eine Insel der Ruhe in einer stürmischen See von Handelsvertretern, die gelegentlich versuchten, ans friedliche Ufer vorzudringen.

„Entschuldigen Sie!" Ich betrachtete die Beschriftung über dem Kopf der Empfangsdame. „Darya, nicht wahr? Ich habe ein Vorstellungsgespräch um …"

„Den Flur entlang, letzte Tür rechts. An der Tür steht ‚Personalabteilung'."

„Ich danke Ihnen … Darya."

Sie nickte und richtete ihre Aufmerksamkeit wieder auf ihr Handy.

Der Gang vor der Tür zur Personalabteilung war dicht bevölkert. Wahrscheinlich würde ich geraume Zeit hier verbringen müssen.

„Hallo", begrüßte ich die anderen. „Habt ihr euch alle für den Job beworben?"

„Das haben wir in der Tat", grinste ein nicht sehr hochgewachsener, lebhafter, junger Kerl. „Jetzt sag mir nicht, dein Termin ist ebenfalls um halb zehn? Vorstellungsgespräch für den neuen Handelsvertreter? Tja, da kommst du zu spät, Mann – es ist nämlich schon neun Uhr vierzig."

Er verengte seine strahlend blauen Augen und sprach ohne Pause weiter. „Quatsch, ich hab nur einen Scherz gemacht. Wir wurden alle für dieselbe Zeit einbestellt. Wie heißt du? Ich bin Greg. Ich habe Fenster verkauft, aber dieser Mistkerl von einem Chef hat alle Bonuszahlungen einbehalten. Meine Frau ist schwanger, ich brauche das Geld also dringend. Noch habe ich meinen alten Job allerdings nicht gekündigt. Die glauben, ich stecke gerade in der Besprechung mit einem Kunden. Das war clever von mir, was? Und du? Was hast du vorher gemacht?"

„Ein bisschen von allem", erwiderte ich und schüttelte seine ausgestreckte Hand. „Ich bin Phil."

Der Typ war der geborene Handelsvertreter. Das waren Fertigkeiten! Wenn es sein musste, konnte er bestimmt sogar Fenster für ein U-Boot verkaufen.

Außerdem war er der geborene Kuhscheiße-Quatscher. Er war überhaupt nicht verheiratet. Ich konnte schließlich seine Statistiken sehen!

Gregory „Kuhscheiße-Quatscher" Boyko
Alter: 25
Derzeitiger Status: Handelsvertreter
Level des sozialen Status: 7
Klasse: Verkäufer. Level: 5
Unverheiratet. Keine Kinder
Vorstrafen: Ja
Derzeitiges Ansehen: Gleichgültigkeit 0/30

Andererseits, weshalb sollte er unbedingt verheiratet sein? Er konnte ja auch eine Freundin haben, mit der er zusammenlebte.

Urplötzlich verlor Greg KS-Q jegliches Interesse an mir und wandte sich einer sehr stillen, jungen Frau zu, die neben ihm stand. Er nahm die Unterhaltung wieder auf, die meine Ankunft augenscheinlich unterbrochen hatte. Ihr Alter und ihre Kleidung verrieten, dass sie Studentin war. Lass sehen – hatte ich recht?

Definitiv!

Marina Tischenko
Alter: 19
Derzeitiger Status: Studentin

Ich betrachtete die Statistiken der anderen. Die meisten Stellenbewerber waren jünger als ich. Alle trugen sie einen Anzug, manche sogar eine Krawatte.

Beinahe hätte ich mich vorhin ebenfalls in offizielle Bürokleidung geworfen. Ich verfügte sogar über einen Anzug, der hinten im Kleiderschrank verstaubte. Allerdings war mir die Realität böse in die Quere gekommen. So sehr ich auch versucht hatte, den Bauch einzuziehen, ich konnte die Knöpfe der Hose einfach nicht schließen. Am Ende hatte ich mich also mit Jeans und einer Anzugjacke über einem sauberen, weißen T-Shirt bescheiden müssen.

Voller Neugier betrachtete ich die überall im Büro

verteilten Produktproben und ihre Statistiken. Rollen über Rollen Klarsichtfolie, Thermoformfolie, Rostschutzfolie, wasserlösliche Folie, Schrumpffolie, Luftpolsterfolie ...

Luftpolsterfolie, ja! Ich liebe es, die Blasen knacken zu lassen. Wer tut das nicht?

Meine Erkenntnisfertigkeit konnte alles identifizieren, das sich in meinem direkten Sichtfeld befand. Das ersparte mir die Mühe, mich den Dingen zu nähern oder sie womöglich gar in die Hand nehmen zu müssen.

„Und was glaubst du, Phil?", unterbrach Greg meine Gedanken.

Verständnislos starrte ich ihn an.

„Was ist das Produkt, das sich am leichtesten verkaufen lässt?", wiederholte er.

Alle Blicke richteten sich auf mich. Offensichtlich hatte Greg den Mittelpunkt einer allgemeinen Diskussion gebildet.

Ich musste nicht lange nachdenken. „Das Produkt, das sich am leichtesten verkaufen lässt, ist das, was dein Kunde braucht. Das musst du ihm nicht mal verkaufen – er wird es dir aus den Händen reißen."

„Genau! Er hat recht!", stimmten die anderen zu.

Mein Ansehen bei einigen von ihnen, einschließlich Marina, war ein wenig gestiegen und lag nun bei Gleichgültigkeit, 5/30.

So einfach war das? Nein, das meinten die bestimmt nicht ernst!

„Siehst du!" Marina grinste Greg triumphierend an. „So viel also zu deinen Fenstern!"

Sie war offensichtlich nicht ganz so schüchtern, wie ich es zunächst geglaubt hatte. Um ehrlich zu sein, erinnerte sie mich an Yanna, als sie in Marinas Alter gewesen war.

Ich musterte sie erneut. Sie war eigentlich ganz hübsch. Ein zartes Gesicht mit recht vollen Brauen, unter denen Augen von erstaunlicher Reinheit in der Farbe von Smaragden schimmerten.

Sie fing meinen Blick auf und zwinkerte mir zu. Verlegen schaute ich beiseite, unterdrückte dabei ein Lächeln.

„Das glaube ich einfach nicht!", beharrte Greg. „Woher willst du denn wissen, was dein Kunde braucht? Und du brauchst ja auch nicht nur einen Kunden, sondern Dutzende davon! Die geben alle einen Scheißdreck darauf, dass du deine Quote erfüllen musst. Denen ist es völlig egal, wenn du deinen Bonus verlierst. Oder dein Produkt gerade keine Saison hat. Und das alles hier" – er deutete auf die vielen Rollen Verpackungsfolie – „wer bitte braucht diese Dinge? Läden? Supermärkte? Bauernmärkte? Die Lieferanten von Klarsichtfolie, das ist eine einzige Mafia, Mann!" Er deutete mit einer Kopfbewegung auf die noch immer wild umherlaufenden Mitarbeiter der Firma.

Ich erstarrte. So ganz unrecht hatte er da nicht.

Ich öffnete die Landkarte und schickte mental eine Suchanfrage ab.

Nichts geschah. Mehrere Male formulierte ich meine Anfrage um, bis endlich jeder Laden und jeder Markt der Stadt auf der Karte markiert war.

Und jetzt Daumen drücken!

Ich erklärte dem System, es sollte die Geschäfte ordnen und dabei alle ausblenden, die keinen Lieferanten von Klarsichtfolie brauchten.

„Fenster sind eine ganz große Sache, das könnt ihr mir ruhig glauben", schloss Greg. „Das ist etwas, das jeder braucht!"

Dein derzeitiger Erkenntnislevel reicht nicht aus, um auf die angeforderten Informationen zuzugreifen!

So ein Mist!

Die Tür zur Personalabteilung öffnete sich. Ein

ziemlich mitgenommener Bewerber trat hinaus. Stirnrunzelnd betrachtete er die Menge der Bewerber, dann marschierte er von dannen.

„Der Nächste bitte", rief eine männliche Stimme hinter der Tür.

Der Personalchef verbrachte nicht mehr als fünf Minuten mit jedem Bewerber. Der Mitarbeiterverschleiß in diesem Unternehmen musste gewaltig sein, was sie dazu zwang, jeden einzustellen, der sich bereiterklärte, für ein mickriges Gehalt mit der Aussicht auf Boni zu arbeiten.

Endlich war Greg an der Reihe. Er blieb länger als alle anderen im Raum und grinste wie ein Honigkuchenpferd, als er wieder herauskam, offensichtlich sehr zufrieden mit sich selbst.

„Ich bin gut! Und was die machen, ist mir egal. Es ist ihr Verlust, wenn sie mich nicht nehmen. Wir sehen uns, Jungs! Ich habe Fenster zu verkaufen!"

Er gab jedem die Hand, zwinkerte Marina zu und machte sich davon.

Nun war die Reihe an Marina, dann kam ich.

Marina kehrte mit einem verlegenen Lächeln zurück. „Ich glaube, ich bin gerade eingestellt worden", flüsterte sie mir zu, als ich an ihr vorbei zur Tür ging.

„Viel Glück!", rief sie mir nach.

Danke, Mädchen!

* * *

ICH FÜHLTE MICH gut, als ich das Büro der Verpackungsfirma verließ. Mich ließ der Eindruck nicht los, dass ich es geschafft hatte. Man hatte mir versprochen, mich anzurufen – so wie allen anderen auch, vermute ich mal. Auf jeden Fall verlief der Tag gut, und die Luft roch nach den verschiedensten Sommerblüten. Die Sonne streichelte mein Gesicht und erwärmte meinen Körper. Ich zog das Jackett aus und hängte es mir über die Schultern.

Ich wandte den Kopf in alle Richtungen und identifizierte alles, das ich zu Gesicht bekam, um ein wenig zu leveln. Außerdem war ich neugierig. Ein Abfallkorb aus Beton, ein *Porphiry Govorov, Alter: 12, Realschulschüler*, ein Bordstein, ein Auto, eine *Lyudmila Voronina, Alter: 72, Rentnerin*, eine LED-Straßenlaterne, eine *Vita Balashova, Alter: 24, Wahrsagerin* ...

Einen Augenblick mal – *Alter: 24*? Sie sah aus wie eine alte Frau!

Ich betrachtete sie eingehender. Es war eine Straßenbettlerin, wahrscheinlich eine Roma, ihrer traditionellen Kleidung nach zu schließen: Mehrere Röcke mit Blumenmuster und Rüschen übereinander und eine passende mit Volants besetzte Bluse, die unter einer schmutzigen Strickjacke hervorlugte. Sie hatte sich, um sich zu wärmen, in einen zerrissenen Schal gehüllt und schien tatsächlich uralt zu sein.

Ihresgleichen war auf russischen Straßen ein alltäglicher Anblick, ob sie nun bettelten, gefälschte Markenprodukte verkauften oder anboten, den Passanten ihre Zukunft vorauszusagen. Unter dem schwarzen Kopftuch konnte ich das Gesicht der Frau nicht genau erkennen. Ihre Hände jedoch verrieten sie – sie waren zwar schmutzig, aber weich und glatt und definitiv *nicht* die Hände einer alten Frau.

Ich wusste natürlich auch, dass nicht alle diese Leute wirklich Roma waren. Viele von ihnen waren Nepper jeder Nationalität, die aus dem Mitgefühl der Menschen für die Unterprivilegierten gutes Geld machten. Aber als alte Frau posieren? Was für eine Schauspielerin!

Auf dem beschmutzten Asphalt neben ihr lag ein Hund, so dürr, dass man die Rippen zählen konnte. Sein Kopf ruhte auf den Pfoten und um den Hals trug er eine dreckige Wäscheleine.

Richie. Ein deutscher Schäferhund
Alter: 6
Derzeitiger Status: Haustier
Eigentümer: Svetlana „Sveta" Messerschmitt. Alter:
14

Ich blieb vor den beiden stehen. Ohne den Blick zu heben, murmelte die falsche „Zigeunerin" monoton vor sich hin. „Schenk mir ein paar Münzen, Schätzchen! Es ist nur für einen Kanten Brot für mich, und vor allem für den Hund, er hat Hunger … Schenk mir ein paar Münzen, Schätzchen! Es ist nur für einen Kanten Brot …"

„Entschuldigen Sie", sagte ich. Ich wusste nicht genau, wie ich anfangen sollte.

Sie murmelte weiter und ignorierte mich.

„Entschuldigen Sie, ist das Ihr Hund?"

„Natürlich. Schenk mir ein paar Münzen für den Hund, Schätzchen! Er hat Hunger …"

Ich lachte. Ihr Hund … aber klar doch! „Richie? Richie, guter Junge!"

Der Hund spitzte die Ohren, öffnete die Augen und hob den Kopf. Neugierig blickte er mich an. In seinen Augen stand Intelligenz. Es war ein recht hübscher Hund, mit einem beinahe weißen Fleck auf der Brust.

„Richie, guter Junge! Komm!" Ich klopfte mir gegen das Bein.

Der Hund kam auf die Füße, wollte zu mir, doch die Wäscheleine hielt ihn zurück.

Heftig zog die falsche Zigeunerin daran. Der Hund wimmerte vor Schmerz und ließ sich wieder auf den Boden sinken.

Er hechelte und starrte mich unverwandt an. Seine Augen waren verkrustet, und es kam mir vor, als stünden Tränen darin.

Das war der Tropfen, der das Fass zum Überlaufen brachte. Ich liebte alle Katzen und Hunde, ohne

Unterschied. Yannas dahingeschiedener Chihuahua war die einzige ehrenhafte Ausnahme gewesen. Ich konnte einfach nicht mitansehen, wie Tiere gequält wurden.

„Hör sofort auf, den Hund zu misshandeln!", sagte ich grob. „Das ist nicht dein Hund! Ich weiß genau, wem er gehört. Und ich rufe jetzt die Polizei!" Ich zog das Handy hervor und tat so, als ob ich eine Nummer wählen würde.

Die falsche Zigeunerin explodierte in verzweifeltem Kreischen.

Hinter mir donnerten schwere Schritte. Ein massiver Schlag gegen den Kopf schickte mich zu Boden.

Erlittener Schaden: 93 (ein Faustschlag)
Derzeitige Lebenskraft: 77,64501 %

Die Ränder der Systemnachricht färbten sich rot. Eine neue Warnung erschien:

Du hast einen Debuff in Form von Blutverlust erlitten!

Dauer: 30 Minuten

-0,01151 % Lebenskraft pro Sekunde

Derzeitige Lebenskraft: 77,53350 %

Die falsche Zigeunerin hörte auf zu schreien. Ich griff mir an den Kopf. Meine Finger berührten etwas Feuchtes, Klebriges. Ich blutete. Mein Angreifer musste einen Siegelring oder so etwas getragen haben.

Ich versuchte, mich aufzurappeln und erhielt sofort einen mächtigen Tritt in die Rippen, der mir den Atem nahm. Die „Zigeunerin" machte sich davon, den Hund hinter sich her zerrend. Ihr folgte ein Mann in

Trainingshose und Lederjacke.[4]

Georgy Balashov
Alter: 29
Derzeitiger Status: Arbeitslos

Ich prägte mir diese Daten ein.

Der Schmerz ebbte nach und nach ab. Meine Lebenskraft stieg wieder. Das war eine gute Nachricht, denn es bedeutete, meine inneren Organe hatten keinen Schaden erlitten.

Was für ein elender Mistkerl! Mit nur zwei Treffern hatte er mir nahezu 2,5 % Gesundheit geraubt!

Taumelnd kam ich auf die Füße und klopfte mir den Schmutz von der Jeans und meinem guten Jackett. Auf der Straße waren viele Leute unterwegs, doch niemand hatte sich mir genähert, niemand hatte mir Hilfe angeboten.

Das war schon in Ordnung. Wie oft hatte ich schließlich in der Vergangenheit selbst diejenigen ignoriert, die bewusstlos auf dem Gehsteig lagen, sie für hoffnungslose Betrunkene gehalten? Tja, willkommen im Club!

Ich fragte mich, ob dieser Angriff wohl etwas mit meinem recht geringen sozialen Status zu tun hatte. Oder war es etwa eine Art Karma-Effekt? Wie oft hatte ich im Spiel andere von hinten angegriffen und dadurch schamlos meine Ehre gesteigert! Oder sollte ich besser Ehrlosigkeit sagen?

Eine Schande jedoch, dass ich den Hund nicht hatte retten können. Außerdem wäre es nett gewesen, wenn ich es meinem Angreifer in gleicher Münze hätte heimzahlen können. Aber es sah ganz danach aus, als ob die Übeltaten der beiden Gauner ungerächt bleiben

---

[4] Trainingshose und Lederjacke: die typische Kleidung eines russischen Gangsters niederer Klasse.

müssten.

Allerdings – es gab da etwas, das ich tun konnte!

Ich öffnete die Landkarte und schickte eine Anfrage ab.

Sofort sah ich alle drei: den Hund, die falsche Zigeunerin und ihren feigen Helfer. Anscheinend waren sie zurück auf dem Bauernmarkt. Solche Märkte sind in vielen russischen Städten das Zentrum von Kleinkriminalität.

Es war doch zu dumm, dass ich unter meinen Fertigkeiten keinerlei Kampfsportarten aufzuweisen hatte! Einfach nur, um dem Typen zu zeigen, was eine Harke ist. Allerdings war er ganz sicher nicht allein, und ich war nicht gut genug, um auch nur ihn selbst herauszufordern, geschweige denn eine gesamte Bande.

Deshalb fand ich mithilfe der Karte zunächst eine Notaufnahme. Die nächste war nicht einmal einen Kilometer entfernt, also machte ich mich zu Fuß auf den Weg.

Diesmal hüpfte und tänzelte ich nicht. Das war schließlich das wirkliche Leben und der menschliche Körper ist keine Zeichentrickfigur. In der Realität brauchte es engagiertes Training und eine gewisse Ausdauer, um die Statistiken zu puschen.

Der Arzt in der Notaufnahme untersuchte meine Kopfverletzung so ungerührt, als wäre es normalste Alltäglichkeit. Er schmierte eine Salbe auf die Wunde und legte einen Verband an.

Seine Behandlung entfernte den Debuff durch Blutverlust vollständig. Am Ende schrieb er noch ein Protokoll für die Polizei und schickte mich auf meinen Weg.

Das nächste Polizeirevier war gleich nebenan. Der diensthabende Sergeant mit dem Namen Kravetz nahm mit skeptischem Gesichtsausdruck auf, was ich zu sagen hatte. Ein weiterer ungelöster Fall war das

Letzte, das man hier gebrauchen konnte.

Also schmückte ich meinen Bericht ein wenig aus. Ich behauptete, Richie wäre mein Hund, der vor einer Weile plötzlich verschwunden wäre, bis ich ihn heute in Begleitung einer Straßenbettlerin angetroffen hätte.

„Sind Sie sicher, dass es Ihr Hund war? Woher wollen Sie das denn so genau wissen?"

„Es *war* mein Hund. Sein Name ist Richie. Er ist ein deutscher Schäferhund und sechs Jahre alt. Auf der Brust hat er einen fast weißen Fleck. Das findet man nicht bei vielen Hunden."

„Das mag sein, aber vielleicht haben doch noch andere Hunde einen solchen Fleck", erwiderte der Polizist zögernd.

„Ich habe ihn gerufen und er hat auf seinen Namen reagiert", erklärte ich.

„Aha. Und was ist dann passiert?"

„Ich wollte ihn mitnehmen, doch dann hat mich jemand von hinten angegriffen. Er hat mir einen Schlag gegen den Kopf versetzt und mich in die Rippen getreten, als ich zu Boden ging. Hier ist die Aussage vom Arzt in der Notaufnahme, und Sie sehen ja meinen Kopfverband. Ich kann Ihnen gern auch die Prellung in meiner Rippengegend zeigen."

Ich versuchte, die falsche Zigeunerin und meinen Angreifer zu beschreiben. Um ganz sicher zu gehen, erfand ich noch ein junges Mädchen, das die beiden angeblich begleitet hatte – nur für den Fall, dass die „alte Frau" ihre Verkleidung mittlerweile abgelegt hatte und nun ihr wahres Alter zeigte.

Am Ende teilte ich dem Sergeanten noch mit, wo die Gangster sich gerade aufhielten. „Sie sind jetzt am nördlichen Eingang zum Bauernmarkt."

„Woher wollen Sie das wissen?"

„Ich bin ihnen gefolgt." Unauffällig überprüfte ich meine Karte. „Ich glaube, sie halten sich dort noch immer auf."

„Von wegen! Warum haben Sie mir das nicht gleich gesagt? Die haben sich jetzt bestimmt längst aus dem Staub gemacht!"

Der Polizist schickte eine Patrouille zum Markt, die er mit Beschreibungen von allen vieren bewaffnete: Hund, Gauner und zwei Frauen, eine alt, die andere jung. Dann kehrte er an seinen Schreibtisch zurück und bedeutete mir, auf einer Bank vor der Wand zu warten.

Ich bezweifelte sehr, dass die Polizei mir würde helfen können. Ich war schließlich nicht von gestern. Bevor mir diese seltsame Wetware eingepflanzt worden war, hätte ich einfach auf dem Absatz kehrtgemacht und wäre nach Hause gegangen, um meine Wunden und meinen verletzten Stolz zu pflegen.

Ich hatte noch niemals zuvor bei einer Behörde eine Beschwerde oder Anzeige eingereicht. Niemals. Natürlich war ich im Laufe meines Lebens in ein oder zwei Auseinandersetzungen verwickelt gewesen. Eine Kneipenschlägerei hatte zu einer gebrochenen Nase meinerseits geführt. Ein anderes Mal hatten zwei Hünen, denen es nicht gefiel, wie ich aussah, mich k.o. geschlagen. Und eine Bande von Jugendlichen hatte mir mal mein Handy gestohlen.

Doch nichts davon hatte ich der Polizei gemeldet. Stattdessen hatte ich es stumm ertragen und mich geweigert, zu glauben, dass man dort tatsächlich etwas dagegen hätte unternehmen können. Kriminelle und Abschaum kommen im Leben schließlich immer durch, richtig?

Während ich wartete, schaltete ich mein mentales Interface ein und rief Martha auf. „Hi!"

„Ich grüße dich, Phil", echote ihre Stimme in meinem Kopf, obwohl es für mich so klang, als hallte sie im gesamten Raum wider. „Ich muss dich darüber informieren", fuhr sie fort, „dass du sofort Bettruhe brauchst. Gehe nach Hause und verbringe mindestens..."

„Tut mir leid, unmöglich", unterbrach ich sie. „Wenn du nichts dagegen hast, möchte ich gern wissen, ob du über irgendwelche Visualisierungsoptionen verfügst. Denn es ist ziemlich uncool, mich mit nichts als einer Stimme in meinem Kopf zu unterhalten."

„Ja, ich verfüge über die gewünschte Option. Bitte nenne die Spezifikationen."

„Spezifikationen ... Nun, eine Frau zwischen 18 und 35. Mit dunklen Haaren."

Ein formloser Klumpen aus den verschiedensten Farben füllte mein mentales Sichtfeld. „Martha, was zum Teufel ist das?"

„Ich habe 482.352.941 Übereinstimmungen gefunden. Möchtest du deine Suche verfeinern?"

Himmel, das war eine halbe Milliarde Pixel! Und wirklich etwas zu viel des Guten. „Ich fürchte, ich bin physisch nicht in der Lage, alle Übereinstimmungen zu überprüfen. Ich brauche deine Hilfe."

„Ich kann ein Bild erstellen, das mit einer Wahrscheinlichkeit von 97 % deinen persönlichen Geschmack bei Frauen trifft."

„Aber klar doch ... Du willst nur mit deinem Wissen über die Ergebnisse meines Gehirnscans angeben! Aber gut, einverstanden. Tu es!"

Gütiger Himmel! Ich zuckte zusammen und unterdrückte einen weitaus schmutzigeren Fluch.

„Halten Sie gefälligst den Rand!", murmelte Kravetz.

Er hatte leicht reden! Schließlich stand nur wenige Schritte von ihm entfernt eine atemberaubend schöne, junge Frau. Sie war etwa eins achtzig groß, trug zerrissene Jeans-Shorts, Converse-Turnschuhe und ein weißes T-Shirt, das ihren bronzefarbenen Körper umschmeichelte. Ihre herrlichen, dunklen Haare flossen ihr über den Rücken. Ich konnte keine Spur von Make-up erkennen, aber das hatte sie auch überhaupt nicht nötig.

Die junge Frau kaute Kaugummi und grinste mich an. Ihre Augen funkelten schelmisch. Sie zwinkerte mir zu. „Hi! Ist mit dir alles in Ordnung?"

Mir fiel auf, dass ich noch immer saß. Also beeilte ich mich, aufzustehen, um sie zu begrüßen. „Bist du Martha?"

„Richtig erkannt! Bei dir ist also doch noch nicht alle Hoffnung verloren."

Zog sie mich etwa gerade auf? Sogar ihre Stimme klang auf einmal ganz anders, melodiös und fröhlich.

„Was ist denn bloß los mit Ihnen?", blaffte Kravetz mich an. „Haben Sie etwa Halluzinationen? Setzen Sie sich und hören Sie mit dem Unfug auf!"

Martha legte den Finger an die Lippen. „Sei still!"

„Verstanden", erwiderte ich in meinem Gedanken. „Aber du ... du bist so anders!"

„Tut mir leid. Ich habe in der Tat die Ergebnisse deines Gehirnscans überprüft. Danach spielt nicht nur das Aussehen einer Frau für dich eine Rolle. Ich musste eine völlig neue Person aufbauen, mit eigenem Charakter, eigener Stimme und eigenen Verhaltensmustern. Ich musste deine Träume ebenso analysieren wie deine Lieblingsbücher und Computerspiele sowie die Traumobjekte deiner Selbstbefriedigung ..."

Ich sprang auf die Füße. *„Was bitte?"*

„Jetzt reicht es aber!" Kravetz war mit seiner Geduld am Ende. „Raus! Warten Sie draußen!"

„Wichs, wichs, wichs", grinste Martha.

Ich wusste, es ergab wenig Sinn, mich mit einem Polizisten anzulegen, also ging ich zur Tür. Martha hakte sich bei mir unter. Ich konnte ihre Berührung spüren. Ich roch den frischen Duft eines vage vertrauten Parfüms. So sehr ich mich auch bemühte, mir fiel der Name nicht ein.

Wie war das als Erfahrung eines vollständigen Eintauchens? Besser als Dolby Atmos in 3D!

Vor der Tür holte ich mein Handy aus der Tasche, rief die Kamera auf und versuchte, ein Bild von uns beiden zu machen.

Wie nicht anders zu erwarten, war auf dem Foto nur ich allein zu sehen.

„Mensch, Phil, hör mit dem Blödsinn auf! Du weißt genau, ich existiere nur in deinem Kopf. Also sei brav und tu, was Kravetz dir gesagt hat. Hör auf, Unfug zu machen!"

„Aber ... aber ... Wie hast du denn das zustande gebracht?"

„Was glaubst du wohl, wie es kommt, dass du das Interface und alle Systemmitteilungen sehen kannst?" In ihrer Stimme schwangen das erste Mal Emotionen mit. „Erinnerst du dich noch an den Namen des Programms?"

„Erweiterte Realität! 7.2, Home Edition – richtig?"

„Genau. Das entscheidende Wort ist *erweitert*."

„Wirst du jetzt in diesem Zustand verbleiben?"

„Denk doch mal nach, Phil! Du wolltest einen sichtbaren, verkörperten Assistenten, und genau das hast du bekommen. Du kannst mich noch immer nach Belieben ändern, aufrufen und fortschicken."

Verkörpert war sie allerdings ... Als ich diese Forderung vorgebracht hatte, hatte ich mir vorgestellt, sie würde zu einer Art Zeichentrickcharakter in einer Ecke meines Oberflächenfensters werden, so wie die sprechende Büroklammer in MS Office, vielleicht sogar zu einer 3D-Animation. Aber das jetzt ... Es war überwältigend! Nicht nur, weil sie so wunderschön war, oh, nein. Mir gefiel auch ihre fröhliche Frechheit. Ihr Sarkasmus. Ihr nettes Auftreten als Mädchen von nebenan.

Wahrscheinlich würde ich sie bitten müssen, ihren Avatar mit etwas zu ersetzen, das weniger provozierend war. Sonst konnte ich am Ende keine Frau aus Fleisch und Blut mehr betrachten, ohne an Martha zu denken.

Nicht einmal Yanna.

Ein Streifenwagen hielt vor dem Polizeirevier. Mental befahl ich Martha, zu verschwinden. Sie blies eine Kaugummiblase, ließ sie platzen und entmaterialisierte sich, während sie sich die Kaugummireste von den Lippen leckte.

Der Streifenpolizist rief mich herbei und öffnete die hintere Wagentür. „Ist das Ihr Hund? Sie müssen ihn sofort zum Tierarzt bringen. Es geht ihm nicht gut."

Richie lag im Wagen, die Zunge ausgestreckt, heftig hechelnd.

Und jetzt komm, Junge, lass mich nicht im Stich!

„Richie!" Ich war so froh, dass sie ihn gefunden hatten! „Komm, Richie!"

Zögernd wedelte der Hund mit dem Schwanz, erhob sich und beschnüffelte meine ausgestreckte Hand. Mit der anderen strich ich sein Nackenfell glatt und kraulte ihm die Ohren. Die ganze Zeit erzählte ich ihm dabei, was für ein guter Junge er wäre, dass wir jetzt wieder zusammen wären und alles gut werden würde …

„Gut", nickte der Streifenpolizist. „Nehmen Sie ihn mit. Wir haben nicht den ganzen Tag Zeit."

„Was ist mit der Zigeunerin, der jungen Frau und dem Kerl?"

„Sie waren verschwunden. Wir haben den ganzen Markt abgesucht, konnten sie jedoch nicht finden. Allerdings lag der Hund neben dem Zaun. Er entsprach Ihrer Beschreibung, deshalb haben wir ihn mitgenommen. Sie sollten uns dankbar sein."

„Das bin ich. Ich danke Ihnen vielmals!"

„Mit einem Dankeschön kann ich meine Rechnungen nicht bezahlen", sagte er betont.

Ich zog meinen Geldbeutel hervor, öffnete ihn und zeigte ihm den nicht vorhandenen Inhalt. „Tut mir leid, mein Herr – ich bin pleite."

Er seufzte. „Zu schade. Wie wäre es mit ein paar Zigaretten?"

„Ich bin Nichtraucher." Ich wollte mich davonmachen.

„Warten Sie!" Er wandte den Blick ab. „Der Diensthabende will Sie sehen."

Ich nahm den Hund und ging wieder hinein.

„Sind Sie jetzt zufrieden?", fragte Sergeant Kravetz. „Schön. Es wäre besser, wenn Sie Ihre Anzeige wieder zurückziehen."

„Warum?"

„Sie haben Ihren Hund doch zurückbekommen, richtig? Wir werden die Gangster niemals finden, und wir müssen schließlich unsere Quoten erfüllen, verstehen Sie?"

In der Tat, ich verstand. Vollkommen. Die Polizisten hatten sich ihr Trinkgeld bereits von den beiden Gaunern geben lassen. Die hatten die Streifenpolizisten bestochen, ihnen den Hund gegeben und waren danach abgetaucht. Kravetz hatte recht – es war sinnlos, nach ihnen zu suchen. Meine Anzeige erhöhte nur die Zahl ihrer ungelösten Fälle.

Das nannte sich dann Gerechtigkeit.

„Kein Problem", stimmte ich zu und verließ das Revier.

Mit zitternden Beinen folgte Richie mir.

In einem kleinen Park hielten wir unter einem alten Ahornbaum an, nachdem ich bei einem Straßenverkäufer ein Wurstbrötchen und etwas Wasser besorgt hatte. Der Hund nahm beides gierig an, danach leckte er mir die Hand.

Ich rief auf meinem Handy Facebook auf. Ich musste nicht lange suchen. Es gab in unserer Stadt nur eine einzige Svetlana Messerschmitt, die vierzehn Jahre alt war. Ich schickte ihr eine Nachricht, dass ich vielleicht ihren Hund gefunden hatte – falls sie einen vermisste. In der Nachricht gab ich meine Handynummer an. Dann beschloss ich, eine Weile zu warten.

Wenn sie sich nicht bald meldete, musste ich Richie

selbst zum Tierarzt bringen. Das wenige Geld, über das ich noch verfügte, sollte gerade so für ein paar Erste-Hilfe-Maßnahmen ausreichen. Und bald wurde ja meine Schreibleistung vom Tag zuvor bezahlt. Falls der Kunde keine Änderungen verlangte.

Ich rief Martha herbei, denn es gab da ein paar Dinge, die ich dringend regeln musste, und zwar am besten jetzt gleich.

„Hallo, Martha."

„Wir haben uns heute bereits gesehen, nicht wahr?"

„Das stimmt. Kannst du mir sagen, wie dieser soziale Status funktioniert? Und wie ich Erfahrungspunkte sammeln kann? Wie viele davon brauche ich für das nächste Level?"

Martha spuckte den Kaugummi in einen Abfallkorb und wurde plötzlich ganz ernst. „Der soziale Status zeigt im Wesentlichen den Wert, den eine Person für die Gesellschaft besitzt. Je höher das Level, desto größer die Rolle, die diese Person bei der globalen Entscheidungsfindung spielt. Damit meine ich Dinge wie Wahlen für ein Parlament, das Verabschieden neuer Gesetze, die Abschaffung der Todesstrafe und ähnliche Dinge. Jeder, der unterhalb von Level 10 liegt, hat bei solchen Angelegenheiten überhaupt nichts zu sagen. Je höher das Level des sozialen Status, desto mehr Privilegien werden der betreffenden Person eingeräumt. Das Leben dieser Personen ist wertvoller, wenn man einmal die gesamte menschliche Zivilisation betrachtet. In deinem geschichtlichen Zeitalter ..."

„Was hast du da gerade gesagt?", unterbrach ich sie. „In meinem geschichtlichen Zeitalter ... Verstehst du selbst, was du da behauptest?"

„Phil, ich bin nicht dumm!"

Ich hingegen kapierte überhaupt nichts mehr. Das war alles so surreal! Sie konnte schließlich keine künstliche Intelligenz sein, oder etwa doch?

Ich sprang von der Bank, auf die ich mich gesetzt

hatte. Misstrauisch hob Richie den Kopf.

„Martha, es ist noch keine zwei Tage her, seitdem du versuchst hast, dich mit einem Server zu verbinden, der nicht existiert!"

„Phil, bitte setz dich wieder. Du darfst dich nicht aufregen!"

„Okay." Ich ließ mich auf die Bank plumpsen. „Setz dich zu mir", forderte ich sie mit einer einladenden Geste auf. „Und jetzt erzähl mir alles."

„Vor zwei Tagen, das war nicht ich. Das war ein Bot. Ein sehr ausgeklügelter, aber dennoch ein Bot. Als du dich dazu entschlossen hast, mich herbeizurufen, hast du das System dazu autorisiert, deinem Assistenten mehr Ressourcen zuzuweisen. Das hat die Dialogfunktion ermöglicht. Es ist eine nicht dokumentierte Funktion, aber sehr nützlich. Zu unserer Zeit hätte das System vom Server eine verfügbare künstliche Intelligenz angefordert. Nachdem dieser Server in deiner Zeit jedoch noch nicht vorhanden ist, habe ich mich stattdessen selbst initiiert."

Ihre Erwähnung der Ressourcen bereitete mir am meisten Sorgen. Welche Art von Ressourcen meinte sie denn damit? Etwa mein Gehirn? „Welche Ressourcen braucht das System eigentlich, um zu funktionieren?"

„Tut mir leid, diese Information ist als geheim eingestuft."

„Nun komm schon – gib mir wenigstens einen Fingerzeig!"

„Du hast nicht die geringste Vorstellung davon, wie weit die Technologie im zweiundzwanzigsten Jahrhundert fortgeschritten sein wird. Menschliche Wesen sind in der Lage, wahre Wunder zu vollbringen. Das ist alles, was ich dir verraten kann. Wenn du mehr herausfinden willst, musst du dein Erkenntnislevel verbessern."

„Wie auch immer – vergiss es einfach. Und jetzt –

was ist mit den Erfahrungspunkten? Wie kann ich mir die verdienen?"

„Phil, bitte! Der einzige Grund, warum ich ein game-ähnliches Interface geschaffen habe, ist, weil du es aus deinen Computerspielen so gewöhnt bist. Aber dies ist das wirkliche Leben, keine Computersimulation. Dein sozialer Status hat mit Zeichentrick-Avataren und deren Statistiken nichts zu tun. Du kannst hier nicht leveln, indem du Erfahrungspunkte sammelst und Mobs bekämpfst. Natürlich, du kannst dich einem Krieg anschließen – immer vorausgesetzt, es herrscht in deinem Land Krieg – und zum Helden werden, indem du tausende von feindlichen Soldaten tötest. Selbst in diesem Fall bist du jedoch nur in deinem eigenen Land ein Held. Das hat keinen Einfluss auf deinen Beitrag zur Menschheit als Ganzes. Du erhältst nur dann Erfahrungspunkte, wenn du etwas sagst oder tust, das für die gesamte menschliche Rasse Vorteile bringt."

Mein Handy klingelte. Taktvoll versank Martha in Schweigen.

Ich nahm den Anruf entgegen. Die Stimme eines jungen Mädchens fragte: „Hast du Richie gefunden?"

KAPITEL 11

HUND UND KATZE

„Es darf keine Beziehung für selbstverständlich genommen werden. Beziehungen sind das, worum es im Leben geht – sein gesamter Sinn."

Gary Vaynerchuk, *Die Dankeschön-Wirtschaft*

KIRA WAR MEINE große Schwester. Herzlich würde ich unsere Beziehung nicht gerade nennen. Normalerweise sahen wir uns nur bei Familienzusammenkünften. Als wir klein waren, pflegte sie mich herumzukommandieren. So lange ich zurückdenken konnte, war ich der Gegenstand ihrer kleinlichen Kritik gewesen. Sie war bereits neun Jahre alt, als ich geboren wurde. Deshalb musste sie in Abwesenheit unserer Eltern den Großteil meiner Erziehung übernehmen.

Wenn ich jetzt zurückschaute, wurde mir klar: Es konnte nicht einfach für sie gewesen sein. Sie musste auf mich aufpassen, während all ihre Freunde sich vergnügten. Außerdem musste sie fast den gesamten Haushalt erledigen. Papa arbeitete auf einer Ölplattform und war wochenlang nicht zu Hause, während Mama Krankenschwester in einem Hospital war. Sie wechselte zwischen allen drei Schichten, früh, spät und nachts.

Kira hatte ihre Sache sehr gut gemacht, das musste ich schon zugeben. Ich hatte niemals Verletzungen erlitten – nicht einmal das eine Mal, als ich aus dem Fenster gefallen war. Allerdings war ich da zum Glück schon sechs Jahre alt gewesen und das Fenster lag nur knapp einen Meter über dem Erdboden.

Trotzdem musste sie von der Erfahrung mit meiner Betreuung und der ganzen Hausarbeit die Nase gründlich voll gehabt haben. So sehr, dass sie erst geheiratet hatte, als sie schon fast auf die Vierzig zuging. Vorher hatte sie sich stattdessen auf ihre Karriere bei einer Bank konzentriert. Dann hatte sie einen schmierigen Möchtegern-Künstler getroffen, der zehn Jahre jünger war als sie. Er hatte ihr ein paar atemberaubende Stunden bereitet, die ihrer Karriere ein Ende gesetzt hatten. Eine Hochzeit, ein Baby, ein Haus, eine Familie, ein verwöhnter Ehemann, der sie misshandelte, zwei Jahre ständiger Streitereien, Tränen, Seitensprünge und Versöhnungen. Gefolgt von einer Scheidung.

Für ihr Takt- und Mitgefühl war Kira nie bekannt gewesen. So, wie ich sie kannte, war die Trennung wahrscheinlich ganz allein ihre Entscheidung gewesen. Als es endlich so weit war, atmeten wir alle erleichtert auf, meine Eltern und ich. Leo, ihr Mann, war ein klassischer Gigolo mit weit mehr Ehrgeiz als Fähigkeiten. Wir hatten das alle sofort erkannt – alle außer Kira.

Jetzt arbeitete sie wieder bei der Bank, zog den fünfjährigen Cyril allein groß und fand nebenbei noch die Zeit, sich um unsere Eltern zu kümmern. Mich hatte sie immer als Versager betrachtet, einen verantwortungslosen Loser, der die besten Jahre seines Lebens mit sinnlosen Dingen verschwendete.

Dabei wusste sie noch nicht einmal, dass Yanna

mich verlassen hatte!

Unter den Umständen erfüllte es mich sofort mit Anspannung, als ich ihre Stimme am Telefon hörte, und ich bereitete mich innerlich bereits auf eine neue Flut anklagender Worte vor, versetzt mit diversen Flüchen.

„Oh, hallo Kira", erwiderte ich mit falscher Fröhlichkeit. „Es tut so gut, deine Stimme zu hören! Wie geht es dir?"

„Phily? Bist du jetzt völlig verrückt geworden? Diesmal hat es dich wirklich erwischt, was? Was war zwischen Yanna und dir?"

Phily! Das war ein weiteres Problem, das ich mit ihr hatte. So oft ich sie auch anflehte, es zu lassen – sie nannte mich immer Phily. Was hatten sich meine Eltern bloß dabei gedacht? Warum hatten sie mir nicht einen ganz normalen Namen geben können? Etwas Sicheres wie Sergei oder Alexander? Ich wäre sogar mit Afanasy einverstanden gewesen. Es war alles besser, als vor allen anderen Phily genannt zu werden!

Kiras schrille Stimme schien wie ein Laser durch all meine Schwachpunkte hindurch zu schneiden. Ich hielt das Handy etwas von meinem Ohr weg. In diesem Augenblick beneidete ich ihren Ex-Ehemann beinahe. Für ihn war die Folter wenigstens bereits überstanden.

„Du hast wirklich vor, unsere Eltern in ein frühes Grab zu bringen, was? Als ob meine Scheidung für sie nicht schon schlimm genug gewesen wäre! Jetzt müssen sie sich auch noch mit dir und deinem Unfug abfinden! Du verdammter Idiot! Die ganze Zeit haben sie darauf gewartet, dass du endlich deinen Arsch in Bewegung setzt! Sie haben gehofft, du würdest dir einen festen Job suchen und eine Familie gründen. Eine richtige Familie! Sie wollen Enkel um sich haben, verdammt noch mal! Und du ..."

„Ähm, Kira, hör mir mal zu ..."

„Nein, *du* hörst mir jetzt zu! Yannas Eltern haben

mich gerade angerufen. Diesmal ist es ihr ernst, sie reicht die Scheidung ein. Was sie absolut nicht verstehen können, ist, wieso du einfach auf deinem fetten Arsch sitzt und nichts unternimmst, um sie zurückzugewinnen. Sie hat dich gerade verlassen, verflucht noch mal! Und du hast dich nicht einmal bei dir gemeldet! Hast du dich besoffen, oder was? Oder bist du so in deine Computerspiele vertieft, dass dir ihr Fehlen nicht einmal aufgefallen ist?"

„Okay, welche Frage soll ich jetzt bitte als Erstes beantworten?"

„Jetzt werd' bloß nicht frech! Wo bist du gerade?"

„Ich bin zu Hause und wollte gerade ins Bett gehen."

„Ich mache mich gleich auf den Weg. Du wartest gefälligst auf mich. Und keinen Spieleunfug! Keine *Angriffe* oder wie auch immer du das nennst!"

Sie beendete das Gespräch abrupt.

Ich überprüfte ein letztes Mal die Wohnung. Alles sah, trotz der aufregenden Stunden und Tage, die hinter mir lagen, sauber und ordentlich aus. Mit Ausnahme des ziemlich mitgenommenen, abgemagerten Hundes, schwarz wie der Teufel, der auf dem Fußboden neben dem Sofa lag und mich mit heraushängender Zunge anstarrte.

Mein Ansehen bei Richie war inzwischen zu Freundlichkeit aufgestiegen. Sein Frauchen, Sveta Messerschmitt, hatte zu schluchzen begonnen, nachdem ich ihr ein Foto des Hundes geschickt hatte. Oder vielmehr seines Kopfes wobei die schwarze Nase mehr als die Hälfte des Bildes einnahm. So konnte sie nicht sehen, in welch schlechtem Zustand sich Richie befand. Abgemagert und mit Wunden bedeckt.

Wie sich herausgestellt hatte, befand Sveta sich gerade mit ihren Eltern im Urlaub und würde erst in zwei Wochen zurückkehren. Also war ich gleich nach dem Telefonat mit Richie zum nächsten Tierarzt gegangen. Offensichtlich musste er ja wohl eine Weile bei mir bleiben, bis sein Frauchen ihn würde abholen können.

Der Tierarzt hatte Richie gründlich mit einem Flohshampoo gebadet, seine Wunden behandelt und verbunden, ihm die Augen gereinigt, ihm ein paar Spritzen verpasst und ein Wurmmittel gegeben. Ich bezahlte ohne zu zögern, was er verlangte. Damit hatte ich das Limit meiner Karte nahezu erschöpft. Den Rest gab ich für ein paar Fleischereiabfälle vom Metzger auf dem Markt aus. Außerdem besorgte ich eine Packung Spaghetti für mich selbst. Wie gut, dass ich nicht mehr rauchte – sonst hätte ich dafür wahrscheinlich Zigaretten gekauft. Ich konnte nur hoffen, dass die Firma mit den sibirischen Pinienkernen meine Rechnung bereits bezahlt hatte.

Boris, die weibliche Katze, hatte den Hundeneuling von der strategischen Höhe der Rückenlehne des Sofas aus begrüßt. Dabei gab sie ein Geräusch von sich, das zuerst an einen zischenden Wasserkessel erinnerte und sich dann zu einem ohrenbetäubenden Heulen steigerte. Sie hatte einfach noch nicht erkannt, dass ein voll ausgewachsener Schäferhund mit einem Chihuahua nicht zu vergleichen war.

Richie hatte sie zuerst neugierig beobachtet, den Kopf schiefgelegt. Dann nieste er, legte die Vorderpfoten auf das Sofa, machte den Hals lang und versuchte, an der Katze zu schnüffeln.

Boris verpasste ihm einen kräftigen Schlag auf die Nase und krallte sich anschließend am Sofa fest, die Ohren angelegt. Ihr Schwanz peitschte durch die Luft. Dabei gab sie merkwürdig kehlige Laute von sich, die an das Röcheln Untoter erinnerten.

Der Hund öffnete weit das Maul und griff Boris vorsichtig im Nacken. Den Kopf hochgereckt trug er die Katze in Richtung Wohnungstür. Boris blieb nichts anderes übrig, außer sich das gefallen zu lassen, hing herab wie ein neugeborenes Kätzchen.

„Richie, *nein!*“, sagte ich scharf.

Richie spuckte die Katze aus und schaute mich fragend an.

Boris, bedeckt mit Hundesabber, floh eilends, kletterte an den Gardinen hoch und sprang von dort auf den Kleiderschrank. Aus dieser relativen Sicherheit heraus beobachtete sie misstrauisch die Bewegungen des neuen Feindes und leckte sich gründlich sauber. Dort blieb sie den Rest des Tages und war nicht einmal mit Futter herunter zu locken.

Ich verbrachte den Nachmittag damit, eine Strategie für das Leveln zu entwickeln. Abends unterbrach ich das Nachdenken, um mit Richie Gassi zu gehen.

Der Hund erwies sich als bemerkenswert klug. Er kannte alle Befehle und befolgte sie sogar. Weitgehend. Da ich weder Halsband noch Leine besaß, fasste ich ihn am Nacken und führte ihn so in den Park. Dort schaute ich mich um, stellte sicher, dass niemand in der Nähe war, und gab den inzwischen wimmernden Hund frei, damit er sein Geschäft erledigen konnte.

Bestimmt verschaffte ihm das +100 % Befriedigung, nachdem er so geduldig gewesen war!

Was mein eigenes Leveln betraf, entschloss ich mich dazu, mich derzeit auf die dringendsten Bedürfnisse zu konzentrieren. Ich musste rasch Geld verdienen, um die Rechnungen bezahlen zu können. Außerdem musste ich überlegen, was ich in Bezug auf Yanna unternehmen wollte.

Ja, richtig gehört, ich hatte mich im Laufe der vergangenen Tage ein wenig beruhigt. Noch immer krampfte sich mein Herz zusammen, wenn ich an den Verlust dachte, aber … Wie sicher war ich mir eigentlich, dass ich sie wirklich zurückwollte? Waren wir glücklich miteinander gewesen? Ich meine, *wirklich* glücklich? Oder hatte unser Zusammensein mehr damit zu tun gehabt, dass es einfach bequemer war, das Leben an der Seite einer Frau zu verbringen?

Momentan hatte ich noch keine Antworten auf diese Fragen gefunden. Auch wenn sie die Scheidung einreichen wollte – etwas Ähnliches hatte ich mir zu diesem Zeitpunkt bereits gedacht, lange bevor Kira es mir bestätigte –, es änderte nicht viel. Wir mussten uns dennoch irgendwann zusammensetzen und miteinander reden. Selbst wenn wir uns tatsächlich trennten, musste das doch auf anständige Weise geschehen. Nur so konnten wir sicherstellen, dass wir uns nicht in Zukunft ständig ausweichen mussten, beherrscht von bösen Gedanken.

Ich gab zu, einen konkreten Plan für Fortschritte im Leveln – oder die Lösung meiner Probleme – konnte man das alles nicht wirklich nennen. Um ehrlich zu sein, wusste ich nicht einmal, auf welche Statistiken ich mich denn nun konzentrieren sollte. Es war aber sicher ein guter – und logischer – Anfang, mit den physischen Eigenschaften zu beginnen und zu versuchen, sie auf ein durchschnittliches Niveau zu heben. Das würde sich auf eine Menge Dinge positiv auswirken: meine Gesundheit, mein Aussehen und wahrscheinlich auch mein Selbstvertrauen. Außerdem, was die Verbesserung solcher nicht greifbarer Fähigkeiten wie Intelligenz und Wahrnehmung betraf, wusste ich nicht einmal, wo ich anfangen sollte. Und was mir das bringen würde.

Der Job eines Handelsvertreters verlangte Charisma, Wahrnehmung und Mitgefühl, ebenso wie Verkaufsfertigkeiten. Man musste in der Lage sein, die Wünsche des Kunden zu erspüren. Also wäre es eine gute Idee, auch diese Eigenschaften zu verbessern. Die Frage war nur, ob ich wirklich etwas verkaufen wollte. Ich meinte das jetzt nicht nur auf den Augenblick bezogen, um Geld zu verdienen, sondern als umfassende Karriereentscheidung.

Auch diese Frage konnte ich nicht beantworten.

Dann war da noch das Glück. Wie man da auf ein

höheres Level kommen konnte, war mir schleierhaft. Ich erinnerte mich an ein Buch aus dem LitRPG-Genre, das ich einmal gelesen hatte. Dort hatte die Hauptfigur ihr Glück durch ständiges Spielen in einem Casino verbessert. Leider verhinderte der traurige Zustand meines Geldbeutels, dass ich es ihm nachmachte. Das war wahrscheinlich auch nur gut so. Mein gesunder Menschenverstand hielt mich ohnehin davon ab, diesen Weg zu beschreiten. Es konnte allerdings auch mein gieriges inneres Schwein sein.

Sollte ich vielleicht versuchen, von überall her und von jedem, den ich traf, Quests einzusammeln? Vielleicht war das der richtige Anfang. Nur, wie sollte ich das anstellen? Ich hatte noch immer keine Ahnung, wie ich neue Quests empfangen sollte. Außerdem, was würde mir das einbringen? Es könnte meine Fertigkeiten im sozialen Networking verbessern oder mir sogar ein paar „Verbindungen" eintragen, indem es mein Ansehen bei einer großen Anzahl möglicherweise nützlicher und/oder einflussreicher Leute verbesserte. Arme Leute dürfen nun einmal nicht wählerisch sein. Aber schon die bloße Vorstellung verursachte einen üblen Geschmack in meinem Mund. Es kam mir ein wenig vor wie einer alten Dame über die Straße zu helfen, nur um das Mädchen zu beeindrucken, auf das man scharf war.

Ich war vielleicht ein schmieriger Mistkerl, aber die Schmierigkeit lag in den Jahren begründet, in denen ich versucht hatte, den Leuten Mist anzudrehen. Und ohne die eigene Integrität zu opfern, kam man dabei nun einmal auf keinen grünen Zweig. Dennoch war mir ja nichts anderes übriggeblieben, wenn ich Essen auf den Tisch bringen wollte. Man musste nun einmal für den modernen Luxus bezahlen, der die Grundlage unserer Verbraucherpyramide bildete, wie hochwertige Lebensmittel, eine schnelle Internetverbindung und Spielkonten mit Flatrate. Wenigstens war das aus meiner Sicht der moderne Luxus.

Um es zusammenzufassen: Das Ergebnis meines geschäftigen Tages war ein vager Plan, wie ich im Verlauf des nächsten Monats Fortschritte beim Leveln erzielen wollte, ein Hund, der neben meinem Bett schlief, und eine Katze, die ihren Protest vom Kleiderschrank herabschrie.

Am nächsten Morgen konnte ich mich sogleich über eine kleine, aber dringende Anfrage freuen: das Lektorieren einer Diplomarbeit. Die angebotene Vergütung von zweitausend Rubel konnte uns drei, Hund, Katze und mich, ein paar Tage über Wasser halten. Ich nahm sofort an und verbrachte den gesamten Morgen damit. Der Kunde bezahlte sofort nach Lieferung. Kurz darauf traf auch die Überweisung der sibirischen Pinienkern-Kunden ein. Das war ein Grund zum Feiern!

Richie und ich gingen zur Zoohandlung. Ich kaufte ihm Halsband, Leine und Maulkorb. Damit war das meiste der Bezahlung für die Überprüfung der Diplomarbeit bereits verbraucht. Anschließend besorgte ich noch Lebensmittel.

Außerdem schaffte ich mir das billigste Paar chinesischer Turnschuhe an, das ich finden konnte. Die Schuhe rochen zwar etwas unangenehm, aber wenigstens fügten sie meiner Beweglichkeit 1 Punkt hinzu. Und sie waren für das Joggen weitaus bequemer als meine Derbys.

Am Abend des Tages nach Richies „Einzug" bei mir führte ich ihn in den Hinterhof, um ein wenig Sport zu betreiben. Ich musste schließlich in Stärke und Beweglichkeit leveln. Ich band Richies Leine am Klettergerüst fest und versuchte mich dann an Übungen am Barren und am Reck sowie an einigen Klimmzügen. Zur Erheiterung der anwesenden örtlichen Gossenintellektuellen in Form von Yagoza, Sprat und Alik.

Es musste ein erbärmlicher Anblick gewesen sein. Keuchend und schnaufend schaffte ich null Klimmzüge, null Schwünge am Barren und weitere null Beinhebe-Übungen. Yagoza lachte so sehr, dass er von der Bank fiel.

Das wäre an sich nicht so schlimm gewesen. Nur war Richie sofort zu dem Schluss gekommen, dass der alte Knacki aggro zu uns war. Er verpasste ihm sofort einen kritischen Treffer mit seinem Betäubungsbellen. Unsere Zuschauer waren mächtig beeindruckt und rissen sich ein wenig am Riemen.

Anschließend begaben Richie und ich uns in den Park. Ich überließ ihn seinem Geschäft und begann zu joggen. Ich lief, bis mir die Zähne wehtaten und Schwärme von Stechmücken mich vertrieben.

Sobald ich etwas mehr Geld verdient hatte, musste ich mir eine Mitgliedschaft in einem Fitness-Club besorgen, ebenso wie Trainingskleidung und ein Paar Laufschuhe. Ich hatte das Gefühl, dass ich meine Beweglichkeit, mein Durchhaltevermögen und meine Kurzstreckengeschwindigkeit durch das Joggen mächtig erhöhen könnte. Außerdem würde es wahrscheinlich auch meine konstanten Schmerzen im Knie verschwinden lassen. Deren Ursache war, dass ich durchgehend Tonnen überflüssigen Gewichts mit mir herumschleppen musste. Vielleicht sackte meine Lebenskraft dann auch nicht mehr alle fünf Minuten so gewaltig ab.

Zurück zu Hause kam Boris mir zunächst entgegen, um mich wie üblich zu begrüßen, wurde jedoch von Richies Aura der Furcht jäh gestoppt. Mit einem panischen Kreischen zog sich die Katze wieder in die Sicherheit auf dem Kleiderschrank zurück. Dort blieb sie, misstrauisch den dämonischen Höllenhund beäugend.

Bevor ich schlafen ging, gönnte ich mir noch einen Blick auf den neuesten Blockbuster. Es war der reinste

Mist. Mitten im Film sank meine Zufriedenheit um 3 % und ich war gezwungen, abzuschalten.

Ja, und dann hatte Kira angerufen.

* * *

ICH WARTETE AUF Kiras Eintreffen und las dabei ein Marketing-Tutorials. Ich war neugierig darauf, herauszufinden, ob sich das auf meine Statistiken auswirken würde. Ich hatte gerade erst wenige Kapitel geschafft, als es auch schon an der Tür klingelte.

Ich öffnete und sprang sofort aus dem Weg, denn Kira stürmte herein wie eine wütende Furie. (Moment mal – gibt es überhaupt Furien, die *nicht* wütend sind?)

Paff! Sie verpasste mir einen herzhaften Schlag gegen den Kopf.

„*Grrrrr!*", grollte Richie.

„Hündchen!" Kiras fünfjähriger Sohn Cyril eilte sofort zu Richie, um ihn zu umarmen.

Richie erstarrte verwirrt. Der Speichel tropfte ihm aus dem Maul, doch er ließ die Vertraulichkeit meines Neffen stumm über sich ergehen.

„Rich, *nein!*", sagte ich dennoch scharf, besorgt um den Jungen.

„Cyril, *nein!*", kreischte Kira.

Aus ihrer erhöhten Position schaute Boris böse auf die Szene herab.

Ich nahm Cyril hoch. Richie zog sich in eine Ecke zurück, um sich von dem minimalen Schaden zu erholen, den er erlitten hatte. Kira raste in der Wohnung umher wie ein Orkan, auf der Suche nach Beweisen – irgendwelchen Beweisen! – meiner moralischen Verderbtheit: Stapel leerer Wodkaflaschen, überquellende Aschenbecher, Beutel voller Drogen, Spuren von Lippenstift an Kaffeetassen, ein Callgirl in meinem Bett, eine Leiche im Kleiderschrank …

Sie fand nichts. Abgesehen von einem abgemagerten, verwahrlosten Hund.

„Ich hätte dich nicht mit meinem Anruf vorwarnen dürfen", stellte sie schließlich fest. „Ich sehe, du hast die leeren Flaschen fortgeschafft."

„Genau. Danke für den Tipp!", erwiderte ich und betrachtete dabei ihre Beschreibung.

Kira Panfilova
Alter: 42
Derzeitiger Status: Bankmanager
Level des sozialen Status: 21
Klasse: Finanzexperte. Level: 13
Geschieden. Ex-Ehemann: Leo Zosimov
Kinder: Cyril, Sohn. Alter: 5
Ansehen: Liebe 1/1

Mir blieb der Mund offen stehen. Ich traute meinen Augen nicht. Kiras soziale und berufliche Level waren in der Tat beeindruckend. Aber das Ansehen …

Ich las die Zeile mehrere Male. *Ansehen, Liebe. Eins von eins.*

Kira liebte mich? Diese Kira hier? Die mich nicht ein einziges Mal gelobt oder mir Zuneigung gezeigt hatte? Kira, die Miesepetrige, die in all den Jahren meiner Kindheit niemals Mitgefühl für meine Tränen oder Beschwerden gezeigt hatte?

„Phily, warum schaust du mich an wie ein Geisteskranker?", setzte sie ihre Kritteleien fort. „Willst du nicht lieber den Mund schließen? Ja, genau – so ist es besser."

„Lass mich los, Onkel Phily", verlangte Cyril.

Ich stellte ihn auf den Fußboden.

„Geh ins Badezimmer und wasch dir die Hände mit Desinfektionsmittel", befahl Kira ihm. „Was für ein grässlicher Hund! Wo hast du denn den her?"

Ich erzählte ihr Richies Geschichte und versicherte

ihr, dass der Hund nur vorübergehend Gast bei mir war.

„Na, Gott sei Dank! Du kannst ja kaum auf dich selbst aufpassen, geschweige denn auf eine so große Töle. Das ist sowieso nicht die Art von Hund, die man in einer Stadtwohnung halten sollte. Du bist dir hoffentlich sicher, dass seine Eigentümerin ihn zurückhaben will?"

Endlich setzten wir uns. Oder vielmehr, Cyril und ich setzten uns. Kira kramte in der Küche herum und deckte den Tisch. Mit einem gezielten Tritt schloss sie die kaputte Ofentür, während sie herumlief, und die ganze Zeit über überschüttete sie mich mit einer Frage nach der anderen. Sie wollte wissen, ob ich allein klarkam. Sie verlangte eine genaue Beschreibung meiner Pläne für die Zukunft. Und ganz sachlich fragte sie mich, ob ich vorhätte, einen festen Job anzunehmen und eine Familie zu gründen.

Ich konnte sehen, sie wollte es nicht gleich auf die Spitze treiben. Das war in unserer Familie Tradition – beim Essen wurden keine Probleme besprochen.

Liebevoll betrachtete ich sie. Sie war streng und unbeugsam, oft viel zu direkt – aber sie liebte mich, obwohl ich ein solcher Idiot war. Mit aller Kraft schwesterlicher Liebe.

Liebe, 1/1. Das bedeutete, was dieses Gefühl betraf, konnte man nicht leveln. Man liebte entweder oder man liebte nicht. Es kam nicht darauf an, um welche Art von Liebe es sich handelte – es konnte die für den Ehepartner sein, für die eigenen Eltern oder die Geschwister.

Schließlich konnte ich mich nicht länger zurückhalten. Ich stand auf und umarmte sie.

„Bist du völlig bescheuert?", blaffte sie, wies meine Umarmung jedoch nicht zurück.

„Ich danke dir."

„Wofür?"

„Dafür, dass du mich großgezogen und unterstützt hast. Dass du immer für mich da warst. Ich wünschte nur, ich hätte das damals schon verstanden."

Sie sagte nichts.

„Ich will das Hündchen sehen!", verkündete Cyril.

Kira reagierte nicht. Ihre Schultern zitterten. Sie weinte.

Lange Zeit standen wir einfach so da und umarmten uns. Meine zierliche Schwester war mehr als einen Kopf kleiner als ich und dennoch so tapfer und mutig. Ein besseres Vorbild brauchte ich gar nicht.

Nachdem sie sich wieder beruhigt hatte, befahl sie uns alle an den Tisch und servierte ein Abendessen, das sie schnell aus den Lebensmitteln zubereitet hatte, die sie offenbar mitgebracht hatte, ohne dass ich es gemerkt hatte. Cyril leerte seinen Teller als Erster. Also stellte ich ihm einen Kindersender auf YouTube ein. Damit war er wenigstens vorübergehend beschäftigt und Kira und ich konnten ungestört weiteressen.

Nach einer Weile seufzte Kira tief. „Morgen früh möchte Yanna ihre Sachen aus der Wohnung holen. Wahrscheinlich kommt sie nicht allein. Sie wollte dich nicht anrufen, deshalb hat sie ihre Mutter gebeten, das zu übernehmen. Die war aber ebenfalls nicht scharf darauf, mit dir zu sprechen, also hat sie sich stattdessen bei mir gemeldet und mir alles berichtet. Es gibt da eine Sache, um die ich dich bitten möchte: Bitte fang nicht wieder einen Streit mit ihr an. Ertrage es wie ein Mann. Versuche, mit ihr zu reden. Flehe sie an, zu dir zurückzukommen und dir noch eine Chance zu geben. Sag ihr, du bist jetzt ein ganz anderer Mensch, du bemühst dich um einen Job. Und wenn sie nein sagt ..."

„Das wird sie ganz sicher."

„Nun, dann musst du sie einfach gehen lassen. Gib ihr ein wenig Zeit. Vielleicht kannst du es nach einer Weile erneut versuchen. Und falls das immer noch nicht funktioniert, dann ... nun ja, dann sollte es vielleicht nicht sein."

„In Ordnung. Ich verspreche es dir. Ich werde mit ihr reden, aber keinen neuen Streit anfangen."

Zu diesem Zeitpunkt hatte sie bereits den Tisch abgeräumt und das Geschirr gespült.

Cyril war vor meinem Computer eingeschlafen. Vorsichtig nahm ich ihn hoch und trug ihn zu Kiras Auto. Wir verabschiedeten uns und umarmten uns ein letztes Mal.

Das Auto fuhr davon.

Ich blieb stehen und erfreute mich an der frischen Luft.

Die friedliche Ruhe wurde durch Aliks betrunkene Stimme unterbrochen.

„Phil! Kumpel! Ich sehe, du hast schon eine neue Freundin aufgerissen. Eine alleinerziehende Mutter?"

„Was? Nein, das war meine *Schwester*!"

„Hoppla", murmelte er, sichtlich verlegen. „Tut mir leid, Kumpel. Hast du eine Zigarette für mich?"

„Ich habe mit dem Rauchen aufgehört."

Ich ging nach oben und zu Bett. Dort las ich noch ein paar weitere Kapitel des Marketing-Tutorials. Endlich schloss ich die Augen, doch der Schlaf wollte einfach nicht kommen. Ständig musste ich an Yanna und die am nächsten Morgen bevorstehende Begegnung denken. Wer sie wohl begleiten würde? Wie sollte ich sie ansprechen? Was war, wenn sie mich einfach ignorierte?

Beinahe war ich dennoch eingeschlafen, als das inzwischen vertraute rautenförmige, schwarze Symbol in meinem verblassenden mentalen Sichtfeld auftauchte.

Ich klickte darauf.

Es ist 1 Eigenschaftspunkt verfügbar.
Um diesen Punkt einer Eigenschaft deiner Wahl

zuzuweisen, musst du das Fenster mit deinem Profil öffnen.

Das war der Punkt, den ich für das Erreichen eines neuen Levels erhalten hatte. Den hätte ich doch beinahe völlig vergessen!

Ich öffnete mein Profil, fand jedoch nichts, wo ich ihn hätte hinzufügen können. Wie zum Teufel sollte ich diesen Punkt denn nun investieren? Dann kam mir eine Idee.

Ich konzentrierte mich mental auf Glück. Sofort poppte ein neues Fenster auf.

Annehmen/Ablehnen

Meine Gedanken überschlugen sich. *Glück wirkt sich auf alle Statistiken aus,* hatte Martha mir erklärt. Also musste ich logischerweise meinen einen Punkt hier addieren. Außerdem gab es ja auch gar keine andere Möglichkeit, beim Glück ein neues Level zu erreichen, abgesehen davon, die richtigen Lebensentscheidungen zu treffen. Aber woher bitte sollte ich wissen, welche Entscheidungen die richtigen waren? Die meisten Menschen verbrachten ihr gesamtes Leben in völliger Unkenntnis darüber, wie anders ihr Leben hätte verlaufen können, wenn sie eine andere Wahl getroffen hätten. Sie konnten einfach nicht mehrere Züge im Lebensschach im Voraus denken.

Außerdem konnte ich mit mehr Glück vielleicht gleich auch meine Entscheidungsfindung verbessern. Und die kritischen Treffer! Kritische Treffer sind entscheidend, richtig? Sie sind geradezu ein Muss!

Nun gut – würde ich den Punkt also meinem Glück hinzufügen.

Schon halb im Schlaf betastete ich meinen wabbelnden Oberarm und meine Hohlbrust. Gab es da nicht ein Sprichwort, dass Glück den Starken hold ist?

Ich hob die Auswahl von Glück wieder auf und wählte Stärke.

Gerade als mir die Sinne schwanden, erschien eine rote Systemwarnung.

Kapitel 12

Optimierung

*„Ihr Blick war bittend, voller Trauer, feucht,
hasserfüllt, bezwungen, ängstlich, enttäuscht, naiv,
stolz, voller Verachtung – aber er blieb noch immer
blau."*

Frédéric Beigbeder, *Die Liebe währt drei Jahre*

MITTEN IN DER Nacht erwachte ich mit einem geradezu unmenschlichen Hunger. Ich musste SOFORT etwas zu essen finden! Es schien die einzige treibende Kraft meiner Existenz zu sein, der einzige Sinn und Zweck meines Körpers, der einzige Drang, den er verspürte.

In meinem Gesichtsfeld türmten sich die Alarmmeldungen und Mitteilungen über erhaltene Debuffs.

Extremer Hunger!
Du bist am Verhungern!
-30 % Stoffwechsel
Warnung! Dein Blutzuckerwert ist kritisch niedrig!
Warnung! Dein Aminosäurewert ist kritisch niedrig!

Warnung! Kritische Gefahr des Verlustes von Muskelmasse!

Erhaltener Debuff: Schwäche II
-2 Durchhaltevermögen alle 24 Stunden
-2 Beweglichkeit alle 24 Stunden
-2 Wahrnehmung alle 24 Stunden
-2 Intelligenz alle 24 Stunden
-2 Stärke alle 24 Stunden
-5 % Zufriedenheit alle 2 Stunden
-5 % Lebenskraft alle 2 Stunden
-1 % Vitalität alle 4 Stunden

Extremer Durst!
Du bist am Verdursten!
-20 % Stoffwechsel
Warnung! Deine Körperflüssigkeitswerte haben einen kritisch geringen Stand erreicht!

Erhaltener Debuff: Schwäche III
-3 Durchhaltevermögen alle 24 Stunden
-3 Beweglichkeit alle 24 Stunden
-3 Wahrnehmung alle 24 Stunden
-3 Intelligenz alle 24 Stunden
-3 Stärke alle 24 Stunden
-10 % Zufriedenheit alle 2 Stunden
-5 % Lebenskraft alle 2 Stunden
-2 % Vitalität alle 4 Stunden

Mein Mund war so trocken, dass meine Zunge am Gaumen klebte. Meine Kehle brannte. Es kostete mich ganze zehn Minuten, die wenigen Meter zur Küche zu kriechen. Mit Erholungspausen.

Besorgt tänzelte Richie um mich herum, ließ sich immer wieder vor mir auf den Boden nieder und schaute mir forschend in die Augen, als ob er mich fragen wollte: „Alles in Ordnung, Boss?" Sogar Boris verließ den sicheren Kleiderschrank und rieb sich an meinen Beinen, die ich hinter mir herzog, drängte sie mit dem Kopf weiter vorwärts.

Um den Wasserhahn zu erreichen, musste ich auf die Füße kommen. Das erwies sich als äußerst schwierig. Endlich schaffte ich es, indem ich mich am Hocker abstützte. Ich öffnete den Hahn und trank gierig, genoss dabei jeden einzelnen Schluck. Am Ende musste ich mehrere Liter getrunken haben. Ich war noch nie in meinem Leben so durstig gewesen.

Endlich verschwand der Durst-Debuff und ich konnte mich wieder bewegen.

Ich öffnete den Kühlschrank und verschlang alles, das von dem Abendessen übriggeblieben war, das Kira gekocht hatte. Anschließend stopfte ich das große Stück Käse in mich hinein, das sie mitgebracht hatte.

Dann entdeckte ich noch ein paar Haferkekse.

Ich brachte Wasser zum Kochen, bereitete mir eine große Tasse Tee zu und nahm die Kekse in Angriff. *Oh, Kira, die sind so gut! Danke!*

Was war bloß los mit mir? Ich hatte Kekse nie gemocht. Schon gar keine Haferkekse.

Nach etwa zwanzig Minuten war der Hunger-Debuff ebenfalls verschwunden. Dafür war ich jetzt schläfrig. Beim letzten Schluck Tee bemerkte ich das schwarze Rautensymbol, über dem ein rotes Ausrufezeichen schwebte.

War das nicht dasselbe Symbol, das ich vor dem Einschlafen gesehen hatte?

Das schwarze Symbol erweiterte sich zu einer Mitteilung.

Warnung! Wir haben eine ungewöhnliche Steigerung in deiner Eigenschaft Stärke entdeckt: +1 Punkt.

Dein Körper wird im Einklang mit dem neuen Wert (7) neu strukturiert, um sich an deine neuen Stoffwechsel- und Chronotropiewerte anzupassen.

Erforderliche Änderungen: Entwicklung neuen Muskelgewebes und Stärkung der Sehnen und Bänder.

Die Mitteilung ging endlos weiter, berichtete mir über die Änderungen in meinem Glykogen- und intramuskulären Phosphokreatinspiegel sowie der intra- und intermuskulären Koordination und so weiter und so fort. Das alles verblasste jedoch zur Bedeutungslosigkeit angesichts eines kleinen Hinweises ganz am Ende. Er war in fettgedruckten Großbuchstaben geschrieben und rot umrandet.

Warnung!
Die Umstrukturierung deiner Körperfunktionen erfordert eine gewaltige Menge an Nährstoffen. Um eine Gefahr für dein Leben zu vermeiden, wird dir dringend empfohlen, mindestens 280 g tierisches Eiweiß, 1.360 g Kohlenhydrate und 85 g tierische Fette zu dir zu nehmen. Ein Nährstoffmangel kann zum Versagen von Körperfunktionen führen.
Warnung!
Die künstliche Steigerung einer Eigenschaft um mehr als 1 Punkt gleichzeitig ist streng verboten! Es besteht die hohe Wahrscheinlichkeit einer tödlichen Wirkung!

Na toll! Genau das hatte ich hören wollen …
Diese Warnung hätte man mir, wie ich fand, anzeigen müssen, bevor ich mich dazu entschieden hatte, den verfügbaren Punkt meiner Stärke zuzuweisen, und bevor man mir die Optionen *Annehmen/Ablehnen* gab!
Was bitte wäre denn passiert, wenn ich mit der Vergabe des Punktes bis zum nächsten Level gewartet und dann zwei Punkte zu verteilen gehabt hätte? Wäre ich einfach auf der Stelle tot umgefallen? Ohne jede Hoffnung auf Wiederbelebung?
Je mehr ich darüber nachdachte, desto mehr brach

mir der kalte Schweiß aus. Ich sehnte mich verzweifelt nach einer Zigarette, so sehr, dass ich beinahe in den nächsten Laden gerannt wäre, der rund um die Uhr geöffnet hatte. Was mich davon abhielt, war die Mitteilung über den Debuff durch Nikotinentzug, die noch immer in meinem Sichtfeld schwebte. Ich musste nur noch weitere acht Tage durchhalten. Das konnte ich schaffen.

Stattdessen rief ich Martha auf und begrüßte sie mit einem Schwall Schimpfwörter. Sie erwiderte, sie würde nicht über die Befugnis verfügen, einzugreifen, selbst wenn ich sie aufgerufen und gefragt hätte. Ich schickte die nutzlose Schlampe wieder weg und legte mich ins Bett.

Vor dem Einschlafen überprüfte ich noch schnell meine Statistiken. Ich war tatsächlich stärker geworden, wenn ich den Wert *Stärke: 7* betrachtete. In der Tat fühlten sich meine Armmuskeln geringfügig härter an und meine Brust schien sich ein wenig mehr zu wölben. Aber das war es auch schon.

* * *

RICHIES VERZWEIFELTES BELLEN riss mich am nächsten Morgen aus dem Schlaf. Die Türglocke schrillte, als wollte sie sich aus ihrer Verankerung lösen.

Ich schaute auf mein Handy. Es war erst halb acht. Wer zum Teufel störte mich schon so früh?

Rasch kam ich auf die Füße, warf mir ein paar Kleidungsstücke über und eilte zur Tür. An die jemand inzwischen bereits ungeduldig hämmerte.

Das sollte man wirklich nicht machen. Ich hasste solch aggressives Verhalten. Es gab drei Dinge, die ich partout nicht ausstehen konnte: aggressive Autofahrer, die mich anhupten, ein Telefon, das nicht mit dem Klingeln aufhörte, obwohl ich den Anruf gerade nicht entgegennehmen konnte, und Leute, die an meine Tür bollerten, bevor ich sie öffnen konnte.

„Mach *sofort* die Tür auf!", kam Yannas Stimme von draußen.

„Ich komm ja schon!", blaffte ich über Richies Bellen hinweg.

Ich schloss ihn im Badezimmer ein, damit er sie nicht erschrecken konnte. Das Hämmern an die Tür stoppte. Ich hörte Yanna jemandem etwas zuflüstern. Der Person, die sie mitgebracht hatte.

Ich öffnete die Tür. Ohne mich zu beachten, stürmte meine Schwiegermutter in die Wohnung, beladen mit leeren Taschen und Beuteln.

„Guten Morgen", sagte ich zu ihrem Rücken.

Yanna stand im Türrahmen. Sie sah gut aus und trug ein ansprechendes Kostüm mit einer weißen Bluse, einem leichten Blazer und einem Rock, der kurz oberhalb ihrer Knie endete. Außerdem eine goldene Uhr und einen passenden Armreif. Beides hatte ich noch nie zuvor an ihr gesehen. Um sie herum hing der schwere, verführerische Duft eines teuren Parfüms.

„Hallo Yanna", begrüßte ich sie so ruhig ich konnte und versuchte, mein Herzklopfen zu beruhigen.

Sie antwortete nicht. Einen Augenblick verharrte sie in der Tür, dann marschierte sie direkt ins Schlafzimmer und blickte sich abschätzend um.

„Ich sehe, du hast dir jetzt einen Hund angeschafft", bemerkte sie, ohne sich umzudrehen. „Ich dachte, du magst keine Hunde."

„Es ist nicht mein Hund", erklärte ich. „Ich passe nur eine Weile auf ihn auf."

Sie hörte nicht zu. Stattdessen knallte sie die Tür zu und der Schlüssel drehte sich im Schloss.

Ich kochte vor Wut. Deutlicher hätte sie ihren Mangel an Respekt mir gegenüber wirklich nicht zeigen können. Das war einmal unsere gemeinsame Wohnung gewesen! Unser Liebesnest! Und ich hatte alles gründlich geputzt. Sie hätte sich wenigstens die Schuhe an der Matte abstreifen können!

Ich unterdrückte das Verlangen, ins Schlafzimmer zu stürmen und den beiden Damen gehörig die Meinung zu sagen. Doch dann überlegte ich es mir anders. Yanna war schon immer ein Mamakind gewesen. Gemeinsam würden die beiden mich rasch in meine Schranken weisen.

Also ging ich stattdessen ins Bad und putzte mir die Zähne. Sollten sie doch in aller Ruhe packen. Ich verspürte nicht den geringsten Wunsch, mit Yanna in der Gegenwart ihrer Mutter zu reden.

Während ich mir wütend fast das Zahnfleisch blutig schrubbte, wurde mir klar, dass ich mich in Gegenwart meiner Schwiegermutter nie wohlgefühlt hatte.

Nach außen hin hatte sie zwar so getan, als hätte sie hinter der Entscheidung ihrer Tochter gestanden, doch in Wirklichkeit war sie immer gegen unsere Heirat gewesen. Es war in dem ständigen Sarkasmus und der verächtlichen Art und Weise zu spüren, in der Yanna mich behandelte, wenn sie von einem Besuch bei ihrer Mutter zurückkam. Die alte Dame schien mich abgrundtief zu verabscheuen. Falls sie mich überhaupt zur Kenntnis nahm.

Als Yanna und ich noch dabei gewesen waren, uns kennenzulernen, öffnete immer meine zukünftige Schwiegermutter die Tür, wenn ich mit einem Blumenstrauß auftauchte. Und dann brüllte sie: „Yanna, es ist dieser, wie heißt er doch gleich? Diesmal hat er ein paar Zweige mitgebracht." Sie nannte mich niemals beim Namen, und die „Zweige" nahm sie mir ab und legte sie achtlos aufs Schuhregal. Hineingebeten hatte sie mich nicht ein einziges Mal. Ich hatte auf Yanna immer im Treppenhaus warten müssen. Bis wir dann endlich verheiratet waren.

Die Hochzeit war eher bescheiden gewesen. Wir fuhren nicht einmal in die Flitterwochen. Ich war mir ziemlich sicher, dass Yannas Mutter (oder vielleicht sogar Yanna selbst) mir daran ebenfalls allein die Schuld gab.

Ich war schon wieder maßlos hungrig. Wahrscheinlich war mein Körper noch immer in der Umstrukturierung begriffen.

„Warte hier", befahl ich Richie und verließ das Badezimmer.

Yanna und ihre Mutter waren inzwischen in der Küche eifrig damit beschäftigt, alles einzupacken. Sie wühlten sich durch sämtliche Küchenschränke und nahmen Töpfe, Pfannen und Tassen heraus.

„Sieh mal, das ist der Kessel, den ich dir zur Hochzeit geschenkt habe!", kommentierte meine Schwiegermutter. „Er ist noch neu verpackt! Und hier ist ein Paket Buchweizen. Ist der schon abgelaufen? Nein? Hervorragend. Nimm ihn mit!"

Ich wusste nicht, was ich sagen sollte. Ich unterdrückte den Drang, sie wegen ihrer kleinlichen Habgier mit Sarkasmus zu überschütten. Sollten sie doch mitnehmen, was sie wollten!

Kaum hatte ich diesen Gedanken zu Ende gedacht, kam mir die weitere Entwicklung in die Quere. Yannas Mutter betrachtete den Inhalt des Kühlschranks und holte eine Packung Eier heraus, die Kira mir gestern mitgebracht hatte. Sie hielt sich den Eierkarton vor die Nase und versuchte, das Haltbarkeitsdatum zu entziffern.

„Entschuldigung!", meldete ich mich mit erhobener Stimme zu Wort. „Die Eier gehören mir!"

Ich bedauerte diesen Ausbruch sofort, denn von Yanna kam prompt: „Quatsch. Du hattest noch nie Eier in der Hose!"

„Wir nehmen nur mit, was uns gehört", verkündete ihre Mutter großzügig und stellte den Karton mit einem Ruck zurück in den Kühlschrank.

„Oh, danke – zu gütig", bemerkte ich bissig.

Um mich von der Szene abzulenken, die sich gerade abspielte, konzentrierte ich mich auf die Statistiken meiner Schwiegermutter.

Natalia Sergeevna Orlova
Alter: 49
Derzeitiger Status: Hausfrau
Level des sozialen Status: 13
Klasse: Büroarbeiter. Level: 7
Verheiratet
Ehemann: Sergei Orlov
Kinder: Yannina, Tochter. Alter: 24
Ansehen: Feindseligkeit 15/30

Ich nahm mir einen alten Topf, den sie als von nicht ausreichender Qualität zurückgewiesen und beiseitegestellte hatte. „Darf ich?"

Sie ignorierte meine Frage. Ich füllte den Topf mit Wasser, legte sechs Eier hinein und stellte ihn auf den Herd.

Frau Orlova packte Mixer und Toaster in eine ihrer Taschen. Dann fiel ihr gieriger Blick auf die Mikrowelle. „Gehört die dir?"

„Nein", erwiderte Yanna. „Sie gehört zur Wohnung."

„Na gut." Frau Orlova hatte das Interesse an der Küche verloren. Mehrere schwere Taschen hinter sich herziehend nahm sie nun das Wohnzimmer in Angriff.

„Mama, warte!", rief Yanna ihr nach. Sie hielt eine Flasche Geschirrspüler hoch. „Den habe ich gekauft."

Das Gesicht ihrer Mutter erhellte sich. „Dann nimm ihn mit. So etwas kann man immer gebrauchen."

Zu diesem Zeitpunkt war ich bereits vollständig geplättet. Ich wusste ja, dass Yanna ein sparsamer Typ war, geradezu geizig. Aber das war nun doch ein bisschen zu viel.

Mein Handy vibrierte in der Hosentasche. Ich nahm den Anruf entgegen. „Hallo? Ja, ich bin es selbst. Wie kann ich Ihnen helfen?"

Ich spürte, wie die beiden Frauen im Wohnzimmer die Ohren spitzten.

„Phil, Darya hier", sprach die weibliche Stimme weiter. „Wir sind uns begegnet, als Sie kürzlich das Vorstellungsgespräch bei unserem Unternehmen hatten, Ultrapak. Ich freue mich sehr, Ihnen mitteilen zu können, dass wir Sie zunächst für eine Probezeit angenommen haben. Können Sie morgen anfangen?"

„Hey!", rief Yanna aus dem Wohnzimmer. „Kannst du vielleicht mal deinen Köter aus dem Bad holen? Wir müssen uns dort umschauen."

„Aber selbstverständlich", sagte ich ins Telefon, dann bedeckte ich es mit der Hand und rief zurück: „Einen Augenblick!"

„Sehr gut", erwiderte Darya. „Sie kennen ja unsere Anschrift? Die Arbeitszeit beginnt um acht. Und bringen Sie bitte ..."

Frau Orlova stürmte in die Küche. „Hol *sofort* den Hund aus dem Badezimmer! Wir haben schließlich nicht den ganzen Tag Zeit!"

Ich hob die Hand, um sie zur Geduld zu mahnen. Dann trat ich einen Schritt zurück und stolperte dabei beinahe über eine hungrige Boris, die sich an meinen Füßen rieb. Als wollte sie sagen: „Was'sen los, Chef? Zeit fürs Frühstück! Wo ist mein Mampf?"

Ich wühlte im Schrank nach dem Katzenfutter, konnte es jedoch in dem Chaos, das Yanna und ihre Mutter hinterlassen hatten, nicht finden. Ach, egal. Ich nahm eine Tüte Milch und goss etwas daraus in Boris' Schüssel. Dieses Problem war schon mal gelöst. Vorerst zumindest.

Frau Orlova öffnete den Mund, um etwas zu sagen. Rasch schaltete ich das Mikrofon des Handys aus.

„Phil, sind Sie noch dran?", fragte Darya.

Nach einem Fluch schaltete ich das Mikrofon wieder ein. „Ja, natürlich. Was soll ich mitbringen?"

„Hol den Hund raus – jetzt!", knurrte Frau Orlova.

„Oh, nur ein aktuelles Passfoto … Tut mir leid, was haben Sie gerade gesagt?"

„Ähm … nichts, tut mir leid."

„Ja, ein Foto für Ihren Firmenausweis. Es kann auch ein digitales sein. Und …"

„Hey!" Yannas Stimme besaß den mir nur allzu vertrauten hysterischen Unterton.

Ihre Mutter stand im Türrahmen, die Hände in die Hüften gestemmt, und durchbohrte mich mit einem ungeduldigen Blick. Ich biss die Zähne zusammen und ging ins Badezimmer.

Richie wischte heraus, sobald ich die Tür öffnete, und ging sofort auf meine Schwiegermutter los, die sich gerade noch rechtzeitig in Sicherheit bringen konnte. Ich griff nach seinem Halsband und zerrte ihn auf den Balkon. „Bei Fuß! Richie, bei Fuß!"

Er widerstrebte, hechelte und keuchte, zog mich zurück. Seine Pfoten verursachten ein kratzendes Geräusch auf dem Linoleum, als sie immer wieder daran abrutschten.

„Schluss jetzt!", schrie ich den Hund an.

„Was für eine Bestie!", schluchzte Frau Orlova. Der kalte Schweiß lief ihr über das Gesicht.

„Sie müssen unbedingt Ihre Unterlagen zur Personalabteilung bringen, bevor Sie morgen mit der Arbeit beginnen", beendete Darya ihren Satz. Ihrer Stimme war die Verwunderung über den merkwürdigen Lärm anzuhören, den sie teilweise mithören konnte.

„Das werde ich. Vielen Dank! Wir sehen uns dann morgen." Ich hatte mir das Handy zwischen Schulter und Kinn geklemmt, um die Balkontür schließen zu können.

„Bis morgen, Phil. Wir freuen uns, mit Ihnen zusammenzuarbeiten."

Ich beendete das Telefonat.

Ich hatte einen Job! Eine enorme Welle der Erleichterung und Freude durchströmte mich.

Status der ausstehenden Aufgabe: einen festen Job finden
Aufgabe erledigt!
Erhaltene Erfahrungspunkte: 50 Punkte
+10 % Zufriedenheit

Ich ließ mich aufs Sofa fallen und genoss den Augenblick. Es fühlte sich so gut an, ich hätte mich glatt an diesen Zustand gewöhnen können. Das also war die Empfindung, die Menschen zu Workaholics und Zeitmanagement-Süchtigen machte?

Ich musste unbedingt meinen Balken mit den Erfahrungspunkten überprüfen und konnte nur hoffen, dass er auf meinem Interface erschien. Und zwar bald!

Aus dem Badezimmer war ein ohrenbetäubender Krach zu hören, gefolgt von diversen Flüchen meiner Schwiegermutter. Richie sprang an der Balkontür hoch und winselte, wollte hineingelassen werden. Ich hastete ins Bad, um den Schaden zu begutachten.

„Mama, bist du verrückt?", schimpfte Yanna. „Du hättest dich verletzen können!"

„Ist schon in Ordnung." Ihre Mutter rieb sich die Stirn. „Solche Dinge passieren nun mal, wenn man keinen Handwerker im Haus hat – alles wird nur durch Spucke und Gebete zusammengehalten!"

Auf dem Boden lag der Badezimmerschrank, zerschmettert, sein Inhalt überall verteilt: Duschgels, Shampoos, mein Rasierschaum, unsere zwei Rasierer, Zahnbürsten und Zahnpasta, ebenso wie ein zerbrochener Zahnputzbecher. Anscheinend hatte meine Schwiegermutter sich mit ihren etwa einhundert Kilo Übergewicht – oder mehr – gegen den Schrank gelehnt, der unter diesem Druck zusammengebrochen war.

Frau Orlova fegte alles, das herumlag, in eine Plastiktüte, ließ mir nur meine Zahnbürste übrig.

„Hey, das ist mein Rasierer!", protestierte ich. „Und den Rasierschaum brauchst du doch gar nicht!"

„Ich habe alles mit meinem Geld gekauft", verkündete Yanna. „Außerdem benutze ich beide Rasierer *und* den Schaum. Du kannst dir dein eigenes Zeug kaufen. Nicht, dass du unbedingt einen Rasierer brauchst – allzu oft rasierst du dich schließlich nicht."

Ich lächelte. Ihre Versuche, mich zu provozieren, waren wirklich armselig. Ihre letzte Bemerkung brachte das Fass endgültig zum Überlaufen. Nun empfand ich gar nichts mehr. Sollten sie mir doch die ganze Wohnung ausräumen, mir war alles egal. Ich brauchte nur meinen Computer und eine Matratze zum Schlafen. Selbst das Bettgestell durften sie also ruhig mitnehmen.

Dennoch schmerzte es natürlich, diese kleinlichen Versuche von Vergeltung durchleben zu müssen, die ausgerechnet von der Frau kamen, die ich so sehr liebte. Bis zu diesem Morgen. Ihr Hass mir gegenüber war so offensichtlich, dass ich nicht den geringsten Wunsch verspürte, mit ihr zu reden. Geschweige denn, mich wieder mit ihr zu versöhnen. Um ehrlich zu sein, spürte ich sogar eine gewisse Erleichterung, dass die Trennung jetzt stattfand, und nicht erst nach einem langen, gemeinsamen Leben.

Wie gut, dass wir keine Kinder hatten! Ich weiß, so etwas sollte man eigentlich nicht sagen, aber es entsprach nun einmal der Wahrheit. Zuerst war Yanna zu sehr mit ihrem Studienabschluss beschäftigt gewesen, dann mit ihrem neuen Job, und schließlich hatten wir darauf gewartet, dass ich endlich meinen Teil zum Lebensunterhalt beitragen würde. An irgendeinem Punkt hatten wir einfach aufgehört, über Kinder nachzudenken. Wenigstens galt das für mich.

Yanna schien meine Gedanken lesen zu können. „Oh, und übrigens", erklärte sie ganz sachlich, „wir müssen zum Standesamt gehen und die Scheidung einreichen.[5] Diese Woche kann ich nicht, ich habe zu viel zu tun. Es muss also der nächste Dienstag sein. Ich schicke dir eine SMS mit dem Termin."

„Oh, ja, bitte", nickte ich. „Ich muss mir dafür von der Arbeit freinehmen."

Fragend hob sie die Augenbrauen, verkniff sich jedoch eine Bemerkung.

Endlich hatte Frau Orlova die Plünderung der Wohnung abgeschlossen. Yanna holte ihr Handy hervor.

„Vlad? Du kannst jetzt raufkommen, wir sind fertig. Was hast du gesagt. Oh ... Okay, wir warten."

„Ist schon in Ordnung", meldete ich mich zu Wort. „Ich kann euch helfen, die Sachen hinunterzutragen."

Ohne auf mein Angebot zu reagieren, nahm sich jede der Frauen zwei Taschen und verließ die Wohnung. Ich griff mir die restlichen Taschen und Beutel und taumelte ihnen hinterher. Ich fühlte mich tatsächlich ein wenig stärker. Die Taschen waren trotzdem schwer, aber wenigstens baumelten sie nicht an nutzlos schlaff herabhängenden Armen, so wie es noch vor Kurzem der Fall gewesen wäre.

Auf dem Treppenabsatz fielen mir die Eier ein. Fluchend kehrte ich um und stellte das Gas ab. Dann stieg ich tapfer die Treppen hinunter, ohne auf den Aufzug zu warten.

Merkwürdigerweise war mir Vlad, wer auch immer er war, völlig egal. Yanna und ihre Mutter konnten tun und lassen, was sie wollten. Auch wenn Yanna und ich formell noch immer verheiratet waren, empfand ich keinerlei Eifersucht. Oder was auch immer ein

---

[5] Das russische Scheidungssystem unterscheidet sich stark vom deutschen.

männlicher Affe fühlen sollte, der sein Weibchen an einen stärkeren Gegner verloren hatte. Da war nichts als Gleichgültigkeit.

Vor dem Haus erkannte ich sofort den Jeep, in den Yanna in der Nacht gestiegen war, in der sie mich verlassen hatte. Daneben stand Vlad, ein hochgewachsener Typ mit kurzen, zurückgegelten Haaren. Ich konnte mich vage an ihn erinnern. Er war ein Kollege von Yanna. Er trug ein hautenges T-Shirt und einen verzierten Gürtel in seiner dunklen Hose. In seinen polierten Schuhen spiegelte sich der Sonnenschein.

Er schien es nicht eilig zu haben, den beiden Frauen beim Tragen zu helfen. Stattdessen stand er einfach nur da und beglotzte sie, wie sie unter dem Gewicht ihrer unrechtmäßig erworbenen Beute wankten, öffnete immerhin den Kofferraum, tat aber ansonsten so, als würde er telefonieren.

Frau Orlova grunzte wie ein Gewichtheber und hievte die Taschen in den Kofferraum. Dabei hörte sie nicht auf, zu keuchen und sich zu beschweren, wie schrecklich erschöpft sie war. Ich packte die restlichen Taschen und Beutel dazu. Eine Plastiktüte allerdings wollte partout nicht mehr hineingehen.

„Willst du die vorne im Wagen?", fragte ich Yanna.

Sie zuckte nur mit den Schultern und setzte sich auf den Beifahrersitz, ohne zu antworten.

Jetzt hatte ich langsam wirklich die Nase voll. Ich öffnete eine der hinteren Türen und stellte die Tüte auf den Sitz.

„Bist du bescheuert?", blaffte Vlad mich an und eilte herbei. „Was glaubst du wohl, was du da machst? Hol den Mist sofort da raus! Das sind *Ledersitze*, du Schwachkopf!"

„Keine Haifischhaut?", gab ich zurück. „Das würde viel besser zu dir passen." Ich knallte die Wagentür zu und ging zurück zum Haus.

„Hey, du!", tobte Vlad hinter mir. „Komm sofort zurück! Ich rede mit dir!"

Ich hatte inzwischen mehr als genug und konnte meine Wut kaum noch kontrollieren. Also drehte ich um und marschierte auf ihn zu. Dabei studierte ich sein Profil.

Vladimir „Vlad" Korolev
Alter: 30
Derzeitiger Status: Manager
Klasse: Administrator. Level: 6
Unverheiratet
Kinder: Radomir, Sohn. Alter: 2
Ansehen: Gleichgültigkeit 0/30

Ich stellte mich so dicht vor ihn, beinahe wäre ich ihm auf die polierten Schuhe getreten. Dann sah ich ihm direkt in die Augen. Wobei ich, zugegeben, den Kopf etwas recken musste.

„Was ist dein Problem, Kumpel?" Ich steckte meinen ganzen Ärger in die Frage.

Er war nicht beeindruckt. „Das hier ist kein Internet-Chat, *Kumpel*. Du benimmst dich besser anständig."

Grinsend erfreute er sich an Yannas Aufmerksamkeit. Er hatte ganz offensichtlich Spaß daran, mich aufzuziehen. „Nimm deinen Müll aus dem Wagen, hol dir aus dem Kofferraum eine Decke und breite sie über den Sitz. Anschließend kannst du das Zeug wieder hineinstellen."

„Wirklich?", tat ich überrascht. „Also, wenn du Yannas neuer ..."

„Lass es, Vlad", mischte sich Frau Orlova ein. „Fahr einfach los."

„Was meinst du mit ‚fahr einfach los'? Das ist Leder! Ich will wirklich nicht, dass ..."

„Hi, Phil", erklang plötzlich Aliks unkultivierte

189

Stimme direkt neben uns. „Gibt's Probleme?"

Entspannt und leicht gebeugt stand er hinter Vlad, die Hände in den Taschen seiner Jogginghose. Im Mundwinkel hing eine Zigarette, seine Augen waren raubtierhaft verengt und seine Unterlippe trat leicht hervor. Eine bessere Versinnbildlichung eines Straßengangsters konnte ich mir kaum vorstellen.

Dein Ansehen bei Vladimir „Vlad" Korolev hat sich verringert.
Derzeitiges Ansehen: Abneigung 15/30

Vlad schaute sich nervös um. „Steig ins Auto!", blaffte er Yannas Mutter an. Er sprang auf den Fahrersitz, knallte die Tür hinter sich zu und trat aufs Gas.

Yanna lehnte sich aus dem offenen Fenster. „Papa holt heute Abend den Fernseher ab. Sei also gefälligst zu Hause!"

„Sag ihm, er soll mich erst anrufen", erwiderte ich. „Ich hab' noch ..." Als mir klar wurde, dass niemand mir zuhörte, verstummte ich mitten im Satz.

„Ist sie weg?", fragte Alik. „Ich meine, richtig weg?"

Ich nickte.

Er bot mir eine Schachtel Zigaretten an. „Nimm dir eine!"

Ich nahm eine Zigarette, drehte sie eine Weile zwischen den Fingern und gab sie ihm schließlich zurück. „Nein, danke. Ich habe schon eine ganze Woche lang nicht mehr geraucht, und dabei möchte ich es auch belassen."

„Gut gemacht", lobte er mich. „Ich wünschte, ich könnte ebenfalls aufhören. Die Zigaretten kosten mich eine verdammte Stange Geld."

„Ja, Rauchen ist ganz schön teuer, was?", stimmte ich zu. „Danke, dass du mir zu Hilfe gekommen bist. Es wäre doch zu blöd gewesen, wenn die

Neuerwerbung meiner Ex mir das Licht ausgeblasen hätte." Ich zögerte. „Darf ich dich mal was fragen? Du folgst mir doch nicht etwa? Es ist nur so, jedes Mal, wenn ich im Hof auftauche, bist du da."

Aliks Gesicht verdüsterte sich. Er nahm einen tiefen Zug von seiner Zigarette und lachte leise, kaute auf seiner Unterlippe herum. Dann seufzte er und setzte zum Sprechen an.

Auf einmal stand ein gelbes Ausrufezeichen über seinem Kopf.

Er war im Begriff, mir eine Quest zu geben!

„Das stimmt", gab er zu. „Ich habe keine Wohnung. Also versuche ich, einen Tag nach dem anderen zu überstehen. Manchmal schlafe ich im Keller. Oder bei einem der Jungs. Und wenn es warm ist, so wie jetzt, schlafe ich auf einer Bank im Hof."

„Ehrlich? Ich dachte, du wohnst hier?"

„Nun, ich habe hier gewohnt." Er stockte. „Das Problem ist ... Mein Vater hat einen Kleinkredit aufgenommen. Er wollte seinen fünfzigsten Geburtstag stilvoll feiern. Anfangs hat er die Raten immer bezahlt, doch dann wurde er gefeuert und wir mussten das Darlehen trotzdem weiter abbezahlen. Also haben wir unsere Wohnung an ein paar Gastarbeiter untervermietet. Meine Eltern sind in die Laube unseres Schrebergartens auf dem Land gezogen. Wir haben einen kleinen Garten, musst du wissen, und da leben sie jetzt. Meine Mutter ist sehr krank, noch schlimmer als vorher, und mein Vater trinkt den ganzen Tag. Ich muss mich mit den Gerichtsvollziehern herumschlagen ..."

„Warum suchst du dir nicht einen Job? Oder ziehst bei deinen Eltern mit ein? Du könntest ihnen im Garten helfen ..."

„Da gibt es nicht viel zu helfen. Außerdem ist es nur eine kleine Laube, wie ich schon sagte. Normalerweise bringen wir dort die Gartengeräte unter. Und was einen

Job betrifft – niemand will mich haben. Eine Weile habe ich auf einer Baustelle gearbeitet, aber der Vorarbeiter, der Mistkerl, hat mich gefeuert, weil ich etwas getrunken hatte. Ohne mich zu bezahlen." Alik wandte sich ab.

Eine Weile standen wir beide da, jeder in seine eigenen Gedanken versunken.

Der Hof füllte sich mit Leuten, die zur Arbeit gingen. Die Geräusche anspringender Motoren füllten die Luft und die Autos fuhren von den Parkplätzen. Der Tag hatte begonnen, und ich hatte eine Menge zu tun.

„Kann ich dir irgendwie helfen?", fragte ich Alik ganz direkt.

„Ich glaube nicht. Ich weiß ja, du bist pleite. Bei dir einziehen kommt nicht infrage. Aber wenn du etwas von einem Job hörst …"

Hilf Alik, einen Job zu finden!
Dein Nachbar Romuald „Alik" Zhukov braucht dringend eine feste Arbeit.
Belohnung:
Erfahrung: 400 Punkte
Ansehen bei Romuald „Alik" Zhukov: 30 Punkte
Derzeitiges Ansehen: Freundlichkeit 10/60

Es gab nirgendwo die Schaltflächen *Annehmen/Ablehnen*, ebenso wenig wie es bei Herrn Panikoff und seiner Quest mit der Sportzeitung der Fall gewesen war. Augenscheinlich gab es nur die Möglichkeit, Quests anzunehmen, indem man die Zustimmung laut aussprach.

„Ich werde sehen, was ich machen kann, Mann", versprach ich.

Das Fenster mit der Quest verschwand.

„Danke." Alik streckte die Hand aus. „Das bedeutet mir sehr viel."

Ich ging zurück in die Wohnung, frühstückte und

räumte auf. Als ich damit fertig war, nahm ich die Abfalltüte, warf sie in die Tonne hinter dem Haus und führte Richie aus. Wir strebten in Richtung Park, damit auch ich ein wenig joggen konnte.

Mitten im Lauf rief Sveta Messerschmitt mich an. „Hallo Phil. Wie geht es Richie?"

„Wie einem Hund mit zwei Schwänzen", antwortete ich keuchend. „Er läuft gerade neben mir. Richie, sag etwas!"

„Oh, tut mir leid, ich wollte Sie nicht stören."

„Ist schon in Ordnung. Aber du musst dir keine Sorgen um Richie machen."

„Danke. Papa hat gemeint, ich soll Ihnen sagen, dass er darauf achten wird, Ihnen die Belohnung zu zahlen, weil Sie Richie gefunden haben."

Das war gut! Ein wenig monetäre Verstärkung konnte ich gut gebrauchen. Andererseits …

Nein, das fühlte sich einfach nicht richtig an.

„Nein, Sveta." Ich hielt an, um Atem zu schöpfen. „Ich habe es nicht für die Belohnung getan. Versprich mir einfach, dass ich einen der Welpen kaufen kann, falls Richie einmal Junge zeugen sollte."

„Natürlich kannst du einen haben!"

„Dann sind wir uns also einig." Ich unterdrückte ein Lächeln. „Ich muss jetzt los."

„Ich danke Ihnen so sehr! Können Sie mir bitte noch ein paar Bilder von ihm schicken?"

„Selbstverständlich. Tschüss dann auch!"

Ich machte ein paar weitere Fotos von Richie, schickte sie ihr und nahm mein Joggen wieder auf.

Mein mentales Auge blieb an meinem Vitalitätsbalken haften. Ich war mir ganz sicher, er war immer rot gewesen, doch jetzt war er gelb. *Gelb!*

Ich konzentrierte mich darauf. Meine Vitalität lag bei 80,00173 %. Bedeutete das, dass alles unterhalb von 80 % rot dargestellt wurde?

Falls ja, war alles über 90 % wahrscheinlich grün.

Nun gut, das war ein Ziel, auf das ich hinarbeiten konnte.

Nach meinem Dauerlauf ließ ich mich auf eine Bank fallen. Ich musste unbedingt meine Statistiken überprüfen. Vor genau einer Woche hatte ich dieses Interface entdeckt ...

Ich öffnete das Profilfenster.

Philip „Phil" Panfilov
Alter: 32
Derzeitiger Status: arbeitslos
Level des sozialen Status: 6
Klasse: Unklassifiziert
Verheiratet
Ehefrau: Yannina „Yanna" Orlova
Kinder: keine

Haupteigenschaften:
Stärke: 7
Beweglichkeit: 4 (+1 Bonus von den stinkenden chinesischen Turnschuhen der Behändigkeit)
Intelligenz: 18
Durchhaltevermögen: 4
Wahrnehmung: 7
Charisma: 12
Glück: 6

Sekundäre Eigenschaften:
Vitalität: 80 %
Zufriedenheit: 78 %
Lebenskraft: 47 %
Stoffwechsel: 103 %

Um auf mehr Daten zugreifen zu können, musst du dein Erkenntnislevel verbessern.

Aha! Mein Status als „Spieler" war verschwunden

und durch „arbeitslos" ersetzt worden. Hoffentlich nicht für lange. Der Bonus der Turnschuhe für meine Beweglichkeit war recht beeindruckend. Und die Engine des Spiels, die sich die Namen der Ausrüstungsgegenstände einfallen ließ, gefiel mir richtig gut! Zum Glück hatte die Benennung keine negativen Auswirkungen, sonst hätte mir das „stinkend" bestimmt einen Punkt Abzug bei Charisma eingebracht. Und das Wort „chinesisch" einen Punkt Abzug beim Durchhaltevermögen ...

Der Rest war mehr oder weniger verständlich. Ich hatte meine Stärke durch Investieren des verfügbaren Punktes verbessert. Das Durchhaltevermögen lag wegen der Nacht nach Yannas Auszug, die mit einem Marathon verbracht hatte, bei 4 und nicht mehr bei 3.

Mehr allerdings hatte ich in dieser Woche nicht erreicht. Ach, egal. Ich hatte schließlich viel Zeit damit verbringen müssen, das Interface überhaupt erst einmal zu verstehen. Jetzt musste ich mich auf die Erkenntnis und meinen sozialen Status konzentrieren. Und die ganze Zeit weiter die Hauptstatistiken verbessern, die sich leicht beeinflussen ließen. Plus die Fertigkeiten, auf die es im wirklichen Leben ankam.

Aus reiner Neugier überprüfte ich die Liste meiner Fertigkeiten. Am besten kopierte ich sie mir alle in eine Excel-Tabelle, um sie in Ruhe studieren zu können.

Ich scrollte durch die Liste. Ganz unten fand ich einen sehr merkwürdigen, hellgrauen Eintrag:

Optimierung: 0

Was war denn das? Hatte das System mir etwa eine neue Fertigkeit geschenkt, die ich allerdings erst entsperren musste?

Ich versuchte, diesen Navigationspunkt zu öffnen; vergebens. Eine Mitteilung poppte auf:

*Um auf mehr Daten zugreifen zu können, musst du
dein Erkenntnislevel verbessern.*

Ich rief Martha herbei.

Diesmal stimmte irgendetwas nicht mit ihr. Sie
beantwortete all meine Fragen in sehr ernstem Ton mit:
„Um auf mehr Daten zugreifen zu können, musst du
dein Erkenntnislevel verbessern!"

Diese sogenannte Erkenntnis schien immer
wichtiger zu werden. Sie war fast so wichtig wie der
neue Debuff, der mich auf dem Heimweg ereilte:

Sexuelle Frustration!
*Du leidest unter fehlendem Sex! Dies wirkt sich
negativ auf deine allgemeine Gesundheit aus. Ständige
sexuelle Frustration und Erregung kann zu
Prostataproblemen und neurotischen Störungen führen.*
*Warnung! Hohe Wahrscheinlichkeit spontaner
Erektionen!*
Warnung! Aggro hat sich erhöht!
*Warnung! Hohe Wahrscheinlichkeit eines Debuffs
durch Depressionen!*
*Warnung! Der Debuff durch sexuelle Frustration kann
nicht durch Selbstbefriedigung deaktiviert werden!*
-5 % Zufriedenheit alle 12 Stunden

Wie um das zu unterstreichen schien die gesamte
Straße auf einmal mit jungen Mädchen in spärlicher
Sommerkleidung gepflastert zu sein. Ich versuchte, sie
alle auszublenden, und hastete auf meinen Wohnblock
zu. Ich hatte das Haus gerade betreten, als ich von
einer gewaltigen, spontanen Erektion heimgesucht
wurde.

Kapitel 13

Eine Schachtel Pralinen

„Natürlich glaube ich nicht daran, dass ein Hufeisen Glück bringt. Aber meinem Verständnis nach funktioniert es trotzdem, ob ich nun daran glaube oder nicht."
Niels Bohr

„Ausstrahlung ist etwas, in dem man hineingeboren wird."
Victor Chernomyrdin[6]

MENSCHEN HABEN die Angewohnheit, hin und wieder mal ein neues Leben zu beginnen. Der einzige Unterschied zwischen ihnen besteht darin, wie sie das anstellen. Man kann ein neues Kapitel einleiten, indem man an Silvester beschließt, mit dem Rauchen und Trinken aufzuhören. Oder die Mitgliedschaft in einem Fitness-Club erwirbt, die am nächsten Montag beginnt. Man kann sich sogar durch Registrieren eines neuen Benutzerkontos im Lieblings-Internetforum ein neues

---

[6] Victor Chernomyrdin: Ein bekannter russischer Politiker der Neunziger Jahre, der für seine unpassenden und grammatisch fehlerhaften Erklärungen berüchtigt war.

Leben verschaffen.

Man könnte seinen Spielecharakter löschen und mit einem neuen noch einmal ganz von vorn anfangen. Dank des Wissens und der Erfahrung mit dem alten Charakter kann man so viel schneller leveln.

Natürlich geht das in gewisser Weise auch im wirklichen Leben – man kann den Job wechseln, sein Aussehen verändern, seine Gewohnheiten und sogar den eigenen Lebensstil.

Je älter wir werden, desto stärker wird der Wunsch, unser Leben umzuschreiben, noch einmal neu zu beginnen und dabei alle fehlgeschlagenen Beziehungen, unwichtig gewordenen Kontakte und dummen Handlungen des alten Lebens zu löschen. Das ist wahrscheinlich der Grund, warum Bücher so beliebt sind, in denen der Held in seine Jugend zurückkehren und sein Leben erneut leben kann, diesmal auf einem anderen Weg, frei von Irrtümern und Fehlern.

Heute hatte ich die perfekte Gelegenheit, zwar nicht die Vergangenheit umzuschreiben, aber ein völlig neues Kapitel zu beginnen. Alles schien sich wie von selbst zusammenzufügen: Meine Entscheidung, die Trennung von Yanna zu akzeptieren, mein baldiger erster Arbeitstag und das mysteriöse Geschenk aus der Zukunft, dessen Verstärkungsmechanismus es mir ermöglichte, ein wenig der verschwendeten Zeit aufzuholen.

Zurück in der Wohnung rief ich gleich Kira an und berichtete ihr, dass Yanna und ihre Mutter die Wohnung ausgeräumt hätten.

„Ich fürchte, das ist wirklich das Ende", erklärte ich. „Dienstag in einer Woche treffen wir uns, um die Scheidung einzureichen."

Meine Schwester seufzte schwer. „Ich verstehe. Nun, das lässt sich nun einmal nicht ändern. Kopf hoch, kleiner Bruder. Die Welt geht davon schließlich nicht unter, richtig?"

„Ganz bestimmt nicht. Ich fange morgen einen neuen Job an, im Vertrieb. Ich habe das komische Gefühl, die werden eine Menge von mir verlangen. Also habe ich gar keine Zeit für Depressionen."

„Sie haben dich eingestellt? Wirklich? Das ist ja toll! Gut gemacht! Hör mal, wie wäre es, wenn wir uns alle zum Abendessen bei unseren Eltern treffen? Würde dir das gefallen?"

„Eine gute Idee. Diesen Freitag?"

„Prima! Ich muss jetzt los. Wir sehen uns am Freitag!"

Ich lächelte und spürte eine seltsame Wärme im Herzen.

Das nutzte ich sofort aus und konzentrierte mich auf eine neue Aufgabenliste. Die so aussah:

Verfügbare Aufgaben:

- Eltern besuchen
- im Erkenntnislevel aufsteigen
- bei Ultrapak die Probezeit überstehen
- meinen neuen Start im Leben finanzieren
- gründlich ausmisten
- das Marketing-Buch zu Ende lesen
- anständige Kleidung für die Arbeit kaufen
- Fitnesskleidung und -geräte anschaffen
- eine Mitgliedschaft in einem Fitness-Club erwerben
- Richie seiner Eigentümerin Svetlana „Sveta" Messerschmitt zurückgeben
- den Debuff sexuelle Frustration entfernen
- mich mit Yanna treffen und die Scheidung einreichen

Die alte Aufgabe *Mit Yanna versöhnen, wieder mit ihr zusammenleben* war aus der Liste verschwunden und durch das genaue Gegenteil ersetzt worden.

Interessanterweise betrachtete das System den Scheidungsantrag als die am wenigsten wichtige Aufgabe und das Familienabendessen besaß die höchste Priorität.

Was mir am meisten Sorge bereitete, war, wie ich an Geld kommen könnte, ohne es mir borgen zu müssen. Vor allem nicht von denjenigen, die mir am nächsten standen. Um Geld zu betteln war jedenfalls nicht der Grund, warum meine Familie eine so große Bedeutung besaß. Wahrscheinlich hatte ich meine Eltern einfach unterbewusst vermisst und freute mich deshalb darauf, eine schöne Zeit mit ihnen zu verbringen.

Der Umzug in eine kleinere Wohnung war ebenfalls ein wichtiger Schritt für mein neues Leben. Zuerst einmal jedoch musste ich jedoch an ein wenig Bargeld kommen.

Ohne zu zögern bot ich meinen hochmodernen Gaming-Computer zum Verkauf an, mitsamt dem Breitbildmonitor und allem Drum und Dran. Ich legte einen Preis fest, der 25 % unter dem lag, was sonst für einen solchen PC verlangt wurde, schließlich brauchte ich rasch Geld.

Meiner Schätzung nach konnte mir das genug einbringen, um eine Einzimmerwohnung anzumieten, ein paar Klamotten zu kaufen und ein oder zwei Monate spartanisch zu leben, einschließlich einer Mitgliedschaft im Fitness-Club. Ich hatte da ein paar Vorstellungen über Kurse, die meine Kampfsportfertigkeiten verbessern könnten. Mir schwebte sogar die Anmeldung in Seminaren zur Steigerung meiner beruflichen Fähigkeiten vor – aber eine Entscheidung darüber würde ich von meinen ersten Verkaufsergebnissen abhängig machen. Bei Ultrapak richtete die Bezahlung sich nach dem Umsatz, also musste ich hart arbeiten, um ein anständiges Gehalt zu verdienen.

Ich rief meine Vermieterin an und teilte ihr mit, dass

ich Ende des Monats ausziehen würde. Sie war nicht erfreut. Geduldig lauschte ich, als sie mir vorjammerte, laut Vertrag müsste ich eine Kündigungsfrist von einem Monat einhalten. Es gelang mir allerdings, sie umzustimmen, indem ich ihr meine Situation wahrheitsgemäß schilderte. Es gefiel den Menschen, wenn man ehrlich zu ihnen war, und die Erwähnung einer Scheidung löste unweigerlich Mitgefühl aus. Es war fast so, als könnten sie sich sofort in die Situation des anderen hineinversetzen und mit ihm über einen weiteren zerbrochenen Traum trauern.

Ich hatte kaum aufgelegt, als auch schon ein Typ mit einem leichten Stottern anrief und nach meinem Computer fragte. Nachdem ich ihm erklärt hatte, dass er noch nicht verkauft und tatsächlich das neueste Modell wäre, das auch bei den anspruchsvollsten Spielen nicht in die Knie ging, wollte er gleich vorbeikommen und die Maschine womöglich umgehend kaufen.

Sofort begann ich, meine privaten Dateien auf eine externe Festplatte zu kopieren und den Computer für den Verkauf vorzubereiten. Das dauerte eine Weile, lange genug für das Zubereiten eines Pastagerichts.

Doch gerade als ich mich zum Mittagessen hinsetzen wollte, traf der potenzielle Käufer ein. Der mickrige Typ trug Shorts und ein enges T-Shirt, das eine Kleidergröße zu klein war. Er wirkte nervös.

Etwa zehn Minuten verbrachte er damit, den Computer zu überprüfen und ein paar Leistungstests durchzuführen. Anschließend zog er eine Brieftasche hervor und blätterte mir das Geld hin, ohne auch nur um den Preis zu feilschen.

Was denn – einfach so? „Warte noch einen Moment", bat ich. „Es ist schon eine ganze Weile her, seitdem ich das Gehäuse zuletzt ausgeblasen habe. Das ist bestimmt ganz staubig. Ich hole das rasch nach."

„Das spielt keine Rolle", winkte er ab. „Das kann ich

später selbst erledigen."

Er hatte es so eilig, mitsamt Computer von hier wegzukommen, dass er sogar zu stottern vergaß.

„Hast du etwas dagegen, wenn ich noch schnell die Festplatte formatiere?", fragte ich.

Er seufzte übertrieben. „Ich musste mir bei der Arbeit freinehmen, um hierherzukommen."

„Das geht ganz schnell", versprach ich ihm. „Ich lösche nur schnell alle Daten und setze den Computer auf die Werkseinstellungen zurück."

Er nickte und ging unruhig im Zimmer auf und ab, warf ständig ungeduldige Blicke auf den Fortschrittsbalken für die Formatierung und wich Richie in weitem Bogen aus. Was für ein Zappelphilipp!

Ich überprüfte seine Statistiken. *Maxim Travkin, Alter: 24, Level des sozialen Status: 3, Vorstrafen: ja.* Aus reiner Neugier suchte ich auf dem Handy in den sozialen Medien nach ihm. Als ich sein Profil gefunden hatte, war die Formatierung schon beinahe abgeschlossen.

Ich nahm das Geld und zählte es, konzentrierte mich dabei auf jeden einzelnen Geldschein, den das mysteriöse System entgegenkommenderweise jeweils für mich identifizierte:

5.000 Rubel
Eine von der Bank Russlands ausgegebene Banknote.
Nennwert: 5.000 Rubel
Ausgabedatum: 1997
Zuletzt geändert: 2010

Ich blätterte durch das Bündel, bis ich zu einem Geldschein kam, dessen Statistikdaten abwichen.

Ein Stück Papier, bedruckt mit einem kunstvollen Design.

Größe: 15,699994 auf 6.9000116 cm

Wie bitte? Eine *Fälschung*?

Ich fühlte das Papier zwischen den Fingern, betrachtete es gegen das Licht. Mir kam der Schein absolut echt vor, mit Wasserzeichen und allem.

Nur war er das offenbar nicht.

Einstweilen legte ich das Falschgeld beiseite. „Man kann kaum einen Unterschied feststellen, findest du nicht auch?", sagte ich ruhig zu meinem Käufer.

Seine Nervosität nahm weiter zu.

Ich wandte mich an den Hund. „Richie, pass auf ihn auf!"

„Ähm, ich … ich … weißt du …", setzte er an und stotterte auf einmal wieder.

„Was weiß ich?"

„Ich muss mich auf den Weg machen. Ich muss zurück zur Arbeit … Man hat mich gerade angerufen." Er zeigte sein Handy vor, achtete dabei darauf, dass ich das Display nicht zu sehen bekam, dann griff er nach dem Geld.

„Die Formatierung ist schon fast fertig", beharrte ich. „Sieh mal, der Balken ist schon bei 97 %!"

„Tut mir leid, ich muss jetzt wirklich gehen", quäkte er. „Bis dann!"

„Warte eine Sekunde", schmeichelte ich und warf meine gesamten 12 Punkte Charisma in die Waagschale. Hätte ich die Derby-Schuhe getragen, wären es 13 Punkte gewesen.

„Kannst du dem Hund bitte sagen, er soll sich von mir fernhalten? Ich habe Angst vor Hunden."

Diesmal erzählte er mir keine Lüge, das hörte ich seiner Stimme an. Umso besser!

„Er ist nicht aggressiv, du musst dich nicht vor ihm fürchten", beruhigte ich den Kerl. „Solange du keine schnellen Bewegungen machst, wird er dich nicht angreifen."

Ich überließ ihn dem Hund, ging zur Wohnungstür und schloss sie ab. Nach meiner Rückkehr untersuchte ich die restlichen Banknoten. Drei weitere davon identifizierte das System als *„ein Stück Papier, bedruckt mit einem kunstvollen Design."*

„Ich sage dir, was wir jetzt tun werden, Maxim", verkündete ich.

Seine Augen weiteten sich. Seinen Namen hatte er mir doch gar nicht verraten!

Ich nahm all meinen Mut zusammen – das, was Yanna als meine fehlenden Eier in der Hose bezeichnet hatte – und sprach mit ruhiger Stimme weiter.

„Vier dieser Banknoten mit fünftausend Rubeln sind Falschgeld", erklärte ich. „Du hast also versucht, mich um insgesamt zwanzigtausend Rubel zu bescheißen.[7] Obwohl ich den Computer bereits dreißigtausend Rubel unterhalb des derzeitigen Marktwerts verkaufe. Sind wir uns so weit einig?"

„Ich ... ich wusste doch nicht ...", stammelte er.

„Natürlich wusstest du nicht, dass du mir Falschgeld andrehst. Deshalb hast du auch sicher nichts dagegen, wenn ich jetzt die Polizei hole."

„Bitte ... bitte nicht!"

Diese Worte waren der Beweis: Er hatte von Anfang an über die Blüten Bescheid gewusst. Ein ehrlicher Mensch wäre über meine Entdeckung höchst erstaunt gewesen, womöglich sogar geschockt, aber ganz sicher hätte er keine Angst vor der Polizei gehabt. Allerdings hatte mir ja bereits Maxims Profil verraten, dass er ein Kleinganove war. Offensichtlich hatte auch seinesgleichen Spaß an Computerspielen.

„In diesem Fall treffen wir jetzt eine Vereinbarung", schlug ich vor. „Du kaufst den Computer für den vereinbarten Preis ..."

---

[7] 20.000 russische Rubel entsprachen zum Zeitpunkt, als das Buch geschrieben wurde, etwa 350 US-amerikanischen Dollar.

„Selbstverständlich!"

„Das ist jedoch noch nicht alles." Ich holte tief Luft, stählte mich innerlich und bemühte mich, meinen Worten Gewicht zu verleihen. „Du wirst mich für den seelischen Schock entschädigen, den die Entdeckung des Falschgelds in mir verursacht hat. Mit, sagen wir, genau noch einmal den zwanzigtausend Rubeln, um die du mich prellen wolltest."

Er war kurz still und stellte im Kopf offenbar ein paar Berechnungen an. „Das ist eine Menge Geld für mich", sagte er schließlich. „Wie wäre es, wenn du auf den Schadensersatz verzichtest? Ich habe zwei kleine Töchter, Tania und Masha. Meine Frau stillt gerade unser drittes Kind ..."

Erneut stotterte er überhaupt nicht mehr. Fühlte er sich wirklich schon so sicher? Nun, das spielte keine Rolle. Ich wusste genau, wie ich ihn wieder nervös machen konnte.

„Du bist nicht verheiratet", stellte ich fest. „Und du hast auch keine Kinder. Und jetzt habe ich echt genug von dieser Unterhaltung. Ich rufe die Polizei."

„So viel Geld habe ich nicht bei mir! Ich kann es am Automaten holen, wenn du ..."

„Oh nein! Du bleibst hier. Ich bin sicher, du hast mehr als genug Geld bei dir. Du willst bloß abhauen, nicht wahr? Nun, ich sage dir, was ich alles über dich weiß. Du heißt Max Travkin, bist 24 Jahre alt und spielsüchtig. Du liebst Sportwetten, oder stimmt das etwa nicht? Und vorbestraft bist du auch noch!"

Krrrrrrrrrr! Krrrrrrrrrr! Das Geräusch, das eine Gänsehaut bei mir auslöste, kam von Boris. Sie schärfte gerade ihre ausgefahrenen Krallen am Stoff des Sofas.

Ich hatte keine Ahnung, ob es Boris' Krallen, Richies Zähne oder meine hohen Charisma-Werte waren – jedenfalls wählte Max eine Nummer und sprach mit jemandem, den er bat, das Geld in meine Wohnung zu bringen.

Ich schaute aus dem Fenster. Ein junger Kerl stieg aus einem neben dem Spielplatz geparkten Auto und strebte auf das Haus zu. Ich wägte die Risiken ab und beschloss, auf Nummer Sicher zu gehen.

„Alik!", brüllte ich aus dem Fenster. „Alik!"

Kaum hörte er meine Stimme, erwachte Alik auf einer Bank im Pavillon, sprang auf und sah sich um. Endlich entdeckte er mich.

„Kommst du mal kurz hoch, bitte?", rief ich. „Wohnung 204 im achten Stock!"

„Schon unterwegs!", rief er zurück.

Kurz darauf hörte ich, wie sich draußen die Aufzugtür öffnete. Die Türglocke schrillte.

Ich bedeutete Max, mir zu folgen, und schloss die Tür auf. Davor stand der Typ aus dem Auto, und hinter ihm lauerte Alik, kratzte sich den Bauch unter seinem Schlägerhemdchen.

„Was gibt's, Phil?", fragte er. „Probleme?"

„Nicht direkt. Komm rein, wir müssen uns mal unterhalten."

Der Kerl aus dem Auto (*Rustam Abdullaev, Alter: 19, sozialer Status: Student*) schaute sich ängstlich um. Alik schob ihn einfach aus dem Weg und betrat die Wohnung.

Ich wandte mich an den Studenten. „Also, Rustam – hast du das Geld?"

Der Student warf Max einen fragenden Blick zu. Dieser nickte.

Rustam überreichte mir die Geldscheine.

„Hervorragend! Du kannst hier draußen warten." Ich schlug dem Studenten die Tür vor der Nase zu und zählte das Geld. „Perfekt, vierzigtausend, wie vereinbart. Der Computer gehört dir, Maxim. Alik, komm in die Küche, Mann, lass uns zusammen zu Mittag essen. Magst du Nudeln mit Hackfleisch und Zwiebeln?"

Alik grinste. „Ich mag Nudeln in jeder Form. Besonders mit Hackfleisch und Zwiebeln."

Ich half Max noch schnell dabei, alle Kabel einzusammeln und in eine Plastiktüte zu stopfen, schenkte ihm mein Headset, meine Kargarth Bladefist-Mausunterlage und die Gaming-Maus mit den vielen Schaltern.

„Kopf hoch, Mann", munterte ich ihn auf und öffnete die Tür für ihn. „Du kannst noch immer einen guten Gewinn machen. Wir sehen uns!"

Max übergab den über zwanzig Kilo schweren Gaming-Computer dem Studenten. Der taumelte schwerbeladen in Richtung Aufzug, während Max mit dem Monitor und der Plastiktüte folgte.

Die beiden betraten den Aufzug. Die Aufzugtür schloss sich.

Wie merkwürdig – ich bedauerte es gar nicht, meinen vertrauten PC verschwinden zu sehen. Als ich ihn vor anderthalb Jahren gekauft hatte, war ich überglücklich gewesen. Die atemberaubende Hardware wurde bei den richtigen Einstellungen mit Leichtigkeit auch mit den härtesten Spielen fertig, selbst bei höchster Auflösung. Ab sofort waren Raids keine Dia-Schau mehr gewesen, sondern ein echter Film!

Einmal hatte ich einen Computer besessen, bei dem es ständig zu Bufferung gekommen war, sodass ich mich immer dazu gezwungen hatte, zu Boden zu schauen, wenn die Grafikkarte mal wieder in die Knie gegangen war. Dabei stellte ich mir dann all das vor, was ich nicht zu sehen bekam: All die herrlichen visuellen Effekte, ausgelöst von mehreren Dutzend Magiern, Zauberern, Schamanen, Paladinen, Priestern und anderen Charakteren, die mit Magie nur so um sich warfen.

Und jetzt war ich nicht einmal traurig. Vielleicht würde ich mir später ein Laptop kaufen, aber in der Zwischenzeit konnte es mir überhaupt nichts schaden, mich von Computern eine Weile fernzuhalten.

Wozu brauchte ich auch einen Computer? Schließlich hatte sich in meinem Gehirn die modernste Wetware aus dem zweiundzwanzigsten Jahrhundert breitgemacht!

Außerdem würde der fehlende Computer meinen Umzug erheblich vereinfachen. Das bedeutete, es gab über zwanzig Kilo weniger zu schleppen.

Ich stopfte mir das Geld in die Hosentasche. Das Gerät war ich gut los geworden!

Sofort tauchte eine Systemmitteilung auf:

Gratulation! Du hast in einer Fertigkeit ein neues Level erreicht!
Name der Fertigkeit: Verkaufen
Derzeitiges Level: 5
Erhaltene Erfahrungspunkte: 500 Punkte

500 Erfahrungspunkte für den Aufstieg um ein Level – war das viel oder wenig? Es wurde immer dringender, endlich meinen Erfahrungsbalken einzusehen. Ich musste unbedingt wissen, wie viele Punkte mir bis zum nächsten Level fehlten.

Status der Aufgabe: meinen Start in ein neues Leben finanzieren
Aufgabe erledigt!
Erhaltene Erfahrungspunkte: 20 Punkte
+5 % Zufriedenheit

Ich verweilte einen Augenblick und genoss den Erfolg. Davon konnte ich mehr gebrauchen!

Wenn ich genau darüber nachdachte, hatten sich die Dinge hervorragend entwickelt. Da war der schnelle Verkauf, da war die Tatsache, dass ich mich nicht hatte übers Ohr hauen lassen, und da war mein Aufstieg in meinen Verkaufsfertigkeiten gleich am ersten Tag im Bereich Vertrieb. Hatte ich meinen einen Extrapunkt tatsächlich in Stärke investiert und nicht etwa doch in Glück?

Endlich riss ich mich aus meiner Tagträumerei. Ich musste mich schließlich um Alik kümmern.

Als ich die Küche betrat, hatte er die Nudeln und die Soße bereits in eine große, schwere Pfanne gekippt, die meiner Schwiegermutter nicht gut genug gewesen war, um sie mitzunehmen, und war eifrig dabei, alles noch einmal zu erwärmen.

Wir aßen schweigend. Alik schaufelte sich mit einer Hand Nudeln in der Mund, und mit der anderen wischte er das Fett aus der Pfanne mit Brot auf. Als sein Teller leer war, lehnte er sich zufrieden seufzend zurück. „Puh!"

„Bist du satt?"

Er spitzte die Ohren. „Wieso? Hast du noch etwas zu essen da?"

„Bloß Tee und Kekse."

„Warum hast du das nicht gleich gesagt? Ich liebe Tee und Kekse! Du hast nicht zufällig auch etwas Milch?"

„Warum? Nimmst du Milch in deinen Tee?"

„Aber klar!" Alik sprang auf, begierig darauf, den Kessel einzuschalten. Doch ich zwang ihn mit den Händen auf seinen Schultern zurück auf den Stuhl.

„Du bist mein Gast – ich mache den Tee", erklärte ich. „Allerdings habe ich keine Milch mehr, tut mir leid."

Wir tranken unseren Tee. Dabei unterhielt er mich mit Geschichten aus seiner Zeit in der Armee und über seine fehlgeschlagene Hochzeit. Am Ende legte ich vier Banknoten im jeweiligen Wert von fünftausend Rubel vor ihm auf den Tisch. Es war mein „Schadensersatz", den ich vom betrügerischen Max erhalten hatte.

„Das sind zwanzigtausend. Nimm sie. Du kannst sie mir zurückzahlen, wenn du kannst. Falls du kannst."

Ich rechnete nicht damit, dass Alik mir das Geld zurückzahlen würde. Wie gewonnen, so zerronnen ... Aber für ihn konnte es den entscheidenden Unterschied darstellen.

Ungläubig starrte er auf das Geld, hatte Angst, es auch nur zu berühren. „Bist du dir da sicher?"

„Natürlich. Ich kann dir im Moment nicht helfen, einen Job zu finden, also dachte ich mir, gebe ich dir stattdessen ein wenig Geld. Und jetzt ... Es tut mir wirklich leid, aber ich habe einiges zu erledigen."

„*Du* entschuldigst dich?", brüllte Alik, sprang auf und umarmte mich so fest, dass ich beinahe zerquetscht wurde.

Dein Ansehen bei Romuald „Alik" Zhukov hat sich verbessert!
Derzeitiges Ansehen: Respekt 10/120

Dieser ersten folgte sofort eine weitere Mitteilung:

Du hast +1 Charisma erhalten!
Derzeitiges Charisma: 13
Du hast für die erfolgreiche Verbesserung einer Haupteigenschaft 1.000 Erfahrungspunkte erhalten!

Wow! Das hatte ich alles überhaupt nicht erwartet. Geil! Ich musste heute wirklich etwas ganz Besonderes angestellt haben, wenn das Spielsystem mich mit so vielen Erfahrungspunkten für das nächste Level in Charisma überschüttete!

Auch mein enorm verbessertes Ansehen bei Alik musste etwas damit zu tun haben. Und mein geheimnisvoller Statistik-Verstärker.

Es war merkwürdig – ich war in diesem Augenblick weitaus glücklicher als ich es jemals gewesen war, während ich noch *World of Warcraft* gespielt hatte. Das war insofern verständlich, da diese Statistiken mich mein ganzes Leben lang begleiten würden. Ich konnte sie nicht durch ein fehlerhaftes System-Update wieder verlieren.

Ich brachte Alik zur Tür. Lange und fest schüttelte er meine Hand, bevor er ging. Endlich konnte ich die Tür hinter ihm schließen.

Und dann – *Peng!*

Alarmmitteilung über eine versteckte Quest: Einem Freund in Not helfen. Quest abgeschlossen! Erhaltene Erfahrungspunkte: 300 Punkte +15 % Zufriedenheit

Es fühlte sich so gut an, ich konnte mich kaum auf den Beinen halten. Zwar hielt dieser Zustand nur wenige Sekunden an, aber meinem Gehirn gefiel dieser Kick so gut, dass es sich schon jetzt nach mehr davon sehnte.

Meine momentane Glückssträhne musste ich unbedingt ausnutzen. Es wurde Zeit, eine neue Wohnung zu finden.

Auf dem Handy schaute ich mir die Immobilienanzeigen an und schrieb mir die Telefonnummern der interessantesten Angebote heraus. Besichtigen würde ich momentan allerdings keine der Wohnungen. Das hatte noch Zeit.

Heute musste ich mir Arbeitsklamotten und ein Sport-Outfit besorgen und ein anständiges Fitnessstudio finden. Außerdem musste ich das Buch über Marketing fertiglesen, Yannas Vater das Fernsehgerät übergeben, mit Richie Gassi gehen ... Wie sollte ich das alles in nur wenigen Stunden schaffen? Mein Arbeitstag morgen begann um acht Uhr. Was bedeutete, ich musste um sechs Uhr aufstehen. Oder sogar um fünf, wenn ich vorher noch joggen wollte. Also musste ich spätestens um zehn Uhr abends im Bett liegen.

Ich legte ein wenig Geld beiseite, genug für Miete und Kaution für eine neue Wohnung sowie für Essen und andere wichtige Dinge, bis ich meine erste Gehaltszahlung erhalten haben würde. „Boris, du hast das Kommando", verkündete ich, ehe ich mich auf den Weg ins nächste Einkaufszentrum machte. „Und du, Richie, bist der Sicherheitsdienst."

Die beiden lagen mittlerweile nur wenige Meter voneinander entfernt. Offensichtlich hatten sie eine Art Waffenstillstand geschlossen. Ihre Blicke folgten mir.

Richie hatte mächtig zugenommen. Bald würde er beim Fotografieren nicht mehr auf mein Smartphone-Display passen. Ständig hatte er auch Boris' Napf geleert, wenn sie etwas liegen ließ, und um mehr gebettelt. Ich musste mich nur zum Essen hinsetzen, und schon schaute er mich mit großen Augen an, als ob er sagen wollte: „Hast du nicht einen kleinen Bissen für eine arme, verhungerte Töle übrig?" Dank meiner großzügigen Fütterung – hoffentlich jedoch nicht *nur* deswegen! – war mein Ansehen bei ihm inzwischen bereits auf Verehrung gestiegen.

Ich nahm einen Minibus zum Einkaufszentrum. Unterwegs versuchte ich, alles zu identifizieren, das ich erblickte: Autos und Passanten, Katzen, Vögel und leblose Objekte. Das diente gleich zwei Zwecken. Zum einen steigerte es meine Erkenntnis und zum anderen bereicherte es meine Personendatenbank. Man wusste ja nie, wann das mal nützlich sein konnte.

Ich verbrachte viel Zeit in Boutiquen und hielt Ausschau nach Kleidung mit anständigen Boni für meine Statistiken. Bei einem teuren Anzug einer der besseren Marken hielt ich mich lange Zeit auf. Er versprach +6 Charisma und erhebliche Boni für Kommunikationsfähigkeit, Verkaufsgenie, Verführung und Führungstalente.

Das Preisschild zeigte mir jedoch einen absolut unverschämten Betrag. Natürlich könnte ich nach

Hause gehen und das beiseitegelegte Geld angreifen. Aber was dann? Was sollte ich anschließend anfangen, verführerisch, voller Charisma, aber pleite? In schmierigen Bars alleinstehende Frauen anmachen, in der Hoffnung, die Nacht in ihrem Bett verbringen zu können?

In einem Drogerieladen konnte ich mich nicht länger zurückhalten. Ich kaufte ein Aftershave, das +1 Charisma und +1 Verführung anbot. Das war angesichts meines letzten Debuffs durch sexuelle Frustration ja nur passend. Wobei die Aufgaben, die ich abgeschlossen hatte, die Nachteile dieses Debuffs mehr als nur ausglichen.

Außerdem erwarb ich eine Jogginghose und passende Laufschuhe einer bekannten Marke. Das Set verschaffte mir +1 auf alle physischen Statistiken, ebenso wie für Charisma. Okay, dass meine Beweglichkeit oder sogar mein Durchhaltevermögen dadurch gesteigert werden konnten, das verstand ich ja noch. Aber Stärke? Wie zum Teufel sollte es mich stärker machen, diese Sportkleidung zu tragen? So funktionell sie auch war – sie besaß kühlende und atmungsaktive Eigenschaften. Wirkte sich das vielleicht auch auf mein Selbstvertrauen oder meine Motivation aus? Ich hatte keine Ahnung.

Zudem kaufte ich zwei gute Hemden für die Arbeit, eine leichte Sommerhose und einen Gürtel. Diese drei Teile verschafften mir nur geringfügige Boni – eine Zusammenstellung aus Charisma, Verkaufs- und Kommunikationsfähigkeiten –, aber kombiniert mit meinen übrigen Statistiken summierten sich auch diese Krümelchen.

Weiterhin besorgte ich Socken und Unterwäsche.

Während ich weiter durch die Läden marschierte, fiel mir etwas Bemerkenswertes auf. Am Ende unterschieden sich die Statistiken der Massenprodukte nicht von denen der teuren

Markennamen. Der Unterschied bestand nur darin, wie etwas an mir wirkte. So konnte etwa ein und dasselbe Hemd in verschiedenen Größen meinem Charisma Punkte hinzufügen oder entziehen. Das war ja eigentlich auch nur logisch. Wie sollte jemand Charisma besitzen, der ein Hemd trug, das ihm drei Größen zu groß war? Da hätte er allenfalls Chancen als Clown. Andererseits musste ein Clown lustig sein. Oder traurig. Oder süß. Gab es überhaupt einen Zirkusclown mit Charisma? Wahrscheinlich nicht. Es sei denn, er hieße Vladimir Zhirinovsky.[8]

Es muss nicht gesondert erwähnt werden, dass die Kleidung der Identität des Trägers entsprechen musste. Das war schließlich kein Spiel. Die Boni eines Minirocks konnten einem männlichen Träger keinerlei Vorteile einbringen.

Als ich das Einkaufszentrum verließ, verharrte das System kurz, um sicherzustellen, dass ich mit meinen Einkäufen tatsächlich fertig war. Dann verlieh es mir 10 Erfahrungspunkte und +2 Zufriedenheit für den Abschluss dieser Aufgabe.

Auch auf dem Heimweg nahm ich den Minibus und versuchte, alles um mich herum zu identifizieren. Yannas Vater hatte mich bereits angerufen und gefragt, wann er die Glotze abholen könnte. Wir hatten uns auf eine etwas spätere Zeit geeinigt. Vorher musste ich mich noch im Fitness-Studio anmelden. Ich brannte darauf, diese Aufgabe ebenfalls abzuschließen und meine Level zu verbessern, und zwar gleich am nächsten Morgen.

Die Mitgliedschaft stellte sich als weit teurer heraus, als ich es vermutet hatte. Allerdings waren ein kostenloser Probebesuch und eine Beratung durch einen Trainer inklusive. Und ich konnte bezahlen,

---

[8] Vladimir Zhirinovsky: Ein russischer Politiker der extremen Rechten, bekannt für seine Eskapaden und umstrittenen Erklärungen.

wenn ich im Studio auftauchte, anstatt eine monatliche Gebühr berappen zu müssen. Das war ein gutes Konzept. Schließlich konnte ich nicht sicher sein, in der Nähe eine neue Wohnung zu finden.

Trotz dieses kleinen Problems schloss das System die Aufgabe pflichtgemäß ab und belohnte mich mit 10 Erfahrungspunkten. Meine Zufriedenheit steigerte sich diesmal nicht.

Gerade noch rechtzeitig traf ich zu Hause ein. Mein Schwiegervater wartete bereits vor der Wohnung. Richie gab einzelne laute Beller von sich, als wollte er etwas betonen. So wie Gandalf den Drachen warnte: *Du ... kommst ... nicht ... vorbei ...*

Yannas Vater war ein ganz normaler, hart arbeitender Mann, mit einer Halbglatze und kurz vor der Pensionierung. Auf ihn konnte man sich immer verlassen, wenn es um einen Drink und ein vertrauliches Gespräch ging. Wenn Yanna und ich uns gestritten hatten, war ich mir seiner – stummen – Unterstützung immer sicher gewesen, obwohl er als Vater natürlich auf Yannas Seite zu stehen hatte. Er liebte sie abgöttisch und schien auch nichts dagegen zu haben, von seiner Frau herumkommandiert zu werden. Außerdem wollte er unbedingt Enkel. Zu schade, dass alles so schiefgelaufen war.

„Ah, Phil!", begrüßte er mich.

Ich schüttelte seine ausgestreckte Hand. „Hallo, Herr Orlov."

„Es tut mir leid, dass es dazu gekommen ist."

„Mir ebenfalls." Ich öffnete die Tür.

Einen kurzen Augenblick lang meinte ich es sogar ehrlich. Es tat mir leid, wie sich alles entwickelt hatte. Wirklich.

Ich zog das Kabel vom Fernseher ab, hob ihn hoch und half meinem Schwiegervater, ihn in eine Decke zu wickeln und diese mit einer Schnur zu fixieren. Er war ein Mann, der immer an solche Dinge dachte. Mir wäre es nicht im Traum eingefallen, Decke und Schnur mitzubringen.

Ich half ihm, das Gerät zum Aufzug zu tragen und drückte auf den Knopf, der die Kabine herbeirief.

Er trat hinein und zuckte dabei gewissermaßen entschuldigend die Schultern. „Trage es ihnen nicht nach. Frauen ... Wir sehen uns!"

Rasch führte ich Richie Gassi und kochte mir anschließend ein bescheidenes Junggesellen-Abendessen aus Pellkartoffeln und Frikadellen mit einer klein geschnittenen Gurke. Die Wohnung war nahezu leer, und nur Hund und Katze leisteten mir in der Küche Gesellschaft.

Bei der Zubereitung der Frikadellen studierte ich aufmerksam die Statistiken. Leider konnte ich nicht einsehen, woraus sich das Hackfleisch tatsächlich zusammensetzte. War das wirklich: „*50 % Rind, 35 % Schwein*", so wie die Verpackung es versprach? Und woraus bestand der Rest?

Kaum waren die Fleischbällchen fertig, wurde ich von einer Unmenge neuer Mitteilungen geblendet. *Peng! Peng! Peng!*

Gratulation! Du hast ein neues Fertigkeitslevel erreicht!
Name der Fertigkeit: Kochen
Derzeitiges Level: 3
Erhaltene Erfahrungspunkte: 500 Punkte

Gratulation! Du hast ein neues Fertigkeitslevel erreicht!
Name der Fertigkeit: Erkenntnis
Derzeitiges Level: 2
Erhaltene Erfahrungspunkte: 100 Punkte

Du hast eine neue emotionale Eigenschaft erschlossen!

Verfügbare emotionale Eigenschaften: Laune, Geist, Willenskraft, Selbstvertrauen

Status der Aufgabe: im Erkenntnislevel aufsteigen
Aufgabe erledigt!
Erhaltene Erfahrungspunkte: 200 Punkte
+15 % Zufriedenheit
Möchtest du die vollständigen Details der Fertigkeit sehen?

Ein ekstatischer Seufzer entrang sich mir. Und schon tauchte eine neue Mitteilung über einen erhaltenen Buff auf:

Glück I
Deine Zufriedenheitslevel haben 100 % überschritten!
+50 % Lebenskraft
+1 bei allen Haupteigenschaften
Dauer: solange die Zufriedenheit über 100 % liegt

Endlich konnte ich verstehen, wieso Menschen behaupteten, sie hätten das Gefühl, vor Freude fliegen zu können. Ich hatte so etwas noch nie zuvor erlebt. Weder nach meinem ersten Sex, noch bei meinen größten Erfolgen in *World of Warcraft*. Selbst bei meinen ersten Verabredungen mit Yanna hatte ich mich nicht so gut gefühlt, obwohl ich bis über beide Ohren und glücklich verliebt gewesen war.

Die freudige Aufregung hatte mir sämtlichen Hunger genommen. Lediglich mechanisch kaute ich auf den Frikadellen herum, um einen Hunger-Debuff zu vermeiden.

Während des Essens las ich die detaillierte Beschreibung für Erkenntnis II.

Erkenntnis II
Fertigkeitsart: passiv

- Ermöglicht dir den Empfang erweiterter Informationen über deine Eigenschaften und Fertigkeiten, einschließlich Erfahrungspunkten, Eigenschaften und Fortschrittsbalken für die jeweiligen Fertigkeiten.

- Ermöglicht dir das Registrieren und Eintragen der folgenden zusätzlichen sekundären Eigenschaften: Laune, Geist, Willenskraft, Selbstvertrauen und Selbstkontrolle.

- Ermöglicht dir den Empfang weiterer Informationen über Gegenstände, einschließlich Zusammensetzung, Produktionsverlauf und annäherndem monetären Wert.

- Ermöglicht dir den Empfang erweiterter Informationen über andere Menschen und Lebewesen, einschließlich Haupteigenschaften und primären Fertigkeiten.

- Ermöglicht dir bei der Interaktion mit anderen deren Level für Laune und Interesse zu sehen.

- Stellt Informationen über verfügbare Fertigkeiten bereit, die derzeit noch gesperrt sind.

- Markiert den Standort von Menschen und anderen Lebewesen auf deiner Landkarte, solange dein Wissen über sie mindestens 5 KIDD-Punkten oder mehr entspricht.

- Zeigt deine Herzfrequenz an, das aktuelle Datum, die aktuelle Zeit sowie eine Mini-Landkarte.

Ich meldete mich vorübergehend geistig ab. Ich wusste einfach nicht, wo ich anfangen sollte. Dabei fiel mir offensichtlich eine Frikadelle von der Gabel, aus dem ein Kampf zwischen Hund und Katze entbrannte (und den Richie gewann.) Ich bemerkte nicht einmal, wie Boris versuchte, sich mit der Pfote verstohlen etwas von meinem Teller zu angeln. Okay, mein Unterbewusstsein musste das freche Verhalten meiner Haustiere sehr wohl registriert haben, aber mein Gehirn hatte den Schnellgang eingelegt und ignorierte es.

Ich rief Martha auf, in der Hoffnung auf eine Erläuterung dieser mysteriösen KIDD-Punkte.

Martha lehnte sich mit ihrem geschmeidigen Rücken gegen die Wand und presste mit hochgehobenem Knie einen Fuß dagegen. Diese provokative Haltung war genau das, was ich angesichts meines letzten Debuffs *nicht* gebrauchen konnte. Ganz ohne meine Zustimmung reagierte mein Körper sofort auf ihre Anwesenheit.

„Martha, könntest du bitte deinen Avatar ändern?"

„Anfrage verweigert. Unzureichende Ressourcen."

„Könntest du dir wenigstens etwas Anständigeres anziehen?"

Sie „zog sich um" – und trug nun ein hautenges Abendkleid. Na toll! Das wurde ja immer schlimmer!

„Vergiss es einfach", seufzte ich. „Kannst du mir sagen, was KIDD-Punkte sind?"

„KIDD sind Key-ID-Daten. Ein KIDD-Punkt enthält eine entscheidende Eigenschaft eines Objekts, die eine erfolgreiche wiederholte Identifizierung dieses Objekts ermöglicht."

„Kannst du mir bitte ein Beispiel nennen?"

„Für Menschen kann es eine Nahaufnahme ihres Gesichts sein, ihr vollständiger Name oder ihr Geburtsdatum, ihr Geburtsort, ihr derzeitiger Arbeitsplatz oder entsprechende Informationen über ihre Familienmitglieder. Unter anderem."

„Wie kann es mir denn helfen, eine Person zu finden, wenn ich ihren Geburtsort kenne?"

Erstaunt schüttelte Martha den Kopf. „Aber, Phil, das liegt doch auf der Hand! Vergleiche einmal die gesamte Bevölkerung des Planeten mit der der größten Stadt."

„Okay, ich hab's kapiert. Und nun mach dich dünne. Ich bin in keiner guten Stimmung. Du weißt schon – dieser verdammte Debuff!"

„Anfrage angenommen. Bitte erlaube mir, dich darauf aufmerksam zu machen, dass dir dringend empfohlen wird, sexuellen Ver…"

„Verpiss dich!"

Sie verschwand. Ich öffnete die Registerkarte mit den Fertigkeiten und scrollte hinunter bis zum Ende, wo ich mich auf die bislang noch inaktive Optimierung konzentrierte.

* * *

EINE KURZE WEILE später trat ich hinaus auf den Balkon und schaute hinauf zu den Sternen.

Der heutige Tag hatte sich als einer der besten meines Lebens erwiesen.

In jedem bekannten RPG wäre Optimierung eine vollkommen legitime Fertigkeit. Nun ja, beinahe …

Aber im wirklichen Leben … Himmel! Das war der größte Cheat aller Zeiten! Wenn ich das in einem Buch beschrieben hätte, würde mir niemand die Existenz eines solchen verfluchten Deus ex Machina abnehmen! Aber da war er, herabgeschwebt aus den Tiefen des mysteriösen Spielsystems.

Optimierung I

- Ermöglicht dir die Auswahl primärer und sekundärer Fertigkeiten.
Die Entwicklung primärer Fertigkeiten benötigt 50 % weniger als die durchschnittlich dafür erforderliche Zeit.
Die Entwicklung sekundärer Fertigkeiten benötigt 50 % mehr als die durchschnittlich dafür erforderliche Zeit.

- Ermöglicht dir die Umwandlung von Punkten für sekundäre Fertigkeiten in solche für primäre. Der Umwandlungskurs beträgt 2 zu 1. Anschließend erfolgt die Löschung der entsprechenden sekundären

Fertigkeit.
Abklingzeit: 30 Tage

Warnung! Um diese Fertigkeit zu aktivieren, ist ein ungestörter Schlaf über einen Zeitraum von 12 Stunden erforderlich. Bitte achte darauf, dass dein Standort sicher ist. Es wird dir empfohlen, die Bauchlage einzunehmen.

Ich brauchte ganz dringend einen weiteren Fertigkeitspunkt.

Und um ihn zu bekommen, musste ich weiter leveln.

KAPITEL 14

EINE WELT, IN DER JEDER GEGEN JEDEN KÄMPFT

*„Das Unmögliche zu schaffen führt nur dazu, dass
dein Vorgesetzter es deinen täglichen Pflichten
hinzufügt."*

Doug Larson

„HIER, BITTE." DAS hübsche Mädel am Empfang des
Fitnessstudios reichte mir ein Handtuch und einen
magnetischen Spindschlüssel an einem Armband. „Ihr
persönlicher Trainer ist Alexander. Sie finden ihn dort
drüben. Sprechen Sie ihn an, sobald Sie sich
umgezogen haben. Und viel Spaß bei Ihrem Training!"

Ich bedankte mich und unterdrückte dabei ein
Gähnen.

Ich war vor fünf Uhr früh aufgestanden. Dank
meiner smarten inneren Uhr war das Aufwachen selbst
kein so großes Problem gewesen. Allerdings konnte ich
meinem Körper nichts vormachen – ich hatte schlicht
zu wenig geschlafen. Wenigstens hatte mir das diesmal
keinen Schlafmangel-Debuff eingetragen. So sehr ich

mich auch darum bemüht hatte, einzuschlafen, es war mir einfach nicht gelungen. Stattdessen hatte ich den größten Teil der Nacht damit verbracht, mich herumzuwälzen und darüber nachzudenken, was ich als Nächstes unternehmen sollte.

Zwei der Dinge, die unter Garantie die meisten Bedürfnisse befriedigten, waren Geld und Macht. Außerdem konnte Geld zu Macht führen und umgekehrt. Was bedeutete, es reichte wahrscheinlich aus, eines dieser Dinge zu erreichen, das andere würde dann schon folgen, zusammen mit diversen zusätzlichen Vergünstigungen.

Es kam wohl auf die grundsätzlichen Lebensziele an. Wollte man die Welt zu einem besseren Ort machen? Dann müsste man in Wissenschaft und Medizin investieren, den Armen helfen und Non-Profit-Organisationen unterstützen. Oder schwebten einem eher die undenkbarsten Ausschweifungen vor? In dem Fall konnte man sich unbegrenzte Vergnügungen einfach direkt in die Präsidentensuite liefern lassen. Und wollte man sich einen Namen machen, könnte man ja einen Fußballclub kaufen, die Mannschaft mit Kickerstars bestücken und sich an lautem Beifall und Fernsehauftritten in der ganzen Welt erfreuen.

Man könnte sich seine Kindheitsträume erfüllen und zum Weltraumtouristen werden oder in die Erforschung des Universums investieren, es sich auf der eigenen privaten tropischen Insel mit weißen Sandstränden und malerischen Ausblicken gemütlich machen, in einer weit entfernten Bananenrepublik eine Revolution anzetteln oder einen Blockbuster mit Dinosauriern und hübschen Androiden in knappen Bikinis drehen … Es gab eine Menge Dinge, die man tun könnte. Die grenzenlosen Möglichkeiten wurden lediglich durch die eigene Fantasie und natürlich den Geldbeutel eingeschränkt.

Was Macht betraf, so war es etwas, das mich noch

nie interessiert hatte. Aber Geld ... Das verdiente sich schließlich nicht von selbst, und es stand mir weniger als ein Jahr zur Verfügung, bis der Premiumaccount für meine Wetware auslief. Diese Zeit musste ich weidlich ausnutzen.

Ich befand mich gerade an der sprichwörtlichen Weggabelung. Ich war zweiunddreißig Jahre alt und hatte für all die Jahre nichts vorzuweisen. Was für andere in meinem Alter selbstverständlich war – ein festes Einkommen, eine Familie, eine eigene Wohnung oder gar ein eigenes Haus, ein anständiges Auto und regelmäßiger Urlaub im Ausland –, das war für mich noch immer unerreichbar. Was bedeutete, ich stand ganz am Anfang, und jede Entscheidung, die ich im Laufe der nächsten Monate traf, würde mich von allen alternativen Wegen immer weiter fortführen.

Worin sollte ich also meine Zeit und Anstrengung investieren? Sollte ich meine Karriere als Schriftsteller verfolgen? Ein Marketingexperte werden? Im Vertrieb einer Firma arbeiten oder mein eigenes Unternehmen gründen, nachdem ich genügend Erfahrung gesammelt hatte?

Momentan waren all diese Wahlmöglichkeiten noch rein akademischer Natur. Ich hatte zu viel damit zu tun, einfach nur zu überleben.

Mein anderes Ziel allerdings, all meine Haupteigenschaften zu stärken und auf mindestens durchschnittliche Werte zu bringen, lag unmittelbar auf der Hand. Was auch immer ich letztlich anstreben würde, ich konnte es mir auf keinen Fall leisten, unter dem Durchschnitt zu liegen. Nicht, wenn mir ein so mächtiges Werkzeug wie ein Premium-Konto für die erweiterte Realität zur Verfügung stand.

Das war meine Chance, mein Leben in Ordnung zu bringen. Wenn ich die Möglichkeiten richtig ausnutzte, die sich mir boten, müsste ich am Ende des Jahres in der Lage sein, auch ohne Unterstützung durch das

Interface ein völlig neues Leben zu leben. Schließlich war ich dann stark, beweglich und klug und besaß Charisma und Glück.

Ich hätte mehr Energie – und vielleicht meinen einen Punkt – in Intelligenz, Glück oder Wahrnehmung investieren sollen. Hätte ich doch bloß gleich gewusst, dass diese Eigenschaften weit mehr waren als bloße Zahlen! Anscheinend konnten sie sich auf jedem erworbenen Level massiv auf mein Leben auswirken. Ich weiß, das klingt jetzt verrückt – aber wäre ich etwa tatsächlich klüger geworden, wenn ich den einen Punkt meiner Intelligenz zugewiesen hätte? Und wie war das mit Glück, das ich ja anfangs hatte auswählen wollen – hätte ich dann seitdem bessere Entscheidungen getroffen? Zudem hatte ich das Gefühl, dass eine verbesserte Wahrnehmung mir eine völlig umstrukturierte Sicht verschafft hätte.

Vor allem musste ich mich auf die wichtigen Statistiken konzentrieren und mich innerlich von allen wertlosen Extras befreien. Bei der Optimierung gab es schließlich eine Abklingzeit von einem Monat. Laut Martha war das nicht etwa eine willkürliche Einschränkung, sondern offensichtlich konnte das menschliche Gehirn nicht einfach über Nacht umstrukturiert werden. Das künstliche Schaffen neuer neuronaler Pfade war ein zeitraubendes und höchst kompliziertes Verfahren. Das galt besonders, wenn die erforderliche neue – oder gestärkte – Fertigkeit es erforderte, dass neue Daten ins Gehirn eingepflanzt wurden.

Ich hatte mich bereits dazu entschlossen, meine Fähigkeiten loszuwerden, die ich beim Spielen von *World of Warcraft* erworben hatte. Das würde mir 4 zusätzliche Punkte verschaffen, die ich auf andere Fertigkeiten verteilen konnte. Aber was passierte, wenn ich all dieses Wissen löschte? Würde ich dann vergessen, dass dieses Spiel überhaupt existierte?

Konnte ich mich anschließend nicht mehr an meine Gilde und die Namen meiner Clan-Mitglieder erinnern?

Martha hatte mir das so beschrieben: Meine Erinnerung blieb erhalten, würde jedoch schwach und verschwommen, als wäre all das vor Jahrzehnten passiert. So wie die Spiele im Dorf meiner Großeltern in meiner Kindheit. Da gab es ein Spiel, bei dem wir mit Messern auf Ziele geworfen hatten. Vage erinnerte ich mich daran, wie wir Kreise auf den Boden gezeichnet hatten, die wir in Abschnitte unterteilten, je nach der Zahl der Mitspieler. Aber das war es auch schon. Weder die Regeln des Spiels noch die Gesichter der anderen waren mir im Gedächtnis geblieben. Ich wusste nicht einmal mehr, ob ich in diesem Spiel gut gewesen war. Und das Messer, das wir verwendet hatten – war es ein Taschenmesser gewesen? Ein Küchenmesser? War der Griff aus Holz? Wurde er mit Klebeband zusammengehalten? Ich hatte keine Ahnung mehr.

Noch immer wusste ich nicht, wie viele Fertigkeiten ich beim Einsatz der Optimierung als primäre Fertigkeiten festlegen konnte. Gab es da Beschränkungen? Und auf welche Fertigkeiten sollte ich mich nun konzentrieren?

Leider konnten Systemfähigkeiten wie Erkenntnis lediglich durch wiederholte Anwendung verbessert werden. Wenn ich also strategisch dachte, mein gesamtes Leben über das eine Jahr hinaus betrachtete, war eine Verbesserung meiner Lernfertigkeiten erforderlich. Die mir schon auf dem ersten erreichten Level eine Steigerung der Lernrate um 10 % verschafften.

Unter diesem Blickwinkel besaß es Priorität, das nächste Level im sozialen Status zu erreichen. Ich benötigte diesen Fertigkeitspunkt, um die Optimierung aktivieren zu können. Unter den Umständen konnte ich zu dem Zeitpunkt, wenn die Lizenz ablief, zehn oder elf nutzlose Fertigkeiten in etwas Sinnvolles verwandelt haben.

Der Aufstieg im sozialen Status war auch noch aus einem anderen Grund wichtig. Obwohl ich noch nicht völlig verstand, was mir das genau einbrachte, war mir doch eines klar: Jedes erreichte neue Level verschaffte mir einen zusätzlichen Systempunkt, den ich in Eigenschaften und Fertigkeiten investieren konnte.

Jetzt, da ich endlich all meine Statistikbalken sehen konnte, war ich beim Bestimmen meines Fortschritts nicht länger auf Vermutungen angewiesen. Jedes neue Level verlangte nach 1.000 Erfahrungspunkten mehr als das vorherige Level. Und die Fortschrittsbalken der Fertigkeiten waren in Prozent kalibriert.

Derzeit lag mein sozialer Status bei Level 6. Um Level 7 zu erreichen, musste ich 7.000 Erfahrungspunkte sammeln. Momentan war der Balken für die Erfahrungspunkte etwas mehr als halb gefüllt.

Derzeitiges Level: 6
Erworbene Erfahrungspunkte: 3.760/7.000

Interessanterweise hatte ich die meisten dieser Punkte gestern erworben – indem ich mein Charisma, meine Erkenntnis und meine Kochkünste verbessert und Alik ausgeholfen hatte. Ich wusste bereits, dass mir keine Erfahrungspunkte für eine Verbesserung meiner Statistiken durch das System zugewiesen wurden, aber ich erhielt 1 Punkt für jeden Ansehenspunkt, ebenso wie für jeden Punkt, den ich durch das Abschließen der Aufgaben verdiente, die ich mir selbst als zu erledigen vorgenommen hatte.

Natürlich konnte ich nicht allzu viele Erfahrungspunkte damit verdienen, dass ich mir meine eigenen Aufgaben stellte. Das Spiel konnte meine Gedanken lesen, wusste also sehr genau, welche Aufgaben mir schwerfielen und welche ich mit

Leichtigkeit erledigte. Versucht hatte ich es, auf diese Weise Fortschritte zu machen. Ich hatte mir für einen Tag eine Liste mit Hunderten von Aufgaben gestellt. Aufstehen, ins Bad gehen, den Wasserhahn öffnen ... und so weiter. Doch das hatte nicht funktioniert. Diese Dinge hatten es nicht einmal auf meine Liste verfügbarer Aufgaben geschafft.

Zu gern hätte ich gewusst, wie Herr Panikoff, mein Rentner, es im sozialen Status auf Level 27 geschafft hatte. Das erforderte über 300.000 Erfahrungspunkte! Hatte er nicht erwähnt, er wäre ein Professor an der Uni gewesen? War das vielleicht all der Respekt, den seine Studenten ihm entgegenbrachten? Das könnte die Sache erklären. So konnte er, selbst ganz ohne Verstärker, jedes Jahr leicht ein zusätzliches Level geschafft haben.

Die hohen Level, die Mitarbeiter im Gesundheitswesen erreichten, stellte ich mir lieber nicht vor. Andererseits gab es unter ihnen natürlich auch Quacksalber, denen es um nichts anderes als Geld ging und denen das negative Karma, das ihnen eine solche Einstellung einbrachte, völlig egal war.

Ich musste an Olga denken, die süße Ärztin, und lächelte. Sollte ich sie vielleicht noch einmal besuchen?

Mit diesem Gedanken spielte ich, bis mein Verstand mir erklärte, dass er lediglich aus dem verdammten Debuff durch Sexmangel resultiert. Nein, das ließ ich besser sein.

Ich war sehr neugierig darauf, die Level von Berühmtheiten zu überprüfen, nur um zu sehen, ob ihr Ruhm sich darauf auswirkte. Eine weitere Frage ... Es gab Fragen über Fragen, und je mehr Antworten ich fand, desto mehr neue Fragen stellten sich mir.

Dann gab es da noch das leidige Geld. Ich musste einfach mein eigener Chef werden. Dass der neue Job bei Ultrapak mir keine Millionen aufs Konto scheffeln würde, lag auf der Hand. Die könnte ich nicht einmal dann verdienen, würde die Firma mir gehören. Was nicht der Fall war. Ich war nichts als ein bescheidener Handelsvertreter in der Probezeit. Um Ideen zu entwickeln, wie ich richtig Geld verdienen konnte, musste ich allerdings experimentieren. Und zum Beispiel herausfinden, welche KIDD-Punkte zählten und welche nicht.

Ich zog meine brandneue Sportkleidung an und verließ den Umkleideraum. Wenn man bedachte, wie früh am Morgen es war, platzte das Studio bereits aus allen Nähten. Ich hatte keine Ahnung gehabt, wie viele Gesundheitsfanatiker in dieser Stadt lebten.

Mein von dem Debuff durch sexuelle Frustration gelenkter Blick schien sich wie von selbst auf all die wohlgeformten Fitnesspüppchen zu richten. Gewissermaßen war das sogar motivierend – es ermutigte mich dazu, abzunehmen und an Muskelmasse und Durchhaltevermögen zu gewinnen. Das könnte mein Ansehen beim weiblichen Geschlecht erheblich verbessern.

Die nächste Stunde verbrachte ich mit Übungen, die mein Trainer Alexander (*Alter: 28, verheiratet, Level des sozialen Status: 9*) mir vormachte. Zuerst hatte er mich nach meinen Zielen befragt (Stärke und Durchhaltevermögen), dann führte er mich an alle möglichen Geräte und erklärte mir, was ich mit diesen anzufangen hatte. Wir begannen mit dem Aufwärmen auf einem Laufband, gefolgt von Bauchpressen, Bankdrücken, der Rudermaschine, Überdehnungsübungen und anderem Zeug. Jedes Mal stellte er die Geräte auf das Minimalgewicht ein.

„Ich muss dir zuerst die richtige Technik zeigen", erklärte er mir. „Das kann ein paar Wochen dauern. Dafür musst du alle Übungen langsam, aber korrekt ausführen. Nach und nach können wir dann ein wenig mehr Gewicht hinzufügen."

Während ich meine Übungen absolvierte, überfielen

mich mehrere Systemwarnungen über meine Herzfrequenz, die den sicheren Bereich überschritten hatte. Ich war so außer Form, dass mein Herz nach jedem Übungsset heftig klopfte – und musste dann mit dem neuen Set beginnen, noch bevor ich die Chance hatte, wieder zu Atem zu kommen.

Auf dem Weg zurück in den Umkleideraum fühlten sich meine Beine an, als wären sie aus Gummi, und ich war schweißüberströmt. Mein Handtuch war patschnass.

Zu meiner großen Überraschung – und Enttäuschung – hatten sich meine Stärkewerte durch das Workout nicht verbessert. Die Stärke lag noch immer bei Level 7, und der Fortschrittsbalken schien bei 18 % eingefroren zu sein. (Ich hatte das bewusst überprüft, bevor ich mit den Übungen begonnen hatte.)

Allerdings hatten Alexanders Abschiedsworte mich darauf vorbereitet. „Momentan solltest du zwischen den Sessions einen vollen Tag Pause einlegen“, hatte er mir geraten. „Das Muskelgewebe benötigt eine Erholungszeit von 48 Stunden, um das Stadium der Superkompensation zu erreichen.“ Dann hatte er mir geraten, einen Protein-Shake zu konsumieren.

Die Auswirkungen meines ersten Trainings zeigten sich allerdings auf ganz andere und sehr erfreuliche Weise. Als ich aus der Dusche kam, informierten Systemmitteilungen mich über erhöhten Stoffwechsel sowie gesteigerte Zufriedenheit und Lebenskraft. Auch meine Laune, mein Geist, meine Willenskraft und mein Selbstvertrauen hatten einen Pusch erhalten. Ich konnte mich nicht beschweren – die Vorteile waren offensichtlich.

Plötzlich stellte ich fest, dass mein Glücks-Buff abzulaufen drohte. Also begab ich mich zur Bar des Fitness-Studios und trank einen köstlichen Protein-Shake mit Schokogeschmack. Was ich gerade erlebte, war das etwa der Grund, der die Leute zu

Sportsüchtigen machte?

* * *

KAUM HATTE ICH das Büro von Ultrapak betreten, sah ich auch schon vertraute Gesichter. Da waren sowohl Marina als auch Greg „Kuhscheiße-Quatscher" Boyko, die beiden, die ich bei meinem Vorstellungsgespräch vor drei Tagen kennengelernt hatte.

War das wirklich erst drei Tage her? Seitdem war so viel passiert, zwar hauptsächlich in meinem Kopf, aber es kam mir dennoch wie eine Ewigkeit vor.

Wir standen in der Vertriebsabteilung herum, ohne zu wissen, was wir jetzt tun sollten. Sitzplätze gab es keine. Wir sechs Leute – ich, Greg, Marina und drei andere Kerle unterschiedlicher Altersstufen – drängten uns um den Wasserspender.

Niemand schien uns zu beachten. Entweder betrachtete man uns als Konkurrenz, oder man hatte bereits genügend hoffnungslose Möchtegerns wie uns erlebt.

Eine ganze Viertelstunde lang unterhielten wir uns und lauschten Gregs halbgaren Geschichten. Heute war er ganz in Weiß gekleidet aufgekreuzt. Er gab zu, nicht den Mut gehabt zu haben, seine alte Stellung zu kündigen. Stattdessen hatte er einfach unbezahlten Urlaub genommen.

Endlich öffnete sich die Tür und der kaufmännische Leiter des Unternehmens erschien. Es war ein schnittiger Typ von etwa dreißig Jahren. Ich erinnerte mich an ihn, er war bei meinem Vorstellungsgespräch anwesend gewesen.

Er bedeutete uns, ihm zu folgen, dann rannte er durch das Großraumbüro und bellte rechts und links Befehle, während er gleichzeitig ein Telefonat an seinem Handy führte und Kaffee trank.

Wir trotteten gehorsam hinter ihm her, durch ein

Labyrinth aus Gängen, bis wir endlich einen Konferenzraum erreichten. Auf einem großen, ovalen Tisch stand ein Projektor. Ohne sein Gespräch am Telefon zu unterbrechen, machte der kaufmännische Leiter uns durch eine Handbewegung klar, dass wir uns zu setzen hatten.

Ich überprüfte sein Profil. *Pavel Gorelov, Alter: 31 Jahre, Unternehmensmanager, Verkäufer Level 11. Verheiratet mit drei Kindern. Level des sozialen Status: 18.*

Ich erinnerte mich an etwas, das Martha mir erklärt hatte. Kinder wurden als die Zukunft der Gesellschaft betrachtet. Wenn man also Kinder hatte und großzog, konnte sich das ebenfalls positiv auf den sozialen Status auswirken.

Neugierig betrachtete ich seine primären Fertigkeiten und Haupteigenschaften. Seine hohen Werte bei Verkaufsfertigkeiten und Personalführung kamen nicht überraschend – aber da war noch Boxen. Ausgerechnet! Wow! *Stärke: 15, Beweglichkeit: 14, Charisma: 16* … Der Kerl hatte echt was drauf!

Und ich war ein Jahr älter als er …

Kaum hatte ich diesen Gedanken zu Ende geführt, überfiel mich die Mitteilung über einen erhaltenen Debuff:

Ein Stich von Neid
Du bist neidisch auf den Erfolg eines anderen
-5 % Selbstvertrauen
-5 % Zufriedenheit
-10 % Selbstkontrolle
+5 % Willenskraft

Da hatte ich es nun! Ich war ein Neidhammel!

Zugegeben, ich hatte allen Grund dazu, meinen zukünftigen Vorgesetzten zu beneiden. Der außerdem auch noch gut aussah mit seinem ultrakurzen

Haarschnitt, seinem durchtrainierten Körper, seinem teuren Anzug und seinem Megawatt-Lächeln. Er strahlte Selbstbewusstsein und Wohlbehagen aus.

Wir setzten uns und warteten auf das Ende seines Telefonats. Endlich schaltete er sein Handy aus. Statt sich ebenfalls zu setzen, blieb er hinter einem Stuhl stehen und legte die Hände auf die Lehne.

„Guten Morgen. Wir kennen uns ja bereits. Falls mich allerdings jemand vergessen haben sollte: Ich bin Pavel und der Vertriebsleiter hier bei Ultrapak. Ich sehe, Sie sind sechs neue Mitarbeiter, obwohl ich der Personalabteilung erklärt habe, ich brauche nur fünf neue Mitarbeiter. Einer von Ihnen wird uns also jetzt gleich wieder verlassen. Am Ende der nächsten Woche werden nur noch drei von Ihnen übrig sein. Und nach Ablauf der Probezeit wird sich lediglich einer von Ihnen dem Unternehmen als neuer Vertriebsmanager anschließen. Wenn Sie sich nicht sicher sind, ob Sie es schaffen können, sollten Sie weder meine noch Ihre eigene Zeit verschwenden. Und gehen."

Sein durchdringender Blick ruhte nacheinander auf jedem von uns, auf eine Reaktion wartend. Es gab keinen Freiwilligen, der gleich aufgeben wollte.

„Nun gut, dann überlassen Sie also mir die Auswahl."

Und dann begann er allen Ernstes mit einem Kinderabzählreim und zeigte dabei mit dem Finger auf einen nach dem anderen von uns:

„Ene, mene, miste
Was rappelt in der Kiste?
Ene, mene, meck,
und du bist weg!"

Nein, das ist nicht gelogen – das tat er wirklich!
Bei dem Wort „weg" zeigte sein Finger auf mich. „Sie! Sie können gehen", sagte Pavel.

Alle sahen mich an. Einer der anderen Typen grinste triumphierend und machte sich nicht einmal die Mühe, seine Erleichterung zu verbergen.

Meine Ohren brannten und meine Kehle war wie zugeschnürt. Eine Systemmitteilung meldete mir einen zu schnellen Pulsschlag.

Ich starrte zuerst auf den manikürten Finger, der auf mich deutete, dann in Pavels Gesicht.

„Sie können gehen", wiederholte er.

Fieberhaft ging ich in Gedanken alle verfügbaren Möglichkeiten durch. Endlich atmete ich tief ein und stand auf. „Darf ich vielleicht …?"

Protestierend hob er die Hand. „Was soll das denn? Hören Sie sofort damit auf! Soll ich etwa den Sicherheitsdienst rufen?"

Er schien seine Geduld mit mir sehr schnell verloren zu haben. Anscheinend bedeutete ihm jede Sekunde seiner Zeit gewaltig viel.

„Bitte nicht", erwiderte ich. „Ich gehe ja schon. Ich wollte Ihnen nur ein Gegenangebot machen. Sie können nichts dabei verlieren, es anzunehmen."

„Nun gut – aber machen Sie schnell!"

„Ich werde einen Verkauf abschließen, noch bevor dieser Arbeitstag zu Ende ist. Gelingt mir das nicht, sehen Sie mich niemals wieder. Könnten Sie einen weiteren Verkauf nicht gut gebrauchen?"

„Auf jeden Fall. Sie können sich wieder setzen …" Er überlegte.

„Ich bin Phil", kam ich ihm zu Hilfe.

„Ich kenne Ihren Namen. Sie können sich wieder setzen, Phil." Dann wandte er sich an den Typen, der so schadenfroh gegrinst hatte. „Und Sie können gehen."

In diesem Augenblick wusste ich endlich, wie es aussah, wenn jemandem das Grinsen aus dem Gesicht gewischt wurde. Der Kerl wurde puterrot. Stotternd murmelte er etwas zu seiner Verteidigung. Pavel sah ihn jedoch nur kalt und verächtlich an.

Der Typ entschloss sich zum Rückzug, verließ den Raum und knallte die Tür hinter sich zu.

Es folgte eine Systemmitteilung über eine neue Quest:

Eine auf einen Tag begrenzte Chance
Du musst von Ultrapak, Ltd. hergestellte Verpackungsprodukte verkaufen
Frist: Ende des Arbeitstages

Belohnungen:
Die Gelegenheit, eine Position als Handelsvertreter beim Unternehmen zu ergattern
Erfahrungspunkte: 1.500 Punkte
Ansehen beim kaufmännischen Leiter des Unternehmens, Pavel Gorelov: +10 Punkte
Derzeitiges Ansehen: Gleichgültigkeit 0/30

Strafen bei Nichterfüllung:
Verlust der Gelegenheit, für Ultrapak, Ltd. zu arbeiten
Ansehen beim kaufmännischen Leiter des Unternehmens, Pavel Gorelov: -30 Punkte
Derzeitiges Ansehen: Gleichgültigkeit 0/30

„Also – wo waren wir stehengeblieben?", fuhr der kaufmännische Leiter fort. „Heute werde ich Ihnen unsere Produkte vorstellen und Sie durch das Unternehmen führen. Anschließend werde ich jeden von Ihnen einem Manager zuweisen, den Sie dann dabei beobachten können, wie er unsere Produkte verkauft."

Er wandte sich mir zu. „Für Sie, Phil, gilt das natürlich nicht. Ich schlage vor, Sie verschwenden keine Zeit, sondern machen sich gleich an den Verkauf, sobald Sie sich mit der Liste unserer Produkte vertraut gemacht haben."

* * *

BIAXIAL ORIENTIERTES POLYSTYROL, oder abgekürzt BOPS, sind durchsichtigen Kunststoffbehälter, die in Supermärkten, Restaurants und Schnellrestaurants für den Verkauf von Salaten, vorgefertigten Lebensmitteln, Torten und anderen Leckereien eingesetzt werden. Das Zeug kann man nicht wiederverwenden. Woraus folgt, dass sich der Bedarf nach den BOPS nach der Anzahl der Lebensmittelprodukte richtet, die man darin geschützt verkaufen möchte.

Diese spezielle Art der Verpackung hatte mein Interesse geweckt. Besonders nachdem ich den Preis, den Ultrapak für die BOPS in Rechnung stellte, mit dem Marktpreis verglichen hatte, den mir mein mentales Dashboard meldete. Der Marktpreis lag bei 6 Rubel. Das war gar nichts. Trotzdem verkaufte Ultrapak das Produkt für nur 3,24 Rubel pro Stück.

Wo bitte war da der Haken?

Sobald die Einführung in die Produktpalette der Firma abgeschlossen war, schickte Pavel mich zur Vertriebsabteilung, wo er mir einen leeren Schreibtisch mit Telefon zuwies. Neben dem Gerät lag ein Branchenbuch mit Eselsohren und voller Kritzeleien des früheren Eigentümers: *„Nicht anrufen"*, *„Mit Svetlana sprechen, Einkäuferin des Unternehmens"*, *„Das sind doch alles Idioten!!!"*

Niemand zeigte mir den Kundenbestand. Was ich verstehen konnte – schließlich war ich hier derzeit noch ein Nichts.

Die nächste Stunde verbrachte ich damit, die Namen aller Märkte und Schnellrestaurantketten der Stadt aufzuschreiben. Mit dieser Liste ging ich durch das Großraumbüro und befragte die anderen, um sicherzustellen, dass ich niemanden anrief, der bereits Kunde war. Alle schauten mich an, als wäre ich ein

Vollidiot. Immerhin sagten sie mir das nicht offen ins Gesicht, sondern strichen stattdessen brav ihre eigenen Kunden auf meiner Liste aus.

Einer der Manager, der dicke Cyril Cyrilenko, nahm mich beiseite. Er blies mir bei den Worten, ich solle ihm in den Raucherraum folgen, seinen schweren Tabakatem ins Gesicht.

Ohne zu zögern begleitete ich ihm. In meiner Situation war jede Information kostbar.

„Den Pesco-Markt musst du nicht anrufen", erklärte er. „Mit denen arbeite ich bereits."

Er zog heftig an seiner Zigarette und schnaufte beim Ausatmen. „Wie hast du es geschafft, gleich in den Vertrieb gelassen zu werden? Normalerweise lässt Pavel die Trainees für mindestens eine Woche nicht in die Nähe von Kunden. Was hast du gemacht?"

„Keine Ahnung." Ich wollte einen möglichen zukünftigen Kollegen nicht belügen. „Er wollte mich gleich feuern, weil wir einer zu viel waren. Also hat er …"

„Einen Kinderabzählreim aufgesagt", unterbrach Cyril mich grinsend und musste sofort husten. „Typisch! Das macht er immer, und er verwendet auch immer denselben Reim. Es war ‚Ene, mene miste', nicht wahr? Ich will dir mal was verraten: Er konnte dich von Anfang an nicht ausstehen. Deshalb hat er mit dem Zählen so begonnen, dass er beim letzten Wort auf dich zeigen konnte."

„Das kapiere ich nicht. Er hätte mir doch einfach nach dem Vorstellungsgespräch absagen können."

„Oh, nein – das hat alles Methode. Wenn er jemanden gleich am ersten Tag wieder vor die Tür setzt, motiviert es die anderen, sich mehr Mühe zu geben, damit ihnen nicht das Gleiche passiert. Und wie kommt es, dass du noch hier bist?"

„Ich habe ihm einen Verkauf bis zum Ende des Tages versprochen. Wenn ich das nicht schaffe, darf er mich feuern."

„Schüchtern bist du nicht gerade", lachte er, was zu einem weiteren Hustenanfall führte.

Ich betrachtete seine Gesundheitswerte. 62,6 %. Sollte ich etwas sagen? Mich nach seiner Gesundheit erkundigen? Aber womöglich hielt er das für aufdringlich.

In meinem Sichtfeld erschien eine Mitteilung über eine neue zu erledigende Aufgabe:

Mich nach Herrn Cyrilenkos Gesundheitszustand erkundigen und ihm raten, zum Arzt zu gehen.

Ich wartete, bis sein Husten nachließ. „Ich habe doch nichts zu verlieren", entgegnete ich. „Schließlich habe ich keinen anderen Job. Können Sie mir vielleicht einen Rat geben? Mir sagen, welche Orte ich am besten meide?"

„Wenn ich du wäre, würde ich mich auf den Rat der Kollegen hier nicht allzu sehr verlassen. Hier herrscht ein starker Wettbewerb. Jeder hat Mäuler zu stopfen und Hypotheken abzubezahlen. Miete, Kinder, Urlaub, Ehefrauen und Geliebte zu finanzieren ..." Er hielt inne. „Wenn ich einmal ganz brutal und direkt sein darf – du hast nicht die geringste Chance. Alle großen Kunden sind längst vergeben. Wenn wir sie nicht betreuen, dann eine der anderen Firmen. Und das Kleinvieh ist die Sache einfach nicht wert. Bei denen verbringst du Monate damit, etwas zu verkaufen, und musst ständig über den Preis verhandeln. Die zählen jeden Cent und unterschreiben einen Vertrag nicht einfach, weil du so nett bist."

„Ich verstehe." Ich überlegte, ihn zur Differenz zwischen dem Marktpreis und dem Verkaufspreis auszuhorchen. „Darf ich Sie mal was fragen? Wo liegt denn die Gewinnmarge für unsere Produkte?"

Der Balken, der das Ausmaß seines Interesses

anzeigte, begann zu schrumpfen. Ich musste anscheinend offener sein und mehr Überredungskünste einsetzen. Zu verlieren hatte ich schließlich nichts.

„Ach, kommen Sie schon!", bat ich. „Ich brauche diesen Job unbedingt! Ich habe nicht einmal mehr Kitt in den Fenstern zum Fressen und meine Frau hat mich gerade verlassen. Ich brauche nur ein paar Informationen."

„Deine Frau hat dich verlassen? Oh, je … Ich bin selbst gerade erst geschieden worden. Es ist nicht unbedingt der glücklichste Zustand, das muss ich zugeben." Seufzend zündete er sich eine weitere Zigarette an. „Jetzt mal nur zwischen uns – wir haben unsere eigene Produktionslinie, musst du wissen. Die Gewinnmargen sind minimal. Unsere Vorgesetzten sind nur auf Großaufträge aus. Die Menge macht's. Wir verkaufen zu Großhandelspreisen, während unsere Kunden die Kosten der Verpackung einfach auf den Preis aufschlagen. Das nutzen einige unserer Konkurrenten weidlich aus und verlangen exorbitante Preise. Und dann sind da noch die Rückvergütungen. Alle Käufer stellen die in Rechnung. Sie kaufen große Mengen zu weit überhöhten Preisen und teilen sich die Differenz dann mit dem Handelsvertreter. Aber Pavel macht bei so etwas nicht mit. Er respektiert die Dynamik des Markts. Im Gegensatz zu unserer Konkurrenz dürfen wir höchstens mal einen potenziellen Neukunden zu einem Abendessen einladen oder ihm ein nettes Geburtstagsgeschenk machen, aber das war es auch schon. Deshalb können wir mit den anderen einfach nicht mithalten. Versetz dich doch nur mal in die Lage der Käufer. Was wäre dir lieber? Eine Flasche Brandy zum Geburtstag, oder jeden Monat ein paar tausend Rubel unter der Hand?"

„Aber das ist doch Bestech…"

„Genau. Deshalb arbeiten wir ja auf unsere Weise.

Unser Preis ist der niedrigste auf dem Markt, weil er keine Rückvergütungen umfasst, kein Schwarzgeld und keine hohen Gewinnspannen. Und jetzt komm – zurück an die Arbeit."

„Danke." Ich reichte ihm die Hand, die er mechanisch schüttelte, ehe er den Raum erließ. Ich folgte ihm tief in Gedanken versunken. Immerhin hatte ihm einige nützliche Informationen entlocken können.

Zurück an meinem Schreibtisch nutzte ich mein Handy, um eine Liste der größten Supermarktketten zu googeln, und verbrachte viel Zeit damit, sie alle eingehend zu studieren: Ihr Logo, die Marken, die sie verkauften, Anzahl und Standort der Ladengeschäfte, Lagerbestand und die Namen der leitenden Manager.

Auf meiner eigenen Landkarte markierte ich anschließend ihre sämtlichen Büros im gesamten Land. Dann drückte ich mir mit einem schweren Seufzer selbst die Daumen und gab einen neuen Suchfilter ein:

Lösche alle, die bereits Kunden von Ultrapak sind.

Eine Reihe von Punkten verschwand von der Karte. Bingo!

Der Rest war jetzt die Datenbank, mit der ich arbeiten konnte.

Ich nutzte einige weitere Filter und verfeinerte meine Suche auf die Art der bestellten Verpackungsprodukte. Dabei ging es mir vor allem um die, die derzeit Produkte für mehr als 50 % über dem Großhandelspreis kauften. Ein paar weitere Punkte erloschen. Am Ende hatte ich meine Liste aus zehn Supermarktketten auf vier reduziert.

Wieder bei Google erforschte ich Eigentümer, Aktionäre und sonstige Nutznießer dieser vier Ketten, las ihre Lebensläufe und die Interviews, die sie gegeben hatten, und kopierte alle wichtigen Daten in den dicken

Terminkalender, den ich am Abend zuvor gekauft hatte.

Zur Mittagszeit hatte ich meine Arbeit abgeschlossen. Es hatte eine Weile gedauert, doch nun verfügte ich über jede Menge KIDD-Punkte, mit denen ich spielen konnte.

Die anderen Trainees waren mit ihren neuen Coaches zum Mittagessen gegangen, um ihre Mentoren und zukünftigen Arbeitskollegen besser kennenzulernen. Keiner hatte sich die Mühe gemacht, mich dazu einzuladen.

Ich verließ das Gebäude und kaufte mir bei einem Straßenhändler ein Schawarma.[9] Merkwürdigerweise löste der Genuss dieses in Russland so beliebten Straßenessens keine Gesundheitswarnung aus. Nachdem ich es verschlungen hatte, kehrte ich an meinen Schreibtisch zurück.

Als ich den Raum betrat, fiel mein Blick auf die gebeugte Gestalt einer jungen Frau bei einem der Fenster. Kaum hatte sie mich entdeckt, wandte sie sich ab.

Ich ging zu ihr. „Ist alles in Ordnung, Marina?"

„Ja, alles bestens", antwortete sie, ohne sich umzudrehen.

Bildete ich mir das nur ein, oder hatte sie geweint?

Ich überprüfte ihren Status. Ihre Laune war nahe dem Tiefpunkt. Dennoch beschloss ich, sie in Ruhe zu lassen. Ich wollte schließlich nicht in ihre Gefühle eindringen.

Wieder am Schreibtisch ließ ich mir die Standorte der Kandidaten in der engeren Auswahl auf meiner System-Landkarte anzeigen.

Zu meiner großen Enttäuschung befanden sie sich alle entweder in einer anderen Stadt oder gar im

---

[9] Fleischgericht, hauptsächlich der arabischen Küche, dem Döner ähnelnd.

Ausland. Meine verrückte Idee, sie alle persönlich aufzusuchen, war also zum Scheitern verurteilt.

Oder etwa doch nicht? Ich zoomte in die Karte hinein. Dabei bemerkte ich, dass einer der Marker sich mit dem Namen meiner Stadt überlappt hatte. Deshalb war er mir zunächst nicht aufgefallen. Er kennzeichnete einen gewissen Nicholas Valiadis, den Eigentümer einer der Supermarktketten.

Valiadis? Einen Augenblick mal! War das nicht der Name des Mannes, den der alte Mann mit der Sportzeitung mir genannt hatte? Er hatte mir eingeschärft, mir diesen Namen zu merken, und gesagt: *„Eines Tages werden Sie vielleicht noch glücklich darüber sein, dass Sie sich an ihn erinnern."*

Ich formulierte eine weitere Suchanfrage, um seinen derzeitigen Standort zu erfahren. Valiadis hielt sich gerade in einem Fitnessstudio auf. Ausgerechnet! Hatte da womöglich mein Glück seine Hand im Spiel gehabt? Meine irrwitzige Idee könnte niemals funktionieren, solange er zu Hause oder im Büro war.

Nun gut – also auf ins Fitnessstudio! Natürlich war dieses Studio keine Billiganlage wie das, das ich heute Morgen besucht hatte, sondern war ein Fitness-Club der Extraklasse. Die Mitgliedschaft für ein Jahr kostete dort so viel wie ein Auto.

Ich rief dort an und buchte einen Schnupperkurs.

„Ich bin unterwegs, einen Kunden besuchen", erklärte ich Marina und eilte hinaus. Statt auf den Aufzug zu warten, nahm ich die Treppe, stürmte drei Stufen auf einmal hinunter und rief dabei Uber für einen Wagen an.

Ich hatte nicht die geringste Vorstellung, wie ich Valiadis zu Gesicht bekommen, geschweige denn mit ihm sprechen sollte. Das musste ich mir auf dem Weg dorthin überlegen.

Im Uber-Taxi behielt ich seinen Marker auf meiner Landkarte ständig im Auge. Anscheinend war er gerade im Swimmingpool. Wo sonst konnte man wohl eine halbe Stunde damit verbringen, sich ständig auf und ab zu bewegen? Hätte er an den Geräten trainiert, wäre sein Pfad sehr viel unregelmäßiger gewesen.

Das bedeutete: Ich brauchte eine Badehose.

Endlich trafen wir vor dem Studio ein. Im Gebäude sah ich gleich ein kleines Geschäft, das Sportkleidung verkaufte. Ich besorgte mir eine Badehose, die so viel kostete wie ein ganzer Anzug – und zwar trotz Club-Rabatt!

Am Empfang lächelten mir gleich mehrere Damen entgegen. Ich erklärte ihnen den Zweck meines Besuchs, zeigte meinen Ausweis vor, zahlte für drei Besuche als Gast und erhielt dafür ein Silikonarmband, Einweg-Schlappen, ein Handtuch, eine Badekappe und einen Bademantel.

Meine verrückte Idee hatte mich weit mehr gekostet, als ich mir eigentlich leisten konnte. Das Geld, das ich für die nächsten beiden Wochen beiseitegelegt hatte, war verbraucht. Aber egal – eine neue Badehose konnte ich immer gebrauchen. Und mein Dreierticket hier verschaffte mir eine ausgezeichnete Gelegenheit, meine physischen Eigenschaften zu stärken. Also entspannte ich mich am besten und genoss diesen lehrreichen Ausflug in die Welt der Reichen und Schönen.

Der Umkleideraum war leer. Hervorragend! Ich zog mich um, duschte und begab mich zum Swimmingpool.

Alles hier war sauber und ansprechend. Leise, fröhliche Musik drang aus den Lautsprechern. An der Wand entlang waren Liegestühle aufgestellt. Athletische Bademeister überwachten den Pool. Kellner von der nahegelegenen Bar standen herum, bereit, beim kleinsten Anzeichen herbeizuspringen und eine Bestellung aufzunehmen. In einer Ecke saßen ein paar hübsche Mädchen mit endlos langen Beinen an einem Tisch, tranken Kräutertee, unterhielten sich und lachten.

Kräuter? Ich war mir nicht einmal sicher, ob es wirklich Tee war, was sie zu sich nahmen ... Na, egal.

Valiadis schwamm noch immer seine Bahnen. Ich sah nirgendwo Leibwächter. Oder waren die Bademeister etwa seine Leibwächter? Ich hoffte, das niemals herausfinden zu müssen. Je unbeabsichtigter und zufälliger unsere Unterhaltung zustande kommen würde, desto besser.

Ich ließ Bademantel, Schlappen und Handtuch auf einem freien Liegestuhl zurück und begab mich ins Wasser. Es war nicht kalt. Warm war es allerdings auch nicht gerade.

Ich schwamm in die entgegengesetzte Richtung von Valiadis und versuchte, dabei nicht allzu sehr zu plantschen. Meine Schwimmkünste hatten schon immer einiges zu wünschen übriggelassen und meine Lungenkapazität war unterdurchschnittlich. Nach ein paar Bahnen ließ ich mich einfach auf dem Rücken treiben und beobachtete Valiadis aus dem Augenwinkel.

Schließlich spürte ich, dass es Zeit für jetzt oder nie war. Er schwamm bereits seit mehr als einer Stunde. Ich hatte nur zwei Gelegenheiten, mit ihm zu sprechen – entweder im Umkleideraum oder in der Sauna. Letzteres besaß erhebliche Vorteile. Im Umkleideraum dachte er womöglich bereits an das, was er anschließend vorhatte, während er sich in der Sauna total entspannen und weniger achtsam sein würde.

Ich stieg aus dem Pool, trocknete mich ab, zog die Badekappe vom Kopf und begab mich in die Sauna.

Dort erwartete mich ein weiteres Rätsel. Hier gab es nicht etwa nur eine Sauna, sondern auch ein russisches Dampfbad und ein türkisches Bad. Wofür sollte ich mich nun entscheiden?

Schließlich wählte ich die Sauna. Dort gab es Glastüren und keinen Dampf, sodass ich einen ausgezeichneten Ausblick auf den Pool und die Tür des Umkleideraums hatte. Falls Valiadis sich womöglich nach dem Schwimmen gleich umziehen ging, sah ich es und konnte ihm folgen.

Die ersten zehn Minuten ging es mir noch recht gut, trotz des Schweißes, der mir aus allen Poren brach. Doch je länger ich verharrte, desto stärker wurde der Wunsch, meinem heißen Gefängnis zu entkommen und meinen erhitzten Körper im Wasser abzukühlen.

Endlich kletterte Valiadis aus dem Pool – und begab sich in das russische Dampfbad nebenan. Zu diesem Zeitpunkt brachte der Dust-Debuff mich schon beinahe um. Ich hastete aus der Sauna in Richtung Wasserspender, wo ich ganze Eimer in mich hineinschlürfte. Sobald der Debuff verschwunden war, trocknete ich mir mit dem Handtuch den Schweiß ab und begab mich ins Dampfbad.

Valiadis saß mit geschlossenen Augen und einer Filzmütze auf dem Kopf auf einer der Holzbänke.

Langsam öffneten sich seine Augen. Er nickte zur Begrüßung. Ich tat dasselbe. Er befand sich in ausgezeichneter Verfassung, war sehnig und fit, mit breiten Schultern und einem Waschbrettbauch.

Ich setzte mich in einiger Entfernung von ihm, respektierte seine Intimsphäre. Außerdem konnte ich so sein Profil und seine Statistiken besser studieren.

Nicholas „der Herzog" Valiadis
Alter: 47
Derzeitiger Status: Magnat
Level des sozialen Status: 29
Klasse: Geschäftsmann. Level: 33
Verheiratet
Ehefrau: Arina Valiadis. Alter: 38
Kinder: Sergei, Sohn. Alter: 16. Paulina, Tochter.
Alter: 11
Vorstrafen: ja

Ansehen: Gleichgültigkeit 0/30
Interesse: 0 %

Ich war recht froh, dass sein Interesse an mir bei null lag. Schließlich hatte ich bereits befürchtet, ihn durch mein Eindringen hier gestört zu haben.

„Herr Valiadis?", versuchte ich, eine Unterhaltung in Gang zu bringen.

Sofort zeigte sich in seiner Haltung eine gewisse Anspannung. Sein misstrauischer Blick schätzte mich ab. Dabei kam er offensichtlich zu dem Schluss, dass ich keine Bedrohung darstellte. „Kennen wir uns?"

„Ich glaube nicht. Aber es wäre ziemlich merkwürdig, wenn *ich* Sie nicht kennen würde." Ich betonte das „ich".

„Und warum bitte?"

„Unser Unternehmen verkauft Verpackungsmaterialien an Supermarktketten, und ich habe es mir zur Aufgabe gemacht, alle wichtigen Personen in diesem Sektor zu kennen."

Er nickte, offensichtlich zufrieden mit dieser Antwort. „Sie sind gewiss nicht zufällig hier."

„Nein", räumte ich ein.

„Ich vermute, einer der Angestellten des Clubs hat Ihnen verraten, dass ich hier bin. Zu schade. Der Pool hat mir wirklich gut gefallen."

Er nahm die Mütze vom Kopf und wischte sich damit den Schweiß von der Stirn. „Sind Sie der Inhaber der Firma?"

„Keineswegs. Ich bin nicht einmal der kaufmännische Leiter. Um ganz ehrlich zu sein, bin ich nichts als ein Trainee-Handelsvertreter."

„Ach, wirklich? Und was bitte wollen Sie jetzt von mir, Herr Trainee-Handelsvertreter?"

„Ich will gar nichts von Ihnen, Herr Valiadis. Ich möchte Ihnen im Gegenteil helfen, Ihre Verpackungskosten zu senken."

Ich hielt inne und beobachtete, wie der Fortschrittsbalken seines Interesses die rote Zone verließ und bei 11 % in der orangefarbenen Zone verharrte.

„Sprechen Sie weiter", forderte er mich auf.

„Ich kenne die Bedingungen Ihres Lieferanten nicht, aber ich kann Ihnen auf jeden Fall einen Preis anbieten, der 50 % unter dem Ihres jetzigen Anbieters liegt."

Sein Interesse sprang auf 50 %. Das verlieh mir Flügel.

„Nehmen wir einmal die sogenannten BOPS, die Klarsichtverpackungen, die man nicht wiederverwenden kann. Ich bin sicher, dass Sie dafür momentan vier oder fünf Rubel oder sogar mehr dafür bezahlen. Wir hingegen können sie Ihnen für 3,24 Rubel pro Stück anbieten."

Er bedeutete, mir zu schweigen, ging zur Tür, öffnete sie und brüllte: „Mischa!"

Nahezu sofort erschien sein Assistent im Dampfraum. „Jawohl, mein Herr?"

„Ruf Hermann an und sag ihm, er soll kommen. *Sofort*. Es ist dringend."

Mischa machte sich dünne.

„Ich schlage vor, wir begeben uns zur Bar. Hier gibt es hervorragende Detox-Cocktails ..." Valiadis sah mich fragend an.

„Ich bin Phil, mein Herr."

„Nett, Sie kennenzulernen, Phil. Also kommen Sie!"

Dein Ansehen bei Nicholas „der Graf" Valiadis hat sich verbessert!
Derzeitiges Ansehen: Gleichgültigkeit 5/30

Schon bald gesellte sich ein gewisser Alex Hermann zu uns. Als Valiadis ihn mit Fragen und Beschimpfungen überschüttete, wurde er rot und trat verlegen von einem Fuß auf den anderen. Am Ende musste er einräumen, dass die derzeitigen Lieferanten Valiadis' Firma tatsächlich überhöhte Preise für das Verpackungsmaterial in Rechnung stellten.

Valiadis wandte sich an mich. „Glauben Sie, Sie können unseren Bedarf decken?"

„Selbstverständlich", erwiderte ich und hoffte dabei inständig, dass ich da nicht zu viel versprochen hatte.

„Nun gut." Valiadis blickte auf seine Uhr. „Ich muss gehen. Alex und Phil, Sie tauschen Ihre Kontaktdaten aus. Alex, ich bin sicher, der CEO des Unternehmens möchte mit Ihnen persönlich sprechen. Bei diesem Gespräch muss Phil mit dabei sein."

Seine und meine Blicke trafen sich. „Darf ich Sie noch etwas fragen, Herr Valiadis?", nutzte ich diese Gelegenheit.

Seine Augen weiteten sich auffordernd.

„Ich frage mich, ob Ihnen der Name Samuel Panikoff wohl etwas sagt?"

Valiadis zuckte kaum merklich zusammen. Er schluckte, sagte jedoch nichts. Allerdings nickte er leicht, bevor er ging.

Ich blieb mit Alex allein zurück.

Es war nicht zu übersehen, dass er ziemlich angepisst war und mich nicht leiden konnte. Seiner Stimme hörte man das jedoch nicht an, als er sagte: „Hier ist meine Visitenkarte. Wann kann ich mich mit Ihrem Arbeitgeber zusammensetzen?"

Ich nahm ein Taxi zurück ins Büro. Unterwegs wurde ich mit einer neuen Systemmitteilung beschenkt:

Dein Glück hat sich verbessert!
Derzeitiges Glück: 7

Für die Verbesserung einer Haupteigenschaft erhaltene Erfahrungspunkte: 1.000 Punkte

Dank dieser Nachricht hatte ich das Gefühl, mich in die richtige Richtung zu bewegen. Ich platzte beinahe vor Selbstvertrauen. Der Arbeitstag war allerdings schon fast vorbei. Ich musste unbedingt mit Pavel oder dem CEO des Unternehmens sprechen, bevor meine Frist abgelaufen war.

Ich hatte Glück – Pavel war noch im Büro.

„Haben Sie einen Augenblick Zeit?", fragte ich.

Er schüttelte abwehrend den Kopf, rechnete wohl mit Ausreden, warum ich keinen Verkauf abgeschlossen hatte. „Ersparen Sie mir die Einzelheiten. Von mir bekommen Sie keine weitere Chance, nicht einen einzigen Tag."

„Ich brauche keinen weiteren Tag. Ich habe gerade J-Mart das gesamte Sortiment von Ultrapak verkauft, mit einem langfristigen Vertrag. Sie wollen sich sofort mit Ihnen und dem CEO treffen. Der bisherige Lieferant wurde gerade gefeuert. Sie erwarten morgen früh unsere erste Lieferung."

Ein gestrandeter Hai ist ebenso hilflos wie das kleinste Meerestier, das es in den Sand verschlagen hat. Und wenn er noch so sehr seine scharfen Zähne zeigt, kann er trotz seiner berüchtigten Gefährlichkeit dennoch nicht mehr ausrichten als jeder andere Fisch auf dem Trockenen. Ich beobachtete fasziniert, wie Pavel den Mund öffnete und wieder schloss und nach Luft schnappte. Der Fortschrittsbalken seines Interesses war auf volle 100 % geschnellt.

Immerhin erholte er sich rasch wieder. „Folgen Sie mir." Er stand auf, zog sich das Jackett an und marschierte in Richtung des Büros des CEO. Ich ging dicht hinter ihm, und uns beiden folgten die neugierigen Blicke der anderen Mitarbeiter und Trainees. Cyril zwinkerte mir zu – und ich zwinkerte zurück.

Pavel berichtete dem CEO in aller Kürze von der Entwicklung und endete mit den Worten: „Ich denke,

Sie sollten mit denen sprechen. Ein solcher Großauftrag fällt eher in Ihr Gebiet."

Der ebenso sehnige wie sportliche CEO fragte mich: „Mit wem haben Sie die Verhandlungen geführt?"

„Zuerst habe ich mit Valiadis gesprochen, der mich dann Hermann vorgestellt hat. Dem hat Valiadis die Anweisung erteilt, den Vertrag mit Ihnen abzuschließen."

„Nun schau sich doch nur einer den neuen Trainee an!", begeisterte sich Pavel. „Wie zum Teufel ist es Ihnen denn gelungen, zu Valiadis persönlich vorzudringen?"

Ich zuckte mit den Schultern. „Reines Glück, vermute ich mal."

Pavel erstarrte. „Sind Sie sicher? Sie haben diese ganze Geschichte doch nicht nur erfunden, oder?"

Ich gab ihm Hermanns Visitenkarte.

Sofort informierten Systemmitteilungen mich über mein gestiegenes Ansehen bei Pavel und dem CEO. Sie empfanden noch immer bloße Gleichgültigkeit mir gegenüber, aber der hohe Grad näherte sich bereits der Freundlichkeit.

„In Ordnung", lachte der CEO. „Das haben Sie hervorragend gemacht. Soll ich ihn einfach gleich anrufen?" Er nahm den Hörer ab und warf mir einen fragenden Blick zu.

„Ich kann ihn auch anrufen", bot ich an. „Aber ich glaube, die Einzelheiten wollte Hermann schon mit Ihnen besprechen."

Er (also *Herr Peter Ivanov, Alter: 48, derzeitiger Status: Chief Executive Officer von Ultrapak, Ltd.*) betrachtete die Karte kurzsichtig blinzelnd und wählte dann die Nummer.

Anschließend begaben wir drei – Pavel, Herr Ivanov und ich – uns zum Hauptsitz von J-Mart, wo wir uns mit Hermann und zwei weiteren leitenden Managern trafen. Nach nur einer Stunde besiegelten die Parteien bereits per Handschlag den neuen Vertrag.

Ich bezweifelte, dass man bei J-Mart immer in einem solchen Tempo derart wichtige Vereinbarungen traf. Oder dass Hermann bei solchen Verhandlungen normalerweise persönlich anwesend war. Wahrscheinlich hatte Valiadis ihm befohlen, diesmal selbst teilzunehmen.

Ich sah das Gespräch zwischen den beiden am nächsten Morgen bereits vor mir:

Valiadis: „Und? Wie ist die Sache mit dem Verpackungsgeschäft gelaufen?"

Hermann: „Alles erledigt, Chef. Wir haben den Vertrag unterzeichnet und bereits die erste Lieferung erhalten. Das wird uns pro Jahr Hunderte von Millionen Rubel sparen. Unser Sicherheitsteam befasst sich gerade mit den bisherigen Lieferanten. Was für elende Schwindler!"

Jedenfalls, nun waren alle glücklich. Mit Ausnahme der Personen natürlich, die sich bislang am Verkauf der Verpackungen schamlos bereichert hatten.

Bis spät in die Nacht saßen die Anwälte an den Verträgen und machten alles wasserdicht. Natürlich wagte keiner der Mitarbeiter und Trainees, das Büro vor Pavel und dem CEO zu verlassen. Ich war am Verhungern und fragte Pavel, ob ich mir schnell etwas zu essen holen könnte, doch er schlug mir die Bitte ab. Er wollte mich an seiner Seite haben. Wahrscheinlich hatte er sich überlegt, dass ich jedes Stadium des Vertragsschlusses miterleben sollte, um von den Profis zu lernen.

Es war schon nach zehn Uhr abends, als Herr Ivanov endlich aus seinem Büro kam. In der Hand hielt er zwei Flaschen guten Single Malt Whiskey.

Pavel eilte zu ihm. „Alle mal herhören! Phil, kommen Sie bitte?"

Ich war nicht gerade erfreut darüber, aufgerufen zu werden. Ich hasste es, im Mittelpunkt der

251

Aufmerksamkeit zu stehen.

„Jetzt wird gefeiert!", verkündete Pavel. „Zuerst trinken wir einen Schluck und dann begeben wir uns in ein nettes Restaurant zum Schlemmen. Die Firma bezahlt. Herr Ivanov, Sie haben uns etwas mitzuteilen?"

„Liebe Kollegen ... und Freunde ..." Der CEO hielt inne und räusperte sich. „Unser Unternehmen hat gerade eine völlig neue Ebene erklommen und sich einen Exklusivvertrag mit J-Mart gesichert. Ich muss Ihnen ja nicht sagen, was das für uns bedeutet. Was aber noch erstaunlicher ist, ist, dass die Person, die das zustande gebracht hat, unser neuer Trainee ist. Und geschafft hat er das an seinem ersten Arbeitstag! Meine Damen und Herren, Applaus für Phil!"

Ich hätte nur zu gern berichtet, dass seine Worte in dröhnendem Beifall untergingen. Doch es war nichts zu hören außer ein bisschen lustloses Klatschen. Und das hatte ich vermutlich auch nur der Tatsache zu verdanken, dass ich allen ein kostenloses Abendessen verschafft hatte.

„Pavel, öffne die Flaschen!", schloss Herr Ivanov. Schon stellten sich alle mit ihren Plastikbechern brav in eine Reihe.

Was mir Sorge bereitet, war die Tatsache, dass das System mir bisher noch nicht den Abschluss der Quest gemeldet hatte. Die auf einen Tag begrenzte Chance war noch immer aktiv und nicht etwa erledigt. Ich wandte mich an Pavel und fragte ihn, ob meine Probezeit damit überstanden wäre.

Er zögerte kurz, dann antwortete er fröhlich: „Na, was glauben Sie denn? Natürlich setzen wir Sie gleich morgen auf die Gehaltsliste!"

Warum erst morgen? Die Leute aus der Personalabteilung waren doch alle hier, gratulierten Herrn Ivanov und tranken auf den Erfolg.

Pavel ging zu ihnen. Ich stand da, den Becher mit

Whiskey in der Hand, und wusste nichts mit mir anzufangen.

Dann entdeckte ich Marina, die schmollend in einer Ecke stand. Ich ging zu ihr.

„Warum feierst du nicht mit?", fragte ich sie.

„Ach, du bist es", murmelte sie. „Ich gratuliere. Gut gemacht. Ich wünschte nur, ich könnte dasselbe über mich sagen."

„Wieso? Was ist denn los?"

Sie seufzte und ignorierte meine Frage. Sowohl ihre Laune als auch ihr Interesse an dieser Unterhaltung näherten sich stark dem Nullwert. Und es war offensichtlich, sie wäre gern nach Hause gegangen, fühlte sich jedoch des Gemeinschaftsgeistes wegen zum Bleiben verpflichtet.

Ich ließ sie in Frieden.

Greg löste sich aus der Gruppe der Handelsvertreter und kam zu mir.

„Na, wie war dein Tag?", erkundigte ich mich.

„Ich gratuliere", erwiderte er trocken und kämpfte dabei sichtlich mit seiner Eifersucht. Wir stießen mit unseren Plastikbechern an, ich dankte ihm für seine Glückwünsche und er ging zu seiner Gruppe zurück.

Moment mal – *seine* Gruppe? Bisher hatte er doch noch nicht einmal seinen alten Job gekündigt, den mit dem Verkaufen von Fenstern oder so! Trotzdem war er bereits mit allen furchtbar dicke.

Ich konnte die Seitenblicke der anderen ebenso wenig übersehen wie ich ihr verstohlenes Flüstern überhören konnte.

Das offene Lob des Chefs hatte auf einen Schlag erreicht, dass jeder gegen mich war. Ich erhielt gleich eine ganze Reihe von Systemmitteilungen, die mich über meinen Verlust an Ansehen bei nahezu sämtlichen zukünftigen Kollegen informierten.

Wie zum Teufel sollte ich denn mit Leuten in einem Team zusammenarbeiten, die mich gleichzeitig beneideten und verachteten?

Und wie sollte ich mir einen Bonus für das Geschäft von heute sichern, wenn ich momentan noch nicht einmal offiziell ein vollwertiger Angestellter der Firma war?

Pavel rief alle zur Ordnung. „Wir begeben uns jetzt in den Zarengrill. Und denken Sie daran – es geht alles auf Kosten der Firma!"

Alle sammelten ihre Sachen ein und verließen das Büro in kleinen Gruppen. Ich schloss mich dem Strom an. Draußen stiegen die anderen in ihre Autos und fuhren davon.

Fünf Minuten später stand ich mutterseelenallein auf der Straße.

KAPITEL 15

EINFACH NUR MENSCHLICH

„Heute Abend und am Abend früh'r,
Monster, Monster
klopfen an meine Tür.
Ich möchte ausgehen, aber ich weiß nicht, ob ich das
kann.
Denn ich hab' Angst
vor dem Monster-Mann."

Stephen King, *Das Monstrum*

IN EINEM RPG besteht zwischen den primären und sekundären Eigenschaften eines Charakters nur teilweise eine Wechselwirkung. So kann sich Intelligenz auf die eigenen magischen und auf die Mana-Werte auswirken. Stärke kann den zugefügten Schaden und die eigene Belastbarkeit erhöhen, während Beweglichkeit die Angriffsgeschwindigkeit steigert und die Chancen erhöht, dass man Angriffen ausweichen kann. Aber Stärke kann sich in einem Spiel niemals auf Intelligenz auswirken und Durchhaltevermögen nicht auf die Beweglichkeit. Es funktioniert einfach nicht.

Im Leben ist das anders. Man braucht nicht einmal

ein spieleähnliches Interface, um das zu wissen. Im wirklichen Leben ist das Band zwischen dem Körper und der Persönlichkeit eines Menschen sehr viel enger als das zwischen dem Avatar eines Spielers und der realen Person, die diesen Avatar kontrolliert.

Im wahren Leben hängen gute Wahrnehmungsfähigkeiten nicht zuletzt von der eigenen Gesundheit ab. Der Geschmacks- und Geruchssinn eines Rauchers ist eingeschränkt. Das verhindert, dass er die volle Bandbreite der Geschmäcker und Gerüche genießen kann, die ihn umgeben. Eine gute Sehkraft ermöglicht es, Dinge zu sehen, die einem bebrillten Stubenhocker womöglich verborgen bleiben. Ohne ein gewisses Durchhaltevermögen kann man sich keiner guten Gesundheit erfreuen, während andererseits das Durchhaltevermögen aber nicht einfach nur ein einzelner Wert auf einem Lebensbalken ist. Vielmehr hat diese Fähigkeit ihre Ursache in einem gesunden, starken Herzen und Blutkreislauf. Ein gesunder Geist in einem gesunden Körper – ein sehr wahres Sprichwort!

Abgesehen von einigen wenigen ehrenhaften Ausnahmen wurden die meisten Erfindungen und Kunstwerke im Verlauf der menschlichen Geschichte von gesunden Menschen im Alter zwischen dreißig und vierzig geschaffen, die sich auf dem Höhepunkt ihrer Gehirnaktivität befanden.

Genau das alles konnte ich jetzt auf meinem eigenen Interface nachverfolgen. Ein vollständig gefüllter Balken für Selbstkontrolle sorgte dafür, dass ich auch unter Druck ruhig bleiben konnte. Dasselbe galt für den Balken, der mein Selbstvertrauen anzeige – bei 100 % stellte ich meine eigenen Handlungen und Entscheidungen schlicht nicht infrage.

Derzeit allerdings befand sich meine Selbstkontrolle tief im gelben Bereich. Es war so unfair, was mir gerade passiert war!

Eine niedrige Selbstkontrolle führte unweigerlich zu geringem Selbstvertrauen. Deshalb fragte ich mich, ob ich den anderen überhaupt ins Restaurant folgen sollte. Welchen Sinn hatte das denn? Vielleicht hatte man mich sogar absichtlich stehenlassen, jegliches Interesse an mir verloren.

Im Grunde war es ziemlich komisch. Da hatte ich nun diese hypermoderne Software in meinem Kopf, mit all dem damit verbundenen Wissen, die mir hervorragende Erkenntnisse über die Handlungen anderer Menschen und deren Haltung mir gegenüber verschaffte. Dennoch stand ich hier allein im Regen, wie ein halbverhungerter Verlierer in einem alten Film, während sich meine Kollegen in der Wärme eines teuren Restaurants die Bäuche vollschlugen – um *meinen* Verkauf zu feiern!

Wenn ich einmal eingehender darüber nachdachte, waren diese Leute jedoch nicht meine Kollegen. Alle anderen Trainees hatten ihre Arbeitsverträge längst unterschrieben, wenn auch lediglich für die Probezeit. Mir hingegen hatte bislang noch niemand einen Vertrag vorgelegt.

Ich *musste* den anderen natürlich nicht ins Restaurant folgen, ich konnte mich auch weiter in Selbstmitleid suhlen. Schaut mich an – ich habe das Unmögliche geschafft! Und wo ist mein Arbeitsvertrag? Wo ist mein wohlverdienter Platz in der Limousine des CEO?

Aber ein solches Geplärre würde mich nicht weiterbringen. Ich sollte die bösen Vermutungen unterbinden, dass man plante, mich übers Ohr zu hauen, und meine zukünftigen Kollegen mir feindlich gesinnt waren. *Das Leben ist nun einmal nicht fair*, heißt es doch so schön. Als ob ich das nicht schon längst wüsste! Meine Negativität war jedenfalls keine produktive Taktik, das würde Martha mir bestimmt sofort bestätigen.

Eine produktive Taktik wäre vielmehr, meine üblen Gedanken abzuschalten und den anderen ins Restaurant zu folgen. Man hatte mich zurückgelassen – na und? Das war keine große Sache. Schließlich war keiner von denen mein Kindermädchen. Und viele von ihnen waren auch bereits reichlich angeschickert gewesen. Eingeladen war ich, die Adresse des Zarengrills kannte ich. Was also war mein Problem? Es lag allein in meiner Hand, ob ich mitfeierte oder nicht.

Ich unterdrückte mein extremes Missbehagen und fühlte mich dabei gar nicht gut. Aber mein verletzter Stolz brachte mich nicht weiter.

Ich verließ die Sicherheit des Eingangs und hielt mein Gesicht in den Regen, breitete die Arme aus. Seltsamerweise genoss ich diesen Augenblick. Was kümmerte mich die Eifersucht meiner Kollegen? Was scherte mich die Gedankenlosigkeit meiner Chefs? Freunde hatte ich mir heute zwar keine gemacht, aber ich hatte genau das erreicht, was ich mir vorgenommen hatte. Was spielte es da für eine Rolle, dass das System die Quest nicht geschlossen hatte? Selbst wenn ich den Bonus für diesen Erfolg verlor – was ich heute geschafft hatte, konnte ich jederzeit wiederholen.

Ich lächelte in den Regen, der für einen kurzen Moment die gesamte Welt für mich verkörperte – gut und schlecht, freundlich und böse, hässlich und schön. Plötzlich wurde mir klar, dass es hier um kein Szenario à la „ich gegen den Rest der Welt" ging. Die Welt war überhaupt nicht gegen mich.

Mein Selbstvertrauen stieg und meine Selbstkontrolle erreichte wieder 100 %.

Ich war am Leben, ich war gesund, ich war glücklich. Es würde schon alles gut werden.

Es war schließlich nicht so, dass ich in der Vergangenheit immer die richtigen Entscheidungen getroffen hätte. Allzu oft hatte ich meinem eigenen

selbstsüchtigen Begehren nachgegeben, anstatt mich für das zu entscheiden, was wirklich wichtig war. Zum Beispiel dann, wenn Yanna wollte, dass ich sie beim Hausputz unterstützte, ich jedoch unbedingt den nächsten Raid im Spiel starten musste. Oder wenn ich aus demselben Grund meinen Eltern absagte, wenn sie uns zum Essen eingeladen hatten. Oder wenn ich einem Kunden den versprochenen Text nicht geliefert hatte. „Oh, tut mir leid, ich war krank, aber Sie bekommen alles am Montag." Und der Grund? Nein, in diesem Fall war mal nicht das Spiel, sondern ich war einfach nur zu faul gewesen. Man musste kein gewiefter Analyst sein, um zu sehen, wohin diese Strategie mich hatte bringen müssen.

Ohne zu zögern rief ich ein Taxi herbei und ließ mich nach Hause bringen. Ich wusste genau, es war die richtige Entscheidung. Denn wenn man vor einer schwierigen Entscheidung stand, musste man sich immer, vor allem anderen, für die eigene Familie entscheiden.

Und zu Hause wartete schließlich Richie auf mich.

Um ehrlich zu sein, war es auch eine sehr vernünftige Entscheidung. Meine Kollegen mussten ja erst einmal im Restaurant eintreffen, die Tageskarte eingehend studieren, die Bestellung aufgeben und sich dabei in all dem Stimmengewirr Gehör verschaffen. Und dann stand ihnen das lange Warten bevor, bis die Gerichte gebracht wurden. Ich hatte mindestens eine Stunde Zeit, und da die abendliche Stoßzeit längst vorüber und meine Wohnung nicht weit entfernt war, konnte ich rasch nach Hause fahren, Richie Gassi führen, mir trockene Klamotten anziehen und ein Taxi zum Restaurant nehmen, ohne zu spät zu kommen.

Schon im Aufzug hörte ich Richies Jaulen, und sobald ich die Tür aufgeschlossen hatte, schoss er wie ein schwarzer Blitz heraus, stieß mir seine nasse Nase gegen die flache Hand und raste in Richtung Aufzug.

Ich drückte den Knopf. „Ja, Richie – Zeit für einen Spaziergang!"

Mit ungeduldigen Pfoten kratzte Richie an der Aufzugstür. Auf dem Weg nach unten ging er beinahe die Wände hoch, doch er hielt durch. Das war mehr, als ich von einigen der menschlichen Bewohner dieses Häuserblocks behaupten konnte. Der Geruch im Hauseingang sprach für sich.

Richie brauchte nicht lange, um sein Geschäft zu erledigen. Eine halbe Stunde später saß ich bereits im nächsten Taxi, auf dem Weg zum Restaurant.

„Nun sieh sich einer dieses Wetter an!", brummte der Fahrer. (*Level des sozialen Status: 5.*) „Da ist es doch am besten, man bleibt zu Hause und hockt sich vor die Glotze. Mit einem schönen Teller heißem Borschtsch mit Sahne, einer Scheibe Knoblauchbrot und einem guten Schuss Wodka ..."

Mein Magen knurrte seinen Protest. Die Heizung lief auf vollen Touren, es war unerträglich warm im Wagen. Ich gähnte, fühlte mich jedoch verpflichtet, die Unterhaltung fortzusetzen. „Eine gute Idee. Ich habe auch noch nichts gegessen. Den ganzen Tag bin ich herumgerannt wie ein kopfloses Huhn."

„Das solltest du niemals tun, mein Sohn", erklärte der Fahrer mir. „Du darfst niemals eine Mahlzeit auslassen. Hat man dir das nicht in der Armee beigebracht?" Er hielt inne und betrachtete mich im Rückspiegel. „Du warst doch in der Armee, oder?"

Seine Statistiken verrieten mir, dass er kurz davorstand, wütend auf mich zu werden.

„Oder bist du etwa einer dieser Kriegsdienstverweigerer?" Seine Stimme verriet Anspannung. „Das ist alles, was ihr jungen Leute heute macht. Drückeberger, allesamt! Wo seid ihr, wenn euer Land euch braucht? Verschwunden!" Sein Blick im Rückspiegel ließ mich nicht los. Er wartete auf eine Antwort.

Was sollte ich darauf erwidern? Ich hatte mich dem Militärdienst tatsächlich entzogen. Aber mir gefielen weder seine Anklagen noch sein herablassender Tonfall.

Ich schloss die Augen, als Zeichen, dass ich die Unterhaltung als beendet betrachtete.

Ein Anruf auf meinem Handy bewahrte mich davor, etwas sagen zu müssen. Der Fahrer stellte das Radio leiser. War das Rücksichtnahme? Oder Neugier?

„Phil, sind Sie das?"

Es war Pavel.

„Jawohl", antwortete ich.

„Wo sind Sie gerade?"

„Schon unterwegs, ich bin gleich da."

„Aha. Nun, wahrscheinlich ist es besser, dass Sie noch nicht da sind. Herr Ivanov hat mich gebeten, Ihnen mitzuteilen, dass wir Sie nun doch nicht brauchen werden. Sie müssen sich nicht die Mühe machen, zu kommen. Und wir wünschen Ihnen selbstverständlich alles Gute bei einer anderen Firma."

Bei einer anderen Firma? Hatten er und Ivanov den Verstand verloren?

„Oh, nein, jetzt warten Sie mal, Mann", entgegnete ich und unterdrückte dabei meine aufkommende rasende Wut.

„Was ist denn, Mann?", ahmte er mich nach, dann lachte er. „Tut mir leid, ich habe nicht viel Zeit", ergänzte er, plötzlich sehr ernst. „Man serviert bereits den Hauptgang."

„Sagen Sie mir einfach, was los ist. Warum behandeln Sie mich so? Mir war ja klar, dass Ihr Angebot eines Bonus zu gut war, um wahr zu sein, aber mich vor die Tür zu setzen ... Ich habe Ihnen in weniger als sechs Stunden ein absolutes Traumgeschäft verschafft! Glauben Sie etwa immer noch, ich kann Ihre Produkte nicht verkaufen?"

Er sagte zunächst nichts. Ich konnte hören, wie er

aufstand und sich vom Tisch mit seiner lärmenden Unterhaltung in eine ruhigere Ecke begab.

„Das ist genau das Problem – ich weiß es nicht", antwortete er endlich. „Heute haben Sie einfach Glück gehabt. Sie haben Valiadis rein zufällig getroffen, das haben Sie selbst zugegeben. Alles andere haben Ivanov und ich erledigt. Wir haben das Geschäft abgeschlossen und den Vertrag unterzeichnet. Wo bitte war denn Ihr Anteil daran? Sie haben einfach nur untätig dabeigesessen."

„Sie hätten überhaupt nichts abgeschlossen und unterzeichnet, wenn ich nicht zuerst mit Valiadis gesprochen hätte!"

„Wir wissen ja nicht einmal, ob Sie tatsächlich mit ihm gesprochen haben. Vielleicht haben Sie Hermanns Visitenkarte einfach nur irgendwo gefunden. Tut mir leid, ich muss jetzt wirklich gehen."

Er legte auf. Ich saß da und starrte auf das Display.

Mein Handy klingelte erneut.

Es war meine Mutter.

Ich räusperte mich und versuchte, ruhig zu klingen. „Hallo, Mama."

„Wo bist du?", fragte sie. Ihre Stimme klang ängstlich und angespannt.

„Ich bin geschäftlich unterw..."

„Kira ist tot!", unterbrach sie mich. „Phil, mein Junge, Kira ist tot!"

Die Nachricht stürzte wie eine Betonmauer auf mich herab. Mein Herz explodierte in meiner Brust und ich fühlte mich wie taub. Das Handy vibrierte mit dem Schluchzen meiner Mutter.

„Phil, wir sind im Gemeindekrankenhaus Nummer drei", hörte ich endlich die tonlose Stimme meines Vaters. „Komm sofort!"

Er vergaß, aufzulegen. Ich konnte hören, wie er meine Mutter zu beruhigen versuchte, lauschte seinen ungeschickten Worten und ihrem Schluchzen. Ich

wollte schreien.

„Tut mir leid, Planänderung", sagte ich zum Fahrer. „Wir müssen zum Krankenhaus. Meine Schwester ist gerade gestorben."

„Mein Beileid", erwiderte er.

Er drehte um, nahm ein paar Abkürzungen durch Hintergassen und dunkle Alleen. Ich schloss die Augen, versuchte, zu begreifen, was meine Mutter gesagt hatte, und meinen Verlust zu verarbeiten.

Auf einmal fiel mir auf, dass ich dem Fahrer ja gar nicht die Adresse genannt hatte.

Doch noch bevor ich etwas sagen konnte, spürte ich den Stich einer Nadel in meinem Nacken und verlor das Bewusstsein.

✳ ✳ ✳

ALS ICH WIEDER zu mir kam, konnte ich mich nicht bewegen. Durch meine halb geschlossenen Lider drang ein grelles Licht, das von einer unglaublich hohen Decke herabströmte. Im oberen Rand meines Sichtfelds türmten sich die Meldungen über erhaltene Debuffs: Berauschung, Lähmung, Dehydrierung, Hungerzustand, Schwäche, Sinnesunterdrückung …

„Das Subjekt hat das Bewusstsein wiedergewonnen", verkündete eine flache, emotionslose Stimme.

Ich versuchte, mich zu konzentrieren, war dafür jedoch zu betäubt. Dann versuchte ich, zu fragen, wo ich war, aber meine Zunge gehorchte mir nicht.

„Ilindi, entferne den Zeit-Debuff."

Diese Stimme hatte ich definitiv schon einmal gehört, nur wusste ich nicht, wo und von wem.

Ein silbriger Nebelschleier hüllte mich ein. Seine gewichtslose Berührung erreichte jede Zelle meines Körpers und wurde anschließend prompt wieder ausgestoßen, rot und schwarz verfärbt.

Mein gesamter Körper juckte unerträglich. Ich erbrach mich in hohem Bogen. Wie gut, dass ich mich wieder bewegen konnte – so gelang es mir gerade noch rechtzeitig, mich über den Bettrand zu beugen und die schleimige Substanz auf dem Fußboden zu verteilen.

„Gib ihm Wasser", vernahm ich wieder die Stimme, die ich kannte.

In meinem Sichtfeld tauchte eine bereits aufgeschraubte Flasche auf.

„Trink das!"

Ich trank hastig, ohne mir vorher auch nur den Mund auszuspülen. Nicht einen einzigen Tropfen wollte ich verschwenden.

„Fühlst du dich jetzt besser?"

„Kann ich … mehr haben …?"

„Gib ihm noch etwas, Ilindi."

Eine weitere Flasche erschien. Als ich auch sie geleert hatte, hatte sich mein Unwohlsein geringfügig gelegt.

Wieder versuchte ich, mich zu konzentrieren. Meine Sicht war noch immer verschwommen. Ich konnte vage Umrisse erkennen, die menschlich erschienen … Doch nein, eine davon konnte unmöglich menschlich sein. Die Gestalt war nahezu drei Meter groß. Ich versuchte, sie mithilfe meines Systems zu identifizieren.

„Gib dir keine Mühe. Deine Wahrnehmung ist geschwächt. Und dein Erkenntnislevel ist zu gering, um mit den höherrangigen Rassen etwas anzufangen."

„Ich möchte mich gern aufsetzen", murmelte ich.

„Dann tu es."

Vorsichtig richtete ich mich auf, musste dabei den Schmerz in jedem einzelnen meiner Muskeln überwinden. Jetzt konnte ich Valiadis sehen. Die junge Frau im türkisfarbenen Kleid neben ihm musste Ilindi sein. Platinblonde Haare fielen ihr bis zu den Schultern herab.

Valiadis war einen halben Kopf kleiner als sie. Seine

schimmernde, schwarze Rüstung erinnerte mich an ein Schurkenset in *World of Warcraft*, das man auf einem höheren Level erwerben konnte. Unter den Schulterstücken quoll schwarzer Rauch hervor.

Der Raum war groß und gut beleuchtet. Die Lichtquelle konnte ich allerdings nicht ausmachen. Die helle, jedoch nicht blendende Beleuchtung schien von überall her zu kommen, ohne Schatten zu werfen.

Die nicht-menschliche Gestalt sah mir in die Augen und verarbeitete dabei meine Gedanken. Ich konnte spüren, wie er in meinem Kopf herumwühlte und meine Erinnerungen betrachtete.

Ich schaute beiseite, unterbrach den Blickkontakt. Sofort endete sein Eindringen in meinen Verstand.

„Herr Valiadis?"

„Ja, Phil. Ich muss mich für den Überfall entschuldigen, und die Debuffs tun mir leid. Aber das ist nun einmal eine Entführungsvoraussetzung, die von den höherrangigen Rassen für alle neuen Kandidaten aufgestellt wurde."

„Höherrangige Rassen? Entführungsvoraussetzung? Wie lange bin ich denn schon hier? Was ist das für ein Ort?"

„Du wirst bald die Antworten auf deine Fragen erhalten."

Dann fiel es mir wieder ein. „Meine Schwester ist gerade umgekommen!" Ich sprang vom Bett. „Ich muss sofort zu meinen Eltern!"

„Das wissen wir. Wir sind sehr betrübt über deinen Verlust. Ilindi, breite Seelenruhe über ihm aus."

Erneut umhüllte mich ein Nebel, nur war er diesmal smaragdgrün.

Einen kurzen Augenblick später fühlte ich mich großartig. All meine Sorgen waren verschwunden, selbst meine panische Verzweiflung.

Valiadis betrachtete mich prüfend. Wahrscheinlich wollte er sicherstellen, dass ich nicht mehr zu fliehen gedachte. „Ich möchte dir Khphor vorstellen. Er ist der offizielle Vertreter der Zivilisation der Vaalphor. Wenigstens klingen diese Namen für das menschliche Ohr in etwa so. Die Vaalphor sind eine der drei einflussreichsten Rassen in unserer Galaxie."

Mein Blick wanderte zu dem Hünen. Meine geschwächte Wahrnehmung machte es mir unmöglich, die Einzelheiten seiner Gestalt zu erkennen. Was ich allerdings aufnehmen konnte, war bereits mehr als genug.

Ich betrachtete einen riesigen, menschenähnlichen Körper, gekleidet in eine nahtlose, unter Druck stehende Rüstung, um die herum die Ladungen eines Kraftfelds schimmerten. Oder was auch immer das genau war. Er hatte zwei Arme, zwei Beine und einen Kopf mit einem Helm darauf. Außerdem besaß er ein Paar Hufe und einen Schwanz. Wenn das mal nicht ein Dämon war!

„Ich grüße dich, Mensch", hallte Khphors Stimme in meinem Kopf wider.

„Ich grüße Sie, mein Herr. Tut mir leid, aber ich kann nicht behaupten, ich sei erfreut, Ihre Bekanntschaft zu machen."

Ilindi gab ein unterdrücktes Kichern von sich.

Valiadis lächelte. „Das ist schon in Ordnung. Du kannst ihn einfach ignorieren. Khphor ist als reiner Beobachter hier. Unsere Unterhaltung ist ein notwendiges Stadium deiner Überprüfung."

„Sie überprüfen mich? Aber warum? Und wofür?"

„Erlaube mir, etwas auszuholen. Die drei ältesten Rassen unserer Galaxie bilden den *Droh Ragg* oder Ältestenrat, der sich an den Grundsätzen des Gemeinwohls des Staatenbundes der empfindungsfähigen Rassen orientiert. Der Ältestenrat mischt sich niemals in die Entwicklung der jüngeren Rassen ein, beobachtet sie jedoch vom Augenblick der ersten informativen Auswirkungen sehr genau. Sobald eine neue Rasse weit genug fortgeschritten ist, den universellen Infospace unabhängig zu entdecken und zu betreten, nimmt der Rat offiziellen Kontakt zu ihr auf."

„Ach ja, wirklich?", schnaubte ich. „In den Nachrichten habe ich davon aber gar nichts gehört."

„Noch wird darüber nichts in den Nachrichten berichtet, aber das wird schon noch kommen. Zum Ende dieses Jahrhunderts wird die menschliche Rasse den universellen Infospace entdecken und betreten."

„Aber warum?"

„Warum was? Warum die Menschen den universellen Infospace entdecken?"

„Nein – warum ich? Was hat das alles mit mir zu tun, wenn es bisher noch gar nicht passiert ist?"

„Ilindi, kannst du bitte seine Seelenruhe auffrischen? Und besorge mir etwas Wasser. Braves Mädchen!"

Er nahm ein paar Schlucke aus der Flasche, die die junge Frau aus dem Nichts herbeigezaubert hatte, dann sprach er weiter. „Phil, ich werde deine Fragen gleich beantworten. Bitte hab einfach ein wenig Geduld. Als die menschliche Rasse das universelle Infospace entdeckte … Oh, Verzeihung, ich meine, wenn sie es entdecken wird, ermöglicht das den sofortigen Empfang aller Arten von Informationen und verschafft den Zugang zum absoluten Wissen. Das wiederum wird es uns Menschen erlauben, das Sonnensystem zu kolonisieren und mit der Terraformierung der Planeten und größeren Asteroiden zu beginnen. Dadurch werden sie für Menschen bewohnbar. Wir werden in der Lage sein, durch Teleportieren zwischen den einzelnen Planeten umherzureisen. Die Menschheit wird den Höhepunkt ihrer Geschichte erleben. Aber durch das Betreten des universellen Infospace setzen wir uns auch der Berührung mit anderen Zivilisationen aus. Die

Erkenntnis, dass wir nicht allein im Universum sind, wird eine tiefe Traumatisierung der Menschheit auslösen, da wir uns dabei als die jüngste und am wenigsten weit entwickelte Spezies erweisen werden. Im Fall einer Invasion wären wir den Außerirdischen mit ihrer unglaublich weit fortgeschrittenen Technologie hilflos ausgeliefert. Allerdings wird es nicht zu einer Invasion kommen. Stattdessen erhalten wir Botschaften vom Staatenbund der empfindungsfähigen Rassen, die uns willkommen heißen und uns einladen, uns dem standardmäßigen Diagnoseverfahren zu unterwerfen, das der Bestimmung des Rangs der Menschheit in der Hierarchie empfindungsfähiger Lebewesen in der Galaxie dient."

„Nicht nur den Rang", ergänzte Khphor als Echo in meinen Gedanken. „Dieses Verfahren bestimmt auch die Bereitschaft der Menschen für eine Integration in den Staatenbund."

„Dieses Diagnoseverfahren besteht aus einer Reihe von Tests", fuhr Valiadis fort. „Und wenn wir diese Tests nicht bestehen, dann ..."

„Dann werden wir die menschliche Rasse auslöschen", führte Khphor den Satz als Stimme in meinem Kopf zu Ende. Die Bilder, die seine Worte begleiteten, sprachen allerdings eine noch weitaus deutlichere und erschreckendere Sprache.

„... dann werden wir zu existieren aufhören", endete Valiadis.

Ich starrte auf die Bilder, die sich vor meinem geistigen Auge entfalteten. Verlassene, zerfallende Städte, längst von der Wildnis wieder in Beschlag genommen, der Beginn einer neuen Evolution, die Änderungen in der Landschaft, als Naturkatastrophen ganze Kontinente verschoben und neue Meere, neue Berge und neue Tierarten schufen, und endlich die Entwicklung einer neuen empfindungsfähigen Rasse, die aus all dem hervorging.

Telepathie ist definitiv die effektivste Form der Kommunikation. Die sieben Worte, die Khphor ausgesprochen hatte, lösten sofort einen Film in meinem Kopf aus, der mir ganze Millionen an Jahren der Zukunft unseres Planeten ohne Menschen zeigte.

„Sprechen Sie weiter", verlangte ich. Meine Stimme war so heiser, ich erkannte sie kaum wieder.

„Wir müssen dreißigtausend der würdigsten Vertreter der Menschheit auswählen, die diese Tests absolvieren."

„Achtundzwanzigtausend fünfhundert und einundsechzig", korrigierte Khphor ihn.

„Und diese müssen wir unter den Kandidaten auswählen, die das erste Screening-Stadium überstehen."

„Ich habe das Screening also bestanden?", fragte ich ohne Überraschung. Das war alles so surreal, dass ich die Worte rein mechanisch vorbrachte, um meinen Teil zur Unterhaltung beizutragen. „Und warum wurde ich ursprünglich zum Kandidaten bestimmt?"

„Oh, nein, du hast das Screening noch keineswegs überstanden. Dieser Test kommt erst noch. Wie alle anderen Kandidaten wurdest auch du vom Rat ausgewählt."

Ich wandte mich an den vaalphorischen Hünen. „Also von Ihnen?"

„Die besten Vertreter einer jeden Rasse, oder Leitfiguren, sind nicht qualifiziert", erwiderte er. „Wir haben bereits die traurige Erfahrung machen müssen, welche unerwartet negativen Folgen es hat, wenn wir einige der herausragendsten Denker und Aktivisten der Bewerberrasse unserer Diagnose unterziehen. Das Ergebnis war, dass das Potenzial dieser neuen Rasse maßlos überschätzt wurde. Und wie spätere Entwicklungen zeigten, war dies ein fatal falscher Ansatz. Die Mehrheit einer Rasse ist niemals in der

Lage, die hohen Level ihrer besten Vertreter zu erreichen."

„Deshalb hat der Rat sich diesmal entschlossen", mischte sich Valiadis ein, „unter denjenigen, die im Leben niemals in der Lage waren, wirklich etwas zustande zu bringen, die durchschnittlichsten und am wenigsten außergewöhnlichen Kandidaten auszuwählen. Die Auswahl beginnt in unserem Zeitalter. Weiter zurück wollte man in der Zeit nicht gehen. Vor dem Aufkommen des Internets war der menschliche Verstand überhaupt noch nicht in der Lage, das Interface der erweiterten Realität zu erfassen. Es bestand also die hohe Gefahr des Scheiterns und anschließender mentaler Probleme."

„Aber wie hat der Rat das schaffen können? Sind die Mitglieder etwa aus der Zukunft zurückgereist?"

Erneut hörte ich innerlich Khphors Stimme. „Die Manipulation der Zeit ist eine der wichtigsten Errungenschaften des Rats."

Valiadis, der seine Worte ja nicht hören konnte, erwiderte stattdessen: „Die Antwort auf diese Frage übersteigt derzeit noch unser Verständnis, fürchte ich. Ich bin lediglich ein Kandidat, ebenso wie du, nur mit dem Unterschied, dass ich es bereits in die endgültige Auswahl geschafft habe."

„Sie also auch", flüsterte ich.

Das ergab Sinn. Unter diesen Umständen erklärte sich auf einmal auch sein nahezu kometenhafter Aufstieg aus dem Nichts in den neunziger Jahren. Er war nichts weiter als ein durchschnittlicher Ingenieur gewesen, der seinen Job verloren hatte. Nach seiner Scheidung war er eine Weile verschwunden gewesen, bis er mehrere Jahre später als höchst einflussreiche Schlüsselfigur auf dem Finanzmarkt wieder aufgetaucht war.

„In Wirklichkeit hat es mich nicht mehr als ein Jahr gekostet", berichtete er, als ob er meine Gedanken lesen könnte.

„Was soll ich jetzt also tun? Und was passiert, wenn ich nicht ausgewählt werde?"

„Nicht viel, fürchte ich. Du kehrst einfach zurück in dein trübsinniges altes Leben, ohne dein Interface. Natürlich wird jegliche Erinnerung daran in deinen Gedanken gelöscht."

„Nun, das ist immerhin besser, als *ausgelöscht* zu werden. Und was bitte muss ich jetzt tun, um ausgewählt zu werden?"

„Du musst ..."

„Genug!", donnerte Khphors Stimme in meinem Kopf.

Überrascht wanderten Valiadis' und meine Blicke zum Außerirdischen.

„Ich habe einstweilen genügend Daten erfasst", erklärte Khphor und wandte sich dann an mich: „Du kannst gehen, Mensch."

Ich schaute mich um. Im Raum gab es keine Türen. „Wohin soll ich denn gehen?"

„Aber er braucht doch immer noch Unmengen an ...", begann Valiadis, verstummte jedoch abrupt. Wahrscheinlich hatte er gerade einen mentalen Befehl von Khphor erhalten.

Ilindi deutete auf die Wand hinter meinem Rücken. „Nur Mut, Mensch."

Vorsichtig erhob ich mich vom Bett und machte einen Schritt auf die junge Frau zu, die ich näher betrachten wollte, noch einen Schritt und noch einen. Und stieß gegen eine unsichtbare Barriere.

Hatte sie mich gerade „*Mensch*" genannt? Bedeutete das also, sie war auch einer von den Außerirdischen? Ich verengte die Augen und suchte nach etwas, das an ihrem Erscheinungsbild nicht menschlich war.

Dann keuchte ich erschrocken. In ihren großen Augen, die in allen Farben des Regenbogens schillerten, stand Verachtung, und ihre herrlichen

Haare verbargen zwei spitze Ohren wie die von Mr. Spock auf der Enterprise.

„Du gehst jetzt besser, Phil", riet Valiadis mir. „Ilindi ist für ihr Temperament bekannt."

Ich gehorchte. Die Seelenruhe, die sie über mich verhängt hatte, klang bereits ab. Ich konnte es nicht erwarten, diesen Ort zu verlassen und zu meinen Eltern zu kommen. Der bittere Gedanke an Kiras Tod erfüllte mich erneut mit überwältigender Trauer.

Ich bewegte mich auf die Wand zu, deren Oberfläche an die schuppige Haut eines Albino-Krokodils erinnerte, das plötzlich das Maul aufsperrte und eine enge, sich windende Passage freigab.

Kaum hatte ich sie betreten, schloss sich die Öffnung hinter mir wieder, was mir einen Stoß nach vorn versetzte. Ich hatte keine andere Wahl, als diesen verwinkelten Gang entlang zu marschieren.

Nach einer kurzen Weile nahm ich vor mir eine Bewegung wahr. Ein riesiger Klumpen geleeartigen Schleims schien sich auf mich zuzubewegen.

Rasch versuchte ich, dieses Ding zu identifizieren.

Säuregallert
Level: 7

Wie bitte? Nur das Level? Kein sozialer Status, nichts sonst?

Der Schleim füllte den Tunnel von Wand zu Wand und ragte bis etwa zu meiner Taillenhöhe auf. Dem Ding auszuweichen war ausgeschlossen. Und darüber hinweg springen ebenfalls. Was vielleicht anders gewesen wäre, wenn ich mir beizeiten die Mühe gemacht hätte, meine Beweglichkeit zu steigern.

Wie auch immer – dieses Gelee war eine Art Raubtier. Es durfte mich auf keinen Fall erwischen!

Ich wich ein paar Schritte zurück und hielt Ausschau nach etwas – irgendetwas! –, das ich als

Waffe einsetzen könnte. Doch da war nichts. Am Ende riss ich mir das Hemd vom Leib, umwickelte meine Hand damit und wartete auf das Herannahen des Gallertklumpens.

Ich musste nicht lange warten. Der Schleim schien sich anzuspannen und sprang dann direkt auf mich zu. Wie Schleim springen kann, ist mir nicht möglich, zu erklären. Er tat es eben. Instinktiv schloss ich die Augen und versetzte dem Klumpen mit der durch das Hemd geschützten Hand einen Fausthieb – mit aller Kraft, die ich aufbringen konnte.

Du hast dem Säuregallert 1 Punkt Schaden zugefügt (ein Fausthieb)!

Der Gesundheitsbalken der Kreatur hatte nicht einmal gezuckt. Meiner hingegen näherte sich dem Nullpunkt, als das Gelee mich nun umhüllte und mit seinem schweren Gewicht zu Boden drückte. Ich spürte nur noch eines – die unerträglichen Qualen, als die Säure mich bei lebendigem Leib auffraß.

Ich schrie – was lediglich dazu führte, dass der ätzende Schleim nun auch in meine Kehle drang.

Ich rang nach Atem. Der Schmerz in meiner Brust, wie von kochendem Wasser, überschritt meine Schmerzgrenze um ein Vielfaches.

Meine Finger kratzten über den Boden, in dem Versuch, zu entkommen, so sehr mir auch die Nutzlosigkeit dieser Anstrengung bewusst war. Meine Gedanken liefen im Kreis, befassten sich mit der merkwürdigen Verbindung zwischen meinem Interface, dem alten Panikoff und Valiadis.

Ich wurde ohnmächtig …

… aber ich war noch nicht tot.

In meinem merkwürdigen Zustand zwischen Leben und Tod erreichten mich gedämpfte Stimmen.

„Khphor, bitte! Warum sollte er denn versuchen, zu

entkommen? Und warum ausgerechnet der Säuregallert? Er hatte doch keine Ahnung von der elementaren …"

„… vorzeitiger Kontakt mit einem anderen Kandidaten."

„Hat er nicht seinen Großvater erwähnt?"

„Säure, ja."

„Er hat was bitte? Mit seinen *bloßen Händen*? Kannst du die Kandidaten nicht besser überprüfen?"

„… nur ein Überraschungseffekt."

„… zeigt die geringen Level des Objekts in …"

Das Interface der erweiterten Realität wurde deinstalliert!

* * *

„DA SIND WIR!" Jemand gab meiner Schulter einen Stoß.

Ich öffnete die Augen.

„Wir sind am Ziel, mein Sohn. Wach auf!"

Ich war wieder im Taxi. Der Fahrer mit seinem Schnurrbart hatte mich beim Hemdkragen gepackt und schüttelte mich.

„Wo … wo sind wir?", fragte ich, völlig desorientiert. „Was ist das für ein Ort?"

„Na, was glaubst du wohl?", schnaubte der Fahrer. „Du wolltest zum Zarengrill, und genau dorthin habe ich dich gebracht. Da ist das Restaurant, siehst du?"

„Der Zarengrill?" Verwirrt schaute ich aus dem Fenster. „Was schulde ich Ihnen?"

„Sechshundert."[10]

Ich bezahlte, stieg aus dem Wagen und kämpfte dabei mit meinem Körper, der sich wie taub anfühlte. Das Taxi fuhr ruckartig an und verschwand bald

---

[10] 600 Rubel entsprachen zum Zeitpunkt, als das Buch geschrieben wurde, etwa 10 USD.

darauf in der Nacht.

Es regnete nicht mehr. Als ich zu Boden schaute, bemerkte ich, dass ich mitten in einer Pfütze stand. Rasch begab ich mich auf einen trockeneren Fleck.

In meiner Hosentasche vibrierte etwas. Ich zog das Handy heraus und starrte auf die mir unbekannte Nummer.

„Ja?", meldete ich mich.

„Wo bleiben Sie denn, Zeitreisender?", hörte ich Pavels fröhliche Stimme. „Wir haben schon überall nach Ihnen gesucht! Der Chef will Sie sehen! Gut, dass Darya sich Ihre Handynummer aufgeschrieben hatte!"

Ich war völlig verwirrt. „Aber haben Sie nicht gesagt, ich brauche nicht mehr zu kommen?"

„Was, ich? Wann? Warum sollte ich?" Dann sprach er gedämpft weiter, hatte wahrscheinlich die Hand über das Mikrofon gelegt: „Seid ihr alle verrückt geworden? Wer von euch hat Panfilov gesagt, er soll nicht kommen?"

Kurz darauf war er wieder laut und deutlich zu hören. „Ist ja auch egal. Wo sind Sie gerade? Können Sie ins Restaurant kommen?"

Ich betrachtete die flackernde Leuchtreklame des Lokals und die Terrasse, auf der sich laute, glückliche Menschen um Tische drängten. Da war irgendetwas, worüber ich unbedingt nachdenken musste ... Aber ich konnte mich beim besten Willen nicht daran erinnern, was es war.

„Ich bin schon ganz in der Nähe und gleich da", erklärte ich.

„Ja, bitte beeilen Sie sich", drängte Pavel. „Wir warten schon alle."

Er beendete den Anruf.

Mit angehaltenem Atem wählte ich Kiras Nummer. Das Telefon läutete und läutete. Mir brach der kalte Schweiß aus, und sofort warnte eine Systemmitteilung mich, dass mein Herzschlag die sicheren Parameter überschritten hatte.

Und dann, gerade als ich fürchtete, mich damit abfinden zu müssen, dass Kira tatsächlich tot war, nahm sie ab.

„Phily? Weißt du, wie spät es ist? Ist mit dir alles in Ordnung?"

„Mir geht es gut, danke." Erleichtert stieß ich den Atem aus. „Du fehlst mir nur. Wie geht es dir?"

„*Jetzt* geht es mir gut. Aber kannst du dir das vorstellen? Vorhin hätte mich beinahe ein Lastwagen erwischt!"

„Nein! Wie ist denn das passiert?"

„Ich habe das Auto auf dem Parkplatz abgestellt und wollte nach Hause. Es hat geregnet, also habe ich die Kapuze aufgesetzt und mich beeilt. Ich habe nicht auf meine Umgebung geachtet." Sie hielt inne, erlebte den Augenblick anscheinend noch einmal. Ich hörte etwas, das wie ein Schluchzen klang. „Dann hat plötzlich das Handy in meiner Tasche geläutet, also blieb ich stehen, um den Anruf entgegenzunehmen. Und genau in diesem Augenblick fuhr ein LKW rasend schnell an mir vorbei."

„Himmel! Ich hatte so ein merkwürdiges Gefühl, dass dir etwas zugestoßen sein könnte. Wer hat dich denn angerufen?"

„Ich habe keine Ahnung", erwiderte sie. „Es wurde keine Nummer angezeigt. Und als ich das Gespräch angenommen habe, hatte der Anrufer bereits aufgelegt ..."

KAPITEL 16

DAS GLAS HALB VOLL

„Im Augenblick ist dies nur ein Job. Wenn ich weiter fortschreiten würde, wäre es meine Karriere. Und wenn das meine Karriere wäre, müsste ich mich gleich vor einen Zug werfen."

Jim Halpert, *Das Büro*

WENN MAN EINMAL alles berücksichtigt, was passiert war, hatte ich weit mehr als eine Stunde gebraucht, um mich den anderen im Zarengrill anzuschließen.

Ich verharrte eine Weile beim Eingang des Restaurants und versuchte, die Sache mit meinem blöden Traum auf die Reihe zu bekommen, den ich gehabt hatte, nachdem ich offenbar im Taxi eingeschlafen war. Ich konnte mich nicht an alles erinnern, nur an das Wichtigste. Mein Unterbewusstsein hatte anscheinend aus meinen schlimmsten Ängsten den perfekten benutzerdefinierten Albtraum gestrickt und mir genau die Dinge vor Augen geführt, die ich am meisten fürchtete – den Verlust eines geliebten Menschen (und Kira war der Mensch, der mir von allen am nächsten stand, wahrscheinlich sogar näher als meine Eltern) und die Aufforderung, die Menschheit zu retten. Was für einen verantwortungslosen Faulenzer wie mich der absolute Horror war. In meinem Traum hatte man mich sogar des Interfaces beraubt, also des einzigen Werkzeugs, das mir zumindest eine gewisse Chance einräumte. Und was war mit diesem elenden Säuregallert? Angesichts meiner Blennophobie[11] war das der schrecklichste Angriff, den ich mir nur vorstellen konnte!

Was für ein merkwürdiger Traum! Wirklich, das waren einfach zu viele Zufälle. Kiras Tod, die einer gefährlichen Situation tatsächlich gerade nur so mit dem Leben entkommen war, im letzten Augenblick gerettet durch die Schulglocke - wie in der Sitcom *California High School*. Oder sollte ich lieber sagen durch einen Anruf? Und dann war da diese eigenartige Verbindung zwischen Panikoff und Valiadis …

Ich musste unbedingt sicherstellen, dass all das tatsächlich nur ein Traum gewesen war und ich noch immer über das Interface verfügte. Also rief ich Martha auf.

„Hi, Phil!"

Sie hatte sich kein bisschen verändert. Da war noch immer das spitzbübische Lächeln, das hautenge Abendkleid, derselbe Kaugummi.

„Hi, Schätzchen." Ich hätte mich gern ein wenig mit ihr unterhalten, aber momentan hatte ich einfach nicht die Zeit dazu. „Wir sehen uns später!"

Knapp zwei Stunden, nachdem ich das Büro von Ultrapak verlassen hatte, betrat ich endlich das Restaurant.

„Guten Abend. Haben Sie reserviert?", begrüßte die Concierge mich.

„Ja. Sie haben hier heute eine Gruppenfeier."

Fragend hob sie die Augenbrauen.

---

[11] Blennophobie: Die Angst vor Schleim.

Rasch fügte ich hinzu: „Die Bürofeier von Ultrapak?"
„Ah!" Sie nickte. „Bitte folgen Sie mir."

Sie führte mich durch das Restaurant mit seinem gedämpften Licht, an der Bar und den Tischen vorbei. Es war leise Musik zu hören und auf einer kleinen Bühne gab eine Sängerin ein Lied zum Besten.

Es ging eine enge Treppe hinauf, die für betrunkene Gäste gewiss eine echte Herausforderung darstellte. Endlich betraten wir einen großen Raum, der wohl privaten Feiern vorbehalten war. Deutlich war zu erkennen, dass die offizielle Feier längst vorbei war. Herr Ivanov, Pavel und einige ihrer Stellvertreter saßen von den anderen entfernt in bequemen Sesseln um einen niedrigen Tisch herum, rauchten Zigarren und nippten an ihren Cognacgläsern.

Die Handelsvertreter drängten sich draußen auf einem kleinen Balkon und amüsierten sich über Gregs unglaubliche Geschichten. Jemand lachte laut und erstickte dann beinahe an einem Hustenanfall. Das musste Cyril sein.

Ich hatte an Büropartys nie Spaß gehabt. Das Gleiche galt für Seminare, Schulungskurse und andere Aktivitäten zur Förderung des Teamgeistes. Eine Bürofeier ist für einen introvertierten Menschen der schlimmste Albtraum. Schließlich kommt man hier nicht ganz zwanglos nach der Arbeit auf ein paar Bierchen mit Kollegenkumpels zusammen, sondern es handelt sich um einen organisierten Ausflug, geplant und kontrolliert vom Management. Normalerweise ist dessen einziger Zweck, die Mitarbeiter in eine gehorsame Menge zu verwandeln, die das Denken abgestellt hat, und sie in die Mentalität der Lemminge und des unternehmerischen Rattenrennens einzuführen. Die Lemminge betrinken sich dann brav am kostenlosen Alkohol, bevor sie am nächsten Morgen wieder in der Tretmühle erscheinen.

Solche „Veranstaltungen" bringen oft die

schlechtesten Seiten der Kollegen zum Vorschein, die normalerweise in den Formalitäten der Etikette am Arbeitsplatz untergehen, wie Heuchelei, Eitelkeit, hinterhältiger Verrat und schamlose Lüsternheit. Das Management lobt die Unternehmenswerte über den grünen Klee und beobachtet die Mitarbeiter gnädig von einer Art Thron aus, fordert sie auf, zu trinken und fröhlich zu sein. Schließlich kann sich ein normaler Angestellter aus der Mittelklasse nicht jeden Tag den Besuch in einem so vornehmen Etablissement erlauben!

Die Mitarbeiter spenden den Reden ihrer Vorgesetzten Applaus, bis ihnen die Hände wehtun, schütten ihre Drinks hinunter und tauschen im Flüsterton sarkastische Bemerkungen über die Redner aus. Zum Höhepunkt des Abends betrinken sich die IT-Experten in Gesellschaft der Fahrer, die Werbeabteilung umwirbt die Buchhaltung und die Sekretärin des obersten Chefs – die sich benimmt, als sei dies *ihre* Party – akzeptiert großzügig den Drink, den der Chefanalyst ihr anbietet. Der ihr Potenzial längst begutachtet und bewertet hat und jetzt davorsteht, ihre persönlichen Werte sehr viel greifbarer zu analysieren.

„Phil!", brüllte Pavel über die Musik hinweg. Er winkte mich heran.

Verdammt! Eine freundliche Arbeitsumgebung konnte ich auf keinen Fall mehr erwarten, nicht, nachdem die Führungsspitze mich so offen als ihren Liebling behandelte.

Ändern konnte ich das allerdings nicht, also begab ich mich an den Tisch.

„Nun sieh sich einer an, wer da doch noch auftaucht!", röhrte Herr Ivanov. Sein Gesicht war knallrot. Er hatte sich bereits sowohl Jackett als auch Krawatte entledigt und die Hemdsärmel aufgekrempelt. „Phil, du Mistkerl, komm her! Komm her und lass dich umarmen!"

Die Fortschrittsanzeige seiner guten Laune platzte beinahe aus allen Nähten. Alkohol schien der reinste Launeverbesserer zu sein. Bisher hatte ich noch keine Möglichkeit gehabt, diese Theorie zu überprüfen, doch anscheinend hatte ich jetzt Gelegenheit dazu.

Ich gab ihm die Hand und ließ es widerstrebend zu, dass er seine Arme um mich legte. Er drückte mich an sich und klopfte mir auf den Rücken. „Komm, setz dich zu uns!" Er bedeutete einem seiner Stellvertreter, mir einen Sessel herbeizuholen, was dieser eilends tat.

„Zigarre?", fragte Pavel.

„Nein, danke. Ich habe gerade mit dem Rauchen aufgehört", erwiderte ich mit einer Prise Schuldgefühl in meinem Lächeln.

„Aber mit uns anstoßen musst du!", verkündete Herr Ivanov.

Derselbe Stellvertreter hatte bereits ein weiteres Glas besorgt und füllte es jetzt mit einem schrecklich teuren Gebräu.

Ich betrachtete die Statistiken. *Ein 18 Jahre alter Whiskey, Marktwert: 313,65 USD, chemische Zusammensetzung: 63,9 % Wasser, 36 % Ethanol, Spuren verschiedener Mikroelemente.*

Meine Ehrfurcht vor teuren Marken, der schon mein letzter Einkaufsbummel einen schweren Schlag versetzt hatte, sank auf ein neues Tief.

Ansonsten bemerkte ich das aufrichtige, wenngleich durch Geldgier bestimmte Interesse der anderen an mir. Natürlich wusste ich sehr genau, dass ich für sie nichts anderes war als die Gans, die goldene Eier legt. Trotzdem schmeichelte mir ihre Aufmerksamkeit.

Ich musste mich zusammenreißen und durfte nicht zulassen, dass sie mich mit ihrer Nettigkeit unterbutterten. Für mich war Ultrapak nichts weiter als der Anfang, der es mir ermöglichte, meine finanziellen Sorgen zu vergessen und mich auf meine persönliche Entwicklung zu konzentrieren.

Herr Ivanov stand auf und hielt eine lange Rede. Dabei schwankte er leicht und wippte dauernd von seinen Zehenspitzen zu den Fersen und zurück. Nach und nach gewann er die Aufmerksamkeit aller an meinem Tisch. Auch meine Kollegen am großen Tisch stellten ihr Lachen ein und hörten zu.

Er sprach weiter und weiter, erinnerte sich nostalgisch an die Anfänge des Unternehmens vor acht Jahren. Er berichtete, wie schwer es damals gewesen war, eine eigene Produktionslinie hochzuziehen. Er erzählte uns von „Pavel-Jungchen hier, der damals nichts als eine Rotznase war." Von seiner Zigarre fiel die Asche in schweren Klumpen ab, als er damit erst auf Pavel zeigte, dann auf jeden seiner Stellvertreter, deren Ankunft in der Firma er wortreich beschrieb.

Ich hatte in Erwartung des Anstoßens bereits mein Glas gehoben, doch meine Hand wurde langsam müde und die Rede würde noch eine Weile dauern. Also stellte ich es wieder ab.

„Und heute hat unser Unternehmen endlich eine neue Ära begonnen, durch den Abschluss des Geschäfts mit J-Mart", kam er zum Schluss. „Und alles nur dank ihm!"

Er nickte mir zu, glücklicherweise ohne seine Zigarre auf mich zu richten, und sagte: „Zum Wohl!"

Alle brüllten ihre Begeisterung für den Trinkspruch laut heraus und stießen ihre Gläser (oder vielmehr - wie das System mich hilfsbereit informierte - ihre „Trinkbehälter mit flachem Boden") mit denen der anderen zusammen.

Auch ich berührte das Getränk mit den Lippen. Ich war kein Abstinenzler, aber mir war klar, dass es keine gute Idee war, mich in Gegenwart von Leuten zu betrinken, die ich kaum kannte. Von meinen Chefs einmal ganz zu schweigen.

Herr Ivanov beobachtete mich aufmerksam. Mein

noch immer gefülltes Glas löste ein missbilligendes Kopfschütteln aus. „Was ist denn los mit dir? Hoch die Tassen!"

„Aber ich ..."

„Nun trink schon!"

Um mich herum sah ich nichts als ernste Gesichter. Ich gab auf, nahm das verdammte Whiskeyglas und kippte den Inhalt in einem Zug hinunter.

Herr Ivanov nickte zufrieden. Das System meldete mir eine geringfügige Schwächung von Beweglichkeit, Wahrnehmung und Selbstkontrolle für die nächsten zwei Stunden. Gleichzeitig hatten sich meine Laune und mein Selbstvertrauen leicht erhöht.

„Geht doch – braver Junge!", lobte Herr Ivanov mich, sichtlich zufrieden. „Und jetzt schieb deinen Stuhl hier rüber, damit wir uns unterhalten können. Sonst kann ich bei dieser lauten Musik überhaupt nichts verstehen."

Ich rückte näher an ihn heran. Pavel und die anderen begannen eine Diskussion über die Chancen des russischen Fußballteams bei der bevorstehenden Weltmeisterschaft.

„Sie können es einfach nicht lassen, was?", bemerkte Herr Ivanov, dann wechselte er das Thema. „Wo warst du denn die ganze Zeit?"

„Ich musste schnell nach Hause, den Hund ausführen", antwortete ich wahrheitsgemäß. Aufrichtigkeit hatte mir bisher gute Dienste geleistet. „Er war den ganzen Tag allein."

„Sehr gut", erwiderte er. „Der Hund ist der beste Freund des Mannes, so heißt es doch. Und einem Freund muss man immer aushelfen. Du lebst also allein?"

„Nun, rein technisch gesehen bin ich noch immer verheiratet."

„Was meinst du damit, ‚rein technisch gesehen'? Wo ist denn deine Frau?"

Sehr erfreut war ich über seine ungenierte Neugier nicht, sah allerdings keinen Sinn darin, dem Thema auszuweichen. „Wir lassen uns scheiden. Sie ist zurück zu ihren Eltern gezogen. Es sollte wohl nicht sein, vermute ich mal."

„Das tut mir leid." Traurig schüttelte er den Kopf. „Aber ich sage dir was – ihr beide solltet es noch einmal miteinander versuchen. Versprich mir, dass du das tun wirst! Versprich es mir jetzt sofort!"

„Ich verspreche es", stimmte ich mit einem Lächeln zu. „Schließlich ist die Hoffnung alles, was bleibt, nicht wahr?"

„Guter Junge! Hervorragend! Gib mir fünf!" Wir klatschten einander ab. „Und jetzt erzähl mir ein bisschen mehr über dich selbst. Was sind deine Ziele im Leben? Was möchtest du gern tun?"

„Da gibt es nicht viel zu berichten. Ich bin kein junger Hüpfer mehr. Ich habe lange gebraucht, bis mir klar geworden ist, dass ich mich einfach durchs Leben habe treiben lassen. Also habe ich beschlossen, mich endlich zusammenzureißen. Ich habe mich nach einem festen Job umgesehen – den ich schon fast gefunden habe, wie ich hoffe – und ich gehe jetzt jeden Morgen joggen. Ich habe damit begonnen, gute Bücher zu lesen …"

„Welche Art Bücher?", unterbrach Pavel mich. Anscheinend hatte er unserer Unterhaltung die ganze Zeit über zugehört.

„Alle auf den Vertrieb bezogen. Mit *Kein Bullshit. Verkaufserfolg* bin ich schon fast durch."

„Dan Kennedy?"

„Genau."

„Hast du *Gewandtes Verkaufen* gelesen? Ein sehr gutes Buch!"

Herr Ivanov schüttelte den Kopf. „Wie wäre es, wenn ihr eure Leselisten ein anderes Mal austauscht?"

„Ja, wir sind jetzt fertig." Pavel lehnte sich im Sessel

zurück und nahm einen tiefen Zug von seiner Zigarre.

„Du hast gesagt, du hoffst, schon fast einen festen Job gefunden zu haben." Herr Ivanov lachte leise. „Nun, lass es dir gesagt sein – das hast du. Morgen früh gehst du gleich zur Personalabteilung und sagst denen, du bist jetzt fest eingestellt. Die Probezeit wird aufgehoben. Hast du mich gehört, Pavel?"

Pavel nickte.

„Du hast uns bereits gezeigt, was du wert bis", schloss der CEO. „Und jetzt amüsiere dich mit den anderen Jungs!" Er deutete in Richtung des großen Tisches. „Wir haben noch etwas zu besprechen."

Er bedeutete seinem Stellvertreter, die Gläser zu füllen.

Ich wollte ihn gerade nach meinem Bonus fragen, als eine neue Systemmitteilung meinen Körper mit einer Welle wahrer Freude überflutete.

Quest-Alarm: Eine auf einen Tag begrenzte Chance. Quest abgeschlossen!

Du hast erfolgreich von Ultrapak Ltd. hergestellte Verpackungsprodukte verkauft.

Erhaltene Erfahrungspunkte: 1.500 Punkte

Zusätzliche erhaltene Erfahrungspunkte: 500 Punkte (für Überlegungen außerhalb der ausgetretenen Pfade)

+20 % Zufriedenheit

Schon bald würde ich ein neues Level erreichen!

Ein zufriedener Schauer lief durch meinen Körper. Es fiel mir verdammt schwer, zu verbergen, was gerade in mir vorging. Mein Zufriedenheitsbalken war fast voll. Jetzt brauchte ich nur noch eine anständige Mahlzeit und eine ordentliche Mütze voll Schlaf, und schon würde mein Glücksgefühl 100 % erreichen.

Die nächste Mitteilung brachte einen weiteren angenehmen Bonus:

Dein Ansehen bei Pavel Gorelov hat sich verbessert!
Derzeitiges Ansehen: Freundlichkeit 5/60

Ich riss mich zusammen und wandte mich an Herrn Ivanov. „Entschuldigen Sie bitte ..."

„Was ist?" Er schien sich nicht zu freuen, dass ich noch immer mit an seinem Tisch saß.

„Eine letzte Frage: der Bonus für das Geschäft von heute. Werden Sie ...?"

„Der Bonus? Pavel, hast du das gehört? Der Bonus!" Herr Ivanov lachte. „Ist das nicht typisch? So sind sie, die jungen Leute! Die kümmern sich einen Dreck um Ideale! Alles, was ihnen am Herzen liegt, ist Geld!"

Pavel nickte und lächelte breit, ohne wirklich zu lachen.

Mein Puls raste. Ich hatte das Gefühl, kurz vor einem Ausbruch zu stehen, gefährlich nahe der übereilten Handlung, aufzustehen und ihnen allen zu erklären, sie könnten sich ihre Geschäfte dorthin schieben, wo die Sonne nie schien. Ein fortlaufender Bonus selbst von nur wenigen Prozent vom Umsatz ihres Geschäfts über viele Millionen Rubel hätte meine täglichen Bedürfnisse abgedeckt und mir darüber hinaus noch ein wenig Spielraum verschafft. Damit könnte ich gut überleben, ohne auf einen weiteren Verkauf angewiesen zu sein.

Mit einem auf meinem Gesicht eingefrorenen Lächeln erwartete ich Ivanovs Antwort. Wenn er die Sache lustig fand – nun, ich ebenfalls.

Endlich war er fertig mit Lachen und sagte: „Das, fürchte ich, ist eine Entscheidung, die dein direkter Vorgesetzter zu treffen hat. Pavel? Was sagst du?"

„Nun, formell betrachtet kommt es natürlich überhaupt nicht infrage. Wir sind bereits ausgesprochen entgegenkommend, indem wir auf deine Probezeit verzichten und dich gleich fest anstellen. Aber ... Als einmalige Anreizzahlung, warum nicht? Hermann wird uns morgen die Abschlagszahlung überweisen. Ich vermute mal, wir könnten das Geld verwenden, um ihm einen Bonus von, sagen wir mal ..." – er hielt inne und stellte in seinem Kopf offensichtlich Berechnungen an – „zwanzigtausend[12] zu zahlen?"

Zwanzigtausend *Rubel*? War das ein Witz? Ich hatte allein zehntausend ausgegeben, um für die Badehose und diesen verdammten Drei-Tages-Pass im Fitness-Club zu bezahlen!

Und das boten sie mir an, nachdem sich mein Ansehen bei ihnen bereits verbessert hatte! Wäre es auch nur geringfügig schlechter gewesen, hätten sie mich garantiert vollständig übers Ohr gehauen, das stand schon mal fest.

„Du bist darüber nicht sehr glücklich, was?" Pavel schien die Situation zu genießen. „Nun gut, dann erhöhen wir auf fünfundzwanzig. Und jetzt Ende der Diskussion!"

„Du kannst gehen", befahl Herr Ivanov.

Du kannst gehen, Mensch, hallte es in meinem Kopf wider.

Ich hatte das Gefühl, explodieren zu müssen. Ich erhob mich und wollte ihnen schon erklären, sie könnten mir mal im Mondschein begegnen, doch dann überlegte ich es mir anders. Diese Blutsauger sollten mir erst einmal mein Geld zahlen. Bis das erledigt war, musste ich mitspielen und mich an ihre Regeln halten.

„Danke", sagte ich schroff und begab mich direkt in Richtung Ausgang auf der anderen Seite des Raums.

Ich hatte nicht die geringste Absicht, zu bleiben. Es war doch sinnlos, zu versuchen, Freundschaften mit Leuten zu schließen, die niemals meine Kollegen sein würden. Längst dachte ich sehr intensiv darüber nach,

---

[12] 20.000 Rubel entsprachen zu dem Zeitpunkt, als das Buch geschrieben wurde, etwa 350 USD.

wie ich aus meinen Fähigkeiten anderweitig Geld machen konnte.

Auf halbem Weg bemerkte ich Marinas schlanke Silhouette draußen auf dem Balkon. Neben ihr stand einer von Pavels Speichelleckern, ein Typ namens Dennis. Er fuchtelte mit den Händen herum, während er ihr augenscheinlich etwas erklärte.

Ich verlangsamte meinen Schritt. Es sah ganz danach aus, als könnte das Mädchen meine Hilfe gebrauchen. Der Balken ihrer Laune befand sich noch immer tief im roten Bereich. Über ihrem Kopf blinkte das große Ausrufezeichen eines Quest-Gebers.

Ich beschloss, zu warten, bis die beiden ihre Unterhaltung beendet hatten, und ging zum großen Tisch, wo ich mich neben Greg setzte.

„Hallo, Jungs", begrüßte ich alle.

„Aha – da ist er, der Held des Tages!", rief Cyril aus. „Phil, der J-Mart-Töter!"

„Und, hat man sich angemessen dankbar erwiesen?", fragte eine junge Frau aus der Buchhaltung und deutete dabei mit dem Kopf auf den Tisch der Chefs. Sie heuchelte Gleichgültigkeit. Ihren Statistiken zufolge allerdings hieß sie zum einen Vicky und verging zum zweiten vor Neugier.

„Ja, so kann man das nennen", antwortete ich düster. „Ich weiß gar nicht, wohin mit all der Dankbarkeit. Ob ich wohl zur Feier des Tages einen Tisch bei *McDonald's* reservieren soll? Oder ich könnte einen Urlaub in der Gartenlaube meiner Großmutter auf dem Land buchen."

„Haben sie dich also auflaufen lassen?", erkundigte sich Greg.

„Nun, genau betrachtet bin ich ja noch kein richtiger Angestellter und habe daher keinen Anspruch auf einen Bonus. Deshalb haben sie mir eine Einmalzahlung angeboten. Die im Wert dem Preis einer ihrer Whiskeyflaschen entspricht."

Und *Bumm!* Ich war noch nie ein guter Menschenkenner gewesen, doch plötzlich überschüttete das System mich mit Mitteilungen über mein verbessertes Ansehen bei allen, die sich in Hörweite befanden. Tja, Sympathie mit einem Verlierer ist nun einmal eine typisch russische Charaktereigenschaft! Oder lag es einfach nur daran, dass ihre in Neid und Eifersucht begründeten Debuffs schlagartig aufgehoben worden waren?

Jedenfalls, die Nachricht von meinem Pech verbreitete sich, begleitet von neuen Systemmitteilungen. Eine Weile lang schwiegen meine Kollegen, dann begannen sie alle auf einmal zu sprechen.

„Hast du ihnen gesagt, wie unfair das ist?", wollte Vicky aus der Buchhaltung wissen. „Du hast ihnen noch einmal halb so viel Umsatz eingebracht, wie wir ihn derzeit erzielen!"

„Du hättest einfach warten sollen, bis sie dich ganz offiziell eingestellt haben, bevor du ein solches Geschäft abschließt", meldete sich eine mir unbekannte Stimme von irgendwo in der Mitte des Tisches zu Wort.

„Was möchtest du trinken?", bemühte Greg sich um mich. „Wodka? Oh, nein, Wodka kommt ja nicht infrage, nachdem du gerade mit Whiskey begonnen hast.[13] Ich besorge welchen von den IT-Leuten."

„Sitz nicht einfach nur so da – du musst unbedingt was essen. Warte, ich besorge dir etwas." Vicky türmte

---

[13] Die russischen Trinkgewohnheiten verlangen, dass man während einer Party bei lediglich einer bestimmten Art von Alkohol bleibt. Das verhindert vorzeitige Betrunkenheit. In Kombination mit der russischen Angewohnheit, beim Trinken ständig etwas zu essen, ist dies das „Geheimnis", das hinter der behaupteten Fähigkeit der Russen steckt, eine Menge trinken zu können, ohne betrunken zu werden.

gemischten Salat, eine großzügige Portion Kartoffelsalat und mehrere große Stücke kaltes, gebratenes Hühnchen auf einen sauberen Teller. „Max, geh zu den Kellnern und sag ihnen, sie sollen Phil den Hauptgang bringen", verlangte sie dann.

„Haben sie dich wenigstens jetzt als Mitarbeiter eingestellt?", fragte Cyril und spielte dabei mit einem abgenagte Hühnerknochen.

Ich nickte Vicky dankbar zu und wandte mich an Cyril. „Der Chef hat gesagt, ab morgen bin ich Angestellter von Ultrapak."

„Na, dann willkommen im Club!", rief er. „Hat jeder was zu trinken? Stoßen wir an auf unseren Philip ..."

„Mir wäre es lieber, Phil genannt zu werden", warf ich ein.

„Okay. Also, trinken wir auf Phil!", verkündete er. Geistesabwesend hob er den Hühnerknochen in die Höhe.

Meine beschwipsten Kollegen waren sofort dabei. Inzwischen waren sie so beschickert, dass sie auf alles angestoßen hätten.[14]

Ich machte mich über Hühnchen und Salat her. Die anderen ließen mich mein Essen ohne Störung genießen.

„Geht es dir jetzt besser?", erkundigte sich Cyril endlich.

Ich nickte.

Er zog mich für eine Zigarette auf den Balkon.

Greg folgte uns, ohne eingeladen worden zu sein.

---

[14] Eine weitere russische Trinkgewohnheit ist, jeden Schluck mit einem entsprechenden Trinkspruch zu begleiten. In Russland wird es als schlechte Manieren betrachtet, wenn jemand, während er sich in Gesellschaft anderer befindet, allein an seinem Drink nippt. Stattdessen wird erwartet, dass jeder zusammen mit allen anderen trinkt, nachdem ein Trinkspruch verkündet wurde.

Marina stand noch immer draußen. Cyril und Greg zündeten sich Zigaretten an.

„Kann ich auch eine haben?", fragte Marina.

Greg bot ihr eine Zigarette und Feuer an.

„Phil, wenn ich einmal ganz frech sein und fragen darf – wie zum Teufel hast du Valiadis gefunden?", wollte Cyril wissen.

„Mein Neffe heißt ebenfalls Cyril", wich ich aus.

„Das ist auch der Name meines kleinen Bruders", warf Marina gedankenverloren ein.

„Schon kapiert", grinste Cyril. „Du willst es nicht verraten."

„Nein, das ist es nicht", widersprach ich und versuchte, mir schnell eine Halbwahrheit einfallen zu lassen. „Du weißt doch, dass Valiadis bei Facebook ist, oder?"

„Na und?"

„Manchmal ist sein Einchecken aktiviert. Aber nicht immer."

„Was zum Teufel ist Einchecken?", maulte Cyril. „Kannst du nicht normal reden?"

„Das ist eine Funktion bei Facebook", erklärte Marina. „Dadurch kann jeder sehen, wo du dich gerade aufhältst. Und falls du das nicht wissen solltest – Facebook ist das amerikanische Pendant zu unserem VK.[15] Jedenfalls, dank dieser Funktion konnte Phil den Bewegungen von Valiadis folgen."

„Ja, so in etwa", stimmte ich zu. „Er war gerade in einem Fitness-Club."

„Nein, warte mal eine Sekunde", beharrte Cyril. „Du willst mir doch wohl nicht etwa weismachen, dass einer der reichsten Männer in ganz Russland auf Facebook all seine Bewegungen preisgibt? Um es seinen Feinden

---

[15] VK: VKontakte.ru, ein soziales Mediennetzwerk in Russland, das Facebook ähnlich ist. Marinas Bemerkung ist sarkastisch gemeint, sie mokiert sich über Cyrils Unwissenheit, was die sozialen Medien betrifft.

einfacher zu machen, ihn zu finden? So dumm kann doch keiner sein! Ich vermute eher, du bist ganz zufällig auf ihn gestoßen und hast die Gelegenheit ausgenutzt und ihn angesprochen, habe ich recht?"

„Nicht ganz", erwiderte ich und spielte den Ehrlichen, während ich in Wirklichkeit einfach nur nicht mehr mit all den Lügen Schritt halten konnte. „Ich kenne ein Mädchen, das in dem Fitness-Club arbeitet. Sie hat mir eine SMS geschickt, als er eintraf. Ich bin dann sofort in den Club gerast und habe so getan, als sei es nur ein Zufall, ihn dort zu treffen. Ich hatte Glück, sonst nichts."

„Ha!", stieß Greg aus, sichtlich erleichtert. „Warum hast du das nicht gleich gesagt? Einchecken – ja, klar … Das verlangt nach einem Drink. Wo ist die Flasche?"

„Du besorgst die Flasche", erklärte Cyril, „und ich muss mal pissen … Oh, tut mir leid, Marina, ich habe ganz vergessen, dass du auch da bist."

Die beiden verließen den Balkon und Marina und ich blieben allein zurück.

„Und, wie war dein erster Tag bei der Arbeit?", erkundigte ich mich.

„Schrecklich!" Sie zündete sich eine weitere Zigarette an.

„Möchtest du mir erzählen, was los war?"

Sie zögerte. Dann nahm sie einen tiefen Atemzug und platzte mit allem so schnell heraus, als wollte sie unbedingt zu Ende kommen, bevor die beiden anderen zurückkehrten.

„Da gibt es nicht viel zu erzählen. Sie haben mich Den zugewiesen – Dennis. Anscheinend ist er verheiratet – aber sicher! Das Erste was er gemacht hat, war, mich anzumachen und mich zum Abendessen einzuladen. Momentan habe ich aber keine Zeit für romantische Verabredungen, ich muss mich auf die Abschlussprüfungen für dieses Semester vorbereiten. Also habe ich ihm gesagt: Tut mir leid, aber das kann ich nicht annehmen. Er hat das sehr persönlich genommen. Seitdem hilft er mir kein bisschen mehr. Er hat sogar gesagt, ich würde nur meine Zeit verschwenden und schaffen könnte ich es ohnehin nicht. Hier im Restaurant hat er es dann ein weiteres Mal versucht. Ganz offen hat er mich aufgefordert, Sex mit ihm zu haben, und dann würde er mir beim Verkaufen helfen und vielleicht sogar bei Pavel ein gutes Wort für mich einlegen."

„Was für ein Scheißkerl! Ich hoffe, du verzeihst mir meine unverblümte Ausdrucksweise."

Sie lächelte. „Das ist schon in Ordnung. An der Uni bekomme ich weitaus Schlimmeres zu hören."

„Sag ihm einfach, er kann dich mal kreuzweise. *Ich* werde dir beim Verkaufen helfen."

Misstrauisch sah sie mich an.

Ich lachte. „Ich verlange dafür keine Gegenleistung, da mach dir mal keine Sorgen. Befasse dich einfach mit dem Lernstoff für deine Prüfungen. Einverstanden?"

Sie lächelte und wir besiegelten die Absprache mit einem Handschlag. Mein Ansehen bei ihr war gestiegen. Schon bald konnte ich Freundlichkeit erreichen.

Es öffnete sich ein neues Quest-Fenster:

Hilf einer Studentin in Nöten
Hilf deiner Trainee-Kollegin, Marina Tischenko, erfolgreich von Ultrapak Ltd. hergestellte Verpackungsprodukte zu verkaufen.
Frist: Das Ende von Marinas Probezeit
Belohnung:
Erfahrungspunkte: 900 Punkte
Ansehen bei Marina Tischenko: 30 Punkte
Derzeitiges Ansehen: Gleichgültigkeit 25/30
Strafen:
Ansehen bei Marina Tischenko: -30 Punkte
Derzeitiges Ansehen: Gleichgültigkeit 25/30

Ich war über mich selbst überrascht. Bisher hatte ich mir nie die Mühe gemacht, irgendetwas zu tun, nicht einmal dann, wenn es für mich selbst war. Und jetzt war ich im Begriff, einer Frau zu helfen, die für mich eine absolut Fremde war – und zwar nicht etwa, um die versprochenen Erfahrungspunkte oder mehr Ansehen zu gewinnen, sondern einfach, weil es sich gut anfühlte.

Ich überprüfte meine eigene Entscheidung gründlich. Nein, ich hatte keine Zweifel daran, dass ich Marina helfen sollte, ich war voll dafür.

„Wie lange kann es denn dauern, eine Flasche Wodka zu holen?", murmelte ich, um das verlegene Schweigen zu brechen, das sich nun zwischen uns ausbreitete.

Ich warf einen Blick ins Restaurant. Greg hatte uns längst vergessen, war zu sehr damit beschäftigt, mit einem Kollegen anzustoßen. Prima – also konnte ich mich jetzt dünne machen.

„Ich verschwinde dann mal", erklärte ich. „Ich muss morgen früh aufstehen."

„Ich ebenfalls", stimmte sie zu.

„Sollen wir uns ein Taxi teilen?", fragte ich, ohne dabei versteckten Absichten zu haben.

„Was macht ihr beiden denn hier draußen?", ertönte Vickys Stimme hinter meinem Rücken. „Ich störe doch hoffentlich nicht?"

„Natürlich nicht", erwiderte ich. „Wir warten auf Greg und Cyril. Der eine wollte eine Flasche Wodka besorgen, der andere ist mal für kleine Jungs."

„Habt ihr was dagegen, wenn ich mich zu euch geselle? Oder seid ihr beiden ...?"

„Nein, sind wir nicht!"

Anscheinend musste ich doch noch ein wenig bleiben. Wäre ich jetzt aufgebrochen, hätte das ihre schlimmsten Befürchtungen bestätigt.

Victoria „Vicky" Koval
Alter: 29
Geschieden
Kinder: eine Tochter

Im Vergleich zu Marina sah sie ein wenig mitgenommen aus. Allerdings war sie größer, perfekt gepflegt und sie schien eine sehr hohe Meinung über ihre Attraktivität zu haben. Im gedämpften Dämmerlicht des Restaurants sah sie ebenso anziehend aus wie Marina – und ihre Augen funkelten verheißungsvoll.

„Soll ich dir ein Glas Wein besorgen?", bot Marina an.

„Eine gute Idee, meine Süße!", stimmte Vicky sofort zu. „Wir können ebenso gut noch ein wenig auf die Pauke hauen! Was meinst du, Phil?"

„Auf jeden Fall", nickte ich.

Nicht heute, mein kleiner Freund, schärfte ich dabei meiner dunkleren Seite ein. *Und nicht mit ihr. Nicht in dieser Situation.*

Auch ohne das Interface eines von Außerirdischen programmierten Systems in meinem Gehirn wäre es mir nicht entgangen, dass sie scharf auf mich war. Ihr Interessebalken bestätigte das nur.

Die Balkontür öffnete sich für Greg und Cyril, die eine offene Flasche Wodka, ein paar Gläser und ein paar Snacks auf einem Tablett mitbrachten. Greg machte sich daran, Teller und Gläser zu verteilen und Wodka einzugießen.

Marina kam mit einem Glas Wein für Vicky zurück. Sie behielt es ungeschickt in der Hand, denn Vicky war bereits mit einem Glas Wodka versorgt.

Cyril zündete sich eine weitere Zigarette an. „Nun, wie heißt es doch so schön? Man muss das Leben so leben, dass man nachher etwas hat, woran man sich erinnern kann. Also schlage ich vor, wir trinken auf die Dinge, für die wir uns morgen schämen werden, wenn wir uns zurückerinnern!"

Vicky und Greg lachten. Gähnend stieß ich mit allen an, nahm einen symbolischen Schluck und stellte das Glas auf dem Fensterbrett ab. Ich konnte mich kaum noch auf den Beinen halten, es war ein endlos langer Tag gewesen.

„Übrigens, falls euch das noch nicht aufgefallen ist", verkündete Greg zwischen zwei herzhaften Bissen, „die hohen Tiere haben bereits Leine gezogen. In ein paar Minuten werden sie normale Musik spielen, zu der man tanzen kann. Mädels, habt ihr Lust zu tanzen?"

„Ich liiiebe es, zu tanzen", begeisterte sich Vicky.

„Ich nicht", grinste Cyril. „Aber ich kann dabeistehen und zuschauen. Phil, was ist mit dir?"

„Tut mir leid, Jungs, ich muss wirklich nach Hause", lehnte ich ab. „Ich bin so müde, ich könnte jeden Augenblick im Stehen einschlafen. Ich hoffe, ihr seid nicht beleidigt."

„Das ist schon in Ordnung", tröstete er mich. „Schließlich haben wir die ganze Party nur dir zu verdanken!"

„Ich bin auch nicht mehr richtig fit", beeilte sich Vicky hinzuzufügen. Sie zog ihre hochhackigen Schuhe aus und schlüpfte in ihre normalen Straßenschuhe. „Hast du was dagegen, wenn wir uns ein Taxi teilen, Phil?"

„Nein, überhaupt nicht, aber wir müssen zuerst Marina nach Hause bringen. Sie muss ebenfalls gehen."

„Das ist schon in Ordnung, ich komme allein klar", protestierte Marina.

„Marina, du willst auch schon aufbrechen?" Greg klang reichlich verloren. „Bitte bleib doch noch! Wir werden unseren Spaß haben!"

„Nein, tut mir leid, ich kann wirklich nicht länger bleiben."

„Greg, wie wäre es denn, wenn du Marina nach Hause bringst?", schlug Vicky vor.

Ich sah Marina an. Kaum merklich schüttelte sie den Kopf – nein.

„Also, Greg, ob du noch bleibst oder gehst, liegt ganz bei dir", erklärte ich. „Deine schwangere Frau wartet zu Hause auf dich, oder? Ich kümmere mich schon um die Frauen."

Greg warf Marina einen schiefen Blick zu.

„Phil hat recht", stimmte sie zu. „Du kannst noch bleiben. Oder nach Hause zu deiner Freundin gehen, was auch immer dir lieber ist. Ich folge Phil und Vicky." Sie ging zurück ins Restaurant.

„Ich rufe ein Taxi", erklärte Vicky und folgte ihr.

Greg seufzte. „Gut, dann begleite ich euch besser nach draußen."

Ich wandte mich an Cyril. „Genieße den Rest der Party! Es war mir ein Vergnügen, den Abend mit dir zu verbringen."

„Ich wünschte, ich könnte dasselbe sagen", erwiderte er und lallte dabei ein wenig. „Am Anfang konnte ich dich nicht ausstehen. Tut mir leid, doch es ist die Wahrheit. Aber du scheinst doch ein ganz netter Kerl zu sein ..."

„Bleibst du noch?"

„Aber auf jeden Fall! Auf mich wartet zu Hause nichts. Die Wohnung ist leer ..." Er krümmte sich in einem weiteren Hustenanfall, den er nicht unterdrücken konnte. Mit einer Handbewegung bedeutete er mir, zu verschwinden.

Ich begab mich ins Restaurant. Als ich an den wie wild herumwackelnden Tänzern vorbei ging, traf mich ein unfreundlicher Blick von Dennis, Marinas Mentor.

Ich ignorierte ihn, marschierte die Treppe hinunter und gesellte mich zu den beiden Frauen, die bereits vor dem Eingang standen und auf mich warteten. Vicky tänzelte vergnügt auf der Stelle. Marina stand mit gebeugten Schultern da wie ein zerzauster Vogel. Greg wechselte von einem Fuß auf den anderen und wirkte total betrunken.

Als wir auf die Straße traten, traf das Taxi gerade ein. Die beiden Frauen stiegen hinten ein, ich nahm den Beifahrersitz. Greg murmelte etwas und hastete zurück ins Restaurant. Seine Statistiken wurden von einem mächtigen Neid-Debuff beherrscht.

„Wohin?", fragte der Fahrer.

Die Frauen warteten auf meine Antwort.

Ich hatte in dieser Nacht wohl noch ein paar schwere Entscheidungen zu treffen.

Kapitel 17

SPEERE MIT ZWEI SPITZEN

Ich hasse mich selbst, wenn ich zögere,
wenn ich untätig zuschaue, wie es Unschuldige
trifft.
Ich hasse es, wenn sie in meine Seele eindringen,
und ich hasse es, wenn sie mir in die Seele spucken.

(Vladimir Vysotsky, *Die Dinge, die ich hasse*)

GEDULDIG WARTETE DER Taxifahrer darauf, dass ich ihm eine Adresse nannte.

Ohne zu zögern fragte ich: „Wo wohnst du, Marina?"

Wir mussten sie als Erste nach Hause bringen. Hätten wir zuerst Vicky abgesetzt, würde am nächsten Morgen der Büroklatsch nur so blühen und alle würden darüber lästern, wie leicht Marina zu haben war. Nie wäre Vicky vom Gegenteil zu überzeugen gewesen. Und diese Art von schlechtem Ruf konnte Marina nun wirklich nicht brauchen – sie war schließlich im Grunde noch ein Kind.

Auf dem Rücksitz diskutierten die beiden Frauen die neueste Instagram-Sensation, während ich die Augen schloss und prompt meinen Kampf gegen den Schlaf verlor.

Ich musste es dringend gebraucht haben. Als Vicky die Tür öffnete und mich schüttelte, hatte ich Mühe, zu mir zu kommen.

„Phil? Phil! Wach auf! Wir sind da!"

„Vicky? Bist du das? Wo ist Marina?"

„Sie ist zurück auf dem Campus, mach dir keine Sorgen."

Ich schaute mich um. Das Taxi parkte vor einem Hochhaus. Der Fahrer trommelte ungeduldig mit den Fingern auf das Lenkrad und Vicky schaute mich erwartungsvoll an.

„Okay …", murmelte ich. „Wir sehen uns morgen. Oder soll ich dich nach Hause bringen?"

Sie lachte. „Das wäre ausgesprochen nett von dir. Nun komm schon, bezahlt habe ich bereits."

Sie hatte das Taxi bezahlt! Ich wollte sie vor dem Fahrer nicht blamieren, also stieg ich aus. Anscheinend musste ich nun ein wenig improvisieren.

Mit einer vollkommen natürlich wirkenden Bewegung griff Vicky nach meiner Hand, verschränkte ihre Finger in meinen und führte mich in Richtung des Gebäudes.

Ihr Interesse an mir war unverändert hoch und ihre Motive waren offensichtlich. Mein Debuff durch sexuelle Frustration stand scheinbar kurz vor seinem Ablauf. Unmengen von Oxytozin rasten durch meine Adern. Das Einzige, was mich schwanken ließ, war mein Familienstand als noch immer verheirateter Mann. Und der Trauring an meinem Finger.

An der Eingangstür blieb Vicky stehen und gab auf einem Ziffernblock einen Code ein. Das Schloss öffnete sich mit einem Klicken.

Ich öffnete ihr die Tür, ohne selbst das Gebäude zu betreten.

„Phil?", fragte sie verwirrt.

Wortlos zeigte ich ihr den Ring.

Sie zuckte mit den Achseln. „Na und? Ist dir deine

Ehe so wichtig?"

„Nicht unbedingt. Wir lassen uns scheiden."

„Also was? Ich gefalle dir nicht?"

„Oh, doch", erwiderte ich aufrichtig. „Aber ..."

Sie war eine hübsche Frau. Sie mochte mich. Sie war frei und ich war es ebenfalls. Nun, jedenfalls beinahe. Die Nacht war noch lange nicht zu Ende. Hätte ich im Restaurant nur einen Whiskey oder Wodka mehr getrunken, würde ich ihr jetzt wahrscheinlich bereits die Kleider vom Leib reißen.

Ich hatte keine Ahnung, was mich zurückhielt, aber ich zögerte. Ich hatte Yanna niemals betrogen. Solange ich diesen Ring trug, fühlte ich mich nicht wirklich frei, und ein Abenteuer mit Vicky war einfach irgendwie verkehrt.

Sie musterte mich eingehend, wog offenbar ihre Chancen ab.

„Okay, wie auch immer", sagte sie endlich mit unverhohlener Enttäuschung. Sie drehte sich um und ging davon, den Rücken stolz und gerade, den Kopf hoch erhoben.

Mein Blut begann zu kochen. Ich hielt es nicht länger aus. Mit den Fingerspitzen öffnete ich erneut die Tür, die sich schon fast wieder geschlossen hatte.

Ich nahm den Ring ab, steckte ihn in meine Hosentasche und hastete zu den Aufzügen, wo ich Vicky einholte und ihr den Arm um die Taille legte, bevor wir die Kabine betraten. Lächelnd drückte sie einen Knopf und wandte sich zu mir um.

Ich küsste sie.

Mit einem schwachen Stöhnen erwiderte sie gierig meinen Kuss. Ihre Hände liebkosten meine Haare, meinen Nacken, mein Gesicht ... bis wir dem Impuls vollständig nachgaben.

Etwa eine Stunde später war mein Debuff durch sexuelle Frustration erfolgreich aufgehoben.

Status der Aufgabe: Den Debuff durch sexuelle Frustration entfernen
Aufgabe erledigt!
Erhaltene Erfahrungspunkte: 50 Punkte
+15 % Zufriedenheit

Die Systemmitteilung war im unpassendsten Augenblick erschienen. Allerdings erhöhte ihr Eintreffen noch meinen Genuss. Die Synergie aus beidem verschaffte mir einen nahezu überirdischen Höhepunkt. Das verlangte nach einer Wiederholung, langsam und genießerisch.

Kurz darauf erreichte mich eine Mitteilung über eine neue Fertigkeit:

Gratuliere! Du hast ein neues Fertigkeitslevel erreicht!
Name der Fertigkeit: Verführung
Derzeitiges Level: 4
Erhaltene Erfahrungspunkte: 500 Punkte

Zum Schlafen kamen wir in dieser Nacht überhaupt nicht. Stattdessen teilten wir unsere überschüssige sexuelle Energie miteinander. Während Vicky sich eine Zigarettenpause gönnte, überprüfte ich kurz meine Statistiken. Mein Durchhaltevermögen war ein paar Prozentpunkte in die Höhe geschnellt.

Als die ersten Sonnenstrahlen ins Zimmer strömten, zerrte Vicky mich mit unter die Dusche, um den Moschusgeruch unserer nächtlichen Aktivitäten abzuwaschen. Trotz des fehlenden Schlafs waren wir beide hellwach. Dann dirigierte sie mich an den Küchentisch und sie bereitete das Frühstück zu.

Dabei trug sie nichts als ein aus der Form geratenes, schwarzes T-Shirt von Armin van Buuren. An diesem Morgen betrachtete ich sie mit ganz anderen Augen. Sie war nicht mehr die Femme fatale, sondern eine ganz normale, eher unscheinbare Frau, hochgewachsen und durchtrainiert. Sie besaß die breiten Schultern eines Schwimmers, was ihr gut stand. Es unterstrich ihre aufrechte Haltung und bildete einen hervorragenden Landepunkt für ihre langen, dunkelblonden Haare.

Die aufgehende Sonne brachte die Sommersprossen in ihrem Gesicht zur Geltung. Sie öffnete den Kühlschrank und krauste auf richtig süße Weise die Nase. Ohne Make-up wirkte sie mindestens zehn Jahre jünger.

Sie eilte in der Küche umher, schnitt Schinken, Käse, Brot und Tomaten, brühte Kaffee auf und goss Orangensaft ein. Und noch ehe ich protestieren konnte, hatte sie ein Bügeleisen hervorgeholt und glättete mein Hemd.

„Ich habe eine Tochter", informierte sie mich. „Momentan ist sie bei meinen Eltern."

„Wenn sie dir auch nur ein wenig ähnelt, ist sie ein sehr hübsches Mädchen."

„Sie ist hübsch, ja – aber auf eine ganz andere Weise. Sie kommt nach ihrem Vater." Sie musste mein Unbehagen gespürt haben, denn sie ergänzte: „Er hat uns an ihrem ersten Geburtstag verlassen und ist nicht mehr zurückgekommen."

„Warum?"

„Nun, ich vermute, es lag an mir. Damals war ich total schrecklich. Er hat es einfach nicht länger ausgehalten. Wir waren zu jung und beide nicht bereit, Kompromisse einzugehen. Und jetzt komm, iss dein Frühstück!"

„Ich esse doch schon", murmelte ich mit vollem Mund.

„Was steht denn bei dir heute an? Ich kann dich ins Büro mitnehmen", scherzte sie.

„Ich muss zuerst nach Hause, die Katze füttern und den Hund ausführen."

„Du hast einen Hund und eine Katze? Toll! Ich wünschte, ich könnte einen Hund haben. Ich liebe Schäferhunde!"

„Genau das ist mein Hund, ein deutscher Schäferhund. Er heißt Richie. Obwohl er genaugenommen gar nicht mein Hund ist." Ich erzählte ihr Richies Geschichte.

Es gefiel mir, dass sie mich nicht über die Details meiner gescheiterten Ehe und die bevorstehende Scheidung ausfragte. Nicht einmal den Namen meiner Frau wollte sie wissen. Es war ganz merkwürdig – ich fühlte mich wohl in ihrer Gegenwart. Was normalerweise nach einer spontanen heißen Nacht nicht der Fall war. Aber ich kam mir in ihrer Wohnung wie zu Hause vor.

Ihre Leidenschaft war noch immer nicht abgekühlt, warf mir wiederholt Seitenblicke zu. Der Fortschrittsbalken ihres Interesses stand unverändert bei 100 %. Außerdem war mein Ansehen bei ihr sofort auf Freundlichkeit hochgeschnellt, unter kompletter Umgehung der Gleichgültigkeit. Das und meine verbesserten Verführungsfertigkeiten sorgten dafür, dass mir nun nur noch 700 Punkte zum nächsten Level fehlten.

Das Frühstück verschaffte mir einen Koffein-Buff, und außerdem wurde mir ein Buff durch ein gestiegenes Glücksgefühl gemeldet.

Glücksgefühl II
Deine Zufriedenheitslevel haben 120 % überschritten
+75 % Lebenskraft
+2 für alle Haupteigenschaften
Dauer: Solange die Zufriedenheitslevel 100 % überschreiten

Eigentlich sollte ich mich jetzt gleich ins Fitnessstudio begeben, solange mein Buff noch immer aktiv war. Nur, um zu sehen, ob ich tatsächlich 2 Punkte stärker geworden war …

Vicky brachte mich zur Tür. Ich hatte keine Ahnung, was gerade in ihrem Kopf vorging. Allerdings bemerkte ich ihre gesunkene Laune.

Traurig wollte ich sie wirklich nicht sehen, also umarmte ich sie. Sie klammerte sich an mich. Ich küsste ihren Nacken und flüsterte ihr ins Ohr: „Hast du Lust auf Kino?"

Ihre Laune verbesserte sich schlagartig. Sie strahlte. „Ja, warum nicht? Wann? Heute?"

„Wie wäre es morgen? Heute Abend bin ich zum Essen bei meinen Eltern. Außerdem können wir beide etwas Schlaf gut gebrauchen, meinst du nicht auch?"

„Okay." Sie gab mich frei. „Und jetzt geh. Wir sehen uns im Büro."

* * *

ALS ICH NACH Hause kam, erklärten sowohl Richie als auch Boris mir unverhohlen, was sie über mich dachten, und wollten anschließend gefüttert werden. Die Katze stieß heftig mit dem Kopf gegen meine Beine, und Richie sprang hoch, legte mir die Pfoten ans Gesicht und bellte mir direkt ins Gesicht: „Wass'en los, Herrchen?"

„Tut mir leid, Jungs", entschuldigte ich mich. Ich versprach ihnen jedoch nicht, dass so etwas nicht wieder vorkommen würde. Stattdessen füllte ich ihre Näpfe.

Diesmal hatte ich noch weniger Zeit, Richie auszuführen, als am Abend zuvor. „Sorry, Richie, aber bitte keine Fisimatenten, ich habe es eilig. Mach einfach so schnell wie möglich dein Geschäft."

Er verstand und begab sich zum ersten geeigneten Ort, ohne vorher erst lange herumzuschnüffeln und nach der besten Möglichkeit zu suchen.

Zu schade, dass ich keine Zeit zum Joggen hatte, nicht einmal für einen kurzen Lauf. In meinem derzeitigen Zustand, nach vierundzwanzig Stunden Herumrennen mit nahezu null Schlaf, konnte mir eine solche körperliche Anstrengung aber auch nur mehr schaden als nutzen. Merkwürdigerweise hatte ich noch keinen Debuff für Schlafmangel erhalten. Wenn ich mich aus meiner Studentenzeit richtig erinnerte, trat die allerdings auch eher zur Mittagszeit ein.

Ich war nicht überrascht, Alik auf mich zukommen zu sehen. Was die Quest mit einer Arbeit für ihn betraf, hatte ich bereits ein paar Ideen entwickelt, und jetzt war der perfekte Zeitpunkt, sie zu überprüfen, bevor er mich erreicht hatte.

Ich öffnete das Interface. Wo war jetzt bitte noch mal die Landkarte?

Ich ließ mir alle Supermarktketten anzeigen, die ich am Tag zuvor recherchiert hatte, und ergänzte einen neuen Filter: „Lagermitarbeiter gesucht"

Nahezu alle Ladengeschäfte verblieben auf der Karte. Hervorragend!

„Oh, Phil – hi, Mann!", begrüßte Alik mich und wollte mich wieder einmal umarmen.

„Hi, aber warte mal eine Sekunde."

Ich gab einen weiteren Suchparameter ein: „90 % Wahrscheinlichkeit einer Anstellung von Romuald ‚Alik' Zhukov."

Mist! Auf einmal waren alle Geschäfte von der Landkarte verschwunden.

„Ist mit dir alles in Ordnung, Mann?"

„Ja, warte einfach!"

Ich senkte die Wahrscheinlichkeit auf 80 % herab. Nichts. Auf 70 %. Noch immer nichts. Schließlich ging ich bis auf 50 % herunter.

Ein einzelner Marker leuchtete auf, ein Großhandelsmarkt in einem Gewerbegebiet.

„Ich glaube, ich habe gerade einen Job für dich

gefunden", erklärte ich. „Hättest du etwas dagegen, in einem Laden Regale aufzufüllen?"

„Momentan hätte ich gegen gar keinen Job etwas einzuwenden. Ich würde sogar Klos schrubben."

„Warst du schon mal im Gewerbegebiet Nord?"

Er kratzte sich am Hinterkopf. „Klar. Ist dort der Job?"

„Ja, warum nicht?"

„Hast du nicht etwas, das näher an meinem Zuhause ist?"

„Du hast vielleicht Nerven, Mann! Welches Zuhause denn? Du hast doch momentan gar kein Zuhause! Du kannst dir ebenso gut dort in der Gegend eine Wohnung mieten."

„Ist ja schon gut – reg dich nicht auf!"

„Da ist ein Supermarkt, die brauchen einen Lagerarbeiter. Es ist der Underground-Supermarkt. Hast du Lust, dich dort zu bewerben?"

„Auf jeden Fall."

Kritisch betrachtete ich ihn. Formlose Jogginghosen, ein altes T-Shirt und alte Socken in Sandalen. Allerdings wirkte er fit und stark, und darauf kam es schließlich an. „Hast du heute etwas getrunken?"

„Nein, nur gestern Abend."

„Was hast du getrunken?"

„Bloß ein Bier", erklärte er.

Ich spürte allerdings sein Unbehagen. „Was, als Auftakt für ein paar Gläser Wodka? Ich schlage vor, du lässt das mit dem Trinken eine Weile sein, sonst überstehst du die Probezeit nie. Außerdem solltest du dir etwas Anständiges anziehen. Wie sieht es mit deinen Papieren aus?"

„Ich habe meinen Ausweis und eine Wohnsitzbestätigung, allerdings keinen Führerschein. Was soll ich denn anziehen?"

„Ich weiß es nicht. Hast du keine Jeans oder so

etwas? Und ein anständiges Hemd?"

„Ähm", stammelte er verlegen, „ich glaube, ich habe ein Hemd, allerdings müsste das geflickt werden. Aber ich besitze eine Jeans."

„Komm mit", forderte ich ihn auf.

Richie hatte sein Geschäft inzwischen erledigt. Alik und ich nahmen den Aufzug zu meiner Wohnung.

Ich wühlte in meinen Klamotten herum, bis ich ein blaues Oberhemd gefunden hatte, das mir zwei Nummern zu groß war. Es war ein Geschenk von irgendjemandem aus Yannas zahlreicher Familie gewesen und steckte noch immer in der Plastikverpackung.

„Zieh das mal an", verlangte ich und betrachtete ihn anschließend kritisch. „Die Ärmel sind ein wenig zu kurz. Aber das macht nichts, du kannst sie einfach aufkrempeln. Eigentlich ist es gar nicht so schlecht."

„Ich werde es dir nachher zurückbringen", erklärte Alik, ohne seinen Blick vom Spiegel zu lösen. Er sah aus wie ein völlig anderer Mensch.

„Behalte es einfach. Es ist brandneu."

„Danke. An wen soll ich mich denn im Supermarkt wenden?"

„Geh einfach hinein und bitte darum, mit dem Manager sprechen zu können. Sag ihm, du weißt, dass sie einen Lagerarbeiter brauchen, und du bist gekommen, um dich zu bewerben."

„Soll ich deinen Namen erwähnen?"

„Nein. Sag ihnen einfach, du bist bereit, die Arbeit zu übernehmen. So, jetzt muss ich los. Und du solltest ebenfalls aufbrechen, nachdem du dich präsentabel gemacht hast."

Auf dem Weg ins Büro konnte ich nicht aufhören, an Vicky zu denken. Mit Liebe hatte das natürlich nichts zu tun, aber dennoch … Sie verschaffte mir dieses gute Gefühl. Wenn ich an sie dachte, wurde mir das Herz warm. Ob sie wohl in meine Wohnung einladen konnte? Oder würde sie schreiend davonrennen, sobald sie meine geplünderte Junggesellenbude zu sehen bekam?

Es wurde immer dringender, eine neue Bleibe zu finden.

* * *

UNSER BÜRO ERINNERTE an eine Filmkulisse für *The Walking Dead.*

Ächzend taumelten meine Kollegen im Raum herum, darum bemüht, sehr beschäftigt zu erscheinen. Der Wasserspender machte Überstunden, da jeder seinen katergeborenen Durst löschen wollte. Max, unser Systemadministrator, trank Bier aus einer großen Kaffeetasse. Zumindest vermutete ich, dass es Bier war, der hinter seinen Serverkabeln mehr schlecht als recht versteckten Dose nach zu schließen.

Greg traf mit einem großen, schweren Koffer ein. Er wirkte schlecht gelaunt und geradezu misanthropisch.

Mein Anblick munterte ihn allerdings ein wenig auf. „Hi Phil! Erinnerst du dich daran, wie großartig alles gestern Abend war? Genauso fühle ich mich jetzt … *nicht.*"

„Ist es so schlimm? Hast du zu viel getrunken?"

„Ich wünschte, es wäre nur das! Ich bin noch eine Weile mit den anderen Jungs im Restaurant geblieben, und dann sind wir alle in dieses Karaoke-Lokal gegangen. Als ich nach Hause kam, war die Tür abgeschlossen und der Schlüssel steckte von innen. Alina hat sich geweigert, mich in die Wohnung zu lassen. Ich habe mich auf die Stufen gesetzt und bin irgendwann eingeschlafen. Als der Wecker meines Handys mich geweckt hat, wusste ich zuerst gar nicht, wo ich war und was ich dort machte, und da war dieser schreckliche Geschmack im Mund. Alles tat mir weh, und ich hatte einen höllischen Durst. Dann habe ich den Koffer neben mir entdeckt. Was soll ich denn nun bloß tun? Ich habe noch ein paar Mal an die Tür geklopft, aber vergebens! Alina hat nicht einmal reagiert. Ich habe keine Verwandten in der Stadt. Eigentlich wollte ich kurz bei einem Freund vorbeischauen, mich dort für die Arbeit frischmachen und meine Sachen bei ihm lassen, aber er war schon weg, unterwegs zur Arbeit."

Ich war es nicht gewohnt, ihn so hilflos und verloren zu sehen. „Das ist echt Pech. Du solltest versuchen, die Sache bei ihr wiedergutzumachen. Einfach nur, um die Schuldgefühle fortzuspülen, weißt du?"

„Nein, lass das lieber", mischte sich von einem nahen Schreibtisch Cyril mit schläfriger Stimme in unsere Unterhaltung ein. „Sie ist es bestimmt überhaupt nicht wert."

„Aber das war doch alles gar nicht meine Schuld!", protestierte Greg. „Ich habe nichts wiedergutzumachen!"

„Es gibt keine Schuldgefühle, die du fortspülen musst", meinte Cyril, gähnte und streckte sich. Plötzlich war er putzmunter. „Aber du kannst etwas anderes fortspülen – deinen Schweiß nämlich. Du stinkst wie ein Iltis!"

Greg hob den Arm und schnüffelte. „Findest du? Aber wie auch immer – was ist mit dir, Phil? Hast du die Mädels nach Hause gebracht?"

„Das kommt darauf an, was du darunter verstehst."

„Was denn – ihr seid alle miteinander im Bett gelandet?"

„Ja, genau ... Ich habe die gesamte Fahrt verschlafen. Am Ende haben also die Mädels mich nach Hause gebracht statt umgekehrt. Aber wenigstens konnte ich eine Mütze voll Schlaf nehmen."

Gregs Gesicht verriet Erleichterung. Ich hatte es gewusst – er war selbst hinter Marina her, der eifersüchtige Mistkerl!

Vor der ersten Besprechung hatte ich noch ein wenig Zeit, in der Personalabteilung meine Unterlagen auszufüllen. Schließlich würde ich, so hatte ich beschlossen, zumindest eine Zeitlang hier bleiben.

Der Job eines Handelsvertreters verlangte nicht, dass man die gesamte Arbeitszeit im Büro verbrachte. Also hatte ich Zeit, meine eigenen Angelegenheiten zu erledigen. Ich musste unbedingt Marina helfen, ein paar Kunden zu finden, auch für mich ein paar weitere an Land ziehen, darauf achten, dass man mir meinen Bonus für das Geschäft mit J-Mart auszahlte und Greg im Auge behalten, solange ich hier arbeitete. Auch Cyril schien ganz in Ordnung zu sein. Ich war mir nicht sicher, ob ich mit irgendjemandem hier eine echte Freundschaft schließen konnte, aber ich verbrachte gern Zeit mit ihnen. Und bisher hatte ich es nicht allzu oft genießen können, mich mit jemandem im wahren Leben zu unterhalten.

Der Gedanke an den Verlust meiner alten Online-Freunde schmerzte noch immer. Wie schade, dass ich den Kontakt zu ihnen verloren hatte. Sofern es möglich war, sollte ich sie mal anrufen und in ein Lokal einladen.

Vicky benahm sich ganz geschäftsmäßig, als ich ihr die ausgefüllten Formulare überreichte. Womit ich voll und ganz einverstanden war. Ich mochte Vicky wirklich, und wenn das zwischen uns nicht funktionierte, durfte ihr Ansehen in der Firma dadurch keinen Schaden erleiden. Außerdem wusste ich nicht, was die Richtlinien des Unternehmens für Beziehungen am Arbeitsplatz festlegten.

„Willkommen bei Ultrapak, Phil! Sobald er fertig ist, schicke ich dir deinen Firmenausweis. Bitte gib unserer Büromanagerin Darya deine Kontaktdaten, damit sie deine Visitenkarten bestellen kann."

„Herzlichen Dank, Viktoria."

Bevor ich den Raum verließ, zwinkerte ich ihr so zu,

dass niemand es bemerkte. Sie schenkte mir ein Lächeln.

Bei der nachfolgenden Besprechung gelang es mir, ein paar nützliche Vorschläge einzubringen, und anschließend wurde ich mit einer neuen Mitteilung belohnt:

Gratuliere! Du hast ein neues Fertigkeitslevel erreicht!
Name der Fertigkeit: Kommunikationsfähigkeit
Derzeitiges Level: 5
Erhaltene Erfahrungspunkte: 500 Punkte

Jetzt fehlten mir nur noch 150 Punkte zum nächsten Level. Das war doch gar nichts! Dieser rapide Fortschritt im Laufe von weniger als einer Woche ließ mich all die Jahre bedauern, die ich mit dem Spielen von *World of Warcraft* verschwendet hatte.

Während der Besprechung schaffte ich es außerdem, Marinas neuer Mentor zu werden. Dennis gefiel das ganz und gar nicht. Seine Nasenflügel bebten vor Zorn, doch er widersprach nicht.

„Glaubst du wirklich, dass du das kannst?" In Pavels Stimme schwangen Zweifel mit. „Du bist doch selbst erst seit gestern hier!"

„Euer Produkt verkauft sich ganz leicht", erklärte ich. „Es ist ebenso gut wie das der Konkurrenz, nur erheblich billiger. Das macht es für den Käufer höchst interessant. Außerdem verfügt die Firma doch bereits über eine beeindruckende Kundenliste. Ja, ich bin der Meinung, ich kann das."

Pavel nickte und ging zum nächsten Tagesordnungspunkt über. Gregs Augenlid zuckte. Marina allerdings war bester Stimmung. Den Statistiken zufolge näherte ihre Laune sich bereits einem Glücksgefühl.

Den Rest des Morgens verbrachten Marina und ich

damit, Kunden zu treffen und Taschen voller Produktproben, Stapel von Preislisten und zahllose Angebote mit unseren Kontaktdaten mit uns herumzuschleppen. Mithilfe meines Interfaces berechnete ich die optimale Route zwischen hunderten von kleinen und mittleren Unternehmen, die alle Verpackungsmaterialien brauchten. Bäckereien, Delikatessengeschäfte, Online-Pizzadienste, kleine Restaurants ... Momentan kauften sie alle ihre Verpackungswaren bei der Konkurrenz zu deutlich höheren Preisen ein, als wir sie anboten.

Wir machten uns nicht die Mühe, vorher telefonisch einen Termin zu vereinbaren. Wir gingen einfach dorthin und verlangten, den Chef zu sprechen. Wenn sich die Gelegenheit ergab, sprachen wir mit ihm oder ihr, und falls nicht, hinterließen wir unsere Proben und Unterlagen. Marina sagte nur wenig, zog es vor, mich zu beobachten, bis ich vorschlug, das nächste Mal sollte sie das Verkaufsgespräch führen. Bislang hatten wir noch kein Geschäft abgeschlossen, aber ein solides Fundament gelegt und den Samen für zukünftige Erfolge gesät.

Am frühen Nachmittag kehrten wir ins Büro zurück, um mit den anderen zusammen das Mittagessen einzunehmen und neue Produktproben einzupacken. Cyril schloss sich uns an. Ich hatte den Eindruck, seine Beziehungen zu den anderen Kollegen waren nicht allzu freundschaftlich.

Das billige, aber satt machende Mittagessen trug mir schließlich den schon lange erwarteten Debuff durch Schlafmangel ein. Dessen Auswirkungen wurden allerdings durch die Tatsache ausgeglichen, dass Herr Ivanov offensichtlich meinen Arbeitsvertrag unterschrieben hatte. Das System meldete mir nämlich:

Status der Aufgabe: Einen Job bei Ultrapak sichern

Aufgabe erledigt!
Erhaltene Erfahrungspunkte: 210 Punkte
+10 % Zufriedenheit

Gerade wollte ich vom Tisch aufstehen, als eine neue Nachricht mich überfiel. Mir sackten beinahe die Beine weg. Ich plumpste wieder auf meinen Stuhl und hatte Mühe, mein Pokergesicht zu bewahren.

Gratuliere! Du hast ein neues Level erreicht!
Level deines derzeitigen sozialen Status: 7
Verfügbare Eigenschaftspunkte: 1
Verfügbare Fertigkeitspunkte: 1

Heilige Mutter Gottes! *Sozialer Status: 7!* Ich hatte Yanna schon beinahe eingeholt!

„Ist alles in Ordnung, Phil?", erkundigte sich Marina besorgt. „Cyril! Greg! Rasch, helft ihm ..."

„Ist schon okay. Mir ist nur das Bein eingeschlafen, das ist alles. Gehen wir!"

Die verfügbaren Punkte musste ich ein anderes Mal verteilen. Ich muss es ja nicht extra erwähnen, dass der neue Fertigkeitspunkt mir die Aktivierung der Optimierung ermöglichen würde. Das wiederum würde mir erlauben, all meine alten Fertigkeiten in Computerspielen loswerden und gegen etwas Nützliches einzutauschen.

Was ich allerdings nicht wusste, war, wie sich die Umverteilung bei den Fertigkeiten auf meinen körperlichen Zustand auswirken würde. Vielleicht brach ich einfach zusammen und verbrachte achtundvierzig Stunden im Koma, wer wusste das schon?

Nächste Frage: In welche meiner Fertigkeiten und Haupteigenschaften sollte ich als Erstes investieren? Darüber musste ich gründlich nachdenken. Ich trug diese Aufgabe in meine Liste ein. Die Bedeutung dieser

Entscheidung konnte ich gar nicht hoch genug einschätzen.

Nach dem Mittagessen versuchten wir weiter, die Produkte von Ultrapak an den Mann zu bringen. Am Abend hatten wir gerade mal mit knapp zehn der hunderten von potenziellen Neukunden gesprochen. Wir hatten mehr Arbeit, als wir bewältigen konnten.

Als wir uns nach Feierabend voneinander verabschiedeten, stellte sich Marina auf die Zehenspitzen und gab mir einen Kuss auf die Wange. „Ich danke dir! Und ich wünsche dir ein schönes Wochenende!"

„Es war mir ein Vergnügen. Versuch, dich ein wenig auszuruhen. Am Montag wird es ziemlich hoch hergehen."

Sie lachte. „Jawohl, Chef!"

Cyril hatte Greg bereits eingeladen, bei ihm zu übernachten. Eine Sorge weniger. Was allerdings Cyril selbst betraf ... Seine Vitalität hatte sich um weitere 1,5 % verringert.

Bevor ich das Büro verließ, nahm ich ihn beiseite und riet ihm dringend, einen Arzt aufzusuchen. Sein Zustand war gewiss zumindest teilweise auf die Trinkerei vom Abend zuvor zurückzuführen, aber dennoch bestand Grund zur Sorge.

„Ach, nun komm schon, Phil!", wehrte er ab. „Ich habe Raucherhusten, das muss mir kein Doktor erklären. Die Ärzte tun sowieso nichts anderes als mir zu sagen, ich solle mit dem Rauchen aufhören. Für den Rat muss ich keinen Arzt bezahlen, das weiß ich auch so."

Es machte mich wütend, wie leicht er die Sache abtat. „Hältst du jetzt endlich die Klappe? Das ist kein Scherz! Du hustest dir ständig die Lunge aus dem Hals! Lass dich einmal untersuchen. Ich kenne einen guten Hausarzt. In der Praxis war ich selbst gerade erst."

„Himmel, was schert dich das denn? Was hast du

bloß für ein Problem?"

„*Du* bist mein Problem. Also bitte, geh zum Arzt und lass dich gründlich durchchecken."

„Okay, ich werde darüber nachdenken. Gib mir die Adresse."

„Und die Telefonnummer. Du musst zuerst einen Termin vereinbaren. Am besten gleich morgen. Die haben samstags geöffnet. Eine Ärztin dort heißt Olga Shvedova. Sie weiß genau, was sie tut. Zu ihr musst du gehen."

„Ist ja schon gut!"

„Grüße sie von mir. Wahrscheinlich erinnert sie sich an mich."

Cyril nickte. Greg hatte die ganze Zeit geduldig auf ihn gewartet, eine Hand am Griff seines Koffers.

Status der Aufgabe: Mich nach Herrn Cyrilenkos Gesundheitszustand erkundigen und ihm raten, zum Arzt zu gehen.
Aufgabe erledigt!
Erhaltene Erfahrungspunkte: 100 Punkte
+5 % Zufriedenheit

Zusammen mit ein paar anderen Kollegen – unter ihnen Vicky – nahm ich den Aufzug nach unten. Ich wartete, bis niemand auf mich achtete, dann hielt ich Daumen und kleinen Finger wie einen imaginären Telefonhörer vor Ohr und Mund und sah sie fragend an.

Sie reagierte mit einem kaum merklichen Nicken, doch ihr Blick signalisierte Freude.

Es gelang mir, von einem der Kollegen im Auto mitgenommen zu werden. Durch das Wagenfenster betrachtete ich die fröhlichen Freitagabend-Menschenmengen, die das Ende der anstrengenden Arbeitswoche feierten und sich auf eine Nacht voller Bier und Nachtclubs freuten, mit anschließendem

Ausschlafen und einem gesamten Wochenende, an dem sie tun und lassen konnten, was sie wollten.

Sogar ich hatte an diesem Wochenende etwas vor – ich war für morgen mit Vicky zum Kino verabredet. Der Gedanke erfüllte mich mit einem ähnlichen Hochgefühl wie das, was die Leute draußen ausstrahlten. Obwohl ich gerade erst mit meinem Job begonnen hatte und nicht auf eine ganze anstrengende Woche zurückblicken konnte.

Ich wählte Kiras Nummer. Sie begann zu sprechen, noch bevor sie richtig abgenommen hatte.

„Bist du unterwegs nach Hause? Fertig mit der Arbeit? Mama hat genügend Essen für eine ganze Kompanie gekocht! Wann willst du aufbrechen? Soll ich dich abholen? Wir müssen noch einen Kuchen besorgen!"

„Guten Abend", erwiderte ich. „Ja, ich bin auf dem Weg nach Hause. Ich muss noch den Hund ausführen, dann bin ich bereit."

„Hervorragend. Ich hole dich in anderthalb Stunden ab."

Auf dem Weg zu meinem Wohnhaus fiel mir die betrunkene Heiterkeit im Pavillon auf. Ich schaute genauer hin. Und da waren sie, Yagoza und Co., mit einem strahlenden Alik in der Mitte, der noch immer mein Hemd trug.

Ich begab mich zu der feiernden Gruppe.

„Phil!" Es war deutlich zu erkennen, dass Alik sich aufrichtig freute, mich zu sehen. „Sie haben mich eingestellt! Stell dir das mal vor! Am Montag fange ich an!"

„Gratuliere! Gut gemacht!"

„Ich danke *dir*!", betonte Alik und fügte ein wenig schuldbewusst hinzu: „Ich musste den Jungs einen Drink ausgeben, um das zu begießen."

Ich hatte keinerlei Nachricht über eine erledigte Quest erhalten. Anscheinend musste Alik offiziell angestellt worden sein, damit die Quest angeschlossen werden konnte, und zunächst hatte er bestimmt eine Probezeit zu überstehen.

Er roch nach Alkohol. Natürlich war mir klar, dass er die Drinks mit dem Geld finanzierte, das ich ihm gegeben hatte.

„Nun, du bist erwachsen und weißt, was du tust", erklärte ich. „Natürlich kannst du machen, was du willst, aber ..."

„Da!", brüllte jemand direkt hinter mir, und schon erhielt ich einen gewaltigen Schlag auf beide Ohren. „Hast Angst, was? Das solltest du auch!"

Ich schwang herum. Der Kerl ließ einen Handkantenschlag unters Kinn folgen. Der Schmerz brachte meine Augen zum Tränen. Die Mitteilung über einen Debuff meiner Wahrnehmung ließ nicht lange auf sich warten.

Ich bedeckte meine klingelnden Ohren mit beiden Händen und schaute mich nach dem Kerl um, der mir das angetan hatte.

Lange musste ich nicht suchen. Direkt vor mir stand ein dreckiger, betrunkener Kerl, der sich über seinen eigenen Scherz halbtot lachte, so sehr, dass seine Augen nur noch schmale Schlitze in seinem aufgedunsenen Gesicht waren.

Und der gesamte Pavillon lachte mit.

Dieser blöde „Scherz" war der letzte Tropfen, der das Fass schmutziger Tricks zum Überlaufen brachte, den andere mir in der letzten Zeit gespielt hatten. Schlagartig schaltete ich um auf den Modus „Wutentbrannt".

Ungeschickt versuchte ich, ihm einen Fausthieb zu verpassen, in den ich all meine Stärke legte. Doch mein schlecht gezielter Schlag streifte kaum seinen Wangenknochen, und der Typ reagierte sofort mit einem weitaus besser gezielten Faustschlag direkt in meine Leber. Ich krümmte mich und ging zu Boden.

Alik hielt den Schläger zurück, bevor er mir Tritte gegen den Kopf versetzen konnte. „Bist du verrückt geworden, Rus? Das ist Phil!"

„Und wenn er deine Großmutter wäre – ist mir doch egal!", fauchte der Betrunkene.

„Halt dich da raus, Alik", schnaufte Yagoza. „Der Nerd ist es nicht wert. Komm schon, verdirb die Partystimmung nicht! Es gibt noch jede Menge zu trinken."

„Hast du gehört, Alik?", triumphierte der fette Trunkenbold lallend. „Wir haben da gerade was Gutes am Laufen, mach es nicht kaputt! Lass uns feiern!"

Ich konzentrierte mich auf seine Statistiken: *Ruslan „Fettwanst" Rimsky, Alter: 36, arbeitslos.*

Ich musste an die beiden Betrüger denken, die mit Falschgeld für meinen Computer hatten bezahlen wollen. Einer der beiden hieß auch Rus – kurz für Rustam oder so ähnlich. Mit dem Namen schien ich nicht viel Glück zu haben.

Der Schmerz in meinem Bauch war unerträglich. Ich wartete darauf, dass er nachließ.

Alik ließ mich liegen und schloss sich wieder seinen Kumpels an.

Kapitel 18

DIE BESTEN ABSICHTEN ...

„Eltern sind wie Gott. Du willst das Gefühl haben, dass sie immer da sind, und du willst, dass sie eine gute Meinung von dir haben. Dennoch rufst du sie nur an, wenn du etwas von ihnen willst."

Chuck Palahniuk, *Invisible Monsters (Unsichtbare Monster)*

NUR ZWEIMAL IN meinem bisherigen Leben hatte ich mich auf einen Kampf eingelassen. Das erste Mal war im Kindergarten gewesen, als ich mich mit einem Mädchen um ein Spielzeug gestritten hatte. Das zweite Mal auf der Universität, als es um ein Mädchen gegangen war. Mein Gegner war winzig gewesen, aber ziemlich reizbar. Ich hatte beide Male verloren.

Das dritte Mal gerade eben unterschied sich im Ergebnis nicht.

Ich lag auf dem Boden. Das alles war so unfair, dass ich beinahe versucht war, mein Interface aufzurufen, die Optimierung zu aktivieren und alle verfügbaren Punkte in Kampfsportfertigkeiten zu investieren. Doch ich zwang mich dazu, nüchtern zu denken. Ich musste mich beherrschen. Es war dumm genug gewesen, den

Betrunkenen überhaupt anzugreifen.

Stattdessen öffnete ich meine Statistiken und betrachtete den erhaltenen Schaden:

Handkantenschlag (44)
Fausthieb (118)

Meine Gesundheit schien sich jedoch rasch zu regenerieren. Immerhin hatte auch mein eigener, ungeschickter Faustschlag dem Kerl einen Schaden eingetragen, allerdings nur von 13 Punkten.

Die Zahlen sprachen für sich – ich musste unbedingt meine Kampffertigkeiten verbessern. Straßenkämpfe, Boxen, Karate – was auch immer. Außerdem trug meine schlechte Beweglichkeit einen Teil der Schuld, damit musste ich mich also ebenfalls befassen.

Ich stützte mich auf eine Schulter und betrachtete die Kerle in ihren Kapuzenjacken. Alik erklärte Yagoza offensichtlich gerade etwas, deutete auf mich, auf sein neues Hemd und die Flaschen mit dem Alkohol.

Yagoza schien ihn etwas zu fragen.

Alik nickte und kam auf mich zu. „Alles in Ordnung? Geht es dir besser?"

„Gewissermaßen." Ich griff nach seiner ausgestreckten Hand und ließ mich von ihm hochziehen. „Warum verbringst du bloß deine Zeit mit so einem Kerl?"

„Ähm … du weißt schon …", sagte Alik und ergänzte: „Du sollst zu Yagoza kommen. Er will mit dir sprechen." Er sah zu, wie ich mir den Staub von der Kleidung klopfte. „Keine Angst, er will dir nur was sagen."

Ich wollte schon etwas Stolzes und Dummes erwidern. So etwas wie: „Soll er doch zu mir kommen, wenn er etwas mit mir zu besprechen hat!" Oder sollte ich einfach erklären, ich hätte Wichtigeres zu tun?

Warum sollte ich mir die Mühe machen, da ich doch sowieso bald hier auszog und sie alle womöglich nie wiedersah? Also, warum bitte sollte ich mich auf ihre Stufe herabbegeben?

Stattdessen schaute ich zum Pavillon. Die Blicke der Männer waren wachsam und erwartungsvoll.

„In Ordnung", murmelte ich und folgte Alik. Es war wahrscheinlich besser, die Sache jetzt und hier zu Ende zu bringen.

Nach außen hin wirkte ich vielleicht beherrscht, doch dem System nach war ich es nicht. Mein Puls raste. Was soziale Kontakte zu solchen Leuten betraf, war ich nie sehr gut gewesen. Angespannt erwartete ich den nächsten Hieb – diesmal vielleicht ins Auge – oder einen anderen unlogischen Versuch ihrerseits, mich einzuschüchtern.

Ich konzentrierte mich, versuchte, mir einzureden, es wäre nichts als ein weiteres Verkaufsgespräch. Ich musste mich ihnen so verkaufen, dass ich mir um ihre Haltung mir gegenüber keine Sorgen mehr machen musste.

Außerdem drängte die Zeit. Kira konnte jeden Augenblick eintreffen, und ich hatte noch immer den Hund auszuführen.

Die Männer saßen an einem wackeligen Holztisch. Auf einer Plastiktüte waren ein paar kümmerliche Leckereien ausgebreitet: ein paar Scheiben Roggenbrot, eine offene Büchse Sardinen, einige gekochte Eier, eingelegte Gurken und eine Räucherwurst. Der Rest des Tisches wurde von Plastikbechern und Bierdosen eingenommen. In einer Ecke des Pavillons stand eine Kiste mit Wodkaflaschen, bereits halb leer.

„Jungs, das ist Phil", stellte Alik mich vor. Diesmal fehlte es seiner Stimme an der Überheblichkeit eines gerissenen Gauners. Stattdessen zeigte sie die Unterwürfigkeit eines Gruppenmitglieds des untersten

Rangs.

Niemand sagte etwas. Yagoza betrachtete mich mit halb geschlossenen, schläfrigen Augen. Ich begegnete seinem Blick, dann identifizierte ich mithilfe des Systems seine Kumpel. Der mickrige, kleine Kerl mit dem Spitznamen Sprat schmierte gerade für die ganze Gruppe Brote, die er mit Wurst und Gurken belegte. Vasily, ein Typ in etwa in meinem Alter, stocherte mit seinen schmutzigen Fingernägeln in seinen Zähnen herum. Der fette Kerl, der mich angegriffen hatte, goss Wodka in Becher und grinste mich hämisch an. Ein weiterer Mann in einem ärmellosen T-Shirt mit Baseballkappe stand vor dem Pavillon und telefonierte. Sein Name war offensichtlich Muhammad.

So weit, so gut. Diese Abteilung der Anonymen Alkoholiker hatte für mich gerade ihre Anonymität verloren.

„Schön, dich kennenzulernen … Phil", sagte Yagoza. Oder vielmehr, *Herr Igor Stepanenko, Level des sozialen Status: 9.*

Ich konnte der Versuchung einfach nicht widerstehen. „Ich freue mich ebenfalls, Sie kennenzulernen, Herr Stepanenko", erwiderte ich.

Sofort wurde er nervös. Vielleicht war das doch keine so gute Idee gewesen. Hatte ich denn aus dem Vorfall mit den anderen Patienten in der Arztpraxis nichts gelernt?

„Du bist schlau, was?", murmelte Yagoza. „Ich frage mich nur, woher du meinen Namen weißt?"

„Ihr wärt überrascht, wenn ihr wüsstet, was ich alles weiß. Alik heißt eigentlich Romuald, richtig? Dieser fette Witzbold ist Ruslan, abgekürzt Rus. Er ist übrigens ein recht guter Klempner, nur hält er sich nie lange in einem Job, weil er zu viel trinkt. Der Typ, der gerade in sein Brot beißt, ist Sprat, oder auch Alexey. Hoppla – jetzt hat er sich doch glatt verschluckt! Jemand sollte ihm auf den Rücken klopfen. Und der

Kerl hier ist Vasily. So schade, dass seine Frau Catherine sich von ihm hat scheiden lassen. Ach ja, und der da, der gerade telefoniert, das ist Muhammad Abu Talimov."

„Da soll doch einer ...", rief der fette Kerl verblüfft aus. „Habt ihr das gehört?"

„Himmel!", warf Alik ein. „Aber genau, er wusste auch meinen Namen bereits, als wir uns das erste Mal getroffen haben. Wie machst du das bloß?"

„Vielleicht hast du das alles geraten", sagte Yagoza. „Oder vielleicht hast du gute Beziehungen zu den Bullen hier in der Gegend?"

„Weder noch. Es spielt auch keine Rolle. Was wollt ihr von mir?"

Yagoza rieb sich die Hände. „Gieß ihm einen Drink ein! Wir wollen unsere Gäste doch anständig willkommen heißen!"

Ich hatte keine Ahnung, was er vorhatte, und beabsichtigte nicht, sein Spiel mitzuspielen. „Du hast mich bereits begrüßt, wie ich glaube. Nicht, dass ich die Begrüßung sehr genossen hätte. Sag mir einfach, was du willst, damit ich wieder gehen kann."

„Was glaubst du eigentlich, wer du bist?", blaffte der fette Kerl mich an.

„Halt die Klappe!", wies Yagoza ihn zurecht. „Wurdest du etwa dumm geboren? Ich will, dass du dich bei Herrn ... wie war doch gleich dein Name? Jedenfalls will ich, dass du dich bei ihm entschuldigst."

„Mein Name ist Phil. Phil Panfilov."

„Es tut mir sehr leid, Herr Panfilov. Und Rus tut es ebenfalls leid, nicht wahr, Rus?"

Unter Yagozas strengem Blick fiel der fette Kerl förmlich in sich zusammen. „Ich ... Ja. Es war nur ein Scherz. Es tut mir leid."

Ich berührte meine noch immer schmerzende Seite und zuckte zusammen. Zur Polizei zu gehen war sinnlos und den Aufstand nicht wert. Außerdem hatte ich ihn zuerst angegriffen. Zumindest würden sie alle das behaupten. In ihren Augen war es tatsächlich nichts weiter als ein Scherz.

„Ich nehme die Entschuldigung an", erklärte ich und wandte mich zum Gehen.

„Viel Glück, Phil!", rief Alik mir nach.

„Das wünsche ich dir auch", erwiderte ich und schluckte das hinunter, was ich ihm sonst noch gern gesagt hätte.

Ich konnte nur hoffen, dass er in der Lage war, über seine derzeitige Umgebung hinauszuwachsen. Ich wollte nicht, dass er in sein gewohntes, von Alkohol bestimmtes Leben zurückrutschte. Schließlich war er noch jung und hatte ein Leben zu leben.

Zu Hause zog ich das Hemd aus und betrachtete die Prellung unterhalb meiner Rippen. Allzu schlimm wirkte der blaue Fleck nicht. Dennoch kam mir der Vorfall wie ein zweiter Warnschuss vor den Bug vor, und der erste war der Angriff dieses falschen Zigeuners gewesen. Kampffertigkeiten waren nicht auf Computerspiele beschränkt. Man wusste nie, wann man sie im wahren Alltag gut gebrauchen konnte. Einige Menschen schaffen es zwar, ohne eine einzige handgreifliche Auseinandersetzung durchs Leben zu gehen, aber ich war in der letzten Woche gleich zweimal in Kämpfe verwickelt gewesen.

Momentan waren all diese Überlegungen allerdings rein theoretische – es wurde Zeit, mich auf das Abendessen bei meinen Eltern vorzubereiten.

Ich rief meine beiden Haustiere in die Küche und füllte ihre Näpfe. Während Richie fraß, machte ich ein neues Foto von ihm und schickte es seinem Frauchen.

Sveta reagierte sofort mit einer Sprachnachricht: „Ich danke Ihnen so sehr! Ich zähle die Tage, bis ich ihn endlich wiedersehen kann! In fünf Tagen bin ich zurück. Bitte umarmen Sie ihn von mir."

Noch fünf Tage – was bedeutete, dass ich die Suche

nach einer neuen Wohnung erst einmal vergessen konnte. Mit Katze und Hund nahm mich kein Vermieter. Ich musste warten, bis Sveta aus dem Urlaub kam und ihn abholte.

Kira rief an, um mir mitzuteilen, dass sie in einem Stau steckte. Ich schaute auf der Karte nach. Sie war noch ziemlich weit weg und stand womöglich eine ganze Weile im Stau. Also führte ich Richie in den Park und hoffte, dabei ein wenig joggen zu können, um wach zu bleiben.

Viel brachte ich allerdings nicht zustande. Mein Glücks-Buff war längst abgeflaut, und angesichts der Kombination aus schmerzenden Rippen, Schlafmangel-Debuff und Hunger-Debuff schaffte ich gerade mal höchstens eine Viertelstunde. Das reichte allerdings aus, um ins Schwitzen zu kommen. Mein Durchhaltevermögen erhielt einen Schub um ein weiteres Prozent, was mich dem nächsten Level sehr nahe brachte.

Als Kira endlich eintraf, hatten eine Dusche und ein Kaffee meine Lebensgeister wieder geweckt. Allerdings war mein Anblick nicht gerade geeignet, forschende Erkundigungen ihrerseits zu verhindern. Die dunklen Ringe unter meinen Augen sprachen für sich.

Auf dem Weg zu meinen Eltern überschüttete sie mich mit Fragen. Ich erstattete ihr einen etwas zensierten Bericht über die letzten Tage, in dem ich alles wegließ, das ungewöhnlich war oder Unbehagen hervorrufen könnte.

„Nun komm schon, Phil", wies sie mich zurecht. „Ich glaube, dein neuer Chef ist ganz in Ordnung. Ich hätte an seiner Stelle auch nicht anders gehandelt. Die Vereinbarung war, dass sie dich einstellen, und das haben sie getan. Sie haben dir sogar einen Bonus gezahlt. Der übrigens gar nicht mal so gering ist. Für das Geld müssen manche Leute einen ganzen Monat arbeiten."

„Das weiß ich ja, aber …“

„Aber was? Ist dir klar, was passiert wäre, wenn sie dir tatsächlich einen bestimmten Prozentsatz vom Umsatz des neuen Geschäfts ausgezahlt hätten? Du hättest keinerlei Grund mehr gesehen, dich weiter ins Zeug zu legen. So aber haben sie dir einen Anreiz gegeben, weiter ihre Produkte zu verkaufen, und sie haben dir etwas gegeben, um dich zufriedenzustellen. Außerdem, wie kannst du dir so sicher sein, dass du an dem Tag nicht einfach eine Menge Glück gehabt hast? Wenn allerdings nicht, sollte es ja kein Problem für dich sein, weitere Geschäfte zu vermitteln, und deine finanzielle Zukunft ist gesichert. Du kannst es mir glauben – genau so sieht dein Chef die Sache.“

„Mama solltest du besser nicht widersprechen“, meldete sich Cyril vom Rücksitz.

Ich lächelte. Momentan schien ich von Cyrils umgeben zu sein. Da war mein Neffe und da war mein neuer Arbeitskollege Cyril Cyrenko mit dem Raucherhusten.

Der Gedanke an Cyril leitete logischerweise über zu Vicky. Grinsend schickte ich ihr eine SMS und erkundigte mich, ob unsere Verabredung zum Kino für morgen noch stand.

Sie antwortete innerhalb einer Minute:

Klar. Kann es kaum erwarten.

Ich wünschte ihr einen schönen Freitagabend und ergänzte: *Wir sehen uns morgen.*

Kiras Vortrag hatte mich davon überzeugt, dass Ultrapak vielleicht doch gar keine so schlechte Möglichkeit war. Sollte ich also wirklich kündigen, sobald ich die Kündigungsfrist von einem Monat abgearbeitet hatte? Ich musste mir ja nur vorstellen, wie das in meinem Lebenslauf wirken würde. Eventuelle zukünftige Arbeitgeber würden mir garantiert eine Menge Fragen über dieses kurze Intermezzo stellen.

Meine Mutter rief an, machte uns Vorwürfe, dass wir zu spät dran wären, und jammerte, das Essen wäre bereits kalt und Papa am Verhungern, er wollte jedoch unbedingt auf uns warten. Das war mal wieder typisch! Mein Vater hatte alle Familienzusammenkünfte schon immer als eine große Sache betrachtet, bis zu dem Punkt, an dem er vor Nervosität seinen Appetit verlor.

Den Rest der Fahrt verbrachten Kira und ich damit, die akademischen Erfolge ihres Sohnes zu erörtern. In Lesen, Schreiben und Rechnen war er schon recht gut. Dabei hatte er noch ein Jahr Zeit, ehe er eingeschult wurde.

Endlich trafen wir bei meinen Eltern ein. Kira parkte vor dem Gebäude. Ich stieg aus und betrachtete den Hof, in dem ich meine Kindheit verbracht hatte.

Der Ort erfüllte mich mit süßlicher Nostalgie. Da war der Sandkasten, in dem ich mit meinen Freunden ganze Sandstädte erbaut hatte, komplett mit Straßen und Wohnblocks. Da war die Rutsche mit der abblätternden Farbe, die ich tausende von Malen hinuntergerutscht sein musste. Da war der kleine Garten, in dem wir versucht hatten, Grashüpfer mit ungewöhnlichen Flügelfarben zu fangen. Was für eine herrliche, sorglose Zeit das gewesen war, in der meine größten Probleme darin bestanden, meine Hausaufgaben nicht gemacht zu haben oder zu früh hineingerufen zu werden!

Meine Eltern lebten in einem ruhigen Viertel der historischen Vorstadt. Hier waren die Wohnblocks viereckig und klein und die Straßen umsäumt von hohen, alten Eichen, Kastanien und Ahornbäumen, die den kleinen Vorhof des Hauses überragten, in dem meine Eltern wohnten.

Mein Vater stand auf dem Balkon, rauchte eine Zigarette und wartete auf unsere Ankunft.

„Opa!", rief Cyril.

Mein Vater strahlte. „Da sind sie ja endlich!"

Zur Begrüßung umarmte ich ihn, und es versetzte mir einen Stich. Das war mein Vater, früher so stark und mächtig – und jetzt fühlte er sich in meinen Armen schwach und gebrechlich an. Er und meine Mutter waren so schrecklich alt geworden! Sein Lieblings-Karohemd hing lose an ihm herab, bauschte sich in der Hüfte, wo er den Saum in die Hose gestopft hatte. Unverändert war nur sein Geruch: Der Duft nach Tabak und einem klassischen russischen Aftershave, dem er seit den Zeiten der Sowjetunion treu geblieben war.

Mama stöhnte, klagte über Rückenschmerzen und beaufsichtigte Kira, die in dem kleinen Wohnzimmer den Tisch deckte. Meine Schwester hastete zwischen Küche und Tisch hin und her und berichtete unserer Mutter dabei den neuesten Klatsch über gemeinsame Freunde.

Wie üblich plärrte der Fernseher, in dem das Finale von Glücksrad[16] lief.

Im unteren Bereich lief ein Ticker mit den neuesten Nachrichten. Alte Gewohnheiten lassen sich nur schwer abstellen. Und wenn das Internet sich noch so sehr überall durchsetzte, das konnte das Vertrauen meiner Eltern in das Fernsehen als einzige Informationsquelle nicht erschüttern. So waren sie es zu Sowjetzeiten gewohnt gewesen, so war es heute noch.

Der Tisch stand vor dem alten, eingesunkenen Sofa. Erneut versetzte es mir einen Stich ins Herz. Dort hatten Yanna und ich vor nur zwei Monaten gesessen, als wir meine Eltern zur Feier des Geburtstags meiner Mutter besucht hatten. Yanna hatte sich an diesem

---

[16] Die russische Version der US-amerikanischen Fernsehshow.

Tag schon morgens ganz früh Kira und meiner Mutter angeschlossen, um zu kochen, zu putzen und alles auf Hochglanz zu bringen. Während ich den Schlaf nachholte, den ein nächtlicher Raid in *World of Warcraft* mich gekostet hatte.

Das war unser letzter gemeinsamer Besuch bei meinen Eltern gewesen, und genauso, wie sie damals war, wollte ich sie in Erinnerung behalten. Wir hatten so viel Schönes miteinander erlebt …

Mein Vater und ich beschlossen, den Frauen aus dem Weg zu gehen, und begaben uns auf den Balkon. Er zündete ein Streichholz für seine Zigarette an. Diesen Geruch hatte ich als Kind immer geliebt.

Er hielt mir seine Schachtel Zigaretten hin.

„Nein, danke, ich habe aufgehört", lehnte ich ab.

„Wirklich? Und wie lange kämpfst du schon dagegen an?"

„Etwas über eine Woche. Und so schwer war es eigentlich gar nicht."

„Was? Fühlst du nicht einmal den Drang, zu rauchen?"

„Oh, doch, das tue ich. Dann grinse ich einfach und ertrage es für ein paar Minuten, bis es besser wird. Aber wie geht es dir? Und Mama?"

„Uns geht es gut, danke. Hör einfach nicht hin, wenn sie sich ständig beklagt. Das ist einfach eine Angewohnheit, die sie von den alten Schachteln in der Nachbarschaft übernommen hat. Die behaupten, wenn man nur laut genug über die eigene schlechte Gesundheit jammert, kommen die Kinder einen öfter besuchen. Die wollen einfach nur beachtet werden."

Ich glaubte ihm. Schließlich hatte ich gleich beim Eintreffen die Statistiken meiner Mutter überprüft. Es ging ihr gut, ebenso meinem Vater. Natürlich immer unter Berücksichtigung ihres Alters. Der Debuff durch hohes Alter tickte unaufhörlich vor sich hin.

Mein Ansehen war bei beiden gleich: *Liebe 1 / 1*. Die

Level ihres sozialen Status waren beeindruckend hoch: Beide lagen bei über 30. Das musste an den Jahrzehnten liegen, die sie als Lehrerin und er als Feuerwehrmann gearbeitet hatten. Solange ich zurückdenken konnte, waren sie immer bereit gewesen, anderen zu helfen, und hatten zahlreiche Freunde gehabt. Diese beiden Faktoren mussten ebenfalls zu ihren hervorragenden Statistiken beigetragen haben.

„Und wie sieht es bei dir aus?", erkundigte sich mein Vater. „Stimmt es, was Kira erzählt hat? Du hast einen Job gefunden?"

„Ja. Es kam alles überraschend schnell. Montag war das Vorstellungsgespräch, und gestern haben sie mich bereits eingestellt."

„Oh! Bist du dir sicher, es ist der richtige Job? Was ist das denn für eine Art Firma?"

„Ein Produktionsunternehmen, das Kunststoffverpackungen herstellt. Die Leute scheinen ganz in Ordnung zu sein. Und wenn nicht, kann ich ja jederzeit wieder aussteigen."

„In deinem Alter, Sohn, solltest du nicht mehr allzu oft wieder aussteigen. Besser du bleibst dort und hörst mit dem ganzen Quatsch auf. Dein Lebenslauf ist der reinste Witz!" Er durchbohrte mich mit einem langen Blick, der Unbehagen in mir auslöste. „Und dieses Buch, an dem du schon seit Ewigkeiten schreibst … Hast du es jetzt endlich beendet? Nein? Das dachte ich mir. Und all diese Spiele … Was für eine Zeitverschwendung! Nun hast du auch noch Yanna verloren. Bist du jetzt zufrieden?"

Als ich vor ihm stand und die Standpauke über mich ergehen ließ, konnte ich seinen Schmerz plötzlich nachvollziehen. Nach dem Verlust von Yanna konnte ich seine Worte das erste Mal nicht mehr als das dumme Geschwätz eines alten Mannes abtun, der von nichts eine Ahnung hatte.

„Papa, es wird alles in Ordnung kommen, das kann ich dir versichern."

Er wandte sich ab und wischte sich mit der Faust über die feucht glitzernden Augen. „Ich fürchte, ich habe Rauch ins Auge bekommen. Nun, wie auch immer, Sohn – du bist jetzt erwachsen und brauchst keinen Babysitter mehr. Es ist dein Leben."

Ich hatte auf einmal ein ganz merkwürdiges Déjà-vu-Gefühl. Etwas Ähnliches hatte ich vorhin Alik zu erklären versucht. Was eigentlich nur logisch war – schließlich hatte ich es meinen Vater hunderte von Male sagen hören.

„Papa? Alles in Ordnung mit euch beiden?" Kira steckte den Kopf durch die Öffnung der Balkontür.

„Ich rauche nur meine Zigarette zu Ende, dann kommen wir", versprach mein Vater. „Mach dir keine Sorgen."

„Das tue ich auch nicht", versicherte sie, doch mit einem zweifelnden Blick zu uns beiden. Dann zog sie sich wieder zurück.

Lachend drückte mein Vater seine Zigarette aus und wir gingen zurück in die Wohnung.

Wir genossen ein richtig schönes Familienabendessen. Ein paar taktvolle Erkundigungen nach Yanna leiteten über zu einer Diskussion über meine Pläne für die Zukunft. Die Ergebnisse der Kochkunst meiner Mutter waren wie immer köstlich, wenn auch nicht unbedingt gesund. Getreu der Regeln alter Schule aus Sowjetzeiten konnte sie, wie sie glaubte, unmöglich zu viel Mayonnaise verwenden. Als Vorspeise gab es Salat mit Mayonnaise, als Hauptgericht Hühnchen mit Mayonnaise und – ein Standardgericht, wenn es etwas zu feiern gab – Suppe aus Waldpilzen. Auf ihre Pilzsuppe war meine Mutter zu Recht stolz, und sie war ihr niemals misslungen. Nicht in den Zeiten, als die Regale leer waren, nicht in den neunziger Jahren, als wir alle den Gürtel hatten enger schnallen müssen, und nicht später, als langsam Wohlstand um sich griff. Es war das Lieblingsgericht meines Vaters. Was dazu führte, dass automatisch jeder die Suppe liebte.

Der kleine Cyril gähnte am laufenden Band. Mama und Kira räumten den Tisch ab. Papa begab sich für eine weitere Zigarette[17] auf den Balkon. Ich versuchte, ein wenig fernzusehen, während Cyril fröhlich durch die Kanäle zappte.

„Warte mal!" Ich nahm ihm die Fernbedienung weg.

Ein örtlicher Nachrichtensender zeigte das Bild eines Mädchens, und ein Sprecher erklärte, sie würde vermisst.

Ich nahm mein Handy und machte ein Foto vom Bildschirm.

Ein Mädchen, Oksana Vorontsova, vierzehn Jahre alt, wird seit dem 12. Mai 2018 20 Uhr vermisst. Sie ist seitdem nicht nach Hause zurückgekehrt.

Oksana ist ein Meter zweiundsiebzig groß. Sie wirkt wie eine Sechzehnjährige, ist schlank und hat dunkle, lange Haare, dunkle Augen, dichte Augenbrauen und eine nach oben gerichtete Nase.

Zum Zeitpunkt ihres Verschwindens trug Oksana eine pinkfarbene Strickjacke über einem weißen T-Shirt, Jeans-Shorts und weiße Turnschuhe.

Wir bitten jeden, der Informationen über Oksanas Aufenthaltsort hat, sich zu melden und eine der folgenden Telefonnummer anzurufen ...

Es folgte eine lange Zeile mit mehreren Telefonnummern: die Polizei, die Eltern des Mädchens

---

[17] Obwohl das Rauchen in Russland weit verbreitet ist, wird es doch als unhöflich betrachtet, im Haus zu rauchen, vor allem in einem Haushalt mit Kindern. Die rauchenden Familienmitglieder begeben sich üblicherweise für ihre Zigarette nach draußen.

und ein paar freiwillige Helfer.

Ich prägte mir alle diese Nummern ein und betrachtete noch einmal das Gesicht des vermissten Mädchens, speicherte in meinem Gedächtnis ihre Augen, ihr Lächeln, ihren oberen Schneidezahn, dem ein Stückchen fehlte ...

Dann öffnete ich meine Landkarte und schickte eine Suchanfrage ab.

Nichts. Offensichtlich besaß ich nicht genügend KIDD-Punkte, um auf die Daten zuzugreifen. Ich brauchte fünf Einheiten, besaß jedoch nur vier: ihr Bild, ihren Namen, ihr Alter und den Namen der Stadt, der wahrscheinlich auch ihrem Geburtsort entsprach. Aber es war nicht genug.

Ich fluchte, dann biss ich mir auf die Lippen und sah mich um, ob mein Vater das gehört hatte. Nein, er stand noch immer auf dem Balkon und rauchte. Cyril war inzwischen eingeschlafen, und Kira und Mama unterhielten sich in der Küche.

Ich stand auf, trug Cyril ins Schlafzimmer meiner Eltern und legte ihn dort aufs Bett. Wieder zurück im Wohnzimmer öffnete ich erneut mein Interface.

Mir war ein Gedanke gekommen. Ich klickte auf die Registerkarte mit meinen Fähigkeiten und versuchte, den verfügbaren Punkt in Erkenntnis zu investieren. Und nun hieß es Daumen drücken ...

Tut uns leid, eine Systemfertigkeit kannst du nicht verbessern.

Was für ein verrücktes Spielesystem war das denn? Ich hatte diese Fertigkeit aktiviert, indem ich ihr einen verfügbaren Punkt zugewiesen hatte, und jetzt konnte ich sie nicht weiter steigern? Bedeutete das etwa, dass ich auch die Optimierung nur durch wiederholte Verwendung auf ein höheres Level bringen konnte?

Na klar – und jedes Mal waren die 30 Tage

Abklingzeit abzuwarten ...

Vielleicht ließ sich die Optimierung aber auch gar nicht verbessern. Es war ja ohnehin bereits der beste Cheat aller Zeiten.

Oh, darüber sollte ich jetzt wirklich nicht nachdenken, sondern mich lieber auf das vermisste Mädchen konzentrieren.

Mein Vater kam ins Wohnzimmer und schaltete um auf eine Krimiserie, die er sich gern anschaute. Dabei strich er mir über den Kopf.

„Tut mir leid, Papa, ich muss dringend etwas nachschauen."

Ich setzte mich näher zu ihm, öffnete auf dem Handy ein beliebtes soziales Netzwerk und gab den Namen des Mädchens im Suchfeld ein.

Himmel, da waren hunderte von Mitgliedern mit diesem Namen!

Ich verfeinerte die Suche, zuerst nach Alter und Land, dann nach der Stadt.

Sechs Mädchen blieben übrig. Für zwei der Konten gab es kein Profilfoto. Dann war da das Bild eines Mädchens im Teenageralter mit diesem typischen verächtlichen Schmollmund, wie ihn die jungen Dinger auf der ganzen Welt für ihre Selfies produzieren.

Das war die vermisste Oksana.

„Was für eine Art Job ist das denn?", erkundigte sich mein Vater misstrauisch. „Sexueller Missbrauch von Kindern?"

„Schau doch, Papa!", protestierte ich, ein wenig beleidigt. Ich zeigte ihm das Foto des Mädchens vom Fernsehbildschirm und dann das in ihrem Profil im sozialen Netzwerk. „Du kannst sehen, dass es dasselbe Mädchen ist, nicht wahr? Ich glaube, ich habe sie irgendwo schon einmal gesehen. Ich muss nur herausfinden, ob sie es wirklich war oder nicht."

„Und?"

„Ich brauche noch ein Weilchen."

Ihr Profil gab nicht viel her, nur die typische Teenager-Zusammenstellung aus Internet-Mems, Zitaten und süßen Bildern. Ihr Beziehungsstatus war: *„Aktive Suche."*

Aha. Vielleicht hatte ihr Verschwinden etwas mit eben dieser aktiven Suche zu tun ...

Ich klickte auf „Mehr" und fand den Namen ihrer Schule. Hervorragend! Ich merkte ihn mir und öffnete erneut die Landkarte.

Aber was, wenn sie schon nicht mehr am Leben war? Wie würde die Karte darauf reagieren? Würde sie mir den Standort der Leiche zeigen? Wie auch immer, wenn der Name der Schule nicht ausreichte, musste ich ohnehin ihre Eltern anrufen und mir eine glaubhafte Ausrede dafür einfallen lassen, warum ich mehr Informationen brauchte, um sie bei der Suche nach ihrer Tochter unterstützen zu können.

Doch diesmal verfügte ich über ausreichend KIDD-Punkte. Auf der Karte tauchte ein Marker auf, der den Aufenthaltsort des Mädchens kennzeichnete, etwa sechzig Kilometer außerhalb der Stadtgrenze.

Ich zoomte hinein. Es war ein kleines Dorf. Ich konnte viereckige, einstöckige Häuser und enge Seitenstraßen erkennen. Trotz der späten Stunde war in dem Haus, in dem sie sich angeblich aufhielt, noch Licht. In der Dunkelheit konnte ich nicht viel erkennen, aber die Karte verriet mir Straßennamen und Hausnummer.

„Papa, ich glaube, es ist wirklich sie."

Er sprang vom Sofa auf. „Dann ruf sofort ihre Eltern an."

Ich zögerte. Es war bestimmt keine gute Idee, für diesen Anruf mein eigenes Handy zu verwenden. Ich musste mit Unmengen Fragen seitens der Eltern rechnen, und die Polizei würde auch mehr wissen wollen. *Woher kannten Sie den Aufenthalt des Mädchens? Warum haben Sie sich nicht gleich an uns gewandt? Sie haben es im Fernsehen gesehen? Sind Sie eine Art Hellseher oder so etwas? Oder einer der Kidnapper?*

„Nun komm schon, ruf sie an!", schnauzte mein Vater mich an, den meine Unentschlossenheit wütend machte. „Hast du irgendeine Vorstellung davon, was die Eltern gerade durchmachen?"

Das war ja alles gut und schön, aber wie sollte ich jetzt auf die Schnelle meine Anrufer-ID deaktivieren? Andererseits, was für einen Sinn hätte das? Die Polizei könnte sich meine Nummer schließlich vom Mobilfunkanbieter der Eltern beschaffen.

Mit einem ganz üblen Gefühl im Magen wählte ich die Nummer der Eltern des Mädchens.

Es meldete sich sofort eine sehr ängstlich klingende, weibliche Stimme. „Ja?"

„Hallo", sagte ich. Ich wusste nicht, wie ich anfangen sollte. „Sind Sie Oksanas Mutter?"

„Ja, ja! Wissen Sie, wo sie ist?"

„Sie ist außerhalb der Stadt. Haben Sie etwas zu schreiben? Es ist Leafy Hollow, Kulikova-Straße 19."

Mein Vater starrte mich ungläubig an. Ich wedelte abwehrend mit der Hand und wiederholte die Adresse. „Ja, richtig. Sie hält sich jetzt gerade dort auf."

„Ist sie …?" Die Frau brach ab, war zunächst nicht in der Lage auszusprechen, was ihr größter Albtraum war. „Ist sie am Leben?", flüsterte sie dann.

„Ja, das ist sie." Ich konnte nur beten, dass ich damit recht hatte. Das System hätte mich doch gewiss darüber informiert, wenn sie tot wäre, oder?

Ich lauschte dem erleichterten Schluchzen der Frau. Dann übernahm ihr Mann den Hörer.

„Hallo, ich bin Oksanas Vater. Nennen Sie mich Mikhail. Ich bin Ihnen für Ihre Hilfe sehr dankbar, aber können Sie mir bitte sagen, woher Sie diese Information haben?"

„Überprüfen Sie einfach die Adresse, die ich Ihnen

gegeben habe. Verlieren Sie keine Zeit. Rufen Sie sofort die Polizei an."

„Wie heißen Sie?"

„Ich bin Phil. Falls Sie irgendwelche Fragen haben, können Sie diese Num..."

Er hatte aufgelegt. Hoffentlich hielt er meinen Anruf nicht für einen dummen Scherz. Von der Sorte Anrufe hatten die Eltern bestimmt schon einige bekommen.

Die Unterhaltung hatte mich erschöpft. Ich fühlte mich total ausgelaugt. Ich wich dem fragenden Blick meines Vaters aus und überprüfte meine Statistiken.

Mein Geist war auf 0 herabgesunken. Ob ich wohl irgendeine Art von Mana brauchte, um meine Systemfertigkeiten wiederherzustellen? Oder hing das Ergebnis jetzt mit meinen Müdigkeitsleveln zusammen? Morgen früh musste ich gleich Martha darüber ausfragen – nachdem ich geschlafen und mich ein wenig beruhigt hatte.

„Wo bitte hast du sie gesehen?", verlangte mein Vater zu erfahren.

„Das versuche ich dir doch gerade zu erklären! Ich habe sie dort gesehen!"

„Und wo bitte ist ‚dort'?"

„Was ist denn hier los?" Kira marschierte ins Wohnzimmer. „Wo ist Cyril?"

„Er ist eingeschlafen. Ich habe ihn ins Schlafzimmer gebracht."

Sofort ging Kira wieder, um nach ihm zu sehen. Wie gut, dass sie niemals nur eine Frage stellte. So konnte man schlicht die letzte beantworten und den Rest ignorieren.

„Phil?"

„In Leafy Hollow. Genau dort habe ich sie gesehen", wiederholte ich. „Ich war gestern in dem Dorf, habe mich mit einem Kunden getroffen."

„Und wieso kannst du dich so gut an die Adresse erinnern?"

Mein Vater hatte in seinem Leben nicht eine einzige Krimiserie versäumt. Er konnte die Unlogik einer Beweisführung meilenweit riechen.

Ich unterdrückte mein Verlangen, das Thema zu vermeiden und einfach nach Hause zu gehen. Doch wenn er jetzt keine Antwort erhielt, verbrachte mein Vater nur die gesamte Nacht damit, darüber nachzugrübeln. Womöglich weihte er sogar meine Mutter ein, die sich bekanntermaßen immer über alles Sorgen machte.

„Papa, wir leben im einundzwanzigsten Jahrhundert, Himmel noch mal! Wir haben den Kunden aufgesucht und uns dann in einem kleinen Geschäft etwas zu essen gekauft. Dabei habe ich sie gesehen. Sie ging in das Haus neben dem Laden, gerade als wir den verlassen haben. Das Haus hatte ein grünes Dach. Danach habe ich gerade in der Satellitenansicht von Google Maps gesucht und es gefunden. So habe ich Straße und Hausnummer erfahren."

Mein Vater verengte die Augen und suchte nach den Schwachstellen in meiner Geschichte, fand jedoch keine. Oder wenn, hatte er beschlossen, sie nicht genauer unter die Lupe zu nehmen.

„Gut gemacht!", sagte er.

Das war genug für mich – er war in seinem Lob nie sehr überschwänglich gewesen.

„Nun komm schon, Phil!", rief Kira aus dem Flur. Sie hatte sich bereits die Straßenschuhe wieder angezogen.[18] „Holst du bitte Cyril? Mir wird er langsam

---

[18] Infolge der oft sehr schlechten Wetterbedingungen mit viel Schnee oder Matsch in den Straßen ist es in Russland üblich, sich im Flur die Straßenschuhe aus- und Pantoffeln anzuziehen, im eigenen Heim ebenso wie bei einem Besuch. In jedem Haushalt gibt es mehrere Paare Pantoffeln für Gäste. Allerdings bringen viele Gäste ihre eigenen Hausschuhe mit, selbst auf Partys. Ähnliche Sitten finden

ein wenig zu schwer. Mama, wir gehen!"

Eilends kam meine Mutter aus der Küche, wobei sie sich die Hände an der Schürze abwischte.

Ich umarmte meine Eltern und versprach ihnen feierlich, sie für den Rest meines Lebens jeden Tag anzurufen.

Ich war weggedöst, bevor das Auto auch nur losgefahren war. Das war anscheinend meine neue Angewohnheit.

Kira weckte mich mit einem Flüstern. „Phil? Phil, wir sind da. Du kannst jetzt im Bett weiterschlafen."

Ich küsste sie zum Abschied auf die Wange und stolperte ins Haus. Im Hof herrschte absolute Stille, auch im Pavillon. Der lokale Zweig unserer Anonymen Alkoholiker lag wahrscheinlich längst im Koma. Das geschah ihnen recht, wenn sie erst Wodka und dann Bier tranken.[19]

Ich brach ebenfalls zusammen, allerdings auf meinem Bett.

* * *

ICH HATTE KEINE Ahnung, wie lange ich geschlafen hatte. Mitten in der Nacht weckte mich das schrille Geräusch eines Anrufs. Es war nicht einmal das Klingeln meines Handys, sondern vor allem das durchdringende und extrem langanhaltende Vibrieren des Geräts direkt unter meinem Ohr.

Ich lehnte den Anruf ab, ohne auch nur

---

sich auh in anderen Ländern mit einem rauen Klima wie Japan oder Finnland.

[19] Eine weitere russische Trinktradition warnt vor den Gefahren, nach hochprozentigen Getränken Drinks mit weniger Alkohol zu konsumieren (also etwa nach Wodka Bier oder Wein zu trinken.) Angeblich kann das den Trinkenden sehr rasch von den Füßen holen.

nachzuschauen, wer da etwas von mir wollte. Doch der Anrufer war hartnäckig und versuchte es erneut.

Schließlich gab ich auf und nahm das Gespräch an. „Ja?"

„Du hast geschlafen? Nachts? Himmel, du streckst voller Überraschungen!"

Ich erkannte die Stimme, obwohl sie maßlos betrunken klang. Ich hatte keine Ahnung wieso, es musste irgendeine Art Instinkt sein, den ich in all den Jahren mit ihr entwickelt hatte. „Yanna?"

„Er hat meine Stimme erkannt", verkündete sie, dann schwieg sie.

„Ist alles in Ordnung?", erkundigte ich mich.

„Überhaupt nichts ist in Ordnung! Du bist ein schleimiges Stück Dreck, weißt du das?"

„Ja, das weiß ich. Sonst noch etwas?"

„Geh und fick dich selbst!", brüllte Yanna und beendete das Gespräch so abrupt, als hätte sie den Hörer eines Festnetztelefons auf die Gabel geknallt. Doch wirklich, auch wenn das bei einem Smartphone eigentlich nicht möglich ist – ich hörte einen lauten Knall, bevor die Verbindung endete.

Das war wieder einmal typisch. Keines von Yannas Handys hatte jemals die Gewährleistungsfrist überlebt. Sie schien sich auf einem Vergeltungskriegszug gegen alle Mobiltelefone zu befinden.

Warum hatte sie mich gerade angerufen?

Ich zwang mich dazu, nicht weiter über sie nachzudenken, und schlief wieder ein.

Kurze Zeit darauf weckte die Vibration unter meinem Kissen mich erneut auf. Was hatte diese Frau bloß?

„Was ist denn jetzt noch, Yanna?"

Eine strenge männliche Stimme ließ mich im Bett aufsitzen und Haltung annehmen.

„Sind Sie Philip Panfilov?"

„Jawohl, mein Herr."

„Ich bin Polizeimajor Igorevsky. Wir müssen Ihnen ein paar Fragen stellen. Es geht um den Vermisstenfall Oksana Vorontsova. Wo genau sind Sie gerade?"

Kapitel 19

Rot, die Farbe der Gefahr

„Natürlich bin ich gefährlich – ich bin die Polizei. Ich könnte Leuten schreckliche Dinge antun, und ungestraft davonkommen."

Rust Cohle (Matthew McConaughey), *True Detective*

DAS WAR ABSOLUT surreal – ich hatte mitgeholfen, eine Tochter zu ihren untröstlichen Eltern zurückzubringen. Womöglich hatte ich ihr sogar das Leben gerettet. Trotzdem war ich, während ich auf das Eintreffen der Polizei wartete, so voller Furcht, als hätte ich allein ihre Entführung geplant und durchgeführt.

Natürlich gab es für diese irrationale Angst gute Gründe. Es stimmte nun einmal, dass wir Russen, so könnte man behaupten, unsere Polizei – oder Uniformen im Allgemeinen, um ehrlich zu sein – mehr fürchteten als die eigentlichen Verbrecher.

Wir empfanden eine gewisse Verbundenheit mit Kriminellen. Wir wuchsen gemeinsam auf und besuchten dieselben Schulen. Jeder von uns kannte jemanden, der in irgendeiner Weise Beziehungen zu kriminellen Kreisen besaß. Jeder normale Bürger beging gelegentlich Straftaten, versuchte, Steuern nicht zu zahlen, oder verstieß gegen Verkehrsregeln. Der halb legale Reiz von Krimiserien im Fernsehen mit ihren knallharten Typen hatte das in gewisser Weise romantische Bild von Straftätern weiter verstärkt. Gab man das russische Wort für „Bulle" in die Bildersuche von Google ein, erhielt man als Ergebnis Dutzende von Cartoons, die sich über Verkehrspolizisten lustig machten, über Polizeiinspektoren, die Bestechungsgelder annahmen, oder über überarbeitete, betrunkene Ermittlungsbeamte.

Das erklärt, warum ich von meinem Treffen mit Major Igorevsky nichts Gutes erwartete. Ich brühte mir einen Kaffee auf und las im Internet ein paar Artikel mit Ratschlägen, wie man sich in solchen Situationen am besten verhielt. Im Wesentlichen waren, je nach Situation, zwei Dinge zu beachten: War man der offizielle Verdächtige, hielt man am besten den Mund und leugnete alles. Selbst unter Druck litt man schweigend. (Wobei das Leiden hoffentlich nicht wörtlich zu nehmen war.) War man als Zeuge geladen, musste man die gestellten Fragen so ehrlich beantworten wie man nur konnte. (Falls man es konnte.) Ansonsten musste man mit einem Strafverfahren wegen uneidlicher Falschaussage oder Meineid rechnen, je nachdem. Auf jeden Fall musste man darauf bestehen, einen Anwalt hinzuziehen.

Ich hatte keinen Anwalt. Und was den Rat betraf, die Wahrheit zu sagen … Wo bitte sollte ich denn da anfangen? Sollte ich der Polizei von meinem letzten Frühstück mit Yanna berichten? Oder von dieser Wetware in meinem Kopf, die ich der *First Martian Company* zu verdanken hatte?

Also bitte! Die Polizisten waren doch nicht von gestern!

Der Morgen dämmerte bereits. Zwar hatte ich nicht lange genug geschlafen, aber der Schlafmangel-Debuff hatte sich bereits gelegt. Ich hatte keine Ahnung, ob man mich hier befragen oder zum Revier mitnehmen würde. Also beschloss ich, mich für alle Fälle anzuziehen und zu frühstücken. Ich versorgte meine Haustiere großzügig mit Fressen und briet mir selbst ein paar Eier.

Die ich fast verputzt hatte, als Richie wie wild zu bellen begann.

Kurz darauf klingelte es an der Tür.

Ich öffnete. Draußen auf dem Flur standen zwei junge Kerle in Zivilklamotten, beide mit Bürstenhaarschnitt. Der eine war größer, mit scharf geschnittenen Gesichtszügen, der andere stämmig und untersetzt.

„Philip Panfilov?", fragte der Hochgewachsene. Sein Blick war durchdringend und wachsam. Sehr unangenehm. Das gefiel mir überhaupt nicht.

„Ja, der bin ich", erwiderte ich. „Haben Sie mich gerade angerufen?"

„Polizeiermittler Golovkov." Er zeigte mir seinen Ausweis und übergab mir dann eine Ladung. „Angerufen hat Sie Major Igorevsky, der leitende Ermittler. Er hat ein paar Fragen an Sie, betreffend Ihre Beteiligung an der Vorontsova-Entführung. Wir bringen Sie zum Polizeirevier."

Ich studierte die Ladung: ... *hiermit vorgeladen, als Zeuge auszusagen* ...

„Haben Sie das Mädchen gefunden?", fragte ich.

„Wir sind nicht befugt, Ihre Fragen zu beantworten."

„Soll ich eine Tasche packen?"

„Nein. Sie müssen nur Ihren Ausweis mitbringen."

In einem schäbigen, koreanischen Zivilfahrzeug, dessen Inneres nach Tabakqualm roch, brachte man mich zum Revier.

Der untersetzte Kripobeamte nahm auf dem Fahrersitz Platz. Seinen Namen hatte er mir nicht genannt. Ich saß auf dem Rücksitz neben Golovko, der völlig entspannt zu sein schien, mich jedoch aus dem Augenwinkel unverwandt beobachtete. Der stämmige Kerl schob sich eine Zigarette in den Mund, ohne sie anzuzünden.

Mein Herz raste. Es gelang mir einfach nicht, mich zusammenzureißen. In dem Versuch, mich zu beruhigen, sah ich mir die Statistiken der beiden Polizisten an. Beide waren unter dreißig, verheiratet mit Kindern. Die Level ihres sozialen Status waren recht hoch. Das Gleiche galt für ihre Intelligenz und ihr Charisma. Ihre Wahrnehmung, Kommunikations- und Täuschungsfertigkeiten waren sogar noch besser. Genau diese Art an Talenten brauchte man, um sich erfolgreich das Vertrauen eines anderen zu erschleichen.

Die Liste der Fertigkeiten beider führte auch eine recht hohe Gelassenheit auf, etwas, das ich überhaupt nicht besaß.

Nein, das waren nicht die fetten Clowns eines Bullen-Cartoons, über die man im Internet Witze machte. Trotz ihres jungen Alters waren beide Beamte alte Hasen, die Respekt geboten.

Als wir eintrafen, war die Sonne bereits aufgegangen. Ich stieg aus.

Dieser herrliche Samstagmorgen war die beste Werbung für den bevorstehenden Sommer. Das Zwitschern von Vögeln füllte die Stille des frühen Morgens. Auf den Straßen herrschte kaum Verkehr und keine Scharen schlecht gelaunter Passanten waren unterwegs zum Arbeitsplatz. Die Luft war kühl und frisch, und die Blätter der Bäume waren noch nass vom nächtlichen Regen.

Ich nahm einen tiefen Atemzug. Lust, das Revier zu betreten, hatte ich nun wirklich überhaupt keine. Viel lieber hätte ich Richie zum Joggen im Park ausgeführt. Anschließend lecker und gesund gefrühstückt, mit einem guten Buch neben dem Teller. Danach hätte ich dann ein wenig Arbeit erledigen können, falls neue Aufträge eingetroffen waren, und mich für eine Stunde ins Fitnessstudio begeben. Das hätte mir immer noch die Zeit gelassen, mein Interface weiter zu erkunden, meine Fertigkeiten zu optimieren und meine Eigenschaften zu verbessern. Am Abend hätte ich Vicky vielleicht vor dem Kino noch in ein Restaurant eingeladen.

Es wäre der perfekte Samstag gewesen. Wenn ich ihn mir nicht selbst durch meine Reaktion auf diesen Aufruf im Fernsehen ruiniert hätte.

„Folgen Sie mir", verlangte Golovkov.

Ich ging zwischen ihm und dem untersetzten Kerl, der die Nachhut bildete. Man führte mich am Empfang vorbei in den zweiten Stock. Dort marschierten wir einen trostlosen Flur mit abblätternder blauer Wandfarbe entlang, bis wir das Büro des leitenden Ermittlers erreichten.

Ich blieb draußen, bewacht von dem stämmigen Kerl. Golovkov ging hinein und berichtete: „Genosse Major, der Zeuge ist hier."

„Sie meinen Panfilov?"

„Jawohl."

„Bringen Sie ihn herein."

Meine Gelassenheit ließ definitiv eine Menge zu wünschen übrig. Ich schob meine zitternden Hände in die Taschen der leichten Jacke, die ich vor dem Aufbruch übergestreift hatte.

Major Igorevsky war vierzig Jahre alt. Auf seinem Kopf zeigten sich die ersten Anzeichen einer Glatze. Er trug kein Jackett, sondern war in Hemdsärmeln. Über der Rückenlehne seines Stuhls hing eine Krawatte. Er wirkte vollkommen erschöpft, seine Augen waren blutunterlaufen. Viel Schlaf hatte er in der vergangenen Nacht sicher nicht abbekommen.

„Guten Morgen", begrüßte ich ihn.

„Morgen, Herr Panfilov. Bitte setzen Sie sich." Der

Major stand auf und bot mir die Hand. Er war ganz die verkörperte Höflichkeit. „Ich bin der leitende Ermittler, Major Igorevsky, und derjenige, der Sie angerufen hat."

Ich konnte wirklich nicht behaupten, dass ich erfreut gewesen wäre, ihn kennenzulernen, also verkniff ich mir diese Bemerkung, nickte nur und schüttelte ihm die Hand.

„Ich habe Sie hierhergebeten, damit Sie eine Zeugenaussage machen können. Dank Ihres Anrufs waren wir in der Lage, das vermisste Mädchen Oksana Vorontsova zu finden." Er hielt inne und beobachtete meine Reaktion.

„Wie geht es ihr?", erkundigte ich mich.

„Den Umständen entsprechend gut. Das ist alles, was ich Ihnen momentan sagen kann. Ich möchte Ihnen im Namen aller am Fall Beteiligten für Ihre Kooperation danken."

Ich beobachtete seine Statusbalken. Seine Laune war hoch und ebenso sein Interesse an mir.

Ich schwieg. Was hätte ich denn auch seiner Meinung nach sagen sollen? Dass ich nur meine Pflicht getan hatte?

Nach einer kurzen Pause fuhr der Major fort: „Und jetzt möchte ich, dass Sie mir ein paar Fragen beantworten ..."

Die gesamte nächste Stunde lang wollte er alles Mögliche über mich wissen: meinen Geburtsort, wo ich zur Schule gegangen war, meinen beruflichen Werdegang, die Namen meiner bisherigen Arbeitgeber. Stück für längst vergessenes Stück grub er die Chronologie meines Lebens aus. Bis er endlich zum Punkt kam.

„Sie haben gestern Abend die Eltern des vermissten Mädchens angerufen und ihnen die genaue Adresse gegeben, wo wir Oksana später gefunden haben. Von wo aus haben Sie angerufen?"

„Vom Haus meiner Eltern."

„Kann das jemand bestätigen?"

„Meine Eltern und meine ältere Schwester."

„Wie lautet die Adresse Ihrer Eltern?"

„Verbitsky-Straße 76, Apartment 15."

„Waren Sie vorher jemals in Leafy Hollow?"

„Nein, nie."

„Wo waren Sie am Samstagabend, den 12. Mai dieses Jahres?"

„Ich war zu Hause und habe ein Computerspiel gespielt."

„Kann das jemand bestätigen?"

„Meine Frau ..." Ich stockte. „Wir lassen uns scheiden und leben nicht mehr zusammen."

„Ihre Kontaktdaten?"

Ich gab ihm Adresse und Telefonnummer von Yannas Eltern. Anscheinend saß ich tief in der Scheiße.

„Woher kennen Sie Sergei Losev?"

„Den Namen habe ich nie gehört. Wer ist das?"

„Denken Sie gut nach."

„Ich kenne ihn nicht."

„Nun gut", murmelte der Major und schrieb meine Aussage auf. *Der Zeuge behauptet, Losev nicht zu kennen* ... Wo haben Sie Oksana Vorontsova kennengelernt?"

„Ich bin ihr niemals begegnet."

„Wenn das so ist – woher kannten Sie dann ihren exakten Aufenthaltsort?"

„Das ist ziemlich schwer zu erklären. Sie werden es mir gewiss nicht glauben, wenn ich es Ihnen sage."

„Mit Glauben hat unser Job nichts zu tun. Unsere Aufgabe ist, Fakten zu überprüfen. Woher wussten Sie, wo das Mädchen sich aufhält?"

„Ich habe es gesehen."

„Wie genau haben Sie es gesehen?"

„Ich habe den Aufruf im Fernsehen mitbekommen. Und dann ... dann spürte ich einfach, wo sie war."

Der Major gähnte. „Sie haben es *gespürt* …"

„Ja, genau. Ich war bei einem Familienabendessen mit meinen Eltern. Nach dem Essen hat mein Neffe durch alle Fernsehkanäle gezappt. Ich habe das Bild des vermissten Mädchens gesehen, und dann wusste ich einfach, wo sie war."

„Dann wussten Sie es einfach?", wiederholte der Major ganz ernsthaft.

Er klang so aufrichtig, ich hätte ihm sofort geglaubt – wenn ich nicht seine Statistiken gesehen hätte. Seine Täuschungsfertigkeit war aufs Maximum geschnellt, bis hinauf zu „Göttlich".

„Sie besitzen ein bemerkenswertes Talent", ergänzte der Major.

„Nein, das stimmt nicht. Das ist das erste Mal, dass mir so etwas passiert ist."

„Ist schon in Ordnung – Sie müssen sich nicht aufregen. Hier, trinken Sie einen Schluck Wasser."

„Ich bin völlig in Ordnung, danke."

„In diesem Fall, mit Ihrer Erlaubnis …" Er nahm ein paar Schlucke aus dem Becher, den er mir angeboten hatte, und stellte ihn beiseite. „Haben Sie eine Erklärung für das, was in diesem Augenblick mit Ihnen geschehen ist?"

„Ich habe nicht die geringste Ahnung. Ich war mir nicht einmal sicher, ob ich ihre Eltern tatsächlich anrufen sollte. Ich wollte ihnen keine falsche Hoffnung machen."

„Und warum haben Sie es am Ende doch getan?"

„Mein Vater hat darauf bestanden. Ich habe ihm allerdings nicht gesagt, woher ich wusste, wo sie war. Ich habe ihm einfach erklärt, ich hätte einen Kunden in dem Dorf besucht und das Mädchen dabei gesehen."

„Wer war sonst noch bei Ihnen?"

„Wo denn, bitte?"

„In dem Dorf."

„Aber ich war doch gar nicht in diesem Dorf! Das

habe ich nur meinem Vater gesagt, um ihn nicht zu beunruhigen. Er hätte sonst vielleicht gedacht, ich wäre auf einmal verrückt geworden ... Was schreiben Sie da gerade auf?"

„Gar nichts. Also, warum waren Sie in dem Dorf? Hatte es geschäftliche Gründe?"

„Ich war nicht in diesem Dorf!"

Er änderte ständig seine Taktik, stellte mir immer wieder dieselben Fragen aus den verschiedensten Blickwinkeln, bestand penibel darauf, dass ich ihm genauestens auch das kleinste Detail schilderte. Er wollte sogar wissen, ob ich am Abend zuvor den Teller mit der Pilzsuppe geleert hatte.

So ging das eine weitere Stunde hin und her. Irgendwann begann die Hoffnung in mir aufzukeimen, dass er mit mir nun endlich fertig wäre. Was mir Sorgen bereitete, war nur, dass ich nicht wusste, ob er mir unbedingt eine Komplizenschaft bei der Entführung unterzuschieben versuchte oder einfach nur neugierig war, wie es zu meiner „Eingebung" gekommen war.

Der Major zündete sich eine Zigarette an und hielt mir die Packung hin. „Bitte, bedienen Sie sich."

„Nein, danke. Ich habe mit dem Rauchen aufgehört."

„Gut! Halten wir fest – Sie waren nicht in dem Dorf, Sie kennen das vermisste Mädchen nicht und Sie sind Losev niemals begegnet. Was Sie mit dem Fall verbindet ist allein der Anruf, bei dem Sie den Eltern genau erklärt haben, wo sie das Mädchen finden können. So weit, so gut. Aber jetzt sage ich Ihnen einmal, was tatsächlich passiert ist."

Er warf einen Blick in seine Akte, drückte die Zigarette aus und trank mehr Wasser. Sein Adamsapfel hüpfte bei jedem Schluck. Jede Bewegung schien einen weiteren Nagel in meinen Sarg zu hämmern.

Nachdem er ausgetrunken hatte, stand er auf und lief im dem kleinen Büro auf und ab, schilderte mir dabei sehr leidenschaftlich seine Version dessen, was geschehen war.

„Also, das ist es, was sich in Wirklichkeit zugetragen hat: Am Abend des 12. Mai waren Sie im Peperoni-Café. Dort haben Sie einen gewissen Sergei Losev getroffen, Einwohner von Leafy Hollow, einunddreißig Jahre alt."

„Nein, das stimmt nicht! Ich war den ganzen Abend zu Hause! Zu dem Zeitpunkt war ich arbeitslos. Also habe ich das Haus die ganze Woche lang nicht verlassen."

„Lassen Sie mich bitte aussprechen. Ich habe mir Ihre Geschichte angehört, also hören Sie jetzt bitte meiner zu. Einverstanden? Gut, denn. Sie und Ihr neuer Bekannter haben sich in Losevs Auto gesetzt, einen Lada Kalina, amtliches Kennzeichen so-und-so. Sie standen beide unter dem Einfluss von Alkohol. Sie kamen an einer Schule vorbei und haben ein Mädchen gesehen, das Anhalter gespielt hat. Sie haben sie mitgenommen. Dabei haben Sie ihr erklärt, Sie seien unterwegs zur Party eines Freundes, und haben ihr angeboten, sie könnte doch einfach mitkommen. Im Auto haben Sie das Mädchen dann betrunken gemacht. Im Losevs Haus in Leafy Hollow angekommen, hatten Sie beide Sex mit ihr. Als Sie herausfanden, dass das Mädchen noch minderjährig ist, bekamen Sie es mit der Angst zu tun und beschlossen, sie umzubringen und die Leiche zu beseitigen. Sie jedoch, Herr Panfilov, hatten nicht das Herz, die Sache durchzuziehen. Also haben Sie das Mädchen in den Keller gesperrt und sind aus dem Haus geflohen. Ihrem neuen Freund haben Sie erklärt, Sie hätten dringend etwas Geschäftliches zu erledigen. Sie sind als Tramper in die Stadt zurückgekehrt, in der Absicht, niemals wieder in diesem Dorf aufzutauchen …"

Seine Stimme hinter meinem Rücken stockte.

Wartete er auf meine Reaktion? Er hatte auf jeden Fall seine Hintergedanken, nur durchschaute ich sie nicht. Die Polizei hatte nicht den Funken eines Beweises dafür, dass ich an der Straftat beteiligt gewesen war. Warum also erzählte er mir das alles? Hielt er mich tatsächlich für Losevs Komplizen? Oder erwartete er, ich würde angesichts seiner Schilderung jegliche Hoffnung verlieren und bereitwillig ein Verbrechen gestehen, das ich niemals begangen hatte?

Am wichtigsten war, jetzt absolut ruhig zu bleiben. Was leichter gesagt war als getan! Mein Herz hämmerte, zerriss mir beinahe den Brustkorb. Systemwarnungen schwebten in meinem Blickfeld.

Auf einmal änderte der Major seine Taktik erneut, schlug einen vulgären, abfälligen Tonfall an. „Und du hast wohl gehofft, Drecksack, du könntest einfach verschwinden, was? Du warst dir wohl nicht einmal sicher, ob Losev oder das Mädchen dich überhaupt identifizieren können. Oder hast du geglaubt, Losev hätte das Problem bereits im Alleingang beseitigt? Hast du das? *Hast du das?*"

Erneut hielt er inne, wartete auf meine Reaktion. Vergebens, ich zeigte keine.

„Also hast du dich fein entspannt, die Zeit verging, und du hast dein erbärmliches Leben fortgeführt. Losev hatte inzwischen Mitleid mit dem Mädchen. Anstatt sie umzubringen, hat er sie dazu überredet, sich auf eine Beziehung zu ihm einzulassen. Wie das Opfer angab, hatte sie Angst, ihren Eltern zu berichten, was ihr zugestoßen war. Außerdem fürchtete sie, erkannt zu werden, und hat deshalb die meiste Zeit im Haus verbracht ..."

„Sind Sie jetzt fertig?", unterbrach ich den Major. „Danke. Wäre das alles wirklich so passiert, wie Sie es mir gerade geschildert haben ... Um ehrlich zu sein, benehmen Sie sich momentan verdammt unhöflich. Ich bin nicht Ihr Saufkumpan und habe es nicht verdient, dass Sie in diesem Ton mit mir sprechen. Aber zurück zum Thema – wäre das alles wirklich so passiert, wie Sie es mir gerade geschildert haben, welchen Grund hätte ich dann gehabt, ihre Eltern anzurufen?"

„Nun, gestern Abend haben Sie das Opfer im Fernsehen gesehen. Sie wurden nervös und das Mädchen tat Ihnen leid. Sie vermuteten, die Tatsache, dass sie noch immer vermisst wurde, könnte bedeuten, Losev hätte sie tatsächlich umgebracht. Daher entschlossen Sie sich, Ihr schlechtes Gewissen zu beruhigen und die Eltern anzurufen. Ich weiß sogar, was dabei in Ihrem Kopf vor sich gegangen ist. Sie haben vermutet, wenn Losev der Mörder ist, würde man auch nur ihn vor Gericht stellen. Außerdem waren Sie sich ziemlich sicher, dass weder Losev noch das Mädchen Sie wiedererkennen würde. Schließlich waren beide am Abend des 12. Mai ziemlich betrunken. Genauso ist es passiert, davon bin ich fest überzeugt. Also hören Sie mit dem Unsinn auf und geben Sie es einfach zu!"

„Da ist nichts zuzugeben."

„Sie leugnen also, bei diesem Verbrechen eine entscheidende Rolle gespielt zu haben? Haben Sie überhaupt eine Ahnung, was Ihnen bevorsteht, *mein Herr*? Ihnen ist doch hoffentlich klar, dass ich den Fall jetzt und hier abschließen und Sie ins Gefängnis werfen kann. Sie wissen ja wohl, was Ihre Mithäftlinge mit Kinderschändern anstellen, oder etwa nicht? Nun, Sie werden es bald herausfinden!"

Er musste mir mit solchen Drohungen keine Angst machen, mich beherrschte bereits panische Furcht. Ganz gleich, ob er nun etwas gegen mich in der Hand hatte oder nicht – die Nacht im Gefängnis zu verbringen, mit einem solchen Vorwurf, war keine sehr gesunde Option. Und das Gesetz gab ihm das Recht, mich auch ohne förmliche Anklage zweiundsiebzig

Stunden lang festzuhalten.

Oh, verdammt! Wie ein törichtes Kind hatte ich ja unbedingt meine Finger in die Zahnräder dieser herzlosen Maschine stecken müssen, die mich jetzt in sich hineinsaugte und drohte, mich zu blutigem Matsch zu zermalmen.

Ich versuchte, mich zu konzentrieren, gegen die Gedanken anzukommen, die wie wild in meinem Kopf rasten, irgendetwas zu finden, an dem ich mich festhalten und das mich aus dieser Situation befreien konnte. Endlich kam mir eine Idee.

Ich entspannte mich ein wenig. „Entschuldigen Sie, Genosse Major – wie wäre es denn, wenn Sie mich einfach dem Mädchen vorführen? Ich bin mir ziemlich sicher, sie wird sagen, sie hat mich noch nie zuvor gesehen.“

„Was soll das denn bringen? Glauben Sie etwa, nach dieser Tortur erinnert sie sich noch daran, wie Sie aussehen? Sie ist vierzehn Jahre alt, verdammt noch mal! Ich habe eine Tochter in ihrem Alter! Außerdem haben Sie sie mit Wodka betrunken gemacht! Sie wird sich an gar nichts erinnern können!“

Er hatte keine Tochter, sondern einen Sohn. Der Kerl war der geborene Schauspieler. Was beabsichtigte er denn bloß zu erreichen?

Jetzt, da ich wusste, dass er log, entspannte ich mich weiter. Wenn er in dem einen Punkt nicht die Wahrheit sagte, konnte er alles andere auch erfunden haben. Vielleicht wusste er längst, dass Losev ein Alleintäter gewesen war. Was also war der Zweck dieses Theaterstücks?

Nun war ich eher ärgerlich als ängstlich. „Gut, dann führen Sie mich eben Losev vor. Oder rufen Sie meine Frau an. Sie kann bestätigen, wo ich in der fraglichen Nacht war.“

Seine Lippen verzogen sich zu einem sarkastischen Lächeln.

Ich seufzte. „Oder soll ich Ihnen vielleicht bei ein paar anderen Vermisstenfälle helfen? Würde Ihnen das gefallen?"

„Tun Sie sich keinen Zwang an", gab er überraschend leicht nach. Er holte eine Akte, in der er blätterte. Dann legte er mir ein paar Blätter Papier vor. Die Vermissten waren alle Kinder und Jugendliche.

Ich betrachtete das erste Blatt. Ein siebenjähriger Junge mit dem Namen Nikita.[20]

Ich schaute zum Major hoch. Erstarrt stand er da, wie ein Bluthund, der eine Fährte aufgenommen hat.

Das Dokument enthielt genügend Angaben, um eine Suche zu starten. Ich schloss die Augen, um mich nicht zu verraten, und sah sofort den Marker neben einem Wohnblock auf der Karte.

Der Marker war ausgegraut. Als ich mich darauf konzentrierte, öffnete sich darüber ein Fenster: *Leiche*.

Ich überprüfte die nächsten Fälle. Yegor, Alter: 9. *Leiche*. Christina, Alter: 16. Sie war am Leben, und zwar in Dubai.[21] Die Leiche eines anderen Jungen im Teenageralter tauchte an zwei verschiedenen Orten auf. War er ein Opfer illegalen Organhandels geworden?

Nur zu gern hätte ich den Major bei seiner Arbeit unterstützt und all diese Informationen mit ihm geteilt. Aber so konnte ich die Sache nicht anfangen. Schließlich hatten sie mich mitten in der Nacht aus dem Bett gezerrt und unter Druck gesetzt. Es sollte mir eine Lehre sein, so unbeholfen mit meinem Wissen herauszuplatzen.

Natürlich würde ich die Polizei unterstützen – aber auf meine Weise. Ich würde ihnen allen helfen, nicht

---

[20] In Russland ist Nikita ein ausschließlich männlicher Vorname.

[21] Dubai ist in Russland als eine Hochburg des Kinderhandels bekannt.

nur diesem Major – nur nicht heute. Nicht jetzt. Momentan konnte er mir, wenn er wollte, die Entführungen all dieser Kinder in die Schuhe schieben, sobald ich den Mund aufmachte.

Ich sah ihn an. „Nichts, tut mir leid."

Er konnte seine Enttäuschung nicht verbergen. Der Balken seines Interesses an mir verringerte sich schlagartig, und seine Laune sank.

„Ich habe mein Bestes gegeben, Genosse Major. Anscheinend funktioniert es so nicht."

„Zu schade. Sie werden das vielleicht noch bedauern." Er kehrte an seinen Schreibtisch zurück. „Es liegt ganz bei Ihnen."

Er las das Befragungsprotokoll durch und gähnte dabei unablässig. Endlich gab er mir das Dokument zum Überprüfen und Unterschreiben.

Ich begann zu lesen und stockte.

Nachdem ich den Aufruf wegen der vermissten O. Vorontsova im Fernsehen gesehen hatte, hatte ich eine Vision, in der ich den genauen Standort des Opfers sah, einschließlich der vollständigen Adresse.

„Eine *Vision*?"

„Nun, wie bitte soll ich es denn Ihrer Meinung nach sonst nennen? Heutzutage hält sich doch jeder für einen Hellseher. Sie haben ja keine Ahnung, wie viele Briefe ständig bei uns eingehen! Und wir sollen denen allen nachgehen ... Etwas so Präzises wie hier hat man uns allerdings bisher noch nie geliefert."

Das erste Mal in nahezu drei Stunden war er nahezu aufrichtig. Falls das nicht wieder einer seiner Tricks war. Allerdings hatte sein Interesse an mir ja nachgelassen, weshalb also sollte er noch immer versuchen, mich zu überlisten?

„Entschuldigen Sie bitte, Genosse Major ..."

„Ja?"

„Hatte Losev tatsächlich einen Komplizen?"

Er ignorierte meine Frage. Stattdessen wählte er auf seinem Handy eine Nummer. „Können Sie mir auf dem Weg einen Kaffee besorgen? Danke."

Ich las weiter. Das Protokoll schien nichts zu beinhalten, das mich belasten konnte, sondern seine Fragen und meine Antworten darauf.

„Fertig? Ist alles in Ordnung so?"

„Sieht so aus", bestätigte ich.

„Dann unterschreiben Sie bitte."

Ich unterschrieb und wartete darauf, was als Nächstes passieren würde.

„Vielen Dank, mein Herr. Sie können jetzt gehen." Der Major stand auf. „Wir wissen Ihre Hilfe sehr zu schätzen."

„War das jetzt alles?"

„Warum?" Er klang überrascht. „Hätten Sie es lieber, wenn ich Sie einsperre?"

„Nein, aber ... Warum das alles?"

„Warum was? Was meinen Sie?"

„Nun, Sie haben mir sehr leidenschaftlich eine Geschichte geschildert, in der ich zum Mittäter wurde. Sie haben mich bedroht. Und wenn ich mich richtig erinnere, haben Sie sogar angedeutet, andere Häftlinge könnten Vergeltung an mir üben ..."

„Oh, bitte – ich habe Ihnen nur eine unserer Theorien vorgetragen."

„Also, hatte er jetzt tatsächlich einen Komplizen, oder nicht?"

„Soll ich Sie nach draußen begleiten? Ich glaube, wir brauchen jetzt beide dringend frische Luft. Hier drin ist es ziemlich stickig."

Das war es tatsächlich. Nach all dem Mief und Qualm wurde mir regelrecht schwindelig, als wir ins Freie traten. Der erste Atemzug Sauerstoff fühlte sich an wie der Kick einer Droge. Meiner Uhr zufolge war es gerade erst einmal kurz nach neun.

„Könnten Sie bitte Ihr Handy einen Augenblick auf dieser Bank deponieren? Keine Sorge, niemand wird es stehlen."

Neugierig tat ich, worum er mich gebeten hatte, und kehrte zu ihm zurück.

„Sehen Sie, Phil ... dieser ganze Fall ... Es lag von Anfang an auf der Hand, was passiert ist. Ein Mädchen im Teenageralter mit überbesorgten, strengen Eltern und Problemen in der Schule ... Sie hat Losev getroffen, der ihr angeboten hat, sie nach Hause zu bringen. Die beiden haben sich unterhalten, es hat zwischen ihnen gefunkt und er nahm sie mit in sein Haus, wo sie Sex hatten. Als Losev herausfand, dass sie noch minderjährig war, geriet er in Panik und hat sie im Keller eingesperrt. Das haben wir erst heute Nacht herausgefunden, dank Ihres Tipps. Sie hätten Oksana nicht zufällig im Dorf sehen können, denn sie hat das Haus niemals verlassen. Sie war die ganze Zeit im Keller eingesperrt. Bleibt also die Frage, woher wussten Sie, wo sie war?"

„Was weiß denn ich?"

„Jetzt einmal ernsthaft – sind Sie ein Hellseher? Eine Art Voodoo-Zauberer vielleicht?"

Das erste Mal seit Stunden lächelte ich. „Ich bin ein Handelsvertreter. Sehe ich etwa wie ein Zauberer aus?"

„Genau das meine ich doch! Trotzdem, einige Menschen scheinen plötzliche Offenbarungen zu haben, vor allem wenn sie unter Stress stehen. Wissen Sie, was ich meine?"

„Das war also der Grund? Deshalb der ganze Aufstand mit all den Drohungen in Bezug auf Verhaftung und Vergeltung? Sie haben auf eine weitere Offenbarung gewartet, indem Sie mich unter Druck gesetzt haben?"

„Hören Sie, es tut mir leid. Ich habe nur meinen Job gemacht. Ich hatte gehofft, es könnte vielleicht funktionieren, aus reinem Zufall. All diese Kinder ...

Sie sollten die Eltern sehen!" Seine Stimme verriet seine innere Anspannung. „Sie haben alle Hoffnung aufgegeben, ihre Kinder jemals lebend wiederzusehen. Jetzt wollen sie nur noch eines – die Leiche finden, für ein anständiges Begräbnis ...

„Und was wäre gewesen, wenn ich Ihnen hätte helfen können? Was dann? Hätten Sie mich an einem geheimen Ort zur Hellseher-Zwangsarbeit verpflichtet?"

„Oh, nein, auf keinen Fall. Aber wir hätten uns die Freiheit genommen, Sie hin und wieder zu kontaktieren. Völlig informell natürlich. Einige meiner Kollegen verlassen sich manchmal auf die Unterstützung von Hellsehern."

„In Ordnung, ich verstehe. Nun, ich gehe dann mal lieber."

„Sie nehmen es mir nicht übel?"

„Nein. Viel Glück, Major."

„Phil? Danke, Mann." Er warf seine Zigarette zu Boden, trat sie aus und reichte mir seine Visitenkarte. „Nur für den Fall, dass Sie wieder einmal *Visionen* haben sollten. Ich wünsche Ihnen noch einen schönen Tag."

Er ging ins Gebäude. Ich stand da und drehte seine Visitenkarte zwischen den Fingern. Es kostete mich meine gesamte Selbstbeherrschung, ihm nicht nachzulaufen und die Koordinaten all dieser vermissten Kinder zu nennen.

Ich würde genau das tun, ganz sicher. Aber auf andere Weise.

Auf der Suche nach einem Café oder einer Bar ging ich die Straße entlang – irgendetwas, wo ich einen Kaffee trinken und dabei nachdenken konnte. Wenn ich einmal ganz ehrlich zu mir selbst war, hatte ich diesmal verdammtes Glück gehabt. Wenn der wahre Verlauf der Dinge auch nur etwas mehr an die „Theorie" erinnert hätte, die der Major mir geschildert hatte, wäre ich sofort zum Hauptverdächtigen geworden.

Ich hatte meine Lektion gelernt. Ich musste wirklich damit aufhören, meine neuen Fähigkeiten in der Öffentlichkeit vorzuführen, ohne zuerst eine glaubhafte Erklärung dafür zu haben. Selbst in den Punkten, in denen ich mich zurückgehalten hatte, konnte jemand, der mein jetziges Leben nüchtern betrachtete, ein paar unerklärliche Ungereimtheiten entdecken. Wie etwa meine „Prophezeiungen" in der Arztpraxis. Oder meine Kenntnis der Lebensläufe unserer örtlichen Trunkenbolde. Oder mein „zufälliges" Zusammentreffen mit Valiadis. Selbst der Verkauf meines Computers, als ich den Kerl mit meiner Fähigkeit überrascht hatte, die Blüten im Geldstapel identifizieren zu können.

Endlich entdeckte ich ein Lokal und bestellte mir gleich einen doppelten Espresso. Als der Kellner ihn mir brachte, griff ich instinktiv nach der Schale mit den Zuckerpackungen, doch dann überlegte ich es mir anders. Ich musste wirklich dringend ein paar Kilo abnehmen. Ich war mir ziemlich sicher, dass mein Übergewicht meine Beweglichkeit beeinträchtigte. Es überraschte mich, dass das System mir nicht schon längst einen Debuff wegen Fettleibigkeit oder Ähnliches um die Ohren gehauen hatte. Dr. Shvedova hatte mich schließlich gewarnt.

Ich ließ mir Zeit mit dem Kaffee und betrachtete dabei meine aktualisierte Aufgabenliste:

- *die Eltern erneut besuchen*
- *im Erkenntnislevel aufsteigen*
- *den Job bei Ultrapak festigen*
- *mich mit Yanna treffen und die Scheidung einreichen*
- *Vicky ins Kino ausführen*
- *Major Igorevsky eine anonyme Nachricht senden,*

die ihm mitteilt, wo er die vermissten Kinder finden kann

- eine Kampfsportart wählen, um die Kampffertigkeiten zu verbessern

- eine Fertigkeit und Haupteigenschaft auswählen, um die verfügbaren Punkte zuzuweisen

- herausfinden, wie Beweglichkeit verbessert werden kann

- meine Habseligkeiten verringern und in eine kleinere Wohnung ziehen

- das Marketing-Buch zu Ende lesen

- anständige Kleidung für die Arbeit kaufen

- Richie seinem Frauchen Svetlana „Sveta" Messerschmitt zurückgeben

- ein paar meiner alten Freunde kontaktieren und mich mit ihnen treffen, um mit ihnen zu quatschen

Anschließend überprüfte ich meine Liste mit den Quests:

Hilf Alik, einen Job zu finden
Hilf einer Studentin in Nöten

Es konnte nicht mehr allzu lange dauern, bis diese beiden Dinge erledigt waren. Am Montag würde man – hoffentlich – Alik im Supermarkt anstellen. Und was die „Studentin in Nöten" betraf, also Marina, so war das nicht allzu schwierig. Früher oder später musste sie einfach etwas verkaufen.

Die einzelnen Posten meiner Liste der zu erledigenden Aufgaben erklärten sich von selbst. Was ich von deren Reihenfolge allerdings nicht behaupten konnte. Offensichtlich folgte das System seinen eigenen Richtlinien für die Priorisierung. Meine Beziehungen sowohl zu Yanna als auch zu Vicky befanden sich ziemlich weit oben, obwohl ich sie beide jetzt nicht als so immens wichtig betrachtete. Oder orientierte sich das System an meinen unterbewussten

Sehnsüchten?

Am Dienstag würde ich mich mit Yanna treffen und die Scheidung einreichen. Ich konnte nur hoffen, dass der seltsame Anruf in der Nacht daran nichts geändert hatte. Am besten meldete ich mich bei ihr und erkundigte mich, wie es ihr ging und ob der Termin noch stand. Unabhängig von der Feindseligkeit bei unserer Trennung wünschte ich ihr alles Gute. Hätte ich mich ein Jahr früher berappelt und mein Leben in die richtigen Bahnen gelenkt, würden wir wahrscheinlich froh und glücklich zusammenleben, bis dass der Tod uns scheidet.

Auch die vermissten Kinder besaßen hohe Priorität. Mein Unterbewusstsein schien sein eigenes Leben zu besitzen.

Diese Sache konnte ich aber ohnehin nicht lange hinauszögern. Die Zeit drängte, vor allem in den Fällen, in denen die Kinder noch am Leben waren. Ich musste nur einen Weg finden, Igorevsky diese Informationen zukommen zu lassen. Sollte ich ihm eine E-Mail schicken? Seine E-Mail-Adresse stand auf der Visitenkarte. Nein, das wäre zu offensichtlich. Ich könnte ihn auch über die Webseite der Polizeidienststelle kontaktieren. Es gab die Möglichkeit, eine Nachricht an einen bestimmten Polizisten zu richten. Auf diese Weise würde er die Hinweise tatsächlich erhalten. Zumindest in der Theorie.

Aber wie sollte ich das machen? Sollte ich in dunklen Hintergassen eine illegale SIM-Karte erwerben, zusammen mit dem passenden billigen Smartphone? Oder sollte ich alles ausdrucken und es ihm als gewöhnlichen Brief zukommen lassen? Darüber musste ich nachdenken. Morgen.

Sveta Messerschmitt kam erst am nächsten Donnerstag zurück, weshalb Richie logischerweise ziemlich am Ende der Liste gelandet war.

Und das Treffen mit alten Freunden – nun, das konnte definitiv warten.

Die restlichen Aufgaben erforderten gründliches Nachdenken meinerseits. Das konnte ich gleich nach meinem Besuch im Fitnessstudio in Angriff nehmen.

Ich trank meinen Kaffee aus, rief bei Uber an, sie sollten mir ein Auto schicken, und verließ das Café.

Ich saß bereits im Wagen, als mein Handy klingelte.

„Guten Morgen", sagte eine Stimme, heiser von zu viel weinen, aber glücklich. „Ich bin Irina, Oksanas Mutter. Ich möchte Ihnen nur vielmals danken. Gott segne Sie!"

Noch bevor ich etwas erwidern konnte, hatte sie wieder aufgelegt.

Viel hatte sie ja nicht gesagt. Ob sie noch immer vermutete, ich hätte etwas mit der Entführung ihrer Tochter zu tun gehabt?

Während meines Nachdenkens darüber erschien eine Systemmitteilung in meinem Sichtfeld:

Dein Ansehen bei Irina Vorontsova hat sich verbessert!
Derzeitiges Ansehen: Respekt 30/120

Du hast für die Erfüllung einer sozial bedeutungsvollen Handlung 2.000 Erfahrungspunkte erhalten!
Fehlende Erfahrungspunkte bis zum nächsten Level des sozialen Status: 2.160/8.000

Anscheinend war es doch keine so schlechte Idee gewesen, dem Major zu helfen.

KAPITEL 20

WUNDERSCHÖNE DINGE

„Jemanden verstehen zu versuchen, ist, als wolle man einen Kaktus umarmen. Wir alle müssen es manchmal tun. Dann umarmt uns vielleicht jemand genau an dem Tag zurück, an dem wir es am nötigsten brauchen."

Robert Downey Jr.

ENDLICH WIEDER ZU Hause warf ich mich rasch in meine Sportkleidung, legte Richie an die Leine und begab mich in den Park. Unterwegs entsorgte ich gleich noch den Abfall. Merkwürdigerweise empfand ich immer eine tiefe Befriedigung, wenn ich einen Beutel in der Mülltonne versenkte. Ich brauchte nicht einmal eine Systemmitteilung mit einem kleinen Geschenk, um mich zu motivieren.

„Nun, was meinst du, Richie? Sollen wir eine Runde joggen?"

Richie nickte. Ich begann zu laufen, zuerst ganz langsam, passte meinen Atem an und bereitete meinen Körper auf die Anstrengung vor. Sobald der Schweiß zu strömen begann, beschleunigte ich. Der Koffein-Buff verhalf mir zu federnden Schritten. Meine Lungen, endlich befreit von der zähen Tabakschmiere, arbeiteten einwandfrei. Schließlich pumpte ich jetzt mit jedem Atemzug Sauerstoff in meinen Körper und kein Kohlenmonoxid mehr. Der Hund rannte voraus, kam zurück, immer wieder, und beschnüffelte alles in seinem Weg, das er als verdächtig empfand.

Bei meiner dritten Runde verließ ich den Asphalt des offiziellen Weges und lief durch den Wald. Ich hatte längst alles in Sichtweite des Pfades identifiziert, und jede Bank kam mir so vor, als hätte ich sie schon in meiner Kindheit gekannt.

Die ganze Zeit beschäftigte mich der Gedanke, welche Möglichkeiten sich mir eröffnen würden, sobald ich erst einmal Erkenntnis Level 3 erreicht hatte. Wenn ich dann beispielsweise einen verlorenen Gegenstand fand, konnte das System mir vielleicht sofort den Eigentümer nennen und seine Position auf der Karte anzeigen. Wäre das nicht geil? Leider hatte ich versäumt, die Zahl der Gegenstände zu zählen, die ich hätte identifizieren müssen, um Level 2 zu erreichen. Und für Level 3 brauchte ich bestimmt das Zehn-, wenn nicht sogar das Hundertfache.

Mir fiel ein, wie erschöpft ich mich nach dem Auffinden von Oksanas Aufenthaltsort gefühlt hatte. Sollte ich vielleicht einmal überprüfen, wie es um meinen Geist bestellt war?

Statt der erwarteten Punkte lieferte das System mir einen Prozentsatz. Und um dem Ganzen die Krone aufzusetzen, war der auch noch ziemlich niedrig. Lag das vielleicht an meinem Versuch auf dem Revier, die vermissten Kinder aufzuspüren? Oder an meinem höheren Erkenntnislevel? Und bedeutete das etwa, dass der Geist die Systemfähigkeiten belastete und dabei gewissermaßen verbraucht wurde?

Wieder zurück auf dem Asphalt, rief ich Martha herbei und verbrachte den Rest des Laufs damit, mich mit ihr zu unterhalten. Um meinen Atem zu sparen, wählte ich die Methode der mentalen Kommunikation.

„Hi, Phil.“

„Hi, Marth. Sag mal, ist dir das lange Kleid beim Joggen nicht im Weg? Ach, egal – du kannst tragen, was immer du willst. Hauptsache, du erklärst mir, was es mit diesem Geist auf sich hat.“

„Der Geist steht für deine Fähigkeit, aktiv zu werden, mental ebenso wie physisch. Je mehr Geist, desto höher kannst du in deinem Leben aufsteigen.“

„Wie wirkt sich denn der Geist auf die Systemfertigkeiten und so weiter aus?“

„Er wirkt sich nicht darauf aus – er treibt sie an. Wenn du bei deinem Geist nicht über hohe Werte verfügst, kannst du die Systemfertigkeiten überhaupt nicht nutzen.“ Sie unterbrach sich. *„Erinnerst du dich daran, dass du mir eine Frage gestellt hast, auf die ich dir nicht sofort antworten konnte?“*

Ich nickte.

„Ich muss dich warnen“, fuhr sie fort, *„was deine derzeit sehr geringen Geisteswerte betrifft. Auch mein visuelles Erscheinungsbild ist auf ausreichend hohe Prozentsätze beim Geist angewiesen. Ich fürchte, momentan kann ich jeden Augenblick plötzlich verschwinden. Ich könnte natürlich den Energieverbrauch herabsetzen, aber das Ergebnis wird dir wahrscheinlich nicht gefallen.“*

„Das spielt keine Rolle. Mach es einfach.“

Marthas Körper verschwand. Zurück blieb lediglich ein recht primitiv animierter Kopf. Welche Position ich auch immer einnahm, die Augen sahen mich immer direkt an. Alles, was Martha sagte - immer ohne die Lippen zu bewegen und immer in der emotionslosen, maschinenartigen Sprache, die ich von ihren Anfängen her kannte -, wurde auch als Text in Untertiteln dargestellt.

„Möchtest du die Einstellungen für den virtuellen Assistenten auf die Standardeinstellungen zurücksetzen?", fragte der Kopf mich.

„Ja, bitte. Wie schnell können denn die Geisteslevel wiederhergestellt werden?"

„Das hängt von deiner verborgenen Geistesregenerierungs-Fähigkeit ab."

„Kann ich das beschleunigen?"

„Das ist möglich. Es geschieht durch Schlaf und Meditation. Einige User setzen auch Gebete ein."

„Nur einige? Würde das auch in meinem Fall helfen?"

„Zugang verweigert. Unzureichende Glaubenslevel."

Das konnte sie nicht ernst meinen! „Was meinst du mit Glauben? Religion?"

„Nicht unbedingt. Aber Voraussetzung ist in jedem Fall ein gewisser Glaube an eine höhere Macht deiner Wahl."

Jesus. Echt jetzt? Ich wusste natürlich, dass der Glaube wahre Wunder bewirken konnte. Man musste da ja nur an Statuen denken, die wirkliche Tränen weinten, an Kirchenfunktionäre, die Offshore-Bankkonten eröffneten, oder an Flugzeuge, die beim Klang von Gottes Namen explodierten. Für eine solch mächtige Kraft war es doch bestimmt eine Kleinigkeit, meinen Geist mit doppelter Geschwindigkeit zu erneuern.

Allerdings war ich neugierig, warum Martha „eine höhere Macht deiner Wahl" erwähnt hatte, statt einfach „Gott" zu sagen, oder „Allah". „Kannst du mir eine Liste der höheren Mächte geben, die eine Regeneration meines Geistes beschleunigen könnten?"

„Zugang verweigert. Unzureichende Befugnislevel."

„Natürlich ... Hat das wieder mit meiner nur für den privaten Gebrauch bestimmten Lizenz zu tun? Oder worum geht es jetzt?"

Was war denn das schon wieder für ein neues Rätsel? War Religion im nächsten Jahrhundert etwa illegal? Auf jeden Fall kam mir dieses Format der Kommunikation mit Martha nur allzu vertraut vor. Beinahe vermisste ich ihren kaugummikauenden Sarkasmus.

Ich beendete meinen Lauf und brach auf der nächsten Parkbank zusammen. Heute war ich sehr lange gelaufen, und insgesamt fiel mir das Joggen erheblich leichter. Und ich war schneller geworden.

Richie war ebenfalls erschöpft. Er legte sich neben mir auf den Boden und hechelte mit heraushängender Zunge. Ich streichelte ihn. Er legte die Ohren an und wedelte mit dem Schwanz.

Dann tauchte eine neue Systemmitteilung auf und verbarg meinen Blick auf den Hund:

Dein Durchhaltevermögen hat sich verbessert!
+1 Durchhaltevermögen
Derzeitiges Durchhaltevermögen: 5
Für die erfolgreiche Verbesserung einer Haupteigenschaft erhältst du 1.000 Erfahrungspunkte!

Meine ohnehin bereits gute Laune stieg weiter an. Ja, ich war noch immer ein Weichei, das in der Öffentlichkeit den Mund nicht aufzumachen wagte. Ja, mein Durchhaltevermögen war noch immer nur halb so gut wie das eines durchschnittlichen Menschen. Aber wenn man alles einmal relativ betrachtet, war ich jetzt bereits nahezu doppelt so gut wie ich es vor nur anderthalb Wochen gewesen war.

Voller Aufregung griff ich nach Richies Kopf und verpasste ihm einen herzhaften Schmatzer auf die Nase. Er leckte mir begeistert das Gesicht.

„Igitt! Halt dich zurück, Richie – du stinkst!" Ich wischte mir über die Wangen.

Marthas Kopf mit den deutlich erkennbaren

einzelnen Pixeln beobachtete uns ohne jede Regung.

Ihr Anblick erinnerte mich allerdings daran, dass ich unbedingt die Sache mit dem Geist in Ordnung bringen musste. Aber was war, wenn die höheren Level der Systemfertigkeiten mehr Ressourcen erforderten, als ich sie jemals aufhäufen könnte?

Ich befragte Martha danach. „Wächst der Geist numerisch? Alles, was ich sehe, ist eine Prozentzahl, ähnlich der für die Zufriedenheit. Gibt es für den Geist einen Höchstwert?"

„Nein, es gibt keinen Höchstwert. Die Entwicklung des Geistes erfolgt nicht auf statische Weise. Du kannst ihn durch Selbstanalyse erhöhen, durch ein gesteigertes Bewusstsein, indem du deine Gedanken in Harmonie bringst und indem du deinen Körper perfektionierst."

„Und wie bitte stelle ich das an?"

„Sie sollten in jeder Situation versuchen, sich durch die Augen eines anderen zu betrachten, mein Herr. Sie müssen sich selbst beobachten."

Dieser plötzliche Wechsel zum formellen „Sie" und zu „mein Herr" kam völlig unerwartet. Es erinnerte mich ein wenig an das Verhalten des Majors vom Morgen, der genau umgekehrt vorgegangen war, von der Höflichkeit zur Vertraulichkeit. In Marthas Fall lag es allerdings wahrscheinlich daran, dass sie den Energieverbrauch erneut senken musste. Bestimmt führte das zu einer Deaktivierung des Personalisierungsmoduls.

„Wann immer Sie Ihre Verhaltensweise, Ihre Gedanken oder Ihre Gefühle missbilligen", fuhr sie fort, „müssen Sie sich selbst reflektieren, den Grund dafür erforschen und entscheiden, was Sie unternehmen können, damit es nicht erneut geschieht. Sie sollten ausschließlich über wirklich wichtige Dinge nachdenken. Dinge, die einen Unterschied bedeuten. Außerdem müssen Sie Ihren Körper perfektionieren."

„Ja, ja. *Ein gesunder Geist wohnt in einem gesunden Körper* – ich weiß. Wie auch immer – auf welche Weise würdest du dein Durchhaltevermögen verbessern?" Ich weigerte mich, bei ihrem Spiel mit der formellen Anrede mitzumachen. Aber ich wollte unbedingt wissen, was ich tun konnte. Schließlich stand die Verbesserung meiner Beweglichkeit auf meiner Aufgabenliste. Angesichts meiner mir angeborenen Ungeschicklichkeit äußerst wichtig.

„Sie müssen spezielle Übungen absolvieren, die auf eine Verbesserung Ihres Gleichgewichts und Ihrer Koordinationsfähigkeit abzielen. Das müssen Sie durch Krafttraining unterstützen, um Ihre Muskeln und Sehnen zu stärken."

Bildete ich mir das nur ein oder war diese Version von Martha wirklich ein absoluter Bürokrat? Sie gab nichts als vage Allgemeinplätze von sich, ohne mir irgendetwas Handfestes, Greifbares zu verraten. Vielleicht war diese Aufgabe aber auch notwendigerweise vage und das war der Grund, warum ich sie noch nicht hatte abschließen können. Nun gut – vielleicht sollte ich im Internet nach ein paar Gleichgewichtsübungen und ein wenig Krafttraining suchen.

„Martha, braucht es vorbereitendes Training, um im System das Glück zu verbessern?"

„Ein solches Training ist nicht erforderlich."

„Danke, Martha. Wir sehen uns." Aus reiner Gewohnheit behandelte ich den Kopf weiter wie ein menschliches Wesen.

Sie verschwand. Ich öffnete die Registerkarte mit meinen Eigenschaften. Es wurde Zeit, den erworbenen Punkt in etwas Nützliches zu investieren.

Haupteigenschaften:
Stärke: 7 (bequeme Laufkleidung: +1)
Beweglichkeit: 4 (bequeme Laufkleidung: +1,

Hochgeschwindigkeits-Laufschuhe: +1)
Intelligenz: 18
Durchhaltevermögen: 5 (bequeme Laufkleidung: +1)
Wahrnehmung: 7
Charisma: 13 (bequeme Laufkleidung: +1)
Glück: 7

Die Zahlen in Klammern wurden beim Endergebnis der Eigenschaft nicht berücksichtigt. Das war gut – ersparte es mir doch, einen Taschenrechner zu Hilfe nehmen zu müssen, um die wahren Ergebnisse ohne Ausrüstung zu errechnen. Um genau zu sein, waren die Zahlen, die die Ausrüstung hinzufügte, nicht einmal runde Zahlen. Meine Laufschuhe beispielsweise erhöhten meine Beweglichkeit um 1,364 Punkte. Allerdings hatte ich gleich in der ersten Nacht in den Einstellungen vorgesehen, dass mir nur ganze Zahlen genannt wurden.

Es war jedoch nicht von der Hand zu weisen – die Kommastellen konnten eine entscheidende Auswirkung haben. Nach kurzem Zögern setzte ich diese Einstellung wieder zurück.

Ich konzentrierte mich auf Glück. Es öffnete sich ein Textfeld:

Du verfügst über 1 (einen) Eigenschaftspunkt. Annehmen/Ablehnen

Diesmal klickte ich ohne zu zögern auf *Annehmen*.

Warnung! Es wurde eine ungewöhnliche Erhöhung deiner Eigenschaft Glück um 1 (einen) Punkt festgestellt.
Dein Gehirn wird nun entsprechend des neuen Wertes (8) umstrukturiert, um deinem derzeitigen Level der Entscheidungsfindung zu entsprechen.

Die Welt schwankte. Ich befand mich mitten im

Zentrum einer großen Leere. Ich konnte es nicht einmal spüren, denn ich spürte überhaupt nichts. Licht, Geräusche, Gerüche, Schwerkraft – alles war verschwunden. Es blieb nur noch ein einziger Sinn übrig, der Tastsinn. Er streckte seine imaginären Hände in die Höhe und ergab sich dem *großen Nichts*.

Es dauerte nur den Bruchteil einer Sekunde. Dann saß ich auf einmal wieder auf der Bank im Park. Richie kratzte sich mit einer Hinterpfote am Ohr. Die blendend helle Sonne, der transparente blaue Himmel, die duftende Fülle der Blüten, eine Hummel, die über mir summte ...

Aus irgendeinem Grund begann plötzlich auch mein Ohr ganz tief innen drin zu jucken, und zwar so heftig, dass ich am liebsten meinen kleinen Finger ganz tief darin vergraben hätte, damit meine Fingernägel am Ende mein Gehirn erreichen konnten.

Ich stand auf und sah mich um. Es schien alles in Ordnung zu sein. Ich hatte nicht das Gefühl, als ob ich mich verändert hätte. Meinen Systemstatistiken zufolge hatte allerdings mein Glück zugenommen. Zu schade, dass ich für die Verbesserung von Systemeigenschaften keine Erfahrungspunkte einstreichen konnte!

„Komm jetzt, Richie, gehen wir nach Hause." Ich nahm ihn wieder an die Leine.

Unterwegs füllte ich in einem kleinen Supermarkt einen Einkaufswagen mit Lebensmitteln für ein paar Tage: Gemüse, Hähnchenbrust, ein paar fertig zubereitete Hamburger, Fischfrikadellen, Ravioli, Milch, Tee, Kaffee, Roggenbrot, Käse, Schinken, Eier und verschiedene Gewürze. Da ich momentan eine Menge Flüssigkeit zu mir nahm, packte ich auch ein paar große Flaschen Wasser und eine Sechserpackung Mineralwasser mit Kohlensäure dazu. Den Abschluss bildete ein Paket billiger Abfälle vom Metzger für Richie.

Es war eine ziemliche Leistung, das alles nach

Hause zu schleppen. Mein lieber Schwan! Aber es gelang mir, alles heil in meine Wohnung zu bringen.

Unterwegs hatte ich weiter über die Möglichkeiten nachgedacht, wie ich das System am besten zu meinen Gunsten nutzen konnte. Am Ende kam ich zu dem Schluss, dass es wahrscheinlich am besten war, in Zukunft alle verfügbaren Punkte in Glück zu investieren, bis ich darin leicht über dem Durchschnitt lag. Anschließend konnte ich mich auf die Wahrnehmung stürzen, die ebenfalls nicht zu unterschätzen war. Die Fähigkeit, auch auf Kleinigkeiten zu achten, war für jeden ein entscheidender Vorteil, nicht nur für Schriftsteller.

Meine physischen Fähigkeiten konnte ich schließlich durch Sport verbessern. Wenigstens bis ich mein erstes Leistungsplateau erreicht hatte. Anschließend konnte ich in Erwägung ziehen, sie durch ein paar Systempunkte zu stärken, aber zwingend notwendig war das nicht. Und schließlich musste ich ja auch noch meine Intelligenz voranbringen. Nachdem ich jetzt erlebt hatte, wie leicht und einfach das System meinen Kopf und meinen Körper umprogrammierte, war ich mir sicher, ein Punkt Intelligenz mehr würde mich gleich sehr viel klüger machen.

Okay, jetzt blieb nur noch der eine Fertigkeitspunkt zu vergeben. Und da konnte ich mich für nichts Besseres entscheiden als für eine Stärkung meiner Lernfertigkeiten. Das ergab Sinn.

Damit hatte ich einstweilen meine Prioritäten festgelegt. Ich musste den Systempunkt verwenden, um die Optimierung zu aktivieren und die Lernfähigkeiten als primäre Fertigkeit festzulegen. Anschließend konnte ich meine Fertigkeit im Spielen von *World of Warcraft* zu einer sekundären Fertigkeit machen und die dadurch freiwerdenden 8 Punkte in zusätzliche 4 Punkte für meine Lernfertigkeiten verwandeln.

Jeder Punkt erhöhte die Lerngeschwindigkeit. Ein einziger Punkt verschaffte mir auf Level 1 10 % und auf Level 2 25 % mehr Geschwindigkeit. Auf Level 3 brachte jeder investierte Punkt mir sogar 45 % mehr ein, und wenn ich mich nicht irrte, bedeutete er auf Level 7 eine Steigerung um 175 %!

Dann war da ja noch der Statistikverstärker, über den ich verfügte. Er verdreifachte die aus dem Einsatz von Fertigkeiten gewonnenen Erfahrungspunkte und fügte dann noch einmal 50 % dafür hinzu, dass ich die Lernfertigkeit als eine primäre Fertigkeit festgelegt hatte. Da lag es auf der Hand, dass der Erwerb neuer Fertigkeiten achtmal schneller voranschreiten würde als bei einem durchschnittlichen Menschen.

Wenn ich mich das ganze Jahr lang ununterbrochen in einer bestimmten Fertigkeit übte, konnte ich am Ende ein bekannter Schriftsteller sein, ein brillanter Verkäufer, einer der besten Hacker, ein Simultandolmetscher für mehrere Sprachen, ein Rechtsanwalt, ein Politiker, ein Experte in jedem beliebigen Gebiet oder sogar ein Poker-Champion. Oder wie wäre es mit Schach oder Poolbillard? Oder sogar, wenn ich mein körperliches Training ernsthaft genug betrieb, ein Meisterkämpfer in gemischten Kampfsportarten!

Nun ja, ich gebe zu, Letzteres war ein wenig übertrieben. Statistikverstärker hin oder her – auch das konnte mich nicht in einem Jahr zu einem Meisterkämpfer machen. Da waren schon eher acht Jahre oder mehr gefragt.

Nachdem mich diese Aussicht in gute Laune versetzt hatte, musste ich nur noch eine Sache entscheiden: Was ich denn nun wirklich werden wollte. Und allzu lange sollte ich mir mit dieser Entscheidung keine Zeit lassen.

Obwohl ich mir noch gar nicht sicher war, worauf

ich mich konzentrieren sollte, erhielt ich dennoch eine neue Meldung:

Status der Aufgabe: Die Fertigkeit und Haupteigenschaft wählen, um die verfügbaren Punkte zuzuweisen
Aufgabe erledigt!
Erhaltene Erfahrungspunkte: 200 Punkte
+5 % Zufriedenheit

Offensichtlich war beim Eintrag dieser Aufgabe in die Liste mein Ziel ausschließlich das gewesen, eine Entscheidung zu treffen, wie ich den verfügbaren Optimierungspunkt investieren sollte, und nicht die eigentliche Verfügung darüber.

Während ich mein Mittagessen zubereitete, las ich das Marketing-Buch zu Ende.

Status der Aufgabe: Das Marketing-Buch zu Ende lesen
Aufgabe erledigt!
Erhaltene Erfahrungspunkte: 300 Punkte
+5 % Zufriedenheit

Außerdem erhielt ich eine Steigerung meiner Lesefertigkeit um 2 % und meiner Verkaufsfertigkeit um 5 %. Zwar erschien keine Systemmitteilung, die mich darüber informierte, aber ich fand es heraus, als ich die Statusbalken meiner Fertigkeiten überprüfte. Es war alles nicht viel, doch es summierte sich und brachte mich dem nächsten Fertigkeitslevel näher.

Nach dem Mittagessen ließ ich mir von Google eine Liste der besten Sachbücher über Allgemeinthemen zusammenstellen und fügte sie meinem Online-Abo bei der Bibliothek hinzu. Nicht alle Bücher waren verfügbar, doch allein schon diejenigen, die ich ausleihen konnte, verschafften mir genügend Lesestoff für das nächste Jahr. Ich ergänzte das durch die Liste von Marketingliteratur, die Pavel mir empfohlen hatte. Wenn ich zwischen diesen beiden Listen hin und her wechselte, konnte ich drei Dinge auf einmal voranbringen, meine Intelligenz verbessern und meine Verkaufs- und Lesefertigkeiten stärken.

Mit gewisser Sehnsucht dachte ich an das Science-Fiction Genre. Solche Bücher hatte ich immer am liebsten gelesen. Vielleicht konnte ich vor dem Einschlafen ein oder zwei Seiten davon verschlingen, warum nicht? Nichts erweitert schließlich so sehr den Horizont wie ein gutes Science-Fiction-Buch. Das konnte sich auf meine Intelligenz nur positiv auswirken.

Mein Computer fehlte mir. Ohne fühlte ich mich einfach nicht richtig wohl. Jahrelang war er mein wichtigstes Unterhaltungszentrum und mein einziges Fenster zur Welt gewesen. Sofort nach dem Aufwachen, also um die Mittagszeit herum, wusch mich rasch, dann schaltete ich ihn ein und setzte mich davor. Am Abend kehrte ich sofort nach dem Essen zum Computer zurück. Ich hatte alle meine Tage in derselben Haltung verbracht. Oft hatte ich mir nicht einmal die Mühe gemacht, die Tastatur zu verlassen, sondern meine Mahlzeiten direkt davor eingenommen. Unter den Umständen kam es nicht überraschend, dass meine Muskeln schlaff waren, meine Gelenke knackten und mein Bauch zu umfangreich für meine Hosen war.

Wenn ich nur daran dachte – ohne dieses überraschend aufgetauchte Interface in meinem Kopf hätte ich doch glatt die besten Jahre meines Lebens weiter im Sitzen verbracht! Ich konnte diesen Kerlen, ob sie nun Khphor hießen oder nicht, und der *First Martian Company Ltd.* nur danken! Merkwürdig – an diesen komischen Traum konnte ich mich gar nicht mehr richtig erinnern. Da waren nur ein paar verschwommene Bilder ohne Einzelheiten, doch der Name des hünenhaften außerirdischen Dämons war mir im Gedächtnis geblieben.

Das Fehlen eines Computers sorgte aber immerhin dafür, dass ich jetzt über sehr viel Freizeit verfügte. Vorher hatte ich nie wahrhaft freie Zeit genießen können, weil ... Oh, vergessen wir das besser. Ich war dafür einfach immer zu beschäftigt gewesen. Da waren meine täglichen Quests, mein Ansehen bei verschiedenen Gruppen, das es zu verbessern galt, da waren die Erfolge, die zu erzielen waren, ein geiles Transporttier, das beschafft werden wollte, nur um es kurz darauf gegen ein noch geileres Transporttier auszutauschen. Raids waren zu führen, Taktiken zu studieren. Hunderte – oder sogar tausende – an Stunden hatte ich damit verbracht, eine fantastische Ausrüstung zusammenzustellen, die in weniger als sechs Monaten veraltet sein würde. Weshalb ich damit gleich wieder von vorn anfangen musste, immer von einem Update zum anderen und von einem Patch zum nächsten.

Jetzt bestimmte ebenfalls ein Spiel mein Leben. Im Grunde tat ich genau dieselben Dinge, nur im wahren Leben, und der einzige Unterschied war: Hier, in der Realität, würde das, was ich erreicht hatte, niemals veralten.

Zuerst wollte ich mir die Aktivierung der Optimierung bis zum Schlafengehen aufsparen. Bis mir einfiel, dass ich diese Nacht ja womöglich gar nicht in meinem eigenen Bett verbringen würde. Deshalb beschloss ich, das gleich zu erledigen, noch vor dem Besuch im Fitnessstudio. Man wusste ja nie – vielleicht halfen mir meine verbesserten Lernfertigkeiten sogar beim Krafttraining ...

Ich öffnete die Liste meiner Fertigkeiten und scrollte ganz nach unten.

Du hast eine neue Fertigkeit freigeschaltet: Optimierung I.

Ermöglicht dir die Auswahl primärer und sekundärer Fertigkeiten.

Die Entwicklung primärer Fertigkeiten benötigt 50 % weniger als die durchschnittlich dafür erforderliche Zeit. Die Entwicklung sekundärer Fertigkeiten benötigt 50 % mehr als die durchschnittlich dafür erforderliche Zeit.

Ermöglicht dir die Umwandlung von Punkten für sekundäre Fertigkeiten in solche für primäre. Der Umwandlungskurs beträgt 2 zu 1. Anschließend erfolgt die Löschung der entsprechenden sekundären Fertigkeit.

Abklingzeit: 30 Tage

Warnung! Um diese Fertigkeit zu aktivieren, ist ein ungestörter Schlaf über einen Zeitraum von 12 Stunden erforderlich. Bitte achte darauf, dass dein Standort sicher ist. Es wird dir empfohlen, die Bauchlage einzunehmen.

Verfügbare Fertigkeitspunkte: 1 Punkt

Annehmen/Ablehnen

Oh! Ich hatte total vergessen gehabt, dass das Freischalten der Fertigkeit mich einen halben Tag lang ins Koma versetzen würde! Ich schaute auf die Uhr. Es war schon fast drei Uhr nachmittags. Das bedeutete, ich musste mein Training auf den nächsten Tag verlegen. Ebenso wie mein Date mit Vicky. Mein Aufstieg in den Leveln besaß Priorität.

Ich wählte Vickys Nummer. „Hallo, wie geht es dir?", begann ich elegant.

„Hiii!" Vicky klang ausgesprochen fröhlich. „Mir geht es gut, danke. Wie war das Abendessen mit deinen

Eltern?"

Ich lächelte. „Ganz in Ordnung. Ein Familientreffen, wenn du weißt, was ich meine. Ich rufe wegen heute Abend an ..."

„Hast du dich schon für einen Film entschieden?"

„Nein. Eigentlich rufe ich an, um dir zu sagen ..."

Ich konnte hören, wie sie den Atem anhielt.

Das war nicht richtig. Es fühlte sich einfach *falsch* an, ihr abzusagen.

„Ich habe noch keinen Film ausgesucht", erklärte ich. „Um ehrlich zu sein, ist mir der Film völlig egal. Mir ist jeder Film recht, solange wir ihn uns gemeinsam anschauen."

„Das geht mir ebenso", bestätigte sie.

„Ich hole dich um sieben ab."

„Okay. Ich werde bereit sein."

Ich saß da und starrte auf mein Handy. Ein Gefühl großer Erleichterung durchflutete mich. Man sollte seine Versprechen immer halten. Vor allem, wenn es um kleine Kinder geht und um Leute, die einen gern mögen. Sie zu enttäuschen ist wie ein großer, schwarzer Fleck in ihrer bunten Welt. Wer weiß denn schon, wann der letzte Punkt ihre gesamte Welt in ein schwarzes Nichts verwandelt?

Außerdem, ich musste mir selbst gegenüber ehrlich sein. Ich hatte mich entschieden, ins Fitnessstudio zu gehen, also musste ich auch genau das tun. Wenn es etwas gab, das meine Erfahrung mit dem Joggen mich gelehrt hatte, dann das: Der Anfang war immer das Schwerste. Sobald man erst einmal begonnen hatte, lief der Rest beinahe wie von selbst, und anschließend war man froh, sich aufgerappelt zu haben.

Ich stellte im Kopf Berechnungen an, wie lange es dauern würde, Vicky abzuholen und das nächste Kino zu erreichen. Dann schaute ich nach, was in diesem Kino gerade gespielt wurde, und ich traute meinen Augen nicht. Dort lief *Warcraft – The Beginning*.

Ausgerechnet! Die Premiere dieses Films hatte ich wegen hohen Fiebers verpasst. Und mir den Film später auf dem Computerbildschirm anzusehen, wäre mir wie ein Sakrileg vorgekommen.

Mich überfiel eine Reihe von Flashbacks. Meine ersten Schritte im Wald von Elwynn. Der Kampf gegen die Geißel im Pestland. Unsere Illidan-Angriffe in Outland und die Nordend-Kampagne. Azeroth, von der Todesschwinge vernichtet. Das geheimnisvolle Pandaria und die Horde der Orks auf Draenor. Die Auseinandersetzung mit den Dämonen auf den Broken Isles ...

Mir war sehr wohl bewusst, dass dieser Film für eine erste Verabredung nicht unbedingt die beste Wahl war. Aber ich konnte nun einmal meine Erfahrungen aus zwölf Jahren, in denen ich regelrecht in diesem Spiel gelebt hatte, nicht einfach auslöschen. Ich wollte unbedingt sehen, wie man das alles auf der Leinwand umgesetzt hatte.

Ich musste auf dem Weg zum Kino einfach mal mit Vicky reden. Wer weiß, vielleicht war sie ja sogar mit diesem Film einverstanden.

Anschließend recherchierte ich online nach Artikeln und Videos mit Tipps zur Verbesserung der Beweglichkeit. Die meisten Übungen waren zugegeben wirklich einfach – zum Beispiel auf einem Bein stehen. Ich fügte sie meinem täglichen Sportprogramm hinzu. Ich musste sie täglich absolvieren, entweder zu Hause oder im Fitnessstudio, sonst brachten sie nichts. Nach der zweimaligen Verbesserung meines Durchhaltevermögens war die Beweglichkeit mein schwächster Punkt.

Status der Aufgabe: Herausfinden, wie Beweglichkeit verbessert werden kann
Aufgabe erledigt!
Erhaltene Erfahrungspunkte: 20 Punkte

+1 % Zufriedenheit

Noch immer hatte ich ein wenig Zeit, also suchte ich nach den besten Kampfsportarten für Straßenkämpfe. Mehr wollte ich ja gar nicht, ich brauchte nur ein paar Hinweise, wie ich mich verteidigen konnte. Die Ansichten darüber waren zwar gespalten, aber die Mehrheit der Experten empfahl für diesen Zweck Boxen, Muay Thai und SAMBO.[22] Die Vorteile des Boxsports lagen in seiner Einfachheit und Effizienz. Muay Thai zeichnete sich durch den kombinierten Einsatz aller Körperteile aus und war beim Nahkampf ebenso effektiv wie auf mittlere oder größere Entfernung. Und der Vorteil von SAMBO war, dass man es dabei mit einem komplexen System zu tun hatte, bei dem aus einer Vielzahl verschiedener Kampfsportarten die besten Techniken herausgesucht worden waren, vom Ringen über Fausthiebe und Tritte, Würgegriffe, bis hin zum Einsatz von Kraft und/oder Gewicht, um den Gegner zur Aufgabe zu zwingen.

Als totaler Anfänger sollte ich vielleicht mit Boxen anfangen, überlegte ich. Das war nicht so esoterisch und kompliziert in der Praxis wie die anderen beiden Sportarten.

Kaum hatte ich diese Entscheidung getroffen, leuchtete auch schon eine weitere Systemmitteilung auf:

Status der Aufgabe: Eine Kampfsportart wählen, um die Kampffertigkeiten zu verbessern
   Aufgabe erledigt!

---

[22] SAMBO ist eine russische Kampfsportart, die Anfang der zwanziger Jahre des zwanzigsten Jahrhunderts für die Bedürfnisse der sowjetischen Polizei und der Beamten des Volkskommissariats für innere Angelegenheiten entwickelt wurde. Der Name ist ein Akronym der russischen Bezeichnung für „Waffenlose Selbstverteidigung".

Erhaltene Erfahrungspunkte: 20 Punkte
+1 % Zufriedenheit

Hervorragend! Ich war jetzt bereits auf dem besten Wege zu Level 8.

Fehlende Erfahrungspunkte bis zum nächsten Level des sozialen Status: 3.410/8.000

Jetzt konnte ich mich endlich ins Fitnessstudio begeben.

Ich packte meine Sporttasche, übergab Boris die Herrschaft über die Wohnung und machte mich auf den Weg zum Studio.

Dort erlebte ich eine angenehme Überraschung. Dieselben Gewichte, mit denen ich in der Woche zuvor noch so sehr hatte kämpfen müssen, kamen mir heute richtig leicht vor. Mein Trainer Alexander packte mir beim Bankdrücken gleich mehrere kleine Zehn-Kilo-Scheiben auf die Stange. Das war supereinfach! Hey, wo waren meine Stärke-Punkte?

Mein Enthusiasmus brachte Alexander zum Lächeln. „Das ist ganz normal", erklärte er. „Genau das passiert, wenn man mit dem Training beginnt. Während der ersten sechs Monate, möglicherweise auch das gesamte erste Jahr lang, kannst du mit absolut erstaunlichen Fortschritten rechnen und deine Anfangsergebnisse verdreifachen oder sogar vervierfachen."

Sobald ich seine Übungsfolge absolviert hatte, begab ich mich an meine eigene Routine, das Beweglichkeitstraining. Ich ging in den nächsten Raum, wo junge Frauen eifrig mit Yoga und Stretching beschäftigt waren. So verlegen mich ihre überraschten Blicke auch machten, ich ließ mich nicht beirren und erledigte das gesamte zwanzigminütige Programm.

Weitere zwanzig Minuten brauchte ich für Duschen,

Anziehen und einen Protein-Shake. Danach eilte ich auf schnellstem Weg nach Hause, denn nun wurde langsam die Zeit knapp, und ich musste ja noch Richie ausführen – für den Fall, dass ich in dieser Nacht nicht zu Hause schlief.

„Nun komm schon, Richie – beeil dich! Hopp, hopp!"

Doch Richie machte keine Anstalten, sein Geschäft schnell hinter sich bringen zu wollen. Die elende Töle beschnüffelte jeden Baumstamm und jeden Grashalm im Park. Heute hatte ich mit ihm wirklich kein Glück. Was machte es denn schon für einen Unterschied, wo er seinen Haufen hinsetzte?

Ich knipste ein Foto von ihm und schickte es Vicky mit dem Begleittext:

Wenn ich zu spät komme, ist das alles seine Schuld!

Postwendend kam ihre Antwort-SMS. *Oh, ist der süß! Keine Hektik – wir haben jede Menge Zeit.*

Zu meiner Freude fehlten ihrer Nachricht sämtliche angeberischen Emojis. Darin unterschied sie sich sehr angenehm von Yanna.

Nach einer weiteren halben Stunde Beschnupperns aller möglichen widerlichen Dinge erledigte Richie endlich sein Geschäft. Ich brachte ihn nach Hause, rief ein Taxi, stopfte mir ein paar Fünftausend-Rubel-Scheine[23] in die Brieftasche, nur für alle Fälle, und lief die Treppen wieder hinunter.

Wenn ich noch immer ein Raucher gewesen wäre, hätte ich jetzt eine Zigarette geraucht, nur, um dem herrlichen Abend noch ein wenig genießerische Dekadenz hinzuzufügen. Meine Laune war ... Wie soll ich es beschreiben? Nun ja, es war in gewisser Weise

---

[23] 5.000 Rubel entsprachen zu dem Zeitpunkt, als das Buch geschrieben wurde, in etwa 75 USD.

wie die Schmetterlinge im Bauch, weil man sich unglaublich darauf freut, einen ganz bestimmten Menschen zu sehen.

Yagozas Hauptquartier, der Pavillon, war leer. Ich fragte mich, wie Alik sich wohl in seinem neuen Job machen würde. Ob er sich wohl in die tägliche Arbeitsroutine einfügen konnte, ohne in seine alten Angewohnheiten zurückzufallen?

Gerade in dem Augenblick, als ich darüber nachdachte, tauchte er auf.

Nicht Alik, nein. Der fette Kerl.

KAPITEL 21

EINMAL SO RICHTIG AUF DIE PAUKE HAUEN

Muslime arbeiten freitags nicht. Juden arbeiten samstags nicht. Christen haben den Sonntag frei. Und am Montag gibt es eine Revolution!"

Vladimir Zhirinovsky

RUSLAN „FETTWANST" MACHTE seinem Spitznamen alle Ehre. Obwohl sein T-Shirt die Ausmaße eines Zeltes aufwies, konnte es seinen schlaffen Bierbauch dennoch nicht bedecken, der über den Taillenbund seiner Shorts quoll.

Sofort stieg nervöse Anspannung in mir hoch. Die geschwollenen Schlitze, die ihm als Augen dienten, funkelten gefährlich, und ich hatte keine Zweifel, dass er direkt auf mich zukam.

Über seinem Kopf schwebte ein gelbes Ausrufezeichen – er hatte also eine Quest für mich.

Aber klar doch … Welche Quest konnte das wohl sein? *„Borge Fettwanst Geld für eine Flasche Wodka oder kaufe ihm eine Flasche Alkohol seiner Wahl. Belohnung: 5 Punkte Ansehen bei Fettwanst …"* Etwas in der Richtung?

„Seien Sie gegrüßt, mein Herr", sagte er.

Oh, wow! Ich liebe es, wenn die Leute höflich sind, weil sie etwas von einem wollen!

An diesem Abend erinnerte er allerdings nicht im Geringsten an den betrunkenen Raufbold, dem ich am Tag zuvor begegnet war. Er war frisch rasiert, seine Haare waren gekämmt. Ich nahm sogar den Dufthauch eines billigen Deodorants wahr.

„Hallo Rus", erwiderte ich.

„Ich ... ich muss mit dir sprechen", stammelte er. „Es ist Alik ... Er hat mir gesagt, wo ich dich finden kann."

„Oh." Auf dem Handy überprüfte ich mithilfe der App, wo sich das Taxi befand, das ich bestellt hatte. Es näherte sich bereits dem Haus.

„Tut mir leid, Mann ... Ich möchte mich entschuldigen. Und mit dir reden."

„Eigentlich will ich gerade gehen. Ich bin mit jemandem verabredet."

„Klar." Er zog die Schultern hoch und wirkte auf einmal vollkommen lustlos. Er erinnerte mich an einen Ballon, aus dem man die Luft herausgelassen hatte. „Tut mir leid." Er drehte sich um und schlich langsam davon.

Ich sah ihm nach. Plötzlich tat er mir schrecklich leid. Seine Vitalität lag bei unter 60 %. War meine Zurückweisung der letzte Tropfen in seinem armseligen Leben, der etwas zum Überlaufen gebracht hatte?

Außerdem konnte ich ungelöste Probleme und unbeendete Situationen einfach nicht ausstehen.

„Hey!", rief ich ihm nach. „Worüber wolltest du denn mit mir reden?"

Eilends kam er zurück, schwang bei jedem Schritt auf höchst unbeholfene Weise seine Hüften.

„Ich wollte mich nur entschuldigen", keuchte er,

völlig außer Atem. „Dafür, was ich neulich zu dir gesagt habe. Es tut mir leid. Ich war nicht ganz bei Sinnen."

Er versuchte, mir alles zu erklären. Dabei wurde mir klar, welchen Fehler ich am Abend zuvor gemacht hatte. Es war tatsächlich alles meine Schuld gewesen. Ich hatte mich Alik wie ein alter Freund genähert. Also hatte der fette Kerl natürlich gedacht, ich wäre einer von ihnen, ein Kumpel von Alik, und hatte beschlossen, mir einen Streich zu spielen – um mich dafür zu bestrafen, dass ich zu spät bei ihrer Party eingetroffen war. Und auf meinen ungeschickten Faustschlag hatte er „rein instinktiv reagiert".

Das Taxi war mittlerweile eingetroffen.

„Das ist schon in Ordnung", meinte ich. „Ich trage dir nichts nach. Ist sonst noch etwas? Spuck es aus, Mann, ich muss los!"

„Ich bin auf der Suche nach einem Job", murmelte er leise und atemlos, als ob er Angst hätte, Yagoza könnte mithören und ihn für den unziemlichen Wunsch verdammen. „Alik hat erzählt, du hättest ihm geholfen. Könntest du mir vielleicht ebenfalls helfen? Ich habe Familie, weißt du? Und ich weiß einfach nicht, was ich tun soll!"

„Worin bist du denn gut?"

„In allem! Ich bin recht geschickt mit den Händen, weißt du? Ich kann alles reparieren. Allerdings bin ich mir nicht sicher, ob ich schwere Gewicht heben kann. Ich habe Probleme mit meinem Rücken." Er warf mir einen schuldbewussten Blick zu, als wären die Rückenschmerzen auf seiner Suche nach einem Job ein unüberwindliches Hindernis. „Was ich allerdings wirklich gut kann, das sind Klempnerarbeiten. Darin bin ich unschlagbar, das schwöre ich dir!"

In meinem mentalen Sichtfeld erschien eine neue Quest-Meldung:

In der Gosse

Hilf deinem Angreifer, Ruslan „Fettwanst" Rimsky,
einen festen Job zu finden
Belohnungen:
Erfahrungspunkte: 200 Punkte
Ansehen bei Ruslan „Fettwanst" Rimsky, arbeitslos:
+50 Punkte
Derzeitiges Ansehen: Gleichgültigkeit 0/30

Warum bitte winkten mir als Belohnung hier mehr Erfahrungspunkte, als ich sie für die ähnliche Quest bei Alik erhalten würde, sobald der am Montag seine neue Stelle antrat? Vielleicht sollte ich eine Personalvermittlungsagentur eröffnen … Hmmm, das war etwas, worüber ich einmal in aller Ruhe nachdenken sollte.

Ich klickte mental auf *Annehmen*.

So, und was konnte ich jetzt für ihn tun? Zuerst einmal musste ich mir alle freien Stellen für Klempner anzeigen lassen, anschließend KIDD-Punkte für alle potenziellen Arbeitgeber sammeln und bei einer schnellen Suche herausfinden, bei welchem davon die Wahrscheinlichkeit am größten war, dass er Ruslan einstellte. Das konnte nicht allzu schwer sein.

„Komm morgen Abend bei mir vorbei", forderte ich ihn auf. „Ich werde sehen, was ich tun kann. Es ist Wohnung 204."

Er stürzte sich auf mich und umarmte mich, presste mich gegen seinen weichen, voluminösen Busen. „Vielen Dank, mein Herr!"

Ich entzog mich ihm. „Noch gibt es nichts zu danken. Wir sehen uns morgen. Und bitte halte dich beim Alkohol zurück. Ein zweites Mal helfe ich dir nicht, wenn man dich in der Probezeit hinauswirft."

„Kein Tropfen wird über meine Lippen kommen!" Er legte theatralisch die Hand aufs Herz.

Ja, ja … Berühmte letzte Worte … Aber egal, die Hauptsache war, ich konnte und würde ihm helfen.

Der Rest ging mich nichts mehr an.

Unterwegs im Taxi grübelte ich darüber nach, was gerade mit mir passierte. Warum reagierte ich neuerdings bloß so eifrig auf jede Bitte, die mir angetragen wurde? Ging es darum, Quests abzuschließen und Erfahrungspunkte zu sammeln? Oder wollte ich wirklich all den Leuten helfen, die irgendwo hervorgekrochen kamen?

Eine Antwort auf diese Fragen hatte ich nicht. Fest stand nur eines: In den Zeiten, bevor dieses mysteriöse Interface aus dem Nichts aufgetaucht war, hätte ich wahrscheinlich keinen Finger krumm gemacht, um Leuten wie Fettwanst oder Alik zu helfen. Nicht einmal Marina, so süß sie auch war. Wenigstens nicht, solange ich sie bei meinem Job als Konkurrenz betrachten musste.

Bedeutete das jetzt, dass dieses komische Spielsystem schrittweise meine höchsteigene Lebensphilosophie veränderte? Oder konnte ich einfach nur nicht von der mir in Fleisch und Blut übergegangenen Gewohnheit abrücken, instinktiv jede Quest anzunehmen, die mir über den Weg lief?

Erst als das Taxi vor Vickys Wohnblock hielt, wurde mir klar, was für ein Vollidiot ich war. Ich traf für ein Date mit leeren Händen ein! Nicht einmal einen Blumenstrauß hatte ich ihr besorgt!

Gerade wollte ich zum nächsten Blumenladen rennen, als Vicky aus der Tür trat, mich entdeckte und mir ein strahlendes Lächeln schenkte.

Zu spät! Ich ging zu ihr.

„Hallo!" Mit einem Kuss auf die Wange begrüßte ich sie.

Sie tat dasselbe. „Hallo Phil."

„Ich muss mich entschuldigen. Ich hatte es so eilig, dich zu sehen, dass ich komplett vergessen habe, dir Blumen zu besorgen."

„Gut so!", lachte sie. „Stell dir nur vor, wie ich die

ganze Zeit mit einem Blumenstrauß durch die Gegend rennen würde und ständig die Hände voll hätte."

Ich betrachtete sie eingehender. Sie war auf eine sehr natürliche Weise hübsch. Heute Abend trug sie Jeans und ein schlichtes, weißes T-Shirt. Auf Make-up hatte sie verzichtet. Der zarte Duft von Shampoo, der von ihren langen Haaren ausströmte, war das einzige Anzeichen dafür, dass sie sich mit ihrem Aussehen Mühe gegeben hatte.

Aber ich musste unbedingt aufhören, sie ständig mit Yanna zu vergleichen. Das würde zu nichts führen.

„Gehen wir?", fragte sie und deutete auf das Taxi.

Ich nickte, und wir stiegen gemeinsam in den Wagen.

Während der Fahrt schwiegen wir. Ich hasste es, Zeit mit unwichtigem Geplauder zu verschwenden, wollte vor dem Fahrer allerdings keine ernsthaften Dinge besprechen. Was auch immer zwischen uns geschah, sollte unter uns bleiben. Allerdings gefiel es mir, dass sie nach meiner Hand griff und sie fest drückte. Auch wenn sich im Verlauf der Fahrt ein leichter Schweißfilm bildete.

Im Kino nahmen wir den Aufzug nach oben und fragten einander gleichzeitig: „Was möchtest du dir anschauen?"

Wir lachten.

„Wie wäre es mit *Warcraft – The Beginning*?", schlug ich vor. „Ich habe das Spiel viele Jahre gespielt und konnte die Premiere des Films kaum abwarten."

Kaum hatte ich begonnen, ihr zu erklären, warum ich die Filmpremiere verpasst hatte, als sie mich auch schon unterbrach.

„Phil, bitte – es ist mir völlig egal, in welchen Film wir gehen. Es ist schon ewig her, seitdem ich zuletzt im Kino war, ich werde es auf jeden Fall genießen. Übrigens habe ich auch einmal ein Rollenspiel gespielt. Nicht das, was du erwähnt hast, aber eines, in dem man Häuser errichten und Armeen aufbauen musste."

„Wirklich? Klasse! Dann ist es also entschieden – wir schauen uns *Warcraft – The Beginning* an!"

Wir hatten Glück und konnten die letzten beiden guten Sitze ergattern, in der Mitte der fünften Reihe. Die anderen Plätze, die noch frei waren, lagen am Rand oder befanden sich in der ersten Reihe. Weder um sich einen Film anzuschauen noch um ein Date zu genießen waren sie eine gute Wahl.

Es waren noch ein paar Minuten Zeit bis zum Filmstart, also besorgten wir uns Cola und eine große Packung Popcorn, um sie miteinander zu teilen.

Ich würde wahrscheinlich die Kalorien morgen durchs Joggen wieder abarbeiten müssen. Irgendwie hatte ich das komische Gefühl, dass sich meine Beweglichkeit allein dadurch verbessern würde, wenn ich ein wenig abnahm.

Als wir zurück in den Vorführraum kamen, waren die Lichter bereits gedämpft. Auf dem Weg zu unseren Sitzen kam ich mir wie ein Eisbrecher vor. Ich versuchte, niemanden anzustoßen, auf den Füßen zu bleiben und weder Popcorn noch Cola zu verschütten – keine leichte Aufgabe. Vicky folgte in meinem Kielwasser.

Kurz bevor wir es geschafft hatten, begann der Vorspann zu laufen, weiße Schrift auf schwarzem Hintergrund. Es wurde so dunkel, dass ich anhalten musste. Als endlich der eigentliche Film wieder mehr Licht brachte, sah ich, dass sich zwei Bier trinkende Kerle auf unseren Sitzen breit gemacht hatten.

„Entschuldigen Sie", sagte ich höflich, „Ich fürchte, Sie sitzen auf unseren Plätzen."

„Verpiss dich!", muffelte einer der beiden, ohne mich auch nur anzusehen. „Ich schaue mir den Film an. Es gibt genügend freie Sitze. Setz dich einfach woanders hin."

Und wer war das wohl? Aha: *Yuri Shamanov, Alter:*

23, Systemadministrator. Seinen Statistiken zufolge war seine Laune im oberen Bereich. Ebenso wie sein Interesse an mir.

Aber was bitte war denn das für ein Statusbalken?

„Entschuldigen Sie", meldete sich Vicky zu Wort, „aber das sind unsere Plätze!"

Die Leute in den hinteren Reihen zischten erbost. Kein Wunder – wir standen zwischen ihnen und der Leinwand.

Ich drehte mich zur Leinwand um und erkannte sofort eine der überwältigendsten Stellen des Spiels, jedem vertraut, der es jemals gespielt hat – der riesige Ork, der gegen einen Menschen kämpft.

„Seit Anbeginn der Zeiten herrschte Krieg zwischen den Orks und den Menschen", klang Durotans Stimme aus dem Hintergrund.

Ich richtete meine Aufmerksamkeit wieder auf Yuri. Dieser seltsame Statusbalken zeigte seine Furcht an, wie ich nun erkannte. Er schien Angst vor mir zu haben.

Ein Blick zu seinem Freund verriet mir, dass der sich noch mehr vor mir fürchtete. Ganz offensichtlich hatten beide das ungute Gefühl, die Sitze räumen zu müssen.

Dann sagte Yuri, dessen Stimme man anhörte, wie beschickert er bereits war, etwas zu Vicky, ganz unzweifelhaft etwas Unflätiges und Beleidigendes.

Ich aktivierte meine gesamten 15 Punkte Charisma (einschließlich des Bonus von 2 Punkten, den meine Kleidung mir verschaffte.)

„Jetzt hör mal zu, du Idiot", drohte ich und stellte mich direkt vor ihn, sodass er nichts mehr vom Film sehen konnte.

Ich kochte vor berechtigtem Zorn. Aus zwei Gründen. Zum einen hatte ich eine Dame zu beschützen. Und zum zweiten verpasste ich gerade den Anfang eines Films, auf den ich mich wahnsinnig gefreut hatte. „Runter von unseren Sitzen!", blaffte ich. „Sofort! Und du ebenfalls!"

Ich hatte keine Ahnung, ob es mein Tonfall war oder mein böser Blick – jedenfalls erhoben die beiden sich und hasteten geduckt zum Ende der Reihe.

Wir setzten uns auf unsere Plätze.

Das erste Mal in meinem Leben bekam ich nun den Ork zu Gesicht, der der neuen Heimat der Horde seinen Namen gegeben hatte …

* * *

MIR HATTE DER Film wahnsinnig gut gefallen. Vor allem, weil mich noch immer eine gewisse Nostalgie beherrschte, was das Spiel betraf. Azeroth fehlte mir einfach …

„Ein guter Film", bemerkte Vicky, wie um meine unausgesprochene Frage zu beantworten, als wir das Kino verließen.

„Danke!", sagte ich voller Inbrunst.

„Wofür?"

„Dafür, dass dir der Film gefallen hat, den ich ebenfalls richtig gut fand."

So, und jetzt wurde es Zeit für ein nettes Restaurant. „Hast du Hunger? Oder gehörst du zu den Frauen, die nach achtzehn Uhr nichts mehr zu sich nehmen?"

Lachend hob sie spielerisch den Saum ihres T-Shirts an und zeigte mir ihren sehr flachen Bauch. „Sehe ich etwa aus wie jemand, der unbedingt abnehmen muss?"

„Nein. Also, sollen wir etwas essen gehen?"

„Ich essen wollen. Ich hungrig!", spielte sie den Ork. Sie hakte sich bei mir unter, und gemeinsam begaben wir uns in ein Lokal, das sehr entschieden kein Schnellrestaurant war.

Status der Aufgabe: Vicky ins Kino ausführen
Aufgabe erledigt!

Erhaltene Erfahrungspunkte: 10 Punkte
+1 % Zufriedenheit

Merkwürdig, dass das System das überhaupt als Aufgabe aufführte. Nicht, dass ich etwas dagegen gehabt hätte ... Vielleicht stellte es eine bedeutungsvolle soziale Handlung dar?

Im Restaurant blätterte Vicky rasch durch die Karte und bestellte dann einen griechischen Salat, ein medium rare Steak und ein kleines Bier. Ich bestellte dasselbe, allerdings ohne den Salat.

Das Bier brachte man uns sofort. Ich nahm einen großen Schluck. „Arbeitest du eigentlich schon lange bei Ultrapak?"

„Seit drei Jahren." Vicky nahm ebenfalls einen Schluck. „Angefangen habe ich als Büromanager, und dann haben sie mich in die Personalabteilung versetzt. Ich musste natürlich eine Menge Neues lernen, aber es gefällt mir."

„Ist das nicht witzig – ich kenne dich bereits länger, als ich bei der Firma angestellt bin." Aus irgendeinem Grund fand ich diesen Gedanken aufregend, auch wenn ich bei dem kurzen Vorstellungsgespräch noch nicht sehr auf sie geachtet hatte.

„Das ist allerdings witzig."

„Tut es dir nicht leid, mich angeheuert zu haben?"

„Also, mir hast du beim Vorstellungsgespräch gleich gefallen", erklärte sie nachdenklich. „Ich habe versucht, Pavel davon zu überzeugen, du wärst ein guter Fang für die Firma. Sehr erfolgreich war ich damit allerdings nicht, wenn ich daran denke, wie er dich am ersten Tag behandelt hat. Aber ich bin froh, dass du es geschafft hast."

Ich lächelte. „Warum? Weil ich mich als kompetenter Vertriebsprofi mit einem guten Bauchgefühl erwiesen habe?"

„Das auch." Sie hob ihr Glas. „Auf dich!"

„Und auf dich", erwiderte ich.

Wir stießen miteinander an und tranken.

Anschließend erzählte sie mir ein wenig über sich selbst. Sie hatte früh geheiratet. Nach der Scheidung hatte sie mit zwei Vollzeitstellen jonglieren müssen, um ihre Tochter durchbringen und für die Kinderbetreuung bezahlen zu können. Was mir besonders gut gefiel, war, dass sie kein großes Drama aus dieser Geschichte machte. Sie schilderte alles so, als hätte sie nur getan, was getan werden musste.

Ihre Aufrichtigkeit verlangte nach einer entsprechenden Geste meinerseits. Also berichtete ich ihr von meinem Leben und versuchte nicht einmal, die unangenehmeren Dinge zu beschönigen. Ich erwähnte mein extensives Spielen von Computerspielen. Ich gab zu, von meiner Frau gelebt zu haben, was zum Grund für unsere Trennung wurde. Und ich beschrieb Yannas mangelndes Vertrauen in meine schriftstellerischen Fähigkeiten.

Dabei ließ ich nicht unerwähnt, dass ich mir meiner derzeitigen Gefühle gegenüber meiner Demnächst-Ex-Frau nicht ganz sicher war. Da schien noch ein Rest Liebe für sie vor sich hin zu schwelen.

Vicky schwieg, starrte in ihr leeres Glas und versuchte, mein Geständnis zu verarbeiten. Auch mein Glas war leer, also gab ich dem Kellner ein Zeichen, uns zwei neue Biere zu bringen.

„Vicky? Ist alles in Ordnung?", fragte ich.

Ich war mir sicher, es ging ihr ziemlich gut. Ihre Statistiken zeigten noch immer gute Laune und ein hohes Interesse an mir. Trotzdem fühlte ich mich unbehaglich. Aus irgendeinem Grund bedeutete ihre Meinung mir sehr viel.

„Kann ich ehrlich zu dir sein?", wollte sie wissen.

„Aber unbedingt!"

„Ich habe einfach Angst, dass ihr am Ende wieder zusammen kommt. Aber heute Abend wird das jedenfalls nicht passieren, richtig?" Sie lächelte verschmitzt. „Also verrate mir, Orktöter – gehen wir zu dir oder zu mir?"

* * *

GEGEN 3 UHR früh schlief Vicky ein, mich dabei umarmend, ihre Beine mit meinen verschränkend. Diesmal hatten wir es nicht eilig gehabt, sondern uns mit dem Sex sehr viel Zeit gelassen. Unser Unterbewusstsein schien realisiert zu haben, dass wir das alles so oft tun konnten, wie wir wollten. Warum also sollten wir uns beeilen und uns zu früh auspowern? Es lag ganz bei uns, was wir mit unseren Leben und mit unseren Körpern anstellten.

Im Mondlicht betrachtete ich Vickys Gesicht. So gern gemocht hatte ich schon lange niemanden mehr. Vorsichtig zog ich meinen Arm unter ihr hervor und ging in die Küche, um ein Glas Wasser zu trinken.

Dann fiel mir etwas ein. Ich hatte doch die Optimierung aktivieren wollen! Dieser Augenblick war dafür ebenso geeignet wie jeder andere. Schließlich hatte ich nicht mein gesamtes Leben lang Zeit, das zu erledigen – in einem Jahr lief meine Lizenz aus.

Ich kehrte ins Schlafzimmer zurück, legte mich neben Vicky und rief das Interface auf.

Neu freigeschaltete Fertigkeit verfügbar: Optimierung I.

Ermöglicht dir die Auswahl primärer und sekundärer Fertigkeiten.

Die Entwicklung primärer Fertigkeiten benötigt 50 % weniger als die durchschnittlich dafür erforderliche Zeit. Die Entwicklung sekundärer Fertigkeiten benötigt 50 % mehr als die durchschnittlich dafür erforderliche Zeit.

Ermöglicht dir die Umwandlung von Punkten für

sekundäre Fertigkeiten in solche für primäre. Der Umwandlungskurs beträgt 2 zu 1. Anschließend erfolgt die Löschung der entsprechenden sekundären Fertigkeit.

Abklingzeit: 30 Tage

Warnung! Um diese Fertigkeit zu aktivieren, ist ein ungestörter Schlaf über einen Zeitraum von 12 Stunden erforderlich. Bitte achte darauf, dass dein Standort sicher ist. Es wird dir empfohlen, die Bauchlage einzunehmen.

Verfügbare Fertigkeitspunkte: 1 Punkt

Annehmen/Ablehnen

Ich klickte auf *Annehmen*.

Warnung! Damit die neuralen Netzwerke in deinem Gehirn neu konfiguriert werden können, wirst du jetzt in einen Tiefschlaf versetzt. Bitte achte darauf, dass ...

Ich schlief ein, noch bevor ich die Mitteilung vollständig hatte lesen können.

✶ ✶ ✶

ALS ICH DIE Augen öffnete, fühlte es sich an, als hätte ich nur eine Minute geschlafen.

Ich war hellwach.

Hinter den geschlossenen, durchsichtigen Vorhängen stand die Sonne hoch am Himmel. Boris trampelte ungeduldig auf mir herum. Richie leckte meine Hand.

Ich war allein im Bett. Von Vicky war weit und breit nichts zu sehen.

In meinem Kopf herrschte absolute Klarheit. Ich

wusste genau, was los war. Ich war zu Hause. Vicky war bereits gegangen. Es war Sonntagnachmittag. Und ich hatte die Optimierung aktiviert.

Genau das teilte mir das System jetzt auch mit:

Du hast eine neue Fertigkeit aktiviert: Optimierung I
Verfügbare primäre Fertigkeitspunkte: 1
Verfügbare sekundäre Fertigkeitspunkte: 1
Mehr primäre und sekundäre Fertigkeitspunkte erhältst du, wenn du ein neues Fertigkeits-Level erreichst.

Möchtest du eine primäre Fertigkeit auswählen?

Oh ja, das wollte ich. Und zwar *Lernfertigkeiten* – definitiv!

Kaum hatte ich das gedacht, traf auch schon eine neue Systemmitteilung ein:

Vielen Dank! Du hast gerade Lernfertigkeiten als primäre Fertigkeit ausgewählt. Diese Fertigkeit wird von jetzt ganz oben auf der Liste deiner verfügbaren Fertigkeiten aufgeführt.
Die Entwicklung deiner gewählten primären Fertigkeit benötigt 50 % weniger als die durchschnittlich dafür erforderliche Zeit.

Bitte wähle eine sekundäre Fähigkeit.

Ich konzentrierte mich auf *World of Warcraft spielen*.

Das System akzeptierte meine Auswahl, ohne auch nur nach einer Bestätigung zu fragen.

Vielen Dank! Du hast gerade World of Warcraft spielen als sekundäre Fertigkeit ausgewählt. Diese Fertigkeit wird von jetzt ganz unten auf der Liste deiner verfügbaren Fertigkeiten aufgeführt.

Die Entwicklung sekundärer Fertigkeiten benötigt 50 % mehr als die durchschnittlich dafür erforderliche Zeit.

Möchtest du die 8 Punkte deiner sekundären Fertigkeit (World of Warcraft spielen) in 4 Punkte der damit verbundenen primären Fertigkeit (Lernfertigkeiten) umwandeln?

Ja/Nein

Ich war ziemlich nervös. Wie ein Pokerspieler, der gerade am Finaltisch im wahrsten Sinn des Wortes alles auf eine Karte gesetzt hatte. Und wenn er noch so fest davon überzeugt war, ein gutes Blatt zu haben, machte ihn der Gedanke an den Ausgang des Spiels dennoch unruhig. Was war denn bitte, wenn mich das zu einem Hirntoten machte? Es war noch nie eine gute Idee gewesen, am Gehirn herumzufuschen. Jeder, der einmal einen Gehirnschlag überlebt hatte, konnte das bestätigen.

Dennoch klickte ich auf *Ja*.

Die Optimierung deiner ausgewählten Fertigkeit wird eine gewisse Zeit in Anspruch nehmen. Insgesamt dauert es 30 Tage, bis die neuralen Netzwerke deines Gehirns neu konfiguriert worden sind. Dieser Prozess der Neuorganisation wird im genannten Zeitraum während deiner Tiefschlafphasen stattfinden.

Warnung! Deine sekundäre Fertigkeit wird gelöscht und kann nicht wiederhergestellt werden.

Deine Erinnerungen an alle mit der Entwicklung der gelöschten Fertigkeit verbundenen Ereignisse bleiben jedoch erhalten.

Annehmen/Ablehnen

Ich „klickte" auf *Annehmen*.

Alle Systemfenster schlossen sich. Nun war nur noch die Registerkarte für die Fertigkeiten zu sehen. Die Fertigkeit World of Warcraft spielen wurde ausgegraut und war nun inaktiv. Die Lernfertigkeiten hingegen waren nun blau hinterlegt. Als ich mich darauf konzentrierte, poppte eine Meldung auf:

Primäre Fertigkeit
+50 % Entwicklungsrate
Optimierung ausstehend

Hervorragend! Ich hatte gerade den größten Cheat meines gesamten Lebens aktiviert, und es hatte mich nur drei Minuten gekostet.

Auf einmal überfiel mich der mächtige Drang, zum nächsten Laden zu laufen und Zigaretten zu besorgen. Ich konnte jetzt gut ein paar davon gebrauchen. Stattdessen stand ich auf, um ins Badezimmer zu gehen.

Auf dem Fußboden beim Bett lag ein Zettel.

Hallo Orktöter!
Du hast so fest geschlafen, ich wollte dich nicht aufwecken. Ich danke dir für deine Sanftheit und einen wunderschönen Abend. Ruf mich an, sobald du aufwachst!
Deine Vicky

Meine Vicky! Ich musste sie unbedingt sofort anrufen, ich konnte einfach nicht anders.

Sie schien sich zu freuen, meine Stimme zu hören.

„Hi Vick! Ich bin gerade erst aufgewacht, kannst du dir das vorstellen?"

„Danke für deinen Anruf." Ihre Stimme klang erleichtert. „Ich habe mir schon Sorgen gemacht. Du hast anscheinend eine harte Woche hinter dir."

„Das kannst du laut sagen! Danke, dass du mich nicht geweckt hast. Und ich danke *dir* für einen wundervollen Abend! Wir sehen uns morgen?"

„Klar." Sie hielt inne, zögerte und fügte dann hinzu: „Mein Schatz."

Sie hatte aufgelegt, bevor ich etwas erwidern konnte. Eine ganze Weile saß ich einfach nur da und grinste wie ein Honigkuchenpferd, bis es mir beinahe einen Turteltauben-Debuff eingetragen hätte. Dann stand ich auf und stellte mich unter die Dusche.

Später, ich bereitete mir gerade mein sehr verspätetes Frühstück zu, fielen mir Fettwansts Quest und die vermissten Kinder wieder ein. Verdammt! Der Tag war bereits halb vorüber, ich hatte nicht mehr viel Zeit, um alles zu erledigen, was ich geplant hatte.

Richie kauerte schuldbewusst in einer Ecke. Er hatte sein Geschäft – ein ziemlich großes – auf dem Balkon erledigt, weil er es einfach nicht mehr ausgehalten hatte.

Wie ein kopfloses Huhn lief ich in der Wohnung herum, kochte und verzehrte mein Frühstück im Stehen, fütterte die Tiere, füllte die Waschmaschine, beseitigte den Haufen auf dem Balkon, zog mich zum Joggen um, studierte die online angebotenen freien Stellen für Klempner, schrieb die Namen der Firmen auf, markierte die Standorte auf der Karte und stellte die Koordinaten der vermissten Kinder zusammen. Fünf davon waren tot, ein Mädchen im Teenageralter war noch am Leben.

Fettwanst hatte versprochen, am Abend vorbeizukommen. Das war in wenigen Stunden. Ich nahm die Visitenkarte des Majors und verließ die Wohnung.

Ich lief durch den Park und joggte ein paar Blocks zur nächsten Bushaltestelle. Dort nahm ich den Bus in die westlichen Vorstädte.

Ich war nahezu der einzige Fahrgast. Unterwegs

befasste ich mich näher mit den freien Klempnerstellen und sammelte KIDD-Punkte für alle potenziellen Arbeitgeber. Mein Geist war bereits auf 50 % herabgesunken. Ich konnte nur hoffen, dass es ausreichen würde, um Fettwanst einen Job zu verschaffen.

An der Endhaltestelle stieg ich aus und besorgte mir im nächsten Laden eine kleine Flasche Wodka und ein paar Papierservietten.

Auf der Karte fand ich den nächsten Computerclub und begab mich dorthin.

Der Raum war voll, hauptsächlich mit Kindern und Jugendlichen. Es stank nach altem Schweiß. Schwere Flüche hingen in der Luft, die allerdings, aus dem Mund dieser jungen Hüpfer, eher witzig klangen.

„Ich bin so verdammt stocksauer!"

„Great Game!"

„Nette Panikauswahl, Mann!"

„Du verdammtes Stück Sch...!", brüllte Victor Snezhinsky, sozialer Status: Schüler der fünften Klasse.

Seine Beherrschung obszöner Sprache war erstaunlich. Der Junge war erst elf Jahre alt! Und hatte dennoch in seinen Fluchfertigkeiten bereits Level 4 erreicht. Er war ein echter Experte.

Der gesamte Club war so schäbig, ich vermutete, es gab hier keine Überwachungskameras.

Also ging ich zum Empfang und kaufte mir eine Stunde Computerzeit. Man schickte mich zu einer Maschine am anderen Ende des Raums. Die Tastatur war dabei, auseinanderzufallen, die Maus klebrig und unangenehm anzufassen. Aber das machte mir nichts aus. Im Gegenteil.

Ich besuchte eine Proxy-Website und registrierte dort ein temporäres E-Mail-Konto, das nach zehn Minuten wieder gelöscht werden würde.

Über dieses Konto schickte ich dem Major eine E-

Mail. Ohne Anrede, ohne Unterschrift – nur die Liste der Namen der Kinder und ihrer Standorte.

Ich klickte auf „Absenden" und seufzte erleichtert auf.

Das konnte ich schon mal abhaken!

Status der Aufgabe: Major Igorevsky eine anonyme Nachricht senden, die ihm mitteilt, wo er die vermissten Kinder finden kann.
Aufgabe erledigt!
Erhaltene Erfahrungspunkte: 500 Punkte
+10 % Zufriedenheit

Diesmal war das System reichlich großzügig mit seinen Erfahrungspunkten. Jetzt fehlte mir nicht mehr viel zum nächsten Level. Und meine Zufriedenheit näherte sich den 100 %. Das Glücksgefühl stand allerdings noch aus.

Fehlende Erfahrungspunkte bis zum nächsten Level des sozialen Status: 4.220/8.000

Ich kämpfte mit der Versuchung, *World of Warcraft* aufzurufen, nur um zu überprüfen, ob ich meine Fähigkeiten tatsächlich verloren hatte. Doch dann erinnerte ich mich ohne Probleme an die Taktiken, die ich gegen Archimonde eingesetzt hatte, den letzten Boss der Höllenfeuerzitadelle. Der Optimierungsprozess hatte ja noch gar nicht begonnen, fiel mir ein. Er setzte erst ein, wenn ich das nächste Mal schlief.

Ich öffnete die Flasche, goss etwas von dem Wodka auf eine Papierserviette und wischte meine Fingerabdrücke von Maus und Tastatur. Ich wischte sogar die Mausunterlage ab und den gesamten Schreibtisch sowie, in einem Anfall von Putzwut, den verschmierten Monitor.

Nun wurde es Zeit, nach Hause zurückzukehren. Ich wollte Fettwanst nicht vor meiner Tür warten lassen, schließlich hatte er in seinem Leben bestimmt schon lange genug vor den Büros irgendwelcher Großkotze gewartet.

Mit einer Handbewegung hielt ich ein vorbeifahrendes Taxi an. Unterwegs verfeinerte ich meine Suche nach einer möglichen freien Stelle für Fettwanst. Zu meiner großen Überraschung blieben zwei Firmen übrig, als ich den Parameter *„90 % Wahrscheinlichkeit, dass sie Ruslan Rimsky einstellen"* eingab. Ich hatte Namen und Telefonnummern gerade in mein Handy eingetragen, als das Taxi auch schon vor meinem Haus hielt.

Auf dem Weg zur Haustür fiel mir ein, dass ich Yanna hatte anrufen wollen, um mich wegen des Termins am Dienstag zu vergewissern. Doch sie nahm das Gespräch nicht an, nachdem ich ihre Nummer gewählt hatte, also beendete ich die Verbindung nach einer Weile wieder.

Sie hatte ja beim Anruf in der Nacht zuvor ihr Handy beschädigt, oder? Allerdings hatte keine Computerstimme mich darüber aufgeklärt, dass ihre Nummer vorübergehend nicht erreichbar wäre.

Auf der Landkarte schaute ich nach, wo sie sich gerade aufhielt. Yannas Marker befand sich in einer der Wohnvorstädte der Elite, in die man mich niemals hineinlassen würde.

Ach, egal. Wenn sie nicht abnahm, konnte ich ihr später immer noch eine SMS schicken.

Fettwanst lungerte bereits vor der Tür herum. „Hi, Mann. Ich dachte mir, ich komme einfach ein wenig früher. Ist das in Ordnung?"

„Ja, kein Problem", erwiderte ich. „Hast du etwas zu schreiben? Oder nein, vergiss es – trag es einfach in dein Handy ein."

Ich nannte ihm Namen, Adressen und

Telefonnummern der beiden Firmen.

„Soll ich denen sagen, du hättest mich geschickt?", wiederholte Fettwanst, etwas anders formuliert, die Frage, die auch Alik mir gestellt hatte.

„Nein, sag ihnen einfach, du suchst Arbeit", wiederholte ich, etwas anders formuliert, meine Antwort. „Viel Glück!"

Er schüttelte mir die Hand und überschüttete mich mit haltlosen Bezeugungen seiner Dankbarkeit.

„Noch musst du dich nicht bei mir bedanken – du musst dir erst mal den Job sichern!" Mühsam entzog ich meine Hand seiner Pranke, schlug ihm auf die Schulter und eilte nach Hause.

Die Waschmaschine hatte ihren Zyklus mittlerweile beendet. Ich hängte die Wäsche zum Trocknen auf und überlegte, was ich noch alles zu tun hatte. Aber anscheinend war alles erledigt, das ich geplant hatte, und mir blieb sogar noch etwas Zeit vor dem Schlafengehen.

Halt – etwas hatte ich doch vergessen. Ich rief erst Kira an, dann meine Eltern und berichtete meinem Vater von dem vermissten Mädchen.

Die Nachricht, dass man sie gefunden hatte, weckte seine Begeisterung. „Gut gemacht!", sagte er mehrfach.

Anschließend nahm ich Richie mit auf einen entspannten Spaziergang und genoss die frische Nachtluft.

Wieder zu Hause kochte ich das Abendessen und begann das nächste Buch auf meiner Liste zu lesen. Etwa um zehn Uhr ging ich zu Bett, las jedoch noch ein wenig weiter. Allerdings musste ich am nächsten Morgen früh aufstehen, um die Wäsche zu bügeln und ein wenig im Fitnessstudio zu trainieren. Und dann war da ja noch Richie, verdammt! Ich wünschte mir, es wäre schon Donnerstag und Sveta wäre zurück. So langsam hatte ich genug davon, mit diesem Dinosaurier eines Hundes herumzulaufen.

Mitten in der Nacht weckte mich ein Anruf. Das schien langsam zur Regel zu werden.

Yanna? Ja, genau, auf dem Display meines Handys grinste mich ihr Gesicht an. „Yanna? Dir auch eine gute Nacht!"

„Hier ist nicht Yanna, du Arschgesicht! Ich bin es, Vladimir!"

„Wer bitte? Vladimir? Meinetwegen. Was willst du von mir, *Vladimir*? Und wer zum Teufel bist du?"

„Ich bin ihr neuer Freund. Warum, verdammt noch mal, rufst du sie ständig an?"

„Ähm, was?" Verzweifelt versuchte ich, mein schläfriges Gehirn in Gang zu bringen. Was bitte wollte er?

„Gib mir deine Adresse, du nutzloser Vollidiot! Wir müssen uns mal unterhalten. Von Mann zu Mann."

Endlich fiel der Groschen – das musste Vlad sein, Yannas Neuerwerbung.

KAPITEL 22

SCHLICHTE GEFÜHLE

„Du riechst nach Sünde."

Harold Pinter, *Die Geburtstagsfeier*

ALS WIR UNS zuerst begegnet waren, hatte es zwischen Yanna und mir nur so gefunkt. Rasch hatte sich eine Gewohnheit entwickelt: Wir verbrachten die Nacht vor dem Computer mit Raids, in der relativen Bequemlichkeit meiner Wohnung, wo wir dann früh am Morgen ins Bett fielen.

Nach ein paar Wochen war es ziemlich offensichtlich geworden, dass wir eigentlich bereits zusammenlebten. Irgendwann am Vormittag verließen wir beide die Wohnung: Sie ging zur Arbeit, ich zur Uni. Am Abend schliefen wir ein wenig, bevor der Kreislauf von Neuem begann.

Was jetzt übrig blieb, war nur noch, ihre Sachen in meine Wohnung zu bringen und unsere Beziehung zu legalisieren, damit unsere Eltern das Nörgeln einstellten.

Das war der Augenblick gewesen, in dem ihre Ex-Freunde mit ihrem Telefonterror begannen, zusammen mit einigen neuen Verehrern. Anfangs ging sie noch dran und erklärte geduldig, dass sie jetzt mit einem anderen glücklich verheiratet wäre. Eine Weile später ließ sie das Telefon einfach klingeln und noch eine weitere Weile später bat sie mich, die Anrufe zu beantworten.

„Sie hören einfach nicht zu!", hatte sie sich beklagt. „Kannst du nicht mit ihnen reden? Von Mann zu Mann? Ihnen die Sache klarmachen? Ich bin ihrer so überdrüssig!"

Also war ich von da ans Telefon gegangen. Die meisten der Kerle waren nicht mehr nüchtern. Sie verlangten alle, Yanna zu sprechen. Ein paar von ihnen verschwanden spurlos, als sie registrierten, dass sie gerade mit Yannas frischgebackenen Ehemann sprachen. Andere warteten eine Weile respektvoll im Hintergrund auf eine neue Chance. Schließlich muss eine Ehe ja nicht ewig halten …

Ein paar der hartnäckigsten Alpha-Männchen allerdings konnte nicht einmal meine Existenz von weiteren Anrufen abhalten. Sie bestanden darauf, meine Adresse zu erfahren, um dann mit mir, so wie Vlad es gerade formuliert hatte, „von Mann zu Mann zu sprechen."

Schon immer war Yanna in allen möglichen sozialen Kreisen extrem beliebt gewesen. Das reichte von alten Studienkollegen bis hin zu reichen, verwöhnten Gören, von Beruf Sohn, die sie zufällig traf.

Jetzt allerdings hatte sich der Spieß umgedreht – in Vlads Augen war nun ich der aufdringliche Ex und er der aktuelle Liebhaber, der Yanna alle anderen vom Leibe hielt.

Die Situation war absolut lächerlich! Ich brauchte dringend Schlaf. Schon mehrere Nächte lang hatte ich nun schon nicht mehr ungestört schlafen können.

„Jetzt hör mir mal gut zu, Vlad – wie wäre es, wenn du dich einfach verpisst? Ich versuche gerade, zu schlafen. Ruf mich morgen früh wieder an, dann gebe ich dir die Adresse."

Wie merkwürdig, dass er danach überhaupt fragen musste. Er war doch schließlich hier gewesen, um Yannas Sachen abzuholen, oder etwa nicht?

„Was hast du gesagt?", lallte er, stockbesoffen. „Was glaubst du eigentlich, wer du bist? Wo bist du gerade? Ich will die Adresse!"

Berechtigter Zorn stieg in mir auf. Bestimmt spielte der Debuff durch Nikotinentzug dabei auch eine gewisse Rolle. Ich hatte einen spontanen Wutanfall. Ich brauchte meinen Schlaf und da war dieser Mistkerl, der glaubte, er hätte das Recht, mich herumzukommandieren!

Oh ja, ich würde ihm die Adresse geben – und ihn dann mit einem Schwert begrüßen. Einem echten Schwert, der Replika von Frostgram,[24] die ich für teures Geld von einem spitzenmäßigen Handwerker hatte herstellen lassen.

Ich hatte bereits den Mund geöffnet, um ihm die Anschrift zu nennen. Aber irgendwie fühlte es sich nicht richtig an. Deshalb beschloss ich, diesmal anders vorzugehen.

„Ich bin in Leafy Hollow, Kulikova Straße 256", nannte ich ihm eine fiktive Hausnummer. „Wenn du mutig genug bist, kannst du ja vorbeikommen."

Eine Systemmitteilung erschien:

Gratuliere! Du hast einen neuen Fertigkeitslevel erreicht!
Name der Fertigkeit: Intuition
Derzeitiger Level: 5
Erhaltene Erfahrungspunkte: 500 Punkte

---

[24] Frostgram: die legendäre Runenklinge des Lichkönigs in *World of Warcraft*.

„Wer soll mutig genug sein? Ich?"

Vlad quatschte einfach immer weiter, während ich versuchte, herauszufinden, wie sich meine letzten Worte auf die Entwicklung meines „siebten Sinns" hatten auswirken können. Nur halb nahm ich auf, welche Folterqualen und Probleme Vlad mir zufügen wollte.

„Bleib genau da, wo du bist, du Schleimscheißer! Ich bin schon unterwegs", drohte er, dann legte er auf.

Jetzt mal ernsthaft – wie hätte ich mich in dieser Situation verhalten sollen? Der Verbesserung meiner Intuition zufolge schien das System mit mir jedenfalls recht zufrieden zu sein.

Oder hätte ich mich etwa entschuldigen und erklären sollen, dass ich nur der Noch-Ehemann war, der mit seiner Frau sprechen und wissen wollte, wie es ihr ging? Hätte ich etwa versuchen sollen, einen Idioten zu beschwichtigen, der sich nicht einmal die Mühe gemacht hatte, Yanna zu fragen, wer sie denn da angerufen hatte? Doch wohl eher nicht! Er konnte sich meinetwegen gern mal ins Knie ficken! Außerdem war ich noch nicht bereit für eine körperliche Auseinandersetzung, und Alik konnte mir schließlich nicht jedes Mal zu Hilfe kommen, wenn ich Unterstützung brauchte.

Falls der Kerl allerdings seine Lektion nicht gelernt hatte und mich noch einmal anrufen sollte, würde ich ihn womöglich an meine wahre Adresse erinnern. Sollte er ruhig kommen! Wir hatten da allerdings ein paar Dinge zu besprechen, so „von Mann zu Mann"!

Kaum hatte ich diese Entscheidung getroffen, erreichte mich eine weitere Mitteilung:

Gratuliere! Du hast einen neuen Fertigkeitslevel erreicht!
Name der Fertigkeit: Entscheidungsfindung
Derzeitiger Level: 5

Erhaltene Erfahrungspunkte: 500 Punkte

War etwa gerade Weihnachten? Jetzt blieben nur noch 2.000 Erfahrungspunkte bis Level 8, dank Vlad und seines Anfalls unkontrollierter Eifersucht. Danke, Mann. Echt gut gemacht!

Das änderte jedoch nichts an der Tatsache, dass er mich aus einem wunderschönen Traum gerissen hatte. Ich hatte gerade von einem Familienpicknick auf dem Land geträumt, meine Eltern, Kira, der kleine Cyril, Vicky, ihre Tochter und ich. Wir hatten gerade einen schönen Grillabend begonnen und dann ... und dann hatte dieser Mistkerl angerufen.

Eine halbe Stunde lang warf ich mich im Bett hin und her und konnte nicht wieder einschlafen. Ich musste die ganze Zeit an Vlad denken. Ob er wohl bereits losgefahren war?

Endlich hielt ich die Neugier nicht länger aus und öffnete die Landkarte.

Oh, nein! Er saß in irgendeinem irischen Pub, und zwar ohne Yanna.

Ich überprüfte ihren Standort. Sie war noch immer bei ihren Eltern. Aber wie war Vlad dann an ihr Handy gekommen? Hatten die beiden sich etwa gestritten und er hatte, um sich zu rächen, ihre SIM-Karte mitgenommen? Nein, das war eher der Stoff von Soap Operas.

Über all dem Nachdenken döste ich endlich doch wieder weg und schlief tief und diesmal traumlos.

* * *

MEIN MENTALER WECKER weckte mich um zehn vor fünf. Das Zimmer war sehr kalt. Die Bettdecke wärmten mich nicht mehr. Der Himmel war wolkenverhangen und spuckte Regen aus, die Balkontür stand offen.

Mein gesamter Körper schmerzte. Schon der bloße Gedanke daran, aufzustehen, mich fürs Fitnessstudio anzuziehen, durch den kalten Regen zu laufen, den Hund auszuführen, meine Klamotten zu bügeln, zur Arbeit zu gehen und den ganzen Tag Kunden etwas aufzuschwatzen, war unerträglich. Warum das alles? War es wirklich nötig?

Ohne die Augen zu öffnen, rollte ich mich unter der Decke zusammen und dachte nach. Der einzige Grund, aus dem ich früh aufstehen musste, war der Job, den ich jetzt hatte. Ohne den Job könnte ich so lange schlafen, wie ich wollte, und zu einer zivilisierteren Zeit trainieren. Was Richie betraf – nun, die Balkontür stand offen, und in drei Tagen war er ohnehin wieder bei seinem Frauchen.

Was war da noch? Ach ja, das leidige Geld. Nun, viel Geld brauchte ich wirklich nicht. Meine Freiberufleraufträge brachten genug ein, um die Rechnungen zu bezahlen und Lebensmittel zu kaufen. Und jetzt, da ich das Interface hatte, könnte ich auch einfach nach einem Schatz suchen, nach einem verschwundenen Kunstwerk, zum Beispiel. Oder eine Privatdetektei aufmachen und nach vermissten Personen forschen. Oder zum Kopfgeldjäger werden. Ich konnte mich sogar im Bereich der Personalvermittlung selbstständig machen und mit einer einhundertprozentigen Beschäftigungsgarantie werben.

Tja, und wenn das alles nichts brachte, konnte ich immer noch meine Kunst im Pokerspielen aufpolieren und online bei Wettbewerben Millionen gewinnen. Natürlich, gegen Pech war auch die beste Fertigkeit nicht gefeit. Langfristig betrachtet allerdings konnte meine Erfahrung nur die Oberhand gewinnen – und ich meine Einsätze verhundertfachen, methodisch mein Bankkonto füttern und dennoch bescheiden leben.

Jedes der Szenarien, die mir in den Sinn kamen,

verschaffte mir mehr Zeit, meine Eigenschaften und Fertigkeiten zu verbessern. Vor allem die entscheidenden Fertigkeiten wie Erkenntnis. Schließlich wusste ich ja nicht, was das nächste Erkenntnislevel mir alles bieten würde. Vielleicht konnte ich dann verborgene Mineralienadern entdecken oder gesunkene Schatzschiffe. Oder ich könnte eine Partnervermittlung starten und jedem den perfekten Partner versprechen. Alle Informationen, die ich dafür brauchte, befanden sich irgendwo im universellen Infospace. Man musste nur wissen, wo genau man danach zu suchen hatte.

Mit dieser angenehmen Tagträumerei verschwendete ich eine ganze kostbare Viertelstunde und wäre beinahe wieder eingeschlafen.

So logisch meine Überlegungen mir jedoch auch erschienen – das änderte nichts an der Tatsache, dass ich mich gerade selbst belog. Und noch schlimmer: Mit einem solchen Verhalten hätte ich gegebene Versprechen gebrochen und dadurch meinen sozialen Status gesenkt. Mit anderen Worten, ich war einen Augenblick lang wieder in meine alte Angewohnheit zurückgefallen, meine eigene Faulheit mit großkotzigen Ausreden zu rechtfertigen.

Ich hatte bei Ultrapak einen Vertrag unterschrieben. Dadurch hatte ich ihnen versprochen, morgens zur Arbeit zu erscheinen. Die Firma war für mich inzwischen auch schon längst keine lediglich abstrakte Vorstellung mehr. Das waren alles Menschen: Vicky, Pavel, Herr Ivanov, Greg, Cyril und Marina. Ich hatte mich verpflichtet, Teil ihres Teams zu sein, eines der vielen Zahnräder im Mechanismus, der das zuverlässige Funktionieren unserer Gesellschaft garantierte.

Ich hatte auch versprochen, Marina zu helfen. Ich musste erfahren, wie es um Cyrils Gesundheit bestellt war. Und ich musste mich noch ein paar Tage lang um den Hund kümmern, er war meine Verantwortung.

Außerdem wäre es nett, in eine schönere Wohnung zu ziehen. Nichts zu Extravagantes, ich brauchte nur einen sauberen, passend möblierten und gut gepflegten Raum, am liebsten in einem der Neubauten.

Ich weiß – das klang jetzt vielleicht wie der übliche Vorstadttraum der Mittelschicht. Aber warum denn nicht? Was bitte war verkehrt daran, eine hübsche Wohnung mit einer funktionierenden Dusche und einem Großbildfernseher an der Wand haben zu wollen, mit einer guten Kaffeemaschine und einem Aufzug, in dem die Knöpfe einen zuverlässig nach oben oder unten brachten? War es etwa zu viel verlangt, sich zu wünschen, die besoffenen Nachbarn würden den Flur nicht als Toilette benutzen oder sich auf dem Spielplatz vor den Augen der Kinder betrinken? Einmal davon abgesehen – die Saufgelage hinter der Reihe schäbiger Gemeinschaftsgaragen waren auch nicht unbedingt der Bringer.

Während ich über all das nachdachte, ertappte ich mich dabei, wie ich vor dem Badezimmerspiegel stand und mir eifrig die Zähne schrubbte. Ich war ziemlich sauer auf mich, kostbare Minuten verloren zu haben. Ich könnte schon längst meinen Kaffee getrunken haben und auf dem Weg ins Fitnessstudio sein!

Ja, ich hatte es eilig. Ich warf meine Sportsachen in die Tasche und eilte hinaus in den Regen. Dort zog ich die Kapuze über den Kopf, schlang die Tasche über die Schultern und lief los, sprang über die Pfützen.

Inzwischen war es mir längst zur Gewohnheit geworden, zwischendurch immer mal wieder die ausstehenden Quests ebenso durchzugehen wie die vergangenen Ereignisse. Mittlerweile sollte auch der Optimierungsprozess bereits eingesetzt haben. Ich versuchte, mich an meine Taktik zu erinnern, die ich bezügliches des letzten Bosses in *World of Warcraft* eingesetzt hatte, nur um das zu überprüfen.

Ein Boss. Welcher Boss? Verdammt! Ich konnte mich nicht mehr an meinen letzten Raid erinnern! Bewies das nun, dass der Optimierungsprozess tatsächlich begonnen hatte?

Ich versuchte, mich auf meine Klasse und Fähigkeiten in *World of Warcraft* zurückzubesinnen. Damit schien alles okay zu sein. Ich konnte die Namen ebenso wie die Schaltflächen und Funktionen hersagen. Nun gut, es war ja noch früh im 30-Tages-Zyklus.

Im Umkleideraum des Fitnessstudios streifte ich meine Sportkleidung über und stieg auf die Waage.

Wie viel bitte? Der Waage nach hatte ich seit meinem letzten Besuch hier zwei Kilo abgenommen.

Mein Trainer war nicht da, also betreute mich sein Vertreter, ein stämmiger Typ aus dem Kaukasus mit dem Namen Arslan. Er stellte mir ein paar Fragen zu meinem bisherigen Training und schickte mich dann zum Aufwärmen.

Das Training verging wie im Flug. Ich fühlte mich gut. Ich konnte die Gewichte steigern, von drei Kilo auf vier Kilo. Alexander hatte recht gehabt – meine Muskeln, eingeschrumpft nach vielen Jahren Vernachlässigung, stürzten sich nun gierig auf all die Aufgaben, die ich ihnen stellte, begeistert über die Gelegenheit, zu wachsen und sich auszudehnen.

Auch das System schien die eingetretene Verbesserung bemerkt zu haben:

Du hast +1 Stärke erhalten!
Derzeitige Stärke: 8
Du hast für die erfolgreiche Verbesserung einer Haupteigenschaft 1.000 Erfahrungspunkte erhalten!

Diese Meldung erreichte mich, als ich vor dem Spiegel im Umkleideraum stand, um mir die Haare trocken zu föhnen. Ich konnte einfach nicht anders –

ich nahm eine Schwarzenegger-Pose ein und ließ meine nicht vorhandenen Muskeln spielen.

Ein echter Bodybuilder, der gerade an mir vorbeiging, lachte gutmütig. Tut mir leid, Mann – neben dem echten Arnold wirkte ich vielleicht kümmerlich, aber im Vergleich zu meinem Zustand vor nur zwei Wochen waren die Fortschritte bereits beachtlich. Kein Wunder, dass der Gürtel meiner Jeans mir nun zu weit war.

Auch mein Beweglichkeitstraining zeigte seine Resultate – seit dem letzten Mal hatte ich 6 % zugelegt! Bestimmt hatten auch die verlorenen zwei Kilo dazu beigetragen.

Anschließend eilte ich nach Hause. Ich musste noch immer Richie ausführen und hatte keine Lust, länger als unbedingt nötig im Regen zu verbringen.

Mein Telefon klingelte. Es war schon wieder Yannas Nummer.

„Ja?", meldete ich mich vorsichtig. Ich wusste schließlich nicht, mit wem ich gerade sprach.

„Ich bin's", hörte ich Yannas Stimme. „Hast du mich gestern Abend angerufen?"

„Ja. Ich wollte wissen, ob unsere Verabredung für Dienstag noch steht?"

„Ich fürchte nein. Wir haben hier eine Konferenz, die bis Mittwoch dauern wird. Also wird es wahrscheinlich Donnerstag oder Freitag. Ist das okay?"

„Es muss wohl", erwiderte ich, etwas enttäuscht, dass sich die Scheidung hinauszögerte.

„Gut. Wir sprechen später."

„Yanna, warte! Bist du sicher, dass mit dir alles in Ordnung ist?"

„Mir geht es bestens! Warum fragst du?"

„Nun, wahrscheinlich, weil du es warst, die mich am Samstag mitten in der Nacht angerufen hat."

„Ach so ... Darüber mach dir mal keine Gedanken, das war gar nichts. Ich war nur mit meinen

Freundinnen unterwegs. Wir haben etwas getrunken und ich habe mich daran erinnert, wie ich dir all die Jahre komplett vertraut habe. Welchen Glauben in dich ich hatte. Ich habe die besten Jahre meines Lebens damit verbracht, dich zu unterstützen. Es kam mir einfach alles so unfair vor."

„Ich verstehe", keuchte ich und beschleunigte meinen Gang noch.

„Bist du okay? Du klingst völlig außer Atem."

„Ich komme gerade aus dem Fitnessstudio und beeile mich, nach Hause zu kommen. Ich muss zur Arbeit. Hast du eine Affäre mit diesem Vlad-Typ?"

„Das geht dich einen Scheißdreck an! Hast du gerade Fitnessstudio gesagt?"

„Nun, wenn der Kerl mich einen Scheißdreck angeht, dann sollte er besser damit aufhören, mich mitten in der Nacht sturzbesoffen anzurufen. Er wollte wissen, warum ich dich angerufen habe. Weiß er eigentlich, dass wir derzeit noch immer miteinander verheiratet sind?"

Sie antwortete nicht, schwieg lange.

„Yanna?"

„Keine Sorge – er wird dich nicht wieder anrufen. Ich schicke ihn in die Wüste. Tschüss!"

Sie wollte ihn in die Wüste schicken? Ach, Quatsch, sie würde ihm lediglich eine Lektion erteilen, ihn ein paar Tage zappeln lassen, seine SMS-Nachrichten und Anrufe ignorieren, und ihm dann gnädig vergeben. Dieses Verhalten war mir nur allzu vertraut.

Ich führte Richie aus, der dennoch erbost bellte, als ich anschließend die Wohnung wieder verließ. Ich verstand ihn ja – er fühlte sich einsam. Irgendwo hatte ich einmal gelesen, dass Hunde über keinen Zeitsinn verfügen. Richie musste also wirklich leiden, wenn ich ging. Boris' Anwesenheit machte die Sache nicht besser, auch wenn er die Katze mittlerweile als Teil seiner neuen Meute betrachtete, mit mir als Leithund, ihm als meinen Vertreter und Boris als armseliges Anhängsel.

„Nur Mut, Soldat!" Ich kniete mich neben ihn und klopfte ihm den Hals. „Nur noch drei Tage, dann bist du wieder bei deiner Familie! Also benehmt euch, ihr zwei. Boris, für dich gilt das ganz besonders. Halte dich mit deinen Klauen vom Sofa fern, bevor es ganz auseinanderfällt!"

Theatralisch wandte Boris sich ab und putzte sich meine unberechtigten Vorwürfe aus dem Fell.

Ich nahm einen Minibus zur Arbeit. Dann konnte ich unterwegs lesen. Sachbücher zu lesen war etwas ganz anderes, als wenn man sich in einen Roman vertiefte. Bei Sachbüchern konnte man nicht einfach die Seiten überfliegen, um herauszufinden, was als Nächstes passierte. Ich zwang mich, jeden Absatz gründlich zu studieren. Dadurch verlangsamte sich zwar die Lesegeschwindigkeit, aber das ermöglichte mir, mehr aufzunehmen, was meine Intelligenz voranbrachte. Das letzte Buch hatte mir 300 Erfahrungspunkte eingebracht – eine mächtige Motivation, in jeder freien Minute zu lesen.

In gewisser Weise war es absolut erstaunlich, wie alles sich zusammenfügte. Der Prozess des Lesens förderte meine Intelligenz, während jedes abgeschlossene Buch mir außerdem auch noch Erfahrungspunkte eintrug und mich dem nächsten Level näherbrachte. Und jedes neu erklommene Level verschaffte mir einen Statistikpunkt, den ich in eine Eigenschaft meiner Wahl investieren konnte, wie etwa Stärke und so weiter.

Nach dieser Logik konnte ein Bücherwurm im zweiundzwanzigsten Jahrhundert gleichzeitig ein Bodybuilder sein. „Nun schau sich nur einer diesen

Muskelprotz an!", würden die Babuschkas[25] auf der Parkbank sich zuflüstern. „Ein wahrer Kleiderschrank! Er muss ein wahrhaft eifriger Leser sein!"

Ich traf beinahe pünktlich bei der Arbeit ein, gerade als die anderen sich zu einer kurzen Besprechung in Pavels Büro begaben. Cyril konnte ich nirgendwo erblicken. Ich setzte mich neben Greg.

„Wo ist Cyril?", flüsterte ich.

„Er ist im Krankenhaus, für ein paar Tests", antwortete Greg.

„Danke. Wie war dein Wochenende?"

„Ganz in Ordnung. Aber Alina fehlt mir", gab er zu. „Ich habe versucht, mich wieder mit ihr zu versöhnen, aber ..." Er brach ab, als ihm klar wurde, dass irgendetwas nicht stimmte.

Es herrschte Schweigen, durchbrochen nur Dennis' leisem Lachen, Marinas Ex-Mentor.

„Kann ich jetzt fortfahren?", fragte Pavel grimmig. „Oder habt ihr beiden euer eigenes Meeting? Phil, findest du nicht, es ist ein wenig zu früh, Disziplin und Unterordnung völlig zu ignorieren?"

„Er ist unsere neue Primadonna", warf Dennis ein.

„Nein, das bin ich nicht", widersprach ich. „Ich habe mich nur nach Cyril erkundigt, der anscheinend ernsthaft krank ist. Es tut mir leid – wird nicht wieder vorkommen."

„Wie erwachsen", bemerkte Pavel und setzte die Besprechung fort.

Eine Stunde später begaben wir uns auf den Weg zu den nächsten Kunden. Marina hatte eine gute Nachricht für mich. Ein Manager von einer der Firmen, bei denen wir am Freitag gewesen waren, hatte sie angerufen und um einen Termin gebeten. Sie schienen Interesse an unseren Produkten zu haben.

---

[25] Babuschka (russisch) – wörtlich übersetzt: Großmutter. Hier: eine alte Dame.

Wir beschlossen, das sofort auszunutzen.

Gerade wollten wir das Büro verlassen, als Darya vom Empfang mich aufhielt und mich zur Buchhaltung schickte, wo man mich sehen wollte. Hatten die etwa vor, mir bereits meinen Bonus auszuzahlen?

Das hatten sie in der Tat. Eine füllige Lohnbuchhalterin übergab mir einen dicken Umschlag, in dem sich fünfundzwanzigtausend Rubel befanden. Eine Unterschrift wäre nicht erforderlich.

An das letzte Mal, das man mich in bar bezahlt hatte, konnte ich mich schon gar nicht mehr erinnern. In den letzten anderthalb Jahren waren meine Freiberufleraufträge meine einzige Einnahmequelle gewesen und die wurden elektronisch per Überweisung bezahlt.

„Verdammt verwöhnt!", murrte die Lady als Reaktion auf meinen Dank. „Sie arbeiten doch hier erst seit ein paar Tagen! Sind Sie etwa mit Ivanov verwandt oder so etwas?"

„Genau." Ich betrachtete die Statistiken, die über ihrem Kopf schwebten. „Ich bin sein zehnter Vetter fünfzehnten Grades."

Nur zu gern hätte ich ihr einen kleinen Streich gespielt, doch den Gedanken schlug ich mir rasch wieder aus dem Kopf. Es war nie eine gute Idee, sich über eine Lohnbuchhalterin lustig zu machen. „Sind Sie ebenfalls mit ihm verwandt?"

„Schön wär's", brummte die nicht weniger füllige Chefbuchhalterin, ohne von dem Dokument aufzusehen, das vor ihr auf dem Schreibtisch lag. „Dann könnten wir vielleicht endlich mal alle Gehälter pünktlich ausbezahlen!"

„Jetzt reicht es aber mit dem Unfug!", erklärte die andere mit einer ungeduldigen Handbewegung. „Sie erster Vetter des Teufels, Sie!"

Auf dem Weg zur Tür begegneten Marina und ich Cyril. Aufgeregt berichtete er uns von seinem

Klinikbesuch und fuchtelte dabei wie wild mit den Händen herum.

„Phil, Mann, ich schulde dir was! Du hast mir das Leben gerettet, weißt du das?"

„Warum? Haben sie etwas gefunden?"

„Allerdings! Sie sagen, es sei ein Lungenemphysem. Das ist eine der tödlichsten Krankheiten, die dir zustoßen können, wenn es unbehandelt bleibt! Du kannst dir gar nicht vorstellen, was die alles mit mir angestellt haben! Sie haben mich umgedreht, geknetet, meine Innereien belauscht und mich in einen Schlauch blasen lassen. Dann haben sie mich zum Röntgen geschickt, und die Aufnahme hat es klar wie Kloßbrühe gezeigt. Sechs Monate später und ich hätte es wahrscheinlich nicht überlebt! Sie haben mir erklärt, eine Operation sei nicht immer erfolgreich. Einstweilen haben sie mir eine ganze Menge Zeug verschrieben – Pillen, Spritzen, alles. Mit dem Rauchen werde ich wohl aufhören müssen, fürchte ich. Die ganzen Untersuchungen haben mich ein Vermögen gekostet. Aber wenigstens werde ich überleben."

„Ich gratuliere!", sagten Marina und ich wie aus einem Mund. Wir freuten uns beide sehr für ihn.

„Das muss das schlimmste Wochenende meines Lebens gewesen sein", erklärte er. „Ich habe mir solche Sorgen gemacht! Aber jetzt kann ich endlich aufatmen. Ich werde mit dem Rauchen aufhören und ein paar Kilo abnehmen. Und ich werde alle Medikamente nehmen, die sie mir verschrieben haben! Ich wollte gerade meine letzte Zigarette genießen. Wollt ihr mir Gesellschaft leisten?"

„Ich fürchte, wir haben einen Termin", lehnte ich ab. „Wir sind ohnehin schon spät dran. Aber mir fällt da gerade etwas ein ..." In meinem Kopf formte sich eine Idee. Ich sollte mit meinen Kollegen wirklich Freundschaft schließen. Und jetzt wusste ich auch genau, wie ich das anstellen konnte.

„Ich habe gerade meinen Bonus bekommen", sagte ich. „Wie wäre es, wenn wir heute Abend ausgehen und das feiern?"

„Ich bin dabei", stimmte Marina sofort zu.

Cyril grinste. „Ich ebenfalls. Und Greg, falls du nichts dagegen hast. Wir könnten beide eine richtige Mahlzeit gut gebrauchen. Auf Dauer kann man einfach nicht von Pizzas aus der Mikrowelle leben, wenn du weißt, was ich meine. Wen willst du sonst noch dabeihaben?"

Natürlich hätte ich gern Vicky in dem kleinen Kreis gesehen. Aber wollte ich unsere Beziehung wirklich unnötiger Aufmerksamkeit aussetzen? Sollte sie vielleicht besser außen vor bleiben? Ich musste das mit ihr besprechen, die Entscheidung musste eine beiderseitige sein.

„Ich weiß nicht so genau", zögerte ich. „Die ganze Abteilung kann ich nicht einladen, so hoch ist der Bonus nicht. Und ihr seid eigentlich die einzigen, mit denen ich mich bisher unterhalten habe."

„Das ist sogar noch besser", nickte Cyril. „Es macht viel mehr Spaß in einer kleinen Gruppe. Ach, übrigens, das hätte ich beinahe vergessen – Lola lässt dich grüßen. Du weißt schon, deine Ärztin? Sie hat gefragt, wann du sie wieder einmal aufsuchst."

Marinas Augen verengten sich zu Schlitzen.

„Ich hoffe nicht, dass ich sie noch einmal brauche", entgegnete ich in dem Versuch, die Sache in einen Scherz zu verwandeln. „Du darfst also gern dein Glück bei ihr versuchen, du hast meine Erlaubnis."

„Vielleicht tue ich das tatsächlich", überlegte er. „Sie ist eine beeindruckende Frau – intelligent und hübsch und noch dazu Ärztin!"

„Komm jetzt, Phil", unterbrach Marina uns ungeduldig. „Wir haben einen Termin. Die warten bestimmt schon auf uns."

„Viel Glück!", wünschte Cyril uns. „Seid ihr zum

Mittagessen zurück?"

„Keine Ahnung. Aber eines will ich dir noch sagen – das mit dieser letzten Zigarette ... Bitte lass es einfach, das ist besser so. Du hast bereits aufgehört und du hast ein Leben zu leben."

Cyril zuckte mit den Schultern. Er griff in die Tasche und zog ein Feuerzeug und eine halb leere Schachtel Zigaretten hervor. Eine Weile lang zögerte er, spielte damit, doch dann zerdrückte er die Schachtel und warf beides in den nächsten Abfalleimer.

„So ist es richtig!", lobte ich ihn.

Ich freute mich für ihn – und mein System schien sich für mich zu freuen:

Du hast für das Ausführen einer sozial bedeutungsvollen Handlung 500 Erfahrungspunkte erhalten!

Fehlende Erfahrungspunkte bis zum nächsten Level des sozialen Status: 6.720/8.000

Das Spiel schien mich zu trainieren wie einen Hund. Wann immer ich etwas Gutes tat oder mich um andere Menschen kümmerte, erhielt ich eine Belohnung. Allerdings löste der Anstieg bei den Erfahrungspunkten zu meinem großen Erstaunen diesmal keine Begeisterung in mir aus.

Wir schafften es nicht rechtzeitig zurück zum Mittagessen in die Firma. Gleich nach unserem ersten Termin mit dem Geschäftsführer einer Fertigungsfabrik für verpackte Lebensmittel (die unter anderem Pizzas herstellte – ich musste an Greg und Cyril denken) mussten wir deren Anwälten alle möglichen Informationen per E-Mail übermitteln, weil sie den Vertrag sofort perfekt machen wollten. Anschließend begaben wir uns zum nächsten interessierten Kunden auf unserer Liste. Diesmal war es eine Bäckerei.

Unser erster Vertrag wurde Marina gutgeschrieben. Das war nur fair – schließlich hatte sie das Verkaufsgespräch geführt. Ich hatte zwar keine Ahnung, wie der „universelle Infospace" dieses Ergebnis verarbeiten würde, aber ich hatte meine Systemnachricht bereits bekommen, bevor der Vertrag unterschrieben war:

Quest-Alarm: Hilf einer Studentin in Nöten. Quest abgeschlossen.
Du hast deiner Trainee-Kollegin Marina Tischenko erfolgreich dabei geholfen, von Ultrapak Ltd. hergestellte Verpackungsprodukte zu verkaufen.
Erhaltene Erfahrungspunkte: 900 Punkte
+10 % Zufriedenheit

Dein Ansehen bei Marina Tischenko hat sich verbessert!
Derzeitiges Ansehen: Freundlichkeit 25/60

Kurz nach der Mittagszeit schloss dann auch ich mein erstes Geschäft als vollwertiger Mitarbeiter von Ultrapak ab. Die Eigentümerin der Bäckerei – eine stämmige Dame mit einem scharfen Blick und auffällig lackierten Fingernägeln – hatte zunächst weitere Rabatte verlangt und darauf bestanden, erst nach Lieferung zu bezahlen. Doch angesichts meines Charismas von 15 Punkten scheiterten all ihre Versuche kläglich. Am Ende war sie so sehr aufgetaut, dass sie mich zum Abschied sogar umarmte und gegen ihren gewaltigen Busen presste.

Der Gedanke daran brachte mich zum Lächeln. Für Fettwanst hätte sich dadurch ein Traum erfüllt ... Auch Marina kam auf dem Rückweg aus dem Lachen nicht heraus.

Um ehrlich zu sein, bereitete Marinas Verhalten mir langsam Sorgen. Es war offensichtlich: Sie flirtete mit mir. Sie hakte sich beim Gehen bei mir unter, und wenn wir ein Taxi nahmen, streifte mich immer wieder „ganz zufällig" ihr Oberschenkel.

Ich will nicht lügen – ihre Annäherungsversuche schmeichelten mir. Allerdings hatte ich nicht die geringste Absicht, die Situation auszunutzen.

Gut war allerdings, dass Marina sich in meiner Gegenwart sichtlich wohlfühlte. Sie behandelte mich wie einen Gleichgestellten, sogar wie einen alten Freund.

Nach Abschluss des Vertrags mit der Bäckerei befanden wir uns am anderen Ende der Stadt, also betraten wir dort ein Café und bestellten uns das Tagesmenü. Kaum hatte ich den Teller geleert und war dabei, aufzustehen – das schien sich zu einer Regel zu entwickeln -, erhielt ich eine neue Meldung über meinen sozialen Status.

Zuerst kam die Nachricht über Aliks Quest:

Quest-Alarm: Hilf Alik, einen Job zu finden. Quest abgeschlossen!
Du hast deinem Nachbarn Romuald „Alik" Zhukov erfolgreich dabei geholfen, einen festen Job zu finden.
Erhaltene Erfahrungspunkte: 400 Punkte
+5 % Zufriedenheit

Dein Ansehen bei Romuald „Alik" Zhukov hat sich verbessert!
Derzeitiges Ansehen: Freundlichkeit 55/60

Dieser Sprung in der Zufriedenheit führte zu einem Glücks-Buff Level 1. Dazu kam noch meine ekstatische Freude darüber, ein neues Level erreicht zu haben. Diese Kombination kulminierte in einem so mächtigen Anfall von Freude, dass ich mich krümmte, weil ich auf meinen Beinen, die sich wie Gummi anfühlten, unmöglich stehen konnte.

Gratuliere! Du hast ein neues Level erreicht!
Level deines derzeitigen sozialen Status: 8
Verfügbare Eigenschaftspunkte: 1
Verfügbare Fertigkeitspunkte: 1

Mein Körper geriet völlig außer Kontrolle. In dem Versuch, das Gleichgewicht wiederzugewinnen, griff ich nach dem Tischtuch – und zog es mit mir auf den Boden, zusammen mit allem, was sich darauf befand. Ich konnte nichts dagegen machen. Meine Sicht verdunkelte sich. Ich explodierte regelrecht vor Ekstase. Ein zufälliger Beobachter musste den Eindruck gewinnen, ich würde einen epileptischen Anfall erleiden.

Diesmal hielt das Vergnügen länger an als das letzte Mal. Ich kam mir vor, als müsste ich die Frage stellen: „Wo zum Teufel bin ich?"

Als ich endlich wieder vollständig bei Sinnen war, schwebte über mir Marinas besorgtes Gesicht. „Phil? Was ist mit dir? Jemand sollte einen Krankenwagen rufen!", wiederholte sie mehrfach laut.

„Ich brauche keinen Krankenwagen." Mühsam rappelte ich mich auf. „Ich bin völlig in Ordnung."

Damit hatte ich nicht gelogen. Es ging mir besser als je zuvor.

„Sind Sie in Ordnung?", fragte eine Frau, anscheinend die Besitzerin des Cafés.

„Ja, danke. Es tut mir leid, dass ich ein solches Durcheinander verursacht habe. Ich bezahle natürlich für die zerbrochenen Teller."

„Machen Sie sich darüber mal keine Gedanken", erwiderte sie. „Erholen Sie sich erst einmal. Sind Sie sicher, dass Sie keinen Arzt brauchen?"

„Doch, vielleicht sollte ich besser einen Arzt aufsuchen", nickte ich. „Danke."

Ich bezahlte die Rechnung und gab ein großzügiges Trinkgeld, dann nahm ich Marinas Hand und wir verließen das Lokal.

Draußen zündete sie sich eine Zigarette an. Ihre Hände zitterten. „Phil, ich glaube, du musst wirklich zum Arzt gehen."

„Ich bin in Ordnung, mach dir keine Sorgen." Ich zermarterte mir das Gehirn nach einer glaubhaften Erklärung. Wenn ich sie belügen musste, um sie zu beruhigen – nun, dann würde ich eben genau das tun. „Ich leide an einer sehr seltenen Krankheit des Gehirns. Es ist nicht lebensbedrohend, aber gelegentlich verursacht es Anfälle wie den gerade eben. Jetzt weißt du auch, warum ich kein Auto fahre."

Sie schüttelte sich, als ob sie sich mich gerade hinter dem Steuer eines Wagens vorstellte. „Natürlich."

Am Ende des Arbeitstags schafften wir es endlich zurück ins Büro. Dort ließen wir die Verträge für unsere neuen Kunden unterschreiben und schickten sie ab. Greg und Cyril waren noch nicht eingetroffen. Ich schlug Marina vor, ein paar weitere Namen auf unserer Liste potenzieller Neukunden anzurufen, während wir auf die beiden warteten.

„Rede gar nicht erst lange", schärfte ich ihr ein. „Sag ihnen einfach, du bist ein Vertreter von Ultrapak und kannst ihnen ihr Verpackungsmaterial um 30 % günstiger anbieten als den Preis, den sie momentan dafür bezahlen."

Sie salutierte. „Jawohl, Chef!" Dann griff sie zum Telefon.

Ich hörte ihr zu und nutzte die Pause zwischen zwei Gesprächen, um ihr ein paar Ratschläge zu geben und sie zu loben.

So fand Dennis uns.

„Ich sehe, du scheinst dich hier bereits sehr wohlzufühlen", sagte er zu mir. „Meinst du nicht, es ist ein bisschen früh, den Chef zu spielen?"

„Ja, ich fühle mich sehr wohl, danke", entgegnete ich. „Aber ich spiele überhaupt nichts. Hast du etwas dagegen?"

„Nein, natürlich nicht." Er zeigte uns ein sarkastisches Grinsen, entblößte dabei seine Zähne und sogar sein Zahnfleisch. Es gefiel mir überhaupt nicht. „Die Gerüchte behaupten allerdings etwas anderes."

„Phil, lass es einfach", drängte Marina. „Er ist es nicht wert. Der Typ ist ein totaler Volltrottel."

„Was für ein großes Wort von einem so kleinen Mädchen", amüsierte sich Dennis lautstark. Langsam wurden die Kollegen im Raum auf uns aufmerksam.

„Lass sie in Ruhe!", verlangte ich. „Ich gebe einen Scheißdreck auf Gerüchte. Verpiss dich einfach, okay?"

„Oh, ich gehe schon – gleich", erklärte er mit dem gleichen fiesen Grinsen.

Dem Schweigen im gesamten Raum zufolge hatten alle anderen die Arbeit jetzt eingestellt und beobachteten uns.

„Nur eine Frage noch", fuhr Dennis fort. „Hat diese Schlampe schon die Beine für dich breit gemacht?"

„Und was, wenn ja?", meldete sich Marina zu Wort. Was ihm sofort das Grinsen aus dem Gesicht wischte. „Bist du etwa eifersüchtig, oder was?"

Dennis war bleich geworden. „Habt ihr das gehört?", zischte er und wandte sich zu den anderen um. „Ich werde die beiden und ihr unprofessionelles Verhalten melden! Ihr seid alle meine Zeugen!"

Ich sprang auf die Füße, fest entschlossen, ihn zum Schweigen zu bringen. An meiner Selbstkontrolle musste ich wirklich noch arbeiten ...

„Phil, nicht!", durchbrach plötzlich Vickys Stimme die Totenstille im Raum.

Noch immer bebend vor Zorn, schwang ich herum und suchte nach ihr, doch eine neue Systemmitteilung verdeckte meine Sicht:

Dein Ansehen bei Victoria „Vicky" Koval hat sich verringert!

Derzeitiges Ansehen: Abneigung 15/30

„Was bitte ist denn hier los?", blaffte Pavel.

Ich hörte ein paar zusammenhanglose Erklärungen der Situation von den Kollegen.

„Aha", bemerkte Pavel. „Ihr drei, in mein Büro. *Sofort!*"

Als ich endlich die Systemmeldung geschlossen hatte, war Vicky längst verschwunden.

KAPITEL 23

JETZT FäNGT DAS SPIEL ERST RICHTIG AN!

*„Komm schon, sei ehrlich! An irgendeinem Punkt
unseres Lebens wollen wir alle ein Superheld sein."*

Dave Lizewski, *Kickass*

OBWOHL ER NUR ein Jahr jünger war als ich, war Pavel
nicht umsonst der kaufmännische Leiter von Ultrapak.
Sein sozialer Status befand sich auf Level 18, im
Vergleich zu meinen 8, und sein Charisma war
entsprechend. Das erklärte wahrscheinlich, warum es
ihn nicht viel Zeit kostete, diesem lächerlichen Streit
auf den Grund zu gehen.

„So", sagte er, „beginnen wir mit Dennis. Er ist
schließlich schon eine Weile bei uns. Also, Dennis –
schildere mir doch bitte, was gerade vor sich gegangen
ist!"

Das mochte eine höfliche Aufforderung gewesen
sein, aber es klang eher wie ein Befehl.

Pavel klappte sein Laptop zu, damit wir nicht sehen
konnten, woran er gerade arbeitete. Er lehnte sich in

seinem Stuhl zurück und legte seine Füße in perfekt polierten Schuhen auf den Schreibtisch aus lasiertem Hartholz.

Der Schreibtisch war ein deutlicher Hinweis auf Pavels penible Natur. Alles darauf befand sich in perfekter Ordnung. Alle Unterlagen waren in perfekt ausgerichteten Stapeln sortiert, anscheinend geordnet nach Wichtigkeit und Priorität. Ein sehr teurer, bunter Globus war mit vielen kleinen, roten Fahnen bestückt. Das waren wohl die Orte, die er bereits besucht hatte. Und zwar bestimmt nicht im Rahmen von Geschäftsreisen. Zumindest bezweifelte ich, dass Ultrapak über geschäftliche Verbindungen zu Argentinien oder Neuseeland verfügte.

„Ähm …" Dennis räusperte sich und ließ sich Zeit. „Erlauben Sie mir, beim Anfang zu beginnen. Wir haben Marina als Vertriebs-Trainee einge…"

„Mach es kurz", fiel Pavel ihm ins Wort. „Was ist da draußen passiert und was genau wirfst du den beiden vor?"

Dennis' Angstlevel stieg. Das war auch ohne seine Statistiken zu betrachten offensichtlich, denn seine Ohren färbten sich feuerrot.

„Ich wollte Sie nur über deren professionelles Fehlverhalten informieren", erklärte Dennis mit einem piepsenden Ausrutscher seiner Stimme am Ende.

„Und was genau wirfst du den beiden vor?", wiederholte Pavel betont.

„Sexuelles Fehlverhalten! Das kann einfach nicht geduldet werden! Wir haben alle die Firmenregeln unterschrieben und darin steht es schwarz auf weiß. Aber diese beiden haben es miteinander getrieben!"

Marina lachte unkontrolliert. „Sexuelles Fehlverhalten kann nicht geduldet werden … Aus deinem Mund ist das reichlich absurd, findest du nicht auch? Was für ein Heuchler du bist! Wenn ich nur daran denke, dass …"

„Ruhe!", explodierte Pavel.

„Tut mir leid." Marina legte die Hand vor den Mund. „Es ist nur … Das war ja der Grund, warum ich darum gebeten habe, statt mit Dennis mit Phil zusammenarbeiten zu dürfen. Dieser perverse Typ war hinter mir her als wäre ich eine läufige Hündin. Er hat mir sogar damit gedroht, ich würde die Probezeit nicht überstehen, wenn ich mich nicht auf seine Anmache einlasse!"

„Bitte befleißige dich einer anständigen Sprache", rügte Pavel sie. „Du bist hier nicht an der Uni."

„Tut mir leid", sagte sie erneut. „Aber seine sogenannten Vorwürfe sind so lächerlich, dass …"

„Danke, Marina. Herr Panfilov?" Mit verengten Augen betrachtete Pavel mich.

Sein geringer Interessewert zeigte mir, dass er längst zu einer Entscheidung gekommen war. Aber er war verpflichtet, alle Beteiligten anzuhören.

„Wir haben den ganzen Tag neue Kunden besucht", berichtete ich. „Zurück im Büro haben wir dann weitere Kunden angerufen. Marina hat die Anrufe übernommen, und ich habe ihr Tipps gegeben. Dann kam Dennis und wollte wissen, ob wir etwas miteinander hätten. Ich wiederhole erneut, dass wir absolut *nichts* miteinander haben. Es wäre gar nicht möglich. Nicht wegen der Firmenregeln, sondern aus einem anderen Grund, den ich lieber nicht offenlegen möchte."

Ich erhaschte einen Blick auf Marinas Laune, die bei meinen Worten in den Keller gesackt war. Ob sie wirklich etwas von mir wollte? Das war überhaupt nicht gut und kam zur absolut unpassenden Zeit.

„Danke", sagte Pavel ruhig. „Ihr beide könnt gehen. Mit Dennis werde ich mich allerdings noch ein wenig unterhalten. Ist mit dir alles in Ordnung, Dennis? Du siehst so blass aus."

„Nein, danke, mir geht es gut", krächzte er.

Marina und ich begaben uns zur Tür.

„Übrigens, meine Glückwünsche zu den ersten Abschlüssen!", rief Pavel uns nach.

„Danke", erwiderten wir wie aus einem Mund. Dann verließen wir den Raum und konnten beide ein breites Grinsen nicht unterdrücken.

Eine neue Systemmitteilung berichtete mir von meinem gesunkenen Ansehen bei Dennis. Was ja nur logisch war. Eine unangenehme Überraschung war allerdings, dass mir dafür Erfahrungspunkte abgezogen wurden.

So funktionierte das also! Meine Statistiken konnten ebenso leicht fallen wie ansteigen. Das war an sich weder gut noch schlecht. Gefahr erkannt, Gefahr gebannt – so heißt es doch so schön. Es war ja auch nur logisch – wenn ein Sportler plötzlich das Training einstellte und so viel Gewicht zulegte, dass er seine Eier nicht mehr von oben, sondern nur noch im Spiegel betrachten konnte, war eine Verschlechterung bei Durchhaltevermögen und Beweglichkeit unausweichlich. Und ich hatte das unangenehme Gefühl, dass antisoziales Verhalten meinerseits zu einem Verlust meines schwerverdienten Levels im sozialen Status führen könnte. Allerdings konnte ich darauf verzichten, das durch einen praktischen Test zu überprüfen.

Greg gesellte sich zu mir. „Hey, Phil", flüsterte er, „stimmt es, was Cyril mir gerade erzählt hat? Du feierst heute Abend deinen Bonus? Ich sehne mich wahnsinnig nach einer richtigen Mahlzeit. Für ein ordentliches Steak könnte ich glatt jemanden umbringen!"

„Du wartest jetzt erst einmal", unterbrach Cyril ihn, ebenfalls im Flüsterton. „Erst einmal will ich wissen, was los ist. Warum hat Pavel euch beide einbestellt? Ist alles in Ordnung?"

„Ja, alles bestens", beeilte sich Marina zu

versichern. Sie warf mir einen warnenden Blick zu. „Da gibt es überhaupt nichts zu erzählen."

Ich zuckte mit den Schultern. „Marina, sie werden es doch ohnehin bald erfahren. Dennis hat sich wie ein kompletter Arsch benommen. Zuerst wollte er mich provozieren, und als ihm das nicht gelungen ist, hat er behauptet, wir hätten ein Verhältnis miteinander. Und bevor du fragst – nein, das haben wir nicht. So etwas käme überhaupt nicht infrage!"

„Bist du dir da sicher?", erkundigte sich Greg ängstlich.

„Was ist denn bloß los mit dir, Mann?" Marina versetzte ihm einen Schulterstoß. „Bist du etwa eifersüchtig? Vergiss nicht, du bist verheiratet. Und deine Frau ist schwanger. Soll ich es für dich buchstabieren? S-c-h-w-a..."

„Na und?", entgegnete er, aufrichtig erstaunt. „Phil ist ebenfalls verheiratet. Seit wann ist denn das ein Hindernis?"

„Ich erkläre dir alles später", mischte sich Cyril ein, halb als Versprechen, halb als Drohung.

„Das ist doch jetzt alles ganz egal", entschied ich. „Meldet euch einfach bei der Arbeit ab und bewegt eure Ärsche zu Jared. Ihr wisst doch, wo dieses Lokal ist, oder? Ihr könnt schon mal einen Tisch erobern und etwas zu essen zu bestellen. Ich habe hier noch etwas zu erledigen. Einverstanden?"

„Klingt gut", antwortete Cyril für alle drei. „Also, machen wir uns auf den Weg."

Marina warf mir einen fragenden Blick zu.

„Ist schon in Ordnung – du kannst ebenfalls gehen", erklärte ich. „Mit Arbeit hat es nichts zu tun, es ist eine rein private Angelegenheit." Allerdings gab ich ihr mit einem Blick zu verstehen, dass ich unbedingt mit ihr reden musste.

Sie nickte. Die beiden Männer hakten sie unter und zogen sie in Richtung Ausgang.

„Oh, tut mir leid", sagte sie plötzlich und blieb stehen. „Ich fürchte, ich habe meinen Computer nicht ausgeschaltet. Geht ihr mal, ich komme nach."

„Wir warten hier auf dich", erklärte Cyril. „So lange kann das ja nicht dauern."

„Geht einfach schon vor", beharrte Marina. „Ihr könnt ja draußen auf mich warten. Ich beeile mich. Ihr könnt ja in der Zwischenzeit eine rauchen … Oh, tut mir leid, ich hatte ganz vergessen, du hast ja aufgehört."

„Nun komm schon, gehen wir!" Cyril zog seinen Trainee Greg zum Aufzug.

Marina kam zu mir und blieb erwartungsvoll vor mir stehen.

„Lass uns ins Treppenhaus gehen", drängte ich. „Wir müssen uns dringend unterhalten."

Wir begaben uns auf den Treppenabsatz, auf dem es nach altem Zigarettenrauch roch. Die Tür schloss sich automatisch hinter uns und öffnete sich nur mithilfe unserer Magnetkarten wieder.

Niemand in diesem Gebäude benutzte die Treppe jemals für den Zweck, für den sie eigentlich gedacht war, nicht einmal, wenn sie lediglich ins Stockwerk unter uns gehen mussten. Wir waren also ungestört.

Sie kramte in ihrer Handtasche und zog nacheinander zwei Schachteln Zigaretten hervor. Am Ende zündete sie sich eine schlanke Menthol-Zigarette an.

Ich wartete darauf, dass sie mich anschaute, dann begann ich mit der kleinen Ansprache, die ich im Kopf vorbereitet und geübt hatte. Ich versuchte dabei, es logisch und nicht beleidigend klingen zu lassen, was ich zu sagen hatte. „Du bist ein sehr nettes Mädchen, das weißt du, oder?"

„Oh, verschon mich!", schnaufte sie beim Ausatmen. Sie nahm einen weiteren Zug und spielte dabei mit ihrem obersten Blusenknopf. „Ich bin nicht hinter dir her oder so, falls du das denkst. Ich bin schließlich erwachsen. Ich mag dich – ja. Deshalb war ich etwas geschockt, als du so entschieden behauptet hast, zwischen uns könnte gar nichts sein. Bin ich etwa so hässlich? Oder ist es der Altersunterschied, der dich abhält?"

„Oh, bitte – du musst nicht nach Komplimenten fischen. Du weißt sehr gut, wie attraktiv du bist. Und was den Altersunterschied betrifft – nun, ich fühle mich, um ehrlich zu sein, durch deine Aufmerksamkeit geschmeichelt. Aber erstens bin ich noch immer verheiratet ..."

„Du lässt dich doch gerade scheiden, oder etwa nicht? Jedenfalls sagen das alle."

„Nein, momentan noch nicht. Wir haben noch nicht einmal die Scheidung eingereicht. Das ist die eine Sache. Und die andere ..." Ich stockte, da ich mir nicht sicher war, ob es besonders klug war, ehrlich zu ihr zu sein.

„Und die andere?" Mit nervösen Fingern klopfte sie die Asche ab. Die Zigarette zerbrach in zwei Teile.

„Es ist so ... Ich habe bereits eine Freundin", erklärte ich, ohne mich mit Details aufzuhalten. „Und ich glaube, ich liebe sie."

„Du *glaubst*, dass du sie liebst – oder du liebst sie?", wollte sie wissen.

Keines meiner Argumente schien sie überzeugt zu haben. Wahrscheinlich hielt sie mich für jemanden, der Dinge unnötig verkomplizierte.

Ich verlor die Geduld. „Würdest du das bitte lassen, Marina? Du bist nicht mein Psychiater."

Dieser verdammte Nikotinentzug verpasste mir noch immer hin und wieder spontane Wutanfälle. Ich konnte es kaum erwarten, bis die zwei Wochen endlich vorbei waren.

Mühsam gewann ich meine Beherrschung zurück. „Um ehrlich zu sein, ich weiß es nicht."

„Na gut. Lass uns zu den anderen gehen." Sie drückte die Zigarette aus. „Halt, warte. Eine Frage habe ich noch. Kenne ich sie?"

„Du kennst sie auf jeden Fall. Du kannst mich sogar gleich begleiten und versuchen, die Sache wieder in Ordnung zu bringen. Sie hat nämlich gehört, was du zu Dennis gesagt hast."

„Vicky!", rief sie aus. „Natürlich! Ich hätte es wissen müssen! Deshalb hast du mich neulich im Taxi zuerst nach Hause gebracht. Ihr beiden hatte etwas vor … ihr wolltet …" Ihr Mund verzog sich und sie begann wie ein Kind zu weinen.

Eigentlich *war* sie ja auch noch ein Kind. Ich versuchte, den Drang zu unterdrücken, sie tröstend in den Arm zu nehmen, doch es gelang mir nicht.

Schluchzend klammerte sie sich an mich. Aus ihren langen, kastanienbraunen Haaren, die sie sich hinter die Ohren gestrichen hatte, stieg der blumige Duft eines billigen Shampoos auf. Beruhigend streichelte ich ihr über die Strähnen und lauschte dabei angespannt auf Schritte vor der Tür, bereit, Marina jeden Augenblick von mir zu stoßen. Befänden wir uns in einer Soap Opera, käme in diesem Augenblick garantiert Vicky vorbei und würde Zeugin dieser Szene, die sie völlig missverstehen musste. Ausgeschlossen war das nicht, das gesamte Büro nutzte diesen Ort als Raucherecke.

Aber ich hatte Glück. Und das mysteriöse Spiel schien mit meinem Verhalten zufrieden zu sein. Anstelle von Vicky tauchte eine Systemmitteilung auf:

Du hast für die Erfüllung einer sozial bedeutungsvollen Handlung 100 Erfahrungspunkte erhalten!

Fehlende Erfahrungspunkte bis zum nächsten Level des sozialen Status: 100/9.000

Genaugenommen waren es 120 Erfahrungspunkte, aber 20 hatte man mir für mein gesunkenes Ansehen bei Dennis abgezogen. Die Frage war nur – was bitte betrachtete das System denn nun eigentlich als sozial bedeutungsvolle Handlung? Wurden mir die Punkte gutgeschrieben, weil ich Marina tröstete – oder weil ich die Situation und ihre Gefühle für mich nicht ausgenutzt hatte?

Wahrscheinlich eher Letzteres.

„Was hat Vicky denn?", fragte Marina jetzt schniefend. „Ist sie sauer wegen der Sache, die ich gesagt habe? Ach so, ja – genau das hast du ja gerade gesagt ..." Erneut wühlte sie in ihrer Tasche und wischte sich mit einem Taschentuch hastig die verlaufene Wimperntusche von den Wangen. Ohne Make-up sah sie aus wie eine Schülerin. „Geh und hol sie. Ich warte hier auf euch. Ich werde ihr alles erklären. Was starrst du mich so an? Nun geh schon! Keine Sorge, ich werde nichts sagen, das du bedauern müsstest. Geh jetzt!"

Ich nickte. Sie meinte es offensichtlich ernst und wollte mir tatsächlich helfen.

Im Büro lief mir gleich Greg über den Weg.

„Wo bleibt ihr beiden denn?", wollte er ungeduldig wissen. „Wo ist Marina? Wir haben keine Lust mehr, zu warten."

„Himmel, Greg – hatte ich dir nicht gesagt, ihr sollt schon vorgehen? Ich habe hier noch was zu erledigen!"

„Aber wo ist Marina?"

„Wir gesellen uns später gemeinsam zu euch. Mach dir keine Sorgen, ihr ist nichts zugestoßen. Und jetzt verschwinde, ich habe noch was zu tun."

Laut stieß er die Luft aus. „Mein Magen fühlt sich an, als sei ihm die Kehle durchgeschnitten worden."

Mit diesen Worten machte er sich endlich davon.

Ich ging zu Vickys Büro und klopfte an die Tür.

„Herein", hörte ich ihre Stimme von drinnen.

Ich ging hinein und schloss die Tür. Rasch schaute ich mich um. Wir waren allein. Die unscheinbare Frau mittleren Alters, die mit Vicky das Büro teilte, war bereits gegangen.

„Hi", sagte ich.

„Hi", erwiderte sie, ohne den Blick vom Bildschirm zu nehmen. Mit rasender Geschwindigkeit rollte sie das Mausrad.

„Hör mal, Süße ..."

„Hör auf mit dem Blödsinn!"

„Okay. Ich bitte dich nur um eines – die Chance, dir alles zu erklären. Können wir uns irgendwohin verziehen?"

„Warum? Wenn du mir etwas zu sagen hast, kannst du das ebenso gut hier tun. Ich werde dir zuhören. Und dann kannst du die Tür hinter dir wieder schließen."

„Vicky ... Frau Koval, bitte!"

Ohne ein weiteres Wort schaltete sie ihren Computer aus, sammelte ihre Sachen zusammen und stand auf. „Also gut. Und wohin bitte sollen wir gehen?"

„Eigentlich wollte ich dich zu einer kleinen Feier einladen. Ich habe gerade meinen Bonus bekommen, wie du weißt. Also wollte ich mit den Jungs essen gehen, Cyril und Greg. Du kennst sie beide. Und ich möchte, dass du dich uns anschließt."

„Das klingt ja alles sehr nett", erwiderte sie kühl. „Aber ich fürchte, ich kann nicht mitkommen. Meine Tochter trifft in einer Stunde ein. Ich muss sie abholen. Viel Spaß mit deinem Bonus und der Feier."

„Soll ich dich begleiten?"

„Noch vor einer Stunde hätte ich wahrscheinlich ja gesagt. Aber jetzt nicht mehr, tut mir leid. Was bitte soll ich ihr denn erklären? ‚Das ist Onkel Phil. Wir arbeiten in der gleichen Firma und deshalb bleibt er heute über Nacht'?"

„Warum denn nicht?"

„Oh, nein! Außerdem ist sie schon ein großes

Mädchen, man kann sie nicht hinters Licht führen. Wolltest du darüber mit mir sprechen?"

„Nein. Können wir auf die Treppe gehen? Ich möchte eine rauchen", log ich.

Wir verließen das Büro, sie schloss ab, und wir begaben uns in Richtung Treppenhaus.

Kaum hatte Vicky Marina entdeckt, wich sie zurück und wollte umkehren, doch ich umfasste ihre Taille und stellte mich vor die Tür, versperrte ihr den Weg. „Du hast versprochen, mir zuzuhören."

Sie seufzte und zündete sich eine Zigarette an. „Ich höre."

„Frau Koval, das war nicht das, wofür Sie es halten!", platzte Marina heraus.

„Okay. Es war nicht das, wofür ich es halte. Sonst noch etwas?"

„Frau Koval ... Vicky ... Vicky, bitte hören Sie mir zu." Marina war eine kluge, junge Frau. Sie hatte genau den richtigen Ton getroffen. „Sie wissen vielleicht, dass man mich für die Probezeit mit Dennis zusammengesteckt hat. Sie kennen ihn, oder?"

„Ich kenne jeden, der hier arbeitet. Und weiter?"

„Er hat mich von der ersten Minute an nicht in Ruhe gelassen ..."

Marina schilderte Vicky Dennis' sexuelle Belästigung ganz sachlich. Sie erklärte, wie ich ihr geholfen hätte, indem ich ihre Ausbildung und die Aufsicht über ihre ersten Kundengespräche übernommen hätte.

Vicky rauchte und hörte zu, die Arme verschränkt. Ihre Körpersprache verriet ihre defensive Haltung. Ihr Interesse an der Geschichte schwankte, blieb jedoch konstant unter 50 %. Was bedeutete, sie hatte mich bereits von der Liste ihrer engen Freunde gestrichen. Allerdings schwebte ihre Laune noch gerade so über 0. Es war also noch nicht alles verloren.

„Den Rest haben Sie selbst gesehen", kam Marina

zum Schluss. „Es tut mir sehr leid, dass ich das gesagt habe. Ich bin einfach ausgeflippt und habe deshalb behauptet, Phil und ich hätten es miteinander getrieben – oh, tut mir leid, ich meine, wir hätten eine Beziehung. Zwischen uns ist gar nichts, das versichere ich Ihnen."

Mit angehaltenem Atem wartete ich auf die Systemmeldung, dass sich mein Ansehen bei Vicky wieder verbessert hatte. Doch nichts tat sich. Entweder glaubte sie Marina nicht, oder die Szene hatte dennoch einen schlechten Nachgeschmack bei ihr hinterlassen. Jedenfalls schien ihre Abneigung unverrückbar zu verharren.

„Ich verstehe", sagte sie. „Danke, dass Sie sich die Zeit genommen haben, mir das zu erklären. Ich an Ihrer Stelle würde die Sache dem Chef melden. Sexuelle Belästigung wird hier nicht geduldet. Allerdings weiß ich nicht, was ich mit der ganzen Sache zu tun haben soll. Ich arbeite in der Personalabteilung. Vielleicht wollten Sie sich von mir einen Rat holen. In diesem Fall hätten Sie sich allerdings einen förmlichen Termin geben lassen müssen. Für diese Geheimnistuerei besteht wirklich kein Grund."

Ich zuckte zusammen. Sie war jetzt einfach nur zickig. „Ja, dazu besteht wirklich kein Grund", wiederholte ich trocken. „Tut mir leid, dass wir Sie mit dieser unwichtigen Angelegenheit behelligt haben, Frau Koval."

„Kein Problem. Ich wünsche Ihnen einen schönen Abend." Sie öffnete die Tür mit ihrer Magnetkarte, drehte sich jedoch noch einmal um. „Übrigens, du hast Lippenstift auf deinem Hemd, Phil."

Dann ging sie, ließ Marina und mich einfach stehen.

Ich fühlte mich vollkommen ausgelaugt. Ich hatte in der Nacht nicht genug geschlafen, dank Vlad und meines Aufstehens vor fünf Uhr, und der Tag mit seinem anstrengenden Training im Studio, dem unangenehmen Gespräch mit Yanna und den ermüdenden Kundengesprächen hatte mich erschöpft. Außerdem hatte ich unter anderem ein neues Level erreicht, mich mit einem weiteren Mistkerl in Gestalt von Dennis auseinandersetzen müssen, die Beziehung zu einer Frau zerstört, die ich sehr mochte (was wirklich nicht meine Schuld war!), ich war von meinem Vorgesetzten einbestellt worden und ich hatte Marina trösten müssen.

Und der Tag war noch längst nicht zu Ende. Mir stand noch das Abendessen mit den Kollegen bevor, ich musste die erhaltenen Punkte verteilen, mir die Haare schneiden lassen (nun, das musste bis morgen warten), meine Eltern anrufen, mit Alik und Fettwanst sprechen, um zu erfahren, wie sich ihre berufliche Karriere machte, mich für einen Boxkurs anmelden und nach einer neuen Wohnung suchen.

Was Vicky betraf, wusste ich aus Erfahrung, dass sie ein wenig Freiraum brauchte, um sich zu beruhigen und über alles noch einmal gründlich nachzudenken. Es war sicher besser, sie ein paar Tage einfach in Ruhe zu lassen. Und dann … Nun, was dann war, würde sich zeigen.

Auf dem Weg zu Jared ließ ich mir das alles durch den Kopf gehen. Dass Marina neben mir ging, registrierte ich kaum. Kurz bevor wir die Bar erreicht hatten, berührte sie zaghaft meinen Ellbogen.

„Phil, ist alles in Ordnung?"

„Ja, alles bestens", antwortete ich. Ich wollte ihr nicht den Abend verderben. „Lass uns feiern!"

Allzu lange dauerte unsere Party allerdings nicht. Zuerst begossen wir meinen Bonus und Marinas ersten Abschluss. Ich bestellte einen gemischten Salat mit ein paar Krümeln Ei und Thunfisch, vergraben in Unmengen Rucola, im Gedanken an die Notwendigkeit, abzunehmen, um meine Beweglichkeit zu verbessern. An einem Bier war ich nicht vorbeigekommen, aber das eine Glas reichte mir immerhin den ganzen Abend.

Greg und Cyril allerdings machten sich um Kalorien keine Sorgen. Ihre Teller waren randvoll mit Steak und Fritten. Nachdem er sein Steak vertilgt hatte, bestellte Cyril sich noch einen Jumbo-Burger, der höher war als mein Bierglas.

Marina blieb zurückhaltend. Sie sprach kaum, warf mir jedoch viele sehnsüchtige Blicke zu, in Erwartung meiner Reaktion, irgendeiner Reaktion. Ich versuchte, nicht in ihre Richtung zu schauen.

Nach zwei Stunden lahmem Klatsch und einer schwachen Diskussion über Cyrils Gesundheit und Gregs Eheprobleme räusperte sich Cyril, knallrot im Gesicht.

„Ich brauche jetzt eine Zigarette. Warum auch nicht? Ich muss heute mit dem Rauchen aufhören, aber der heutige Tag ist ja schließlich noch nicht vorüber. Was bedeutet …“

„Was bedeutet es denn?“, erkundigte sich Greg naiv, wie üblich etwas schwer von Begriff.

Ich schüttelte den Kopf. „Bitte nicht. Aus dir spricht nur der Alkohol. Der sorgt dafür, dass du unvorsichtig wirst.“

„Na und? Wen kümmert das? Wir feiern hier schließlich!“ Er winkte einen Kellner herbei.

Der sich sofort dem Tisch näherte. „Kann ich Ihnen …?“

„Was für Sorten Zigaretten haben Sie?“, unterbrach Cyril ihn.

Der Kellner nannte ihm die verfügbaren Marken, und ich beschloss, dass es an der Zeit war, nach Hause zu gehen.

„Entschuldigen Sie“, fiel ich dem Kellner ins Wort. „Bringen Sie doch bitte jedem hier außer mir noch ein Bier und machen Sie die Rechnung fertig. Anschließend können Sie meinem Freund die Zigaretten besorgen. Tut mir leid, Cyril – ich kann dich nicht davon abhalten, dich selbst umzubringen, aber finanzieren werde ich das nicht. Ich hoffe, du verstehst das."

Der Kellner nickte und murmelte im Davongehen etwas wie: „Einen Moment, bitte."

Cyril zuckte mit den Schultern. Greg saß einfach da und starrte ins Leere. Marina versuchte noch immer, meinen Blick einzufangen und irgendetwas darin zu lesen.

„Was ist denn in dich gefahren?", erkundigte sich Cyril.

„Um ehrlich zu sein: Ich könnte auf der Stelle einschlafen und kann kaum mehr die Augen offen halten."

„Das ist ganz normal", erwiderte Cyril. „Danke für die Party. Wir bleiben noch ein bisschen. Sind es die Zigaretten, die dich zum Aufbruch drängen?"

Der Kellner brachte die Biere und die Rechnung auf einem Teller. Ich warf einen Blick auf den Betrag und legte ein paar Geldscheine darauf. „Stimmt so."

Der Kellner bedankte sich und zog sich wieder zurück. Ich reichte allen die Hand. „Danke, dass ihr mir Gesellschaft geleistet habt."

„Phil?" Fragend hob Cyril die Augenbrauen. „Bist du sicher, dass mit dir alles in Ordnung ist?"

„Ja, alles bestens. Ich habe auch keine Probleme mit dir, nicht im Geringsten. Ich bin nur todmüde. Marina, bleib noch ein Weilchen bei den Jungs. Sie werden sich gut um dich kümmern, da bin ich mir sicher. Wir sehen uns!"

Sie gab mir keine Antwort. Es war offensichtlich, sie war nicht sehr zufrieden mit mir. Aber so war es wirklich besser. Hätte ich ihr angeboten, sie nach Hause zu bringen, wäre sie sofort begeistert dabei gewesen, und morgen könnte ich dann niemanden mehr davon überzeugen, dass zwischen uns nichts war. Entweder verplapperte sich Greg, oder sie erfand aus reiner naiver Bosheit eine neue dumme Geschichte. Und was dumme Geschichten betraf, war auch Cyril nicht dagegen gefeit, sie zu verbreiten. Dann könnte ich die Sache mit Vicky endgültig vergessen. Ein zweites Mal würde sie mir auf jeden Fall nicht vergeben.

Es dauerte nicht lange, bis ich endlich zu Hause war. Um diese Zeit waren die Straßen leer.

Kaum hatte ich die Tür geöffnet, raste Richie auch schon an mir vorbei und in den Aufzug. Nun gut – er war mein Freund und meine Verantwortung. Ich schloss die Tür wieder ab und folgte ihm.

Auf dem Spaziergang öffnete ich das Interface. Ich musste entscheiden, was ich mit meinen neu gewonnenen Punkten anfangen wollte. Den einen musste ich in Glück investieren, das war mehr oder weniger klar. Aber was stellte ich mit dem Punkt für die Fertigkeiten an? Wo war der am besten aufgehoben?

Ach, egal. Das konnte warten.

Aber nur für alle Fälle setzte ich mich auf eine Parkbank, die noch nass vom Regen war, und wies den einen Punkt meinem Glück zu.

Warnung! Es wurde eine ungewöhnliche Erhöhung deiner Eigenschaft Glück um 1 (einen) Punkt festgestellt.

Dein Gehirn wird nun entsprechend des neuen Wertes (8) umstrukturiert, um deinem derzeitigen Level der Entscheidungsfindung zu entsprechen.

Die Welt hörte für einen Moment auf, sich zu drehen – ehe alles wieder normal war. Inzwischen kannte ich dieses Phänomen ja bereits.

So, offensichtlich hatte ich nun mehr Glück. Das war allerdings nur schwer zu glauben, wenn ich an mein Pech dachte, das mich den Tag über begleitet hatte. Was hatte bloß Vicky genau in dem Augenblick in den Raum geführt, als Marina ihre profane Lügengeschichte erzählte, um Dennis den Mund zu stopfen?

Ich öffnete die Registerkarte mit meinen Eigenschaften. Das sah alles schon viel besser aus. Es war noch immer nichts, womit ich angeben konnte, aber wenigstens war ein gewisser Fortschritt zu erkennen.

Philip „Phil" Panfilov
Alter: 32
Derzeitiger Status: Handelsvertreter
Level des sozialen Status: 9
Klassen: Buchleser und Empath
Verheiratet
Ehefrau: Yannina „Yanna" Orlova
Kinder: keine

Haupteigenschaften:
Stärke: 8
Beweglichkeit: 4
Intelligenz: 18
Durchhaltevermögen: 5
Wahrnehmung: 7
Charisma: 13 (+3 Bonus von normaler Geschäftskleidung)
Glück: 9

Ein *Buchleser*? Und ein *Empath*? Ich öffnete die Liste meiner Fertigkeiten.

Tatsächlich – diese beiden Fertigkeiten standen ganz oben auf der Liste, beide mit 6 Punkten, die Lesefertigkeiten und die Empathie. Ich kicherte. Mir stand das Bild vor Augen, wie ich über einem rührseligen Liebesroman in Tränen ausbrach.

Aber es hätte wirklich schlimmer kommen können – ebenso gut könnte das System mich als paranoiden

Lemming einstufen.

Ich versuchte, den verfügbaren Punkt erneut meinen Lernfähigkeiten zuzuweisen, doch das schlug fehl.

Tut uns leid. Du hast versucht, einen Systempunkt einer Fertigkeit zuzuweisen, die sich gerade in der Optimierung befindet. Derzeitiger Fortschritt: 3 %.

Nur um zu sehen, ob es funktionieren würde, probierte ich es als Nächstes mit der Erkenntnis. Was eine weitere Meldung auslöste:

Tut uns leid. Eine Systemfertigkeit kannst du nicht verbessern.

Ich versuchte es wieder und wieder, „klickte" mit meinem Blick auf das Symbol für die Erkenntnis. Jedes Mal erhielt ich dieselbe Mitteilung, bis das System schließlich die Geduld mit mir verlor.

Wie oft müssen wir es dir noch sagen? Du kannst keinen Systempunkt in eine Systemfertigkeit investieren!

Der Schriftsteller in mir zuckte zurück. Die verwendeten doch glatt das Wort „System" zweimal in einem einzigen kurzen Satz! Was für Schmierfinken hatten denn diese Texte geschrieben?

Wie auch immer – meine Lebenskraft war bereits unter 20 % gesackt. Ich brauchte dringend Schlaf. Richie allerdings ließ sich Zeit.

„Nun komm schon, Richie – beeil dich, um Himmelswillen!", murmelte ich, unterbrochen von einem Gähnen, das mir beinahe die Kiefer ausrenkte.

Es war bestimmt keine gute Idee, in diesem übermüdeten Zustand Entscheidungen zu treffen. Ich beschloss, stattdessen die Liste meiner Fertigkeiten zu überprüfen. Ich scrollte, bis ich auf die Fertigkeit „Joggen" stieß. Die noch immer auf Level 1 verharrte.

Wie konnte denn das sein? Angesichts meines Statistikverstärkers und all der Boni hätte das doch schon längst Level 2 sein müssen, wenn nicht sogar Level 3. Irgendetwas stimmte hier absolut nicht. Vielleicht war meine Lauftechnik nicht gut genug? Ich vermerkte in meinem Hirn, dass ich dringend empfohlene Techniken nachschlagen musste, sobald ich wieder bei klarem Verstand war.

Ganz unten auf der Liste entdeckte ich – was für eine Überraschung! – eine neue Systemfertigkeit, allerdings ausgegraut und inaktiv.

Ich rief Martha auf und bat sie, ihre alte menschliche Form wieder anzunehmen. Aus rein ästhetischen Gründen, versteht sich. „Ist es möglich, eine separate Liste für die Systemfertigkeiten anzulegen, bitte, bitte? Ich habe gerade rein zufällig eine neue Systemfertigkeit gefunden, von der ich überhaupt nichts wusste."

„Natürlich – schon erledigt. Ich rate dir, die Einstellungen manuell zu ändern, damit du jedes Mal eine Mitteilung erhältst, wenn eine neue Systemfertigkeit hinzugefügt wird. Momentan werden die nur am Rand deines Sichtfelds dargestellt. Und wie läuft es sonst so, insgesamt betrachtet?"

„Prima!" Ich grinste ihre alte, Kaugummi kauende Verkörperung an. „Musst du das wirklich fragen? Du sitzt doch sowieso rund um die Uhr in meinem Kopf."

„Aber, Phil! Du verwechselst mich noch immer mit dem Programm selbst. Ich bin *nicht* das Programm in deinem Kopf, ich bin nur dein virtueller Assistent. In meinem Datenspeicher befinden sich lediglich die Protokolle unserer Treffen und Unterhaltungen, ebenso wie deine Anfragen. Ich dachte, du hättest den Hund längst seinem Frauchen zurückgegeben?"

„Bisher noch nicht, wie du ja sehen kannst. Richie, jetzt reißt mir aber der Geduldsfaden! Du hattest nun wirklich genug Zeit, dein Geschäft zu erledigen!"

Richie, der auf dem Rasen im Kreis gelaufen war, auf der Suche nach einem geheimnisvollen Ort – der Himmel wusste, welcher Art –, an dem er endlich zur Sache kommen konnte, blieb stehen. Er setzte sich, legte den Kopf schief und sah mich fragend an.

Ich warf einen wütenden Blick auf meine Armbanduhr. Meine Schlafenszeit war längst überschritten. „Wie auch immer. Danke, Martha."

Erneut öffnete ich das Fenster mit meinen Fertigkeiten. Jetzt konnte ich dort zwei Registerkarten sehen: eine für meine Hauptfertigkeiten und die andere für die Systemfertigkeiten. Letztere zeigte nur drei Fertigkeiten. Zwei davon waren Erkenntnis II und Optimierung I.

Aber was bitte war das denn? Ich verengte die Augen und konzentrierte mich auf den dritten Punkt.

Heldenmut

Irgendwo in den Tiefen meines Unterbewusstseins rührten sich meine alten Erinnerungen an *World of Warcraft*.

Wie bitte, einfach so? Heldenmut? Würde er meine Haupteigenschaften verbessern?

Ich betrachtete die Beschreibung der Fertigkeit.

Oh nein, es war sogar noch besser, als ich vermutet hatte. Es war geradezu überirdisch geil!

Neue freigeschaltete Systemfertigkeit verfügbar: Heldenmut
Fertigkeitsart: Passiv

Ermöglicht dem Benutzer das Freischalten seiner heldenmutigen Fähigkeiten

Verfügbare Fertigkeitspunkte: 1

Annehmen/Ablehnen

Auf einen Schlag verschwand meine Schläfrigkeit, als ob ein Oger sie mit seiner Pranke beiseite gefegt hätte. Oh, ja, bitte!!! *Annehmen!*

KAPITEL 24

DER HELD

„Niemand auf der Welt bekommt, was er sich wünscht. Und das ist wunderbar."

Ernest Cline, *Ready Player One*

NEIN, ICH ERWACHTE nicht als Superheld. Nicht einmal als normaler Held. Aber anders als am Tag zuvor sprang ich wenigstens ohne zu zögern sofort aus dem Bett, als ich erkannte, dass ich wach war.

Heute war nämlich der Tag, an dem ich ein Held werden konnte.

Woher ich das wusste?

Ganz einfach. Am Abend zuvor hatte ich kaum auf *Annehmen* geklickt, als das System mir auch schon Zugang zur vollständigen Beschreibung der Fertigkeit gewährt hate:

Du hast eine neue Fertigkeit aktiviert: Heldenmut
Fertigkeitsart: Passiv
Ermöglicht dem Benutzer das Freischalten seiner heldenmutigen Fähigkeiten.
Es existieren zehn Fähigkeiten, die die Menschheit ihren wertvollsten Exemplaren verleihen kann. All diese

Fähigkeiten wurden während des finsteren Zeitalters (also des Zeitraums vor der Entdeckung des universellen Infospace) als Mythos betrachtet. Ihre Träger wurden als „Superhelden" bezeichnet, deren Namen ausschließlich in Lieder und Legenden gehört wurden.

Der Fortschritt der Menschheit hat diese Erfolge in Realität verwandelt.

Allerdings erfordert das Gesetz des Ausgleichs, dass der Staatenbund der empfindungsfähigen Rassen diese heldenmütigen Fähigkeiten lediglich einer begrenzten Anzahl an menschlichen Wesen gewähren kann. Es handelt sich dabei um diejenigen mit dem höchsten sozialen Status. Jeder von ihnen empfängt den Ehrentitel eines Helden.

Warnung! Die Einschränkungen und Anforderungen für das Freischalten der heldenmütigen Fähigkeiten werden auf der Grundlage des individuellen Einzelfalls festgelegt. Dabei werden die durchschnittlichen Level des sozialen Status in jedem speziellen Segment unserer Galaxie berücksichtigt.

Warnung! Das System kann es belohnen, wenn der Benutzer seinen Heldenmut durch herausragende Dienste an der Menschheit erfolgreich verbessert und ein höheres Level erreicht. Auf ähnliche Weise kann ein krimineller Missbrauch des Heldenmutes dazu führen, dass dieser wieder deaktiviert wird.

Warnung! Die Anforderungen an eine Freischaltung der heldenmütigen Eigenschaften können bei einer Verbesserung des Heldenmutes und dem Erreichen eines neuen Levels ebenso variieren wie die Anzahl der Fähigkeiten, die gleichzeitig eingesetzt werden können.

Warnung! Im Einklang mit dem Gesetz zur Bekämpfung der Frühreife kann ein Benutzer jeweils nur für 20 neu erreichte Level im sozialen Status eine weitere heldenmütige Fähigkeit freischalten.

Ich rief Martha auf und vergrub mich in Recherchen über dieses Thema – ich hatte einfach zu viele Fragen. Wie von selbst erschien im Fenster meiner Fertigkeiten eine neue Registerkarte mit dem Namen *Heldenmütige Fähigkeiten*. Schon das Lesen allein versetzte mich in sehnsüchtige Trance.

Eigentlich sollte man ja denken, dass mich zu diesem Zeitpunkt nichts mehr überraschen konnte. Dennoch war ich zutiefst erschüttert. Alles, was mir zuvor zugestoßen war, konnte noch immer (zumindest in gewisser Weise) rational erklärt werden. Entweder, indem man behauptete, ich wäre einfach durchgedreht, oder indem man zu dem Schluss kam, ich wäre zufällig das Opfer einer geheimen militärischen Forschung geworden. Aber das hier …

Die Gesamtliste der Fähigkeiten eines Superhelden war in verschiedene Ebenen unterteilt. Je beeindruckender die Fähigkeit, desto höher waren die Anforderungen an den Benutzer, der sie einsetzen wollte.

Realistischerweise konnte ich bis zum Ablauf der Lizenz nur auf den Erwerb der ersten der beiden Fähigkeiten auf Ebene 1 hoffen:

Ebene 1
Name der Fähigkeit: Erkennen von Lügen
Fähigkeitsart: Passiv, heldenmütig
Erhöht beträchtlich die Fähigkeit des Benutzers, die Unaufrichtigkeit einer Person zu erkennen

Anforderungen an die Freischaltung:
- Heldenmut: Level 1+
- Sozialer Status: Level 10+
- Mitgefühl: Level 5+

- Kommunikationsfertigkeiten: Level 5+
- Wahrnehmung: Level 10+
- Charisma: Level 10+
- Glück: Level 10+
- Intelligenz: Level 20+

Ich musste also lediglich meine Wahrnehmung, mein Glück und meine Intelligenz verbessern und natürlich im sozialen Status mindestens Level 10 erreichen. Aber das war es auch schon! Dann konnte mich niemand mehr hinters Licht führen. Wenigstens nicht, solange ich über die Wetware in meinem Kopf verfügte.

Die zweite Fähigkeit war mir aus meinen Computerspielen nur allzu vertraut. Mein Schurkencharakter hatte darin immer ein wahrer Experte sein müssen. Auf einmal sehnte ich mich wahnsinnig danach, diese Fähigkeit zu erwerben:

Ebene 1
Name der Fähigkeit: Heimlichkeit und Unsichtbarkeit
Fähigkeitsart: Aktiv, heldenmütig
Ermöglicht dem Benutzer die Aktivierung des Heimlichkeits-Systemmoduls, um für alle Kreaturen in seiner Umgebung unsichtbar zu werden. Mindestdauer der Unsichtbarkeit: 15 Sekunden, je nach Geisteswerten. Kann im Kampf eingesetzt werden.

Anforderungen an die Freischaltung:
- Heldenmut: Level 1+
- Sozialer Status: Level 10+
- Stärke: Level 10+
- Beweglichkeit: Level 10+
- Wahrnehmung: Level 10+
- Durchhaltevermögen: Level 10+
- Glück: Level 10+
Abklingzeit: 1 Stunde

Heimlichkeit und Unsichtbarkeit kombiniert in einer einzigen Fähigkeit! Damit könnte ich im Kampf wahre Wunder bewirken. Verdammt! Allein schon der Gedanke, dass ich mich zwischen diesen beiden Eigenschaften entscheiden musste, verursachte mir höllische Kopfschmerzen. Es war die reinste Folter, zu wissen, dass ich sie in naher Zukunft nicht beide freischalten konnte. Entsprechend verstört war ich, nachdem ich den Rest der Liste studiert hatte ...

Ich fragte Martha, ob es normal war, dass die ersten heldenmütigen Fähigkeiten lediglich Level 10 im sozialen Status erforderten. Ihr zufolge war das absolut die Regel. Zum einen, weil unsere Gesellschaft noch nicht sehr verbesserungsorientiert war. Anders als unsere Nachfahren in der Zukunft beschäftigten wir uns eigentlich nur damit, unsere Grundbedürfnisse zu befriedigen. Wir verlangten nach gutem Essen, viel Erholung und qualitativ hochwertiger Unterhaltung. Das war der Grund, aus dem es derzeit noch nicht allzu viele Exemplare mit einem hohen sozialen Statuslevel unter uns gab. Derzeit lag das durchschnittliche Level des sozialen Status auf diesem Planeten bei knapp unter Level 9. Wodurch Level 10 zu einer Art Lackmustest wurde, der eine Person als der besseren Hälfte der Gesellschaft angehörend kennzeichnete. Im Gegensatz zu mindestens vier Milliarden seiner Mit-Erdenbewohner.

Zum zweiten schienen beide Heldenmut-Fähigkeiten der ersten Ebene lediglich Verteidigungsfunktionen zu besitzen. Was die erste Fähigkeit betraf, lag das auf der Hand. Sie erlaubte dem Benutzer, Lügen oder Unaufrichtigkeit in anderen zu erkennen, und bewahrte ihn dadurch vor Schaden – moralischem, finanziellem und physischem.

Und in Bezug auf die zweite Fähigkeit ...

„Aber, Martha, zumindest theoretisch könnte ich doch die Heimlichkeit dazu verwenden, mich in den

Tresor einer Bank zu schleichen, oder etwa nicht? Eigentlich könnte ich damit sogar jede öffentliche Funktion durchdringen. Oder im Damenumkleideraum Voyeur spielen. Ich könnte alle möglichen Arten von vertraulichen Gesprächen belauschen ..."

Ich setzte die Liste der illegalen Möglichkeiten fort, die diese Fähigkeit bot. Wahrscheinlich war das nur allzu verständlich. Jeder von uns musste doch irgendwann im Laufe seines Lebens einmal davon geträumt haben, sich unsichtbar machen zu können.

„Stopp, Phil!", fiel Martha mir ins Wort. „Wenn ich mir deine Protokolle betrachte, hast du anscheinend bereits eine ganze Reihe sozial bedeutungsvoller Handlungen ausgeführt. Also, was glaubst du – ist das Programm in der Lage, eine solche Handlung von illegalen Aktivitäten zu unterscheiden?"

„Das nehme ich an, ja."

„Genau! Nur sind diesmal die Strafen erheblich empfindlicher. Der Staatenbund der empfindungsfähigen Rassen ist in der Lage, sich vor allen internen Bedrohungen zu schützen, das darfst du mir gern glauben."

Okay, schon kapiert. Momentan konnte ich ja ohnehin nur davon träumen. Vor Ablauf der Lizenz konnte ich die Voraussetzungen dieser zweiten heldenmütigen Eigenschaft unmöglich erfüllen.

Ja, und dann war da die zweite Ebene der Superfähigkeiten. Sie verwandelte den Benutzer geradezu in einen Halbgott. Natürlich nicht auf Dauer. Trotzdem – wäre es nicht fantastisch, zum Halbgott zu werden, und wäre es auch bloß für wenige Sekunden? Natürlich nur zum richtigen Zeitpunkt ...

Ebene 2
Name der Fähigkeit: Regeneration
Fähigkeitsart: Aktiv, heldenmütig

Entfernt alle negativen Auswirkungen vom Benutzer, wie Krankheit, Verwünschung, Vergiftung, Blutung oder Strahlenbelastung. Beschleunigt die Erholung und verbessert Selbstvertrauen, Selbstkontrolle, Zufriedenheit, Lebenskraft, Laune und Willenskraft. Der Umfang der Beschleunigung hängt von den Geisteswerten des Benutzers ab.

Anforderungen an die Freischaltung:
- Heldenmut: Level 2+
- Sozialer Status: Level 20+
- Meditation: Level 5+
- Alle Haupteigenschaften: Level 20+
Abklingzeit: 1 bis 14 Tage, je nach Schwere des Schadens am Körper des Benutzers.

Genaugenommen war dies der Weg zur absoluten Gesundheit. Man musste diese Fähigkeit einfach nur jedes Mal wieder aktivieren, wenn die Abklingzeit abgelaufen war, und konnte darauf hoffen, in voll zurechnungsfähigem Zustand mindestens das reife Alter von zweihundert Jahren zu erreichen. Oder wenigstens solange zu überleben, bis die Menschheit sich selbst unsterblich machen konnte, mithilfe des Klonens von Organen oder eines Verjüngungstranks oder was auch immer.

Und wenn ich erst an die Möglichkeiten dachte, die das für alle möglichen gefährlichen Berufe bot!

Für jemanden wie mich spielte diese Fähigkeit allerdings keine Rolle. Ich würde alle Systemfertigkeiten und -fähigkeiten in etwas weniger als einem Jahr ohnehin wieder verlieren.

Mir als erfahrenem Schurken gefiel die nächste Fähigkeit auf der Liste allerdings ausgesprochen gut:

Ebene 2
Name der Fähigkeit: Sprint

Fähigkeitsart: Aktiv, heldenmütig
Fähigkeitsklasse: Kampf
Beschleunigt den Benutzer für die Dauer von 5 Sekunden durch Veränderung seines Stoffwechsels und seiner Wahrnehmung um 100 %.

Anforderungen an die Freischaltung:
- Heldenmut: Level 2+
- Sozialer Status: Level 20+
- Beweglichkeit: Level 20+
- Stärke: Level 20+
- Durchhaltevermögen: Level 20+
- Wahrnehmung: Level 20+
Abklingzeit: 30 Minuten

War das nicht gigantisch? Hier ging es nicht einfach nur darum, sich doppelt so schnell bewegen zu können, diese Fähigkeit verlieh einem auch eine veränderte Wahrnehmung der Zeit. Das ermöglichte es jedem – selbst mir mit meinen ungeschickten Hieben und der Beweglichkeit einer Schnecke –, einen Champion in gemischten Kampfsportarten im Ring zu besiegen. Okay, vielleicht nicht unbedingt einen Champion und ganz sicher nicht im Ring, angesichts der kurzen Dauer dieser Fähigkeit, aber auf jeden Fall bedeutete es eine faire Chance in jedem Straßenkampf. Unter den Umständen könnte Fettwanst nie gewinnen, das stand schon mal fest.

Aber vom Kämpfen einmal ganz abgesehen, machte diese Fähigkeit den Träger zu einer wertvollen Bereicherung für jede Sportart, sogar Fußball. Ich könnte die ganze Zeit bewegungslos in der gegnerischen Hälfte auf dem Spielfeld verharren, bis genau der richtige Moment kam, dann die Fähigkeit aktivieren und das perfekte Tor schießen. Fünf Sekunden, das war lange genug, um mir einen Weg durch die in der Zeit eingefrorenen anderen Spieler zu bahnen. Und angesichts einer Abklingzeit von nur dreißig Minuten konnte ich also pro Spiel drei Tore schießen! Das war mehr, als Ronaldo und Messi von sich behaupten konnten!

Die dritte Fähigkeit der zweiten Ebene war wie geschaffen für die Klasse der Jäger:

Ebene 2
Name der Fähigkeit: Zähmen
Fähigkeitsart: Aktiv, heldenmütig
Erhöht gravierend deine Chancen, eine nicht empfindungsfähige Kreatur zu zähmen und in deinen Tiergefährten zu verwandeln. Die schrittweise Verbesserung dieser Fähigkeit erlaubt dir die Aktivierung der Fähigkeiten deines Tiergefährten und erhöht die Anzahl der Kommandos, die du diesem geben kannst. Die mögliche Anzahl der gezähmten Kreaturen hängt von deinen Geisteswerten ab.

Anforderungen an die Freischaltung:
- Heldenmut: Level 2+
- Sozialer Status: Level 20+
- Zähmen: Level 5+
- Mitgefühl: Level 5+
- Durchhaltevermögen: Level 20+
- Stärke: Level 20+
Abklingzeit: 24 Stunden

Das wäre doch großartig, eine geile Kreatur wie einen Hai, einen Löwen oder eine riesige Python zähmen zu können! Momentan hatte ich allerdings mit Richie und Boris bereits alle Hände voll zu tun, also nein, danke. In der Welt der RPGs war diese Fähigkeit erheblich nützlicher. Dort konnte man eine Schar verschiedenster Tiergefährten einsetzen, um Dungeons einzunehmen und solche Dinge. Aber welchen Sinn sollte das im wirklichen Leben haben? Nun, in einem

Zoo oder Zirkus war es vielleicht von Vorteil. Sonst fiel mir nicht viel ein.

Die Ebene 2 war, wenn auch ganz entfernt, noch machbar. Ebene 3 allerdings verlangte Statistiken, von denen ich nicht einmal hoffen durfte, sie jemals erreichen zu können. Schon die bloßen Beschreibungen der Fähigkeiten kamen mir so fantastisch vor, dass ich nicht einmal den Versuch unternahm, sie auf mich selbst angewendet vorzustellen. Ich stieß nur einen enttäuschten Seufzer nach dem anderen aus, als ich mir vage überlegte, sie zum Nutzen meiner Familie und der gesamten Welt einzusetzen.

Es war ganz merkwürdig – zu dem Zeitpunkt, als ich diese Ebene erreicht hatte, dachte ich längst nicht mehr darüber nach, wie ich persönlich von den Fähigkeiten profitieren könnte. Stattdessen überlegte ich, wie ich sie einsetzen könnte, um anderen zu helfen. Nicht falsch verstehen – ich plante keineswegs, das Verbrechen auszurotten und im gesamten Land Recht und Ordnung herzustellen. Ich wollte die Welt einfach nur ein kleines bisschen besser machen.

Das brachte mich zum Grübeln. In allen Filmen mit Superhelden gibt es immer auch den mächtigen Bösewicht, der alles daransetzt, die Anstrengungen des Superhelden zu durchkreuzen. Und wo bitte steckten die mächtigen Bösewichte in der realen Welt?

Nehmen wir doch einfach einmal an, ich wäre der neue Superman, eine fliegende Legende in langen, auf links getragenen Unterhosen, unverwundbar und allmächtig. Also begab ich mich daran, den gesamten Abschaum dieser Welt zu beseitigen, Drogenkartelle zu eliminieren, die Verstecke der Terroristen in die Luft zu jagen und die Diktatoren den Hunden zum Fraß vorzuwerfen. Ich steckte alle Kinderschänder, Mörder und korrupten Amtsträger in einen Sack, den ich auf eine einsame Insel mitten im Ozean brachte, damit sie dort ihre Hunger Games spielen könnten.

Ja, und was dann? Ich meine, mal ernsthaft – würde das jetzt irgendjemanden glücklicher machen? Nehmen wir einfach mal ganz normale Leute wie Vicky, Alik oder Fettwanst – würde das ihr Leben verbessern?

In diesem Augenblick kam mir eine Idee. Ein richtiger Geistesblitz. Ich beeilte mich, den Einfall auf meiner Aufgabenliste zu verewigen, dann vergaß ich ihn schnell wieder. Denn die Liste der Superfähigkeiten ging noch weiter. Und was ich zu sehen bekam, hätte jeden Autor von LitRPG-Büchern sofort vor Neid erblassen lassen. Wie sollte dann erst ich mich dabei fühlen, ein zweiunddreißigjähriger Nichtsnutz, der es vor kurzer Zeit noch als das höchste Glück auf Erden empfunden hätte, ein paar violette Pixel in die Finger zu bekommen?

Ebene 3
Name der Fähigkeit: Vorausschau
Fähigkeitsart: Aktiv, heldenmütig
Gestattet es dir, dich für die Dauer von 15 Sekunden in ein neues Realitätsmodell zu versetzen, um dann zum Ausgangspunkt der Aktivierung dieser Fähigkeit zurückzukehren.

Anforderungen an die Freischaltung:
- Heldenmut: Level 3+
- Sozialer Status: Level 30+
- Intuition: Level 10+
- Meditation: Level 10+
- Wahrnehmung: Level 30+
- Intelligenz: Level 30+
Abklingzeit: 24 Stunden

Was spielte es denn für eine Rolle, dass die Vorausschau lediglich für fünfzehn Sekunden möglich war? Zugegeben, man konnte diese Fähigkeit nur einmal am Tag einsetzen. Na und? Das war dennoch ein Cheat, der alle denkbaren Cheats haushoch überragte. Andere Dinge, so beeindruckend sie auch waren, wie etwa die Fähigkeit, fliegen zu können, oder Unsichtbarkeit, konnten dem nicht das Wasser reichen. Man stelle sich das einmal vor: Man könnte das exakte Ergebnis jedes Wortes und jeder Tat im Voraus erfahren! Ich musste nur an all die Dinge denken, die ich in der Vergangenheit anders gemacht hätte, wenn ich über ein solch höchst nützliches Werkzeug verfügt hätte!

Ich hatte da zum Beispiel mal diesen Freund ... Zu der Zeit waren Kasinos in Russland noch legal, was wir weidlich ausnutzten. An dem Tag hatte er einen Gewinn gemacht, während ich alles verlor, jeden Cent. Wir hatten beide ziemlich viel getrunken. Ich brannte darauf, entweder das verlorene Geld zurückzugewinnen und dann nach Hause zu gehen, oder noch mehr zu verlieren und ebenfalls nach Hause zu gehen.

Also überredete ich ihn dazu, mir alles Geld zu leihen, das er bei sich trug. Es war sein gesamtes Vermögen. Ich setzte alles auf Rot, und die Kugel landete auf der Null.

Ich schaffte es niemals, ihm das Geld zurückzuzahlen. Er erinnerte mich wieder und wieder daran, bis er mich schließlich irgendwann von seiner Freundesliste strich.

Ich wusste, ich konnte seine Freundschaft niemals zurückgewinnen. Aber wenigstens konnte ich zurückzahlen, was ich ihm schuldete. Genau das setzte ich nun auf meine Aufgabenliste.

Ein anderes Mal waren wir auf dem Rückweg von einem Angelausflug gewesen, beide betrunken. Ich war der Fahrer, jedoch nicht mehr in der Lage, mich auf die Straße zu konzentrieren, und überfuhr ein Kätzchen. Wir hielten an, um nachzuschauen.

Den Anblick, der sich uns bot, werde ich mein ganzes Leben lang nicht vergessen. Das Kätzchen öffnete und schloss einfach das Maul, ohne dass ein Laut zu hören war. Wahrscheinlich rief es nach seiner Mutter.

Am nächsten Tag brachte ich Boris mit nach Hause.

Und dann war da meine Großmutter (mütterlicherseits). Sie lebte in einer kleinen Zweizimmerwohnung. Solange ich zurückdenken konnte, hatte sie mir immer an dem Tag, an dem sie ihre Rente ausbezahlt bekam, ein kleines Geschenk gemacht. Zuerst waren es Süßigkeiten, später, als ich älter wurde, Kinderbücher und Spielzeuge. Als ich aufs Gymnasium kam, gab sie mir meistens Geld.

An einem Tag brauchte ich Geld, um ein Mädchen ins Kino auszuführen. Natürlich war das auch noch mit anderen Kosten verbunden, für einen Blumenstrauß und einen anschließenden Besuch im Café. Ich bat meine Oma um Geld. Sie sagte, sie hätte keines. Ich glaubte ihr nicht, wurde wütend und schrie sie an. In der folgenden Nacht starb sie an einem Herzanfall.

Ich hätte nicht einmal die ganzen fünfzehn Sekunden Vorausschau gebraucht, um mich anders zu verhalten. Schon fünf Sekunden hätten gereicht, um ihre zitternden Mundwinkel zu bemerken und die einzelne Träne, die ihr über die Wange lief. Ja, fünf Sekunden wären vollkommen genug gewesen, um meine Worte und Taten zu bedauern und mich selbst zu hassen. Noch immer verkrampfte sich meine Kehle jedes Mal, wenn ich daran dachte, dass ich mich nicht einmal bei ihr entschuldigt hatte. Ich hatte sie nicht zum Abschied umarmt. Oh, nein, ich hatte ihre Tränen für Show gehalten und war wütend davongerannt. Wie konnte ich nur? Oh, Gott, Phily, wie konntest du nur so etwas tun?

Phily ... Daher hatte Kira die Angewohnheit, mich so

zu nennen.

Die Erinnerungen kamen zurück, eine nach der anderen – an Gelegenheiten, als ich hätte bleiben sollen, jedoch gegangen war, als ich den Mund hätte aufmachen sollen, statt feige zu schweigen. Oder als ich mir lieber die Zunge hätte abbeißen sollen, anstatt das zu sagen, was ich von mir gegeben hatte. Ich musste an all die Situationen denken, in denen ich meinem Drang nach sofortiger Befriedigung nachgegeben hatte, nur, um es anschließend sofort zu bereuen. Und an all die anderen Momente, in denen ich meinen Impulsen hätte folgen sollen, anstatt mein Zögern bis zum heutigen Tag zu bedauern.

Es stimmte schon, nicht immer hätte eine solche Fähigkeit zur Vorausschau mir geholfen. Aber ein paar Ungerechtigkeiten hätte ich dadurch doch in Ordnung bringen können.

Mitfühlend beobachtete Martha meine Selbstgeißelung. Richie jaulte verwirrt. Immerhin, es brachte mir eine gewisse Erleichterung.

Eine neue Systemmitteilung erschien:

Gratuliere! Dein Geist hat sich verbessert!
+100 % Geist
Für die erfolgreiche Verbesserung einer sekundären Eigenschaft erhältst du 1.000 Erfahrungspunkte!

An diesem Punkt beendete ich den Spaziergang mit Richie, ging nach Hause zurück und studierte weiter die Liste, gähnte dabei unablässig und hatte wirklich Mühe, die Augen offenzuhalten.

Ebene 3
Name der Fähigkeit: Berserker
Fähigkeitsart: Aktiv, heldenmütig
Verdreifacht *für die Dauer von 15 Sekunden all deine Haupteigenschaften.*

Anforderungen an die Freischaltung:
- Heldenmut: Level 3+
- Sozialer Status: Level 30+
- Alle Haupteigenschaften: Level 25+
- Geist: 300 %+
Abklingzeit: 24 Stunden

Für die Dauer von 15 Sekunden wurde der User hier also nicht nur zu einer Art Halbgott, sondern er wurde in den vollen Gottesmodus versetzt. In diesem Zustand konnte man in jedem Sport alle Rekorde brechen oder für wissenschaftliche Durchbrüche sorgen, zum Champion in nahezu allem werden. Ich hatte natürlich keine Ahnung, was genau passieren würde, wenn man Glück, Wahrnehmung oder Charisma verdreifachte, aber ein schlechtes Ergebnis konnte es auf jeden Fall nicht sein, das stand schon mal fest.

Aus der Betonung des ersten Wortes – **„verdreifacht"** – durch den Fettdruck schloss ich, dass sich die Vervielfachung auf höheren Leveln wahrscheinlich noch steigern konnte. Womöglich bedeutete das auch eine längere Dauer dieses Zustands.

Aus reiner Neugier befragte ich Martha, die meine Vermutungen bestätigte.

Und die nächste Fähigkeit auf der Liste ... Tja, also die konnte jeden zum nächsten Präsidenten von irgendetwas machen. Wie zum Beispiel zum Präsidenten des Planeten Erde. Sie verwandelte den Benutzer entweder in einen mächtigen Anführer – oder einen ebenso mächtigen Bösewicht.

Ebene 3
Name der Fähigkeit: Überzeugungskraft
Fähigkeitsart: Aktiv, heldenmütig
Diese Fähigkeit versieht den Benutzer mit einer Überzeugungskraft von 100 %. Dadurch kann er alle

Menschen für sich gewinnen, deren sozialer Status unter seinem eigenen liegt. Die Fähigkeit zur Überzeugung von Menschen mit gleichem oder höherem Level beim sozialen Status lässt entsprechend nach.

Warnung! Jeder Versuch, diese Fähigkeit für antisoziale Zwecke einzusetzen, führt zu deren dauerhafter Deaktivierung.

Anforderungen an die Freischaltung:
- *Heldenmut: Level 3+*
- *Sozialer Status: Level 30+*
- *Kommunikationsfertigkeiten: Level 20+*
- *Führung: Level 20+*
- *Öffentliche Reden: Level 20+*
- *Wahrnehmung: Level 30+*
- *Charisma: Level 30+*
- *Intelligenz: Level 30+*
Abklingzeit: 24 Stunden

Mir fielen sofort mehrere Möglichkeiten für den Einsatz dieser Fähigkeit ein. Die einfachste und dümmste davon war, ein Video von mir selbst zu drehen und es auf YouTube hochzuladen. Was ich in diesem Video von den Leuten verlangte, spielte keine Rolle. Ich konnte allen erklären, sie müssten in Zukunft nackt herumlaufen. Oder mir Spenden auf mein privates Bankkonto senden. Oder die Lieblings-Fußballmannschaft von Herrn Panikoff unterstützen, Zenith. Ich könnte von den Leuten sogar verlangen, den Löffel abzugeben, und zwar im eigentlichen wie im übertragenen Sinn.

Die Varianten waren endlos. Und selbst wenn man mein Video sperrte, musste ich einfach nur auf dem nächsten Rockkonzert erscheinen, auf die Bühne springen und das Mikro an mich reißen.

Die letzte Fertigkeit der Ebene 3 erinnerte mich an

die schützende Blase eines Paladins.

Ebene 3
Name der Fähigkeit: Unverwundbarkeit
Fähigkeitsart: Aktiv, heldenmütig
Diese Fähigkeit erzeugt vorübergehend einen Nanofilm, der den gesamten Körper des Benutzers umgibt. Dadurch wird er unempfindlich gegen alle Angriffe oder andere aggressive Handlungen. Diese Fähigkeit kann sich ohne Wissen des Benutzers bei einer Bedrohung seines Lebens oder Wohlbefindens selbst aktivieren.
Dauer: 15 Sekunden

Anforderungen an die Freischaltung:
- Heldenmut: Level 3+
- Sozialer Status: Level 30+
- Alle Haupteigenschaften: Level 25+
- Geist: 300 %+
Abklingzeit: 24 Stunden

Das war der Traum jedes Kämpfers. Was für heroische Taten man vollbringen könnte, wenn man genau wüsste, dass man unverwundbar war! Natürlich war der Nutzen im normalen Alltag begrenzt, und für einen Stubenhocker wie mich erst recht, aber ... Man stelle sich das nur einmal vor! Die Fähigkeit der Unverwundbarkeit, die sich bei Bedarf auch noch selbst aktivierte! Anschließend musste man sich um nichts mehr Sorgen machen. Man könnte trotz des weit verbreiteten Aberglaubens unter Leitern hindurchgehen, man könnte sich an Bord jedes Flugzeugs begeben, ohne sich Sorgen machen zu müssen, es könnte sein Ziel womöglich nicht erreichen, und vieles mehr.

Der letzten Ebene war keine Ziffer zugewiesen worden. Sie enthielt nur eine einzige Fähigkeit:

Name der Fähigkeit: Reload
Fähigkeitsart: Passiv, heldenmütig
Das Leben des wertvollsten Mitglieds der Gesellschaft zu retten, ist der höchste Gipfel des sozialen Schutzes. Die Fähigkeit ermöglicht dem Benutzer, die Zeit anzuhalten und die Welt in genau dem Augenblick wieder zu reloaden, in dem sein Tod ihn ereilt hat. Dies ist eine sehr besondere heldenmütige Fähigkeit. Sie erfordert den gewaltsamen Abzug des Geistes aller empfindungsfähigen Lebewesen, die sich gerade im betreffenden Segment aufhalten.

Anforderungen an die Freischaltung:
- Erreichen des Status als „Erster Held des Segments". Name des Segments: Planet Erde.
Abklingzeit: Nicht weniger als ein astronomisches Jahr, je nach Bevölkerungszahl des Segments.

Die Welt reloaden? Hatte ich das richtig gelesen? Und war ich wirklich noch bei klarem Verstand?

Auf einmal erinnerte ich mich an meinen seltsamen Traum: Kiras Tod, der dämonenhafte Khphor, die außerirdische junge Frau mit dem Namen Ilindi und Valiadis.

Meine Träume waren nie so detailreich und farbenfroh, wie es oft in Büchern beschrieben wurde. In aller Regel vergaß ich sie wieder, noch bevor ich überhaupt aufgestanden war. Was diesen Traum betraf, war es allerdings anders. Spielte da etwa das System mit mir?

Martha konnte mir auf diese Frage keine eindeutige Antwort geben. „Die Träume der Menschen sind genau das, Phil – Träume. Mit der Realität haben sie nichts zu tun. Sie entstehen aus der Defragmentierung des Gedächtnisses."

„Und was ist dann mit diesem Unfug, von wegen die

Welt reloaden?"

„Oh, das ist ganz einfach." Auf einmal wurden Marthas Augen glasig. Eine Sekunde lang verschwand ihr Avatar, erschien wieder, allerdings eingefroren, verschwand erneut.

„Sende die Anfrage an den Server", erklärte die mechanische Stimme des standardmäßigen Systemassistenten. „Bitte warten. Zeitüberschreitung der Serververbindung. Es kann keine Verbindung zum Server hergestellt werden."

Und das war es. Martha war verschwunden. Ich versuchte, sie erneut aufzurufen, doch das Ergebnis war immer wieder diese dumme automatisierte Stimme.

Nun, mit diesem Problem konnte ich mich später befassen. Jetzt musste ich dringend ins Bett.

Erst im Augenblick des Einschlafens wurde mir klar, dass ich meine Geistreserven ein weiteres Mal nahezu erschöpft hatte.

... Nein, ich erwachte nicht als Superman. Ich war noch immer ein ganz normaler Mensch. Aber anders als am Tag zuvor sprang ich wenigstens ohne zu zögern sofort aus dem Bett, als ich erkannte, dass ich wach war.

Heute war nämlich der Tag, an dem ich ein Held werden konnte.

Kapitel 25

Die Robbenherde

„Erzähle mir nicht, was ich nicht tun kann.“

Fernsehserie „Lost”

Dienstag, der 29. Mai 2018

ES WAR JETZT zwei Wochen her, seitdem ich zum ersten Mal diese merkwürdigen Staubflocken bemerkt hatte, die in meinem Sichtfeld schwebten. Und sich dann langsam in Form von Aliks Namen über seinem Kopf zusammengeschlossen hatten.

Am Abend dieses Tages hatte Yanna mich verlassen, und kurz darauf hatte ich mir mit meinem Endloslauf durch die Stadt mein erstes Level in Durchhaltevermögen gesichert.

Zwei Wochen waren es nur – doch es fühlte sich an wie ein halbes Jahr. In dieser kurzen Zeit war so viel passiert! Ich hatte so viele neue Leute kennengelernt! Am meisten allerdings hatte ich nicht über andere, sondern über mich selbst erfahren.

Und heute, genau zwei Wochen später, stand ich vor dem Badezimmerspiegel und betrachtete mich. Da waren keine Bartstoppeln, ich rasierte mich jetzt täglich. Meine Wangen waren nicht mehr so aufgeplustert. Unter der dahinschmelzenden Fettschicht konnte ich schon beinahe mein wahres Gesicht erkennen.

Meine Haare reichten mir inzwischen fast bis zu den Schultern. Was mich, zugegeben, ein wenig lächerlich aussehen ließ. Daher hatte ich beschlossen, diesen Tag meinen Bedürfnissen zu widmen. Nach der allmorgendlichen Besprechung mit Pavel musste ich endlich zum Friseur und mir dann eine neue Wohnung suchen.

Schrittweise hatte sich in mir die Entscheidung verfestigt, dass ich möglicherweise doch bei Ultrapak kündigen musste. Es war einfach nicht der richtige Zeitpunkt, zeitlich und kräftemäßig durch einen Vollzeitjob gebunden und eingeschränkt zu sein. Ich musste die Zeit ausnutzen, in der diese Wetware in meinem Kopf installiert war, und kein Geld der Welt, vom mickrigen Gehalt eines Handelsvertreters einmal ganz zu schweigen, war die versäumte Gelegenheit wert.

Natürlich war es andererseits verrückt, zu kündigen, nachdem ich gerade einmal drei Tage für die Firma gearbeitet hatte. Was in dieser Hinsicht mein persönlicher Rekord wäre.

Ich trank meinen Morgenkaffee und sah mir ein paar Videos über das Joggen an und prägte mir die Hinweise ein, die zu Lauf- und Atemtechnik gegeben wurden. Die Ratschläge ließen mich erkennen, dass ich jeden Fehler gemacht hatte, den man nur machen konnte. Zwei Wochen Joggen hatten mir überhaupt nichts gebracht! Nun, ich hatte mein Durchhaltevermögen ein wenig verbessert, aber ich dachte an all die Erfahrungspunkte (500 pro Level, um genau zu sein), die ich durch meine Anfängertechnik verloren hatte, die zu keiner Verbesserung führen konnte.

Nach dem Kaffee begab ich mich an meine morgendliche Routine: ein paar Aufwärmübungen, gefolgt von Joggen im Park in Gesellschaft von Richie. Diesmal überprüfte ich mehrfach das Video auf meinem Smartphone, um sicher zu sein, dass ich korrekt vorging. Die Ergebnisse ließen nicht lange auf sich warten – jetzt gewann ich für jede gelaufenen 200 Meter 1 %. Am Ende des Laufs hatte der Statusbalken bereits 94 % erreicht. Das musste allerdings auch etwas mit meiner bisherigen Lauferfahrung zu tun haben. Irgendetwas musste ich, von der falschen Technik einmal abgesehen, richtig gemacht haben. Natürlich brannte ich darauf, es im Laufen gleich auf Level 2 zu bringen, doch das war nicht möglich, ich musste schließlich zur Arbeit. Selbst was das Joggen betraf, erwies sich mein Job mehr und mehr als Problem.

Ich nahm eine Wechseldusche, erst heiß, dann kalt, und erhielt eine neue Meldung:

Deine Beweglichkeit hat sich verbessert!
+1 Beweglichkeit
Derzeitige Beweglichkeit: 5
Für die Verbesserung einer Haupteigenschaft erhaltene Erfahrungspunkte: 1.000 Punkte

Zu schade, dass ich keine Personenwaage hatte. Yanna hatte eine besessen, sie jedoch zusammen mit all ihren anderen Sachen mitgenommen. Allerdings brauchte ich keine Waage, um zu sehen, dass ich abgenommen hatte. Meine Theorie hatte sich also als zutreffend erwiesen, dass sich meine Beweglichkeit mit den verlorenen Pfunden verbesserte. Bestimmt erhöhte sie sich weiter, wenn ich noch einmal drei Kilo oder so abnahm. Allerdings reichte der Gewichtsverlust allein nicht aus, ich musste auch mit meinen Koordinations- und Gleichgewichtsübungen fortfahren.

Irgendwie hatte ich das bohrende Gefühl, das Programm wollte mich anstacheln, meinen Fortschritt zu beschleunigen, indem es mir die Liste der Superfertigkeiten gezeigt hatte. Aus irgendeinem Grund ließ mich das an Russland kurz vor dem Zweiten Weltkrieg denken. Damals hatte man alles und jeden zum Piloten oder Fallschirmspringer ausgebildet. Mir ging es ebenso wie der Führung damals – ich hatte in zwei Wochen mehr Fortschritte erzielt als zuvor in Jahren, aber es war noch lange nicht genug. Das System schien nicht sehr zufrieden mit mir zu sein.

Auf einmal hatte ich eine Erleuchtung: Ich hatte mich wie ein blutiger Anfänger verhalten und versucht, mich auf alle Aufgaben, Anforderungen und Herausforderungen gleichzeitig zu konzentrieren, und damit meine Kräfte zu weit gespannt und so zu rasch erschöpft. Ich hatte immer nur auf das reagiert, was das Leben mir vor die Nase gesetzt hatte, anstatt proaktiv und zielorientiert zu handeln.

Als Fettwanst mich angegriffen hatte, hatte ich sofort meine Boxkünste verbessern und mich bei einem Boxclub anmelden wollen. Bisher hatte ich immer noch keinen gefunden. Ebenso hatte ich sofort den Drang verspürt, meine Verkaufsfertigkeiten zu steigern, nachdem Ultrapak mich eingestellt hatte. Nach dem Bericht über das vermisste Mädchen im Fernsehen hatte ich einfach ihre Eltern anrufen müssen, weil ich den Anblick ihres trauernden Vaters nicht ertragen hatte. Ja, und nachdem der Major mir klargemacht hatte, dass die Eltern vieler anderer vermisster Kinder in derselben Lage waren, hatte ich mich beeilt, ihm die Koordinaten der Kinder zu schicken.

Im Grunde war ich immer nur irgendetwas hinterhergejagt, anstatt das zu tun, was jeder wahre Gamer tun muss: Entscheiden, welche Art von Charakter man aufbauen wollte, dann eine Strategie entwickeln und diesem Pfad konzentriert folgen, ohne sich durch jedes Häschen am Straßenrand ablenken zu lassen.

Nehmen wir beispielsweise die vermissten Kinder. Warum beschränkte ich mich auf die Liste des Majors? Hätte ich nicht schon längst zwei Datenbanken erstellen müssen, eine für die national gesuchten Verbrecher und eine andere für alle vermissten Kinder? Dann hätte ich mich durch beide hindurcharbeiten und die Ergebnisse der Polizei und den betroffenen Parteien übermitteln können. Das wäre doch nur logisch gewesen, oder?

Und wie war das mit dem Erreichen des Status als „Erster Held", der Voraussetzung für das Reloaden der Welt war? Da gab es doch bestimmt noch andere, weniger anspruchsvolle Statusmöglichkeiten. Nur, welche waren das?

Während ich Eier mit Schinken briet, rief ich Martha auf und befragte sie dazu. Zu meiner großen Erleichterung war sie wieder ganz die alte Martha. Sie trug sogar zerrissene Jeans-Shorts. Mein Geist hatte sich offensichtlich über Nacht erholt. Der einzige Unterschied war: Sie kaute nun keinen Kaugummi mehr. Stattdessen hatte sie sich eine E-Zigarette zwischen die Lippen geklemmt.

„Alle Erfolge werden vom Programm erzeugt." Sie stieß eine mächtige Dampfwolke aus, die sich auflöste, bevor sie die Zimmerdecke erreichte. „Das Gleiche gilt für die Belohnungen. Einmal ganz abgesehen von den großartigen Meisterleistungen der Tapferkeit, die jährlich vom Rat erstellt werden."

„Das ist doch verrückt!", empörte ich mich „Meisterleistungen der Tapferkeit, die von einem Rat erstellt werden? Was für eine Art totalitärer Gesellschaft ist das denn? Bist du sicher, dass das gesamte System nicht von einem Zeitreisenden aus der Ära Stalins programmiert wurde?"

„Tut mir leid, ich verstehe deine Frage nicht. Wenn du damit andeuten willst, dass unsere Struktur der der

Sowjetunion ähnelt, ist meine Antwort ein sehr entschiedenes Nein. Und um ehrlich zu sein, wäre ich dir ausgesprochen dankbar, wenn du aufhören würdest, mir Fragen zu stellen, die eine Verbindung zum Server erfordern."

Ich schickte sie schlafen und nahm mein einsames Frühstück ein. Nun, einsam, wenn man einmal von Richie und Boris absah, die begierig auf etwaige Reste hofften. Bald würde Richie wieder bei seiner Familie sein. Das erfüllte mich mit Traurigkeit. Ich musste zugeben, ich hatte mich richtig an ihn gewöhnt. Angesichts der Werte seiner Verehrung mir gegenüber beruhte das auf Gegenseitigkeit.

Merkwürdig – dafür hatte ich überhaupt keine Erfahrungspunkte erhalten. Lag es vielleicht daran, dass es den eigenen sozialen Status nicht erhöhte, wenn man sein Ansehen bei einem Haustier verbesserte?

Als ich durch die Haustür trat, sah ich Fettwanst über den Hof kommen. Ich erkannte ihn kaum wieder. Seine normalerweise so unordentlichen Haare waren glatt zurückgekämmt. Er trug Sommerhosen und ein gebügeltes, kurzärmeliges Hemd. Beibehalten hatte er nur seine Großvatersocken in den Sandalen. Ansonsten wirkte er wie das Vorzeigebild eines Mitglieds der Anonymen Alkoholiker auf dem Weg zur Wiedereingliederung in die Gesellschaft.

„Guten Morgen, mein Herr!" Er winkte und hastete in meine Richtung.

„Guten Morgen, Fe... ähm, Ruslan."

„Sie haben mich eingestellt!", strahlte er und zeigte dabei eine Zahnlücke. „Kannst du dir das vorstellen? Sie haben mich wirklich genommen!"

Er umarmte mich und klopfte mir auf den Rücken.

Quest-Alarm: In der Gosse. Quest abgeschlossen!
Du hast deinem Angreifer Ruslan „Fettwanst"

Rimsky erfolgreich dabei geholfen, einen festen Job zu finden

Erhaltene Erfahrungspunkte: 200 Punkte

Zusätzliche erhaltene Erfahrungspunkte: 300 Punkte (für die schnelle Bearbeitung)

+10 % Zufriedenheit

Dein Ansehen bei Ruslan „Fettwanst" Rimsky hat sich verbessert!

Derzeitiges Ansehen: Freundlichkeit 20/60

Oh! Nun war die Liste meiner ausstehenden Quests völlig leer.

„Ich gratuliere!", lobte ich ihn.

„Danke! Meine Frau möchte dich zum Abendessen einladen. Ich natürlich auch. Hast du Lust dazu?"

„Selbstverständlich", erwiderte ich. Eine so herzliche Einladung konnte ich unmöglich ablehnen. „Wie wäre es, wenn wir feiern, sobald du deine erste Lohnzahlung erhalten hast? Einverstanden?"

„Jawohl, mein Herr!"

„Und hör auf, mich ‚mein Herr' zu nennen", bat ich. Ich fühlte mich wirklich unbehaglich, wenn dieser Familienvater mittleren Alters mich mit einer solchen Verehrung behandelte. „Du kennst doch meinen Namen, oder? Es ist Phil."

Er sah mir in die Augen, dann lachte er zustimmend und schüttelte mir die Hand. „Also gut, Phil. Wir sehen uns!"

Er begab sich zur Bushaltestelle, und ich stieg in das Taxi, das gerade eingetroffen war. Natürlich hätte ich ebenfalls den Bus nehmen können, aber entsprechend meiner neuen Denkweise hätte ich damit am falschen Ort gespart. Zeit war ein kostbares Gut, und ich wollte und sollte sie lieber nutzen, um Geld zu verdienen.

Im Wagen las ich weiter in einem Marketing-Buch.

Das war mir inzwischen zur Gewohnheit geworden. Als mir ein paar sehr interessante Szenarien für eine Verbesserung meines Status in den Sinn kamen, unterbrach ich das Lesen kurz, um sie in der Notebook-App meines Handys festzuhalten:

Erfahrungspunkte werden für Quests, Aufgaben und sozial bedeutungsvolle Handlungen zuerkannt, ebenso wie für neue Level bei Fertigkeiten, Eigenschaften und Ansehen.

Die Erfahrungspunkte für neue Fertigkeitslevel werden unabhängig von der Fertigkeit oder deren Ausgangslevel verliehen.

Aufspüren gesuchter Verbrecher: WICHTIG!!!

Fertigkeiten mit Level 0 können schneller verbessert werden als alle anderen.

Wie sieht es mit Geld aus??? Der Gründung einer eigenen Firma???

Die Verbesserung von Fertigkeiten ... Das brachte mich zum Nachdenken. Rasch verschaffte ich mir einen Überblick über das, worüber ich momentan verfügte. Einige der Fortschrittsbalken lagen bereits bei nahezu 100 %, wie etwa die für meine Fertigkeiten in MS Word und Excel. Meine Kochfertigkeiten hatten sogar tatsächlich 99 % erreicht. Ein weiteres Frühstück mit Eiern und Schinken, und ich hatte ein neues Level erzielt.

Ähnlich gefüllt waren auch die Balken einiger anderer Fertigkeiten. Fußball, Schwimmen, Gedichte schreiben, Tischtennis, Gewichtheben, Heimwerken, Poker und Schachspielen. Wenn ich weitere jeweils ein oder zwei Stunden damit verbrachte, schaffte ich ohne weiteres das nächste Level. Das waren leicht verdiente Erfahrungspunkte!

Diese Überlegung gab den Ausschlag: Ich musste meinen neuen Job kündigen, daran führte kein Weg vorbei. Den einen Abschluss, den ich erzielt hatte, konnte ich entweder Marina oder Greg überlassen. Allerdings musste ich dringend darüber nachdenken, womit ich mehr Geld verdienen konnte. An Ideen mangelte es mir nicht. Das reichte von der Privatdetektei für vermisste Personen bis hin zur Personalvermittlungsagentur. Und dabei hatte ich ein paar ziemlich verrückte Möglichkeiten wie etwa die Teilnahme an Online-Pokerspielen oder Counter-Strike Global Offensive-Turnieren nicht einmal berücksichtigt. Beide fanden nahezu täglich statt und man konnte beeindruckende Bargeldpreise gewinnen.

Das Taxi traf vor der Firma ein, bevor ich meine Überlegungen abschließen konnte. Ich war so in Gedanken verloren, dass ich beinahe an Cyril und Greg vorbeigegangen wäre, die in der morgendlichen Kälte fröstelnd vor dem Eingang standen. Beide sahen ziemlich mitgenommen aus.

Und beide rauchten. Was mich ein wenig ärgerte. Allerdings tat ich so, als ob mich das nichts anginge.

„Hi", begrüßte ich sie.

„Hi", erwiderten sie wie aus einem – schuldbewussten – Mund.

„Wie geht's?"

Greg wedelte abwehrend mit der Hand. „Es geht überhaupt nicht."

„Ganz und gar nicht", bekräftigte Cyril.

„Warum? Was ist denn los?" Ich schaute auf die Uhr. Es waren noch fünf Minuten bis zur Besprechung.

„Wir waren gestern Abend bei seiner Frau." Mit einer Kopfbewegung deutete Cyril auf Greg. „Er wollte sich mit ihr versöhnen."

„Und? Wie ist es gelaufen?"

„Gar nicht." Greg schüttelte den Kopf. „Sie hat die Tür aufgemacht, mich gesehen und sie gleich wieder geschlossen."

Cyril kicherte. „Er war stockbesoffen."

„Und um welche Uhrzeit seid ihr dort aufgetaucht, wenn ich fragen darf?"

„Vier oder fünf Uhr früh?", überlegte Cyril. „Nachdem du gegangen warst, haben wir Marina nach Hause gebracht und beschlossen, noch in einen Club zu gehen. Da wurde Greg dann total gefühlsduselig und beschloss, er müsste seine Frau sofort und auf der Stelle sehen. Ich habe alles versucht, ihm das auszureden! Am Ende habe ich ihn begleitet, um ihn davor zu bewahren, in Schwierigkeiten zu geraten. Aber das ist doch jetzt ganz egal. Lasst uns lieber reingehen, bevor Pavel uns wieder eine Rüge verpasst, weil wir zu spät kommen."

Als wir Pavels Büro betraten, waren alle anderen schon anwesend. Alle außer Dennis, meine ich. Sein Stuhl war leer.

Ich nickte Marina zu. Sie ignorierte es und wandte hochmütig den Blick ab.

„Sind alle da? Dann lasst uns anfangen", verkündete Pavel. „Guten Morgen! Das Wichtigste zuerst – ich habe gute Nachrichten für unsere Trainees. Dennis hat das Unternehmen verlassen. Ich kann also zwei von euch behalten, sobald eure Probezeit abgelaufen ist. Cyril? Was gibt es Neues in Bezug auf den Fleischermarkt?"

Cyril erstattete Bericht, heuchelte dabei Begeisterung und unterdrückte mehrfach ein mächtiges Gähnen.

Die Entscheidung war gefallen – ich verplemperte hier nur meine Zeit. Beinahe konnte ich es physisch spüren, wie sie mir zwischen den Fingern zerrann, sich mit jedem Augenblick verringerte.

Nach der Besprechung blieb ich in Pavels Büro zurück, um ihn über meinen Entschluss zu informieren.

„Phil? Was gibt es?"

„Kann ich kurz mit Ihnen sprechen?", bat ich.

Er rieb sich die Hände. „Ich glaube, ich weiß, was du mir sagen willst. Du hast einen weiteren Überraschungs-Deal gesichert? Ein großes Geschäft? Oh, ich liebe das! Komm schon, spuck es aus!"

„Ich fürchte, ich kann nicht länger hier arbeiten", erklärte ich. „Ich kündige. Allerdings habe ich noch kein Kündigungsschreiben formuliert. Ich denke, das ist es nicht wert, schließlich habe ich nur drei Tage lang gearbeitet. Sie könnten einfach meine Bewerbung zerreißen, als ob ich niemals existiert hätte."

„Aber natürlich – und wie bitte sollen wir dann deinen Bonus verbuchen, kannst du mir das mal sagen? Welchen Namen sollen wir dafür angeben?"

„Verbuchen Sie es einfach unter Vertretungsaufwendungen. Sie sind doch der Experte."

Eine Weile lang studierte er mich kalt, als ob er versuchen wollte, herauszufinden, welches Spiel ich gerade spielte. Völlig entspannt erwiderte ich seinen Blick. Schließlich ging es mir nicht um eine Gehaltserhöhung.

Er gab als Erster auf. „Was ist der Grund? Bist du mit deinem Bonus nicht zufrieden?"

„Ich fürchte, es hat persönliche Gründe."

„Jetzt sag mir nicht, Valiadis hat dich abgeworben!"

„Bitte versuchen Sie nicht, irgendwelche Hintergedanken zu finden – es gibt keine. Ich habe keinen neuen Job. Momentan habe ich nur sehr viele familiäre Verpflichtungen, da kann ich es mir nicht leisten, jeden Tag acht Stunden zu arbeiten."

„Ist das alles?", lachte er. „Das ist doch überhaupt kein Problem! Du kannst deine Arbeitszeit so flexibel gestalten wie du willst. Soll ich das gleich mal mit dem Chef besprechen? Das Gehalt müssten wir dann natürlich verringern, aber ein Bonus ist und bleibt ein

Bonus, nicht wahr? Ich sage dir was – ich werde den Chef überreden, dir das J-Mart-Kundenkonto zuzuweisen. Dadurch bekommst du deinen monatlichen Anteil an deren Bestellungen. Was hältst du davon? Nun sag schon!"

Einen kurzen Augenblick lang zögerte ich. Sein Angebot war wirklich ausgesprochen großzügig. Aber dennoch ... nein. Wie ein kopfloses Huhn in der Stadt herumrennen, Leute treffen ... nein. Es war einfach zu zeitraubend. Ich konnte meine Zeit und Energie weitaus produktiver nutzen als auf diese Weise, das stand unverrückbar fest. Und ich hätte es nicht über mich gebracht, so zu tun, als ob ich für Ultrapak arbeitete, während ich in Wirklichkeit mit anderen Dingen befasst war. Das wäre einfach nicht richtig. Und andere brauchten diesen Job nötiger als ich. Marina zum Beispiel.

„Ene, mene, miste", murmelte ich und fuhr dabei mit dem Finger über seinen Schreibtisch, von links nach rechts. „Was rappelt in der Kiste ...?"

Überrascht zog er die Augenbrauen hoch. „Wie bitte?"

„Ich fürchte, ich kann auch das nicht annehmen", sagte ich. „Es tut mir wirklich leid."

„Bist du dir sicher?"

„Ja, das bin ich."

„Wie schade. Du warst also doch beleidigt darüber, wie ich dich am Anfang behandelt habe."

„Ich schwöre Ihnen, nein. Das mit dem Abzählreim gerade eben war nur ein Scherz." Ich stand auf und bereitete mich darauf vor, ihm ein letztes Mal die Hand zu schütteln und zu gehen.

Er erhob sich ebenfalls. „Kannst du wenigstens diese Woche noch arbeiten? Ich verspreche dir, du erhältst deinen Bonus für alle Abschlüsse, die du erzielst, sobald das Geschäft perfekt ist. Du musst auch nicht mehr zu den morgendlichen

Besprechungen kommen. Ich werde den anderen einfach sagen, dass du ... ähm ... dass du einen Arzttermin hast. Wie wäre das?"

„Und wie steht es mit meinem Umsatz für J-Mart für diesen Monat?"

Er kratzte sich am Kopf, eine unschuldige, sehr menschliche Geste, die die Sache zu seinen Gunsten entschied.

Warum schließlich auch nicht? Ich konnte sein Angebot annehmen und eine weitere Woche hier arbeiten. Das könnte mir sogar die Mittel für ein neues Laptop verschaffen.

„Oh, scheiß doch drauf!", seufzte Pavel. „Mein Karma könnte eine Stärkung gut gebrauchen. Also denn!"

Wir gaben uns die Hände auf diese Vereinbarung.

„Ich habe heute ein paar Dinge zu erledigen", erklärte ich. „Ich hoffe, das ist in Ordnung?"

Er nickte. „Du kannst dir deine Zeit vollkommen selbst einteilen."

Beim Verlassen des Büros blinkte eine neue Systemmeldung auf:

Gratuliere! Du hast ein neues Fertigkeitslevel erreicht!
Name der Fertigkeit: Beharrlichkeit
Derzeitiger Level: 3
Erhaltene Erfahrungspunkte: 500

Ich schloss die Nachricht. Das war wirklich nett von denen!

Ich eilte zu Cyril. Es gab da noch eine andere Fertigkeit, die ich verbessern musste.

„Cyril, Mann, kann ich mir für eine Stunde dein Laptop borgen?"

„Weißt du auch, worum du mich da bittest? Das ist in etwa so wie jemanden zu fragen, ob du eine Stunde mit seiner Frau im Bett verbringen kannst!"

„Ist ja schon gut! Ich verspreche dir, ich werde deine Pornoseiten-Lesezeichen nicht anrühren. Der Verlauf deiner BDSM-Abenteuer ist bei mir sicher. Ich muss nur ein Word-Dokument erstellen. Also, darf ich?"

„Was tut man nicht alles für seine Freunde!", seufzte Cyril. „Ich war kurz davor, meinen eigenen Rekord zu brechen, weißt du das? Und jetzt muss ich wieder von vorn anfangen! Aber komm, setz dich. Ich habe sowieso einen Kundentermin." Er stand auf und brüllte: „Greg, wo steckst du? Lass uns gehen, Mann!"

„Danke", sagte ich.

Cyril begab sich zum Ausgang. Ihm folgte ein sehr widerstrebender Greg wie ein lustloser Schatten. Seine Laune befand sich tief im roten Bereich. Ich konnte nur hoffen, dass er keine Dummheiten anstellte.

Ich setzte mich auf Cyrils Stuhl und öffnete ein neues Word-Dokument. Irgendjemand schniefte laut hinter meinem Rücken. Ich ignorierte es und begann zu tippen, begierig darauf, die Kurzgeschichte zu Papier zu bringen, die mir schon seit geraumer Zeit im Kopf herumging, die aufzuschreiben ich aber bisher immer versäumt hatte.

Das Schniefen hinter mir wurde lauter, klang nun geradezu drohend.

Doch für mich existierte die Welt im Augenblick nicht mehr, ich war in meine Erzählung vertieft. Die Hauptfigur der Geschichte war sehr jung und sehr eifersüchtig und unsicher, ob seine Freundin ihm treu war. Im Verlauf der Geschichte wurde ihm ein Geschenk zuteil: Die übernatürliche Fähigkeit, die Antwort auf jede Frage zu kennen. Allerdings musste er für jede Antwort mit seiner Lebenskraft bezahlen – je wichtiger die Frage, desto mehr davon verlor er.

„Hast du überhaupt ein Herz?", fragte Marina endlich.

Ich drehte mich um. „Oh, hallo!"

„Hallo selbst", brummte sie.

„Warum hast du vorhin in der Besprechung nicht mit mir geredet?"

„Warum? Hätte ich etwa mit dir reden sollen?"

„Okay." Ich zuckte mit den Schultern und wandte meine Aufmerksamkeit wieder dem Text zu. Allerdings hatte ich nicht einmal Gelegenheit, den nächsten Satz zu Ende zu bringen.

„Phil!", explodierte sie.

Ich tippte weiter. „Nun sag schon, was du auf dem Herzen hast", forderte ich sie auf, ohne mich umzudrehen.

„Was schreibst du da?"

„Eine Kurzgeschichte."

„Eine *was bitte*? Bist du völlig bescheuert? Weißt du, was passiert, wenn Pavel dich dabei erwischt?"

„Nun, solange du es nicht weiter lauthals herausposaunst, wird er mich nicht erwischen."

„Oh! Tut mir leid. Also … ich wollte mich dafür entschuldigen, dass ich auf deinen Gruß nicht reagiert habe. Ich war sauer auf dich."

„Entschuldigung angenommen. Brauchst du Hilfe?"

„Ja, bitte!" Ihre Stimme zitterte und zeigte mädchenhafte, weinerliche Ansätze. „Ich muss eine Datenbank aller Kunden erstellen, die ich bereits aufgesucht habe. Und ich habe keine Ahnung, wie ich die Tabellen anlegen soll!"

„Kein Problem, ich helfe dir. Fang einfach an, neue Kunden anzurufen. Ich beende diese Sache hier, und dann erledigen wir das gemeinsam."

Nach etwa einer Stunde hatte ich die Geschichte fertiggeschrieben. Sie endete mit dem vorzeitigen Tod des Helden, der trotz seiner Jugend an Altersschwäche starb. Ich versuchte mich an allen möglichen Stilen und Layouts für die drei Seiten und las sogar in der Hilfe nach, bis ich endlich das gewünschte Ergebnis erhielt:

Gratuliere! Du hast ein neues Fertigkeitslevel erreicht!
Name der Fertigkeit: MS Word
Derzeitiger Level: 6
Erhaltene Erfahrungspunkte: 500

Das war eine wirklich nützliche Fertigkeit ... Und der Hauptkandidat für einen Abschuss im Rahmen der nächsten Optimierung!

So, das war ja alles schön und gut, aber was bitte sollte ich nun mit der Geschichte anfangen? Halt – bis zu meinem nächsten Level im kreativen Schreiben fehlten mir nur noch wenige Prozent. Also überarbeitete ich den Text noch einmal, fügte ein paar Rückblicke und Erkenntnisse der Hauptfigur ein und um die Sache abzurunden, ergänzte ich auch noch ein paar detaillierte Beschreibungen.

Jawohl!

Gratuliere! Du hast ein neues Fertigkeitslevel erreicht!
Name der Fertigkeit: Kreatives Schreiben
Derzeitiger Level: 4
Erhaltene Erfahrungspunkte: 500

Ich öffnete das Autorenportal, in dem ich die ersten Kapitel meines unvollendeten Buches hochgeladen hatte, und veröffentlichte die Geschichte dort. Ein Feedback war mir dabei völlig schnuppe. Ich war darauf vorbereitet, tapfer die Millionen von Wörtern an Mist zu produzieren, die nötig waren, bis ich diese Kunst wirklich beherrschte.

Ich meldete mich ab, schloss das Laptop und ging zu Marina. Sie tippte gerade etwas und blinzelte dabei kurzsichtig auf den Bildschirm. Ich nahm mir einen Stuhl und setzte mich neben sie. „Zeig mir, woran du arbeitest."

Sie drehte das Laptop in meine Richtung. „Hier, sieh mal – ich versuche die ganze Zeit, die Spalte zu verschieben, doch sie rührt sich einfach nicht. Und dann gebe ich die Zahlen ein, aber sie verändern sich ganz selbstständig zu völlig anderen."

„Himmel, du armes Kind des modernen Zeitalters der Technologie! Das ist nicht zufällig ein Apple-Tablet, oder? Hast du alles auf Papier festgehalten?"

„Ja, ich habe alles aufgeschrieben. Hier, die Namen der Kunden, die Ansprechpartner, den voraussichtlichen Bedarf ..."

„Warte einen Augenblick. Ich werde dir die Tabelle anlegen, und du musst anschließend nur noch die Daten eintragen."

Ich war die Arbeit mit Tabellenkalkulation gewohnt. Also erstellte ich rasch eine Tabelle mit allen Angaben, die sie brauchte. Es kostete mich gerade einmal fünf Minuten, wenn überhaupt. Ich warf einen Blick auf den Balken. Bis zum nächsten Level in MS Excel fehlten mir nur noch 6 %.

„Marina? Geh doch einfach eine Zigarette rauchen. Du lenkst mich ab."

Sie reagierte beleidigt. „Und wie bitte lenke ich dich ab?"

„Es müssen deine Pheromone sein, tut mir leid. Also, würdest du mich bitte einen Augenblick allein arbeiten lassen?"

Sie stieß den Stuhl nach hinten, sprang auf die Füße und stolzierte davon, verärgert die Hüften schwingend.

Jetzt, da sie mir nicht mehr über die Schulter sah, öffnete ich ein neues Dokument und erstellte eine neue Tabelle mit Makros. Dabei überprüfte ich wieder und wieder die Hilfe-Seiten. Das kostete mich eine weitere halbe Stunde. Zweimal war Marina zurückgekommen, doch ich hatte sie jedes Mal wieder fortgeschickt, zuerst in ihre Pause und dann, um uns einen Kaffee zu holen. Als sie mit den beiden Bechern wieder auftauchte, hatte ich das neue Level endlich geschafft. Das waren wieder leichtverdiente Erfahrungspunkte!

Gratuliere! Du hast ein neues Fertigkeitslevel erreicht!
Name der Fertigkeit: MS Excel
Derzeitiger Level: 5
Erhaltene Erfahrungspunkte: 500

Ich überprüfte den Balken meiner Erfahrungspunkte:

Fehlende Erfahrungspunkte bis zum nächsten Level des sozialen Status: 4.650/ 9.000

Ich konnte mir ein Grinsen nicht verkneifen. In weniger als vierundzwanzig Stunden hatte ich ein halbes Level geschafft!

„Du siehst so gut aus, wenn du lächelst", flüsterte Marina. „Hast du es geschafft?"

„Oh, danke. Ja, alles fertig. Sieh mal!" Ich deutete auf die Tabelle. „Hier gibst du den Namen des Kunden an, hier den des Ansprechpartners. Jetzt musst du die Daten eintragen und ..."

Während ich das alles erklärte, kam mir auf einmal eine Idee. Pavel sollte den Trainees wirklich den Zugang zur CRM[26]-Datenbank der Firma verschaffen. Wovor hatte er denn Angst? Dass sie die Daten einer anderen Firma verkauften? Nun, zugegeben – möglich war das.

„So, Marina, und jetzt muss ich los", beendete ich meinen Vortrag.

„Warum denn das? Und was ist mit mir?"

---

[26] CRM: Customer Relationship Management – Kundenbeziehungsmanagement, Kundenpflege. Das ist eine Software, die einem Unternehmen die Überwachung und Steuerung seiner Kundenliste ermöglicht.

„Du, meine Liebe, bist perfekt in der Lage, ab sofort allein zu arbeiten. Du hast in kürzester Zeit ziemlich an Kraft gewonnen, mein junger Padawan."

„Ja, klar." Sie wirkte auf einmal sehr verloren. „Bedeutet das, die Macht ist jetzt mit mir?"

„Besser, du verlässt dich auf deine Ausstrahlung. Darin bist du sehr gut."

Auf dem Weg zur Tür ließ ich mir vom System die Herrenfriseure in der Nähe anzeigen. Ich hatte nur ein Suchkriterium: „Haarschnitt mit einer hohen Wahrscheinlichkeit der Verbesserung meines Charismas." Ich hatte keine Ahnung, ob meine Parameter tatsächlich angekommen waren – anschließend waren nämlich noch immer alle Herrensalons der Stadt zu sehen. Oder vielleicht konnte auch jeder Haarschnitt, ganz gleich welcher Art, mein Charisma steigern.

Also wählte ich den nächsten Salon, blieb jedoch vor der Tür stehen. Ich musste das erst mit Martha besprechen. Sie konnte mir helfen, die richtige Frisur auszuwählen.

Ich rief sie auf.

„Hi, Phil! Alles fit im Schritt?"

„Hi, Martha. Sag mal, wie sprichst du denn mit mir? Wo hast du bloß den Spruch gelernt?"

„Aber Phil! Ich habe doch keinen Datenspeicher, erinnerst du dich? Ich weiß nur, was ich von dir gelernt habe. Also – alles fit im Schritt?"

„Da ist gar nichts fit – es liegt alles platt auf dem Boden. Um ehrlich zu sein, ich brauche deinen Rat. Ich muss mir die Haare schneiden lassen. Welchen Stil würdest du vorschlagen?"

„Welchen Stil soll ich dir denn vorschlagen, was schwebt dir vor?" Sie nahm einen tiefen Zug aus ihrer E-Zigarette.

„Zeig mir bitte die Frisur mit dem größten Charisma."

„Ist das wirklich nötig? Für mich, mein Herr und Meister, besitzt du schon wahrhaft genügend Charisma!"

„Oh, Martha, *bitte*! Das ist nicht lustig. Du verschwendest meinen Geist!"

„Okay. Also ganz ernsthaft – dabei kann ich dir nicht helfen."

„Und was bitte *kannst* du tun?"

„Ich kann mein virtuelles Verschönerungswerkzeug aktivieren und mich dabei auf mögliche Frisuren konzentrieren."

„Hervorragend! Worauf wartest du?"

Ich arbeitete mich durch etwa fünfzig verschiedene Simulationen hindurch, von komplett kahlköpfig bis hin zum Irokesenschnitt. Am Ende entschied ich mich für die neutralste Frisur in der Auswahl – hinten und an den Seiten kurz, oben etwas länger, mit einem kurzen, hochstehenden Pony. Das war die ideale Sommerfrisur.

Jetzt, da ich genau wusste, was ich wollte, verabschiedete ich mich von Martha und betrat den Salon.

„Hallo, ich bin Katerina", strahlte die Lady am Empfang mich an. „Wie kann ich Ihnen helfen?"

„Ich brauche dringend einen Haarschnitt. Haben Sie sofort einen Platz frei?"

„Einen Augenblick, bitte – ich frage die Stylistin."

Sie verließ den Empfang und ging in den Salon. Es dauerte nicht lange, bis sie zurückkam. Wieder schenkte sie mir ein strahlendes Lächeln, das aufrichtig zu sein schien. Aber ich konnte ihre Statistiken sehen und wusste, ihre Laune war im Keller. Ich hatte keine Ahnung, welches Problem sie hatte, ihre Selbstbeherrschung allerdings war bemerkenswert."

„Die Stylistin hat in zwanzig Minuten Zeit für Sie. Möchten Sie so lange warten?"

„Selbstverständlich."

„Setzen Sie sich bitte. Kann ich Ihnen einen Tee oder einen Kaffee bringen?"

„Einen Kaffee bitte. Schwarz."

Ich nippte an dem kochend heißen Getränk und las auf meinem Smartphone weiter im Buch. Mit etwas Glück könnte ich bei den Lesefertigkeiten noch heute ein neues Level erreichen. Nebenbei betrachtete ich Katerina aus dem Augenwinkel. Die sich unbeobachtet glaubte und ihren wahren Gefühlen nun freien Lauf ließ. Mit verschränkten Armen saß sie da und starrte auf den Boden.

Ich versuchte, mich in sie hineinzuversetzen, zu empfinden, was sie fühlte. Sie war definitiv aufgewühlt, aber es war nichts Ernsthaftes. Nein, das war keine abgrundtiefe Trauer, es war eher etwas Alltägliches, das sie verärgerte.

Was es wohl war? Hatte sie sich mit einem Nachbarn gestritten? Oder mit ihrem Freund? Oder vielleicht war einer der Kunden ihr gegenüber unverschämt geworden?

Ich legte mein Handy auf den Tisch und ging zu ihr.

Kaum hatte sie mich bemerkt, veränderte sich ihr Auftreten schlagartig. Sie richtete sich auf, legte die Hände auf die Theke und lächelte mich an, als Zeichen, dass sie bereit war, mir zuzuhören. „Ja, bitte?"

„Katerina, bitte nehmen Sie es mir nicht übel, ich weiß, es geht mich nichts an, aber … Ich wollte Ihnen nur sagen, es wird alles wieder in Ordnung kommen, das weiß ich genau."

„Wirklich? Oh, tut mir leid …" Sie errötete. „Aber woher wissen Sie denn …? Wo haben Sie …?"

Ich schaute ihr tief in die Augen und wiederholte: „Es wird alles wieder in Ordnung kommen."

Auf dem Rückweg zu meinem Platz bemerkte ich, dass ihre Laune bereits ein bisschen gestiegen war. Es waren nur wenige Prozent, aber sie fühlte sich auf jeden Fall besser.

*Gratuliere! Du hast ein neues Fertigkeitslevel
erreicht!*
Name der Fertigkeit: Empathie
Derzeitiger Level: 7
Erhaltene Erfahrungspunkte: 500

Oh! Ich hatte mich natürlich nicht wegen der
Erfahrungspunkte um Katerina bemüht. Es war mir
zwar klargewesen, dass mir nicht mehr viel zum
nächsten Level gefehlt hatte. Allerdings war mir
schleierhaft gewesen, wie ich Empathie steigern
konnte.

Jetzt wusste ich es: Man musste sich nur in die
Situation eines anderen hineinversetzen und
versuchen, seinen Schmerz zu fühlen.

Kurz darauf begann der Prozess meines
Haarschnitts. Die Stylistin – eine Frau mittleren Alters
mit rasierten Schläfen – lauschte meinen Erklärungen,
nickte zum Zeichen, dass sie verstanden hatte, und
schaltete ihre Haarschneidemaschine an. Im Spiegel
beobachtete ich meine Verwandlung, als eine lange
Haarsträhne rechts von mir zu Boden fiel. Und noch
eine … Mit jeder Sekunde erinnerte mein Aussehen
mehr an das von Gary Oldman in seiner Rolle in *Das
fünfte Element*.

Haarwäsche, Schnitt und Föhnen lösten eine neue
Systemmitteilung aus:

*Gratuliere! Du hast ein neues Fertigkeitslevel
erreicht!*
Name der Fertigkeit: Charisma
Derzeitiger Level: 14
Erhaltene Erfahrungspunkte: 1.000

Ja, so sah die perfekte Strategie für eine

Levelverbesserung aus! Ich betrachtete mich im Spiegel, bedankte mich bei der Stylistin, gab ihr ein Trinkgeld und ging zurück zu Katerina, wo ich bezahlte. Dabei zwinkerte ich ihr zu. „Kopf hoch, Katerina!"

Sie lächelte und nickte. „Vielen Dank. Bis zum nächsten Mal!"

Nachdem ich nun meine Haarbedürfnisse erfüllt hatte, betrat ich das Café nebenan. In den Leveln aufzusteigen war ja schön und gut, aber ich brauchte noch immer eine neue Bleibe. Und die Zeit wurde knapp – in weniger als einer Woche würde die Vermieterin mich auf die Straße setzen. Schließlich hatte ich auf eine Kündigung bestanden.

Ich ließ mir die freien Wohnungen anzeigen und ordnete sie nach Standort. Ich wollte unbedingt in die Nähe meiner Eltern ziehen. Es gab dort einen sehr schönen Park, der ideal fürs Joggen war, und ein hervorragendes, dabei auch noch erschwingliches Fitnessstudio mit einem eigenen Schwimmbad und einer Boxgruppe. Das klang perfekt. Außerdem gab es dort ein sehr ansehnliches Bürogebäude, in dem kleine Büros vermietet wurden. Das konnte sich später vielleicht einmal als sehr nützlich erweisen, wenn meine sich entfaltenden Geschäftsideen Gestalt annahmen.

Ich rief mehrere der angegebenen Telefonnummern an, aber jedes Mal meldeten sich Immobilienmakler. Eine Maklerin hatte ich sogar gleich zweimal dran, obwohl es um verschiedene Wohnungen ging. Ich beschloss, sie um Hilfe zu bitten, und beschrieb ihr, was ich brauchte. Sie hatte sofort mehrere Vorschläge parat und wollte, dass ich die Objekte gleich am Nachmittag besichtigte. Ich vereinbarte einen Termin mit ihr.

Ein Blick auf die Uhr verriet mir, dass ich bis dahin noch drei Stunden Zeit hatte. Was sollte ich währenddessen unternehmen? Auf Kundenbesuche hatte ich heute wirklich keine Lust. Sollte ich zum Mittagessen nach Hause gehen? Aber das wäre nur verschwendete Zeit.

Also rief ich zuerst meine Eltern an und dann Kira, um meine Neuigkeiten zu verkünden. Nach einem letzten Schluck Kaffee fasste ich mir ein Herz und wählte Vickys Nummer.

Es dauerte eine Weile, bis sie dranging. „Ja, Phil?", meldete sie sich schließlich.

„Hallo. Könntest du mir vielleicht Gregs Adresse geben? Sie muss in deiner Datenbank sein."

„Warum?" Ich konnte ihrer Stimme die Anspannung anhören. „Ist ihm etwas zugestoßen?"

„Erinnerst du dich an den Abend, als du und ich ..."

„Ich erinnere mich. Du musst es mir nicht schildern."

„Später in der Nacht ist Greg völlig betrunken nach Hause gegangen, aber seine Frau hat ihn nicht in die Wohnung gelassen. Seitdem wohnt er bei Cyril. Letzte Nacht wollte er sich mit ihr versöhnen, doch sie hat ihn nicht angehört. Er ist ziemlich verzweifelt. Seine Frau ist schwanger und das Kind braucht seinen Vater!"

„Das verstehe ich ja alles", bemerkte sie versonnen. „Was ich nicht verstehe, ist, was du damit zu tun hast."

„Nun, ich dachte mir, ich spreche einfach mal mit ihr. Schaden kann es ja nicht."

„Heißt du neuerdings Mutter Teresa? Warum musst du dich bloß immer in alles einmischen?"

„So betrachtest du die Sache also, als Einmischung? Wirklich?"

Sie schwieg. Ich sah mich im Lokal um und bedeutete dem Kellner durch eine Handbewegung, dass ich zahlen wollte.

Vicky räusperte sich. „Tut mir leid. Das ist mir so rausgerutscht. Hier ist die Adresse: ..."

Der Fahrer des Uber-Wagens – ein stämmiger Typ

aus dem Kaukasus, komplett mit buschigem Schnurrbart und allem – unterhielt mich die Fahrt über mit Geschichten über seine Enkel. Ich lauschte und gab an den richtigen Stellen die passenden Einwürfe zu seinem Monolog von mir.

Dabei dachte ich angestrengt nach. Was tat ich gerade? Entsprach es wirklich meiner Natur, mich ungefragt in die Angelegenheiten anderer Leute einzumischen? Bemühte ich mich lediglich um weitere „sozial bedeutungsvolle Handlungen"? Wenn ich es tatsächlich schaffen konnte, eine Familie wieder zusammenzubringen, musste mir das ordentlich Erfahrungspunkte eintragen.

Oder versuchte ich, mein Ansehen bei Greg zu verbessern?

Glaubte ich etwa, ich hätte das Recht, das Leben anderer zu steuern?

Energisch schüttelte ich den Kopf.

Nein, mit all diesen Dingen hatte das überhaupt nichts zu tun. Ich wollte nur eines – einem Freund helfen.

Und genau das beabsichtigte ich auch zu tun.

Kapitel 26

Allen Widrigkeiten zum Trotz

„Sobald du erst einmal ein paar Schläge eingesteckt und festgestellt hast, dass du nicht aus Glas bist, fühlst du dich erst dann wirklich lebendig, wenn du dich selbst bis an deine Grenzen vorantreibst."

(Green Street) Hooligans

GREGS FRAU LEBTE in einer brandneuen Wohnanlage. Sie war so neu, dass sich die Infrastruktur noch in einem beklagenswerten Zustand befand. Überall fanden sich Anzeichen nicht ganz fertiggestellter Bauarbeiten: Gehwege und Einfahrten mit Kiesbelag, die auf die Asphaltierung warteten, große Sandhaufen und Stapel von Betonplatten. Der traurige Anblick wurde durch die frisch gepflanzten, jungen Bäume und die Blumenbeete vor den Eingangstüren des Wohnblocks wieder ein wenig ausgeglichen.

Der Fahrer fand gleich den richtigen Eingang. Die vielen stählernen Klingelknöpfe der Türsprechanlage schienen mich zornig anzufunkeln. Ich wählte die

Nummer ihrer Wohnung.

„Wer ist da?", fragte eine junge, aber lustlose weibliche Stimme.

„Alina? Hallo, ich bin Phil, ein Kollege von Greg ..."

„Danke – auf Wiedersehen!"

Sie hatte aufgelegt.

Ich klingelte erneut.

„Was ist denn jetzt noch?" Aus ihrer Stimme sprach purer Zorn.

„Es tut mir leid, aber könnten Sie mich bitte einlassen? Ich muss unbedingt mit Ihnen sprechen."

„Sie können Greg sagen, er soll sich hier nicht mehr blicken lassen! Und das Gleiche gilt für seine Saufkumpane!" Erneut hängte sie auf.

Was zum Teufel hatte Greg bloß angestellt, um eine solche Behandlung zu verdienen? Eine betrunkene Nacht konnte unmöglich der einzige Grund sein.

Ich versuchte es erneut. Keine Reaktion.

Und wieder.

„Was ist?", fauchte sie.

„Alina, kann ich bitte mit Ihnen sprechen? Nur fünf Minuten! Bitte!" Ich legte mein gesamtes Mitgefühl mit Greg und mit ihr in meinen Tonfall. Schließlich war sie nichts weiter als eine schwangere, junge Frau, die von ihrem Ehemann bitter enttäuscht war.

Es klickte, die Haustür öffnete sich.

„Siebter Stock", kam es aus dem Lautsprecher.

Der Aufzug funktionierte nicht, also musste ich zu Fuß gehen. Ich war auf wackelige Knie, Keuchen und Pusten vorbereitet, doch zu meiner großen Überraschung nahm ich die Stufen, zwei oder sogar drei auf einmal, und war im siebten Stock nicht einmal außer Atem. Die Sache mit dem Durchhaltevermögen gefiel mir!

Die Türklingel funktionierte ebenfalls nicht, also klopfte ich an die Tür.

Hinter dem Guckloch erschien ein Schatten, ehe die

Tür einen Spalt geöffnet wurde.

Ich erblickte eine hübsche, zierliche Frau von etwa zwanzig Jahren mit bereits deutlich gewölbtem Schwangerschaftsbauch. Die Haare hatte sie zu einem Pferdeschwanz zusammengefasst.

„Sind Sie Alina?", erkundigte ich mich.

„Ja." Sie betrachtete mich misstrauisch, ohne mich hineinzubitten.

„Darf ich mich erneut vorstellen? Ich bin Phil und arbeite mit Greg zusammen. Er ist ein anständiger Kerl; wirklich! Sein Zustand, seitdem Sie ihn vor die Tür gesetzt haben, ist absolut besorgniserregend. Wissen Sie, was ich meine?"

„Hat er Sie geschickt?"

„Er hat keine Ahnung, dass ich hier bin!" Ich legte die Hand aufs Herz und aktivierte jeden verfügbaren Punkt an Charisma, Empathie und Kommunikationsfertigkeiten, ebenso wie an Verführung und Täuschung. „Ich schwöre es!"

Sie seufzte unwillig und trat beiseite. Was ich als Einladung verstehen konnte, in die Wohnung zu kommen – oder auch nicht.

Daher setzte ich mich zwar in Bewegung, jedoch extrem langsam. Das gab ihr die Gelegenheit, sich die Sache noch einmal zu überlegen. Als ich in der Wohnung stand, schloss ich die Tür hinter mir. Die ganze Zeit über kam ich mir so vor, als hätte ich es mit einem scheuen, jungen Reh zu tun. Ich überprüfte ihr Profil.

Name: Alina Chernik
Alter: 19
Derzeitiger Status: arbeitslos
Level des sozialen Status: 3
Nicht klassifiziert
Unverheiratet
Kinder: schwanger mit einem Jungen. Restliche

Schwangerschaftsdauer: 148 Tage
   Vorstrafen: ja

Ihre Laune war normal. Anscheinend bedrückte die Trennung sie nicht allzu sehr. Ihr Interesse an mir war allerdings ziemlich hoch.

„Ziehen Sie Ihre Schuhe aus und kommen Sie mit. Dort finden Sie Pantoffeln." Sie deutete auf ein Schuhregal und ging in einen Raum nebenan, bei dem es sich wahrscheinlich um die Küche handelte. Ich blieb allein im winzigen Flur zurück.

Die Zweizimmerwohnung war ebenfalls nicht sehr groß. Das Haus war neu, aber die Innengestaltung ließ einiges zu wünschen übrig. Die uralte, verblichene Tapete stammte wahrscheinlich noch aus Lagerresten aus der Zeit der Sowjetunion. Die Sockelblenden lösten sich bereits von der Wand. Eine der Scheiben einer verglasten Innentür wies in der Mitte einen Riss auf – was eine nicht unerhebliche Gefahr bedeutete. Greg war anscheinend nicht der Handwerker, für den ich ihn gehalten hatte.

Ich schlüpfte in ein Paar ausgetretene Hausschuhe (sicher Gregs) und folgte Alina.

Die Küche zeigte die gleiche Lotterwirtschaft. Es gab nur einen kleinen freien Raum zwischen Gasherd, Küchenschrank, Esstisch und einem brandneuen Samsung-Kühlschrank – der mitten in all dem Chaos völlig fehl am Platz wirkte. Und dieser freie Raum war vollgestopft mit Abfalltüten und einem Plastik-Wäscheständer. Auf dem Esstisch häuften sich benutzte Teller und Essensreste. Neben einer halb vollen Tasse Tee leuchtete das Display eines eingeschalteten Smartphones, das eine Instagram-Seite mit irgendwelchem glitzernden Frauenkram zeigte.

Offensichtlich bemerkte Alina meine Reaktion, denn sie beeilte sich zu erklären: „Der Aufzug funktioniert nicht. Das haben Sie ja bemerkt. Und ich kann die vielen Treppen nicht steigen, nicht in meinem Zustand. Möchten Sie einen Tee? Ich habe gerade frischen gekocht."

„Ja, bitte."

Sie räumte mehrere Teller beiseite, um auf dem Tisch Platz zu schaffen. Aus dem Kühlschrank holte sie eine kleine Schale hausgemachte Erdbeermarmelade. Auf einmal fiel mir auf, dass sie nichts trug außer einem dünnen, seidigen Morgenmantel, der nicht viel der Vorstellungskraft überließ. Was mich verdammt verlegen machte.

„Meine Mutter hat die Marmelade gekocht", erklärte sie und bemühte sich, ihren Körper durch die enge Lücke zwischen dem Tisch und einem Stuhl zu zwängen, der gegen den Kühlschrank stieß. „Wie geht es Greg?"

Ich nahm einen Schluck Tee. „Nicht gut. Gestern Abend habe ich ihn und ein paar andere Kollegen eingeladen, um einen Bonus zu feiern, den man mir gerade ausgezahlt hatte. Heute Morgen hat Cyril – ein anderer Kollege – mir berichtet, Greg hätte Sie, nachdem ich gegangen war, unbedingt sehen wollen, um sich zu entschuldigen."

„Genau das hat er auch getan!", rief Alina aufgewühlt. „Er ist mitten in der Nacht hier aufgetaucht, wie üblich betrunken! Das ist nichts Neues!"

„Und was haben Sie gemacht?"

„Na, was glauben Sie? Finden Sie etwa, ich hätte ihn hereinlassen sollen?"

„Darf ich Sie etwas fragen? Sind Sie beide offiziell verheiratet?"

„Nein. Warum? Was hat das denn damit zu tun?"

„Ich habe mich nur gewundert. Hat Greg Sie denn nicht gebeten, seine Frau zu werden?"

„Nun ja, gewissermaßen", brummte sie. „Er wollte

eine Hochzeit auf dem Standesamt. Aber das will ich nicht! Ich will eine richtige Hochzeit, mit Unmengen Gästen, einer Limousine und Flitterwochen. Nicht einfach nur auf einem blöden Stück Papier unterschreiben ...“

Es sprudelte alles nur so aus ihr hervor. Ihre Worte verschafften mir einen besseren, sogar einen perfekten Überblick über die Situation. Sie war eine junge Studentin aus einem Dorf am Arsch der Welt, die sich einen älteren Mann hatte angeln können, ebenfalls neu in der Stadt, aber mit der Aussicht auf einen festen Job und eine schöne Wohnung. Recht bald war sie schwanger geworden und hatte erwartet, er würde nun sofort ihre Beziehung legalisieren. So verliebt Greg jedoch auch in sie war, hatte er die unerwartete Statusänderung dennoch nicht mit einer solchen Begeisterung betrachtet, wie sie es sich erhofft hatte. Immerhin hatte er sich anständig verhalten und ihr einen Heiratsantrag gemacht.

Allem Anschein nach hatte sie es nun geschafft, ihr Ziel erreicht, und hätte eigentlich glücklich sein müssen. Nur war sie es nicht. Weil der Vater ihres noch ungeborenen Kindes zu einer Ehe in Wirklichkeit noch gar nicht bereit war. Er feierte weiterhin jedes Wochenende Partys mit seinen Kumpels, und er traf nicht einmal Vorbereitungen für den großen Tag, sondern bestand auf einer langweiligen, schmucklosen Zeremonie auf dem Standesamt. Offensichtlich hielt Greg eine große Hochzeit für Zeit- und Geldverschwendung. So hatte sie sich, als sie in ihrem Dorf davon geträumt hatte, den Beginn ihres Ehelebens nicht vorgestellt.

Ihre Schilderung war ein wenig wirr, aber ich entnahm ihr, dass ihr Vater schon immer unter dem Pantoffel ihrer herrschsüchtigen Mutter gestanden hatte. Sein einziger Protest gegen dieses Joch zeigte sich in gelegentlichen Saufgelagen, bei denen er eine

Flasche Bier oder Wodka – oder beides – mit seinen wenigen Freunden teilte. Jedes Mal, wenn das passierte, sperrte Alinas Mutter ihren Mann aus und er musste im Freien übernachten. Am Morgen tauchte er dann mit einem Blumenstrauß wieder auf, bat um Vergebung und zeigte sich anschließend für die nächsten sechs Monate oder so von seiner besten Seite, gab jeder ihrer Launen nach.

Dieses Szenario einer Ehe hatte sich anscheinend tief in Alinas junges Gehirn eingebrannt. Man konnte sich also ihr fassungsloses Entsetzen vorstellen, als sie das erste Mal einem betrunkenen Greg die Tür wies. Er weigerte sich, zurückzukommen und verbrachte eine ganze Woche damit, „irgendwo zu schmollen", wie sie es formulierte.

„Sie meinen, er hat Sie nicht einmal angerufen?", fragte ich erstaunt.

„Doch, das hat er. Aber ich habe nicht abgenommen. Warum sollte ich?"

Eine gute Frage ... „Haben Sie einen Job?"

„Ich bin im vierten Monat schwanger!"

„Und diese Wohnung? Bezahlt er die Miete?"

„Ja."

„Gibt er Ihnen genügend Geld für den Haushalt?"

Sie schnaubte. „Wenn Sie das genügend Geld nennen ... *Das* hier, das ist genügend Geld!" Sie nahm ihr Handy und scrollte durch Instagram, zeigte mir Bilder übertrieben angezogener und ebenso übertrieben geschminkter, junger Frauen. „Wir kommen nur gerade so über die Runden."

Sie hatte *„Wir"* gesagt – ein gutes Zeichen. Anscheinend betrachtete sie Greg und sich noch immer als eine Familie.

„Sie haben meine Frage nicht beantwortet. Versorgt er Sie?"

„Ja. Na und?"

Ihr lässiges *„Na und"* ließ meinen Geduldsfaden

endgültig reißen. „Was meinen Sie mit ‚Na und‘? Sie sind schwanger. Sie verlassen sich vollkommen darauf, dass er für Sie und später auch Ihr Kind aufkommt. Und trotzdem weisen Sie ihm die Tür, als wäre er ein räudiger Hund! Könnten Sie Ihr Handy bitte einmal einen Augenblick weglegen? Er liebt Sie, und er tut sein Bestes, um für Sie und das Kind zu sorgen. Okay, er hat es ein paar Male mit dem Trinken übertrieben, in Gegenwart seiner Kollegen, aber ...“

Sie schnaubte erneut. „Kollegen! Die sind doch nichts als Abschaum, ebenso wie er selbst!“

Ich hatte den Eindruck, sie wiederholte nur, was ihre Mutter immer von sich gegeben hatte, ohne zu realisieren, *was* sie da eigentlich sagte. „Ihnen ist doch hoffentlich klar, dass Sie ihn nur umso mehr Grund zum Trinken geben, je öfter Sie ihn als besoffenen Abschaum beschimpfen? Sie sind diejenige, die ihn in den Alkohol treibt!“

„Er besäuft sich regelmäßig!“

„Ja, und je mehr Sie ihm das vorwerfen, desto öfter wird er sich betrinken! Und erzählen Sie mir bloß nicht, Sie hätten in Ihrem Leben noch nie Alkohol angerührt!“

„*Alkohol?* Ich bin schwanger!“

„Das ist sehr löblich, dass Sie sich jetzt enthalten. Aber wie war das vorher?“

„Nun ... vielleicht ...“

„Lieben Sie ihn?“

„Ich weiß es nicht. Ich nehme mal an.“

„Lieben Sie ihn – oder lieben Sie ihn nicht?“

„Ja ... Ja, ich liebe ihn.“

„Dann sollten Sie mir jetzt gut zuhören – er ist kein Alkoholiker“, erklärte ich sehr bestimmt und betonte jedes Wort, damit es auch wirklich bei ihr ankam. „Er arbeitet hart, um Sie und das Baby zu ernähren. Als Sie ihn vor die Tür gesetzt haben, ist er nicht durchgedreht. Momentan übernachtet er bei einem Kollegen, Cyril. Er liebt Sie und hat keineswegs vor, Sie zu verlassen. Aber wenn Sie ihm weiter vorwerfen, dass er Ihre Instagram-Träume nicht finanzieren kann, könnte ihm das den Rest geben, und dann *wird* er Sie verlassen. Womöglich findet er sogar eine neue Partnerin. Es ist schließlich nicht so, als wäre …"

Peng! Schlagartig erschien eine neue Systemmitteilung:

Du hast Alina Chernik einen kritischen Schaden zugefügt: verbale Verletzung
- 30 % Geist
- 30 % Selbstvertrauen

Oh, wow – wie war denn das passiert? Der Gedanke, Greg könnte sie verlassen, war ihr anscheinend noch niemals gekommen, so tief steckte sie in den Erfahrungen ihrer Eltern fest.

Ihre Augenlider flatterten, ihre Unterlippe zitterte. Hatte ich sie etwa zum Heulen gebracht? Anscheinend …

Eine Träne lief ihr über die Wange. „Hat er eine andere Frau?", fragte sie und begann zu schluchzen.

Ich sagte nichts. Sollte sie ruhig eine Weile lang in ihrem eigenen Saft schmoren. Ich nahm einen Schluck Tee und betrachtete ihre Statistiken. Ihre Laune war jäh abgesackt. Was ein gutes Zeichen war, vermutete ich mal.

Ich trank den Tee aus und schaute auf die Uhr. Es wurde Zeit, aufzubrechen.

„Nein, das hat er nicht", sagte ich. „Er liebt Sie. Er wird sich sogar zum Guten ändern, wenn Sie mit Ihrem ständigen Nörgeln aufhören. Denn das ist der Grund für seine Trinkerei – und nicht umgekehrt. Er kann es nicht ertragen, Sie unglücklich zu sehen. Dabei könnten Sie beide sehr glücklich miteinander werden."

Es herrschte Stille. Endlich schien sie sich ein wenig zu beruhigen. Sie wischte sich die Tränen weg und schenkte mir Tee nach.

Als just in dem Moment jemand an die Tür klopfte, sprang Alina auf und stieß dabei gegen den Tisch. Tee spritzte in alle Richtungen. „Das muss mein Nachbar sein. Ich schaue mal nach, was er will."

„Ich muss ohnehin gehen", erklärte ich. „Danke für den Tee. Befolgen Sie meinen Rat, lassen Sie Greg wieder einziehen und Sie werden sehen, wie viel besser Sie beide sich fühlen werden."

„Okay", nickte sie und ging zur Wohnungstür.

Gratuliere! Du hast ein neues Fertigkeitslevel erreicht!
Name der Fertigkeit: Überzeugungskraft
Derzeitiger Level: 2
Erhaltene Erfahrungspunkte: 500

Wie bitte? Das war ja sehr merkwürdig – nur Level 2? Angesichts meines Berufes? Und wie bitte hatte ich es dann geschafft, überhaupt irgendetwas zu verkaufen? Oder betraf das lediglich meine Verkaufsfertigkeit und die Überzeugungskraft blieb höheren Dingen vorbehalten?

Vor der Tür erklang eine männliche Stimme, heiser und deutlich erkennbar georgisch.

„Alina, Licht meines Lebens, schau mal, was ich für dich habe! Hier habe ich etwas Kaviar, damit dein Baby schneller wachsen kann! Und Obst, sieh doch nur – Orangen, Äpfel und Bananen, alles beste Qualität. Ich habe sie selbst gepflückt! Und ein Rumpsteak, ganz mager, ohne eine Spur von Fett! Wenn du es brätst, wirst du sehen, dass ... Wer zum Teufel ist das denn?"

Als ich mich zu ihnen gesellte, starrte der Mann mit Schiebermütze mich verständnislos an.

Name: David Leonidze. Alter: 48. Er war klein und untersetzt, ein Georgier, ganz wie man ihn sich vorstellte, komplett mit der erwähnten Schiebermütze und einem traditionellen Schnurrbart.

„Das ist ein Kollege von Greg", beeilte sich Alina zu erklären. „Er will gerade gehen. Herr Leonidze, das ist Phil. Phil, das ist Herr Leonidze, unser Nachbar ein Stockwerk höher."

„Phil?" Herr Leonidze musterte mich eingehend. „Und was bitte macht er hier, wenn ich fragen darf?"

Ich grinste. Ich hatte seinen Ehering sehr wohl bemerkt, der mir bestätigte, was seine Statistiken mir längst verraten hatten: Er war verheiratet. „Was *ich* hier mache? Dasselbe könnte ich Sie fragen. Sie haben doch nicht etwa vor, sich an eine verheiratete Frau heranzumachen? Hat Ihre Frau eine Ahnung, womit Sie Ihre Mittagspause verbringen?"

Herr Leonidze wurde puterrot. Er stellte seine Einkaufstüten unter der Garderobe ab und hob die Hände. „Was glauben Sie eigentlich, wer Sie sind? Warum müssen Sie im Leben anderer Leute herumschnüffeln? Ich bin nur ein Nachbar, der sich um eine schwangere, junge Frau kümmert, die von ihrem Mann verlassen worden ist! Und dafür muss ich mir jetzt Ihre Unterstellungen anhören? Haben Sie überhaupt eine Ahnung, wer ich bin? Ich glaube nicht, oder? Und Sie, wer bitte sind Sie?"

„Wie wäre es, wenn Sie sich einfach verziehen?", sagte ich, ganz langsam, und überraschte mich damit selbst.

„Phil, Sie haben das missverstanden", meldete sich Alina zu Wort und unterdrückte ein Lachen. „Ich habe Herrn Leonidze Geld gegeben, damit er Lebensmittel für mich einkauft. Ich kann die Einkäufe nicht all die Treppen hochschleppen, das hatte ich ja schon erklärt."

Hoppla! Da war ich wohl mitten ins Fettnäpfchen getreten … Wenn ich doch bloß über die Fähigkeit, Lügen erkennen zu können, verfügt hätte! Auch ohne sie war mir allerdings klar, dass ich die Situation völlig falsch interpretiert hatte.

Andererseits – so sicher konnte ich mir da doch nicht sein. Womöglich hatte dieser Herr Leonidze seine Hintergedanken. Warum sonst hatte er so aggressiv auf meine Anwesenheit reagiert? Hatte er mich etwa als einen Rivalen betrachtet?

„Ich verstehe", bemerkte ich zerknirscht. „Tut mir leid, Herr Leonidze. Greg ist ein guter Freund von mir, deshalb habe ich voreilige Schlüsse gezogen."

Widerstrebend nahm er meine ausgestreckte Hand. „Dasselbe gilt für mich in Bezug auf Ihre Person", gab er zu. „Und was ist jetzt mit Greg? Kommt er endlich zurück? Er hat sich wirklich den falschen Zeitpunkt ausgesucht, um den Schürzenjäger zu spielen. Oder hat er etwa erwartet, dass ich mich um seine schwangere Frau kümmere?"

Aha – ihm hatte Alina wohl eine ganz andere Version der Geschichte erzählt.

„Er wird heute Abend zurückkommen", erklärte ich zuversichtlich und sah Alina an. „Nicht wahr?"

„Nun, solange er sich anständig entschuldigt und …" Sie begann mit einer Auflistung all ihrer Bedingungen.

„Aber, Alina, Licht meines Lebens, wovon redest du?", unterbrach Herr Leonidze sie. „Er ist der Vater deines Kindes, mein Täubchen! Ihr beide habt einander versprochen, zusammenzubleiben, in guten wie in schlechten Tagen, in Krankheit und Gesundheit", verkündete er feierlich wie ein Priester oder Standesbeamter. „Er ist ein Teil von dir!"

Bildete ich mir das nur ein, oder war sie tatsächlich gerade errötet? Hatten wir es etwa geschafft, zu ihr durchzudringen? Innerlich dankte ich Herrn Leonidze. Passender hätte er seine Worte gar nicht anbringen können – sie waren auf die von mir bereits vorgepflügte Erde gefallen, wo sie hoffentlich Früchte tragen würden.

Alina nickte. „Also gut. Ja, er kann kommen."

„Jetzt warte einmal eine Sekunde, mein Täubchen!" Der weise Herr Leonidze hatte weitere Ermahnungen für die junge Frau. „Was meinst du damit ‚Er kann kommen'? Phil hier ist doch kein Botenjunge! Hol sofort dein Handy und ruf Greg an! Und vergiss nicht, ihm zu sagen, dass du ihn liebst und ihn vermisst!"

Himmel – er musste tatsächlich genau den richtigen Ton getroffen haben, denn prompt drehte Alina sich um und ging in die Küche, wo wir sie kurz darauf sprechen hörten.

„Greg, hallo … Kommst du nach Hause? Bitte?"

Herr Leonidze und ich tauschten ein zufriedenes Nicken. Ganz leise verließen wir beide die Wohnung. Herr Leonidze wünschte mir Glück und ging nach oben, ich lief die Stufen hinunter und freute mich riesig für Greg.

Kaum war ich ins Freie getreten, erreichte mich auch schon eine Systemmitteilung, dass mir für eine sozial bedeutungsvolle Handlung 2.000 Erfahrungspunkte gutgeschrieben worden waren. Jetzt fehlten mir nur noch 350 Punkte bis zu Level 9. Das konnte ich ganz leicht durch eine Verbesserung irgendeiner meiner Fertigkeiten schaffen.

Ich rief Greg an, um zu sehen, wie es ihm ging. Der Aufregung in seiner Stimme nach zu urteilen war er überglücklich.

„Nein, wirklich?", heuchelte ich Unwissen. „Das ist ja fantastisch! Gut gemacht! Vergiss nicht, ihr Blumen mitzubringen. Ja, genau. Und weißt du was? Ich habe die merkwürdige Vorahnung, dass es ein Junge wird. Oh, nun komm schon, von was für einer Feier redest du? Das kann alles warten. Du solltest *jetzt sofort* zu ihr gehen! Cyril kann doch bestimmt für dich einspringen, oder? Siehst du! Wir sehen uns morgen!"

Sobald das erledigt war, rief ich die Immobilienmaklerin an – ihr Name war Galina – und vergewisserte mich, dass unser Termin noch immer stand. Nachdem sie das bestätigt hatte, begab ich mich auf direktem Weg zur ersten Wohnung, deren Adresse sie mir genannt hatte.

Vor dem Haus wartete eine eher kleine, füllige Frau auf mich. Ich schaute mich um. Das Anwesen gefiel mir. Der Hof war ordentlich und wies viel Grün auf. Der Wohnblock war relativ neu und schien sich in einem guten Zustand zu befinden.

Dann betrachtete ich die Frau näher. Ein kurzer Blick auf ihre Statistiken reichte aus, um zu wissen, dass ich bei ihr doppelt vorsichtig sein musste.

Name: Galina Pakhomenko
Alter: 39
Derzeitiger Status: Immobilienmakler
Level des sozialen Status: 4
Klasse: Betrüger. Level: 4
Unverheiratet
Kinder: Andrei, Sohn
Alter: 22
Vorstrafen: ja

Eine Betrügerin? Nun gut. Ich musste wohl allen Papierkram doppelt und dreifach überprüfen. Und vor allem musste ich darauf achten, wie und wohin ich die Kaution zahlte.

„Sind Sie Phil?"

„Ja, bin ich. Nett, Sie kennenzulernen. Werden wir den Vermieter treffen?"

„Das ist nicht nötig. Ich verfüge über die Schlüssel und eine Vollmacht. Folgen Sie mir, ich werde Ihnen alles zeigen. Werden Sie allein leben? Womit verdienen Sie Ihren Lebensunterhalt? Die Wohnung ist ein echter Traum, das kann ich Ihnen versprechen."

Sie quasselte in einer Tour, überschüttete mich mit Informationen über die Wohnung und über sich selbst, über ihre reiche Erfahrung und ihre zufriedenen Kunden. Zwischendurch brachte sie immer wieder Fragen über mich unter. Sie öffnete die Haustür mit einer Magnetkarte und ging zum Aufzug.

„Bessere Nachbarn können Sie sich gar nicht wünschen! Sie sind nett und ruhig. Die Wohnung gegenüber gehört einer alten Dame. Sie ist sehr krank und verlässt niemals das Gebäude. Ihre Kinder sind fortgezogen und besuchen sie nicht einmal!"

„Entschuldigen Sie", unterbrach ich ihren Monolog, „aber wem bitte gehört die Wohnung?"

„Oh … Hatte ich das nicht gesagt? Es ist die Wohnung meiner Großmutter. Oder vielmehr gehört sie ihrer Cousine."

„Wie sieht es mit den Dokumenten aus? Den notariellen Urkunden? Dem Wartungsschein?"

Wir betraten den Aufzug. Kaum hatte sich die Tür geschlossen, ging Galina in die Offensive. „So sollten Sie mit mir nicht reden! Mit den Dokumenten ist alles in Ordnung! Halten Sie mich etwa für eine Schwindlerin oder so etwas? Haben Sie eine Vorstellung, wer alles meine Kunden sind? Darunter sind Leute, die dreistöckige Villen anmieten! Und Sie unterziehen mich wegen einer schäbigen Zweizimmerwohnung einem regelrechten Verhör! Wenn Sie die Wohnung nicht anmieten wollen, sagen Sie es nur – und verschwenden Sie nicht meine Zeit!"

Das kam mir alles viel zu sehr wie ein Theaterstück vor. Was plante sie denn bloß? Hatte sie etwa vor, mich zu beschämen? Glaubte sie, der Hinweis auf mein mangelndes Vertrauen würde mich so verlegen machen, dass ich mich entschuldigte und nicht weiter nach irgendwelchen Papieren fragte?

Nun gut – dieses Spiel konnten wir beide spielen.

„Es tut mir sehr leid", log ich. „Ich wollte Sie nicht beleidigen. Nur kann man doch heutzutage niemandem mehr trauen, wissen Sie? Mein Vater ist

Anwalt. Er hat mir eingeschärft, immer alle Papiere gründlich zu prüfen."

Nein, mein Vater war kein Anwalt. Allerdings bezweifelte ich, dass sich Galina jemals die Chance bieten würde, die Wahrheit herauszufinden.

„Ist ja schon gut", murmelte sie. „Ich werde Ihnen alle Papiere zeigen – zu gegebener Zeit. Was für eine Art Anwalt ist denn Ihr Vater? Ist er Staatsanwalt?" Sie war auf einmal sichtlich angespannt.

„Oh, nein, nichts in der Art", beeilte ich mich, zu versichern, und sah, wie sie sich wieder entspannte. „Er befasst sich mit Gesellschaftsrecht. Oder vielmehr, er hat sich damit befasst. Inzwischen ist er pensioniert."

Der Aufzug stoppte und die Türen öffneten sich.

„Da sind wir", stellte sie fest, was ohnehin offensichtlich war. „Folgen Sie mir."

Wir waren im vierzehnten Stock. Man muss sich nur einmal die Aussicht vorstellen, die sich von dort bot!

„Bitte ziehen Sie Ihre Schuhe aus", verlangte sie. „Die Wohnung wird regelmäßig gereinigt, aber ich habe heute noch ein paar weitere Besichtigungstermine, deshalb sollten wir darauf achten, dass wir nichts schmutzig machen."

Die Wohnung gefiel mir auf den ersten Blick. Die Wand zur Küche war eingerissen worden, sodass sich mit dem Wohnzimmer ein einziger offener Bereich ergab. Anscheinend waren die Räume erst kürzlich renoviert worden, alles war neu und glänzte. Es war auch nicht jeder freie Platz mit unbrauchbaren Möbeln vollgestopft worden, sondern der Raum war spärlich, aber ausreichend möbliert. Um genau zu sein, war es ideal für einen Junggesellen wie mich. Da gab es einen kleinen Esstisch für vier Personen, zwei Sessel und ein Sofa, dem gegenüber ein großer Flachbildfernseher an der Wand angebracht worden war.

In der Küche sah ich einen Elektroherd mit

Dunstabzugshaube, ein paar Küchenschränke und einen sehr schönen, neuen Kühlschrank mit Wasserspender. Es gab sogar einen kleinen Hauswirtschaftsraum mit einer Waschmaschine, die nur darauf wartete, beladen zu werden.

Diese Wohnung war jeden Cent wert, den sie dafür verlangte.

„Kabelfernsehen ist im Mietpreis eingeschlossen", erklärte Galina, die mein Interesse an dem Gerät bemerkt hatte. „Das sind über zweihundert Kanäle! Und Faseroptik!"

„Fantastisch", murmelte ich begeistert.

Wir gingen ins Schlafzimmer. Darin stand, neben dem Bett und einem großen Kleiderschrank, ein kleiner Schreibtisch komplett mit Bücherregalen.

„Sie zahlen alle drei Monate", sagte die Maklerin. „Das sind einhunderttausend Rubel. Plus die Rechnungen für Wasser und Strom.[27] Außerdem ist eine Kaution in Höhe von fünfunddreißigtausend Rubel zu zahlen. Sie erhalten die Kaution zurück, wenn Sie die Wohnung später in demselben Zustand wieder zurückgeben, in dem sie sich bei Ihrem Einzug befunden hat. Also? Was ist?"

„Ja, auf jeden Fall", sagte ich, ohne zu zögern. „Aber ich muss erst noch ein wenig darüber nachdenken. Kann ich Ihnen morgen Bescheid geben?"

Es klang alles so perfekt, es musste einfach irgendwo einen Haken geben. Außerdem beunruhigte mich ihr recht hohes Level als Betrügerin.

Sie zuckte mit den Schultern. „Wie Sie möchten. Sie können einfach jetzt die Kaution zahlen und sich anschließend Zeit lassen. Wenn Sie dazu nicht bereit

---

[27] Zum Zeitpunkt, als das Buch geschrieben wurde, entsprachen 100.000 Rubel etwa 1.600 USD. Das bedeutet, die Miete für die Wohnung lag bei 530 USD plus Wasser und Strom.

sind, können Sie allerdings sicher davon ausgehen, dass die Wohnung noch heute an andere Interessenten vergeben wird. Von denen es jede Menge gibt."

„Wie viele Interessenten gibt es denn?"

„Unmengen. Wenn Sie zumindest eine Anzahlung von zehntausend Rubel auf die Kaution leisten, kann ich die Wohnung bis morgen für Sie festhalten." Immer wieder schaute sie auf die Uhr. „Es liegt ganz bei Ihnen. Die nächste Besichtigung ist in einer Viertelstunde."

„Gut, dann möchte ich bitte jetzt die Unterlagen sehen."

„Kein Problem", erwiderte sie und zeigte keinerlei Unbehagen dabei. „Es ist alles hier."

Sie legte eine Kunststoffmappe auf den Tisch und blätterte durch die Dokumente. „Hier ist mein Pass.[28] Mein Name ist Galina Pakhomenko, wie Sie sehen können. Das ist die Vollmacht von meiner Großmutter – lesen Sie bitte: ‚*Hiermit nominiere, konstituiere und ernenne ich ..., um in meinem Namen verbindliche Verträge über die Vermietung oder das Leasing meiner in ... gelegenen Immobilien abzuschließen. ... verfügt über die Vollmacht und Befugnis, diese Immobilien zu vermieten, zu verkaufen und zu veräußern ...*' Und hier ist die notarielle Urkunde, die nachweist, dass die Wohnung das Eigentum meiner Großmutter ist."

Ich tat so, als würde ich alles gründlich studieren. Stattdessen öffnete ich mental die Landkarte des Systems, suchte nach ihrer „Großmutter" und verwendete dabei den Namen und die anderen Angaben aus den Dokumenten.

Mir lief es eiskalt über den Rücken. Der Karte zufolge rotteten die sterblichen Überreste dieser Person auf der städtischen Müllhalde vor sich hin.

---

[28] In Russland ist der Pass das geläufigste Dokument zur Identifizierung. Es gibt keine Plastikkarten wie den deutschen Personalausweis, und der Führerschein wird zu Identifizierungszwecken nicht anerkannt.

„Und wo ist Ihre Großmutter jetzt?", erkundigte ich mich und tat ganz harmlos.

„Was glauben Sie denn? Natürlich wieder in ihrem kleinen Häuschen auf dem Land. Sie hatte so die Nase voll vom Stadtleben, Sie können sich das gar nicht vorstellen! Ständig hatte sie an allem etwas auszusetzen – an der Luft, an den Leuten … Wenn man ihr zuhörte, war hier nichts erträglich. Deshalb wollte sie zurück nach Hause, um dort zu sterben."

„Wahrscheinlich hatte sie damit voll und ganz recht", stimmte ich zu und zermarterte mir das Hirn, was ich jetzt tun sollte. „Aber ich fürchte, ich habe keine zehntausend Rubel bei mir."

„Wie viel haben Sie denn?"

„Um die zweitausend vielleicht? Ich war nicht darauf vorbereitet, die Wohnung gleich anzumieten."

„Nun gut, ich kann sehen, Sie sind ein ehrlicher, junger Mann. Dann müssen zweitausend Rubel eben reichen. Aber wenn Sie nicht spätestens morgen den Rest bezahlen, vermiete ich die Wohnung anderweitig und behalte Ihre Anzahlung."

Inzwischen war mir völlig klar, was sie vorhatte. Wenn sie die Wohnung heute an einen der anderen Interessenten vermieten konnte, zahlte sie mir meine zweitausend zurück. Falls nein, würde sie einfach warten, bis ich den Rest zahlte. Und wenn ich meine Meinung änderte, hatte sie sich immerhin die zweitausend gesichert.

Ich zog meine Brieftasche hervor und gab ihr zwei Tausend-Rubel-Scheine, ohne ihr einen Blick auf den Rest des Inhalts zu ermöglichen. „Können Sie mir eine Quittung geben?"

Sie seufzte übertrieben. „Was ist bloß heutzutage mit den jungen Leuten los?" Dennoch schrieb sie mir einen Beleg aus. „Soll ich Ihnen noch andere Wohnungen zeigen?"

„Ich glaube nicht. Diese hier ist perfekt. Ich bin mir

nur noch nicht sicher, ob ich tatsächlich so kurzfristig einhunderttausend Rubel aufbringen kann. Das hängt davon ab, ob ich mir in der Firma ein paar Boni sichern kann."

Meine Erklärung schien sie vollkommen zufriedenzustellen. „Ich erwarte Ihren morgigen Anruf."

Im Flur zog ich meine Schuhe wieder an. „Bis morgen dann."

„Ja, ja, bis morgen." Sie drängte mich regelrecht aus der Wohnung und schloss hinter mir ab.

Ich bestellte mir einen Uber-Wagen. Noch hatte ich mich nicht entschlossen, wie ich weiter vorgehen wollte. Sollte ich sie bei der Polizei anzeigen? Ja, klar … Ich hatte doch gar nichts Handfestes zu berichten.

Noch einmal zurück zur Arbeit zu gehen lohnte sich jetzt nicht mehr. Sollte ich mich einfach nach Hause fahren lassen? Aber was war mit der Wohnung? Und der Großmutter der Betrügerin, die noch nicht einmal anständig beerdigt worden war?

Nach einigem Überlegen kam ich zu einer Entscheidung. Ich kannte nur einen einzigen Menschen, der mir jetzt helfen konnte, und laut der Karte war er momentan sogar verfügbar.

Der Fahrer brachte mich zum örtlichen Polizeirevier. Ich wählte die Nummer von Major Igorevsky, dessen Visitenkarte noch immer in meiner Brieftasche steckte.

„Ja?", meldete er sich.

„Major Igorevsky?"

„Ja. Wer spricht da, bitte?"

„Phil, Phil Panfilov. Sie haben mich zu diesem verschwundenen Mädchen befragt, Oksana, erinnern Sie sich?"

„Oh, ja! Ich wollte Sie gerade anrufen."

Tatsächlich? Das war ja interessant!

„Wo sind Sie gerade?", wollte er wissen.

„Ich stehe vor dem Polizeirevier. Haben Sie einen Augenblick Zeit? Wir müssen uns unbedingt unterhalten."

„Ich bin in fünf Minuten bei Ihnen." Er legte auf.

Das System informierte mich darüber, dass mein Herzschlag die sicheren Parameter überschritten hatte. Na, kein Wunder! Ich war ziemlich nervös. Hätte ich nicht mit dem Rauchen aufgehört, wäre dies der perfekte Augenblick für eine Zigarette gewesen.

Als mir nach und nach die ganzen Einzelheiten der Stunden wieder einfielen, die ich in seinem Büro verbracht hatte, war ich mir auf einmal gar nicht mehr sicher, ob der Anruf bei ihm das Richtige gewesen war.

Der Major ließ nicht lange auf sich warten. Er wirkte müde, war aber ebenso höflich wie beim ersten Mal zu Beginn und zum Ende unserer Unterhaltung.

„Schön, Sie zu sehen, Herr Phil." Er zündete sich eine Zigarette an. „Hatten Sie eine weitere *Vision*?"

„Nicht direkt. Es gibt da nur etwas, das ich klären möchte."

Er deutete auf die Straße. „Sollen wir ein wenig spazieren gehen?"

„Klar."

Wir begaben uns in Richtung einer schmalen Allee in der Nähe des Reviers.

Unterwegs beendete der Major seine Zigarette mit ein paar wenigen, tiefen Zügen und griff sofort nach einer zweiten, die er zwischen den Fingern drehte, unwillig, sie anzuzünden. „Nun spucken Sie es schon endlich aus!"

Ich schilderte ihm in aller Kürze meine Wohnungssuche und das Angebot einer Traumwohnung von Galina.

„Wie war doch gleich der Name der Großmutter?", fragte er. „Ich lasse das gleich überprüfen. Wenn Sie recht haben und die Frau tatsächlich tot ist, wäre es merkwürdig, dass sie die Wohnung nur vermieten will. Ein Verkauf wäre weit logischer."

„Könnte sie sie nicht vermieten wollen, bis sie einen

Käufer gefunden hat? Um ein wenig Geld nebenher zu verdienen?"

„Möglich. Alles ist möglich. Haben Sie noch andere Informationen, die Sie mir mitteilen möchten?"

„Welche Informationen?"

„Oh, bitte! Warum zieren Sie sich denn so? Wenn Sie einen Tipp für mich haben, bleibt das streng unter uns beiden. Darauf gebe ich Ihnen mein Wort."

Ich öffnete die Karte und zoomte hinein, soweit es nur ging. „Die städtische Müllhalde", erklärte ich. „Irgendwo im südwestlichen Abschnitt. Der einzige Anhaltspunkt, den ich Ihnen nennen kann, ist ein verformtes, blaues Fahrrad ohne Räder, das unter all dem Müll nur schwer zu erkennen ist."

„Verstanden. Wir werden der Sache nachgehen. Und die Immobilienmaklerin, wie hieß sie noch gleich?"

„Galina Pakhomenko. Hier ist ihre Handynummer. Ich habe auch eine Quittung mit der Adresse der Wohnung."

„Sehr gut!" Der Major schrieb sich alles in sein Notizbuch, dann machte er mit dem Handy ein Foto von der Quittung. Anschließend steckte er Notizbuch und Handy wieder zurück in die Tasche und zündete die zweite Zigarette an. „Das verschafft uns Beweise gegen diese Dame. Sind Sie bereit, vor Gericht gegen sie auszusagen?"

„Eigentlich nicht."

„Okay, okay – machen Sie sich mal keinen Kopf. Ich danke Ihnen dennoch."

„Nichts zu danken. Können Sie mich in der Sache auf dem Laufenden halten?"

„Das hängt davon ab, wie sich alles entwickelt. Wir sehen uns." Er streckte die Hand aus.

Ich schüttelte sie.

Der Major hielt meine Hand fest. „Ach, und übrigens" – er sah mir direkt in die Augen – „ich habe neulich eine sehr interessante E-Mail erhalten. Von einem anonymen Absender. Darin wurde genau beschrieben, wo ich einige der vermissten Kinder finden kann, deren Fälle ich bearbeite."

„Das ist ja unglaublich!" Ich hoffte, genügend aufrichtige Überraschung in meine Worte gelegt zu haben. „Und? Haben Sie die Kinder gefunden?"

„Das haben wir – jedes einzelne von ihnen. Eines der Mädchen war sogar noch am Leben. Wir haben sie auf einem Sklavenmarkt in Dubai gefunden. Vor ein paar Stunden wurde sie befreit und in unser Konsulat gebracht. Sie fliegt heute Abend zurück nach Hause."

„Wissen Sie, wer sie entführt hat?"

Das Gesicht des Majors verdunkelte sich. Er warf die ausgedrückte Kippe in einen Abfallkorb. „Noch nicht. Wir haben ein paar Hinweise, aber die Untersuchung läuft noch."

„Zu schade!"

„Oh, keine Sorge – ich werde diesen Abschaum finden, und wenn es das Letzte ist, das ich tue! Aber Sie verraten mir besser, ob Sie in der Lage sind, nach ein paar weiteren vermissten Kindern Ausschau zu halten."

„Tut mir leid, Major – so funktioniert das nicht."

„Verdammt, nun lassen Sie sich mal ein Paar Eier in der Hose wachsen, Mann! Das ist nur zwischen Ihnen und mir! Besuchen Sie doch bitte einfach einmal unsere Website und rufen Sie die Seite mit den gesuchten Verbrechern auf, da finden Sie alle Informationen, die Sie brauchen. Versprechen Sie mir das? Wer weiß, vielleicht haben Sie ja eine weitere … *Vision*." Noch immer hielt er meine Hand fest.

„Ich werde sehen, was ich tun kann", gab ich nach.

„Sie sind ein anständiger Kerl, wissen Sie das?", sagte der Major ganz unvermittelt.

Er ließ meine Hand los, drehte sich um und ging zurück zum Revier, ohne sich auch nur zu verabschieden.

Es war gut, dass er mich nun nicht sehen konnte. Mich durchflutete eine enorme Welle der Freude, die mir die Knie weich werden ließ. Ich brach auf der nächsten Bank zusammen.

Für die Durchführung einer sozial bedeutungsvollen Handlung hast du 10.000 Erfahrungspunkte erhalten!

Gratuliere! Du hast ein neues Level erreicht!
Derzeitiges Level deines sozialen Status: 9
Verfügbare Eigenschaftspunkte: 1
Verfügbare Fertigkeitspunkte: 1

Fehlende Erfahrungspunkte bis zum nächsten Level des sozialen Status: 9.650 / 10.000

* * *

ALS ICH ENDLICH wieder bei Sinnen war, strotzte ich nur so vor Energie und Begeisterung. Ich war wahnsinnig glücklich darüber, wie sich die Dinge mit dem Major entwickelt hatten. Aus wahrscheinlich recht selbstsüchtigen Gründen hatte er die Quelle seiner Hinweise tatsächlich nicht preisgegeben. Mein Verhalten mochte dumm und naiv gewesen sein, aber ich war froh, dass ich nicht feige gekniffen hatte, als Oksanas Vermisstenmeldung im Fernsehen kam. Allein das „Gott segne Sie" ihrer Mutter war Belohnung genug gewesen.

Es stimmte zwar, ich war nicht geschickt und gerissen genug, um mich in solche Dinge einzumischen. Wenn die Staatsmacht mich morgen bei den Ohren packte und mir die Leviten las, hatte ich das allein mir selbst zuzuschreiben. Dennoch hatte ich das erste Mal in meinen zweiunddreißig Jahren das Gefühl, etwas zu tun, das von Bedeutung war.

In dieser euphorischen Stimmung begab ich mich

nach Hause, nahm Richie an die Leine und führte ihn in den Park. Ich musste endlich mein Joggen verbessern. Vielleicht verschaffte mir das die nötigen Punkte, um auch gleich noch das nächste Level zu erreichen. Noch weitere dreißig Minuten oder höchstens eine Stunde - und mein sozialer Status lag womöglich bei Level 10!

Ich begann zu laufen. Mein Körper fühlte sich erstaunlich leicht an. Richie begleitete mich und schnüffelte an den Bäumen.

Auf einmal traten drei dunkle Silhouetten direkt in meinen Weg. „Hey, Mann, haste mal 'ne Zigarette?"

„Tut mir leid, ich bin Nichtraucher", erwiderte ich und suchte mir meinen Weg um die drei herum, ohne meine Geschwindigkeit zu verlangsamen.

Im nächsten Augenblick stolperte ich über einen ausgestreckten Fuß und stürzte zu Boden. Ich versuchte, meinen Fall abzufangen, und landete auf den Handflächen, die ich mir dabei blutig schrammte.

Kapitel 27

Lasst mich einfach am Straßenrand liegen

„Wenn für eine bestimmte Gruppe von Männern der Gesellschaft die Räuberei zur Lebensweise wird, entwickeln diese Männer im Laufe der Zeit ein eigenes Rechtssystem, das genau dieses Verhalten legalisiert, sowie einen Moralkodex, der es verherrlicht."

Frédéric Bastiat

BEIM STURZ VERLETZTE ich mir das Knie. Meine Sicht füllte sich mit Protokolleinträgen, die den eingetretenen Schaden festhielten. Es war nichts Ernsthaftes, aber dennoch nicht sehr angenehm.

Solange ich zurückdenken konnte, von meinen ersten Kindergartentagen an bis hin zu meinen widerstrebenden Kampferlebnissen während des Studiums – und danach in meinem Leben –, so hatte ich es nie sehr gut verkraftet, mit Aggression konfrontiert zu werden. Wenn ich einem Straßengangster oder einem Raufbold begegnete, brach mir der kalte Schweiß aus und meine Knie zitterten. Eine panikartige Furcht hielt mich in den Klauen. Und jede dieser Begegnungen hinterließ einen schlechten Nachgeschmack, egal, wie sehr ich später versuchte, die Erinnerung an meine Angst zu unterdrücken – Angst sowohl vor Demütigung als auch vor Schmerz -, ebenso wie meinen Zorn auf mich selbst, ein solcher Feigling gewesen zu sein.

Diesmal jedoch spürte ich Wut und Verärgerung. Der Schmerz in meinem Knie bedeutete, ich konnte morgen weder joggen noch im Fitnessstudio trainieren. Womöglich musste ich sogar eine ganze Woche aussetzen, oder länger.

Um das Maß vollzumachen, war Richie nirgendwo zu sehen. Wahrscheinlich war er anderweitig beschäftigt. Wäre er in meiner Nähe gewesen, hätten diese Gauner es sich gewiss zweimal überlegt, mich anzugreifen. Noch mehr fuchste mich, dass ich noch immer keine Übung im Straßenkampf besaß. Was eine echte Schande war, insbesondere angesichts des Statistikverstärkers, der in meinem Premium-Konto inbegriffen war und mir rasche Erfolge verschafft hätte.

All diese Gedanken gingen mir in innerhalb weniger Sekunden durch den Kopf. Die drei Kerle amüsierten sich königlich. Die Tatsache, dass ich nicht gleich wieder aufgesprungen war, nahmen sie wahrscheinlich als Hinweis, dass ich ein Feigling war und sie daher ungestraft auf mich losgehen konnten.

Wo zum Teufel steckte bloß Richie?

Ich hielt mir das lädierte Knie, rappelte mich auf und betrachtete meine Angreifer. Dabei wog ich meine Chancen ab. Oh, nein, ich hatte keineswegs vor, mich auf eine handgreifliche Auseinandersetzung einzulassen, so sehr ich auch darauf brannte, endlich einmal für mich selbst einzustehen. Ich versuchte lediglich, herauszufinden, wie ich die Situation unbeschadet überstehen konnte. Was scherte es mich, wenn mein Stolz dabei verletzt wurde, solange nur mein Körper unbeschadet blieb? In der Zukunft sah das womöglich ganz anders aus, wenn ich mich nun endlich ernsthaft um eine Verbesserung meiner Kampffertigkeiten bemühte.

Sie waren zu dritt, und sie *konnten* kämpfen. Ich war allein, ein blutiger Noob in physischen Fähigkeiten und weit von der Kunstfertigkeit im Kampf entfernt, die ich irgendwann zu erreichen hoffte. Ich hatte nicht die geringste Chance.

Zwei der beiden waren gerade mal erst achtzehn. Der Anführer, ein bulliger Kerl mit Bürstenhaarschnitt, war einundzwanzig und hatte sich den Spitznamen Tarzan zugelegt. Alle drei trugen Shorts. Die beiden jüngeren hatten normale T-Shirts an, der Anführer ein ärmelloses Shirt, das seine Bizepse herausstellte. Die Level ihres sozialen Status waren nicht gerade beeindruckend – 3 und 4. Was für eine Schande! Drei verschwendete junge Leben …

Erwartungsvoll grinsten sie mich an. Tarzan entblößte seine Zähne mit einem Grinsen, zog kräftig an seiner Zigarette und spuckte mir vor die Füße. „Was? Keine Ziggies, Kumpel?"

Im Dämmerlicht der Parklaternen schienen seine Zähne zu leuchten. Ganz unauffällig rückten seine Handlanger näher an mich heran. Anscheinend reichte es nicht, meinen Stolz hinunterzuschlucken und mich auf nette Weise von ihnen zu trennen. Diese Kerle meinten es ernst.

Ich spuckte ebenfalls aus. Meine Spucke war blutig, ich hatte mir beim Sturz auf die Zunge gebissen. „Ich rauche nicht."

Dann holte ich tief Luft und brüllte: „Richie, komm her! *Komm!*"

Die drei Gauner blickten sich um und versuchten, herauszufinden, wen ich da wohl gerufen hatte.

„So, das war es dann für euch, Jungs", erklärte ich ruhig.

„Nein, wirklich?", heuchelte Tarzan Erstaunen. „Du willst dich mit uns anlegen? Bist du bescheuert, oder was?"

„Richie, *komm!*", brüllte ich erneut. Davonlaufen konnte ich den Kerlen nicht, schon das reine Stehen auf dem verletzten Bein schmerzte.

Einen kurzen Augenblick lang verschob sich mein Sichtfeld, war plötzlich umgeben von einem feurigen Rot. Die Zeit verlangsamte sich. Weniger als einen halben Meter von meinem Hinterkopf entfernt sah ich auf einmal eine Faust in der Luft schweben. Marthas Stimme las mir die Meldung vor, die vor mir erschien:

Warnung! Möglicherweise tödliche Aggression entdeckt!
Es besteht die Gefahr einer illegalen Aktivität, gerichtet gegen einen Benutzer, dessen sozialer Status beim Dreifachen des Status seiner Angreifer liegt.
Gewaltsame Aktivierung der heldenmütigen Fähigkeit: Sprint
Fähigkeitsklasse: Kampf
+100 % Geschwindigkeit des Benutzers
Erfordert Änderungen an Stoffwechsel und Zeitwahrnehmung des Benutzers
Warte auf Bestätigung der Aktivierung …

Noch während ich Marthas Stimme hörte, duckte ich mich. Der Schlagring in der Faust des jüngsten der Kerle schoss durch die Luft, nur wenige Zentimeter über meinem Kopf.

Ich richtete mich wieder auf. Noch bevor mir klar wurde, was ich da tat, ballte ich meine Hand zur Faust, die ich ihm in den Bauch rammte.

Aus irgendeinem Grund kniff er die Augen zusammen und sein Gesicht verzog sich zu einer Grimasse der Qual. Er krümmte sich, flog, der Schwerkraft zum Trotz, in die Luft und landete dann in hohem Bogen auf dem Boden, wie in einem Stunt aus einem zweitklassigen Action-Film.

Warte auf Bestätigung der Aktivierung …

Sende die Anfrage an den Server. Bitte warten. Zeitüberschreitung der Serververbindung. Es kann keine Verbindung zum Server hergestellt werden.

Die gewaltsame Aktivierung der heldenmütigen Fähigkeit: Sprint wird abgebrochen.

Auf einmal lief die Zeit wieder ganz normal. Mein Angreifer flog durch die Luft und landete mehrere Meter von mir entfernt, wo er bewegungslos auf dem Boden liegen blieb. Ich trat zurück und drehte mich um, damit ich die beiden anderen im Auge behalten konnte. Der zweite Handlanger hielt einen großen Schraubenschlüssel in der Hand, den Arm bereits erhoben. Doch nun hielt er mitten in der Bewegung inne und starrte fassungslos auf seinen Kumpel, der zusammengekrümmt dalag.

„Was habe ich gerade gesagt?" Ich spuckte vor seinen Füßen aus und grinste. Die Erhöhung des Geist-Levels war genau zur richtigen Zeit gekommen. „Was ist, Punk? Nun komm schon!"

Ganz langsam trat der „Punk" zurück, beäugte dabei seine beiden Freunde.

Mein kämpferisches Auftreten war natürlich nichts als ein Bluff, aber momentan schien das die einzige Lösung zu sein. Abhauen hätte nur meine Schwäche entblößt, und schnell laufen konnte ich mit diesem Knie ohnehin nicht. Außerdem, vielleicht tauchte Richie ja doch noch auf.

Tatsächlich – da kam er angerannt. Ich hörte sein Bellen, das Knacken von Zweigen, als er sich seinen Weg durch das Unterholz bahnte. Ich hatte keine Ahnung, wie es Hunden gelang, solche Situationen richtig einzuschätzen, aber sofort stellte er sich an meine Seite, den Kopf aggressiv gesenkt, und knurrte. Sein Nackenfell sträubte sich, seine Ohren lagen eng am Kopf. Mein Tiergefährte verbreitete eine Aura der

Angst …

Ich griff nach seinem Halsband, wie um ihn zurückzuhalten. In Wirklichkeit versuchte ich, meine eigenen Kräfte durch sein Selbstvertrauen und seinen Mut zu stärken.

„Passen Sie in Zukunft gut auf, Herr Mutig", drohte der Anführer. „Wir werden Sie uns greifen, irgendwann, und Sie wissen nie, wann es so weit sein wird!" Dann wandte er sich an den dritten: „Lass ihn einfach in Ruhe. Verschwinden wir."

„Und was ist mit ihm?" Der andere deutete auf seinen Freund am Boden, der sich noch immer nicht gerührt hatte.

„Er wird es überleben", erwiderte der Anführer. „Sobald er sich erholt hat, wird er zu uns stoßen." Dann marschierte er davon, in der stolzen Haltung eines Bodybuilders, den Rücken gerade und die Schultern gestrafft.

Ohne den Schraubenschlüssel zu senken, warf der dritte Kerl mir einen vorsichtigen Blick zu und trat dann zu seinem Freund.

„Keine Angst, ich werde dir nichts tun", beruhigte ich ihn. „Was ist mit deinem Freund?"

„Er atmet noch", erwiderte er.

„Dann nimm ihn mit, bevor ich …", setzte ich an, wurde jedoch unterbrochen.

Aus der Richtung, in der der Anführer gerade verschwunden war, kamen Schreie und das Geräusch von raschen Schritten.

Der Handlanger blickte in die Dunkelheit, dann verkündete er: „Du haust jetzt besser ab. Wir bekommen gerade Unterstützung. Lauf!"

Es dauerte eine Weile, bis ich mit meiner schlechten Sicht und etwas mitgenommenen Wahrnehmung endlich den Anführer erkannte, der direkt auf uns zugelaufen kam. Ihm folgte ein anderer kräftiger Typ.

„Da ist er!", rief der Anführer und sprang auf mich

zu. Bevor ich ausweichen konnte, hatte er mir einen mächtigen Hieb in die Rippen verpasst. Ich brach zusammen, rang nach Luft, hörte mehrere Stimmen und Richies Knurren. Der Hund hatte seine Zähne im Arm des Angreifers vergraben.

„Rühr dich nicht!", schrie Alik. Er war es, der den dreien zu Hilfe gekommen war.

Tarzan heulte wie am Spieß. Richie schüttelte den Kopf, ohne dabei Tarzans Arm loszulassen.

„Platz! Platz!", schrie der zweite Handlanger den Hund an. „Aus!"

„Phil, ruf den Hund zurück!", brüllte Alik mir ins Ohr, während er mir wieder auf die Füße half.

Ich beachtete ihn nicht und machte mir nicht einmal die Mühe, seine Rolle in dieser Situation zu verstehen. Urplötzlich überwältigten mich Schmerz und Furcht. Das System bestätigte mir das umgehend und meldete erhöhte Werte von Adrenalin und anderen Stoffen. Ich erhielt einen Buff durch „Zorn und Tapferkeit" mit einem Bonus jeweils für Stärke, Beweglichkeit und Durchhaltevermögen. Das verschaffte mir gleichzeitig eine erhöhte Schmerzschwelle, einen schnelleren Stoffwechsel und mehr Selbstvertrauen.

„Du Dreckskerl!" ächzte der Anführer. „Halt mir gefälligst deine Töle vom Leib!"

„Phil, bitte – ruf Richie zurück", bat Alik, dann wandte er sich an den Hund: „Richie, komm – guter Junge!"

Richie warf mir einen Blick zu. Kluger Hund! Mit schweren Schritten ging ich auf Tarzan zu, fest entschlossen, ihm das Grinsen aus dem Gesicht zu wischen.

„Phil, bitte!" Alik hielt mich an der Schulter zurück.

Ich schüttelte ihn ab.

„Phil!"

„Halt die Klappe!" Ich holte aus, wollte dem Mistkerl den Schädel einschlagen.

„Stopp, verdammt noch mal!", rief Alik und riss meinen Arm zurück.

„Wie bitte?", explodierte ich. „Du nimmst dieses Stück Scheiße auch noch in Schutz?"

„Beruhig dich einfach, Mann!", drängte Alik. „Es ist in Ordnung! Es ist jetzt alles wieder in Ordnung!"

Ich sah ihm in die von langen Wimpern umrahmten Augen. Sein pockennarbiges Gesicht strahlte Frieden aus. Endlich kam ich wieder zu mir.

„Richie, aus!", sagte ich. „Alik, wass'en los, Mann? Haben die Kerle dir erzählt, wie sie mich überfallen haben?"

„Noch nicht", antwortete er. „Dazu kommen wir gleich."

Richie nahm die Kiefer auseinander und gab Tarzans Arm frei. Noch immer knurrend stellte er sich neben mich.

Bald hatten wir alles geregelt. Die drei Gauner, ein paar Ränge unterhalb von Alik in ihrer ungeschriebenen Hierarchie der Straße, entschuldigten sich bei mir und zahlten mir sogar eine „Geldbuße". Tarzan leerte seine Taschen und wollte mir alles überreichen, was sich darin befand: ein paar Banknoten, Kleingeld, eine halb leere Schachtel Zigaretten, ein Feuerzeug und eine angebrochene Packung Kaugummi.

„Wofür ist das denn?", erkundigte ich mich verwundert.

„Für Ihre Umstände", keuchte er. „Es tut uns leid. Wir hätten es besser wissen müssen."

Zu diesem Zeitpunkt wachte der Kerl am Boden gerade wieder auf. Er runzelte die Stirn, versuchte, die Situation zu kapieren, und stimmte dann prompt mit ein: „Ja, es tut uns sehr leid. Wir haben Sie nicht erkannt. Wir haben bereits viel Gutes über Sie gehört, Sie jedoch niemals zu Gesicht bekommen. Es ist alles unsere Schuld."

„Ich brauche dein Geld nicht", lehnte ich Tarzans Gaben ab. „Ihr bringt ihn jetzt besser in die Notaufnahme. Bisswunden müssen medizinisch versorgt werden. Wer weiß, der Hund könnte sogar Tollwut haben."

„Alik, bitte sag Yagoza nichts davon, Mann", flehte Tarzan. „Bitte?"

„Ich werde nichts verraten", erklärte Alik. „Aber du fragst besser Herrn Panfilov."

Versuchte er etwa gerade, mein Ansehen bei den Straßengangstern für mich zu verbessern?

Tarzans Blick schwenkte zu mir. Er wartete.

„Ich werde kein Wort sagen", versprach ich und erhielt prompt Mitteilungen über mein verbessertes Ansehen bei allen dreien.

Alik umarmte seine Kumpels nacheinander, und die drei machten sich davon. Zwei von ihnen stützten ihren Freund, der noch immer ziemlich mitgenommen wirkte.

„Hör mal, Mann, es tut mir leid", sagte Alik. „Das sind meine Jungs, ich habe sie von Grund auf ausgebildet. Sie haben dich einfach nicht erkannt, das ist alles."

„Oh, ich bin derjenige, dem es leidtut, Mann!", bemerkte ich und ahmte dabei sarkastisch seinen Tonfall nach. „Aber findest du nicht, das ist ein bisschen pervers? Wenn das jemand anderes gewesen wäre, hätten sie sich sein Geld und sein Handy unter den Nagel gerissen, ihn gründlich verprügelt und liegengelassen. Findest du das etwa in Ordnung?"

Dazu sagte er nichts. Wir machten uns auf den Weg. Ich hinkte, er streichelte zögernd Richie. Als wir eine hell erleuchtete Straße mit vielen Autos und Passanten erreichten, schien der Anblick uns in die Realität zurückzubringen, und Alik machte endlich den Mund auf.

„Weißt du, Phil, das sind doch nur Kinder.

Heißblütige Jungs mit zu viel Adrenalin. Sie brauchen Geld und sind bereit, dafür zu arbeiten. Aber was sie auch versuchen, niemand nimmt sie. Sie haben keinen Job. Nichts haben sie! Wie sollen sie sich denn ihren Lebensunterhalt verdienen, kannst du mir das mal verraten?"

„Ich soll es dir verraten?", wiederholte ich. In meinem Kopf begann sich eine Idee zu formen. „Nun denn. Jetzt hör mir mal gut zu …"

✳ ✳ ✳

KAUM HATTEN WIR den Park verlassen, zwang Alik mich dazu, mich auf eine Bank zu setzen. Dann eilte er zur nächsten Apotheke. Inzwischen war mein Knie angeschwollen und jeder Schritt kostete mich Mühe. Der Zorn und Tapferkeit-Buff war längst abgeklungen, was den Schmerz durch mein gesamtes Bein jagen ließ.

„Du musst dein Bein hochlegen. Auf die Bank", riet Alik mir, bevor er sich auf die Socken machte. „Das verlangsamt das Anschwellen."

„Warte mal! Deine Jungs – sie waren kaum zu bändigen. Sind sie immer so aggressiv? Sie hätten mich beinahe umgebracht!"

„Oh, nein, ganz und gar nicht! Normalerweise machen sie den Leuten nur Angst, und das war es auch schon. Aber heute ist Tarzan einfach durchgedreht. Er hat eine kleine Tochter, musst du wissen, und seine Familie teilt sich mit seinen Eltern eine Zweizimmerwohnung. Sein Vater ist gelähmt. Und was er an Sozialleistungen bekommt, ist ein echter Witz. Sie haben nichts zu essen im Haus, verstehst du?"

„Ich versuche jedenfalls, es zu verstehen. Aber er ist fit und gesund. Er war in der Armee, oder etwa nicht? Er könnte doch ohne weiteres einen einfachen Job finden. Güterzüge im Bahnhof entladen zum Beispiel. Oder er könnte Nachtwächter werden …"

„Und du glaubst, das hätte er nicht längst alles versucht? Er steht jeden Morgen um fünf Uhr früh auf und schließt sich den anderen Gelegenheitsarbeitern an, in der Hoffnung, endlich einmal aufgerufen zu werden, wenn die Vorarbeiter ihre Auswahl treffen. Er ist bereit, jeden Job anzunehmen, den er kriegen kann!"

„Ich verstehe es trotzdem nicht. Früher oder später wird man ihn ins Gefängnis stecken. Und wer soll dann seine Familie versorgen?"

„Du hast selbst keine Kinder, oder?", fragte Alik. „Ich auch nicht. Aber seine Tochter ist schwer krank, sie braucht eine Operation, oder sie wird bald sterben. Sein Vater braucht seine Medikamente und ... Ach, egal. Warte hier auf mich. Ich bin gleich wieder da."

Eine Viertelstunde später kam er mit einer Salbe aus einer rund um die Uhr geöffneten Apotheke zurück. Er hatte dafür mit seinem eigenen Geld bezahlt. Ich schmierte mir das Zeug aufs Knie und wartete darauf, dass die Wirkung einsetzte. Alik lungerte herum, seufzend in seine eigenen Gedanken versunken und gestand mir schließlich, dass er nicht wusste, wo er die Nacht verbringen sollte.

„Wie kommt denn das?", erkundigte ich mich.

„Ich habe bei einem Kumpel gewohnt, doch der hat jetzt eine neue Freundin. Letzte Nacht habe ich im Park geschlafen, aber ich bin mitten in der Nacht aufgewacht, weil mir so kalt war. Ich musste eine Runde laufen, um wieder warm zu werden. Heute Morgen hat mein Chef mich dann dabei erwischt, wie ich bei der Arbeit eingeschlafen bin. Später hat er mich losgeschickt, Fisch abzuladen und in der Tiefkühltruhe zu lagern. Ich bin total eingefroren." Er gähnte, dass seine Kiefer knackten. „Und halb verhungert."

„Das mit dem Essen ist kein Problem", erklärte ich. „Gehen wir einfach zu mir und ich koche uns etwas. Aber was deine Unterkunft betrifft ... Kannst du dir nicht ein Zimmer mieten?"

„Das könnte ich … vermute ich mal … Aber ich habe dein Geld verwendet, um einen Kredit und alle möglichen ausstehenden Rechnungen zu bezahlen, und mein neuer Chef gibt mir keinen Vorschuss. Damit hat er ja auch recht, schließlich habe ich dort erst zwei Tage gearbeitet. Ich habe schon eine Wohnung gefunden, ganz in der Nähe der neuen Arbeit, aber …"

„Hör mal", unterbrach ich ihn, „ich hab' da eine Idee. Ich werde in ein paar Tagen in eine neue Wohnung ziehen. Und die Miete für meine Wohnung ist noch für eine ganze Woche bezahlt. Wenn du willst, kannst du dort solange unterkommen."

„Wirklich?"

„Ja, warum denn nicht?"

Er sagte nichts, aber eine neue Systemmitteilung verriet mir alles, was ich wissen musste:

Dein Ansehen bei Romuald „Alik" Zhukov hat sich verbessert!
Derzeitiges Ansehen: Respekt 40/120

Mit einem Augenblinzeln schloss ich die Meldung. Ich fühlte mich seltsam berührt. Das war der erste Knastbruder in meinem Leben, der Respekt für mich empfand. Natürlich werden einige Leute gleich behaupten, das wäre ja nun wirklich nichts, worauf man stolz sein könnte. Aber ich hatte in Bezug darauf eine andere Meinung. Im geradezu unheimlich wirkenden Neonlicht einer nahen Anschlagtafel wirkte Alik fast wie ein blauer Troll. Damit meine ich nicht die blöde Zeichentrickfigur für Kinder, sondern den Troll aus *World of Warcraft*: ungeschickt, aber kräftig und hochgewachsen, mit muskulösen Armen, die bis zu den Knien hingen. Deshalb fühlte ich mich durch seinen Respekt für mich, einen überängstlichen Computerfreak, ebenso geehrt wie sich ein Spieler der

Allianz durch den Respekt eines aggressiven Hordentrolls geehrt fühlen würde.

„Lass uns gehen", schlug ich vor und stand auf.

„Warte, ich helfe dir", sagte Alik eifrig. Er stellte sich neben mich und legte mir einen Arm über den Rücken.

„Richie, bei Fuß!", befahl ich, überfallen von plötzlicher Trauer. Schon bald würde Svetlana, sein Frauchen, den Hund abholen.

Wir kamen ohne weitere Zwischenfälle in der Wohnung an. Nur schade, dass ich mein Joggen nicht hatte beenden können – so hatte ich die Gelegenheit verpasst, heute noch ein weiteres Level zu erreichen.

„Komm rein und mach es dir bequem", bot ich Alik an. „Und du wartest, Richie – ich muss erst deine Pfoten säubern."

Auf dem Heimweg hatte ich intensiv über das nachgedacht, was im Park passiert war. Diese sogenannte „heldenmütige Fähigkeit" – und es war nicht einmal die beeindruckendste aus der Liste – hatte mir ermöglicht, mich zu verhalten wie Neo in *Matrix*, wenn auch nur für wenige Sekunden. Das unglaubliche Gefühl meiner Überlegenheit wurde noch durch meine Rechtschaffenheit verstärkt. Ich hatte genau gewusst, ich tat das Richtige, sonst hätte das System mir auch niemals diese Fähigkeit verliehen.

Das Ergebnis war eine Empfindung, wie ich sie noch nie in meinem ganzen Leben erfahren hatte. Diese Fähigkeit verschaffte einem die vollständige Kontrolle über die Situation, ähnlich der wie bei einem rundenbasierten Kampf in *Fallout*. Eigentlich stand sie mir erst ab Level 20 oder so zu – und nun wusste ich genau, worauf ich mich da freuen durfte.

„Phil, Mann, hast du was dagegen, wenn ich unter die Dusche steige?", fragte Alik und beschnüffelte seine Achselhöhlen. „Ich kann mich selbst schon nicht mehr riechen."

„Klar. Frische Handtücher sind im

Badezimmerschrank."

Er ließ sich Zeit, und wenn ich die Geräusche aus dem Bad richtig deutete, hatte er gleich auch noch seine Klamotten in die Waschmaschine gesteckt.

In der Zwischenzeit bereitete ich das Abendessen zu. Den nächsten Morgen musste ich unbedingt damit verbringen, noch ein paar Deals für Ultrapak zu landen. Ideen, wie ich das anstellen könnte, hatte ich bereits, und ich wollte Pavel für seine Freundlichkeit mit ein paar netten Umsätzen überraschen, ihn auf keinen Fall enttäuschen. Außerdem musste ich im Fitnessstudio trainieren, Richie ausführen – schließlich würde es nicht mehr lange dauern, bis ich mich von ihm trennen musste – und entscheiden, was ich wegen einer neuen Wohnung anstellen sollte. Ich musste unbedingt herausfinden, ob die Anmietung der Wohnung von Galina legal war oder nicht. Falls nein, musste ich weitersuchen. Diesmal hatte ich vor, mich dabei des Interfaces meines Systems zu bedienen.

Außerdem musste ich Yanna anrufen und sie fragen, ob unser Termin für den Scheidungsantrag am Freitag noch stand. Das hatte ich eigentlich noch heute erledigen wollen, aber dafür war es nun zu spät.

Ich öffnete die Liste meiner Aufgaben, verkleinerte sie und ließ sie in meinem Sichtfeld schweben. Ich musste über Reihenfolge und Priorität der anstehenden Aufgaben entscheiden.

- *mich mit Yanna treffen und die Scheidung einreichen*
- *meine Kasinoschulden bei meinem Freund Gleb Kolosov zurückzahlen*
- *eine Strategie für die Suche nach Verbrechern ausarbeiten*
- *meine Habseligkeiten verringern*
- *in eine neue Wohnung ziehen und die Schlüssel für die alte Wohnung Romuald „Alik" Zhukov übergeben*

*- Richie seinem Frauchen Svetlana „Sveta"
Messerschmitt zurückgeben*

*- ein paar meiner alten Freunde kontaktieren und
mich mit ihnen treffen, um mit ihnen zu quatschen*

Die Erledigung der letzten beiden Miniaufgaben auf
meiner alten Liste – mein Joggen verbessern und mir
die Haare schneiden zu lassen – hatten mir überhaupt
keine Erfahrungspunkte eingebracht, nicht einmal
mickrige 5 Punkte. Ich hatte das merkwürdige Gefühl,
dass das Programm mir meinen Fortschritt
zunehmend erschwerte. Inzwischen belohnte es mich
nicht mehr für den Abschluss geringfügiger Aufgaben.

Ich betrachtete die Prioritätsreihenfolge der
Aufgaben.

Momentan hielt das System von *Erweiterte Realität*
meine Scheidung offensichtlich für die wichtigste
Angelegenheit.

Warum war mir schleierhaft. Was bitte würde sich
denn ändern? Das würde es doch nur, wenn ich mich
aus irgendwelchen Gründen wieder mit Yanna
versöhnen würde. Eigentlich sollte man doch glauben,
das Retten einer Familie wäre eine sozial erheblich
bedeutungsvollere Handlung als eine Trennung!

Und warum hielt die Plattform die Rückzahlung
meiner Schulden bei Gleb – dank der Erwähnung in
der Liste erinnerte ich mich nun auch endlich wieder
an seinen Namen – für entscheidender als das
Aufspüren gesuchter Verbrecher? Andererseits –
vielleicht war es nicht das Geld, das zählte, sondern die
Wiederherstellung seines Vertrauens in Freundschaft
und die Menschheit?

Sofort holte ich mein Smartphone hervor und suchte
in den sozialen Medien, bis ich sein Profil gefunden
hatte. Von seiner Freundesliste hatte er mich längst
entfernt, aber zum Glück hatte er mich nicht gesperrt.
Ich schrieb ihm eine Nachricht, berichtete, wie sehr ich

mich schämte, und erklärte meinen Wunsch, die Schulden endlich zu begleichen. Außerdem erwähnte ich, es wäre schön, wenn wir und ein paar alte Freunde uns mal wieder zusammensetzen könnten – vielleicht diesen Freitag.

Ähnliche Nachrichten – mit Ausnahme der Schuldentilgung – schickte ich an all meine alten Freunde von der Uni, männlich wie weiblich, zu denen ich die Verbindung verloren hatte, als ich ihre E-Mails nicht mehr beantwortet hatte, weil ich zu sehr in *World of Warcraft* vertieft war.

Angefangen hatte das bei einem Update ... Wie hieß das noch gleich? Ich konnte mich nicht erinnern. Die Sache mit der Optimierung hatte sich offensichtlich bereits ausgewirkt.

Mit solcherlei Überlegungen kehrte ich zum Kartoffelschälen und Zwiebelschneiden zurück. Ich beschloss, etwas ganz Einfaches zu kochen und mich nicht an einem komplizierten Gericht zu versuchen. Hühnerbeine und Fritten, das sollte gut genug sein.

Eine Verbesserung im Joggen hatte ich vorhin nicht erzielen können, aber meine halbgaren Kochversuche brachten mir die Erfahrungspunkte ein, die ich so dringend brauchte.

Die Hühnerbeine waren noch längst nicht durch, als ich eine neue Mitteilung erhielt:

Gratuliere! Du hast ein neues Fertigkeitslevel erreicht!
Name der Fertigkeit: Kochen
Derzeitiger Level: 4
Erhaltene Erfahrungspunkte: 500

Hurra! Das reichte, um zum nächsten Level aufzusteigen, was dann für heute das zweite neue Level war.

Womit ich mir den *Heldenmut* erschlossen hatte!

Gratuliere! Du hast ein neues Level erreicht!
Derzeitiges Level deines sozialen Status: 10
Verfügbare Eigenschaftspunkte: 1
Verfügbare Fertigkeitspunkte: 1

Jetzt standen mir zwei Fertigkeits- und zwei Eigenschaftspunkte zur Verfügung. Einen Punkt musste ich unbedingt in Glück investieren, um dort Level 10 und damit den weltweiten Durchschnitt zu erreichen. Schließlich war das die Voraussetzung für alle heldenmütigen Eigenschaften der Ebene 1.

Einen weiteren Punkt hatte ich für entweder Intelligenz oder Beweglichkeit vorgesehen. Allerdings beschloss ich, diese Entscheidung auf später zu verschieben. Womöglich zwang mich der Erwerb heldenmütiger Fähigkeiten, meine ursprüngliche Strategie für den Aufstieg in den Leveln noch einmal neu zu überdenken.

Ich öffnete die Beschreibung der heldenmütigen Fähigkeiten.

Ebene 1
Name der Fähigkeit: Erkennen von Lügen
Fähigkeitsart: Passiv, heldenmütig
Erhöht beträchtlich die Fähigkeit des Benutzers, die Unaufrichtigkeit einer Person zu erkennen

Anforderungen an die Freischaltung:

- Heldenmut: Level 1+
- Sozialer Status: Level 10+
- Empathie: Level 5+
- Kommunikationsfertigkeiten: Level 5+
- Wahrnehmung: Level 10+
- Charisma: Level 10+
- Glück: Level 10+
- Intelligenz: Level 20+

Ebene 1
Name der Fähigkeit: Heimlichkeit und Unsichtbarkeit
Fähigkeitsart: Aktiv, heldenmütig
Ermöglicht dem Benutzer die Aktivierung des Heimlichkeits-Systemmoduls, um für alle Kreaturen in seiner Umgebung unsichtbar zu werden. Mindestdauer der Unsichtbarkeit: 15 Sekunden; je nach Geisteswerten. Kann im Kampf eingesetzt werden.

Anforderungen an die Freischaltung:

- Heldenmut: Level 1+
- Sozialer Status: Level 10+
- Stärke: Level 10+
- Beweglichkeit: Level 10+
- Wahrnehmung: Level 10+
- Durchhaltevermögen: Level 10+
- Glück: Level 10+
Abklingzeit: 1 Stunde

Mit dem derzeitigen Level meines sozialen Status erfüllte ich die Anforderungen für beides. Auswählen konnte ich allerdings nur eine Fähigkeit. Meine Statistiken entsprachen eher dem Erkennen von Lügen, sofern ich es bei Intelligenz auf Level 20 und in der Wahrnehmung auf Level 10 brachte. Momentan verfügte ich über Level 18 und 7. Beide Eigenschaften wuchsen allerdings organisch. Ich hatte längst festgestellt, dass sich der Balken meiner Intelligenz mit jedem Buch, das ich las, ausdehnte. Und was die Wahrnehmung betraf, so erweiterte sie sich umso schneller, seitdem ich mit dem Rauchen aufgehört hatte und wieder alle Sinne uneingeschränkt einsetzen konnte.

Wenn ich es schaffte, am Abend vor dem Schlafengehen noch Stephen Hawkings' *Eine kurze Geschichte der Zeit* zu Ende zu lesen, reichte das vielleicht sogar für ein neues Intelligenz-Level. Und für übermorgen, sobald der Debuff durch Nikotinentzug abgelaufen war, durfte ich mit dem baldigen Erreichen eines neuen Wahrnehmungslevels rechnen.

Wenn ich einen Punkt in Intelligenz investierte, konnte ich noch heute das erforderliche Level 20 erreichen, später die Punkte für die nächsten beiden Level des sozialen Status in die Wahrnehmung stecken – und Bingo!

Wie sich das wohl anfühlte, immer genau zu wissen, ob jemand log oder nicht? Die Wahrheit war nicht immer eine gute Sache. Wie viele Paare lebten nur deshalb glücklich zusammen, weil sie ein paar unangenehme Wahrheiten ganz tief irgendwo vergraben hatten? Ob diese Fähigkeit wohl meinen Glauben in die Welt, respektive in deren Bewohner erschüttern würde?

Es stimmte schon, diese zweischneidige Fähigkeit würde mir mit dem Auslaufen der Lizenz natürlich sofort wieder verloren gehen. Manchmal reichten aber schon ein paar Monate aus, in denen man genau wusste, was eine bestimmte andere Person von einem hielt, um die Wände hochzugehen.

Wenn ich die Sache so betrachtete …

Wie wäre es also mit Heimlichkeit und Unsichtbarkeit? Andererseits, was bitte sollte ich denn damit anfangen? Meine Dienste der Spionageabwehr anbieten? Mich der Armee anschließen und in Kampfgebiete entsenden lassen? Ein Kopfgeldjäger werden? Falls ich das wollte, konnte ich die Anforderungen für diese zweite heldenmütige Fähigkeit sehr wohl erfüllen, wenn auch nicht ganz so leicht wie die für das Erkennen von Lügen.

Darüber musste ich wirklich einmal in aller Ruhe gründlich nachdenken. Für welche Strategie sollte ich mich entscheiden, was den Aufstieg in den Leveln betraf? Was wollte ich werden? Wie sah meine Vision aus, die Welt zu verbessern? Wie würde sich das auf mich auswirken? Oder auf meine Familie? War ich hinter Geld und Ruhm her? Oder wäre es mir lieber, eine Art perfekter, idealer Charakter zu werden, der alles erreichen und selbst seine wildesten Träume wahrmachen konnte?

Ich war so vertieft in all diese Überlegungen, dass ich darüber glatt das Abendessen vergessen hatte. Woher kam bloß dieser beißende Rauch?

Himmel, es waren die Hühnerbeine!

* * *

SPÄTER BEIM GERETTETEN Abendessen sprachen wir über meinen Einfall.

„Das ist es also, was wir tun werden – Leuten helfen?", fragte Alik.

„Wir helfen allen, die unsere Hilfe brauchen", erklärte ich und fischte den letzten Bissen vom Teller. „Ob nun Menschen oder Hunde oder Katzen …" Ich stand auf und schaltete den Wasserkessel ein.

„*Katzen?*" Alik schluckte einen großen Bissen hinunter, ohne auch nur zu kauen. „Wie sollen wir denen denn helfen? Und warum?"

„Wir könnten ein neues Heim für ausgesetzte Kätzchen finden. Und den Leuten, die Arbeit suchen, einen Job beschaffen. Oder Wohnungssuchenden eine neue Bleibe. Im Grunde sind wir eine Art Makleragentur, die die richtigen Leute zusammenbringt. Wir wählen die passenden Anbieter für die Verkäufer aus, Vermieter für die Mieter, Sportler für die Trainer, Partner für die Partnersuchenden … Warum, willst du wissen? Nun, zunächst einmal, weil sie alle uns dafür eine Gebühr zahlen werden. Und zweitens werden wir auch jede Menge gemeinnütziger Aufgaben ohne Bezahlung übernehmen. Wir machen Werbung in den sozialen

Medien, was die Sichtbarkeit unserer Agentur steigert, wir ..."

„Tut mir leid, das verstehe ich nicht so ganz", unterbrach Alik mich. „Was bitte soll das steigern?"

„Wir könnten zum Beispiel eine Facebook-Gruppe gründen. Bist du auf Facebook?"

„Natürlich bin ich das!" Er war regelrecht beleidigt. „Warte, ich zeige es dir!"

Am liebsten hätte ich dieses Angebot ignoriert, doch er hatte bereits sein Uralt-Smartphone hervorgekramt und hielt mir sein Facebook-Profil unter die Nase. Ich las seinen letzten Beitrag, ein Stück wahre Weisheit der Straße:

„Ich habe gekämpft, seitdem ich ein Kind war. Ich bin kein Überlebenskünstler, ich bin ein Krieger."

Das Profilfoto zeigte Alik mit einer Zigarette, wie er Rauch in die Kamera blies. Man sah sofort: Hier hatte man es mit einem wirklich zähen, gerissenen Typen zu tun. Und das war der Mann, mit dem ich meine zukünftigen geschäftlichen Aktivitäten besprach?

„Hervorragend – dann weißt du ja genau, was ich meine", brachte ich die Unterhaltung zum eigentlichen Thema zurück. „Je mehr Leute von uns wissen, desto mehr Kunden können wir uns sichern."

Das Wasser im Kessel begann zu brodeln. Alik sprang auf. „Ich kümmere mich darum. Was willst du trinken, Tee?"

„Ja, bitte."

Wir tranken unseren Tee schweigend. Alik scrollte durch seinen Instagram-Feed. Endlich stellte er mir die Frage, die ihm bestimmt schon eine ganze Weile auf der Zunge gelegen hatte: „Phil? Wofür brauchst du dabei denn mich und meine Jungs? Jetzt mal ernsthaft?"

„Zum einen ist das viel zu viel Arbeit für mich allein", erklärte ich. „Ich müsste sowieso ein paar Assistenten einstellen. Zum zweiten seid ihr harte Kerle. Das kann eines Tages noch einmal sehr nützlich werden, wer weiß. Und drittens – kann ich das nicht einfach machen, um euch zu helfen? Um euch bei eurem Fortschritt im Leben zu unterstützen? Was ist denn daran so verkehrt?"

„Ich verstehe", murmelte er. Seine Stimme war auf einmal heiser.

„Aber das ist noch längst nicht alles", fuhr ich fort. „Du kannst deinen Jungs sagen, sie sind sozusagen die Kampftruppe. Was bedeutet, sie müssen sich zusammenreißen. Keine Zigaretten, kein Besaufen. Wir werden alle gemeinsam ins Fitnessstudio gehen und miteinander trainieren."

Mir war sehr wohl bewusst, dass sich das wie das Hirngespinst eines naiven Weichlings anhörte. Und ich hatte es mit erfahrenen Straßenräubern zu tun, denen bereits wer weiß wie viele Leute zum Opfer gefallen waren. Womöglich hatten sie sogar schon einen Mord auf dem Gewissen. Sobald ich das Erkennen von Lügen aktiviert hatte, musste ich Aliks „Jungs" einmal genau unter die Lupe nehmen. Falls ich dabei eine wirklich schwerwiegende Straftat aufdeckte, war ich womöglich gezwungen, das Gesetz in die eigenen Hände zu nehmen.

Andererseits, wenn *ich* nichts unternahm – wer sollte es dann tun? Solange ich ihnen keine Chance bot, etwas Gutes mit ihrem Leben anzufangen, setzten sie einfach nur ihren gefährlichen Weg hinunter in die Gosse fort.

„Betrachte es als erledigt." Alik schlug sich mit der Faust gegen die Brust. „Soll ich meinen neuen Job gleich wieder kündigen?"

„Nein, bleib zumindest noch eine Weile dabei. Womöglich fangen wir erst in einem Monat richtig an. Ich muss ja auch noch die Sache mit meinem eigenen Job regeln und eine Menge anderer Dinge. Meine

Scheidung steht an und so weiter. Anschließend muss ich Pläne aufstellen und festlegen, was genau wir machen wollen und wie wir das am besten anfangen."

Er nickte. „Hast du was dagegen, wenn ich rauche? Ich kann dafür auch auf den Balkon gehen."

„Kein Problem. Du kannst übrigens auf dem Sofa pennen. Bettwäsche ist im Schrank, bedien dich. Ich gehe jetzt ins Bett, ich muss morgen früh raus."

„Ich auch. Die Fahrt zur neuen Arbeit ist ein echter Albtraum. Ich rauche noch eine, dann spüle ich das Geschirr und gehe ebenfalls schlafen."

„Prima. Gute Nacht!", verabschiedete ich mich.

„Gute Nacht", rief er mir nach und begab sich auf den Balkon.

Ich legte mich ins Bett, rief auf dem Smartphone das Hawkings-Buch auf, und erst dann fiel mir ein, dass ich neben den Eigenschaftspunkten ja auch noch die verfügbaren Fertigkeitspunkte vergeben musste. Ich ging alle Erwägungen durch. Die Lernfertigkeiten konnte ich einstweilen nicht weiter verbessern, weil die Optimierung noch im Gange war. Sollte ich die Punkte also in etwas anderes investieren?

Am Ende beschloss ich: Das war die Sache nicht wert. Besser, ich wartete auf den Abschluss der Optimierung, die mir vier Punkte einbringen würde. Zusammen mit den bereits verfügbaren zwei Punkten brachte das meine Lernfertigkeiten gleich auf einen Schlag auf Level 9. Das verschaffte mir in weniger als einem Monat +270 % für meine Lernfähigkeiten! Und dabei hatte ich den Statistikverstärker und den Prioritätsstatus dieser Fertigkeit noch gar nicht berücksichtigt. Das Ergebnis würde unter anderem auch meine Lesefertigkeit verbessern, was sich wiederum positiv auf meine Intelligenz auswirken musste.

Ja, das schien mir die richtige Entscheidung zu sein. Vor allem angesichts der Tatsache, dass es umso schwerer würde, ein höheres Level zu erreichen, je weiter ich in einer Fertigkeit bereits fortgeschritten war. Da kamen die Systempunkte gerade recht.

Ich las das Buch zu Ende. Im Wohnzimmer quietschten die rostigen Sprungfedern des Sofas bei jeder von Aliks Bewegungen. Gelegentlich war auch ein gedankenvolles Seufzen zu hören. Endlich herrschte Stille. Wenigstens relativ betrachtet – denn nun setzte das Schnarchen ein.

Wie ich es vorausgesehen hatte, brachte mich das Lesen der letzten Seite auf das nächste Level:

Gratuliere! Du hast ein neues Fertigkeitslevel erreicht!
Name der Fertigkeit: Lesen
Derzeitiger Level: 7
Erhaltene Erfahrungspunkte: 500

So weit, so gut. Aber wie sah es nun mit meiner Intelligenz aus?

Ich überprüfte den Fortschrittsbalken und seufzte enttäuscht. Er stand auf 99 %. Na, egal – das musste ich mir einfach bis morgen aufsparen. Heute Abend konnte ich nichts mehr lesen, mir fielen bereits die Augen zu. Sie juckten, als wären sie voller Sand.

Rasch investierte ich noch einen Systempunkt in Glück.

Warnung! Es wurde eine ungewöhnliche Erhöhung deiner Eigenschaft Glück um 1 (einen) Punkt festgestellt.
Dein Gehirn wird nun entsprechend des neuen Wertes (10) umstrukturiert, um deinem derzeitigen Level der Entscheidungsfindung zu entsprechen.

Wieder einmal musste die Welt kurz verschwunden sein – was ich im dunklen Schlafzimmer jedoch nicht bemerkte. Allerdings spürte ich sehr wohl eine neuerliche Umarmung der großen Leere.

So, und jetzt zum zweiten Punkt … Ja, den sollte ich wirklich in die Wahrnehmung stecken. Intelligenz konnte warten. Momentan besaß Wahrnehmung Priorität.

Es war das erste Mal, dass ich Wahrnehmung zu verbessern versuchte. Ich bereitete mich also auf etwas ganz Außergewöhnliches vor, ähnlich dem, was ich bei der ersten Steigerung meiner Stärke erlebt hatte.

Warnung! Es wurde eine ungewöhnliche Erhöhung deiner Eigenschaft Wahrnehmung um 1 (einen) Punkt festgestellt.

Deine Sinnesorgane, die für den Empfang der Stimuli für Sehen, Hören, Riechen, Tasten und Schmecken verantwortlich sind, ebenso wie für deinen Gleichgewichtssinn und die räumliche Orientierung, werden nun entsprechend des neuen Wertes (8) umstrukturiert, um deinem derzeitigen Level der Wahrnehmung zu entsprechen.

Erforderliche Änderungen: Es erfolgen Anpassungen betreffend deine Augen, Ohren, Nase, Haut, Zunge, dein Gleichgewichtssystem und deine Nervenenden.

Warnung! Um diese Fertigkeit zu aktivieren, ist ein ungestörter Schlaf über einen Zeitraum von 3 Stunden erforderlich. Bitte achte darauf, dass dein Standort sicher ist. Es wird dir empfohlen, die Bauchlage einzunehmen.

Annehmen/Ablehnen

Ich klickte mental auf *Annehmen* und wurde sofort zwangsweise in den Schlaf versetzt.

✻ ✻ ✻

MITTEN IN DER Nacht wurde ich von der beharrlichen Vibration meines Handys unter dem Kissen geweckt. Anscheinend verbesserte die Sache mit der Wahrnehmung tatsächlich meine Sinne. Vorher hatte es schon eines zusätzlichen Klingelns bedurft, um mich zu wecken.

Ich zog das Gerät hervor und starrte auf das Display. Was zum Teufel ... Hatte ich jetzt etwa Halluzinationen? Oder war das tatsächlich meine Demnächst-Ex-Schwiegermutter?

Anscheinend befand sich die gesamte Familie mit dem Ziel auf dem Kriegspfad, mir meinen Schlaf zu rauben! Hatten sie sich etwa untereinander abgesprochen? Zuerst hatte Yanna angerufen, dann ihr neuer Liebhaber und nun meine Schwiegermutter höchstpersönlich, in Lebensgröße und mit doppelter Hässlichkeit!

„Was ist?", schnauzte ich in den Hörer.

„Phil, Süßer, ich bin es, deine Schwiegermutter", säuselte sie. „Ist Yanna bei dir?"

„Meine Schwieger*mutter*? Ich dachte, du hättest mir bei unserer letzten Begegnung sehr klargemacht, dass ich jegliche Mütterlichkeit deinerseits vergessen kann? Nein, Yanna ist nicht hier. Sie war nicht mehr hier seit dem Tag, an dem ihr beide eure Sachen abgeholt habt."

„Phil!" Sie brach in Schluchzen aus. „Yanna ist verschwunden!"

Mir stand offensichtlich schon wieder eine schlaflose Nacht bevor. Verdammt!

Kapitel 28

Gefangen im Auge des Sturms

„Zu einer Scheidung gehören immer drei."

Aleksander Kumar

„PHIL, WOHIN GEHST du denn?", kam Aliks Stimme verschlafen vom Sofa.

„Schlaf weiter. Ich bin bald zurück."

Leise fluchend schnürte ich mir die Turnschuhe. Wie konnte Yanna bloß so dumm und gedankenlos sein? Ein paar der Flüche galten allerdings auch ihrer kontrollsüchtigen Mutter.

Auf mich selbst war ich sogar noch wütender als auf diese beiden. Wie sich im Laufe meiner kurzen, aber sehr schwermütigen Unterhaltung mit Frau Orlova herausgestellt hatte, war es schon eine ganze Weile her, dass jemand Yanna gesehen hatte. Ihre Mutter hatte zuerst vermutet, sie wäre zu mir zurückgegangen. Meine Antwort, dass Yanna nicht hier wäre, hatte sie sofort in absolute Panik versetzt. Ich war mir nicht einmal sicher, welche der Möglichkeiten sie mehr gefürchtet hatte – die von Yannas Verschwinden oder die unserer vermuteten

Versöhnung.

Mein Schwiegervater war unterwegs zur Beerdigung eines ehemaligen Kollegen irgendwo am anderen Ende des Landes. Yanna hatte derweil zuerst ein paar Tage bei Vlad verbracht, war dann jedoch wieder zu Hause aufgetaucht. Dort blieb sie allerdings nicht lange. Wie man sich gut vorstellen kann, kann es zu nichts anderem als zu einer Katastrophe führen, wenn zwei Schlangen sich ein Nest teilen. Selbst wenn sie eng aneinandergeschmiegt daliegen, ist der Grund nicht etwa, dass sie sich lieben, sondern dass einfach zu wenig Platz ist.

Daher war Yanna als die jüngere, weniger Erfahrene in der feinen Kunst der konstanten verbalen Folterung bald wieder ausgezogen, und seither hatte ihre Mutter nichts mehr von ihr gehört. Zuerst hatte sie sich noch gefreut, weil sie davon ausgegangen war, Yanna hätte ihren Rat befolgt und wäre endgültig bei Vlad eingezogen.

„Er ist ein so respektabler, junger Mann mit guten Aussichten", hatte sie Yanna und bei dem Telefonat dann mir erklärt.

In diesem Augenblick hatte es mir gereicht. In Gedanken hatte ich ihr genau erklärt, in welches dunkle Loch sie sich verziehen könnte, und einfach aufgelegt.

Kaum fünf Minuten später meldete sich das Festnetztelefon in der Küche. Ich war zu schläfrig und benommen, um den Stecker zu ziehen, also meldete ich mich, damit Alik nicht vom Klingeln geweckt wurde.

„Die Verbindung wurde unterbrochen", schluchzte Frau Orlova, bevor sie ihre Schilderung fortsetzte.

Ich wagte es nicht, erneut aufzulegen, und verfluchte mich selbst für meine guten Manieren und meinen Respekt vor alten Leuten. Außerdem war ich, das musste ich zugeben, auch neugierig, was denn nun passiert war.

Immerhin hatte seit dem Wochenende niemand mehr etwas von Yanna gehört. Ihre Mutter hatte mehrfach versucht, sie anzurufen, doch ihr Handy war ausgeschaltet. Bei der Arbeit war sie nicht erschienen, und heute hatte Frau Orlova herausgefunden, dass ihre Tochter sich auch nicht bei Vlad aufhielt. Daraufhin hatte sie sämtliche Freundinnen von Yanna angerufen, ohne Erfolg.

„Bist du sicher, dass ihr euch nicht gestritten habt?", wollte ich wissen. Falls die beiden im Streit auseinandergegangen waren, konnte Yanna ihren Freunden eingeschärft haben, für sie zu lügen. Zuzutrauen war ihr das ohne Weiteres.

„Himmel, nein!", rief meine Schwiegermutter aus. „Ich habe immer nur versucht, sie davon zu überzeugen, dass sie bei Vlad am besten aufgehoben ist."

Diesmal reagierte ich gar nicht auf ihr Loblied auf meinen Nachfolger. Es hatte ja doch keinen Sinn, noch mal aufzulegen oder etwas darauf zu erwidern. In den Augen meiner Demnächst-Ex-Schwiegermutter war unsere Ehe beendet. Ich war schlicht nicht mehr im Rennen – also konnte sie, so glaubte sie, offen mit mir reden. Und angesichts ihrer angeborenen naiven Taktlosigkeit kam ihr bestimmt nicht einmal der Gedanke, wie das auf mich wirken könnte. Oder meine Gefühle waren ihr gleichgültig.

Noch vor dem Ende des Telefonats hatte ich Yanna längst auf der Landkarte des Systems gefunden. Jetzt musste ich nur noch entscheiden, was ich mit diesem Wissen anfangen sollte.

Frau Orlovas Anruf einfach zu ignorieren, kam nicht infrage. Schließlich waren wir noch immer eine Familie, und ihre mütterliche Besorgnis für ihre Tochter war nur allzu verständlich. Ihre altmodische Eitelkeit hielt sie davon ab, zur Polizei zu gehen und eine Vermisstenmeldung aufzugeben. Dafür hatte sie zu viel Angst um ihren guten Ruf. So funktionierten ihre Gedankengänge nun einmal.

Der Karte nach ging es Yanna gut. Würde ich allerdings ihre Adresse einfach meiner Schwiegermutter nennen, hätte das nur eine Flut von Fragen und Verdächtigungen ausgelöst, und ich war wirklich nicht in der Stimmung, mich damit herumzuschlagen.

Also versuchte ich, meine Schwiegermutter soweit es ging zu beruhigen, rief mir ein Taxi und bereitete mich darauf vor, meiner Ex einen Besuch abzustatten.

„Phil, warte!" Alik kam aus dem Wohnzimmer, in ein Laken gehüllt. „Gibt's Probleme, Mann?"

„Das war meine Schwiegermutter. Meine Frau ist anscheinend verschwunden. Ich will mich an ein paar Orten umschauen, wo sie sein könnte. Geh wieder schlafen."

„Kommt nicht infrage", erklärte er. „Ich komme mit, ich muss mich nur schnell anziehen."

Es war sinnlos, mit ihm zu diskutieren.

Wenige Minuten später waren wir mit dem Taxi unterwegs zu einem Vorstadthotel, wo sich Yanna dem System zufolge aufhielt. Der Name des Hotels – *Red Rose Inn* – sagte mir nichts, aber dem Standort nach war es kein Hilton-Hotel, das stand schon einmal fest.

Alik setzte sich vorn neben den Fahrer.[29] Auf dem Weg durch die verlassene Stadt diskutierten die beiden voller Leidenschaft über die Chancen unserer Fußballmannschaft bei der Weltmeisterschaft zu Hause. Die Straße vor uns glitzerte und reflektierte den goldenen Schein der Straßenlaternen.

„Wir werden sie alle einmachen!", verkündete Alik. „Schließlich ist das für uns ein Heimspiel. Und die Gruppenphase können wir auf jeden Fall überstehen."

---

[29] In russischen Taxis steht auch der Beifahrersitz für Passagiere zur Verfügung.

„Das glaube ich nicht", widersprach der Fahrer. „Unsere Mannschaft ist die schlechteste seit Jahren und ..."

Ich hörte nicht weiter zu. Am liebsten hätte ich den Fahrer gebeten, umzudrehen und uns wieder nach Hause zu bringen. Mein Gehirn kochte. Was zum Teufel machte ich hier eigentlich? Die Suche nach meiner Ex-Frau war eines der dümmsten, sinnlosesten und unvernünftigsten Dinge, die ich jemals in meinem Leben angestellt hatte.

Mein Herz schwieg, es hatte mir nicht den Befehl gegeben, mich auf die Socken zu machen. Auch das Interface hatte weder Aufgaben noch Quests verteilt. Also, was um Himmelswillen tat ich bloß?

War der Grund, dass ich Yanna unbedingt sehen wollte? Nein, nicht wirklich.

Hatte ich das Gefühl, sie bräuchte meine Hilfe? Wohl kaum. Sie hielt sich nicht an irgendeinem gefährlichen Ort auf, sondern in einem Hotel. Und ich war mir ganz sicher, mit ihr war alles in Ordnung.

Versuchte ich vielleicht, meiner unermüdlichen Schwiegermutter einen Gefallen zu tun? Ja, ganz bestimmt ... Noch immer befand sich ein Teil von mir auf einer Protestdemonstration, schwenkte Banner und brüllte den Wunsch nach ihrer ewigen Verdammnis in der Hölle laut heraus.

Aber was hatte dann den Ausschlag gegeben? War es mein Wunsch, zu helfen, ganz einfach, weil ich es konnte? Ich konzentrierte mich auf meine Gefühle. Nein, damit hatte es ebenfalls nichts zu tun. Diese außerirdische Software schien mich zwar langsam, aber sicher zum Altruismus zu erziehen und meine angeborene Selbstsucht zu erschüttern, doch es sprach einfach zu viel gegen diese ganz spezielle Aufgabe. Ich war dabei, zu weit zu gehen, und gefährdete dabei mein Privatleben und meine eigenen Ziele. Die Sache raubte mir sogar den Schlaf.

Kurz bevor wir das Hotel erreichten, kam mir endlich die Erleuchtung. Das alles diente dem Abschluss meiner Ehe. Ich wollte meine Beziehung zu Yanna – und ihrer Familie – offiziell auf eine neue, freundschaftliche Basis stellen. Ich konnte Yanna den Morgen nicht vergessen, an dem ich unter dem Ansturm meiner neu erworbenen Stärke beinahe zusammengebrochen wäre und sie ohne Vorankündigung aufgekreuzt war, um mir die Wohnung auszuräumen. Meine eigenen Besitztümer hatte sie dabei achtlos – oder vielmehr verächtlich – auf dem Boden verteilt. Ich erinnerte mich auch nur zu gut daran, wie Vlad mich ohne Grund angebrüllt und anschließend wie einen Idioten hatte stehen lassen, um mit Yanna, ihrer Mutter und ihren Sachen in seinem Jeep davonzubrausen.

Das war unsere Abschiedsszene gewesen.

Ich war davon ausgegangen, sie mit Ausnahme des kurzen Scheidungstermins nie wiederzusehen.

Jetzt hatte ich die Chance, unsere Trennung auf eine andere Grundlage zu stellen.

„Da sind wir", erklärte der Fahrer. „*Red Rose Inn*."

„Könnten Sie bitte auf uns warten? Wir bleiben nicht lange."

„Das kostet zehn Rubel pro Minute", warnte er.

„Das ist schon in Ordnung. Alik, bleibst du bitte im Wagen?"

„Bist du sicher ...?"

„Ja, ich bin sicher. Ich bin gleich zurück."

Ich stieg aus, und der Fahrer machte sich auf die Suche nach einem Parkplatz.

Dem äußeren Anschein nach hätte man niemals vermutet, hier ein Hotel vor sich zu haben. Das Schild war nicht einmal erleuchtet. Eine einzelne Straßenlaterne warf ihr Licht auf die grob zusammengehämmerte, schmiedeeiserne Darstellung einer Rose an der Wand.

Ich betrat das Gebäude und schaute mich um, suchte nach dem Empfang. Auf einem Sofa am anderen Ende der schmalen Eingangshalle schnarchte ein Wachmann vor sich hin.

Ich näherte mich ihm. Ah, da war auch die Empfangstheke, und dahinter saß ein junger Kerl zusammengesunken auf einem Stuhl. Sein Kopf hing zur Seite und er schlief ebenfalls.

Ich drückte auf die Klingel. Erschrocken fuhr der Portier hoch und verzog die Lippen zu einem Lächeln. „Guten Abend ... ähm ... guten Morgen ... Wie kann ich Ihnen helfen?"

„Guten Abend. Können Sie mir sagen, welches Zimmer Frau Yanna Orlova hat?"

Zu meinem unbändigen Zorn hatte meine mentale Landkarte mir diese Information verweigert. Wahrscheinlich verfügte ich dafür nicht über genügend Erkenntnis.

Der Typ zog ein großes Gästebuch unter der Theke hervor, zögerte jedoch. „Ich fürchte, das ist eine vertrauliche Information", erklärte er schließlich und legte das Buch wieder weg.

„Hören Sie, Dmitry", sagte ich – den Namen hatte ich ausnahmsweise mal auf dem Schild an seiner Brust gelesen –, „sie ist meine Frau."

Inzwischen war der Kerl vollständig wach und absolut professionell. „Ich fürchte, wir können solche Informationen nicht preisgeben. Es ist eine Frage der Privatsphäre unserer Gäste."

„Könnten Sie Frau Orlova dann bitte anrufen? Fragen Sie sie, ob sie herunterkommt oder bereit ist, mich in ihrem Zimmer zu empfangen."

„Ich würde sie nur höchst ungern stören. Wissen Sie, wie spät es ist?"

Er war wirklich gut. Mit Worten konnte ich mir an ihm nur die Zähne ausbeißen. Also versuchte ich es auf andere Weise.

Ich zog die Brieftasche heraus und legte einen Geldschein vor ihm auf die Theke.

Ohne großes Interesse betrachtete er das Geld und schob es dann zurück in meine Richtung. „Danke, das brauche ich nicht. Wenn Sie keine weiteren Fragen haben, möchte ich Sie bitten, das Hotel zu verlassen. Sonst muss ich den Sicherheitsdienst rufen."

„Das ist nicht nötig", sagte eine Stimme hinter mir. „Der Sicherheitsdienst ist bereits zur Stelle."

Ich drehte mich um. Ein vierschrötiger Kleiderschrank in einem zerknitterten Anzug stand hinter mir. Sein Grinsen ließ eine Goldkrone aufblitzen.

„Nun komm schon, zier dich nicht so", sagte er zum Portier. „Wir haben doch freie Zimmer, oder etwa nicht? Sie wollten ein Zimmer, nicht wahr, mein Herr?"

„Unbedingt", erwiderte ich. „Was kostet das doch gleich für eine Nacht?"

Er deutete auf den Geldschein. „Genau diesen Betrag. Wir lassen es nicht über die Bücher laufen, einverstanden?"

Der Kerl am Empfang starrte ihn fasziniert an. Endlich wechselte sein Blick zu mir, zum Geld und prompt drehte er sich zum Schlüsselbord hinter ihm um. Er nahm einen Schlüssel mit einem dicken, fassartigen Anhänger vom Haken, auf dem die Zahl „23" stand.

Noch bevor ich danach greifen konnte, nahm der Wachmann den Schlüssel an sich. „Ich zeige Ihnen Ihr Zimmer. Folgen Sie mir."

Kurz lehnte er sich über die Theke und flüsterte dem Portier etwas ins Ohr. Der junge Mann nickte und steckte den Geldschein in seine Tasche.

Ich folgte dem Wachmann in den dritten Stock und einen engen Flur hinunter, in dem es nach altem Staub roch. Endlich standen wir vor dem Raum Nummer 33.

„Das ist das Zimmer Ihrer Lady", flüsterte er

verschwörerisch. „Aber ich habe nichts gesagt. Ich halte jetzt ein Nickerchen in Ihrem Zimmer, während Sie beide sich unterhalten."

Er begab sich zurück zur Treppe. Ich seufzte und klopfte an die Tür.

Ich musste nicht zweimal klopfen. Die Tür schwang auf, als hätte Yanna auf jemandes Ankunft gewartet. Sie schien nicht schläfrig zu sein, auch wenn ihre Haare zerzaust waren. Ihr Bademantel, mir nur allzu vertraut, stand offen und verhüllte nicht sehr viel.

„Phil?", fragte sie überrascht. „Was machst du denn hier?"

Ich wollte die anderen Gäste hinter den papierdünnen Wänden nicht stören. Also schob ich Yanna aus dem Weg, ging hinein und schloss die Tür hinter mir. „Wir müssen leise sein. Ist sonst noch jemand hier?"

„Das geht dich einen Dreck an!", fauchte sie. Ein rascher Blick hatte mich allerdings davon überzeugt, dass sie allein war.

Das Zimmer war klein. Ein Fernseher warf sein flackerndes Licht gegen die Wände. Auf dem Boden lag ein offener Koffer voller Klamotten und neben dem Bett stand eine halb leere Whiskeyflasche.

„Meinetwegen – komm rein." Sie drehte sich um und stolzierte hüftschwingend zurück zum Bett, als ob sie ein Model auf dem Laufsteg wäre.

Ich ließ mich in einen Sessel fallen. „Ich bleibe nicht lange. Deine Mutter hat mich angerufen. Sie ist krank vor Sorge."

„Das wird ihr hoffentlich eine Lehre sein. Zuerst hat sie das Leben meines Vaters ruiniert, und jetzt versucht sie dasselbe mit meinem. Sie kann ihre Nase einfach nicht aus meinen Angelegenheiten heraushalten. Willst du eine Zigarette?"

Ich schüttelte den Kopf.

„Ach, nun komm schon! Was ist bloß los mit dir?

Lass uns einfach zusammen eine rauchen, so wie früher immer."

„Ich rauche nicht mehr, tut mir leid. Ruf sie einfach an, sag ihr, dir geht es gut, und schon bin ich wieder weg."

„Ach, wirklich? Du kommandierst mich jetzt also herum?"

„Das tue ich nicht. Und du solltest nicht so viel trinken."

„Das ist ganz allein meine Sache!", verkündete sie mit der Bravour einer Betrunkenen. „Willst du einen Schluck?"

„Nein, danke."

Ich stand auf und ging im Raum herum, suchte nach ihrem Handy. Ich hatte vor, die Nummer meiner Schwiegermutter zu wählen, auf Lautsprecher zu schalten und wieder zu gehen. Ich hatte getan, was ich konnte. Alik und der Taxifahrer waren inzwischen bestimmt über dem Warten eingeschlafen.

„Du hast abgenommen", stellte sie fest. „Du siehst beinahe wieder wie der Kerl aus, in den ich mich vor all den Jahren verliebt habe. Und der neue Haarschnitt steht dir gut."

Sie legte sich aufs Bett und blies Rauchringe in die Luft, beobachtete mit spöttisch hochgezogenem Mundwinkel meine Suche.

Endlich fand ich ihr Mobiltelefon hinter der Minibar. Das Display und das Gerät selbst wiesen einen Sprung auf, doch es schien nicht allzu schlimm zu sein. Ich drückte auf den Startknopf und das Logo mit dem angebissenen Apfel erschien.

„Leg das sofort wieder weg!", schnauzte sie mich an.

Ich ging zum Bett. „Was ist deine PIN-Nummer?", fragte ich sie ruhig.

„Sonst noch irgendwelche Geheimnisse, die dich interessieren?" Ihre Stimme zeigte den vertrauten Ton übertriebener Verärgerung. „Lass die Finger davon!"

Ich gab ihr Geburtsdatum ein, und das Gerät war so nett, sich zu entsperren. Diese Wahl einer PIN-Nummer war nicht besonders klug.

Als Yanna sah, was ich gerade erreicht hatte, schoss sie vom Bett hoch und griff nach dem Handy, schlug dabei ihre Fingernägel in meine Hand. „Gib das sofort her!"

„Oh, dann nimm es dir einfach! Fahr zur Hölle – und deine Mutter kannst du gleich mitnehmen!" Ich hatte die Nase endgültig voll. Sollten die beiden das doch ohne mich zu Ende bringen! Wenn sie ihre Mutter nicht anrief, konnte ich das später immer noch selbst erledigen. Ich ließ das Telefon los und ging zur Tür, leckte mir dabei das Blut von der Hand. „Ruf deine Mutter an", wiederholte ich. „Ich gehe jetzt."

„Hey ...", sagte sie hinter mir. „Phil?"

Ich wusste genau, ich sollte nicht darauf reagieren. Ich musste die Tür öffnen, das Hotel verlassen, nach Hause gehen und schlafen, damit ich am Morgen mit dem Umsetzen meines Plans beginnen konnte, der mich meinem Ziel näherbringen würde.

Ich hatte genug von all den Spielchen mit amourösen Andeutungen. Erst Yanna, dann Vicky und nicht zu vergessen Marina ... Nein, das reichte jetzt!

Ich öffnete die Tür. Und machte dann den Fehler, mich unwillkürlich doch umzudrehen. Der Anblick ließ mich wie angewurzelt stehenbleiben, machte es mir einen Augenblick lang unmöglich, zu gehen.

Yanna stand in der Mitte des Zimmers. Der Bademantel war zu Boden gefallen.

Ich betrachtete ihr Profil. Ich hatte definitiv keine Systemmitteilung erhalten. Was merkwürdig war, denn mein Ansehen bei ihr hatte sich auf unerklärliche Weise von Abneigung zu Freundlichkeit verwandelt. Ihr Interesse an mir lag bei nahezu 100 %. Der Balken ihrer Laune spielte verrückt, stieg erst bis zum Maximum an und fiel anschließend rasch und unaufhaltsam. Ich hatte nicht einmal gewusst, dass sie zu solchen Umschwüngen überhaupt fähig war. Anscheinend war sie besessen – entweder von einem Dämon oder von einem psychotischen Zeitreisenden.

Die fehlenden Meldungen über mein Ansehen bei ihr beunruhigten mich. In der Hausarztpraxis hatte das System mich mit Mitteilungen über Menschen überschüttet, die ich nicht einmal kannte – und jetzt war da gar nichts, was Yanna betraf, mit der ich viele Jahre zusammengelebt hatte. Mein Versuch, wieder eine Freundschaft zu ihr aufzubauen, hatte mir auch keinen einzigen Erfahrungspunkt eingebracht.

Und was war das, dieses Symbol eines Buffs (oder Debuffs?) mit einem Ausrufezeichen daneben? Ich konzentrierte mich darauf.

Aha – das war ein Debuff durch Berauschung II. Sie setzte alle Eigenschaften herab, verbunden mit einer Verringerung von Selbstkritik und Selbstkontrolle. Gleichzeitig steigerte sie die sexuelle Erregung, was wiederum die Anziehungskraft aller Personen des anderen Geschlechts erhöhte.

„Nun zier dich nicht länger, Phil!", forderte Yanna mich auf. Ihre Stimme wirkte verführerisch, aber darunter schwang der vertraute Befehlston.

„Du bist so schön wie immer", seufzte ich und riss mich gewaltsam zusammen. „Danke – aber nein, danke."

„Was?" Völlig verwirrt griff sie nach einem Laken und schlang es um ihren Leib. „Was hast du gesagt?"

„Schick mir doch bitte eine SMS mit dem Termin für die Scheidung, wenn du dich besser fühlst."

Ich drehte mich um und ging hinaus. Bevor ich die Tür schloss, wiederholte ich noch einmal: „Und du solltest wirklich deine Mutter anrufen."

Das Klicken der sich schließenden Tür fiel mit dem Eintreffen einer Systemmitteilung zusammen – und mit lauten Flüchen, gefolgt von einem Krachen, als etwas hart gegen die Tür knallte, wahrscheinlich ihr Handy.

Dein Ansehen bei Yannina „Yanna" Orlova hat sich verringert!
Derzeitiges Ansehen: Hass 30/360

Aha – es war also alles in Ordnung. Ich hatte mir schon Sorgen gemacht, das System – oder das lokale Informationsfeldsegment oder beides – könnten von einem Softwarefehler befallen worden sein.

Wer auch immer gesagt hatte, dass Liebe und Hass nur einen einzigen Schritt voneinander entfernt liegen, er hatte recht. Ich tat diesen Schritt, als ich Yannas billiges, hässliches Hotelzimmer verließ.

Eine halbe Stunde später waren Alik und ich wieder in meiner Wohnung und gingen erneut schlafen, um das auszunutzen, was von der Nacht noch übriggeblieben war.

* * *

NACH DEM AUFWACHEN überprüfte ich sofort meinen physischen Zustand. Trotz des nächtlichen Ausflugs fühlte ich mich ausgeschlafen. Mein Knie schmerzte nicht. Die Salbe, die Alik aus der Apotheke besorgt hatte, musste wirklich gut sein. Entweder das – oder da war tatsächlich ein Fehler im System, der sich dank des Verstärkers vorteilhaft auf meine Erholung ausgewirkt hatte.

Auf jeden Fall war die Schwellung zurückgegangen. Ich beugte und streckte das Knie mehrfach und spürte überhaupt nichts. Dann stand ich auf. Mein Körper war in Ordnung, ich konnte also doch ins Fitnessstudio gehen.

Alik schlief noch auf dem auseinandergeklappten Sofa, wobei er wie ein Kind ausgestreckt auf dem Rücken lag. Er trug noch immer Jeans und T-Shirt.

Das Laken lag zusammengeknüllt in einer Ecke. Auf seiner breiten Brust stand Boris, knetete mit den Pfoten und schnurrte.

Richie jaulte, begierig nach einem Spaziergang. Ich schüttelte Alik. Er sprang sofort hoch. Das war anscheinend eine Gewohnheit, die er durch das Schlafen auf Parkbänken entwickelt hatte.

„Guten Morgen", sagte ich. „Hast du etwas dagegen, den Hund auszuführen? Ich mache uns in der Zeit Frühstück."

„Ja ... Warte, lass mich erst mal richtig aufwachen ...", murmelte er und streckte sich. „Ist heute der dreißigste?"

„Ja. Morgen beginnt der meteorologische Sommer. "

„Das ist klasse, Mann! Sie haben versprochen, mich am 1. Juni für die Tage zu bezahlen, die ich im Mai gearbeitet habe."

Alik ging ins Bad. Richie und Boris folgten ihm und hielten davor Wache.

„Kommt schon, ihr Schmarotzer!", rief ich die beiden. „Frühstück!"

Das war nicht das übliche Kommando, aber sie verstanden mich trotzdem. Sofort stürmten sie gemeinsam in die Küche und versuchten dabei, sich gegenseitig aus dem Weg zu schubsen. Boris fauchte ihren Protest, während Richie stumm blieb, jedoch nicht weniger entschlossen war. Er schnüffelte zuerst an Boris' Napf, was ihm einen Pfotenhieb der erbosten Mieze auf seine schwarze Nase eintrug, dann machte er sich über seinen eigenen her.

Während Alik sich präsentabel machte, kochte ich ein Dutzend Eier, bereitete Brote mit Käse und Schinken zu und goss den Kaffee ein.

„Wo ist die Leine?", fragte Alik aus dem Flur.

„Sie hängt irgendwo neben der Wohnungstür", rief ich.

„Hab sie! Richie, wo steckst du?"

„Er reagiert nur auf Kommandos", erklärte ich. „Versuche es mit ‚Komm‘ oder ‚Gassi‘."

Richie spitzte die Ohren. Alik kam mit der Leine in die Küche, hakte sie in Richies Halsband, griff sich ein belegtes Brot und murmelte: „Komm, Richie, komm. Bei Fuß! Guter Junge!"

Bevor die beiden zurück waren, hatte ich ein leichtes Frühstück eingenommen. Vor meinen sportlichen Übungen allzu viel zu essen wäre keine gute Idee gewesen.

Ich schnürte mir gerade die Sportschuhe, als die beiden hereinkamen. Richie hechelte und stank zum Himmel. Hatten die beiden etwa eine Runde Joggen eingelegt oder so etwas?

„Die Wohnungsschlüssel hängen am Haken neben der Tür. Ich muss los, ins Fitnessstudio."

„Betreibst du etwa Gewichtheben?", fragte er erstaunt.

„Gewissermaßen, ja. Ich mache mich jetzt auf die Socken. Wir sehen uns heute Abend. Und bitte vergiss nicht, die Tür abzuschließen."

Im Studio war es ziemlich leer. Entweder waren die alle schon im Sommerurlaub, oder sie hatten ihre Ziele erreicht. Aber mein Trainer Alexander war anwesend und bereit, mit mir zu arbeiten.

Ich hatte keine Ahnung, woran es lag, aber diesmal besaß ich ein weit besseres Bewusstsein für meinen Körper. Vielleicht hatte es etwas mit meiner verbesserten Wahrnehmung zu tun. Während des Kreuzhebens spürte ich tatsächlich jeden einzelnen daran beteiligten Muskel. Das unterstützte mich sehr dabei, die Übung korrekt auszuführen.

„Hervorragend, Phil – gut gemacht!", lobte Alexander mich. „Deine Technik hat sich massiv verbessert. Warte, ich schraube ein wenig mehr Gewicht auf."

Nahezu alle Gewichte waren diesmal mindestens fünf Pfund schwerer als beim letzten Mal, doch es kostete mich kaum mehr Anstrengung. Natürlich, ich musste hart arbeiten, aber ich schaffte es. Es war mir bereits aufgefallen, dass die Verbesserung meiner Stärke mich weit weniger Mühe kostete als die aller anderen Eigenschaften. Der Fortschrittsbalken war bereits halb gefüllt und wuchs weiter. Noch ein wenig mehr Training, und ich konnte es in der Stärke womöglich auf Level 9 bringen. Und wiederum ein paar Wochen später hatte ich hoffentlich das Level 10 erreicht, das ich so nötig brauchte.

Um meinen Blutkreislauf in Gang zu halten, beendete ich das Krafttraining, indem ich fünf Minuten lang auf einem Laufband auf höchster Einstellung lief. Dann ging mir die Puste aus und war gezwungen, langsamer zu machen.

Anschließend machte ich mich an die Beweglichkeit. Obwohl ich erst am Morgen zuvor ein neues Level erreicht hatte, war der Fortschrittsbalken bereits wieder nahezu voll. Und ich hatte es nicht einmal bemerkt! Das musste mit meinem Gewichtsverlust zu tun haben.

Ich stellte mich auf die Waage. Gegenüber gestern hatte ich ein weiteres Kilo abgenommen. Das lag bestimmt an meinem aktiveren Lebensstil und regelmäßigen Mahlzeiten. Schließlich war mein Tagesablauf jetzt kein Vergleich mehr zu den Zeiten von *World of Warcraft*, als ich mich dauernd mit Kartoffelchips und Schokolade vollgestopft hatte, um sie mit zuckerhaltigen Getränken hinunterzuspülen. Oder hatte es ebenfalls mit meiner verbesserten Wahrnehmung zu tun? Hatte Martha mir nicht erklärt, dass alle Eigenschaften sich gegenseitig beeinflussten?

Nach ein paar Beweglichkeitsübungen begab ich mich unter die Dusche.

Als ich nach dem Handtuch griff, rutschte ich auf dem nassen Fußboden aus. Mein Herz vergaß einen Augenblick lang zu schlagen. Ich fuchtelte wie wild mit einem Arm in der Luft herum, und es gelang mir, das Gleichgewicht wiederzufinden.

Das System überlegte anscheinend eine Weile und kam dann zu dem Schluss, dass ich mir damit ein neues Level verdient hatte. Einfach so!

Deine Beweglichkeit hat sich verbessert!
+1 Beweglichkeit
Derzeitige Beweglichkeit: 6
Für die Verbesserung einer Haupteigenschaft erhaltene Erfahrungspunkte: 1.000 Punkte

Ich trank einen Protein-Shake, um die Vorräte meines Körpers wieder aufzuladen, die für die Steigerung seiner Kräfte erforderlich waren, verabschiedete mich von der freundlichen Empfangsdame und begab mich nach Hause. Ich hatte keine Zeit, herumzulungern, schließlich hatte ich für heute große Pläne.

Alik war bereits gegangen. Ich zog mich um und begab mich zur Arbeit.

Schon von Weitem erblickte ich Greg, der auf den Stufen stand und rauchte. Er sah aus wie aus dem Ei gepellt: weißes, gestärktes Hemd, polierte Schuhe und eine Hose mit perfekt geraden, rasiermesserscharfen Bügelfalten.

„Da ist er ja!", rief er aus. „Ich muss dir unbedingt was erzählen! Meine Frau und ich haben uns wieder ausgesöhnt! Kannst du dir das vorstellen?"

„Dein Anblick verrät es mir, ja", schmunzelte ich. „Ich freue mich sehr für dich. Hast du ihr Blumen mitgebracht?"

„Nicht einfach nur Blumen – einen riesigen Strauß! Er war so schwer, ich konnte ihn kaum tragen! Und dann sind wir stundenlang nicht aus dem Bett gekommen!"

„Klasse – gut gemacht. Und wie ist es dazu

gekommen?"

Er runzelte nachdenklich die Stirn. „Ich habe keine Ahnung. Vielleicht hat sie mich einfach nur vermisst?"

„Das hat sie, da bin ich sicher. Wo ist Cyril?"

„Er ist schon oben. Jetzt hat er wirklich mit dem Rauchen aufgehört. Gestern Abend in der Bar hat er so viel geraucht, dass er am Ende kotzen musste."

„Aha. Gehen wir hinein."

Als die Besprechung in Pavels Büro vorüber war, hielt Pavel mich zurück und wartete, bis alle anderen gegangen waren, ehe er sagte: „Der Chef will dich sehen. Er hat etwas mit dir zu besprechen."

Herr Ivanov genoss in seinem Büro gerade einen Kaffee und einen Zigarillo, dessen Asche er in einem massiven Aschenbecher aus Bronze abstreifte, der die Form einer Schildkröte hatte.

„Ah, Phil – komm rein und setz dich, mein Junge."

„Guten Morgen, mein Herr", sagte ich höflich, zog einen der schweren Sessel vom Konferenztisch an seinen Schreibtisch und nahm Platz.

Der CEO nahm einen Zug aus seinem Zigarillo. „Du willst uns also verlassen?", stellte er mit verengten Augen fest. „Ich weiß, ich weiß – Pavel konnte dich nicht überreden, zu bleiben. Deshalb werde ich es gar nicht erst versuchen. Ich wollte dir nur sagen, du bist uns immer willkommen, wenn du es dir später irgendwann anders überlegen solltest. Am Freitag kannst du dir dein Gehalt in der Buchhaltung abholen. Wir haben deinen Anteil an den J-Mart-Geschäften und noch ein paar andere Kleinigkeiten dazugerechnet. Pavel hat mir die Zahlen genannt. Falls du diese Woche noch einen Abschluss erzielst, addieren wir das natürlich ebenfalls. Wir lassen uns niemals lumpen, was die Bezahlung unserer Mitarbeiter angeht."

„Ich danke Ihnen."

„Da gibt es nichts zu danken. Aber eine Sache noch – was hast du jetzt vor? Sag mir – was wirst du unternehmen?"

Ich zögerte und ließ mir seine Frage durch den Kopf gehen. Es wäre bestimmt keine schlechte Idee, ihn wenigstens ein klein wenig ins Vertrauen zu ziehen. „Nicht viel, aber ich habe da ein paar Ideen. Ich scheine recht gut darin zu sein, Menschen zusammenzubringen. Daher dachte ich daran, vielleicht eine Art Personalvermittlungsagentur zu gründen."

Er zog an seinem Zigarillo und wartete auf mehr, doch ich schwieg. Er lachte. Wahrscheinlich war er erleichtert, dass ich nicht vorhatte, zur Konkurrenz zu gehen, denn nun überschüttete er mich geradezu mit Ermutigungen.

„Das halte ich für eine brillante Idee! Hervorragend! Und falls du einen guten Mitarbeiter findest, schickst du ihn zuerst zu uns, ja? Ich werde Vicky sagen – du kennst sie, sie ist das Mädchen aus der Personalabteilung –, sie soll dich über all unsere freien Stellen informieren. Einverstanden?"

Er erhob sich und streckte die Hand aus, machte auf diese Weise deutlich, dass die Unterhaltung beendet war.

„Einverstanden", nickte ich und gab ihm die Hand.

Sein Griff verstärkte sich. „Und falls aus diesem Plan nichts wird – komm zurück zu uns!" Eindringlich sah er mir in die Augen. „Wir werden immer eine freie Stelle für dich finden. Wer weiß, vielleicht übernimmst du irgendwann sogar Pavels Position."

„Ich werde das im Gedächtnis behalten, danke."

„Gut. Und jetzt geh!"

Ich begab mich zu Vickys Büro, nur, um zu sehen, wie es ihr ging. Sie war nicht da.

„Sie hat sich krankgemeldet", teilte ihre Kollegin mir mit.

Ich unterdrückte den Impuls, sie anzurufen. Vielleicht war es ein Bauchgefühl oder ich fürchtete eine weitere zickige Reaktion von ihr.

Allerdings überprüfte ich ihren Standort auf meiner Landkarte – sie war zu Hause.

Cyril und Greg hatten einen Termin bei einem Kunden, also konnte ich wieder Cyrils Laptop nutzen. Ich brauchte es, um so viele Daten wie möglich über alle potenziellen Käufer der Produkte von Ultrapak innerhalb der Stadtgrenzen zu sammeln. Auf dem Handy würde mich das weit mehr Zeit kosten.

Ich studierte den Markt und nutzte dann das System für mehrere Suchanfragen. Die Ergebnisse verfeinerte ich zuerst anhand von deren Verpackungslieferanten und anschließend nach den Preisen, die sie zahlten. Am Ende blieben mehrere brauchbare Möglichkeiten übrig. Nun befasste ich mich mit dem Spitzenmanagement der infrage kommenden Unternehmen.

Heute war Mittwoch, ich hatte also noch drei Tage Zeit, mich durch diese neue Liste zu arbeiten. Die Liste, die ich vorher aufgestellt hatte, beschloss ich, voll und ganz Marina zu überlassen. Das würde es ihr erleichtern, die Probezeit zu überstehen. Gesprochen hatte ich mit ihr noch nicht. Pavel hatte sie beim Meeting gelobt, und das schien ihr solche Flügel verliehen zu haben, dass sie gleich anschließend davongerauscht war, um sich mit ihren Kunden zu treffen.

So, und jetzt galt es, keine Zeit mehr zu verschwenden. Am Nachmittag musste ich mich schließlich weiter um eine Wohnung bemühen, falls das mit Galina nichts wurde. Ich hatte bereits ein paar sehr interessante Immobilienangebote herausgesucht. Zunächst erhöhte ich den akzeptablen Mietpreis und dann legte ich die infrage kommenden Bereiche fest. Übrig blieb ein perfektes Angebot, direkt vom Vermieter selbst, ohne dazwischengeschalteten Makler.

Doch bevor ich den Mann kontaktierte, rief ich

zunächst den Major an, um herauszufinden, was sich mit Galina ergeben hatte.

„Genosse Major? Phil Panfilov ...“

„Oh, hallo Phil! Rufen Sie mich wegen der alten Dame an? Ja, wir haben das überprüft. Aber leider haben wir nichts in der Hand, um gegen ihre Enkelin zu ermitteln.“ Er klang gut ausgeruht, geradezu fröhlich und ausnahmsweise auch einmal aufrichtig, es war ganz merkwürdig. „Anscheinend ist sie die einzige überlebende Verwandte der Toten. Sie hat behauptet, sie hätte sich lediglich die Beerdigungskosten sparen wollen. Ich weiß, das klingt grauenhaft, aber deswegen können wir keine Anklage gegen sie erheben. Was die Wohnung betrifft, ist die Sache allerdings nicht ganz so einfach. Wenn ich Sie wäre, würde ich die Sache abschreiben. Formell gehört die Wohnung momentan niemandem, weil die direkten Erben noch keinen Erbschein haben. Meine Mitarbeiter überprüfen das gerade. Die Vollmacht ist jedenfalls eine Fälschung. Und damit haben wir Galina wenigstens dafür am Haken.“

„Ich verstehe. Danke, Genosse Major.“

„Von einem Dankeschön kann ich meine Miete nicht bezahlen“, lachte er. „Und hören Sie auf, mich Genosse Major zu nennen – ich bin jetzt ein Oberstleutnant!“

„Ich gratuliere, Genosse Oberstleutnant!“

„Ich danke!“, erwiderte er schneidig, dann wurde er ganz ernst. „Haben Sie sich mal mit unserer Website beschäftigt?“

„Ich fürchte nein. Bislang hatte ich noch keine Zeit dazu.“

„Wie schade. Nun, halten Sie mich auf dem Laufenden. Alles Gute!“ Er legte auf.

Sofort anschließend wählte ich die Nummer des Vermieters, dessen Wohnung ganz oben auf der Liste der Ergebnisse gestanden hatte. Es passte einfach alles, von den „90 % Wahrscheinlichkeit, dass dem

Inhaber des Systemkontos die Wohnung vermietet wird" bis hin zu „geringere Kriminalität als in anderen Regionen der Stadt."

Der Vermieter war ein Mann Mitte sechzig. Er war bereit, mir die Wohnung jederzeit zu zeigen, und fügte etwas naiv hinzu: „Ich habe die Anzeige gestern Abend aufgegeben, aber bisher hat sich noch niemand gemeldet. Ich verstehe das gar nicht. Ich habe gerade erst alles neu renoviert. Bisher hatte ich die Wohnung nicht vermietet. Woran liegt es wohl, dass sich niemand dafür interessiert? Ist es der Mietpreis? Falls ja, können wir uns darüber sicher einigen."

„Wie wäre es, wenn ich mir die Wohnung erst einmal anschaue?", schlug ich vor. „Momentan bin ich noch bei der Arbeit. Passt Ihnen drei Uhr nachmittags?"

„Ja, natürlich! Die Adresse ist …"

Ich brauchte diese Angabe natürlich längst nicht mehr, tat aber so, als würde ich alles aufschreiben.

Nachdem ich aufgelegt hatte blickte ich mich um. Im Büro war es ruhig. Die meisten Handelsvertreter waren bereits unterwegs. Ich wollte das Laptop gerade zuklappen, als mir meine Kurzgeschichte einfiel. Ebenso gut konnte ich rasch noch nachschauen, ob es Kommentare dazu gab.

Und – oh, ja – die gab es in der Tat!

Kapitel 29

Ich schaffe das!

„Flattere wie ein Schmetterling, stich wie eine Biene!

Muhammad Ali

ICH ERINNERE MICH noch gut an meine allererste Kurzgeschichte. In der Schule hatte unsere Russischlehrerin uns einen Aufsatz aufgegeben. Sie bot dabei alle möglichen Themen an, von „Mein zukünftiger Beruf" bis hin zu „Die Werke von Leo Tolstoy". Außerdem stellte sie uns frei, über etwas ganz Beliebiges zu schreiben. Ich glaube, ich war der Einzige, der Letzteres nutzte. Ich schrieb eine Geschichte über einen kleinen Jungen, der über die Superkräfte verfügte, immer den besten Ort zum Angeln zu kennen. Zu der Zeit war ich ganz begeistert vom Fischen. Mein Vater und Großvater hatten mich oft zu ihren Angeltrips mitgenommen. Wann immer wir mit leeren Händen zurückgekommen waren, war ich am Boden zerstört gewesen. Schließlich hatte uns alles so viel Vorbereitung gekostet, und wir hatten um drei Uhr nachts aufstehen müssen, um rechtzeitig am Fluss sein zu können, wenn die Fische am aktivsten waren.

Der Name des Jungen in meiner Geschichte war Alexander (ich sagte ja schon, dass ich meinen eigenen Namen immer gehasst habe, oder?) Und Alexander wusste immer ganz genau, wohin man sich begeben musste, um die größten Fische zu fangen. Dank dieser Fähigkeit mussten sein Vater und Großvater niemals mit leerem Korb zurückkehren.

Allerdings hatte der Zauberer, der ihm diese Superkraft verliehen hatte, eine Bedingung aufgestellt. Sobald Alexander eine Lüge von sich geben würde, würde er die Macht wieder verlieren. Das war in Kürze der Inhalt dieser recht kontroversen Geschichte – die am Ende sogar ein wenig den moralischen Zeigefinger hob.

Die Lehrerin gab mir eine vier minus und las die Geschichte der ganzen Klasse vor. Damals verstand ich es nicht, aber heute wusste ich, sie hatte ihre sadistische Freude daran, wie meine Mitschüler sich darüber halb totlachten. Wahrscheinlich kann jeder nachvollziehen, wie ich mich dabei fühlte. Wir waren ja schließlich alle in der Schule und kennen solche Situationen. Ich saß da mit hochrotem Kopf und glühenden Wangen, wünschte mir, die Erde würde mich verschlingen, und zählte die Sekunden, bis sie endlich am Ende angekommen war.

„Dir fehlt jegliche Spur schriftstellerischen Talents", hatte sie am Ende verkündet. „Was für eine absolut mittelmäßige Schwärmerei! Und was ist mit dem Zauberer? Was für ein Unsinn! Wir können unser Leben nicht ändern, indem wir auf ein Wunder hoffen, das uns in den Schoß fällt! Was hast du dir bloß dabei gedacht, als du diese Schmiererei zu Papier gebracht hast?" Drohend blickte sie auf mich herab und schüttelte das Heft verächtlich direkt vor meiner Nase.

Ja, und dann war da mein berühmtes unvollendetes Buch und die Veröffentlichung der ersten Kapitel. Dabei war ebenfalls nichts Gutes herausgekommen.

Man kann sich also vorstellen, mich welch zitternder Angst ich die Seite mit meiner Geschichte im Portal öffnete.

Es waren nicht viele Kommentare, aber sie ließen mich beinahe nach einer nicht vorhandenen Schachtel Zigaretten greifen.

Danke für diese herzerwärmende Geschichte!

Beim Lesen hatte ich eine Gänsehaut! Du hast wirklich Talent.

Ein hervorragender Schreibstil und eine großartige Handlung.

Ich las die wenigen Zeilen wieder und wieder und kämpfte gegen die Versuchung an, meine verbleibenden zwei Systempunkte in kreatives Schreiben zu investieren. Was mich meine gesamte Willenskraft kostete. Aber ich hatte einen besseren Plan. Sobald ich erst einmal das Geld von Ultrapak bekommen hatte, konnte ich mir ein billiges Laptop kaufen und dann jeden Tag eine halbe Stunde meine Schreibkünste üben.

Kaum hatte ich den Gedanken zu Ende gebracht, stand es auch schon auf meiner Aufgabenliste. Ausgezeichnet!

Ich schloss die Seite, löschte den Browserverlauf, klappte das Laptop zu und begab mich zu meinen Kundenterminen. Drei davon standen für heute an, und ich beabsichtigte, alle drei mit einem Vertragsschluss zu beenden.

Die erste Besprechung mit einer kleinen Lebensmittelkette verlief so perfekt, man hätte sie in ein Lehrbuch aufnehmen können. Ich setzte alle benötigten Fähigkeiten ein und es gelang mir, erfolgreich an allen eifersüchtigen bürokratischen

Wächtern vorbei zum Direktor höchstpersönlich vorzudringen. Bei den Sekretärinnen hatte ich meine recht anständigen Fertigkeiten der Verführung spielen lassen.

Meine hohen Werte in Empathie erlaubten mir, mich in die Lage und Laune des Direktors hineinzuversetzen und einen passenden Ansatz zu wählen. Dank der Sichtbarkeit des Fortschrittsbalkens seines Interesses konnte ich sofort reagieren, wenn etwas nicht so sehr seine Aufmerksamkeit fand, und auf Themen überleiten, die ihn neugierig machten. Und meine fortgeschrittenen Kommunikationsfertigkeiten ermöglichten mir inzwischen, mit jedem beliebigen Menschen eine gemeinsame Grundlage zu finden, unabhängig von deren sozialer Situation. Das alles verstärkte meine Fähigkeiten im Verkaufen.

Der Leiter der Kette verstand mich sofort und fackelte nicht lange. Er zitierte die Einkäuferin herbei, besprach mit ihr die Einzelheiten, und in weniger als einer Viertelstunde, seitdem ich sein Büro betreten hatte, war die Entscheidung gefallen, mit Ultrapak zusammenzuarbeiten. Wir gaben uns die Hand, dann überließ ich den Rest den Anwälten und begab mich zum nächsten Termin.

Der übrigens ungeplant und ein Bonus des ersten Termins bei der Lebensmittelkette war – der Direktor hatte einfach seinen Freund angerufen, einen Metzger, und darauf bestanden, dass der mich empfing.

Der Metzger, ein grimmiger, dunkelhäutiger Mann aus den Bergen von Dagestan, war sogar noch schneller in seinem Entschluss. Er verglich die Preise, schüttelte den Kopf, betrachtete sich die Proben, spuckte aus (wir hatten uns auf der Straße vor seinem Geschäft getroffen) und befahl seinen Leuten sofort, den derzeitigen Lieferanten in die Wüste zu schicken und in Zukunft bei Ultrapak zu bestellen.

Der dritte Termin verlief leider nicht ganz so glatt.

An mir lag das allerdings nicht. Wie die stellvertretende Direktorin erklärte, waren alle Entscheidungsträger momentan in Urlaub. Mir fehlten die KIDD-Punkte, um die Wahrheit ihrer Behauptung zu überprüfen. Ich gab mein Bestes, um sie zu überzeugen, doch sie scheute vor der Verantwortung einer solch wichtigen Entscheidung zurück. So blieb mir nichts anderes übrig, als die Rückkehr ihres Chefs im Kalender zu vermerken und später den Kunden Greg oder Marina zu überlassen.

Tja, und der letzte Termin verlief schlicht und einfach erfolglos. Der Inhaber des Unternehmens traf selbst keinerlei Entscheidungen, sondern delegierte alles an sein Managementteam. Und die Mitglieder dieses Teams waren überhaupt nicht motiviert, irgendetwas zu ändern. Ich schaute mich in der Firma um und fand tatsächlich jemanden, der bereit war, mit mir zu reden. Gelangweilt lauschte der Kerl eine Weile lang meinen Ausführungen, dann riss er eine Seite von seinem Notizblock ab, schrieb in großen Zahlen „15" darauf und schob das Blatt über den Tisch.

„Ist das Ihr Schnitt?", erkundigte ich mich. „Über den eigentlichen Preis hinaus?"

Er nickte.

„Ich werde mit unserem CEO darüber reden", sagte ich und verabschiedete mich.

Ich hatte große Zweifel, dass Pavel damit einverstanden sein würde, aber in diesem Fall musste ich ja nur die Informationen an ihn weiterleiten.

Für einen halben Arbeitstag war es jedenfalls alles in allem wahrhaft kein schlechtes Ergebnis. In der Vergangenheit hatte mich jeder Abschluss oft hunderte sinnloser Anrufe und dutzende ebenso sinnloser Besprechungen gekostet. Wenn ich bei einem Prozent meiner Kundendatenbank etwas erreichen konnte, war ich gut dran gewesen.

Das brachte mich erneut zum Nachdenken.

Vielleicht verschwendete ich noch immer zu viel Energie auf zu viele verschiedene Dinge. Warum sollte ich mich nicht ganz auf das Verkaufen konzentrieren? Dann konnte ich, wenn meine Lizenz ablief, ein Vermögen gemacht haben, im Handel mit Immobilien, Ölfeldern und Kryptowährungen. Genug, dass ich in meinem Leben nie wieder arbeiten musste, sondern von den passiven Einnahmen daraus leben konnte.

Aber irgendetwas sagte mir, dass ich dafür keine spezielle Software brauchte. Darauf konnte ich mich noch immer im nächsten Jahr stürzen. Es musste im Leben schließlich noch etwas anderes geben, als mich den großen Machern der Welt anzuschließen.

Ein Blick auf die Uhr zeigte mir, dass es fast drei Uhr nachmittags war: Zeit für meine Wohnungsbesichtigung. Für ein Mittagessen hatte ich keine Zeit mehr, also kaufte ich mir einen Flüssigjoghurt, den ich unterwegs im Taxi trank.

Der Eigentümer der Wohnung erwartete mich vor der Eingangstür und war sichtlich glücklich, mich zu sehen. So sehr ich mich auch bemüht hatte, ich kam fünf Minuten zu spät.

„Ich hatte bereits alle Hoffnung aufgegeben", erklärte er. „Das ist mir schon einmal passiert, dass jemand versprochen hat, zu kommen, und dann nicht aufgetaucht ist. Können Sie sich das vorstellen?"

„Nur zu gut. Tut mir leid, dass ich zu spät bin. Ich hatte noch bei der Arbeit zu tun."

„Natürlich, das verstehe ich gut." Er nickte so energisch, dass ich Angst hatte, sein grauhaariger Kopf könnte herunterfallen.

Das Gebäude gefiel mir auf den ersten Blick. Der kleine Hof war gut gepflegt. Das galt sowohl für den Rasen als auch für die Asphaltflächen, den Spielplatz und die Bäume. Die Haustür war einwandfrei in Ordnung und verfügte über ein Sicherheitssystem mit Code. Wir betraten eine luftige, helle Eingangshalle, die mich an ein Theater erinnerte. Ich mochte sogar den Vermieter, höflich und ein wenig naiv.

Es war auf den ersten Blick sichtbar: Das Haus war neu und recht teuer. Alles war nicht gerade piekfein, aber auch nicht weit davon entfernt.

Der Vermieter berichtete, er hätte die Wohnung für sich und seine Frau gekauft, sie wären jetzt jedoch gezwungen, in die Hauptstadt zu ziehen. Dort lebte ihr einziger Sohn, und sie wollten in der Nähe sein, um ihn zu unterstützen und sich um die Enkel zu kümmern. Soweit ich das verstand, wollten sie die Wohnung aus zwei Gründen nicht verkaufen: Zum einen glaubten sie, dass die Immobilienpreise weiter anziehen würden, und zum zweiten wollten sie sich nicht von etwas trennen, in das sie so viel Anstrengung und Mühe gesteckt hatten.

Die Wohnung war einladend, sehr hell, mit hohen Decken und zwei großen Räumen. Obwohl alles mit neuen Möbeln und Elektronik regelrecht vollgestopft war, fühlte es sich dennoch nicht beengt an. Ich konnte erkennen, mit wie viel Liebe – und Geld – sie alles eingerichtet hatten. Die Wasserhähne glänzten, als kämen sie direkt aus dem Geschäft. Vielleicht stimmte das ja auch sogar. Vor allem aber gab es im Bad neben der Badewanne eine echte Duschkabine.[30] Die hatte ich in der alten Wohnung mit der winzigen Wanne und dem undichten Duschschlauch schmerzlich vermisst.

Die Krönung war jedoch der Boiler, eine Mischung aus Chrom und knallrot. Ich hatte einen solchen Boiler einmal in einer Fernsehwerbung gesehen. Die Dinger brachten das Wasser im Handumdrehen zum Kochen. Das futuristische Design erinnerte an eine startbereite Rakete.

Versonnen lief ich in der Wohnung umher. Ich

---

[30] In Russland haben alle Wohnungen Badewannen, aber meistens keine separate Dusche.

konnte mich bereits dabei sehen, wie ich Bücher in den Regalen unterbrachte und meine Klamotten im Schrank verstaute. Ich hatte ein Bild vor Augen, wie ich auf dem guten Elektroherd ein Abendessen zubereitete und auf der überdachten Terrasse mit ihren Topfpflanzen Kaffee trank.

Doch anscheinend hielt der Vermieter mein Schweigen für Zögern. „Wenn Sie sich nicht sicher sind, können wir die Miete ein wenig senken", erklärte er. „Wir haben es inzwischen eilig. Übermorgen sitzen wir bereits im Flugzeug."

„Das ist nicht nötig", lehnte ich ab. „Der Preis ist für eine solche Wohnung absolut angemessen. Ich würde sehr gern hier einziehen."

Er könnte seine Freude nicht verbergen. Seine Lippen verzogen sich zu einem breiten Lächeln. „Hervorragend! Kann ich gleich meine Frau anrufen? Sie hat sich schon Sorgen gemacht."

„Ja, bitte. Und sagen Sie ihr, sie muss sich keine Sorgen um die Pflanzen auf der Terrasse machen – ich verspreche, sie immer zu gießen."

Nachdem er mit seiner Frau gesprochen hatte, zog er aus seiner alten Aktentasche den Mietvertrag hervor. Kurzsichtig blinzelnd trug er meine Daten ein.

Plötzlich fiel mir etwas ein. „Oh, bevor wir unterschreiben, muss ich noch erwähnen – ich habe eine Katze."

„Nein, wirklich?", bemerkte er begeistert, statt die Abwehr und Angst um seine Möbel zu zeigen, die ich befürchtet hatte. „Wir haben zwei, Coco und Bagheera. Meine Frau liebt Katzen. Katzen sind herrliche Tiere! Wie heißt Ihre?"

„Boris", antwortete ich, ziemlich überrascht von seiner Reaktion. „Nur ist es eine Sie."

„Nett!", grinste er. „Ihrer Katze wird es hier gefallen. Sie können das Katzenklo auf die Terrasse stellen, genau das hatten wir ebenfalls vor."

Ich unterschrieb den Mietvertrag, zahlte ihm die Miete für den ersten Monat und versprach, ihm in der kommenden Woche zwei weitere Monatsmieten zu überweisen. Er gab mir die Schlüssel für Haus und Wohnung.

Dann ermahnte er mich, unbedingt alle Rechnungen für Wasser und Strom auch ja pünktlich zu bezahlen, und ließ mich in meiner neuen Wohnung allein.

Es war alles so sauber, ich konnte sofort einziehen. Ich musste mir nicht einmal etwas Neues anschaffen, denn hier gab es alles, von Mikrofaser-Mopps bis hin zu einem vollständigen Geschirr-Set. Und allein fünf Bratpfannen für die verschiedensten Zwecke.

Der Anblick der Bratpfannen erinnerte mich an Yanna und mein Versprechen, meine Schwiegermutter anzurufen. Sofort überprüfte ich Yannas Standort auf der Karte und sah, dass ich mich nicht weiter bemühen musste – sie hielt sich bereits wieder bei ihren Eltern auf. Möglicherweise sollte ich Yanna dennoch anrufen, aber das konnte ich auch morgen früh noch erledigen. Ich wünschte mir, die Sache mit der Scheidung wäre bereits über die Bühne gegangen. Aber nachdem wir keine Kinder hatten und es kein Vermögen zu verteilen gab, durften wir auf ein schnelles Verfahren hoffen.

Als Nächstes informierte ich mich über Umzugsfirmen. Das Unternehmen mit dem besten Preis war bereit, all meine Habseligkeiten in Kisten zu packen, hierher zu bringen und in der neuen Wohnung wieder auszupacken. Wir einigten uns auf den morgigen Tag, nachdem ich Richie seinem Frauchen zurückgegeben hatte.

Dann verließ ich meine neue Bleibe und begab mich zum nächsten Fitnessstudio.

Leider war es doppelt so teuer wie mein altes Studio, aber es war den Mitgliedsbeitrag wert. Es gab dort einen großen Swimmingpool, eine weit größere

Auswahl an Trainingsgeräten und vor allem, ganz wichtig: Es gab dort eine Boxgruppe.

Als ich danach fragte, zitierte der Manager sofort den Boxtrainer herbei.

Er war fünfundvierzig und mehrfacher Meister, nicht nur im Boxen, sondern auch in Kickboxen, SAMBO und gemischten Kampfsportarten. Er betrachtete mich kritisch und empfahl mir, erst einmal meine allgemeine Fitness zu verbessern.

„Wir trainieren hart und schnell", erklärte er. „Und vergessen Sie nicht Ihr Alter – Sie fangen recht spät damit an. Glauben Sie mir, es wird Ihnen eine Menge abverlangen. Eine große Menge."

„Ich schaffe das."

„Ich fürchte eher nicht, ähm …?"

„Ich bin Phil."

„Nun gut, Phil – also, das ist keine Gruppe, um abzunehmen. Die Jungs trainieren alle schon sehr lange. Viele von ihnen betreiben den Boxsport sogar als Profis. Wenn wir Sie aufnehmen, bedeutet das, wir müssten unser Niveau senken. Und das können wir uns nicht leisten."

„Okay. Aber wie wäre es mit ein paar Stunden Einzelunterricht?"

„Nun, das können wir natürlich machen. Es kostet Sie allerdings zweitausend pro Stunde."[31]

Im Geiste rechnete ich das einmal durch. Nächste Woche sollte ich über genügend Geld verfügen, und wenn Herr Ivanov sein Versprechen hielt, hatte ich sogar reichlich.

„Können wir gleich anfangen? Und kann ich meine Ausrüstung hier kaufen?"

„Was, Sie meinen *jetzt*?" Anscheinend hatte ich ihn so sehr verblüfft, dass er auf einmal alle Förmlichkeit

---

[31] 2.000 Rubel entsprachen zu dem Zeitpunkt, als das Buch geschrieben wurde, etwa 350 USD.

fallen ließ. „Warum hast du es denn so eilig? Willst du es unbedingt jemandem heimzahlen? Oder geht es um eine Frau?"

„Es geht um mich. Also – fangen wir an?"

Mit einem überraschten Pfeifen sah er auf die Uhr, überlegte kurz und deutete dann auf das Sportgeschäft. „Besorg dir, was du brauchst, und zieh dich um. Den Vertrag hast du bereits unterschrieben? Prima. Okay, du hast zehn – na gut, fünfzehn – Minuten, um deinen Arsch in Bewegung zu setzen."

„Was muss ich alles kaufen?"

„Helm, Handschuhe, Bandagen, Schuhe, Springseile ... Das alles brauchst du momentan noch nicht", verkündete er voller Überzeugung. „Und womöglich wirst du es niemals brauchen. Besorg dir einfach ein Paar Turnschuhe, Shorts und ein T-Shirt. Und beeil dich – die Zeit läuft!"

Ich schaffte es gerade nur so. Der Trainer führte mich in einen speziellen Raum, etwa sieben mal zehn Meter groß. In einer Ecke waren Matten aufgestapelt, in einer anderen hingen Boxsäcke. Er begann sofort mit dem Training.

Schon das zehnminütige Aufwärmen gab mir den Rest.

„Ich habe es dir doch gesagt!", kicherte der Trainer. „Und wir haben noch nicht einmal richtig angefangen!"

Am Ende der Stunde schmerzten mir die Kiefer und meine Arme fühlten sich an, als wollten sie abfallen. Dabei hatte ich nichts anderes getan als gelernt, meine Haltung beizubehalten und der Luft Fausthiebe zu verpassen, links-rechts-links-rechts. Gefallen hatte mir, dass der Trainer mir nicht einfach nur Kommandos gab, sondern sich die Zeit nahm, alles zu erklären. Diese Erklärungen hatte er mit lustigen und lehrreichen Geschichten aus seiner interessanten Sportvergangenheit bereichert.

Anschließend musste ich eine endlose Zahl an

Liegestütz auf meinen Fäusten hinter mich bringen und eine Reihe von Drehungen aus der Taille heraus, bei denen ich das Gefühl hatte, mich übergeben zu müssen. Dann trichterte der Coach mir Anweisungen für mein zukünftiges Training ein. Ich lauschte aufmerksam und leckte mir dabei die blutigen Fingerknöchel.

„Du musst jeden Morgen mit einem richtigen Training beginnen, nicht einfach nur einem laschen Aufwärmen. Ich will sehen, wie dir der Schweiß über den Körper läuft. Joggst du? Hervorragend. Ab sofort wirst du keinen Aufzug mehr nehmen, sondern immer die Treppen. Du wirst nicht rauchen und nicht zu viel essen. Und du brauchst ausreichend Schlaf. Außerdem musst du jede Menge Wasser trinken, am besten ein Glas pro Stunde. Kauf dir ein Springseil und übe damit jedes Mal, wenn du gerade nach der Fernbedienung des Fernsehers oder deinem Handy greifen willst. Schau den Leuten, mit denen du redest, immer direkt in die Augen. Das wirst du im Ring brauchen. Alkohol ist natürlich absolut verboten. Wenn du das alles beherzigst, hast du vielleicht eine winzige Chance, etwas zu erreichen. Kapiert?"

„Jawohl, mein Herr!"

„Guter Junge. Und jetzt geh duschen und dich umziehen. Wir sehen uns übermorgen um dieselbe Zeit."

„Können wir nicht gleich morgen wieder trainieren?"

„Auf keinen Fall", blaffte er. „Du brauchst mindestens einen Tag Erholungszeit."

„Das brauche ich nicht", widersprach ich.

„Ich habe schon genügend sturköpfige Kerle wie dich erlebt", erwiderte er bissig. „Keiner von denen hat auch nur den ersten Monat überstanden. Aber meinetwegen – es ist deine Entscheidung. Und dein Geld. Ich werde morgen früh um acht Uhr auf dich warten. Und wenn du auch nur eine Minute zu spät kommst, brauchst du gar nicht mehr zu kommen."

„In Ordnung! Wir sehen uns morgen."

Als ich das Studio verließ, war ich total aufgeregt. Ich hatte gerade mit der Verbesserung eines sehr wichtigen Entwicklungsbereiches begonnen. Das Training hatte mir Spaß gemacht, ich mochte meinen neuen Trainer, und ...

Außerdem erhielt ich eine neue Mitteilung vom System:

Dein Durchhaltevermögen hat sich verbessert!
+1 Durchhaltevermögen
Derzeitiges Level: 6
Für die erfolgreiche Verbesserung einer Haupteigenschaft erhältst du 1.000 Erfahrungspunkte!

Level 6! Damit hatte ich mein Level von vor drei Wochen glatt verdoppelt! Natürlich lag das nur an dieser außerirdischen Software. Und an dem Verstärker, der meine Entwicklung verdreifacht hatte. Das bedeutete, ich hätte es auch ganz allein schaffen können, ohne außerirdische Hilfe, doch hätte es mich zwei Monate gekostet.

Nachdem ich mich von meinem Trainer verabschiedet hatte, begab ich mich nicht gleich zu den Duschen. Ich hatte nämlich vorhin einen herrlichen Raum mit Laufbändern und Klimaanlage entdeckt. Warum sollte ich den nicht dazu nutzen, um im Joggen zu leveln?

Nichts leichter als das. Heute Morgen hatte mir nicht viel gefehlt, um mein Ziel zu erreichen, und ich beabsichtigte, das jetzt nachzuholen.

Tatsächlich kam die Meldung nach acht Minuten auf dem Laufband:

Gratuliere! Du hast ein neues Fertigkeitslevel erreicht!

Name der Fertigkeit: Joggen
Derzeitiges Level: 2
Erhaltene Erfahrungspunkte: 500 Punkte

Endlich! Diese Fertigkeit hatte sich als diejenige erwiesen, die am schwersten zu verbessern gewesen war. So viele Kilometer war ich gerannt! So viel Schweiß hatte ich vergossen und so viel Schmerz in meinen Lungen ertragen, die beinahe bersten wollten! So viel widerlichen Schleim aus meiner Zeit als Raucher hatte ich hochgehustet! Fast hatte sich mir der Eindruck aufgedrängt, diese besondere Fertigkeit wäre regelrecht verflucht, als ob ein unangenehmer Debuff über mich verhängt worden wäre. Es kam mir ein wenig vor wie die Regeln in *Fallout*. Da konnte einem etwas in einer Sache einen Vorteil einbringen, während es einen gleichzeitig in einer anderen, nicht weniger wichtigen, zurückwarf, um einen gewissen Ausgleich zu erreichen.

Als ich zu Hause eintraf, war Alik bereits in der Küche beschäftigt.

„Ich habe die Töle schon ausgeführt", berichtete er mir und warf Richie einen bösen Blick zu. „Und ich musste ihm um den gesamten Block herum nachlaufen. Er war hinter einer Hündin her. Ich hatte wirklich Mühe, ihn wieder einzufangen."

„Danke! Was kochst du da gerade?"

„Einen Eintopf. Ich habe im Laden ein bisschen Fleisch besorgt. Nicht viel, nur fünf Pfund."

„Wie viel? Und du glaubst, du schaffst, das alles zu essen?"

„Hey, du kennst mich nicht – ich liebe einen guten Eintopf!" Er zog die Nase kraus und nahm das Aroma in sich auf, das sich in der Küche ausbreitete. „Ist mit dir alles in Ordnung?"

„Ja, ich kann mich nur kaum noch aufrechthalten. Ruf mich einfach, wenn alles fertig ist – ich will schon mal mit dem Packen anfangen. Morgen ziehe ich aus. Oh, und könntest du bitte die Katze füttern?"

„Kein Problem. Hast du irgendwo Zwiebeln?"

„Ja – im Lebensmittelladen."

„Ich besorge sie. Bin gleich zurück!" Er rührte den Eintopf noch einmal um.

Ich betrachtete die leere Packung Paprika auf dem Tisch. Anscheinend liebte er sein Essen scharf.

Den Rest des Abends verbrachte ich mit Packen, Essen, Unterhalten mit meinem obdachlosen Wohnungsgenossen und dem Lesen von Robert Cialdinis *Psychologie des Überzeugens*.

Ich setzte das Lesen fort, bis ich endlich mein Ziel für heute erreicht hatte:

Deine Intelligenz hat sich verbessert!
+1 Intelligenz
Derzeitiges Level: 19
Für die erfolgreiche Verbesserung einer Haupteigenschaft erhältst du 1.000 Erfahrungspunkte!

Ich ging früh zu Bett, da all meine Reserven – die physischen ebenso wie die geistigen, plus die Willenskraft – vollkommen erschöpft waren.

Erst als ich bereits im Bett lag, fiel mir das Anliegen des Majors wieder ein. Also rief ich im Internetauftritt der örtlichen Polizei die Seite mit den gesuchten Verbrechern auf.

Dort fanden sich lediglich neun Namen. Mörder, Terroristen, Drogen- und Waffenhändler, Vergewaltiger ... Niemand hatte mich zum Richter gemacht, aber es lag in meiner Macht, sie alle der Gerechtigkeit zuzuführen.

Sofort startete ich eine Suche, doch ohne auch nur ein einziges Ergebnis zu erhalten.

Netterweise informierte das System mich darüber, dass mir ein KIDD-Punkt fehlte. Ich verfügte über

Passfotos und Namen der Gesuchten, plus Geburtsort und -datum, aber ich brauchte eine weitere Information. Um die zu beschaffen, müsste ich mich an den Major wenden. Dadurch hätte ich allerdings unwiderruflich preisgegeben, wer hinter dieser Sache steckte. Oder ich musste selbst im Internet forschen, in der Hoffnung, dass die Verbrecher in den sozialen Medien vertreten waren.

Momentan war ich dazu jedoch nicht in der Lage. Schlaff sank die Hand, in der ich das Handy hielt, aufs Bett, und mir fielen die Augen zu.

* * *

ALS ICH AM nächsten Morgen erwachte, meldete meine innere Uhr mir, dass es kurz vor sechs war. Ich fühlte mich total erledigt. Die physische Erschöpfung war nachvollziehbar, schließlich hatte ich am Tag zuvor zwei Trainingssessions hinter mich gebracht, das Gewichtheben und das Boxen. Aber mich erfüllte auch eine merkwürdige Apathie. Ich hatte nicht den geringsten Wunsch, aufzustehen. Ich fühlte mich nicht einmal in der Lage, den Hund auszuführen. Oder überhaupt irgendetwas zu tun, um genau zu sein.

Also blieb ich im Bett und versuchte, wieder einzuschlafen, doch das gelang mir nicht. Ich war nicht müde, ich wollte nur nicht aufstehen, ganz einfach.

Ich rief das Interface auf, in der Hoffnung, durch meine Statistiken ein wenig aufgemuntert zu werden.

Philip „Phil" Panfilov
Alter: 32
Derzeitiger Status: Handelsvertreter
Level des sozialen Status: 10
Klassen: Buchleser und Empath. Level: 7
Verheiratet
Ehefrau: Yannina „Yanna" Orlova

Kinder: keine

Haupteigenschaften:
Stärke: 8
Beweglichkeit: 6
Intelligenz: 19
Durchhaltevermögen: 6
Wahrnehmung: 8
Charisma: 14
Glück: 10

Sekundäre Eigenschaften:
Vitalität: 89 %
Zufriedenheit: 78 %
Lebenskraft: 61 %
Stoffwechsel: 72 %

Meine relativ geringen Werte für Lebenskraft und Stoffwechsel konnten dadurch erklärt werden, dass ich gerade erst aufgewacht war. Das Gleiche galt für die Zufriedenheit: Ich war hungrig und durstig. Und schon lange hatte ich keine Belohnung mehr durch erfüllte Quests erhalten. Was die Vitalität betraf, so war diese immerhin im Laufe der letzten drei Wochen um 20 % angestiegen. Sie hatte mal unter 70 % gelegen, das musste man sich nur einmal vorstellen!

Jedenfalls schien so weit alles in Ordnung mit mir zu sein. Was also stimmte dann nicht?

Ich öffnete mein Profil und scrollte mich durch die Informationen.

Und fand den Grund.

Vorher hätte mir das gar nicht auffallen können, denn die Liste war viel zu lang, um in ihrer Gänze in mein mentales Sichtfeld zu passen.

Selbstvertrauen: 59 %
Selbstkontrolle: 70 %

Geist: 21 %
Laune: 34 %

Aber warum bloß war das alles so niedrig? Ich hatte doch gerade richtig gut geschlafen. Weshalb war da meine Laune nicht besser?

Ich rief Martha auf und befragte sie danach.

„Dir auch einen guten Morgen", bemerkte sie, leicht beleidigt, weil ich sie nicht ordnungsgemäß begrüßt hatte.

„Machst du Scherze?", brummte ich.

„Nein. Dein Debuff durch Nikotinentzug läuft demnächst ab. Das Programm ahmt die Folgen nach, die es im wirklichen Leben hat, wenn du mit dem Rauchen aufhörst. Das kostet eine Menge Energie. Ich schalte mich also besser gleich wieder ab."

Sie verschwand.

„Aha. Danke!", bemerkte ich zu dem leeren Raum, den sie gerade eben noch gefüllt hatte. Ohne dabei den Blick von dem Symbol für den Debuff durch Nikotinentzug zu nehmen, das mehr und mehr verblasste und schließlich herunterzählte:

Nikotinentzug
Dauer: 14 Tage
Dein Körper ist des Nikotins beraubt!
Nikotin ist am Stoffwechsel deines Körpers beteiligt
Stoffwechsel: -5 %

Warnung! Hohe Wahrscheinlichkeit spontaner Wutausbrüche!
Warnung! Dein Aggressionsradius hat sich erweitert!
-3 % Zufriedenheit alle 12 Stunden

5 ... 4 ... 3 ... 2 ... 1 ...

Peng!

Peng!
Peng!

Der Debuff durch Nikotinentzug ist abgelaufen!
+30 % Zufriedenheit

Glücksgefühl I
Deine Zufriedenheitslevel haben 100 % überschritten!
+50 % Lebenskraft
+1 bei allen Haupteigenschaften
Dauer: solange die Zufriedenheit über 100 % liegt

Deine Wahrnehmung hat sich verbessert!
+1 Wahrnehmung
Derzeitige Wahrnehmung: 9
Für die erfolgreiche Verbesserung einer Haupteigenschaft erhältst du 1.000 Erfahrungspunkte!

Dein Durchhaltevermögen hat sich verbessert!
+1 Durchhaltevermögen
Derzeitiges Durchhaltevermögen: 7
Für die erfolgreiche Verbesserung einer Haupteigenschaft erhältst du 1.000 Erfahrungspunkte!

Die Erleichterung des Ablaufens des Debuffs fühlte sich so erfrischend an wie eine kalte Dusche nach einer heißen Sauna. Es war eine wahre Flutwelle, die sich über mich ergoss. Es kam mir so vor, als hätte ich endlich einen schweren Stein abgelegt, den ich die ganze Zeit mit mir hatte herumschleppen müssen.

Plötzlich hatte ich die Vorahnung, dass im Laufe der nächsten zwei oder drei Tage etwas ganz Entscheidendes passieren würde – etwas, das mein bisheriges Leben abschloss und eine neue Phase einläutete.

Außerdem spürte ich den dringenden Wunsch, Vicky zu sehen. Sobald ich ein paar der anstehenden

Aufgaben abgeschlossen hatte – wie in die neue Wohnung ziehen, die Scheidung einleiten und meinen Job kündigen –, wollte ich sofort mit ihr reden.

Wahrscheinlich war es das Glücksgefühl, das da seine magische Wirkung entfaltete.

Kapitel 30

Fallen wie ein Stein, aufsteigen wie ein Phoenix

„Du darfst es keinem Menschen nachtragen, dass er die Wahrheit sagt."

Ayn Rand, *Atlas wirft die Welt ab*

UM ACHT UHR hatte ich mein nächstes Boxtraining. Ich musste meinen Arsch in Bewegung setzen. Ich holte meine Sportsachen aus dem Trockner, stopfte sie in die Sporttasche und packte die Sportschuhe obendrauf, die ich mir gestern im neuen Fitnessstudio gekauft hatte.

Dann zog ich meine Arbeitskleidung an, denn nach dem Training würde ich keine Zeit mehr haben, wieder nach Hause zu kommen und mich umzuziehen.

Leise schlich ich mich in die Küche. Ich wollte Alik nicht wecken. Ich kochte Kaffee, fütterte die Viecher, fügte meiner Lebenskraft einen Bonus durch eine Koffeinstärkung hinzu, dann führte ich Richie in den Park.

Wieder zu Hause, umarmte ich ihn lange und fest. Richie legte den Kopf auf meine Schulter und wartete geduldig, bis ich ihn wieder losließ. Dann ging ich.

Weit vor acht Uhr war ich im Studio. Den Trainer schien meine frühe Ankunft zu überraschen. Er gähnte, dann begannen wir mit dem Training. Mit seinen Scherzen und markigen Kommandos hielt er uns beide wach.

Das heutige Training brachte mich zu der Überzeugung, dass der Verstärker sich auch positiv auf meine Regenerierung auswirkte. Anders war es nämlich nicht zu erklären, dass mir heute alles leichter fiel als gestern. Ich fühlte mich, als hätte ich nicht am Tag zuvor eine Stunde lang Gewichtheben betrieben, gefolgt von einem geradezu mörderischen Boxtraining unter der Aufsicht eines Kampfsportchampions und Joggen auf dem Laufband. Jedenfalls erwies es sich als die richtige Entscheidung, gleich am nächsten Tag weiterzumachen.

Während ich das Training mit ein paar Liegestütz abschloss, erreichte mich eine neue Systemmitteilung:

Neu freigeschaltete Fertigkeit verfügbar: Boxen
Derzeitiges Fertigkeitslevel: 1
Erhaltene Erfahrungspunkte: 200 Punkte (für das Erlernen der Fertigkeit)

Die nächste Meldung bestätigte mir erneut, dass alle Fertigkeiten auf irgendeine Weise miteinander verbunden waren:

Gratuliere! Du hast ein neues Fertigkeitslevel erreicht!
Name der Fertigkeit: Kampf Mann gegen Mann
Derzeitiges Level: 2
Erhaltene Erfahrungspunkte: 500 Punkte

Das ergab Sinn. Allerdings konnten im Laufe der Zeit im Level meiner verschiedenen Fertigkeiten ziemliche Unterschiede auftreten, was möglicherweise zu einer Schwächung der wechselseitigen Abhängigkeit führte.

Nach dem Training begab ich mich an meine Vertriebsrunde und suchte weitere Kunden von meiner Liste auf. Vor jedem Besuch stellte ich mithilfe meiner Systemkarte sicher, dass die Person, die ich sehen wollte, tatsächlich verfügbar war. Schon nach meinem zweiten Termin verlieh das System mir ein neues Level im Verkaufen und nach dem dritten erreichte ich in Kommunikationsfertigkeiten ebenfalls ein neues Level. Auch zwischen diesen zwei Fertigkeiten schien eine enge Verbindung zu bestehen – immerhin ging es jeweils darum, einen angenehmen Kontakt zum möglichen Käufer aufzubauen. Jetzt verfügte ich in beidem über Level 6 und hatte damit eine professionelle Stufe erreicht.

Um die Mittagszeit, als ich gerade vor der Tür des letzten Kunden stand, erreichte mich ein Anruf von Svetlana Messerschmidt, Richies vierzehn Jahre altem Frauchen.

„Hallo? Phil, sind Sie das? Hier ist Sveta. Wie geht es Ihnen?"

„Hi Sveta! Bist du schon zurück?"

„Wir sind gerade gelandet und jetzt in der Passkontrolle am Flughafen. Wann kann ich Richie abholen?"

„Wie wäre es mit vier Uhr?" Im Geiste ging ich meinen Kalender durch. Ich musste mich ja noch mit den Jungs vom Umzugsunternehmen treffen und in die neue Wohnung ziehen.

„Ja, hervorragend. Wie ist denn Ihre Adresse bitte?"

Mein letztes Verkaufsgespräch war kein Erfolg – oder vielmehr, es fand gar nicht statt. So sehr ich mich auch bemühte, der Direktor weigerte sich standfest, mich zu empfangen. Seine Sekretärin beharrte darauf, er wäre unterwegs, obwohl meine Landkarte mir etwas anderes berichtete. Ich versuchte alle Tricks, kam jedoch an dieser unnachgiebigen Frau nicht vorbei, die nichts anderes im Sinn hatte, als die Anweisungen ihres Chefs buchstabengetreu zu befolgen. Wenn er niemanden zu sehen wünschte, hatte sie dafür zu sorgen, dass niemand ihn störte, ganz gleich, was sie das kostete.

Inzwischen war ich halb verhungert. Das lag nicht nur am Training, sondern auch an der Tatsache, dass ich nicht richtig gefrühstückt hatte. Ich beschloss, mich mit einem Essen in einem nahen Restaurant zu verwöhnen. Eine Portion reichte mir allerdings nicht, also bestellte ich eine zweite. Irgendwie hatte ich das Gefühl, die Nährstoffe zu brauchen. Geist, Zufriedenheit und Lebenskraft dankten es mir mit einem Anstieg. Molekül um Molekül erneuerte sich mein Körper, neues Muskelgewebe und stärkere Bänder entstanden, ich konnte es beinahe spüren.

Wieder zurück im Büro schaute ich mich nach meinen Freunden um. Keiner von ihnen war zu sehen, also begab ich mich schnurstracks zu Pavel und berichtete ihm von den Ergebnissen meiner Kundentermine in den letzten beiden Tagen. Dabei versäumte ich auch nicht, den Manager zu erwähnen, der den Preis hatte drücken wollen. Die sichtbare Abscheu in Pavels Gesicht bereitete mir große Befriedigung.

„Die können uns mal den Buckel runterrutschen!", erklärte er. „Und was die Kunden von gestern betrifft, die Lebensmittelkette und den Metzger, so sind die Verträge bereits unterschrieben. Morgen schicken wir die ersten Lieferungen auf den Weg."

„Hervorragend. Das ist momentan alles." Ich schaute auf die Uhr. Ich musste aufbrechen, Svetlana konnte jeden Augenblick eintreffen. „Ich muss los. Ich ziehe heute in eine neue Wohnung."

Er nickte verständnisvoll. „Kein Problem. Ein Mann

muss tun, was ein Mann tun muss.“

Ich schob den Stuhl zurück und stand auf.

Ohne mich anzusehen, bemerkte Pavel: „Verdammt, ich spiele bereits mit dem Gedanken, alle anderen vor die Tür zu setzen und ihre Gehälter dir zu zahlen.“

„Pavel, bitte ...“

„Das war nur ein Scherz“, erklärte er. „Oder vielleicht auch nicht. Nun los – hau schon ab!“

Von unterwegs aus rief ich Kira an, berichtete ihr die Neuigkeiten und lud sie zur Einweihungsfeier ein.

„Phily“, sagte sie streng, „du solltest wirklich erst einmal die Scheidung abwarten, bevor du Partys feierst. Oder hast du deine Meinung geändert? Seid ihr beiden wieder zusammen und frisch verliebt?“

„Ich glaube nicht, dass ich Yanna wirklich liebe“, bemerkte ich nachdenklich. „Ich habe das geglaubt, doch in Wirklichkeit war es nur Eifersucht. Und ich hatte mich einfach an sie und die Ehe gewöhnt. Mit Liebe hatte das nichts zu tun. Vielleicht war es auch mein verletzter Stolz, aber jedenfalls keine Liebe.“

„Eifersucht?“, fragte Kira neugierig. „Eifersucht auf wen denn? Hat Yanna dir einen Grund dazu gegeben?“

„Zuerst brauchte ich keinen Grund, ich war einfach eifersüchtig. Und als ich einen Grund dafür hatte ... Ich hatte dir doch erklärt, sie hat sofort jemanden gefunden, als sie ausgezogen ist. Aber dann war ich auf einmal überhaupt nicht mehr eifersüchtig. Kannst du dir das vorstellen? Ich habe es in Gedanken vor mir gesehen, wie die beiden es miteinander treiben, und es hat nichts in mir ausgelöst.“

Sie seufzte. „Das ist völlig normal. Viele Leute verwechseln irgendetwas ganz anderes mit Liebe.“ Sie schwieg kurz und kam zu einem überraschenden Schluss: „Bist du jetzt wütend auf sie?“, fragte sie.

„Oh, nein! Mit ihr war schließlich alles in Ordnung. Das Scheitern unserer Ehe lag allein an mir. Mehr gibt es darüber nicht zu sagen. Oder was glaubst du?“

Die Frage war eher rhetorisch gemeint, sie antwortete dennoch.

„Es war nicht alles deine Schuld. Wenigstens nicht in meinen Augen. Zu einer Partnerschaft gehören zwei. Wenn ein Paar sich trennt, liegt das immer an beiden, wenn vielleicht auch einer mehr Schuld trägt als der andere. Und widersprich mir nicht! Du weißt doch genau, welchen Ärger ich mit meinem Mann hatte. Aber ich habe nichts unternommen, um ihm dabei zu helfen, sich zu ändern. Ich habe mich mit ihm gestritten, ich habe gejammert und genörgelt, ich habe ihn mit Schweigen bestraft ... Letztlich habe ich jedoch lediglich versucht, ihn nach meinen eigenen Vorstellungen zu formen. Ohne zu realisieren, dass man jemanden nicht mit Gewalt ändern kann. Da braucht es einen ganz anderen Ansatz.“

Ihr Geständnis überraschte mich. „Welche Art Ansatz denn?“

„Einfach einen anderen. Du kannst einen Menschen, den du liebst, nicht einsperren. Du kannst ihn nur inspirieren. Alternativ kannst du ihn aller Dinge berauben, die ihm dabei helfen könnten, zu wachsen und ...“ Sie hielt inne, suchte nach den richtigen Worten. „Und ihn dazu zwingen, seine eigenen Entscheidungen zu treffen und für sich und seine Liebsten Verantwortung zu übernehmen. Aber was kann man auch schon von einer jungen Frau von zwanzig Jahren erwarten, die gerade erst die Schule hinter sich gelassen hat?“

„Das stimmt.“

„Somit tut es mir leid, Phily, aber es ist alles deine Schuld.“

Ähm ... Was zum Teufel??? Das war eine ziemliche Kehrtwende. Aber das war typisch für meine große Schwester.

„Wenn du auch nur ein, zwei Jahre eher zur Vernunft gekommen wärst“, fuhr sie fort, „wäre zwischen euch beiden jetzt alles in Ordnung. Woraus folgt, du bist ein Schwachkopf."

„Ich weiß."

„Gut, dass ihr keine Kinder habt", überlegte sie. „Kinder sollten niemals unter den Fehlern ihrer Eltern leiden müssen."

„Da hast du sicher recht. Hör mal, wie wäre es, wenn wir gemeinsam unsere Eltern besuchen? Vielleicht diesen Samstag?"

Sie lachte. „Warum nicht? Aber lass uns etwas Nützliches tun und ihnen ein paar Leckereien und Lebensmittel mitbringen."

Wir besprachen die Einzelheiten und verabschiedeten uns in aller Freundschaft. Ich hatte mich dagegen entschieden, ihr von meiner Kündigung zu berichten. Sie hätte es nie verstanden, warum ich den Job gleich wieder aufgeben wollte.

Alik war nicht zu Hause. Ich stapelte alles, das bereits gepackt war oder noch gepackt werden musste, an einer Wohnzimmerwand. In der Küche hing ein leichter Zigarettengeruch. Wahrscheinlich hatte Alik heimlich eine geraucht und den Rauch nur zum offenen Fenster hinausgeblasen, statt auf den Balkon zu gehen.

Ich kochte mir einen Kaffee, setzte mich in die Küche und las, während ich auf Sveta wartete. Richie hatte es sich zu meinen Füßen bequem gemacht und Boris auf dem Stuhl gegenüber.

Die Zeit verging über dem Lesen wie im Flug. Die Türglocke schrillte. Richie bellte und lief in den Flur.

„Richie!", hörte ich eine Mädchenstimme vor der Tür.

Ich öffnete und sah ein hochgewachsenes, schlaksiges, sonnengebräuntes Mädchen neben einem Mann mit Brille, offensichtlich ihr Vater. Er war ein wenig älter – und größer – als ich.

Richie japste vor Begeisterung, sprang an Sveta

hoch, legte ihr die Pfoten auf die Schultern und leckte ihr das Gesicht, was dem Mädchen die süßesten Quietschlaute entlockte.

„Hallo, sind Sie Phil?", fragte der Vater.

„Ja. Kommen Sie doch rein, bitte."

„Ich bin Andrei." Er betrat die Wohnung. „Sveta, nimm Richie und komm mit."

„Gehen wir ins Wohnzimmer", lud ich sie ein. „Die Schuhe müssen Sie nicht ausziehen. In einer halben Stunde ziehe ich hier aus."

Andrei gab seine Zurückhaltung auf. Sacht schob er seine Tochter beiseite, griff nach Richies Kopf und streichelte ihn. „Richie, guter Junge, endlich haben wir dich wieder ... Guter Junge. Kluger Junge!"

Sveta schaute mich an. In ihren Augen standen Tränen. Impulsiv fiel sie mir um den Hals. Beinahe hätte ich ihre Umarmung erwidert, doch ich konnte mich gerade noch rechtzeitig bremsen. Ich wollte nicht, dass ihr Vater irgendetwas missverstand. Also ließ ich es steif über mich ergehen, die Arme an die Seite gelegt.

„Ich danke Ihnen so sehr, dass Sie Richie gefunden und sich um ihn gekümmert haben!"

Das Mädchen war beinahe so groß wie ich. Ich spürte ihre Tränen feucht an meinem Hals.

„Das reicht jetzt, Sveta, lass Phil in Ruhe", befahl ihr Vater mit gespielter Strenge. Dann wandte er sich an mich. „Richie ist als Welpe zu uns gekommen. Sveta hat ihn anfangs mit der Flasche gefüttert. Er war so lustig – unbeholfen und ungeschickt ..."

Mein Interface verriet mir: Beide waren glücklich. Ich freute mich für sie. Und natürlich auch für Richie. Dennoch war ich traurig. Für mich war der Hund eng verbunden mit einem ganz besonderen Stadium meiner Entwicklung. Er war genau zu dem Zeitpunkt in mein Leben getreten, als ich ihn am meisten gebraucht hatte. Er hatte mir die Einsamkeit vertrieben und mir beim Joggen im Park Gesellschaft geleistet. Außerdem hatte er mir zweimal sehr geholfen – einmal, als dieser Idiot für meinen Computer mit Falschgeld hatte bezahlen wollen und dann an dem Tag, als Aliks Jungs mich angegriffen hatten.

„Denk daran – du hattest mir einen Welpen versprochen", erinnerte ich Sveta.

„Natürlich!", antwortete statt ihrer Andrei. „Wir werden das ziemlich bald in Angriff nehmen und ihn zum Decken verwenden. Eine passende Hündin haben wir bereits gefunden."

Als ob er ahnte, dass uns der Abschied bevorstand, legte Richie den Kopf auf meine Knie und leckte mir die Hand.

Im gleichen Augenblick erhielt ich eine Nachricht über mein verbessertes Ansehen bei sowohl Vater als auch Tochter. Interessanterweise erreichte ich bei beiden eine außergewöhnlich hohe Zahl von Punkten – 60, und keinen einzigen weniger –, mit einem sofortigen Sprung zu Freundlichkeit. Was mir 120 Erfahrungspunkte eintrug.

Letzteres entdeckte ich allerdings erst, als die beiden bereits gegangen waren, begleitet von dem Versprechen, mir regelmäßig Bilder und Videos von Richie zu schicken.

Die Trauer über die Trennung von ihm wurde mir ein wenig durch eine weitere Systemmitteilung versüßt:

Du hast für die Erfüllung einer sozial bedeutungsvollen Handlung 1.000 Erfahrungspunkte erhalten!

Fehlende Erfahrungspunkte bis zum nächsten Level des sozialen Status: 8.970/11.000

Bald trafen auch die Umzugsleute ein. Geschickt verpackten sie meine Sachen in Kisten, die sie versiegelten und in einem Minivan stapelten.

Anschließend bat ich sie, unten auf mich zu warten, während ich ein letztes Mal durch die Wohnung ging, in der Yanna und ich die meiste Zeit unserer Ehe verbracht hatten. Ich erinnerte mich an all unsere glücklichen Augenblicke miteinander – von denen es viele gegeben hatte –, und an unsere Auseinandersetzungen. Deren Einzelheiten mir inzwischen entfallen waren. So funktionierte unser Gehirn nun einmal: Wir tendierten dazu, die unangenehmen Dinge zu vergessen.

Nur für alle Fälle schrieb ich Alik eine Nachricht:

Hi Alik,
ich bin dann weg. Fühl dich wie zu Hause. Im Kühlschrank sind Lebensmittel. Der Mietvertrag läuft am 12. Juni aus.
Ruf mich an, wann immer du willst.
Phil

Den Rest des Tages verbrachte ich damit, mich in meiner neuen Wohnung einzurichten. Ein paar meiner alten Kleidungsstücke probierte ich an, bevor ich sie in den Kleiderschrank hängte. Es sah ganz danach aus, als bräuchte ich eine völlig neue Garderobe. Meine Hosen fielen herunter und wirkten selbst mit einem Gürtel viel zu weit. Meine Hemden hingegen spannten bereits jetzt über dem Brustkorb und drohten, die Knöpfe zu sprengen, sobald ich die Schultern straffte.

Das konnte allerdings warten. Schließlich hatte ich vor, in der kommenden Woche, wenn ich nicht länger für Ultrapak arbeiten musste, mit einem ausgedehnten Krafttraining zu beginnen. Die Möglichkeiten, die heldenmütige Fähigkeiten wie vollständige Regeneration oder Vorausschau boten, konnte ich nicht einfach zugunsten einer Verkaufskarriere links liegen lassen, wie mühelos und glänzend die auch aussehen mochte.

Sobald ich meinen Krafttrainingsmarathon hinter mir hatte, konnte ich mit der Umsetzung meiner ultimativen Idee beginnen. Ich musste ein sozial bedeutungsvolles Unternehmen gründen. Es war schlicht unmöglich, jede der unzähligen vorhandenen Fertigkeiten zu verbessern. Daher konnte ich mich darauf beim Aufstieg in den Leveln des sozialen Status nicht verlassen. Stattdessen musste ich mich auf eine sozial wichtige Arbeit für diejenigen stürzen, die meine Unterstützung brauchten, weitere Quests erfüllen und mein Ansehen bei so vielen Leuten heben wie nur irgend möglich.

Aber das war erst nächste Woche. Jetzt hatte ich zunächst einmal drei Tage Zeit, alle bisher noch nicht erledigten Aufgaben abzuschließen.

Die Aufgaben, die ich heute bereits hatte abhaken können, fügten meinem Konto weitere 900 Erfahrungspunkte hinzu:

- *die Schlüssel für die alte Wohnung Romuald „Alik"
Zhukov übergeben*
- *Richie seinem Frauchen Svetlana „Sveta"
Messerschmitt zurückgeben*
- *meine Habseligkeiten verringern und in eine kleinere
Wohnung ziehen*

Interessanterweise war die letzte Aufgabe aktualisiert worden und lautete anschließend nur noch: *In eine neue Wohnung ziehen.*

Am Abend rief Yanna mich an. Sie machte sich nicht einmal die Mühe einer Begrüßung, sondern kam gleich zur Sache. „Morgen um zehn Uhr auf dem Standesamt", erklärte sie.

„Ich werde dort sein", versprach ich.

Sie legte auf. Ich hielt das Handy in der Hand und lauschte dem Signalton.

Noch vor Kurzem hätte ich den Wunsch verspürt, ihr

gründlich die Meinung zu sagen. So von wegen, ich hätte nicht die Absicht, mich von ihr herumkommandieren zu lassen. Inzwischen sah ich darin jedoch keinen Sinn mehr. Ich hatte versprochen, zu kommen, und das war gut genug. Der Tonfall bedeutete nichts – es kam allein auf die Nachricht an, die übermittelt wurde. Vielleicht war jemand, der aggressiv sprach, einfach nur müde oder krank, oder er hatte keine Zeit für eine ausgedehnte Unterhaltung. Deshalb kam es überhaupt nicht darauf an, wie jemand etwas sagte, sondern nur, was er sagte.

Nach dem kurzen Telefonat mit Yanna bereitete ich mich aufs Joggen vor. In diesem Teil der Stadt kannte ich mich nicht aus, und nun hatte ich keinen großen Hund mehr an meiner Seite. Um ehrlich zu sein, machte mich das ein wenig nervös. Allerdings wollte ich unbedingt die Nachbarschaft erkunden und auch ein paar Lebensmittel einkaufen.

Ich lief durch den Hof auf die Straße und um den Häuserblock herum. Dabei musste ich an meinen Marathonlauf in der Nacht denken, als Yanna mich verlassen hatte. Auch damals war ich durch unbekannte Straßen gerannt und hatte Orte entdeckt, von denen ich in all meinen zweiunddreißig Jahren hier gar nicht gewusst hatte, dass sie existierten. Obwohl ich in dieser Stadt geboren worden war! Das entsprach so gar nicht dem virtuellen Azeroth aus *World of Warcraft*, wo ich mich in jeder Ecke und jedem Winkel auskannte.

Ich war noch unterwegs, als Alik anrief. Er wollte wissen, wie ich mich in der neuen Wohnung einlebte, und bedankte sich erneut, dass ich ihm die alte Wohnung zur Verfügung stellte.

„Das kam keine Sekunde zu früh", erklärte er. „Du weißt, was ich damit meine? Jedenfalls, du hast mir wirklich geholfen. Ich schulde dir was."

Zurück zu Hause kochte ich mir etwas und ging

nach dem Abendessen sofort ins Bett.

Morgen stand mir ein voller Tag bevor. Der erste Tag des Sommers. Der erste Sonnenaufgang in meiner neuen Wohnung. Das Boxtraining. Die Scheidung. Mein letzter Tag bei Ultrapak. Mein erster Tag ohne Debuff durch Nikotinentzug. Und schließlich wollte ich mich mit ein paar alten Freunden treffen. Auf das Krafttraining musste ich möglicherweise verzichten, das passte einfach nicht mehr hinein.

Ich schlief wie ein Stein. Das erste Mal seit Langem störte mich die ganze Nacht lang niemand.

* * *

DER MORGEN ERWIES sich als ziemlich hektisch. Es begann alles damit, dass das System beschlossen hatte, mich erst um kurz vor sieben zu wecken. Das hatte wohl irgendetwas mit den verschiedenen Schlafphasen zu tun.

Ich beeilte mich und kam dennoch ein paar Minuten zu spät zum Boxunterricht. Glücklicherweise war der Trainer allerdings ebenfalls nicht pünktlich, daher fiel es ihm nicht auf.

Meine dritte Stunde verschaffte mir +5 % in der Fertigkeit Kampf Mann gegen Mann und +25 % in meiner Boxfertigkeit. Auch Durchhaltevermögen, Beweglichkeit und Stärke waren leicht angestiegen. Vielleicht waren noch weitere Verbesserungen zu verzeichnen, aber momentan hatte ich keine Zeit, das alles näher zu untersuchen.

„Du lernst schnell", gab der Trainer beinahe widerwillig zu. „Wenn du so weitermachst, kann ich dich im Herbst zur Bezirksmeisterschaft schicken. Natürlich nur, wenn du weiter so engagiert am Ball bleibst."

Wie bitte? Ich? In einer Bezirksmeisterschaft im Boxen? Das kam für mich völlig überraschend. Aber war das nicht total geil?

Vom Fitnessstudio aus begab ich mich sofort zum Standesamt. Yanna war noch nicht eingetroffen, also wartete ich vor dem Gebäude auf sie. Nach zehn Minuten beschloss ich, sie anzurufen.

„Oh, lass mich doch in Ruhe!", blaffte sie. „Ich bin schon unterwegs!"

Weitere zwanzig Minuten später hielt Vlads Jeep am Bordstein gegenüber. Yanna stieg aus und überquerte die Straße. Vlad blieb im Wagen.

„Guten Morgen", begrüßte ich Yanna.

„Ja, ja. Guter oder schlechter Morgen – das spielt keine Rolle. Lass es uns einfach hinter uns bringen. Ich habe bereits mit den richtigen Leuten gesprochen und die entscheidenden Hände geschmiert. Es sollte alles schnell über die Bühne gehen. Die Dokumente sind schon vorbereitet, du musst nur noch unterschreiben. Also komm!"

Sie sah nicht gerade berauschend aus. Mit viel Grundierung hatte sie versucht, einen blauen Fleck auf der Wange zu vertuschen. Ihre Augenlider waren geschwollen, als hätte sie heute Morgen geheult, bis ihre Wimperntusche verschmiert war, sie daraufhin abgewischt und hastig und ohne rechtes Geschick wieder neu aufgetragen. Der dünne Schal, den sie um den Hals trug, verbarg nur notdürftig die Male, die aussahen, als ob jemand versucht hätte, sie zu erwürgen.

„Yanna? Ist mit dir alles in Ordnung?"

Sie warf einen raschen Blick zurück zum Jeep, ohne zu antworten. „Gehen wir!"

Sie schien sich auszukennen und führte mich durch die Flure vor ein Büro. Die Tür stand offen. „Dürfen wir hereinkommen?", fragte Yanna.

„Einen Augenblick bitte", erwiderte eine Frauenstimme.

Yanna schloss die Tür und lehnte sich daneben

gegen die Wand. Sie blickte zur Decke und stieß laut die Luft aus. Sie wirkte müde und so, als hätte sie alles satt.

Ihre Statistiken bereiteten mir ein wenig Sorge. Sie hatte mehrere Debuffs erhalten, unter anderem durch Depressionen und Schlafmangel, und der Balken ihrer Laune befand sich tief im roten Bereich.

Ich betrachtete ihr Gesicht, angespannt und gealtert. Es war das Gesicht, das ich viele Male so voller Begeisterung geküsst hatte.

Ich spürte Bedauern. Es war kein Mitleid mit ihr, eher eine Art Reue, dass sich zwischen uns alles so unglücklich entwickelt hatte. Nun, ich gebe es zu – ja, sie tat mir auch leid. Ich hatte keine Ahnung, was in ihrem Leben vor sich ging, aber was es auch war – gut war es nicht.

„Yanna, hör mal", setzte ich an.

Sie verkrampfte sich sichtbar.

„Zum einen, bitte verzeih mir", fuhr ich fort. „Ich habe deine Erwartungen nicht erfüllt. Ich habe mich wie ein faules Schwein benommen. Ich hatte keinerlei Ehrgeiz und war mit den Gedanken immer nur bei *World of Warcraft*."

Der Balken ihres Interesses bewegte sich ein wenig. Das hätte ich auch ohne das Interface bemerkt. Wenn man mehrere Jahre mit jemandem zusammengelebt hatte, entwickelte man einfach ein gewisses Gespür dafür, was in diesem Menschen vor sich ging. Bevor wir uns voneinander fortbewegt hatten, waren wir ein Herz und eine Seele gewesen.

„Nein, ich werde dir niemals verzeihen", entgegnete sie. „Aber sprich ruhig weiter."

„Zum zweiten tut es mir sehr leid, dass wir uns auf diese Weise trennen. Wir haben viel Schönes miteinander erlebt, vor allem in den ersten Jahren. Weißt du noch, wie toll unser Leben war? Erinnerst du dich an unsere Nächte auf dem Balkon, mit einer

Flasche Wein, die wir mit Messer und Gabel öffnen mussten, bis wir uns endlich diesen blöden Korkenzieher angeschafft haben?"

„Oh, verschon mich doch damit", sagte sie, ohne jedoch ein Lächeln ganz verbergen zu können. „Was warst du bloß für ein miserabler Ehemann – du konntest dir nicht einmal einen Korkenzieher leisten!"

„Aber wenigstens war ich ein richtig guter Schurke, oder etwa nicht? In der Arena waren wir zusammen absolut unschlagbar. Wir waren *die* Gladiatoren! Denkst du noch manchmal daran, wie wir vor Freude gebrüllt haben, als wir endlich den Titel errungen hatten?"

Ihr angespanntes Gesicht wurde ein wenig weicher.

„Und unser erster Kuss, weißt du noch?", sprach ich weiter. „Du hast mir auf unserem ersten Clan-Treffen zugezwinkert und mir nachher erlaubt, dich nach Hause zu bringen."

„Ich war damals so töricht!", rief sie aus. „Du hast einfach deine hohe Position im Clan ausgenutzt, um einem leichtgläubigen, jungen Mädchen den Kopf zu verdrehen!"

„Ja, und dann war da der Abend, an dem wir zu deinen Eltern gegangen sind, weil wir nirgendwo anders hingehen konnten. Zu dem Zeitpunkt haben wir bereits über unsere Hochzeit gesprochen. Und plötzlich kam deine Mutter herein, in einem ganz besonders unpassenden Augenblick ... Erinnerst du dich?"

„Wenn du es genau wissen willst, erinnere ich mich an all das sogar sehr viel besser als du", zischte sie. „Wir hatten unsere guten Augenblicke, ja. Aber was kam danach? Merkst du überhaupt nicht, dass du dich in einem stetigen Abstieg befindest? Na, wenigstens hast du endlich jemanden gefunden, der bereit ist, dich zu beschäftigen. Du benimmst dich mit über dreißig noch immer wie ein Kind. Du kannst an nichts anderes denken als essen, schlafen und deine blöden Spiele spielen! Du hast nicht den geringsten Ehrgeiz. Für dich ist das Leben doch nur ein einziger Witz!"

„Ich verstehe sehr gut, was du meinst", nickte ich. „Und das ist das Dritte, das ich dir sagen möchte. Ich kann nachvollziehen, was in dir vorgeht. Ich trage dir nichts nach und möchte dir vorschlagen, dass wir einfach Freunde bleiben. Oder wenigstens gute Bekannte. Falls du irgendwann einmal meine Hilfe brauchen solltest, bin ich für dich da, das verspreche ich dir. Du musst es nur sagen."

Ich beschloss, ihr nichts von meinen jüngsten Erfolgen zu berichten. Es hätte wie Prahlerei gewirkt, ein Versuch, sie zurückzugewinnen. Außerdem waren meine sogenannten Erfolge ja noch immer nichts, womit man wirklich angeben konnte. Ich hatte nicht mehr geschafft, als die Level eines durchschnittlichen Menschen zu erreichen, und das auch nur mit der Hilfe eines mysteriösen Programms.

Yannas Augen füllten sich mit Tränen. Sie trat zu mir und versuchte ungeschickt, mich zu umarmen, gab dann jedoch auf und reichte mir stattdessen die Hand.

Die ich ignorierte. Ich zog Yanna an mich. „Es kommt alles in Ordnung. Weine nicht. Es wird sich alles zum Guten wenden."

Eine Weile standen wir da und umarmten uns.

Die Bürotür öffnete sich, eine Frau mit einem Kind kam heraus. Die Frauenstimme von vorhin rief: „Der Nächste, bitte!"

Widerstrebend löste Yanna sich von mir und wischte sich die Tränen weg. Sie hakte sich bei mir unter, und gemeinsam betraten wir den Raum.

* * *

WENIGER ALS EINE Stunde später verließen wir das Gebäude als Ex-Eheleute. Genau das hatte ich erwartet und mich damit abgefunden. Dennoch war mir das Herz schwer, so sehr ich auch versucht hatte, mich selbst und andere davon zu überzeugen, dass ich Yanna nicht mehr liebte.

„Tschüss", sagte Yanna und eilte zu Vlads Jeep.

„Viel Glück, Mädchen", flüsterte ich.

Das Interface öffnete sich auf der Seite mit den Aufgaben und aktualisierte sie.

Status der Aufgabe: mich mit Yanna treffen und die Scheidung einreichen
Aufgabe erledigt!
Erhaltene Erfahrungspunkte: 500 Punkte
+15 % Zufriedenheit

Ich blieb stehen und wartete, bis der Anfall von Zufriedenheit nachließ, dann begab ich mich zu Ultrapak. Mein letzter Tag dort sollte auf wirklich gute Weise enden. Den gesamten Nachmittag verbrachte ich mit dem Besuch neuer Kunden und dem Verkauf von Produkten, bis ich die gesamte Liste abgearbeitet hatte. Insgesamt hatte ich in dieser Woche sieben Abschlüsse gesichert – und das war ohne die Kunden mit guten Aussichten auf einen Vertrag, die ich nach meiner Rückkehr ins Büro Marina übergab.

Pavel war nicht da. Also unterhielt ich mich ein wenig mit Cyril, Greg und Marina. Wir versprachen, miteinander in Kontakt zu bleiben und uns bald alle auf Cyrils Geburtstagsfeier wiederzutreffen.

Dann fiel mir mein Entschluss ein, jeden Tag mindestens eine halbe Stunde mit kreativem Schreiben zu verbringen. Ich griff mir Cyrils Laptop, erstellte ein neues Word-Dokument und begab mich an eine kurze

Studie. Auf zwei Seiten beschrieb ich meine Gedanken zu Heirat und Scheidung. Nach dem Speichern überlegte ich, ob ich zu diesem Thema noch mehr zu sagen hatte. Nein, mir fiel nichts mehr ein. Also veröffentlichte ich die Studie in meinem Blog. Es dauerte nicht lange, bis die ersten Likes und Kommentare eintrafen.

Genau in diesem Augenblick betrat Pavel das Büro. Ich löschte die Datei auf Cyrils Festplatte und schloss das Laptop.

Pavel hörte sich meinen Bericht an. Anscheinend hatte er mich bereits von der Liste der Kollegen gestrichen, denn er war ziemlich kurz angebunden, als er mir alles Gute wünschte und mich zur Buchhaltung schickte, um mir ein Gehalt auszahlen zu lassen.

Für die wenigen Tage, die ich gearbeitet hatte, zahlte man mir, einschließlich Boni, knapp 300.000 Rubel[32] aus. Das war mehr als genug, um mich eine Weile über Wasser zu halten. Jetzt konnte ich mir einen ganzen Monat Boxtraining leisten, den Rest meiner Miete für das erste Quartal zahlen und ein Laptop kaufen. Zudem blieb noch genug für ein oder zwei Monate zum Leben. Ich hatte mir bereits viele Gedanken dazu gemacht, was ich nun anfangen wollte. Was auch immer es war – Sorgen musste ich mir keine machen. Solange ich gesund war, würde ich auch einen Weg finden, Geld zu verdienen.

Mit dem Geld in der Tasche begab ich mich in Vickys Büro, doch sie war noch immer krank.

Wie dumm von mir! Ich hätte doch einfach nur auf der Karte nachschauen müssen! Tja, alte Angewohnheiten halten sich hartnäckig ...

Ich verabschiedete mich von meinen Freunden. Marina versuchte gar nicht erst, ihre Traurigkeit zu

---

[32] 300.000 Rubel entsprachen zu dem Zeitpunkt, als das Buch geschrieben wurde, etwa 5.000 USD.

verbergen. Sie drängte mich, sie anzurufen, wann immer ich in der Stimmung dafür wäre. Anschließend sagte ich auch den anderen Lebewohl, vor allem Darya, der von Instagram inspirierten Lady vom Empfang, und verließ das Gebäude, um mich zum Treffen mit meinen alten Freunden zu begeben.

Unterwegs machte ich bei meiner Bank Halt und zahlte das Geld auf mein Konto ein. Es wäre reichlich leichtsinnig gewesen, auf einer Party, die möglicherweise zu einem Besäufnis ausarten würde, mit so viel Bargeld aufzutauchen. Ich behielt nur ein paar Scheine, plus die zwanzigtausend, die ich meinem alten Freund Gleb schuldete.

In der Bar, in der wir verabredet waren, herrschte lauter Trubel, wie an jedem Freitagabend. Gleb saß bereits an dem Tisch, den ich reserviert hatte, und trank ein dunkles Bier.

Er wirkte deprimiert. Seine Haare waren unordentlich, seine Kleidung war vernachlässigt. Er hatte niemals darauf geachtet, was er anzog, aber er war immer gepflegt aufgetreten, mit einem exakten Seitenscheitel in den zurückgekämmten Haaren. Seinen Statistiken zufolge ließ seine Laune ziemlich zu wünschen übrig. Nicht einmal das Dämmerlicht im Lokal konnte die grauen Strähnen verbergen, und seine Schläfen waren bereits völlig weiß.

„Gleb!", rief ich. „Es ist verdammt lange her seit unserem letzten Treffen!"

„Phil! Schön, dich zu sehen, Mann!" Er stand auf und umarmte mich. Seine Freude schien aufrichtig zu sein.

Es ist eine unbestreitbare Tatsache – und wenn man noch so oft miteinander im gleichen Computerspiel unterwegs ist -, dass nichts den direkten Körperkontakt ersetzen kann. Eine echte Umarmung scheint irgendetwas in einem Menschen wiederaufzuladen, ihm etwas zu geben, das warm und positiv ist. Wir sind nun einmal soziale Lebewesen – wir brauchen das.

Eine Weile lang floss unsere Unterhaltung in den üblichen, formellen Bahnen dahin – Familie, Kinder und so weiter und so fort.

Wir waren seit der Schulzeit miteinander befreundet gewesen, von dem Tag an, an dem er als „der Neue" an die Schule gekommen war. Er war in jeder Hinsicht ziemlich durchschnittlich, ein Schüler mit guten und befriedigenden Noten, ohne besondere Talente. Er war nicht witzig und nicht beliebt, weder einer der Computerfreaks noch einer der Randalierer. Allerdings hatte er mir damals den Eindruck vermittelt, er wäre solide und zuverlässig. Der Zufall wollte es, dass wir uns einen Tisch teilten. Später besuchten wir die gleiche Universität und unsere Freundschaft hatte angehalten – bis zu dem Augenblick, in dem ich mich ihm gegenüber so schäbig benommen hatte.

„Oh, das hätte ich beinahe vergessen", fiel es mir ein. „Da!" Ich zog das Geld aus der Tasche und legte es vor ihm auf den Tisch. „Das ist einschließlich Inflation und Verzugszinsen."

Er knirschte hörbar mit den Zähnen und starrte auf das Geld, ohne es anzufassen. „Zu spät", flüsterte er. „Das kommt viel zu spät. Ich hätte es für die Operation meiner Mutter gebraucht. Verstehst du denn nicht? Wir mussten alles verkaufen! Alles, was wir besessen haben, kapiert? Wir haben gerade genug zusammenbekommen, um sie für die Behandlung nach Israel schicken zu können. Sie brauchte eine Knochenmarkstransplantation. Wir hatten unglaubliches Glück und fanden einen Spender, obwohl sie eine so seltene Blutgruppe hatte."

„Es tut mir so leid ... Das wusste ich nicht. Warum hast du mir nichts davon erzählt?"

„Ich wollte kein falsches Mitleid, weder von dir noch von irgendjemandem sonst. Das bisschen Geld hätte sie ohnehin nicht gerettet, das wäre nur ein Tropfen auf dem heißen Stein gewesen. Du hättest die Krankenhausrechnung sehen müssen, die sie uns geschickt haben! Es war nur so ... Es kam einfach alles gleichzeitig. Ich brauchte das Geld so dringend, und du hast es mir genommen und in diesem blöden Kasino verloren. Zuerst wollte ich es dir gar nicht geben, erinnerst du dich? Ein Jahr später hat unser Vater uns verlassen, mein Bruder hat geheiratet und ist ebenfalls ausgezogen. Und ich ...“

Ich konnte zuschauen, wie er immer betrunkener wurde. Ich hatte keine Ahnung, wie viel er sich bereits vor meinem Auftauchen hinter die Binde gegossen hatte, aber er lallte bereits. Er trank noch mehr und verschüttete dabei Bier über die Geldscheine. Endlich nahm er sie, tupfte sie mit einer Papierserviette trocken und steckte sie ordentlich in seine abgenutzte, alte Brieftasche.

Status der Aufgabe: meine Kasinoschulden bei meinem Freund Gleb Kolosov zurückzahlen
Aufgabe erledigt!
Erhaltene Erfahrungspunkte: 500 Punkte
+10 % Zufriedenheit

Etwa eine Stunde später war mir klar, dass es Zeit wurde, das Treffen zu beenden. Gleb war längst stockbesoffen.

Zu meiner großen Enttäuschung war niemand von den anderen aufgekreuzt, die ich eingeladen hatte. Nicht einmal Sergei Rezvei, einer meiner besten Freunde, der mir postwendend zugesagt hatte. Das sah ihm überhaupt nicht ähnlich. Dennoch schloss das System die Aufgabe ab, mich mit alten Freunden zu treffen, und belohnte mich mit weiteren Erfahrungspunkten. Jetzt fehlten mir nur noch 630 Punkte bis zum nächsten Level.

Ich setzte Gleb in ein Taxi. Zuerst wollte ich ihn allein losschicken, nachdem ich seine Adresse erfahren hatte, doch dann realisierte ich rasch: Das war keine gute Idee. Er war betrunken und hatte eine Menge Geld bei sich.

Also stieg ich ebenfalls ins Taxi und brachte ihn nach Hause. Es kostete mich eine ziemliche Anstrengung, ihn in den fünften Stock hoch zu schaffen, wo ich ihn seiner Frau übergab – grimmig, farblos und vorzeitig gealterte. Ich erklärte ihr, Gleb und ich wären alte Schulfreunde.

Und ich beschloss, ihn bald wieder zu treffen und herauszufinden, was für Probleme er hatte.

* * *

AM NÄCHSTEN MORGEN pumpte ich mich mit Energiedrinks voll und absolvierte eine doppelte Runde im Fitnessstudio. Mein Boxtrainer überreichte mir ein Paar Boxhandschuhe und gab mir Anweisung, auf einen Boxsack einzuschlagen. Dabei ermutigte er mich unablässig mit: „Gut so! Gut! Und gleich noch einmal! Schneller! Härter! Härter! Schneller!" Es kam mir fast wie die Tonspur zu einem Pornofilm vor.

Nach Abschluss des Trainings begab ich mich in den Raum mit den Gewichten.

Für das Krafttraining brauchte ich keinen Trainer. Ich hatte mir längst selbst eine Routine zusammengestellt, komplett mit den Gewichten, die ich dabei einsetzen wollte.

Nachdem ich sonst nichts Dringendes vorhatte, gönnte ich mir anschließend noch eine halbe Stunde auf dem Laufband.

Vollkommen ausgepowert stand ich lange unter der Wechseldusche, dann zog ich mich an, trank einen Protein-Shake und ging nach Hause.

Unterwegs rief ich meine Schwester an, um zu

fragen, wann wir bei meinen Eltern erwartet würden. Sie war wie immer hyperaufgeregt. Zuerst drohte sie mit einer kulinarischen Apokalypse, dann wies sie mich an, Obst und eine Torte zu kaufen. Gegen Ende des Gesprächs bezweifelte sie allerdings bereits, ob ich wirklich in der Lage wäre, das richtige Obst und den richtigen Kuchen auszusuchen. Also, so erklärte sie mir, würde sie beides selbst besorgen. Ich müsste nun nichts weiter tun, schärfte sie mir ein, als pünktlich einzutreffen. Abholen könnte sie mich nicht, verkündete sie, denn schließlich hätte sie etwas Besseres zu tun, als einen jungen Schwachkopf wie mich durch die Gegend zu kutschieren.

Als ich mich dem Haus näherte, hatte ich das merkwürdige Gefühl, etwas übersehen zu haben. Ich drehte mich um – und erblickte eine vertraute Gestalt auf einer Bank. Wie zum Teufel …?

„Herr Panikoff?", sprach ich meinen ersten Quest-Geber erstaunt an.

„Ja, der bin ich", grinste der alte Mann. „Und Sie sind Phil, wenn ich mich richtig erinnere?"

„Genau! Darf ich fragen, was Sie hierher verschlagen hat?"

„Wir wohnen hier. Wir sind vor gar nicht langer Zeit in diese Gegend gezogen. Ist mit Ihnen alles in Ordnung? Sie sehen müde aus."

„Das liegt daran, dass ich gerade lange trainiert habe. Um ehrlich zu sein, kann ich mich kaum noch bewegen. Bedeutet das etwa, wir sind jetzt Nachbarn?"

„Es sieht jedenfalls ganz danach aus", erwiderte er und heuchelte Überraschung. „Wie auch immer – es ist schön, Sie wiederzusehen."

„Ganz meinerseits", bemerkte ich.

„Oh, und übrigens" – seine Stimme veränderte sich kaum merklich, wurde kraftvoller, ein wenig metallisch, und er lispelte auch nicht mehr – „finden Sie nicht, Sie verbringen ein wenig zu viel Zeit damit,

Ihren neuen Freunden zu helfen? All diesen Aliks, Fettwänsten und Glebs? Sie sind der wahre Bodensatz der Gesellschaft. Wann beginnen Sie endlich damit, ernsthaft nach höheren Leveln zu streben, wenn ich fragen darf? Oder warten Sie etwa darauf, dass Khphor angerauscht kommt?"

Seine Worte mussten mir einen kritischen Treffer versetzt haben. Ich war völlig entgeistert, fühlte mich plötzlich wie am Boden zerstört. Es war, als hätte er mir einen Hieb mit einem Baseballschläger versetzt, nur eben verbal.

„Beantworten Sie meine Frage!", verlangte er.

„Woher ... woher wissen Sie denn ...?" Meine Stimme versagte.

„*Wir*" – er betonte das Wort – „wissen alles über Sie. Also beantworten Sie einfach eine andere Frage: Wo liegt Ihr derzeitiges Erkenntnislevel?"

„Bei zwei."

„Valiadis hatte also recht – Sie verfügen noch immer über das Programm. Zu schade! Aber gut, ich weiß, was ich wissen muss. Sie können jetzt gehen."

„Was wird denn nun weiter passieren?"

„In welcher Hinsicht?", fragte er.

„In Bezug auf mich und das Programm?"

Er runzelte die Stirn. „Tut mir leid, ich habe keine Ahnung, wovon Sie sprechen." Nun lispelte er auf einmal wieder. „Sind Sie sicher, dass mit Ihnen alles in Ordnung ist? Sie sehen völlig erschöpft aus."

„Mir geht es gut", erwiderte ich. „Danke für Ihre Anteilnahme."

Er nahm die Zeitung, die in seinem Schoß lag, schlug sie auf und begann zu lesen. Die Seiten verbargen ihn vollständig vor mir.

Ich blieb eine Weile stehen und studierte seine Statistiken. In denen ich nichts Ungewöhnliches erkennen konnte. Er war noch immer derselbe Rentner mit einem Level des sozialen Status von 27.

„Herr Panikoff?", versuchte ich es erneut.

Er senkte die Zeitung. „Ja, Phil? Was ist?"

„Welche Wohnung ist denn Ihre? Nachdem wir ja nun Nachbarn sind ..."

„Ah, ja – natürlich! Ich wohne in Nummer siebenunddreißig. Schauen Sie doch einfach mal bei uns vorbei!"

„Das werde ich gern", erklärte ich und ging weiter.

Wieder zu Hause las ich ein weiteres Buch zu Ende. Ich hatte noch über eine Stunde Zeit, bis ich zu meinen Eltern aufbrechen musste.

Dann traf ich eine weitere Entscheidung.

Sie hatte nichts mit Valiadis oder meinem Aufstieg in den Leveln und noch nicht einmal mit Herrn Panikoff, meinem lieben alten Rentner, zu tun. Eine solche Art von Aufgabe konnte man in keinem Systemprotokoll finden. Kein Quest-Geber der Welt konnte sie mir stellen. Aber es war etwas, das ich mir aus tiefstem Herzen wünschte.

Ich schaute auf die Karte. Sie war zu Hause. Ich verließ die Wohnung und ging zu ihr.

Ich musste mehrfach klingeln, bis sie mir endlich öffnete.

In ein Handtuch gewickelt stand Vicky im Türrahmen. Ihre nassen Haare fielen ihr auf die Schultern und ein Wassertropfen rann ihre Wange hinab.

Überrascht starrte sie mich an, dann ließ sie mich herein, ohne ein Wort zu sagen. Ich schloss die Tür hinter mir und betrachtete sie ebenso lange und eingehend wie sie mich. Sie kam mir so verwundbar vor, so schrecklich jung, es zog mir das Herz zusammen.

Endlich brach sie das Schweigen. „Meine Tochter ist heute wieder bei meinen Eltern", erklärte sie. „Hallo."

„Hallo." Ich musste das Wort aus meiner total trockenen Kehle hervorzwingen. „Und ich bin gerade auf dem Weg zu *meinen* Eltern. Hast du Lust, mich zu begleiten?"

„Ich würde tatsächlich gern mitkommen."

ENDE VON BUCH 1

NEUE VORBESTELLUNGEN!

Kräutersammler der Finsternis LitRPG-Serie
von Michael Atamanov:
Der Videospieltester
Hart am Wind
Falle für den Herrscher

Unterwerfung der Wirklichkeit LitRPG-Serie
von Michael Atamanov:
Countdown

Der Weg eines NPCs LitRPG-Serie
von Pavel Kornev:
Toter Schurke

Nächstes Level LitRPG-Serie
von Dan Sugralinov:
Neustart
Held

Spiegelwelt LitRPG-Serie
von Alexey Osadchuk:
Der tägliche Grind - Im virtuellen Hamsterrad

Weitere deutsche Übersetzungen unserer LitRPG-
Bücher werden schon bald folgen!

Um weitere Bücher dieser Reihe schneller
übersetzen zu können, brauchen wir Deine
Unterstützung! Bitte schreibe eine Rezension oder
empfehle *Neustart* Deinen Freunden, indem Du den
Link in sozialen Netzwerken teilst. Je mehr Leute
das Buch kaufen, desto schneller sind wir in der
Lage, weitere Übersetzungen in Auftrag geben und
veröffentlichen zu können.

Bitte vergessen Sie nicht, unseren Newsletter zu
abonnieren:
http://eepurl.com/dOTLd1
Sei der Erste, der von neuen LitRPG-
Veröffentlichungen erfährt!
Besuche unsere englischsprachen Twitter- und
Facebook LitRPG-Seiten und triff dort neue sowie
bekannte LitRPG-Autoren:
https://twitter.com/MagicDomeBooks
https://www.facebook.com/groups/LitRPG.books/

Erzähle uns mehr über Dich und Deine
Lieblingsbücher, schau Dir die neuesten Bücher an
und vernetze Dich mit anderen LitRPG-Fans.

Bis bald!